U0656301

本书出版得到了上海汽车工业教育基金会的资助

普通高等教育"十五"国家级规划教材
普通高等教育"十一五"国家级规划教材
普通高等教育汽车类系列教材

汽车系统动力学

第 2 版

喻 凡 林 逸 编著

机械工业出版社

汽车系统动力学是研究所有与汽车系统受力和运动有关的学科，研究内容可按车辆运动方向分为纵向、垂向和侧向动力学三大部分。

本书除介绍了汽车动力学建模的基础理论、轮胎力学及汽车空气动力学基础之外，还重点介绍了受汽车发动机、传动系统、制动系统影响的驱动动力学和制动动力学（纵向），以及行驶动力学（垂向）和操纵动力学（侧向）内容。本书运用系统方法及现代控制理论，结合实例分析，介绍了车辆动力学模型的建立、计算机仿真、动态性能分析和控制器设计的方法，同时也使读者对常用的车辆动力学分析软件有所了解。

本书可作为高等学校车辆工程专业研究生教学用书，也可作为车辆工程专业本科生的选修课教材，同时可供汽车设计和研究人员阅读参考。

图书在版编目（CIP）数据

汽车系统动力学/喻凡，林逸编著 . —2 版 . —北京：机械工业出版社，2016.9（2025.7 重印）

普通高等教育"十五"国家级规划教材　普通高等教育"十一五"国家级规划教材　普通高等教育汽车类系列教材

ISBN 978-7-111-55173-7

Ⅰ.①汽… Ⅱ.①喻…②林… Ⅲ.①汽车–系统动力学–高等学校–教材 Ⅳ.①U461.1

中国版本图书馆 CIP 数据核字（2016）第 248076 号

机械工业出版社（北京市百万庄大街 22 号　邮政编码 100037）

策划编辑：宋学敏　责任编辑：宋学敏　李　然

责任校对：刘怡丹　封面设计：张　静

责任印制：张　博

固安县铭成印刷有限公司印刷

2025 年 7 月第 2 版第 7 次印刷

184mm×260mm·25 印张·593 千字

标准书号：ISBN 978-7-111-55173-7

定价：58.00 元

电话服务　　　　　　　　网络服务

客服电话：010-88361066　　机　工　官　网：www.cmpbook.com

　　　　　010-88379833　　机　工　官　博：weibo.com/cmp1952

　　　　　010-68326294　　金　书　网：www.golden-book.com

封底无防伪标均为盗版　机工教育服务网：www.cmpedu.com

第2版前言

作者于1996年从英国利兹大学获得博士学位回国后，即在国内率先为研究生开设了汽车系统动力学课程。在20多年的教学实践中，形成了自己的体系和风格，得到了学生们的广泛认可。在此基础上，于2005年出版了普通高等教育"十五"国家级规划教材《汽车系统动力学》。

时间飞逝，距与林逸教授合作编著教材已过去11年，在这期间，有许多热心的读者提出了非常好的意见和建议，加之该领域最新研究成果不断涌现，以及作者在教学实践中的一些新体会和感悟，促使作者做出了补充、修改和完善本书的决定，希望更新后的第2版能够更好地为读者服务。

本书延续第1版的写作风格，通过结合实例来帮助学生理解从动力学建模、仿真分析到控制器设计的全过程。本书通过更多且略复杂的实例来介绍近些年汽车系统动力学方面的新领域和新热点，着重从以下几方面对内容进行了补充：

1）增加了一章关于驾驶人模型、人—车—路闭环系统及车辆操纵品质评价的内容。

2）增加了一章作者近年来关于车辆底盘集成控制的研究成果，包括一个实例分析。

3）增加了一个应用分岔理论进行非线性悬架动力学及前轮摆振分析的实例。

4）对转向系统动力学及控制一章进行了较大的更新和补充，并增加了关于汽车主动转向控制方面的内容。

5）应用ADAMS软件对某轿车前悬架建模的实例重新进行了修改。

相应于以上新增内容，作者要特别感谢国内外同行和朋友所提供的帮助，主要有日本神奈川工科大学的安部正人教授、浙江大学李道飞博士、上海交通大学李鸿光教授、一汽解放青岛汽车有限公司的李胜博士、北京理工大学的施国标博士和青岛理工大学的柳江博士。关于车辆底盘集成控制一章的内容主要是作者近十年的研究成果，很大程度上得益于两个国家自然科学基金项目（项目批准号分别是50875163和51375299），在此对国家自然科学基金委员会的资助表示感谢。

由于条件有限，书中难免存在疏漏之处，恳请广大读者提出宝贵意见，并通过出版社或直接与作者联系（喻凡：fanyu@ sjtu. edu. cn；林逸：linyi@ china. com）。

编著者
2016 年 11 月

第1版前言

汽车系统动力学是 20 世纪发展起来的新学科，随着对现代汽车性能和行驶速度要求的提高，以及不断涌现的底盘控制技术的应用，汽车系统动力学本身的研究内容更加丰富。

本书作者分别自 1989 年和 1996 年起在原吉林工业大学、上海交通大学和北京理工大学为研究生讲授"汽车系统动力学"课程。结合这方面的一些教学经验和科研工作，于 2001 年底向教育部申请出版此书，期望为高校本科生或研究生提供一本汽车系统动力学课程的教材。本书介绍的内容比较广泛，从本学科的历史到学科的最新发展均有涉及。内容安排上由浅入深，注重实例分析，力图使读者在了解汽车系统动力学基本内容的同时，通过几个完整的实例了解运用系统方法及现代控制理论进行车辆动力学建模、仿真分析和控制系统设计的方法，同时也掌握有关系统动力学分析软件的使用方法。因此，也期望本书对从事汽车工程研究的技术人员有参考价值。

在本书的编写过程中，得到了国内外同行和朋友的热情帮助。特别感谢同济大学张洪欣教授在 2004 年上海炎热的夏天花费整整两个月的时间对本书进行通篇审阅。同时，也感谢英国利兹大学的戴维·克劳拉教授，他就本书的结构和内容提出了口头建议。

我们还请合肥工业大学的陈无畏教授（行驶和操纵部分）、吉林大学林柏忠副教授（轮胎模型部分）、北京航空航天大学康宁教授（空气动力学基础部分）、上海交通大学何维廉和鲁统利副教授（传动系统扭振部分）对相关部分章节进行了审阅。在资料收集过程中得到了清华大学夏群生教授、江苏大学高翔教授的帮助，美国威斯康星大学的黄子春先生为购买国外参考书提供了资助。此外，在编写过程中还得到了上海交通大学和北京理工大学车辆工程专业研究生的热情帮助，在此一并表示感谢。

由于时间较为仓促，书中难免有不当之处，恳请读者批评指正。

编著者
2005 年 6 月

目 录

常用符号表

符号	物理量	单位	符号	物理量	单位
A	车辆迎风面积	m^2	C_α	轮胎侧偏刚度	kN/rad
a	质心至前轴的距离	m	C_γ	侧倾外倾刚度	$kN \cdot m/rad$
a_w	加速度方均根值	m/s^2	C_ϕ	侧倾阻尼系数	$kN \cdot m/s$
a_x	车辆纵向加速度	m/s^2	C_ψ	车轮自回正刚度	$kN \cdot m/rad$
a_{xb}	制动减速度	m/s^2	d_a	转向节臂长度	m
a_y	车辆侧向加速度	m/s^2	d_b	转向梯形臂长度	m
B	轮距	m	d_f	前轮胎侧向偏移导数	m
B_{tp}	瞬时燃油消耗量	L/h	d_s	左右悬架弹簧间距	m
B_{tr}	里程燃油消耗量	L/km	d_r	后轮胎侧向偏移导数	m
b	质心至后轴的距离	m	E	车轮制动效率	—
b_e	发动机燃油消耗率	g/km	E_D	系统总耗散能	J
C_D	空气阻力系数	—	E_T	系统总动能	J
C_L	空气升力系数	—	E_V	系统总势能	J
C_S	转向系统阻尼系数	$kN \cdot m/s$	e	主销轴至车轮中心距离	m
C_{SC}	转向柱等效阻尼系数	$kN \cdot m/s$	F_D	空气阻力	N
C_{SL}	转向梯形机构等效阻尼系数	$kN \cdot m/s$	F_{Dem}	驱动力需求	N
C_{ST}	转向系统综合刚度	$kN \cdot m/rad$	F_G	坡度阻力	N
C_d	减振器阻尼系数	$kN \cdot m/s$	F_L	空气升力	N
C_{kp}	车轮绕主销转动的等效阻尼系数	$kN \cdot m/s$	F_R	轮胎滚动阻力	N
			F_S	空气侧向力	N
C_p	压力系数	—	F_a	加速阻力	N
C_{sf}	前悬架阻尼系数	$kN \cdot m/s$	$F_{a,r}$	加速阻力转动分量	N
C_{sr}	后悬架阻尼系数	$kN \cdot m/s$	$F_{a,t}$	加速阻力平动分量	N

（续）

符号	物理量	单位	符号	物理量	单位
F_b	车轮制动器制动力	N	h_{CG}	车辆质心距地面的高度	m
$F_{e,t}$	发动机缓速制动力	N	h_O	车辆质心至侧倾轴的距离	m
F_Q	作用于系统的广义力	N 或 N·m	h_a	车轴侧倾中心至地面的距离	m
F_x	纵向力	N	I_{kp}	转向轮绕主销转动惯量	kg·m²
F_{xb}	车轮地面制动力	N	I_p	车身的俯仰转动惯量	kg·m²
F_{xc}	轮胎驱动力的极限值	N	I_r	车身的侧倾转动惯量	kg·m²
$F_{x,ex}$	后备驱动力	N	I_w	车轮的滚动转动惯量	kg·m²
F_y	侧向力	N	I_{xx}	车辆绕 x 轴的侧倾转动惯量	kg·m²
F_{yf}	地面对前轮的侧向力	N	I_{xxf}	前轴绕其纵轴线的侧转动惯量	kg·m²
F_{yr}	地面对后轮的侧向力	N	I_{xz}	车辆侧倾与横摆运动惯性积	kg·m²
F_z	法向力	N	I_{zz}	车辆绕 z 轴的横摆转动惯量	kg·m²
F_{zdf}	前轴动载	N	I_ψ	车轮的转向转动惯量	kg·m²
F_{zdr}	后轴动载	N	i_0	主减速器传动比	—
F_{zf}	前轴垂向载荷	N	i_G	路面坡度	—
F_{zgf}	前轴重力垂向分量	N	i_g	变速器传动比	—
F_{zgr}	后轴重力垂向分量	N	i_s	转向系统传动比	—
F_{zr}	后轴垂向载荷	N	J_i	传动系中旋转部件的当量转动惯量	kg·m·s²
F_{zsf}	前轴静载	N	K	稳定性因数	s²/m²
F_{zsr}	后轴静载	N	K_0	横拉杆刚度	N/m
$F_{z,w}$	车轮载荷	N	K_{SC}	转向柱的扭转刚度	N·m/rad
f_R	滚动阻力系数	—	K_{SL}	转向杆系的等效扭转刚度	N·m/rad
f_f	前轴附着率	—	K_{ST}	转向机构扭转刚度	N·m/rad
f_{id}	理想附着率	—	K_i	传动系中旋转部件之间联接轴的当量扭转刚度	N·m/rad
f_n	固有频率	Hz			
f_r	后轴附着率	—			
f_t	传动系统固有频率	Hz			
G_0	路面不平度系数	m²/m⁻¹			

（续）

符号	物理量	单位	符号	物理量	单位
K_{kp}	车轮绕主销的扭转刚度	N·m/rad	n	波数	cycle/m
K_p	转向机构刚度	N·m/rad	n_0	下截止波数	cycle/m
K_s	悬架弹簧刚度	N/m	n_d	断点处波数	cycle/m
K_{sf}	前悬架刚度	kN/m	P_{Dem}	功率需求	kW
K_{sr}	后悬架刚度	kN/m	P_H	功率供应	kW
K_t	轮胎垂向刚度	N/m	P_i	发动机指示功率	kW
K_{tr}	转向梯形刚度	N/m	R	车辆转向半径	m
K_ϕ	车身侧倾刚度	N·m/rad	Re	雷诺数	—
K_{ψ_r}	后轴相对车身的扭转刚度	N·m/rad	R_f	前轮转向半径	m
L	轴距	m	R_r	后轮转向半径	m
L_0	主销延长线与地面交点至车轮中心平面的距离	m	R_{ss}	车辆稳态转向半径	m
L_{aw}	加权振级	dB	r	横摆角速度	rad/s
M_{Dem}	发动机转矩需求	N·m	r_0	车轮自由半径	m
M_L	转矩损失	N·m	r_d	车轮滚动半径	m
M_e	发动机转矩	N·m	r_{ss}	横摆角速度稳态响应	$rad·s^{-1}/rad$ 或 $(°)·s^{-1}/(°)$
M_s	悬架变形时的回复力矩	N·m	S	功率谱密度	m^2/m^{-1}
M_t	轮胎变形时的回复力矩	N·m	s	车轮滑转率	—
M_x	车轮侧倾力矩	N·m	s_b	车轮制动时的滑移率	—
M_y	车轮滚动阻力矩	N·m	t_{kp}	两主销轴线与地面交点间的距离	m
M_z	车轮回正力矩	N·m	t_m	轮胎的机械拖距	m
m_b	车身质量（簧载质量）	kg	U_a	主动悬架作动器控制力	N
m_{bf}	车身在前轴处的集中质量	kg	u	车辆前进速度	m/s
m_{bh}	半车身质量	kg	u_a	车辆前进速度	km/h
m_g	车轮不平衡质量	kg	u_c	车辆恒定前进速度	m/s
m_w	车轮质量（非簧载质量）	kg	V_s	发动机排量	L

（续）

符号	物理量	单位	符号	物理量	单位
W	车重	N	θ_b	车身俯仰角	rad 或（°）
γ_ϕ	车身侧倾角引起的轮胎侧向偏移量	m	θ	滚动时的车轮滚动角	rad 或（°）
α	轮胎侧偏角	rad 或（°）	κ	不足转向参数	rad/（m·s^{-2}）
α_G	坡度角	rad 或（°）	λ	主销后倾角	rad 或（°）
β	车辆侧偏角	rad 或（°）	μ	地面附着系数	—
β_b	前后轴制动力分配比		μ_s	侧向附着系数	—
γ	车轮外倾角	rad 或（°）	ξ_s	悬架系统的阻尼比	
γ_ϕ	车身侧倾引起的附加车轮外倾角	rad 或（°）	ξ	系统阻尼比	—
δ_{Fy}	轮胎侧向力通过悬架变形产生的附加变形转向角	rad 或（°）	ρ	空气密度	kg/m^3
δ_f	前轮转向角	rad 或（°）	ρ_{ss}	车辆稳态转向曲率	m^{-1}
δ_{fs}	由转向系产生的转向角	rad 或（°）	ϕ	车身侧倾角	rad 或（°）
$\delta_{f\phi}$	车身侧倾引起的前轴附加侧倾转向角	rad 或（°）	ϕ_f	前轴侧倾角	rad 或（°）
δ_i	旋转质量换算系数	—	ϕ_t	轮胎运动方向与 x 轴的夹角	rad 或（°）
δ_{kp}	车轮绕主销转动的当量阻尼系数	—	ψ	车辆航向角	rad 或（°）
δ_o	外侧转向轮转角	rad 或（°）	ψ_t	车轮前束角	rad 或（°）
δ_r	后轮转向角	rad 或（°）	ψ_w	前轮绕主销的摆振角	rad 或（°）
$\delta_{r\phi}$	车身侧倾引起的后轴附加侧倾转向角	rad 或（°）	ω_{fa}	前轴角振动固有频率	Hz
δ_{sw}	转向盘的角位移	rad 或（°）	ω_w	转向轮绕主销振动的固有频率	Hz
η_t	传动效率	—	ω_n	系统固有频率	Hz
			Ω	坐标变换中采用的角速度	rad 或（°）

绪 篇

概论和基础理论

　　本篇首先介绍车辆动力学的发展历史、车辆动力学理论对实际车辆设计所做的贡献、车辆动力学的研究内容和范围及其未来的发展趋势；然后介绍车辆动力学模型建立的基础理论和方法。考虑到轮胎在车辆动力学中的重要性，轮胎的物理特性也在本篇给予专门一章的介绍。此外，为了方便理解后面章节中有关汽车空气动力学的内容，在本篇的最后一章，对空气动力学的基础理论进行了简单介绍。

第一章 车辆动力学概述

第一节 历史回顾

车辆动力学是近代发展起来的一门新兴学科。有关车辆行驶振动分析的理论研究，最早可追溯到 100 年前[1]。事实上，直到 20 世纪 20 年代，人们对车辆行驶中的振动问题才开始有初步的了解；到 20 世纪 30 年代，英国的 Lanchester[2]、美国的 Olley[3]、法国的 Broulhiet 开始了车辆独立悬架的研究，并就转向运动学和悬架运动学对车辆性能的影响进行了分析。开始出现有关转向、稳定性、悬架方面的文章。同时，人们对轮胎侧向动力学的重要性也开始有所认识。

回顾车辆动力学的发展过程，首先要肯定 Frederick W. Lanchester 对这门学科的早期发展所做的贡献。在他所处的时代，尽管缺乏成熟的理论，但作为当时最杰出的工程师，他对车辆设计的见解不但敏锐，而且深刻。即使在今天，Lanchester 的思想仍有一定的借鉴意义。

另一位对本学科发展有卓越贡献的人物是 Maurice Olley，他率先系统地提出了操纵动力学分析理论。后来，Olley 这样总结了 20 世纪 30 年代早期的车辆设计状况[4]：

"那时，已经零星出现了一些尝试性的方法，其目的在于提高车辆的行驶性能，但实际上却几乎没有什么作用。坐在后座的乘客仍然像压载物一般，被施加在后轮后上方的位置。人们对车辆转向不稳定的表现已习以为常，而装有前制动器的前桥摆振几乎成为了汽车驾驶中的必然现象。工程师使所有的单个部件都制作得精致完好，但将它们组装成整车时，却很少能得到令人满意的性能。"

就在这个时期，人们对行驶平顺性和操纵稳定性之间的重要协调关系开始有所认识。但对车辆性能的评价，仍主要凭经验而非数学计算。1932 年，Olley 在美国凯迪拉克（Cadillac）公司建立了著名的"K^2"试验台（一个具有前、后活动质量的车架），用来研究前后悬架匹配及轴距对前后轮相位差的影响。该试验台并无测试仪器，完全靠感觉进行主观评判。由于当时缺乏确定的术语，期望的特性被 Olley 描述为"flat ride"（平稳行驶），他还提出过一个实现所谓"平稳行驶"的经验窍门，即前悬架必须比后悬架"软"。

以 Olley 为核心人物提出的有关行驶平顺性问题的讨论一直延续到 20 世纪 30 年代末，其中关于车身振动、固有频率、俯仰固有频率及其与前后悬架刚度匹配关系等重要问题的讨论极为有意义。人们对橡胶衬套在抑制高频振动中的作用也有所认识[5]。也就在这时，出现了各种各样的独立悬架设计。追求独立悬架设计的部分动机是试图克服与前轴设计相关的

周期性摆振，而前轴转向系统的设计直接影响行驶动力学和操纵动力学两个方面。

在随后的 20 年中，车辆动力学进展甚微。进入 20 世纪 50 年代，可谓进入了一个车辆操纵动力学发展的"黄金时期"。这期间建立了较为完整的车辆操纵动力学线性域（即侧向加速度约小于 $0.3g$）理论体系。到 20 世纪 50 年代中期，一套较为完整的关于操纵和转向的基础理论体系得以形成，其标志是 1956 年所发生的一个"历史性事件"，Milliken 将其称作车辆动力学发展过程中的一个分水岭，并在他的书[6]中对此事件的整个过程做了详细记载。当时，机械工程师学会（Institution of Mechanical Engineers，IMechE）在伦敦组织了一个会议，主题是关于对汽车稳定性的控制及轮胎性能的研究。从车辆动力学发展的角度来看，这次会议的论文具有重要的历史意义。

随后有关行驶动力学的进一步发展，是在完善的测量和计算手段出现后才得以实现的。英国汽车研究所（Motor Industry Research Association，MIRA）对该领域的发展做出了重要贡献，包括路面特性的测量[7]、主观评价和客观测试的关系[8]、行驶平顺性测量仪的开发以及率先采用了模拟计算机、随后是电子计算机的动力学计算研究等。还有一些车辆动力学研究的先驱者，包括美国的 Clark、Butkunas、Healy 和德国的 Mitschke 等。他们在车辆建模与分析中，均采用了以轮胎接地点的随机路面输入作为激励输入的"集中质量模型"（lumped model）。

在人们对车辆动力学理解的进程中，理论和试验两方面因素均发挥了作用。其一，有关飞机稳定性及其控制的理论被有效地运用于汽车，当时不少车辆动力学先驱者原先是从事航空工程领域的研究工作（包括 Bill Milliken、Douglas Milliken 和 Leonard Segel 等）；其二，轮胎的重要性被肯定，人们开始用轮胎试验来测定轮胎的力学特性。正是由于 Gough 等人为轮胎特性提供了全面的认识，Olley[4]、Milliken[9]、Segel[10]、Whitcomb[11]等人才可能对操纵稳定性进行定性的处理分析。

在 1993 年举办的一次关于车辆舒适性和操纵稳定性的 IMechE 会议上，Segel 发表了一篇重要演讲[12]，对车辆动力学的发展进行了系统的回顾。由于 Segel 本人在 1950～1990 年间对车辆动力学的研究做出了重大贡献，所以他在文章中能以自己的深刻理解回顾了这门学科的发展，并以阶段划分的方式对本门学科的早期成就进行了概括，见表 1-1。

表 1-1 根据 Segel[12] 提出的阶段划分对车辆动力学早期成就的总结

阶段一（到 20 世纪 30 年代初期）

1. 对车辆动态性能的经验性的观察
2. 开始注意到车轮摆振的问题
3. 认识到乘坐舒适性是车辆性能的一个重要方面

阶段二（从 20 世纪 30 年代初期到 1952 年）

1. 了解了简单的轮胎力学，给出了轮胎侧偏角的定义
2. 定义了不足转向和过度转向
3. 对车辆的稳态转向特性有所了解
4. 建立了简单的两自由度操纵动力学方程
5. 开始进行有关行驶平顺性的试验研究，建立了 K^2 试验台，提出了"平稳行驶"的概念
6. 引入了前独立悬架

（续）

阶段三（1952 年以后）

1. 通过试验结果分析和建模，加深了对轮胎特性的了解
2. 在两自由度操纵模型基础上，建立了考虑车身侧倾的三自由度操纵动力学方程
3. 扩展了对操纵动力学的分析，包括稳定性和转向响应特性分析
4. 开始采用随机振动理论对行驶平顺性进行性能预测

随后的几十年，汽车制造商意识到行驶平顺性和操纵稳定性在汽车产品竞争中的重要作用，因而车辆动力学得以迅速发展。在试验方面，车辆行驶振动分析仪、路面测量、转向信号传感装置、变车道、J转向等试验方法的测试技术日趋完善。人们对非线性操纵响应的理解也愈加深入，从而使操纵动力学的研究逐渐向高侧向加速度的非线性作用域扩展[13]。

计算机技术及应用软件的开发，使建模的复杂程度不断提高。多体系统（Multi-Body System，MBS）动力学分析软件（如 ADAMS，DADS）的应用，使复杂的模型得到了明确的表达和方便的求解。在应用计算机技术的同时，先进控制理论与技术的应用也极大地推动了车辆动力学的发展，各种车辆底盘控制系统开始相继涌现，它们对车辆性能的影响及相互关系如图 1-1 所示[14]。

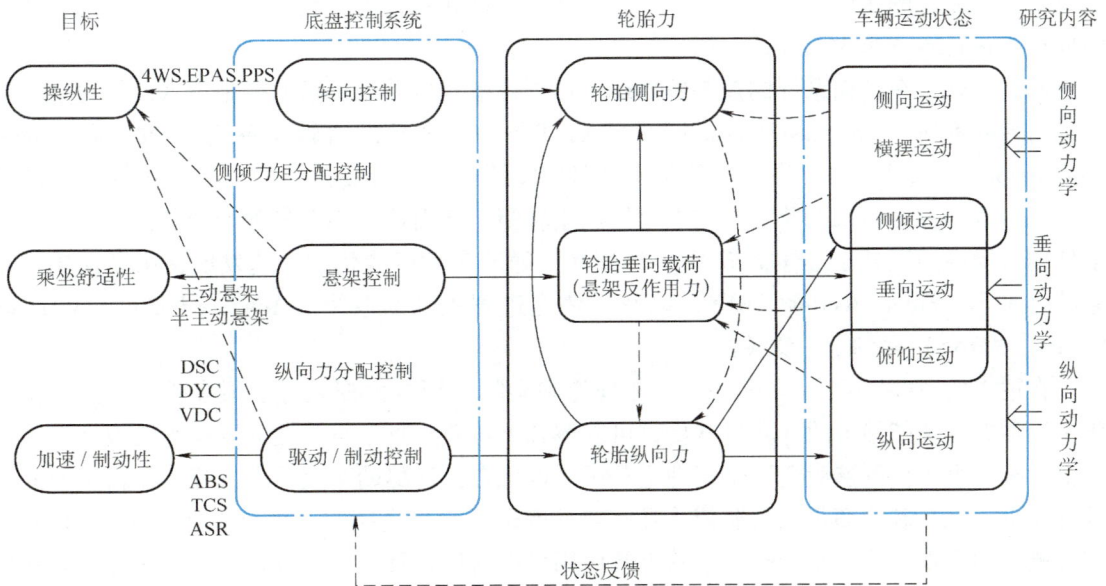

图 1-1 底盘控制系统与车辆动力学关系示意图

自 20 世纪 70 年代末，从飞机设计技术中引入的防抱死制动系统（Anti-lock Braking System，ABS）可以称得上是向车辆底盘控制迈出的第一步，ABS 通过限制制动压力来保证车轮的最佳滑移率，从而避免了车轮抱死。随后，通过调节发动机输出转矩防止车轮滑转的驱动力控制系统（Traction Control System，TCS）在 20 世纪 80 年代中期得到应用。到 20 世纪 80 年代末，在 ABS 和 TCS 的基础上，又成功地开发了防滑转控制（Anti-Slip Regulation，ASR）装置，可改善车辆急变速时与地面的附着力，防止车轮打滑，并避免车辆产生

侧向滑动的危险。20 世纪 90 年代初，研究人员根据轮胎印迹处的纵向和侧向分力满足摩擦圆规律的原理，提出了在高速行驶中通过驱动力控制来保证车辆侧向稳定性的动态稳定性控制（Dynamic Stability Control，DSC），它对汽车高速转弯时制动特别有效。20 世纪 90 年代末期，研究人员发现，车辆在高速行驶过程中的侧向稳定裕度较小，通过调节四个车轮的纵向力而形成一定的回转力矩，就可控制汽车的横摆角速度，由此提出了"直接横摆控制"（Direct Yaw moment Control，DYC）算法，并经试验验证了该算法的有效性。在此基础上，近年来又提出了限制一定侧偏角范围的车辆动力学控制（Vehicle Dynamics Control，VDC）。进入 21 世纪以来，VDC 系统得到了世界各国汽车厂商的广泛关注，并进行开发研制。

除了对车辆车轮的纵向力进行控制外，在垂向动力学方面，主动悬架控制技术则可作为车辆动力学发展中的另一个典型代表。尽管在 20 世纪 60 年代早期，已有人开始进行此方面的一些基础性研究工作，但首先使主动悬架的基本思想和控制律得到完善的应该是 Thomson[15]。更有实际意义的是，Lotus 公司[16]在 20 世纪 80 年代初制造了第一辆装有主动悬架的原型样车。目前，主动、半主动悬架系统已在某些豪华轿车和军用车辆中得到了应用。

虽然很早就有人根据阿克曼（Ackermann）转向原理提出四轮转向系统（Four Wheel Steering，即 4WS）的概念，但由于这种系统对车辆后桥的改动过大、制造成本过高，在沉寂多年之后近些年才得到汽车厂商的重视。四轮转向的基本原理是：利用车辆行驶中的某些信息来控制后轮的转向角，以提高车辆的总体操纵性和稳定性。在 20 世纪 80 年代末，四轮转向产品在日本汽车中已开始应用[17]。

除此之外，在转向系统的控制方面还包括围绕减轻驾驶人负担的控制技术，如对电子液压助力转向系统（Progressive Power Steering，PPS）和电动助力转向系统（Electrical Power Assisted Steering，EPAS）等进行研究。它们是按照车速等行驶条件的变化，根据一定的控制算法由电子控制器来调节油压或电动机输出转矩，从而使车辆在各种行驶条件下，均能保证转向盘操纵力矩处于最佳状态[18]。近年来，随着车辆智能化的快速发展，主动前轮转向系统（Active Front Steering，AFS）以及一些先进驾驶辅助系统（Advanced Driver Assistant System，ADAS）得到了广泛关注。

在过去的 80 多年中，车辆动力学在理论和实际应用方面都取得了很多成就。然而，尽管工程师拥有功能强大的计算机软件，可求解几十甚至几百个自由度的复杂车辆模型，但事实上没有一个车辆制造商会完全用理论分析来取代自己详尽的车辆开发过程。在新车型的设计开发中，汽车制造商仍然需要依赖具有丰富测试经验与高超主观评价技能的工程师队伍。实际测试和主观评价在车辆开发中的重要作用显而易见，且二者不可替代，但这并不排除模型分析在动力学中的作用，设计者仍需通过建模来分析和理解系统内在的复杂关系，找出关键的影响因素，并为车辆性能的变化趋势提供预估。

第二节　研究内容和范围

严格地说，车辆动力学是研究所有与车辆系统运动有关的学科。它涉及的范围很广，除了影响车辆纵向运动及其子系统的纵向动力学（如发动机、传动、加速、制动、防抱死和牵引力控制系统等方面）的内容外，还有车辆在垂向和侧向两个方面的动力学内容，即行驶动力学和操纵动力学。行驶动力学主要研究由路面的不平激励，通过悬架和轮胎垂向力引

起的车身跳动和俯仰以及车轮的运动；而操纵动力学研究车辆的操纵特性，主要与轮胎侧向力有关，并由此引起车辆侧滑、横摆和侧倾运动。

长期以来，人们一直在很大程度上习惯按纵向、垂向和横向分别独立研究车辆动力学问题；而实际中的车辆同时会受到三个方向的输入，各方向所表现的运动响应特性必然是相互作用、相互耦合的（参见图1-1）。例如转向过程中，路面在给车辆提供侧向力的同时，也通过悬架给车辆提供垂向输入干扰。悬架的作用除支撑车辆、隔离路面干扰外，还将控制转向时的车身姿态，并传递来自轮胎的力。反过来看，同样的车身运动既可由行驶输入引起，如路面不平引起的车身侧倾，也可由操纵方面引起，如转向时引起的车身侧倾。此外，利用不同车轮纵向力控制来改善极限工况下的车辆稳定性控制系统（Vehicle Stability Control，VSC）也是一个典型的例子。因此，这里可能有一个问题，即如何证明分别研究这三个方面性能的合理性。

事实上，分开处理的动机可能很实际，主要是为了减少模型的自由度，从而减少分析工作量，使问题更易于处理。当然，如果对车辆的工作状况及条件进行适当限制，那么三个方向的耦合关系则可能不太显著。例如，当车辆在水平粗糙路面匀速直线行驶时，问题将集中在行驶动力学特性方面；当车辆在水平路面匀速转弯行驶时，那些主导操纵性能的力和运动对纵向和垂向特性则无显著影响。

随着功能强大的计算机技术和动力学分析软件的发展，现在已有能力将三个方向的动力学问题结合起来进行研究，对车辆动力学问题的分析也可能扩展到更复杂的工况及非线性域。但为便于读者对车辆动力学内容的学习和理解，本书仍然按三个方向进行编排，在第一、二、三篇中分别对纵向动力学、行驶动力学和操纵动力学给予介绍。

一、纵向动力学

纵向动力学研究车辆直线运动及其控制的问题，主要是车辆沿前进方向的受力与其运动的关系。按车辆工况的不同，可分为驱动动力学和制动动力学两大部分。

驱动动力学研究中，首先要了解车辆的行驶阻力，由此才可决定车辆驱动轮上所需的力矩和功率，以及能量消耗。

行驶阻力的两个最基本部分是轮胎的滚动阻力和车辆的空气阻力，相关内容分别在第三章和第四章中予以详细介绍。行驶阻力代表了车辆对动力和功率的需求，而车辆的动力与传动系统则为车辆提供了对动力和功率的供应，需求与供应之间的平衡关系还与路面附着系数有关，直接影响车辆的驱动性能。

制动动力学研究中，首先要了解车辆制动性能的评价指标；在此基础上，介绍直线制动动力学分析（包括前、后车轮制动力的分配关系，并分析车辆的制动稳定性）；最后，从章节安排上考虑，将转向制动动力学分析也放在一起给予介绍。

因此，第一篇的主要内容是：首先在概括总结车辆的行驶阻力的基础上，分析车辆对动力及功率的供求关系；然后分析包括动力性、燃油经济性和制动性在内的纵向动力学性能；最后介绍相关的纵向动力学控制系统，如ABS、TCS等。

二、行驶动力学

与车辆行驶动力学有关的主要性能及参数如图 1-2 所示。在有限的悬架工作空间内，设计人员必须为驾驶人和乘客提供良好的乘坐舒适性、良好的车身姿态，以及对车轮动载荷的合理控制。行驶动力学研究中的首要问题是建立考虑悬架特性在内的车辆动力学模型，而分析这些动力学问题的最简单的数学模型应该是具有七自由度的整车系统模型。随着功能愈发强大的多体动力学仿真软件的普及应用，包括橡胶衬套等复杂细节在内的车辆模型也可以方便地得到。

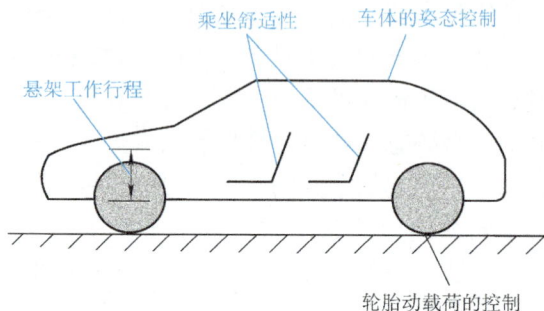

图 1-2　与车辆行驶动力学有关的主要性能及参数

实际上可将行驶动力学问题分为两类[19]。一类是可通过数学建模来分析的行驶动力学问题，有人将其称为"主行驶问题"。关于主行驶动力学的数学建模及随机路面输入下车辆响应分析的内容，将在第二篇的行驶动力学中介绍。此外，对用于改善行驶平顺性及包括操纵稳定性在内的车辆总体性能的悬架控制系统，本书在第十章中给出了详细的介绍。

然而，对主行驶问题的研究还是无法将所有的行驶振动特征完整而真实地描述出来，实际中还有大量其他因素影响着乘员对乘坐舒适性的主观评价，包括对约 15Hz 以上的高频振动的响应、更高频率范围内的振动噪声问题（harshness）、悬架系统中橡胶衬套的影响、对路面阶跃凸起及凹坑等路障的纵向冲击的响应以及人体对振动的响应等。目前，几乎还没有办法用数学解析模型来准确地预测这些影响，这类问题通常可以归类为"次行驶问题"。而对次行驶问题，通常需要更多的实际测试和试验，例如路面凹坑离散输入对悬架系统振动噪声响应的评价，包括轮胎在路面输入处变形时的动态响应、纵向和垂向的悬架非线性动力学性能以及驾驶人的响应特性等。正是因为不确定的因素太多，汽车厂商还需要依靠经验丰富的试验工程师对车辆行驶性能进行主观评价。

三、操纵动力学

在车辆动力学研究中，操纵动力学的内容最为丰富，将在第三篇中加以介绍。需要强调的是，由于轮胎的重要性，在操纵动力学建模中必须要与轮胎模型精度相匹配，否则会影响仿真结果的精度，从而使建立的操纵模型失去意义。

分析车辆操纵特性可以从最基本的两自由度车辆模型入手。在两自由度基本操纵模型中，车辆向前的速度被假定为恒定的，而两个变量分别是车辆的侧向速度和横摆角速度。虽然这个模型很简单，但它为操纵性能分析提供了十分重要的基础。在线性范围内，两自由度模型的预估精度可能会达到 70% 以上。

更重要的是，通过对基本操纵模型的分析，得到了一个关于车辆操纵特性的最基本的概念，即车辆的"不足或过度转向"（understeer/oversteer）特性。分析结果表明，不足转向与过度转向的区别取决于一个重要物理量，即所谓的"稳定裕度"（stability margin），定义为

$(bC_{\alpha r} - aC_{\alpha f})$。其中，$a$ 和 b 分别为前轴和后轴至车辆质心的距离；$C_{\alpha f}$ 和 $C_{\alpha r}$ 分别代表了前、后轮胎的侧偏刚度。如果稳定裕度为正值，车辆表现为不足转向；否则，为过度转向。可以看出，稳定裕度中的第一项 $bC_{\alpha r}$ 代表了"后轮产生力的能力"（更严格地讲，是指后轮产生的力绕车辆质心的力矩）；而第二项 $aC_{\alpha f}$ 则表达了"前轮产生力的能力"。因此，设计者可以利用前后轮胎力（或力矩）的平衡关系，扩展稳定裕度这一概念，并以此来理解以下因素的影响：

1）与车辆负载情况有关的车辆质心位置；
2）与轮胎的结构、尺寸和胎压等相关的轮胎侧偏刚度；
3）前、后轮外倾角；
4）前、后轴载荷转移；
5）侧倾转向效应；
6）变形转向效应。

以上参数均可用来调节车辆的不足（或过度）转向程度，而且各因素对不足（或过度）转向在线性域内的作用均可通过对两自由度基本操纵模型的扩展定量地给出。由此看出，任何模型的合理性并不是简单地与其复杂程度成正比。

通常，可以将操纵动力学的研究范围分为以下三个区域：

1）线性域：侧向加速度小于 $(0.3 \sim 0.4)g$ 时，通常意味着车辆在高附着路面做小转向运动；
2）非线性域：在超过线性域且小于极限侧向加速度（约为 $0.8g$）的范围内；
3）非线性联合工况：通常指车辆在转弯制动或转弯加速时的情况。

对模型不太复杂的线性域情况，一般通过人工计算也可有效地建模和求解。但考虑到实际设计中的可用性，模型中至少应包括车身的横摆、侧倾和侧向运动、悬架的运动学效应、悬架系统特性和转向系统的影响等。在高速直线行驶时，还要包括空气阻力和力矩。尽管线性模型已经在操纵性能定量分析中得到了有效应用（如前面提到的设计参数对车辆性能的影响分析），但对非线性域和非线性联合工况，则通常需要采用更为复杂的多体动力学仿真软件，以求解这些非线性方程。

最后要说明的是，纵向动力学、行驶动力学和操纵动力学与各底盘控制系统的关系已在图 1-1 中清楚地说明，因此，有关控制系统及结合车辆动力学分析的控制算法设计内容，均被安排在相应章节中，如结合制动动力学的防抱死制动系统、牵引力控制系统等，被放在第一篇纵向动力学中；悬架控制系统被安排在第二篇行驶动力学中；而四轮转向、电动助力转向系统和前轮主动转向系统则被安排在第三篇操纵动力学中分别给予介绍。

第三节 车辆特性和设计方法

车辆动力学特性的设计方法主要以系统建模和分析为主，而车辆设计则可以是一个迭代循环的过程。在介绍车辆的设计方法之前，首先探讨一下何为所期望的车辆特性。

一、期望的车辆特性

人们对车辆纵向动力学性能的要求是：有很好的动力性、燃油经济性和制动性。为实现这些理想特性，首先要保证车辆的动力与传动系统及制动系统的设计良好。在车辆行驶平顺

性方面，也有明确而且被普遍认可的车辆特性评价指标；而对操纵性能而言，其中涉及了许多人为的主观因素，所以其评价指标通常较难被广泛接受，因而成为本节主要讨论的内容。

就乘坐舒适性而言，被广为接受的评价指标是使人所感受到的加速度振动水平降至最小。对轿车来说，尽管侧向运动、纵向运动和转向运动也会对舒适性有影响，但垂直方向的加速度影响仍占主导地位。乘坐舒适性的其他指标则体现在车辆加速、制动、转向时车身能否保持良好的姿态，明显的车身俯仰和侧倾运动一般被视为不可接受的。因此，需在一定的约束条件下尽可能地减小垂向加速度水平和车身姿态角，这里所说的约束条件是指悬架的有限工作空间和轮胎动载荷的合理范围。施加这些约束的理由是，在保证较小车身加速度水平及良好车身姿态的同时，要尽可能减小轮胎与路面间的载荷波动，以保证良好的轮胎接地性。

在操纵性能方面，还是有一些可以被普遍接受的共性指标，并被视为期望的车辆特性，而其余的那些性能指标则代表了个人喜好。操纵性能的总体目标包括两个方面，一是对风扰或不平路面的干扰，车辆所产生的运动响应必须控制在最小范围，即尽可能地抵抗外界干扰，保持稳定行驶能力；二是对驾驶人的输入响应应达到最优，即使车辆能够遵循驾驶人的意图行驶。实际上，在操纵性能分析过程中，驾驶人本身的作用不容忽视。人的控制能力可以很惊人，他们可以快速处理大量的信息，并根据当时的情形适时调整自己的控制策略，如赛车手征服各种不同路面的能力就很好地说明了这一点。然而，人们还是普遍期望在日常的驾驶中，个人投入的精力最小，以便从持久的控制行为中得到解脱。例如，车辆在高速公路上稳定直线行驶时，人们普遍希望自己只需付出极小的控制输入就可以安全轻松地驾车行驶。

驾驶人的操纵控制模式可由图1-3来说明。也许可以这么认为，一般情况下，驾驶人通常以开环或闭环两种控制模式操作。在相对轻松的驾驶情况下，驾驶人一般以开环控制模式驾驶。当然，这还得依赖于驾驶人对车辆响应特点的熟悉程度，知道怎样的输入能够产生期望的输出，这样车辆就可在无需任何校正的情况下沿期望的路径行驶。而在操纵难度较大的情况下（如大转弯、超车或紧急转向时），驾驶人则以闭环控制模式操作。此时，驾驶人注意力高度集中于监视车辆的实际路径，而实际的行驶路径则被用来作为反馈信号，以使驾驶人持续不断地对控制输入进行校正。在操纵动力学性能试验中，以闭环控制模式进行的系统性能评价包含了驾驶人的特性（主要由驾驶技术及操作来体现），称为"闭环评价"，如图1-3b所示；而不包含驾驶人特性的车辆性能评价如图1-3a所示，称为"开环评价"。

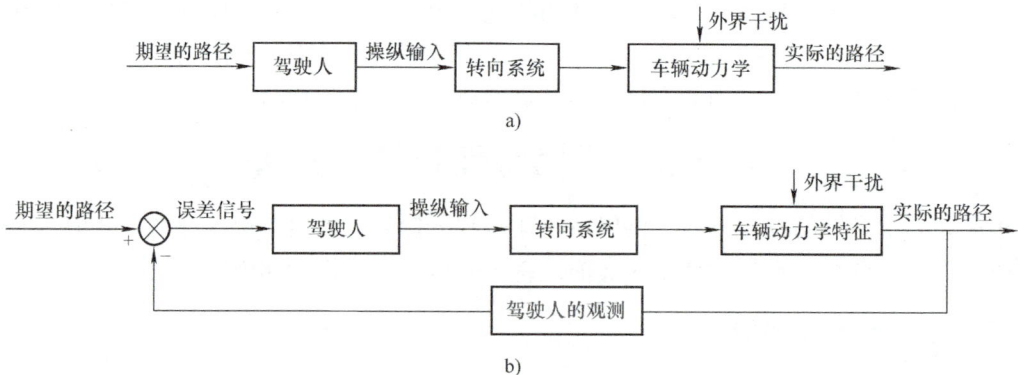

图1-3 驾驶人的操纵控制模式
a）开环控制模式 b）闭环控制模式

综上所述，所期望的车辆操纵特性可归纳为[20]：

（1）稳定性　伴随着外部干扰，车辆应具有迅速恢复原先稳定状态的能力，并且系统响应时间延迟要小，同时还要保证有适当的阻尼。

（2）可操纵性　转向时，尽管车辆的控制是由驾驶人通过转向盘来实现的，但实际的作用机理却是通过轮胎侧向力间接实现对车辆的转向运动控制。因此，任何不利于轮胎力生成与转向盘运动关系的因素，都会降低车辆的可操纵性和可控制性。例如，当车辆出现前轮抱死时，前轮胎无法提供侧向力，因而会有驾驶人无法控制车辆转向运动的情况出现。

（3）一致性　汽车运行的外部条件复杂且变化范围广泛（如不同的路面及天气条件等），这里所说的一致性，是指人们期望汽车的操纵行为能始终表现如一。如果汽车在外部条件变化时仍能保持一致的行为模式，就能降低操纵难度，减轻驾驶人的驾驶负担。

（4）常规性　通常，驾驶人对某辆车的操纵性能都会有一些比较明确的估计或期望。当首次驾驶一辆新车时，期望其性能最好与其他同类车辆相差不大。当然，对某些首次接触的新型车辆（如第一次驾驶采用后轮转向的车辆时），有经验的驾驶人也能很快适应其新特点，而并不感到特别意外。但对普通驾车者来说，并不希望发生这些操纵性能的变化，而是与心目中期望的常规模式尽可能地接近。

对普通的乘用车来说，要使所设计的车辆具有良好的操纵稳定性必须具备以下几点：

1）使车辆对于外界干扰（风、路面等）的响应降至最低；

2）具有满意的控制响应特性；

3）确保无显著的或不可控的不稳定特性；

4）为驾驶人提供足够的信息；

5）提供合理的最大加速度值、轮胎滑移报警、可接受的突变和回复特性；

6）当环境条件改变（诸如路面不平以及天气变化时），系统性能表现尽量一致。

由于跑车和赛车的速度和加速度在更大范围内变化，且轮胎常处于非线性的极限工况，因而上述期望的操纵稳定性对它们不大适用。竞赛中的赛车行驶过程复杂，且基本上呈周期性变化，而赛车本身的可操纵性也达不到理想的水平，那么只能对赛车手的响应提出更高的要求。

二、设计方法

本书通过介绍车辆动力学基本知识，阐述有关车辆设计方面的问题，并试图通过对实际车辆的数学建模、动力学方程的求解，以及用求得的结果再对实际车辆进行分析解释这样一种方式，使读者加深对本学科的理解。

本书将车辆动力学按方向划分为三个子问题，分别研究纵向、垂向和侧向动力学问题。虽然这种分开处理的方式有时会受到一些质疑，但它在工程类学科中作为一个基本方法简单而实用。所使用的数学模型，复杂程度可能不尽相同，但每个模型中的假设均给予适当的考虑，并且贯穿于整个问题之中。简化的模型有利于对基本原理的理解，而且又易于获得结果，这点在第十六章的三个实例中将有所体现。

研究中，首先要明确什么是有用的信息和最需要的结果，这是选择建模复杂程度的基本原则。例如，在考虑悬架弹簧和阻尼的基本设计问题时，选择一个双质量单轮模型应该是可行的，但对悬架衬套刚度等方面的细究显然不合适。而在车辆操纵性能分析中，两自由度单

轨模型就可以反映出车辆的最基本的特性，即不足或过度转向特性，且包括车辆质心的位置、前后轮产生侧向力的能力及其二者间的平衡等重要设计信息。如果需要考虑更复杂的情况（如包括车身侧倾、车轮外侧角变化、悬架和转向系统引起的变形转向等影响），还可以方便地在两自由度单轨模型基础上，采用叠加原理（线性范围内）来分析各因素对车辆转向转性的影响。

　　本书所介绍的动力学建模和分析方法，其要点体现在开始和结尾阶段。开始要考虑模型对实际问题的反映是否达到合理的程度，结尾阶段则是对应于这一实际问题如何解释模型计算结果。因此，开始和结尾相当重要，而中间那些环节仅仅是涉及一些数学计算而已。

　　本书可以与专用的车辆动力学分析软件配合使用，也可以采用工具箱（如 MATLAB/Simulink）自编程序，以快速、高效地产生计算结果。通过建模分析来理解和检验设计是否合理、可行，这就要求能方便地改变模型参数，使得设计者可以始终询问："要是我改变这个参数，结果将会怎样？"以期通过多次迭代得到理想答案，其过程如图1-4所示。

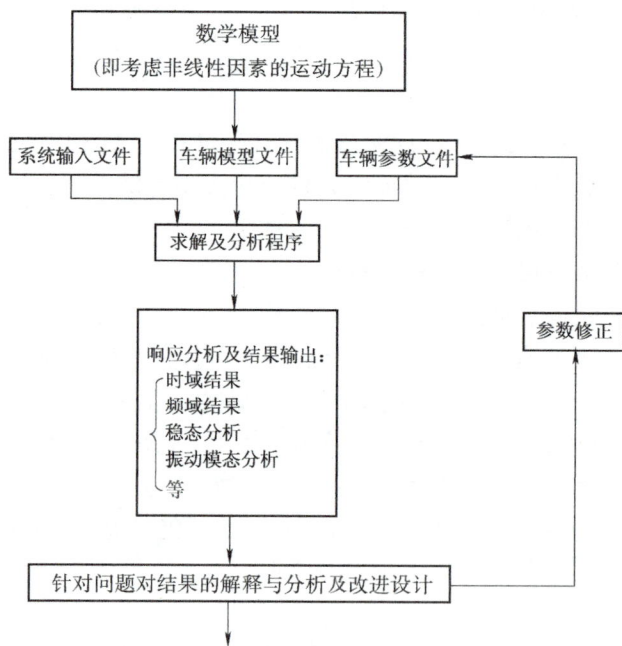

图1-4　车辆设计的迭代循环过程

综上所述，可将车辆动力学建模的主要目的归纳为：

1）描述车辆的动力学特性；

2）预测车辆性能并由此产生一个最佳设计方案；

3）解释现有设计中存在的问题，并找出解决方案。

4）为控制系统（包括控制目标、参考模型、性能评价等）的设计提供依据。

第四节　术语、标准和法规

　　车辆动力学经过几十年的发展，人们对其基本原理已有所认识，学科的理论体系逐步形成。在车辆动力学理论和应用发展的同时，一些相关的术语、标准和法规也不断推出，为汽车工程师提供了技术交流的语言。

本书对车辆动力学分析中常用的术语进行了介绍，尤其是在第一次出现时均做了详细解释。书中所采用的符号、图及文字说明尽可能遵循国际汽车工程师协会（SAE）颁布实施的规定，见参考文献[21]。作为车辆建模中最常用到的标准，首先介绍两个 SAE 标准坐标系。

首先，介绍描述车身运动的 SAE 标准坐标系，如图 1-5 所示。固结于车身的标准坐标系 $Oxyz$，其原点 O 与车辆质心（center of gravity c. g.）重合，x 轴平行于地面指向车辆前进方向；y 轴平行于地面指向驾驶员右侧；根据右手法则，z 轴垂直于地面指向下方。标准坐标系中分别定义了车身运动的六个自由度（包括三个平动和三个转动），并规定了运动变量的符号（包括位移、速度、角位移和角速度）。

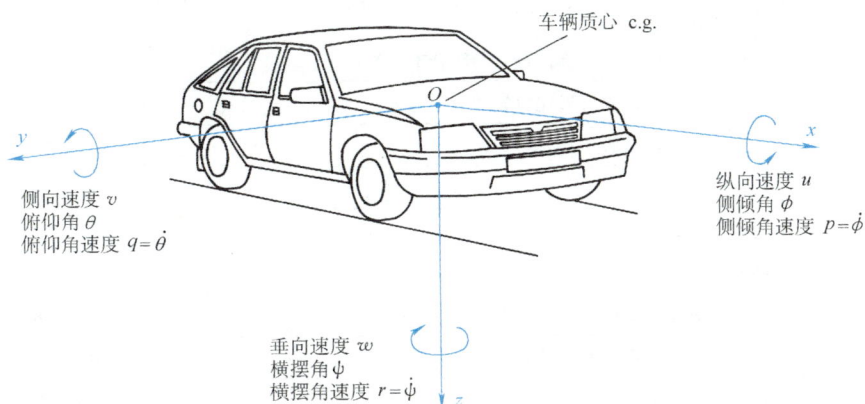

图 1-5　描述车身运动的 SAE 标准坐标系

同样，描述轮胎运动的 SAE 标准坐标系中定义了轮胎的作用力和力矩，并对力和运动变量的方向、符号意义及表达均有详细规定。关于轮胎运动标准坐标系将在第三章中详细介绍。

在进行车辆动力学分析之前，还需定义一些专用的术语，包括：

（1）平衡条件（equilibrium condition）　指稳定状态下车辆的基准条件。它是指在恒定输入下（通常是零输入）的车辆状态，在车辆稳定性分析及控制中通常作为分析的参考点。

（2）干扰（perturbations）　指在平衡条件下系统参数的小幅度波动。

（3）稳态（steady state）　指当周期性（或恒定）操纵输入（或扰动输入）施加在车辆上引起的周期性（或恒定）车辆响应，在任意长的时间内不发生变化时，便称该车辆处于稳态。

（4）瞬态（transient state）　指车辆的运动响应和作用在车辆上的外力或操纵位置随时间变化而变化，便称此时车辆的运动处于瞬态。

（5）阿克曼转向角（Ackermann angle）　假定车辆转弯时，轮胎做无侧偏滚动，内外车轮转角必须不同。阿克曼转向原理用于描述车辆稳态转向时的运动学效应，详见第十三章内容。

需要指出的是，车辆动力学相关标准的制定也是一个不断发展的动态过程。不论何时，总会有些草案正在拟订之中，并作为下一期即将颁布的标准的基础。这里主要介绍与汽车行驶动力学和操纵动力学有关的标准。

在行驶振动方面，描述人体对振动响应的标准可见参考文献[22]，有关平顺性测量仪

的标准可见参考文献［23］，有关座椅悬架的标准可见参考文献［24］，路面测量报告标准指南可见参考文献［25］。

在操纵动力学方面，现有的和正在讨论的标准包括稳态试验，可见参考文献［26］，各种不同输入的瞬态试验，可见参考文献［27］和［28］，转向制动试验可见参考文献［29］。然而，这些标准仅仅描述了试验的步骤及过程，并没有定义性能评价指标。

在我国，有关汽车操纵稳定性、行驶平顺性及制动性的试验标准见表1-2。

表1-2 有关汽车动力学性能试验的国家标准

	试 验 项 目	试 验 标 准
操纵稳定性	蛇行试验	GB/T 6323—2014
	转向瞬态响应试验（转向盘转角阶跃输入）	
	转向瞬态响应试验（转向盘转角脉冲输入）	
	转向回正性能试验	
	转向轻便性试验	
	稳态回转试验	
	转向盘中心区操纵稳定性试验	
	汽车操纵稳定性指标限值与评价方法	QC/T 480—1999
	汽车静侧翻稳定性台架试验方法	GB/T 14172—2009
行驶平顺性	汽车平顺性试验方法	GB/T 4970—2009
	机械振动 道路路面 谱测量数据报告	GB/T 7031—2005
	客车平顺性评价指标极限值	QC/T 474—2011
制动性	机动车运行安全技术条件	GB 7258—2012
	机动车和挂车防抱制动性能和试验方法	GB 13594—2003
	商用车辆和挂车制动系统技术要求及试验方法	GB 12676—2014
	汽车驻车制动器性能台架试验方法	QC/T 237—1997

第五节 发展趋势

传统的车辆动力学研究都是针对被动元件的设计而言，而采用主动控制来改变车辆动态性能的理念，则为车辆动力学开辟了一个崭新的研究领域。在车辆系统动力学研究中，采用"人—车—路"大闭环的概念应是未来的趋势。作为驾驶者，人既起着控制器的作用，又是车辆性能的最终评价者。控制技术的应用，使得车辆设计的目标可以是：力求使车辆系统在各种工况下都能有一种较易为驾驶者适应的特性。

随着多体动力学的发展及相应软件的开发和日益成熟，功能强大的计算机软件能够有效地模拟复杂的车辆模型，使汽车系统动力学成为汽车CAE技术的重要组成部分，并逐渐朝着与电子和液压控制、有限元分析等技术集成的方向发展。

或许可以这样说，是计算机技术和控制技术共同推动了现代汽车系统动力学的发展。随着各种底盘控制系统在车辆中应用的增长趋势及各功能控制系统集成程度的日益提高，车辆动力学在未来车辆控制系统设计中的作用将愈加重要。可见，未来的发展将在车辆主动控

制、车辆多体动力学和向"人—车—路"闭环系统的扩展等方面有所体现。

一、车辆动力学控制

如今，对汽车产品提出的安全、舒适、易于操纵乃至智能化等更高的要求与最初人们对汽车的要求已有很大转变，这一转变在本质上体现了人与车关系的转变。而主动控制的介入使得最初仅仅由人驾驭车辆改变为由人和控制器共同来驾驭的局面。由于车辆系统的应用环境（工况）和评价指标的多样性、复杂性，为了使"人—车—路"这一大闭环系统具有良好的性能，车辆设计师的着眼点更应力求使车辆系统在各种工况下都能有一种较易为驾驶人适应的特性，以求将驾驶人的驾驶负担减至最小。

任何车辆控制系统的开发均包括以下三个组成部分，即控制算法、传感器技术和执行机构。后两者在技术上可以解决；但作为控制系统的关键，即寻求一个能够为车辆提供良好性能的控制律（control law），则需要控制理论与车辆动力学的紧密结合。这里以主动悬架为例，对这三个方面分别予以说明[30]。

从控制理论上讲，采用主动悬架的车辆要想获得满意的控制律需考虑几个方面。以往发表的研究大多对车辆的行驶条件做了一定的限制和假设，而在现实中，车辆可能遇到不同的路面不平度情况、各种路面输入激励、不同的车速、不同的制动力或驱动力等，而且这些因素可能在较大的范围内变化，为此研究者们近些年提出了关于控制器设计的自适应问题和鲁棒性问题。也就是说，在保证系统稳定性的同时，控制器可在线地调节自己以适应当前特定的运行条件。

现以传感器技术的发展可以提高主动悬架性能潜力为例给予说明。比如，若在车前部安装前视预瞄传感器来可靠地提供前轮前方路面的输入信息，那么主动悬架系统就可以利用车辆对前后轮的路面预测信息进行控制，这就是所谓的"预瞄控制"（preview control）。已有一些研究结果显示，根据安装在前保险杠上传感器测得的前轮前方 0.8～1m 的路面信息，可使车辆获得满意的行驶性能。然而，预瞄控制的效果与传感器成本需要考虑，即是否具有可接受的"性价比"的问题有待进一步研究，以判断应用这种传感器的实际价值。还有研究表明，利用"轴距预瞄"信息也可以提高后轮处的悬架性能。采用这种轴距预瞄信息是基于这样一个事实，即当车辆在硬路面上直线行驶时，后轮的输入仅与前轮输入存在一个时间上的滞后。

执行机构在车辆控制系统的开发中至关重要，这里我们仍以主动悬架的执行机构在产品设计中的重要性为例加以说明，虽然目前油气悬架的市场前景已逐渐得到了人们的认可，但一些实际的问题，如成本、能耗、增加的重量和可靠性等因素，仍然限制了油气主动悬架系统在市场中的应用。

最后，再讨论一个更广泛的问题，即车辆底盘控制系统的集成。目前，车辆控制系统已在某些方面得到了成功的应用，如防抱死制动系统、驱动力控制系统和稳定性控制系统等，并逐步向车身侧倾控制、可切换阻尼的半主动悬架和四轮转向等其他方面拓展。虽然这些系统最初只限于各自完成某些特定的功能，但它们的结合则是车辆底盘控制技术发展的必然趋势。因此，随着未来电动车的迅速普及，为线驱动、线制动、线转向及线控悬架技术及其集成也带来了契机。基于线控技术（即 X – by – wire）的车辆动力学集成控制也成为当前车辆动力学与控制领域的一个研究热点，并有一些研究成果在近年来不断涌现。

二、多体系统动力学

与传统的集中质量模型相比，近代发展起来的多刚体系统动力学可大大提高复杂车辆模型的精度[31]。随着计算机技术的飞速发展，车辆的多刚体模型逐步向多柔体模型发展。因此，考虑车辆中一些柔性体（如橡胶衬套等）的刚柔耦合模型也能被精确地建立[32]。

多体系统动力学的基本方法是：首先对一个由不同质量和几何尺寸组成的系统施加一些不同类型的连接元件，从而建立起一个具有合适自由度的模型；然后，软件包会自动产生相应的时域非线性方程，并在给定的系统输入下进行求解。

其实，不管实际的系统方程组多么复杂，它们总可以写成这样一个通式，即：

$$MX = F$$

式中，M 表示一个系统参数矩阵，包括质量、惯量、刚度、阻尼、几何尺寸等；X 表示系统状态变量的矢量形式，它可能包含几百个变量；F 表示所有外力的矢量。

由上式可以看到，假如 F 中还包括一些不确定因素，则花费很大的精力去提高方程式左边 MX 的精度也是没有意义的。例如，在操纵动力学模型中，矢量 F 包括的轮胎作用力恐怕就是最不精确的部分。因此，不断努力地对轮胎性能进行测量、提炼和建模[33]将成为车辆动力学发展的一个核心问题。

随着多体系统动力学的发展、功能强大的分析软件和日益成熟的车辆模型开发，汽车多体系统动力学成为汽车 CAE 技术的重要组成部分。对此，将结合实例对车辆多体系统动力学建模及有关分析软件的应用在第四篇中做专门介绍。

汽车多体系统动力学在汽车产品开发中的应用日趋广泛，已成为 CAD/CAM/CAE 技术的有效集成手段。它可以准确分析虚拟样机的性能，检查虚拟样机的缺陷，从而缩短产品的设计周期，节约试制费用，同时提高物理样机与最终产品之间的相似性。随着近二十年多体动力学软件的日渐成熟及完善，虚拟样机技术正成为各大汽车公司的一个不可或缺的产品研发手段。

三、"人—车—路"闭环系统

对人—车—路闭环系统的研究汽车系统动力学领域正在愈加受到重视[34,35]。研究人—车—路闭环特性的主要目的是：首先建立人—车闭环系统的数学模型，并以此为基础提出与驾驶人主观评价一致的客观评价体系。尤其对操纵动力学研究而言，若要全面准确地研究和评价系统性能，就应考虑驾驶人与车辆的配合问题。然而，实际中驾驶者的特性是因人而异的，并可通过训练而改变，很难表达成准确而统一的特性，因而在车辆的试验评价研究中，也给闭环评价带来了很大困难。如果表达驾驶人驾驶特性的驾驶人模型不再是问题，那么"开环评价"与"闭环评价"的应用价值也就差别不大了。因此，在人—车—路闭环系统中驾驶人模型的研究，也是今后汽车系统动力学研究的一个挑战性难题。

除驾驶人模型的不确定因素外，就车辆本身的一些动力学问题也未必能完全通过建模来解决。可见，汽车系统动力学中的这些微妙因素影响了由系统建模预测的系统性能的准确性。但在主观评价中，这些因素却很容易被有经验的试验工程师发现。目前，人们仍然普遍承认，在对车辆行驶和操纵性能的开发、调节以至最后形成批量生产进行决策时，仍主要以

主观评价为基础。这看来似乎有点矛盾，既然功能强大的计算机软件能如此有效地模拟日益复杂的车辆模型，又何必仍要依赖那些经过高度"标定化了的"实车试验工程师的精湛技能呢？对于这个问题，还得从两方面来回答。首先，这些模型虽尚不"完美"，但并不意味着它们没有用处。比起以往那种反复进行实车试验的做法，任何加速开发设计进程的分析工具都肯定有用。其次，如果在建模时一味将精力都花在模型的复杂程度和精度上，就有可能会失去重点。

虽然人们对车辆性能的客观测量与主观评价之间的复杂关系还缺乏充分的了解，但已有一些学者就驾驶人模型及其参数辨识方法进行了研究，并试图基于辨识得出的驾驶人模型建立一种通用的方法来表达车辆操纵品质评价及车辆操纵特性之间的关系[36]。因此，对基于驾驶人模型的人—车—路闭环车辆操纵品质评价的研究可能是今后汽车系统动力学中一个重要的研究领域。

参 考 文 献

[1] Lanchester F W. Some Problems Peculiar to the Design of Automobile [J]. Proc. of the Institution of Automobile Engineers, 1907, 2(1)：185 – 257.

[2] Lanchester F W. Motor Car Suspension and Independent Springing [J]. Proc. of the Institution of Automobile Engineers, 1936, 30(2)：668 – 762.

[3] Olley M. Independent Wheel Suspension —Its Whys and Wherefores [J]. SAE Technical Paper 340080, 1934.

[4] Olley M. Road Manners of the Modern Car [J]. Proc. of the Institution of Automobile Engineers, 1946, 41(1)：523 –551.

[5] Lanchester F W. India Rubber as an Auxiliary to Suspension [J]. Proc. of the Institution of Automobile Engineers, 1928, 22(2)：575 – 599.

[6] Miliken W F, Milliken D L. Race Car Vehicle Dynamics [M]. Warrendale：SAE International, 1995.

[7] La Barre R P, Forbes R T, Andrew S. The Measurement and Analysis of Road Surface Roughness [R]. Warwick：MIRA Report, 1969.

[8] Aspina D T, Oliver R J. Vehicle Riding Comfort：Correlation Between Subjective Assessments of Vehicle Ride and Physical Measurements of Vehicle Motion [R]. Warwick：MIRA Report, 1964, 10.

[9] Milliken W F, Whitcomb D W. General Introduction to a Program of Dynamic Research [J]. Proc. of IMechE：Automobile Division, 1956, 10(1)：287 –309.

[10] Segel L. Research in Fundamentals of Automobile Control and Stability [J]. SAE Technical Paper 570044, 1957.

[11] Whitcomb D W, Milliken W F. Design Implications of a General Theory of Automotive Stability and Control [J]. Proc. of IMechE：Autombile Division, 1956, 10(1)：367 –425.

[12] Segel L. An Overview of Developments in Road Vehicle Dynamics：Past, Present and Future [J]. Proc. of IMechE Conference on Vehicle ride and handling. London, 1993：1 – 12.

[13] 郭孔辉. 汽车操纵动力学原理 [M]. 南京：江苏科学技术出版社, 2011.

[14] Furukawa Y, Abe M. Advanced Chassis Control Systems for Vehicle Handling and Active Safety [J]. Vehicle System Dynamics, 1997, 28(2 –3)：59 – 86.

[15] Thompson A G. Design of Active Suspensions [J]. Proc. of IMechE, 1970, 185(1)：553 –563.

[16] Wright P G, Williams D A. The Application of Active Suspension to High Performance Road Vehicles [C].

Proc. of IMechE Conference on Microprocessors in Fluid Power Engineering. University of Bath, 1984, Sept. 3 - 4, C239/84: 23 - 28.

[17] Furukawa Y, Yuhara N, Sano S, Takeda H, Matsushita Y. A Review of Front Wheel Steering Studies from the Viewpoint of Vehicle Dynamics and Control [J]. Vehicle System Dynamics, 1989, 18(1 - 3): 151 - 186.

[18] 林逸，施国标. 汽车电动助力转向技术的发展现状与趋势 [J]. 公路交通科技，2001，18(3): 79 - 87.

[19] Crolla D A. Vehicle Dynamics-Theory into Practice [J]. Proc. of IMechE (Part D): Journal of Automobile Engineering, 1996, 210(2): 83 - 94.

[20] Dave Crolla, 喻凡. 车辆动力学及其控制 [M]. 北京：人民交通出版社，2004.

[21] Society of Automotive Engineers. Vehicle Dynamics Terminology: J670_ 200801 [S]. Warrendale: SAE Intenational, 2008.

[22] International Organization for Standardization. Mechanical Vibration and Shock - Evaluation of Human Exposure to Whole - body Vibration - Part 1: General requirements: ISO 2631 - 1: 1997 [S]. International Organization for Standardization, 1997.

[23] International Organization for Standardization. Human Response to Vibration, Measuring Instrumentation: ISO 8041: 2005 [S]. International Organization for Standardization, 2005.

[24] International Organization for Standardization. Earthmoving Machinery - Operator's Seat - Laboratory Measurement of Transmitted, Vibration: ISO 7096: 2000 [S]. International Organization for Standardization, 2000.

[25] International Organization for Standardization. Mechanical Vibrations of Land Vehicles Method of Reporting Measured Data: ISO 8002: 1986 [S]. International Organization for Standardization, 1986.

[26] International Organization for Standardization. Road Vehicles - Steady State Circular Test Procedure: ISO 4138: 2012 [S]. International Organization for Standardization, 2012.

[27] International Organization for Standardization. Road Vehicles - Test Procedure for a Severe Lane Change Maneuver: ISO 3888 - 1: 1999 [S]. International Organization for Standardization, 1999.

[28] International Organization for Standardization. Road Vehicles - Lateral Transient Response Test Methods: ISO 7401: 2011 [S]. International Organization for Standardization, 2011.

[29] International Organization for Standardization. Road Vehicles - Braking in a Turn Open Loop Test: ISO 7975: 2006 [S]. International Organization for Standardization, 2006.

[30] Yu F. Adaptive and Self-turning Control of Vehicle Active Suspension [D]. Leeds: University of Leeds, 1996.

[31] Kortum W, Sharp R S. A Report on the State of Affairs on Application of Multi-body Computer Codes to Vehicle System Dynamics [J]. Vehicle System Dynamics, 1991, 20 (3 - 4): 177 - 184.

[32] 林逸，陈欣. 轿车悬架系统空间多体弹性系统运动学研究 [J]. 中国公路学报，2000，13(3): 120 - 122.

[33] Pacejka H B, Sharp R S. Shear Force Development by Pneumatic Tyres in Steady State Conditions: A Review of Modeling Aspects [J]. Vehicle System Dynamics, 1991, 20(3 - 4): 121 - 175.

[34] Guo K H, Guan X. Modelling of Driver/Vehicle Directional Control System [J]. Vehicle System Dynamics, 1993, 22 (3): 141 - 184.

[35] Guo K H, Zong, C F, Kong F S, Chen M L. Objective Evaluation Correlated with Human Judgment - An Approach to the Optimization of Vehicle Handling Control System [J]. International Journal of Vehicle Design, 2002, 29(1 - 2): 95 - 111.

[36] 安部正人. 车辆操纵动力学—理论与应用 [M]. 原书第2版. 喻凡，译. 北京：机械工业出版社，2016.

第二章　车辆动力学建模方法及基础理论

第一节　动力学方程的建立方法

在车辆动力学研究中，建立系统运动微分方程的传统方法主要有两种：一是利用牛顿矢量力学体系的动量定理及动量矩定理，二是利用拉格朗日的分析力学体系。本节将对这两种体系做简单回顾，并介绍几个新的原理。

一、牛顿矢量力学体系

（1）质点系动量定理　质点系动量矢 $\boldsymbol{p}$ 对时间的导数等于作用于质点系的所有外力 $\boldsymbol{F}_i$ 的矢量和（即主矢），其表达式为：

$$\frac{\mathrm{d}\boldsymbol{p}}{\mathrm{d}t} = \sum \boldsymbol{F}_i \tag{2-1}$$

质点系的动量定理也可写为：

$$m\ddot{\boldsymbol{r}}_c = \sum \boldsymbol{F}_i \tag{2-2}$$

式中，m 为质点系总质量；$\ddot{\boldsymbol{r}}_c$ 为质点系质心加速度。

式（2-1）或式（2-2）的投影式称为牛顿方程。

（2）质点系动量矩定理　质点系对于任一固定点 O 的动量矩 $\boldsymbol{L}_0$ 对时间的导数，等于所有作用于质点系的外力对于 O 点的主矩 $\boldsymbol{M}_0$，其表达式为：

$$\frac{\mathrm{d}\boldsymbol{L}_0}{\mathrm{d}t} = \boldsymbol{M}_0 \tag{2-3}$$

对单个刚体而言，其动量矩 $\boldsymbol{L}$ 等于刚体绕某轴的转动惯量 $\boldsymbol{I}$ 与刚体的角速度 $\boldsymbol{\omega}$ 的乘积，即：

$$\boldsymbol{L} = \boldsymbol{I} \times \boldsymbol{\omega} \tag{2-4}$$

对其应用动量矩定理的投影式，则称为刚体的欧拉方程，其表达式为：

$$\boldsymbol{I}\dot{\boldsymbol{\omega}} + \widetilde{\boldsymbol{\omega}}\boldsymbol{I}\boldsymbol{\omega} = \boldsymbol{M}_0 \tag{2-5}$$

式中，角速度投影矩阵 $\boldsymbol{\omega} = \begin{pmatrix} \omega_x \\ \omega_y \\ \omega_z \end{pmatrix}$；其反对称阵 $\widetilde{\boldsymbol{\omega}} = \begin{pmatrix} 0 & -\omega_z & \omega_y \\ \omega_z & 0 & -\omega_x \\ -\omega_y & \omega_x & 0 \end{pmatrix}$。

利用动量定理和动量矩定理推导车辆动力学方程时，物理意义比较直观，但存在以下问

题：①需先对系统取分离体，引入铰链的约束力和力矩，然后再将其消去，因而较为繁琐；②需进行接地参考基、车辆参考基和车轮参考基之间的坐标变换，描述系统位移所需的坐标数量较多。这里需要说明的是，第一类拉格朗日方程本质上就是牛顿矢量力学。其公式推导繁杂，适应于描述车辆动力学这样的复杂系统，相对于后面提到的第二类拉格朗日方程，求解更高效。

二、分析力学体系

分析力学是用分析的方法来讨论力学问题，较适合处理受约束的质点系。

（1）动力学普遍方程 拉格朗日于1760年给出了著名的达朗贝尔—拉格朗日原理（d'Alembert-Lagrange principle），通常称为动力学普遍方程。方程建立的基本依据是虚位移原理，表示如下：

$$\sum_{i=1}^{n} \delta \boldsymbol{r}_i \cdot (-m\ddot{\boldsymbol{r}}_i + \boldsymbol{F}_i^a) = 0 \tag{2-6}$$

式中，$-m\ddot{\boldsymbol{r}}_i$ 为作用于第 i 个质点的惯性力；$\boldsymbol{F}_i^a$ 为作用于第 i 个质点的主动力；$\delta\boldsymbol{r}_i$ 为第 i 个质点的虚位移变量。

实际上，采用动力学普遍方程来解决复杂系统的动力学问题并不方便，因为方程中系统各质点坐标的变分不完全是独立的，因而在方程求解过程中还必须附加一系列的几何约束方程。

（2）拉格朗日方程 拉格朗日法的基本思想是将系统的总动能以系统变量的形式表示，然后将其代入拉格朗日方程，再对其求偏导数，即可得到系统的运动方程。

引入动能函数 E_T，拉格朗日方程的基本形式为：

$$\frac{\mathrm{d}}{\mathrm{d}t}\left(\frac{\partial E_T}{\partial \dot{\boldsymbol{q}}_i}\right) - \frac{\partial E_T}{\partial \boldsymbol{q}_i} = \boldsymbol{F}_{Qi} \quad (i=1,2,\cdots,n) \tag{2-7}$$

式中，$\boldsymbol{q}_i$ 为第 i 个质点的广义坐标；$\boldsymbol{F}_{Qi}$ 为对应于广义坐标 $\boldsymbol{q}_i$ 的广义主动力；n 为系统方程的阶数。

为方便车辆动力学建模，可将 $\boldsymbol{F}_{Qi}$ 视为作用于系统的广义外力，则拉格朗日方程为：

$$\frac{\mathrm{d}}{\mathrm{d}t}\left(\frac{\partial E_k}{\partial \dot{\boldsymbol{q}}_i}\right) - \frac{\partial E_k}{\partial \boldsymbol{q}_i} + \frac{\partial E_p}{\partial \boldsymbol{q}_i} + \frac{\partial E_D}{\partial \dot{\boldsymbol{q}}_i} = \boldsymbol{F}_{Qi} \quad (i=1,2,\cdots,n) \tag{2-8}$$

式中，E_k、E_p 和 E_D 分别为系统的总动能、总势能和总耗散能。

利用此方程推导车辆动力学方程时，因采用广义坐标，从而使描述系统位移的坐标数量大大减少，并可以自动消去无功内力。但也存在下述问题：①应用拉格朗日方程时，有赖于广义坐标的选取是否得当，而适当地选择广义坐标有时要靠经验；②拉格朗日能量函数对于刚体系统的表达式可能非常复杂，代入拉格朗日方程后要做大量运算。而对于复杂的车辆系统，写出能量函数的表达式就更加困难。

三、虚功率原理

若丹（Jourdain）于1908年推导出另一种形式的动力学普遍方程，其所依据的原理称为虚功率原理。虚功率形式的动力学普遍方程为：

$$\sum_{i=1}^{n} \delta \dot{\boldsymbol{r}}_i \cdot (-m\ddot{\boldsymbol{r}}_i + \boldsymbol{F}_i^a) = 0 \tag{2-9}$$

式中，$\delta \dot{\boldsymbol{r}}_i$ 为质点 m_i 的虚速度变分，因而上式也称为虚速度原理。

虚功率形式的动力学普遍方程特别适用于本章第四节中介绍的带有一阶非完整约束的质点系。

四、高斯原理

1829 年，高斯（Gauss）提出动力学普遍方程的又一形式，称为高斯原理，其表达式为：

$$\sum_{i=1}^{n} \delta \ddot{\boldsymbol{r}}_i \cdot (-m\ddot{\boldsymbol{r}}_i + \boldsymbol{F}_i^a) = 0 \tag{2-10}$$

式中，$\delta \ddot{\boldsymbol{r}}_i$ 为高斯加速度变分。

高斯原理特别适用于具有二阶非完整约束的质点系。

第二节　非线性动力学系统分岔分析

这里，"分岔"是指动力学系统参数在临界值（某一特定值）附近发生微小变化时，系统特性或拓扑结构发生突变的非线性现象。汽车动力学系统是一个典型的非线性系统，其中悬架、轮胎等都体现了较强的非线性特性。早在 20 世纪 30 年代就发现前轮摆振问题可以看成是一个典型的非线性动力学问题，因而以此为例，我们对非线性系统的一个方法，即"分岔"理论及其基本概念在本节中给予介绍，以便为后面的第十三章第二节中给出的一个前轮摆振非线性实例分析做一个理论铺垫。

一、相空间及解的稳定性

1. 平衡点及其稳定性

分岔表示当某个系统参数变化时解的数量及性质发生变化，因此首先介绍动力学系统解的情况及相关概念[1]。

考察含参数非线性系统（简称含参系统），即：

$$\dot{\boldsymbol{x}} = f(\boldsymbol{x}, \boldsymbol{\mu}) \tag{2-11}$$

式中，$\boldsymbol{x} \in R^n$ 为 n 维状态变量，$\boldsymbol{\mu} \in R^m$ 为 m 维参数变量，函数 $f(\boldsymbol{x}, \boldsymbol{\mu})$ 为微分方程（2-11）的向量场。在给定的初始条件下，式（2-11）的解 $\boldsymbol{x}_i(t, \boldsymbol{u})$（$i = 1:n$, $t \geq 0$）表示以 $\boldsymbol{x}_i(i = 1:n)$ 为基确定的空间内随时间 t 和参数 $\boldsymbol{\mu}$ 而演化的积分曲线。通常将 $(\boldsymbol{x}_1, \boldsymbol{x}_2, \cdots, \boldsymbol{x}_n)$ 确定的空间称为相空间（phase space），记为 $\boldsymbol{S}$。上述解曲线称为相轨迹（phase trajectory），相轨迹的全体则称为相图（phase graph）。

若式（2-11）的静平衡方程，即：

$$f(\boldsymbol{x}, \boldsymbol{u}) = 0 \tag{2-12}$$

存在零解 $(\boldsymbol{x}_S, \boldsymbol{\mu}_S)$，则称 $\boldsymbol{\mu} = \boldsymbol{\mu}_S$ 时系统存在奇点（singularity point）$\boldsymbol{x} = \boldsymbol{x}_S$，它是相空间中与零解相对应的点。

现以一个单自由度系统为例，对上述概念加以说明。系统方程表达如下：

$$\ddot{\boldsymbol{x}}(t) + p(\boldsymbol{x}(t), \dot{\boldsymbol{x}}(t)) = 0 \tag{2-13}$$

以系统位移 $\boldsymbol{\mu}$ 和速度 $\dot{\boldsymbol{\mu}}$ 组成二维状态向量 $\boldsymbol{x}=[x_1\ x_2]^{\mathrm{T}}$，即：

$$\ddot{\boldsymbol{x}}=\begin{bmatrix}\dot{x}_1\\\dot{x}_2\end{bmatrix}=\begin{bmatrix}\dot{\boldsymbol{\mu}}\\\ddot{\boldsymbol{\mu}}\end{bmatrix}=\begin{bmatrix}x_2\\-p(\boldsymbol{x},\boldsymbol{\mu})\end{bmatrix}=f(\boldsymbol{x},\boldsymbol{\mu}) \tag{2-14}$$

其奇点 $(\boldsymbol{x}_S,\boldsymbol{\mu}_S)$ 为下式表达的方程组的解，即：

$$\begin{cases}x_2=0\\-p(x_1,x_2,\boldsymbol{\mu})=0\end{cases} \tag{2-15}$$

此时，相轨线的切线斜率表达如下：

$$\frac{\mathrm{d}x_2}{\mathrm{d}x_1}=\frac{f_2(\boldsymbol{x}_S,\boldsymbol{\mu}_S)}{f_1(\boldsymbol{x}_S,\boldsymbol{\mu}_S)}=-\frac{p(\boldsymbol{x}_S,\boldsymbol{\mu}_S)}{x_{2S}}=\frac{0}{0} \tag{2-16}$$

由上式可见，切线方向不存在或为不定值。当切线方向不存在时，奇点处无积分曲线通过；当切线方向为不定值时，奇点处有无数条积分曲线通过（图2-1）。

由于奇点处 $\dot{\boldsymbol{x}}_S=\ddot{\boldsymbol{x}}_S=0$，对二阶系统而言，系统的速度和加速度均为零，其物理意义为系统处于平衡状态，因此，奇点又称为平衡点。

如果对于任意给定的 $\varepsilon>0$，存在 $\delta(\varepsilon)>0$，使得 $\|\boldsymbol{x}(0)-\boldsymbol{x}(s)\|<\delta(\varepsilon)$ 时，系统运动满足 $\|\boldsymbol{x}(t)-\boldsymbol{x}(s)\|<\varepsilon$，则称系统平衡点 $\boldsymbol{x}=\boldsymbol{x}_S$ 是稳定的，否则为不稳定。特别地，若在平衡点稳定的前提下满足 $\lim_{t\to\infty}\boldsymbol{x}(t)=\boldsymbol{x}_S$，则称平衡点 $\boldsymbol{x}=\boldsymbol{x}_S$ 渐进稳定。

为研究系统在平衡点附近的行为，一般将式（2-11）在平衡点 $\boldsymbol{x}_S$ 处进行泰勒展开，得：

$$\dot{\boldsymbol{x}}=f(\boldsymbol{x})=Df(\boldsymbol{x}_S)(\boldsymbol{x}-\boldsymbol{x}_S)+f_2(\|\boldsymbol{x}-\boldsymbol{x}_S\|^2)+f_3(\|\boldsymbol{x}-\boldsymbol{x}_S\|^3)+O(\|\boldsymbol{x}-\boldsymbol{x}_S\|^4) \tag{2-17}$$

其中，$Df(\boldsymbol{x}_S)$ 表示向量函数 $f(\boldsymbol{x})$ 在平衡点 $\boldsymbol{x}_S$ 处的雅可比矩阵。根据 $Df(\boldsymbol{x}_S)$ 特征值的情况可以将奇点分为结点、奇结点、鞍点、退化结点、焦点、中心、奇线[2]这几种，相轨线的情况如图2-1所示。

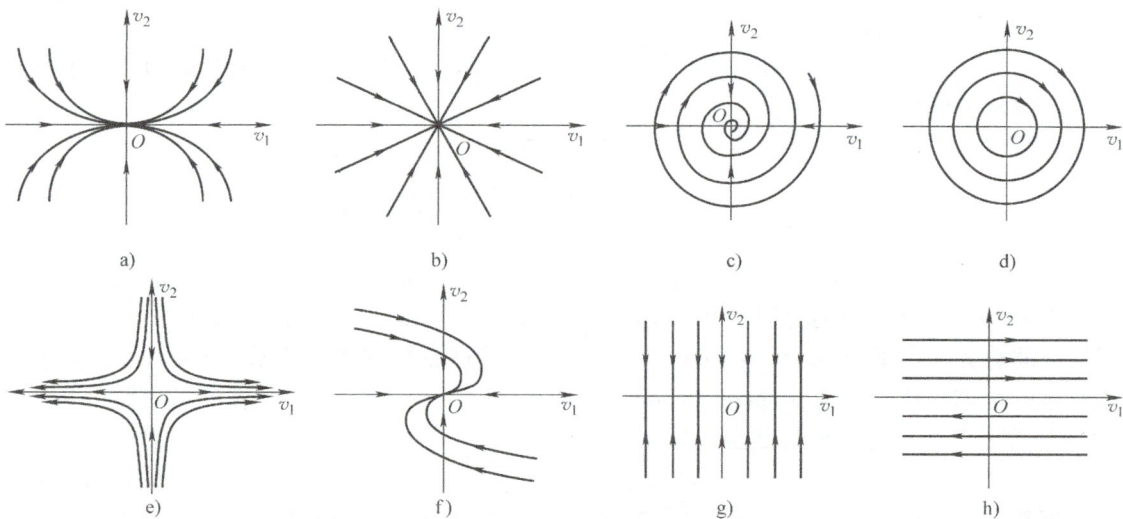

图2-1　奇点类型示意图

a）渐进稳定结点　b）渐进稳定奇结点　c）渐进稳定焦点　d）中心
e）鞍点　f）渐进稳定退化结点　g）渐进稳定奇线　h）不稳定奇线

2. 极限环（limit cycle）

相平面内封闭的相轨线称为闭轨迹（closed trajectory），是对系统周期运动的定性描述，记为 $\boldsymbol{\Gamma}$。在无数封闭的相轨迹曲线中，实际运动所对应的相轨迹由初始运动状态确定。但有一类特殊的振动系统，其运动微分方程的解在相平面上所确定的相轨迹是一条孤立的封闭曲线，它所对应的周期运动由系统的物理参数唯一确定，与初始的运动状态无关。这种孤立且稳定的闭轨迹称为极限环。

给定任意 $\varepsilon > 0$，存在 $\delta > 0$，假定系统在初始时刻 t_0 受到扰动时相轨线与极限环的距离为 δ，且当 $t > t_0$ 时，若 $\delta < \varepsilon$ 总是成立，则称极限环是稳定的，否则是不稳定的闭轨迹。若极限环是稳定的，当 $t \to \infty$ 时，有 $\delta \to 0$，则称极限环渐进稳定。闭轨迹稳定性的几何含义可由图 2-2 说明，当系统从闭轨迹内、外均逼近闭轨迹时，该闭轨迹 $\boldsymbol{\Gamma}$ 称为稳定的极限环；当系统从闭轨迹内、外均远离闭轨迹时，该闭轨迹 $\boldsymbol{\Gamma}$ 称为不稳定的闭轨迹；当系统从闭轨迹内（外）逼近闭轨迹，外（内）远离闭轨迹时，该闭轨迹 $\boldsymbol{\Gamma}$ 称为半稳定的闭轨迹。

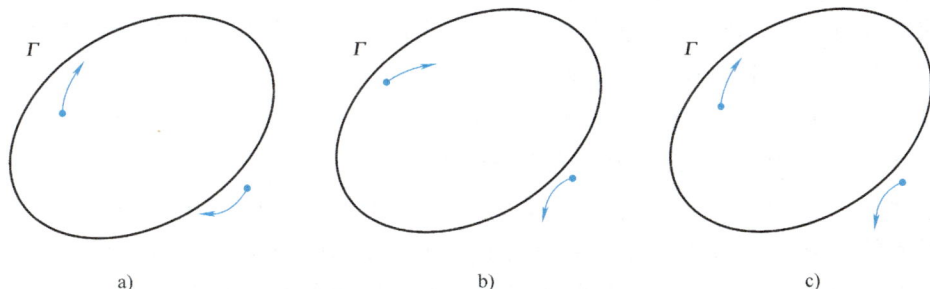

图 2-2　闭轨迹稳定性的几何含义
a）稳定极限环　b）不稳定闭轨迹　c）半稳定闭轨迹

实际上，确定极限环的个数和位置是非常困难的，目前，可以通过一些判断极限环存在的充分条件和必要条件，以及几个比较简单的存在性判据进行分析，常用的定理包括 Bendixson 定理，Poincaré 环域定理和 Poincaré 指数等[3]。

二、分岔的基本概念

这里，仍考虑式（2-11）表达的含参系统，当 $\boldsymbol{\mu}$ 连续变动时，若式（2-11）的相轨迹的拓扑结构在 $\boldsymbol{\mu} = \boldsymbol{\mu}_0$ 处发生突然变化，则称系统在 $\boldsymbol{\mu} = \boldsymbol{\mu}_0$ 处出现分岔，并将 $\boldsymbol{\mu}_0$ 称为分岔值或临界值。$(\boldsymbol{x}, \boldsymbol{\mu}_0)$ 称为分岔点，$\boldsymbol{\mu}$ 所属 R^m 空间中由分岔值构成的集合称为分岔集，$(\boldsymbol{x}, \boldsymbol{\mu})$ 所属 $R^n \times R^m$ 空间中平衡点和极限环随 $\boldsymbol{\mu}$ 变化的图形称为分岔图。

只需研究平衡点和闭轨迹附近相轨线的变化，则通常将此类分岔问题称为局部分岔；反之，若考虑相空间内大范围分岔性态，则将其称为全局分岔。若只研究平衡点个数 $l(\boldsymbol{\mu})$ 和稳定性随参数变化情况，则称为静态分岔；其余情况均属于动态分岔范畴。

首先讨论平衡点 $(\boldsymbol{x}_S, \boldsymbol{\mu}_S)$ 附近平衡点 $\boldsymbol{x}_S$ 对 $\boldsymbol{\mu}$ 的依赖关系，由式（2-12）可得：

$$f_x(\boldsymbol{x}, \boldsymbol{\mu}) \frac{\mathrm{d}\boldsymbol{x}}{\mathrm{d}\boldsymbol{\mu}} + f_\mu(\boldsymbol{x}, \boldsymbol{\mu}) = 0 \tag{2-18}$$

若在 $(\boldsymbol{x}_S, \boldsymbol{\mu}_S)$ 处 $f_x(\boldsymbol{x}, \boldsymbol{\mu}) \neq 0$，则可求得：

$$\frac{\mathrm{d}\boldsymbol{x}}{\mathrm{d}\boldsymbol{\mu}}\bigg|_{x=x_S} = f_\mu(\boldsymbol{x}_S, \boldsymbol{\mu}_S)/f_x(\boldsymbol{x}_S, \boldsymbol{\mu}_S) \tag{2-19}$$

μ_S 的邻域存在唯一函数，即：

$$\boldsymbol{x}(\boldsymbol{\mu}) = \boldsymbol{x}_S + \int_{\mu_S}^{\mu} \frac{\mathrm{d}\boldsymbol{x}(\boldsymbol{q})}{\mathrm{d}\boldsymbol{\mu}}\mathrm{d}\boldsymbol{q} \tag{2-20}$$

根据式（2-19），式（2-12）无法获得唯一函数 $\boldsymbol{x}(\boldsymbol{\mu})$ 的条件是 $f_x(\boldsymbol{x}, \boldsymbol{\mu}) = 0$。将这样的平衡点称为平衡方程的奇异点。一般而言，奇异点又分为两类，分别是：

1）$f_\mu(\boldsymbol{x}, \boldsymbol{\mu}) \neq 0$，则 $\dfrac{\mathrm{d}\boldsymbol{x}}{\mathrm{d}\mu}\bigg|_{\mu=\mu_S} \to \infty$，即相轨线具有铅垂切线，此时奇异点称为转折点，极限点或鞍点。

2）$f_\mu(\boldsymbol{x}, \boldsymbol{\mu}) = 0$，则 $\dfrac{\mathrm{d}\boldsymbol{x}}{\mathrm{d}\mu}\bigg|_{\mu=\mu_S} \to \dfrac{0}{0}$，即相轨线切线不定，此时奇异点称为分岔点。

1. 静态分岔

由前文可知，静态分叉主要研究的是平衡点个数 $l(\boldsymbol{\mu})$ 和稳定性随参数 $\boldsymbol{\mu}$ 变化情况。而静态分岔存在的几个相互等价的必要条件包括：

1）$f(\boldsymbol{x}_S, \boldsymbol{\mu}_S) = 0$，$\det[D_{\mu_S}f(\boldsymbol{x}_S, \boldsymbol{\mu}_S)] = 0$；

2）$f(\boldsymbol{x}_S, \boldsymbol{\mu}_S) = 0$，$D_{\mu_S}f(\boldsymbol{x}_S, \boldsymbol{\mu}_S)$ 有零特征值；

3）$f(\boldsymbol{x}_S, \boldsymbol{\mu}_S) = 0$，$D_{\mu_S}f(\boldsymbol{x}_S, \boldsymbol{\mu}_S)$ 的零空间维数 $\dim N(D_{\mu_S}f(\boldsymbol{x}_S, \boldsymbol{\mu}_S)) \geqslant 1$。

先考虑单参数一维系统，即令系统方程（2-11）中 $n = 1$，$m = 1$。不失一般性，令 $(0, 0)$ 为系统平衡点（下同），即系统在 $(0, 0)$ 处满足上述静态分岔存在的基本条件。将系统方程按泰勒级数展开，即：

$$f(x, \mu) = \alpha\mu + \frac{1}{2}ax^2 + bx\mu + \frac{1}{2}c\mu^2 + \frac{1}{6}dx^3 + O(x^4) \tag{2-21}$$

其中，$\alpha = D_\mu f(0, 0)$，$a = D_{xx}f(0, 0)$，$b = D_{x\mu}f(0, 0)$，$c = D_{\mu\mu}f(0, 0)$，$d = D_{xxx}f(0,0)$，…。引入 Hessian 矩阵的行列式，即：

$$\Delta = \det\begin{pmatrix} a & b \\ b & c \end{pmatrix} = ac - b^2 \tag{2-22}$$

可以根据泰勒展开式的系数和 Hessian 矩阵行列式 Δ 的符号将一维静态分岔分为鞍结分岔，跨临界分岔和岔形分岔三种[2]，其相轨线的情况如图 2-3 所示。

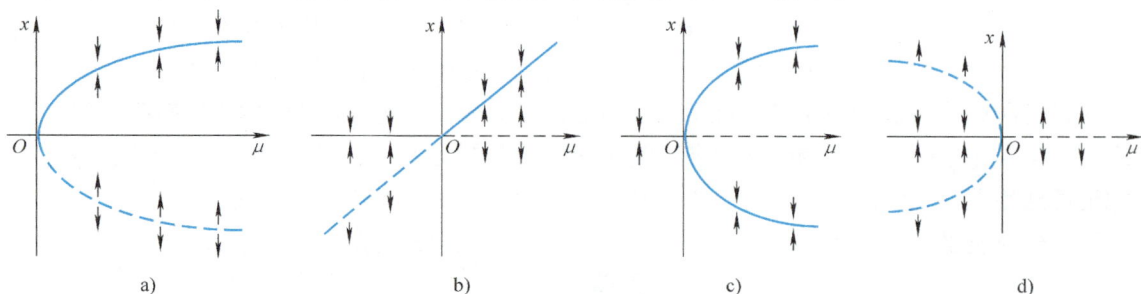

图 2-3　基本的静态分叉形式

a）鞍结分岔　b）跨临界分岔　c）超临界岔形分岔　d）亚临界岔形分岔

对高维非线性方程零解的分岔，通常采用降维和简化处理，常用的降维方法包括 L－S

方法（Lyapunov – Schmidt）和中心流形方法[2]，而常用的简化方法包括 Poincaré – Birkhoff 范式（PB 范式）理论和奇异性理论[4]。

2. 动态分岔

相对于静态分岔，考察单参数 n 维系统，即令系统方程（2-11）中 $m = 1$。记以平衡点原点为中心、$\delta > 0$ 为半径的邻域 $\delta(0)$，设对于任意 $\mu \in \delta(0)$，$\boldsymbol{x} = \boldsymbol{0}$ 保持为系统平衡点，系统雅可比矩阵的特征值与参数 μ 有关，当 μ 变化时，其特征值会发生变化导致平衡点失稳，但由于系统中非线性因素的制约，受扰运动可能最终变成某种稳态运动，这种现象称为平衡点的动态分岔[5]。如图 2-4 所示，系统在 $\mu = 0$ 时发生了动态分岔，产生了新的极限环。

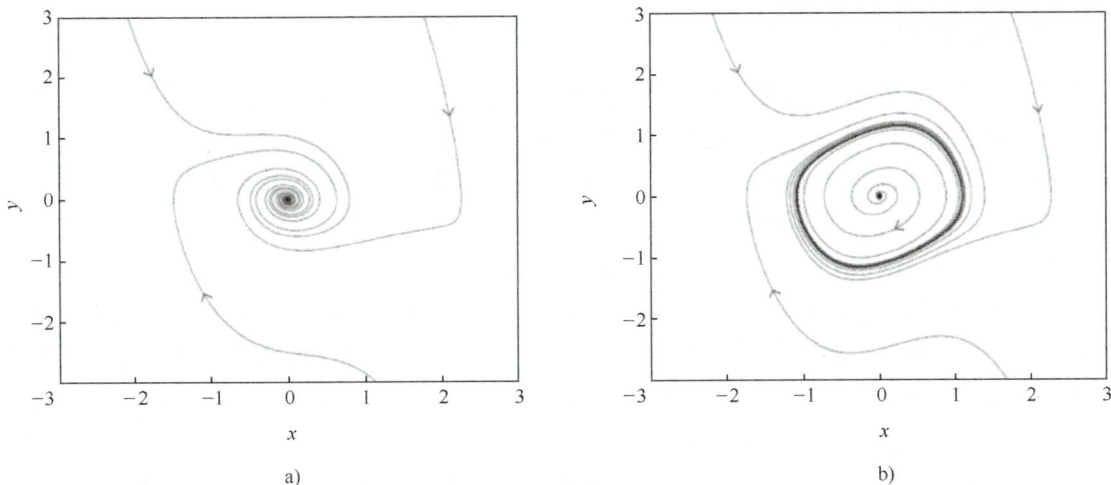

a)

b)

图 2-4　参数变化时 Liénard 系统的相图

a) $\mu = -0.2$　b) $\mu = 0.3$

由于高维系统分岔可以通过中心流形定理降维为二维系统的分岔问题，因此在此仅分析二维系统的动态分岔。霍普（Hopf）分岔是一种典型的二维动态分岔，具体表现为系统参数变化经过临界值时，平衡点由稳定变为不稳定并从中生长出极限环。因此，考虑由下式表示的二维系统，即：

$$\begin{cases} \dot{x} = f(x, y, \mu) \\ \dot{y} = g(x, y, \mu) \end{cases} \tag{2-23}$$

假定其存在依赖于 μ 的平衡点 $((0, 0), \mu_0)$，且雅可比矩阵的特征值为 $\bar{\lambda}(\mu) = \alpha(\mu) \pm i\beta(\mu)$，则当系统满足以下条件时，系统发生霍普分岔。

1) $\alpha(\mu_0) = 0$，$\beta(\mu_0) = \omega \neq 0$，其中，$\text{sgn}(\omega) = \text{sgn}\left[(\partial g / \partial x)\right]\big|_{\mu = \mu_0}(0, 0)$；

2) $\dfrac{\mathrm{d}\alpha(\mu)}{\mathrm{d}\mu}\bigg|_{\mu = \mu_0} = d \neq 0$；

3) $a = \dfrac{1}{16}(f_{xxx} + f_{xyy} + g_{xxy} + g_{yyy}) + \dfrac{1}{16}\left[f_{xy}(f_{xx} + f_{yy}) - g_{xy}(g_{xx} + g_{yy}) - f_{xx}g_{xx} + f_{yy}g_{yy}\right] \neq 0$。

若 $ad < 0$，则系统在 $\mu > \mu_0$ 的区域发生分岔；若 $ad > 0$，则系统在 $\mu < \mu_0$ 的区域发生分岔。而且，若 $d < 0$，则平衡点在 $\mu > \mu_0$ 时稳定，在 $\mu < \mu_0$ 时不稳定，且周期解稳定；当 $d > 0$ 时平衡点和周期解稳定情况相反。当 μ 趋近于 μ_0 时，极限环的尺寸与 $\sqrt{|\mu - \mu_0|}$ 成正比，

且极限环的频率趋近于 $2\pi/|\omega|$。将具有稳定周期解的分岔情况称为超临界霍普分岔，将周期解不稳定的分岔情况称为亚临界霍普分岔。

因 Eberhard Hopf 给出了该定理适用于分析任意有限维度系统分岔的证明[6]，以上定理被称为霍普分岔定理。

至此，已介绍了分岔分析尤其是霍普分岔分析的基础理论。我们将在十三章第二节中给出一个采用霍普分岔理论分析前轮摆振的实例，以考察前转向轮摆振受参数变化的情况。

第三节　多体系统动力学方法

一、发展概况

历经了两个多世纪的发展，经典刚体动力学已经在天体运动研究、陀螺理论及简单机构的定点运动研究等方面，取得了众多的成果。但由于现代工程技术中大多数实际问题的对象是由多个物体组成的复杂系统，要对它们进行运动学和动力学分析，仅靠古典的理论和方法已很难解决，因此迫切地需要发展新的理论来完成这个任务。

20 世纪 60 年代末至 70 年代初，美国的 R. E. Roberson、T. R. Kane、联邦德国的 J. Wittenburg 及苏联的 Е. П. Попов 等人先后提出了各自的方法来解决这些复杂系统的动力学问题。他们的方法虽各不相同，但有一个共同的特点，所推导出的数学模型都适用于电子计算机进行建模和计算。于是，将古典的刚体力学、分析力学与现代的电子计算机技术相结合，就诞生了一个新的力学分支，即多体系统动力学。

多体系统动力学（包括多刚体系统动力学和多柔体系统动力学）是研究多体系统（一般由若干个柔性和刚性物体相互连接所组成）运动规律的科学。随着近几十年来对机械系统的高性能、高精度的设计要求不断的提升，加之高速度、高性能计算机的发展和计算方法的成熟，多体系统动力学得到快速发展，其应用领域也日益广泛，如车辆设计、航天器控制、机器人学和机械动力学等领域。

二、研究方法

经过几十年的研究与实践，多体系统动力学形成了比较系统的研究方法，主要包括多刚体系统动力学研究方法和多柔体系统动力学研究方法，分别介绍如下。

1. 多刚体系统动力学研究方法

多刚体系统动力学的研究对象一般为比较复杂的多体系统，其结构和连接方式也是多种多样的，这给建立动力学方程带来很大困难；并且，系统的动力学方程多为高阶非线性方程，所以动力学方程的建立和求解都必须由计算机完成。多刚体系统动力学的研究方法主要有经典力学方法（以牛顿-欧拉方程为代表的矢量力学方法和以拉格朗日方程为代表的分析力学方法）、图论（R-W）方法、凯恩方法、变分方法和旋量方法，下面将分别给予介绍。

（1）牛顿-欧拉方法　对作为分离体的单个刚体列出牛顿-欧拉方程时，铰约束力的出现使未知变量的数目明显增多，故即使直接采用牛顿-欧拉方法，也必须加以发展，制定出便于计算机识别的刚体连接状况和铰约束形式的程式化方法，并致力于自动消除铰的约束。德国学者 W. Schiehlen 教授在这方面做了大量工作，其特点是在列出系统的牛顿-欧拉方程

后，将不独立的笛卡儿广义坐标变换为独立变量，对完整约束系统用达朗贝尔原理消除约束力，对非完整约束系统用若丹的虚功率原理消除约束力，最后得到与系统自由度数目相同的动力学方程。W. Schiehlen 教授等人编制了符号推导的计算机程序，并以牛顿-欧拉（Newton-Euler）的简名命名为 NEWEUL 程序。

（2）拉格朗日方程法　由于多刚体系统的复杂性，在建立系统的动力学方程时，采用系统独立的拉格朗日坐标将十分困难，而采用不独立的笛卡儿广义坐标比较方便，对于具有多余坐标的完整或非完整约束系统，用带乘子的拉氏方程处理是十分规格化的方法。导出的以笛卡儿广义坐标为变量的动力学方程是与广义坐标数目相同带乘子的微分方程，还需补充广义坐标的代数约束方程才能封闭。N. V. Orlandea 与 M. A. Chace 等人应用吉尔刚性积分（Gear Stiffness Integration）算法并采用稀疏矩阵技术提高计算效率，编制了 ADAMS 程序；E. J. Haug 等人研究了广义坐标分类、奇异值分解等算法，编制了 DADS 程序。

（3）图论（R-W）方法　1966 年 R. E. Roberson 和 J. Wittenburg 创造性地将图论引入多刚体系统动力学，利用图论中的一些基本概念和数学工具成功地描绘系统内各个刚体之间的联系状况，即系统的结构。借助图论工具可将系统的结构引进运动学和动力学的计算公式。Roberson-Wittenburg 和 Hooker-Margulies 独立地重新发现并发展了增广体概念。利用增广体概念可对 Roberson-Wittenburg 或 Hooker-Margulies 的基本方程做出明确的物理解释。R-W 方法完美地处理了树结构的多刚体系统，而对非树系统，则利用假想铰切割或刚体分割方法转变成树系统处理。R-W 方法以相邻刚体之间的相对位移为广义坐标，对复杂的树结构动力学关系给出了统一的数学表达式，并据此推导出系统微分方程，编制了应用于机械、卫星、车辆和机器人等的 MESA VERDE 程序。

（4）凯恩方法　凯恩方法是由美国的 T. R. Kane 创立，并由他的学生 R. L. Huston 等人发展的。凯恩方法的特点是利用广义速率代替广义坐标描述多刚体系统的运动，并将矢量形式的力与达朗贝尔惯性力直接向特定的基矢量方向投影，以消除理想约束力。但该方法没有给出一个适合于任意多刚体系统的普遍形式的动力学方程，广义速度的选择也需要一定的经验和技巧，这是凯恩方法的不足。然而凯恩方法不用推导动力学函数，不需求导计算，只需进行矢量点积、叉积等计算，可节省时间。

（5）变分方法　在经典力学中，变分原理只是对力学规律的概括，而在计算技术飞速发展的现代，变分方法已成为可以不必建立动力学方程而借助于数值计算直接寻求运动规律的有效方法。以苏联的 Е. П. Попов 和保加利亚的 L. Lilov 等人为代表发展的变分方法是应用高斯最小作用量原理，利用优化理论求泛函的极值直接得到系统的运动状况。这种方法的优点是可以避免求解微分方程组，并可与最优控制理论结合起来。变分方法主要用于带控制系统的工业机器人动力学。

（6）旋量方法　与前面介绍的几种方法不同，旋量方法是沿另一途径发展的动力学分析方法。这种方法将刚体空间运动看作一种螺旋运动，并用旋量及对偶数的形式表述，从而得到对偶数矩阵形式的动力学方程。旋量形式的动力学方程实际上是牛顿-欧拉方程的一种简练的表达形式。从事这种方法研究的主要有德国的 W. Schiehlen、M. Hiller 等人。

多刚体系统动力学各种方法的数学模型可归纳为纯微分方程组（ODE）和微分-代数混合方程组（DAE）两种类型。对于数学模型求解的数值计算方法也有两种，即直接数值方

法和符号-数值方法。

虽然多刚体系统动力学的方法体系各不相同，但它们共同的特点是采用程式化的方法，利用计算机解决复杂力学系统的分析与综合问题。由于建模、分析、综合都是由计算机完成的，这给多刚体系统动力学理论带来了以下优点：

1）适用对象广泛。由于多刚体系统动力学是由计算机按程式化方法自动建模和分析，并且只要输入少量信息就可以对多种结构及多种连接方式的系统进行计算，因此其通用性强，同一程序可对各类复杂系统进行分析。

2）可计算大位移运动。多刚体系统动力学的公式推导是建立在有限位移基础上的，因此既可做力学系统微幅振动分析，又可做系统大位移运动分析，这更符合系统的实际运动状况，并且给研究非线性问题带来很大方便，能够使计算结果更精确。

3）模型精度高。多刚体系统动力学的数学模型可由计算机自动生成，不必考虑推导公式的难易程度，所以不但适用于较简单的平面模型，而且更适用于复杂的三维空间模型。例如，对汽车悬架动力学分析而言，可将垂向、纵向及侧向的运动分析统一在同一模型中，将悬架对车辆的行驶平顺性、制动性及操纵稳定性的影响综合起来研究，从而为整个车辆系统的优化设计提供了理论基础。

2. 多柔体系统动力学研究方法

多柔体系统动力学是多刚体系统动力学、分析力学、连续介质力学、结构动力学等多学科交叉发展的必然结果，这门边缘学科的逐步形成与现代航天科学技术的发展有直接关系，所研究的问题囊括了宏观世界机械运动的主要问题。

多柔体系统不同于多刚体系统，它包含了柔性部件，其变形不可忽略，其逆运动学具有不确定性；它与结构力学不同，部件在自身变形运动的同时，在空间中经历着大的刚性移动和转动，刚性运动和变形运动相互影响、强烈耦合。可见，多柔体系统是一个时变、高度耦合、高度非线性的复杂系统，其理论和方法有着自己的独特性。

多柔体系统动力学研究可变形体和刚体所组成的系统在经历大范围空间运动时的动力学行为。多刚体系统动力学是将系统中各部件均抽象为刚体，但可计及各部件连接点（铰接点）处的弹性、阻尼等影响；而多柔体系统动力学则在此基础上还要进一步考虑部件的变形。多刚体系统动力学侧重"多体"方面，研究各个物体刚性运动之间的相互作用及其对系统动力学行为的影响；多柔体系统动力学则侧重"柔性"方面，研究柔性体变形与其整体刚性运动的相互作用或耦合，以及这种耦合所导致的独特的动力学效应。变形运动与刚性运动的同时出现及其耦合正是多柔体系统动力学的核心特征。

（1）基本原理和方法　推导多柔体系统动力学方程的基本原理和方法与一般的力学问题相同，可以分为三类：①牛顿-欧拉方法；②虚位移方法；③牛顿-欧拉方法和虚位移方法的各种变形，如比较有影响的凯恩方法等。

（2）方程建立的关键性问题　建立多柔体系统动力学方程主要有以下三个关键问题：

1）动坐标的选择。在刚体情况下建立方程时，可以选择刚体的连体系为动坐标系。当物体被考虑成弹性体后，则没有一个固定不变形的物体存在，柔体内各点的相互位置不能像刚体中那样为消除加速度级耦合加以利用。为了将复杂的柔性体运动进行分解，只能选取一个动坐标系，选择的原则是一方面使最终的动力学方程尽量消除耦合项，另一方面将物体的

变形尽可能处理为线性变形。

2）弹性变形模态的选择。尽管适当选择动坐标系以后多柔体系统动力学方程的形式有所简化，但弹性变形模态的引入还是大大增加了方程的自由度。从满足工程实际应用来看，还必须选择好弹性变形描述中模态的适当阶次。选择的原则是用尽可能少的 N 项模态表达式尽可能真实地反映实际运动。

3）约束问题。所谓约束问题，实际上就是怎样处理好约束条件的问题。完整、非完整约束，各种不同类型铰接约束形态的多样化，尤其是弹-弹耦合约束等，是一个考虑因素较多且很重要的问题，需要更成熟的处理方法。

（3）主要研究方向　近年来多柔体系统的研究主要集中在以下四个方面：

1）多柔体系统动力学方程的有效建立与简化，编制相应的软件系统以便输入少量描述系统特征的数据由计算机自动建立系统运动学与动力学方程。

2）建立稳定而有效的数值计算方法，分析弹性变形对静态偏差、稳定性、动态响应的影响。通过仿真由计算机自动产生系统的动力学响应。

3）选择合理的结构、参数或控制规律。在某种程度上消除弹性变形带来的不利影响，使其产生积极的效果。

4）将仿真结果通过计算机以方便直观的形式表达出来。

（4）研究中存在的问题　多柔体系统动力学的研究虽然在近十几年中取得了长足的发展，但是目前仍存在一些不足，如动力学方程的建立及求解欠成熟；计算机程序的编制规划和交流欠通畅；理论研究与实际应用的差距有时会较大，可能需要一些试验数据做补充等。

上述问题的核心是构造满足精度条件下具有小求解尺寸的动力学模型和构造刚性（病态）条件下具有良好稳定性和计算精度的数值算法。这两方面的工作是反映柔性效应对系统的影响，特别是对复杂大系统的影响的关键所在，同时也是多体系统动力学分析研究的重点和难点。

3. 车辆建模中对柔体的考虑

在汽车工程领域，由于提高车辆的行驶速度、最大限度地减轻车重、降低能耗等要求，使得在高速车辆的操纵稳定性、行驶平顺性分析中必须考虑车身、车架以及转向系统构件的弹性；在传动系统的齿轮、传动轴，发动机的曲轴连杆、配气机构等的动力学分析中，必须采用多柔体动力学模型才能满足精度要求。

以连杆机构动力学为例，最初只做纯刚性连杆分析，后来发展到考虑连杆弹性的运动弹性静力学分析，即将系统动力学方程简化为一个静力学方程来对待，把外力和刚性运动惯性力作为静载荷求出变形，再进一步求机构的位移、速度、加速度以及应力、应变等运动学和动力学参数。后来又进一步发展到运动弹性力学分析（kineto-elastodynamic analysis），也就是把系统变形看作在外力和刚性运动弹性力激励下产生的振动。求出弹性变形后，再进行机构的运动学和动力学分析和求解。可见，这种方法仍然忽略了弹性变形对刚性运动的影响。近年来，人们开始采用多柔体系统动力学模型来更精确地对此进行计算分析。

多柔体系统不存在连体基，通常选定一动坐标系描述物体的大范围运动，物体的弹性变形将相对该坐标系定义。根据上述建模观点，弹性体相对于动坐标系的离散将采用有限单元法与现代模态综合分析方法。在用集中质量有限单元法处理弹性体时，用节点坐标来描述弹

性变形。在用正则模态或动态子结构等模态分析方法处理弹性体时，用模态坐标描述弹性变形。考虑到多刚体系统的两种流派，在多柔体系统动力学中也相应提出两种混合坐标，即动坐标系的拉格朗日坐标加弹性坐标与动坐标系的笛卡儿坐标加弹性坐标。

与多刚体系统动力学理论一样，多柔体系统动力学的研究也方法众多，主要有柔性体离散化方法与集成柔性体模态分析结果的模态集成法及形函数法。

（1）离散化方法 从本质上来说，采用离散化方法建立柔体模型，其理论方法与刚体建模是一致的，即在刚体动力学的基础上，将一个刚体分为若干段，每段之间采用力元约束，即得到离散化柔性模型。

（2）模态集成法 模态集成法建立柔性体，是将柔性体看作有限元模型的节点集合，相对于局部坐标系有小的线性变形，而此局部坐标系做大的非线性整体平动和转动。每个节点的线性局部运动近似为模态振型或模态振型矢量的线性叠加。

（3）形函数法 该方法是美国学者 A. A. Shabana 在参考文献［21］中提出的。虽然并未明确表述"形函数法"的概念，但却创造性地引入"形函数"描述多体系统中的变形体的思想，可以将该研究方法称为"形函数法"。

多柔体系统运动的描述方式，按选取参考系的不同，可分为绝对描述和相对描述两种类型。绝对描述是在指定某一个惯性参考系后，系统中每个物体在每一时刻的位形都在此惯性参考系中确定。而相对描述是对每个物体都按某种方式选定一个动参考系，物体的位形是相对于自己的动参考系确定的。通常，这些动参考系是非惯性的。

相对描述方法特别适用于由小变形物体所组成的系统。此时可以适当选取动参考系，使物体相对于动参考系的运动（变形）总是小的。这样，对于变形可按通常的线性方法来处理，例如进行模态展开和截断等。将描述变形的弹性坐标和描述刚体运动的参数合起来，作为系统的广义坐标，就可以按通常的离散系统分析方法建立动力学方程。相对描述方法的核心问题为物体变形与整体刚性运动的相互作用。这种相互作用可以通过规范场论的方法完全确定。于是动力学方程分为互相耦合的两类，一类控制物体的整体刚性运动，另一类控制物体的相对变形。

由于多柔体系统的动力学方程是强耦合、强非线性方程，因而对这种方程的求解目前只能通过计算机用数值方法进行。下面分别对"离散化方法"和"模态集成法"给予实例说明。

1）离散化方法实例。在汽车悬架的设计中，经常采用钢板弹簧作为弹性元件和导向机构。根据钢板弹簧的实际结构和工作特点，依据多体动力学建模概念，对钢板弹簧可以进行如下处理：由于每片钢板弹簧都是连续柔体，并将每片钢板弹簧看作是由多个集中质量单元所构成的，每个质量单元可看作一个刚体，同片相邻的两个集中质量单元之间用无质量的Timoshenko梁连接起来，以此作为承载元件。各单元连接点位置的选取应反映实际板簧的曲率等形状特点。Beam梁

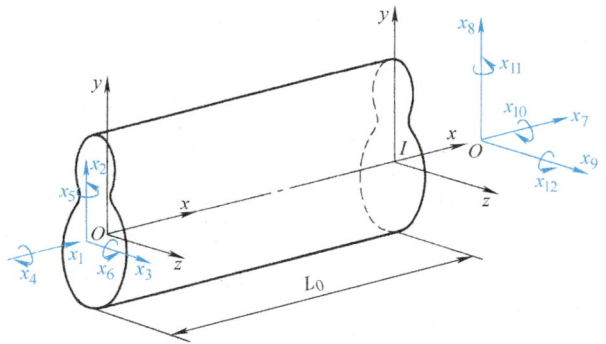

图2-5 Beam梁单元的示意图

单元的示意图如图 2-5 所示。根据 Timoshenko 的理论计算板簧的各向受力及力矩如下：

$$
\begin{pmatrix} F_x \\ F_y \\ F_z \\ T_x \\ T_y \\ T_z \end{pmatrix} = - \begin{pmatrix} k_{11} & 0 & 0 & 0 & 0 & 0 \\ 0 & k_{22} & 0 & 0 & 0 & k_{26} \\ 0 & 0 & k_{33} & 0 & k_{35} & 0 \\ 0 & 0 & 0 & k_{44} & 0 & 0 \\ 0 & 0 & k_{53} & 0 & k_{55} & 0 \\ 0 & k_{62} & 0 & 0 & 0 & k_{66} \end{pmatrix} \times \begin{pmatrix} x - L_0 \\ y \\ z \\ a \\ b \\ c \end{pmatrix} -
$$

$$
\begin{pmatrix} c_{11} & c_{12} & c_{13} & c_{14} & c_{15} & c_{16} \\ c_{21} & c_{22} & c_{23} & c_{24} & c_{25} & c_{26} \\ c_{31} & c_{32} & c_{33} & c_{34} & c_{35} & c_{36} \\ c_{41} & c_{42} & c_{43} & c_{44} & c_{45} & c_{46} \\ c_{51} & c_{52} & c_{53} & c_{54} & c_{55} & c_{56} \\ c_{61} & c_{62} & c_{63} & c_{64} & c_{65} & c_{66} \end{pmatrix} \times \begin{pmatrix} v_x \\ v_y \\ v_z \\ \omega_x \\ \omega_y \\ \omega_z \end{pmatrix} \tag{2-24}
$$

式中，F_x、F_y、F_z 为在以 J 点为坐标原点的相对坐标系中所受的力；T_x、T_y、T_z 为在以 J 点为坐标原点的相对坐标系下所受的力矩；x、y、z 为 I 点相对于 J 点的平动位移；a、b、c 为 I 点相对于 J 点的转动位移；v_x、v_y、v_z 为 x、y 和 z 对时间的导数；ω_x、ω_y、ω_z 为 a、b 和 c 对时间的导数；$K = (k_{ij})$ 为刚度矩阵（$i = 1, \cdots, 6; j = 1, \cdots, 6$）；$C = (c_{ij})$ 为阻尼矩阵（$i = 1, \cdots, 6; j = 1, \cdots, 6$）。刚度矩阵 K 和阻尼矩阵 C 均为对称矩阵。

图 2-6 即为采用 Beam 梁单元所建立的钢板弹簧动力学分析模型，该后悬架模型所包含的自由度达到 146 个，能够较精细地模拟实际结构的性能，提高动力学建模、分析工作的可靠性和求解精度。

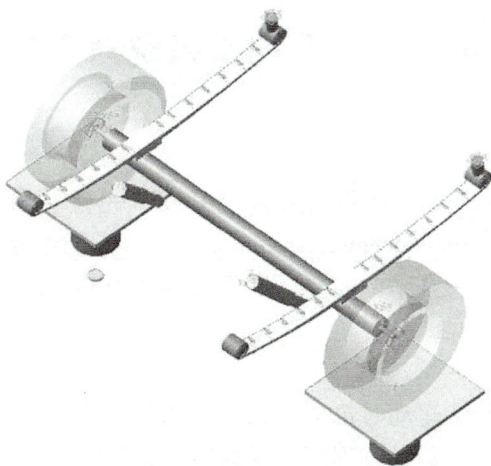

图 2-6 应用离散化方法所建立的
钢板弹簧后悬架模型

2）模态集成法实例。上述的离散化方法一般应用于形状和力学特性较规整的零部件的弹性体建模，相应的建模精度也较低；对于形状更复杂、要求精度更高的零部件，一般采用模态集成的方法，将有限元技术与多体系统动力学手段相结合来建立刚弹耦合的多体分析模型。下面以汽车中常用的横向稳定杆为例给予说明。

横向稳定杆是典型的柔性体，它在工作中因承受拉伸、扭转、弯曲等力和力矩而产生复杂的变形。在使用模态集成法进行建模时，首先利用有限元软件对横向稳定杆进行有限元建模并进行模态分析；同时，利用多体系统动力学软件建立系统的多刚体系统动力学分析模型；将横向稳定杆的模态解算结果利用软件的接口模块导入所建立的多刚体系统动力学模型之中，替代原来刚性体形式的横向稳定杆，并相应地修改部件与系统其他部分的有关约束和力学关系，这样就建立了刚弹耦合的多柔体系统动力学分析模型，进而进行求解，以提高分析模型求解结果的精度。在耦合柔性体之后，一般需要检查其振型及固有频率是否与原先计算的结果相符，以验证连接的正确性，也可通过一些线性化软件对其进行线性和特征值分析来验证。图 2-7 所示的模型就是使用模态集成法建立的某型轿车前悬架的刚弹耦合动力学分析模型，其中的横向稳定杆为弹性体。

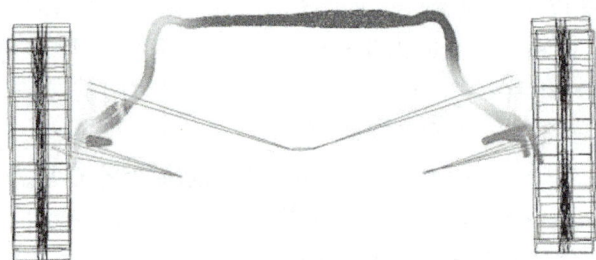

图 2-7　某型轿车前悬架的刚弹耦合动力学模型

第四节　非完整系统动力学

一、非完整系统动力学简介

1894 年，德国学者 Hertz 第一次将约束系统分成"完整"和"非完整"两大类，从此开辟了非完整系统动力学（nonholonomic system dynamics）的新领域，如今它已成为分析力学的一个重要分支。由于工程技术的需要，该领域的研究自 21 世纪初得到了迅速发展。首先介绍有关的几个基本概念。

1. 约束与约束方程

一般情况下，力学系统在运动时都会受到某些几何或运动学特性的限制，这些构成限制条件的具体物体称为约束，用数学方程所表示的约束关系称为约束方程。

2. 完整约束与非完整约束

如果约束方程仅是系统位形和时间的解析方程，则这种约束称为完整约束（holonomic constraint）。完整约束方程的一般形式为：

$$\phi_j(\boldsymbol{q}_1, \boldsymbol{q}_2, \cdots, \boldsymbol{q}_n, t) = 0 \qquad (j = 1, 2, \cdots, m) \tag{2-25}$$

式中，q_i 为描述系统位形的广义坐标（$i = 1$，2，$\cdots$，n）；n 为广义坐标个数；m 为完整约束方程个数；t 为时间。

如果约束方程不仅包含系统的位形，还包括广义坐标对时间的导数或广义坐标的微分，而且不能通过积分使之转化为包含位形和时间的完整约束方程，则这种约束称为非完整约束（nonholonomic constraint）。一阶非完整约束方程的一般形式为：

$$\theta_j(\boldsymbol{q}_1, \boldsymbol{q}_2, \cdots, \boldsymbol{q}_n, \dot{\boldsymbol{q}}_1, \dot{\boldsymbol{q}}_2, \cdots, \dot{\boldsymbol{q}}_n, t) = 0 \qquad (j = 1, 2, \cdots, m) \qquad (2\text{-}26)$$

式中，$\boldsymbol{q}_i$ 为描述系统位形的广义坐标（$i = 1$，2，$\cdots$，n）；$\dot{\boldsymbol{q}}_i$ 为广义坐标对时间的导数；n 为广义坐标个数；m 为系统中非完整约束方程个数；t 为时间。

3. 完整系统与非完整系统

具有完整约束的力学系统，称为完整系统；具有非完整约束的力学系统，称为非完整系统。非完整约束和非完整约束系统其实并不难理解，例如，凡是带有滚动轮子的系统，几乎都是非完整系统。因此，非完整系统动力学特别适用于研究行驶车辆的运动。

二、非完整约束方程的实例

这里以一个简单的车轮运动来说明非完整约束方程的建立方法。

1. 车轮在垂直平面内沿坐标轴滚动

假定车轮为一刚体圆盘，并且在水平地面上沿 x 轴方向做只滚不滑的纯滚动，如图 2-8 所示。

设接地点 P 的速度为 $\boldsymbol{v}_P$，轮心 C 点的速度为 $\boldsymbol{v}_C$，车轮的绝对角速度为 $\boldsymbol{\omega}$，矢量 $\boldsymbol{r} = \overline{\boldsymbol{CP}}$，车轮半径为 r_0，滚动角为 θ，则车轮在水平路面上做纯滚动的条件为：

$$\boldsymbol{v}_P = \boldsymbol{v}_C + \boldsymbol{\omega} \times \boldsymbol{r} = \boldsymbol{0} \qquad (2\text{-}27)$$

当车轮在平面上沿坐标轴滚动时，则有：

$$v_C = \dot{x}$$
$$\omega = \dot{\theta}$$

因而有：

$$\dot{x} - \dot{\theta} r_0 = 0 \qquad (2\text{-}28)$$

所得到的约束方程式（2-28）为一阶微分方程，将它写成 $\dot{x} = \dot{\theta} r_0$，再两边积分（考虑零初始条件），得：$x = \theta r_0$，这显然是一个代数方程。因此严格地说，车轮在水平面上沿坐标轴 x 方向做纯滚动的式（2-28）是一个完整约束方程。

2. 车轮在垂直平面内滚动

仍然假定刚性车轮在垂直平面内做纯滚动（图 2-9），且满足条件：

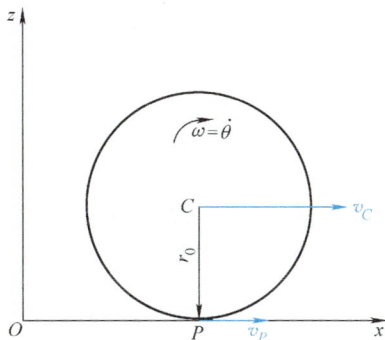

图 2-8　在垂直平面内沿前进方向做纯滚动的车轮

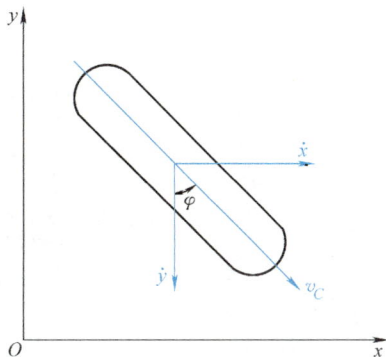

图 2-9　在垂直平面内做纯滚动的车轮

1）车轮在接地点切线方向上只滚不滑；

2）车轮在轴线方向上不能侧向滑动。

车轮在切线方向上只滚不滑的条件为：

$$v_P = v_C - \dot{\theta}r_0 = 0 \tag{2-29}$$

将 $v_C = \dot{x}\sin\varphi + \dot{y}\cos\varphi$ 代入上式，得：

$$\dot{x}\sin\varphi + \dot{y}\cos\varphi - \dot{\theta}r_0 = 0 \tag{2-30}$$

由于车轮在其轴线方向上不滑动（即车轮的侧向速度为零）的条件为：

$$\dot{x}\cos\varphi - \dot{y}\sin\varphi = 0 \tag{2-31}$$

因而有：

$$\dot{x} = \frac{\sin\varphi}{\cos\varphi}\dot{y} \tag{2-32}$$

将式（2-32）代入式（2-30），且两边同乘以 $\cos\varphi$，得：

$$\dot{y}\sin^2\varphi + \dot{y}\cos^2\varphi - \dot{\theta}r_0\cos\varphi = 0 \tag{2-33}$$

因而有：

$$\dot{y} = \dot{\theta}r_0\cos\varphi \tag{2-34}$$

再结合式（2-32）和式（2-34），得：

$$\dot{x} = \dot{\theta}r_0\sin\varphi \tag{2-35}$$

最后得出的由式（2-34）和式（2-35）组成的方程组为不可积分的微分方程组，按定义应属于非完整约束方程。

3. 考虑车轮定位参数的约束方程

由于车辆性能的要求，车轮具有外倾角和前束角，使车轮呈空间倾斜状态，如图2-10所示。为了描述车轮的运动，选车轮轮心 C 在固定参考坐标系 $Ox_0y_0z_0$ 中的位移 x_C、y_C、z_C 及车轮外倾角 γ、前束角 ψ_t 和车轮绕轮轴的转角 θ 为确定车轮空间位移的坐标。图中 $Cx_wy_wz_w$ 为车轮坐标系。

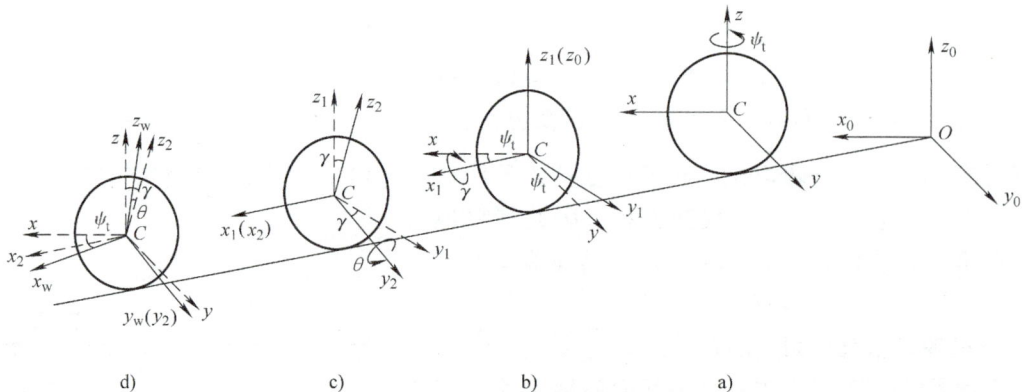

图2-10 在空间坐标系下运动的车轮

　　这里仍假定车轮为刚体，且在水平面上只滚不滑，则满足条件：

$$v_P = v_C + \boldsymbol{\omega} \times \boldsymbol{r} = 0 \tag{2-36}$$

其中，角速度矢量 $\boldsymbol{\omega}$ 由分量 $\dot{\boldsymbol{\gamma}}$、$\dot{\boldsymbol{\psi}}_t$ 和 $\dot{\boldsymbol{\theta}}$ 组成，即 $\boldsymbol{\omega} = \dot{\boldsymbol{\psi}}_t + \dot{\boldsymbol{\gamma}} + \dot{\boldsymbol{\theta}}$，可进行如下分解。

　　第一步：绕 z 轴转 ψ_t 角，得 $Cx_1y_1z_1$ 坐标系。

　　第二步：绕 x_1 轴转 γ 角，得 $Cx_2y_2z_2$ 坐标系。

　　第三步：绕 y_2 轴转 θ 角，得 $Cx_wy_wz_w$ 坐标系。

　　车轮在水平面上只滚不滑的约束条件为：$v_C + \boldsymbol{\omega} \times \boldsymbol{r} = 0$。

　　车轮矢量坐标为：

$$\dot{\boldsymbol{\psi}}_{tz} = \begin{pmatrix} 0 \\ 0 \\ \dot{\psi}_t \end{pmatrix}, \quad \dot{\boldsymbol{\gamma}}_x = \begin{pmatrix} \dot{\gamma} \\ 0 \\ 0 \end{pmatrix}, \quad \dot{\boldsymbol{\theta}}_y = \begin{pmatrix} 0 \\ \dot{\theta} \\ 0 \end{pmatrix}。$$

其中，$\dot{\boldsymbol{\psi}}_t = \boldsymbol{A}_1 \dot{\boldsymbol{\psi}}_{tz} = \begin{pmatrix} \cos\psi_t & -\sin\psi_t & 0 \\ \sin\psi_t & \cos\psi_t & 0 \\ 0 & 0 & 1 \end{pmatrix} \begin{pmatrix} 0 \\ 0 \\ \dot{\psi}_t \end{pmatrix} = \begin{pmatrix} 0 \\ 0 \\ \dot{\psi}_t \end{pmatrix};$

$$\dot{\boldsymbol{\gamma}} = \boldsymbol{A}_1 \boldsymbol{A}_2 \dot{\boldsymbol{\gamma}}_x = \begin{pmatrix} \cos\psi_t & -\sin\psi_t & 0 \\ \sin\psi_t & \cos\psi_t & 0 \\ 0 & 0 & 1 \end{pmatrix} \begin{pmatrix} 1 & 0 & 0 \\ 0 & \cos\gamma & \sin\gamma \\ 0 & \sin\gamma & \cos\gamma \end{pmatrix} \begin{pmatrix} \dot{\gamma} \\ 0 \\ 0 \end{pmatrix} = \begin{pmatrix} \dot{\gamma}\cos\psi_t \\ \dot{\gamma}\sin\psi_t \\ 0 \end{pmatrix}。$$

$$\dot{\boldsymbol{\theta}} = \boldsymbol{A}_1 \boldsymbol{A}_2 \boldsymbol{A}_3 \dot{\boldsymbol{\theta}}_y = \boldsymbol{A}_1 \boldsymbol{A}_2 \begin{pmatrix} \cos\theta & 0 & \sin\theta \\ 0 & 1 & 0 \\ -\sin\theta & 0 & \cos\theta \end{pmatrix} \begin{pmatrix} 0 \\ \dot{\theta} \\ 0 \end{pmatrix} = \begin{pmatrix} -\dot{\theta}\sin\psi_t\cos\gamma \\ \dot{\theta}\cos\psi_t\cos\gamma \\ \dot{\theta}\sin\gamma \end{pmatrix};$$

所以，$\boldsymbol{\omega} = \begin{pmatrix} \omega_x \\ \omega_y \\ \omega_z \end{pmatrix} = \begin{pmatrix} 0 \\ 0 \\ \dot{\psi}_t \end{pmatrix} + \begin{pmatrix} \dot{\gamma}\cos\psi_t \\ \dot{\gamma}\sin\psi_t \\ 0 \end{pmatrix} + \begin{pmatrix} -\dot{\theta}\sin\psi_t\cos\gamma \\ \dot{\theta}\cos\psi_t\cos\gamma \\ \dot{\theta}\sin\gamma \end{pmatrix} = \begin{pmatrix} \dot{\gamma}\cos\psi_t - \dot{\theta}\sin\psi_t\cos\gamma \\ \dot{\gamma}\sin\psi_t + \dot{\theta}\cos\psi_t\cos\gamma \\ \dot{\psi} + \dot{\theta}\sin\gamma \end{pmatrix}。$

　　又有

$$\boldsymbol{r} = \begin{pmatrix} r_x \\ r_y \\ r_z \end{pmatrix} = -r_0 \begin{pmatrix} \sin\psi_t\sin\gamma \\ -\cos\psi_t\sin\gamma \\ \cos\gamma \end{pmatrix}; \qquad \boldsymbol{v}_C = \begin{pmatrix} \dot{x}_C \\ \dot{y}_C \\ \dot{z}_C \end{pmatrix};$$

所以，$\boldsymbol{\omega} \times \boldsymbol{r} = \begin{pmatrix} 0 & -\omega_z & \omega_y \\ \omega_z & 0 & -\omega_x \\ -\omega_y & \omega_x & 0 \end{pmatrix} \begin{pmatrix} r_x \\ r_y \\ r_z \end{pmatrix} = \begin{pmatrix} \omega_y r_z - \omega_z r_y \\ \omega_z r_x - \omega_x r_z \\ \omega_x r_y - \omega_y r_x \end{pmatrix}。$

将上述结果代入式（2-36），可得：

$$\begin{cases} \dot{x}_C - r_0(\dot{\psi}_t\cos\psi_t\sin\gamma + \dot{\gamma}\sin\psi_t\cos\gamma + \dot{\theta}\cos\psi_t) = 0 \\ \dot{y}_C - r_0(\dot{\psi}_t\sin\psi_t\sin\gamma + \dot{\gamma}\cos\psi_t\cos\gamma + \dot{\theta}\sin\psi_t) = 0 \\ \dot{z}_C + r_0\dot{\gamma}\sin\gamma = 0 \end{cases} \tag{2-37}$$

当路面水平，无初始条件时，则 $z_C = r_0\cos\gamma$，但式（2-37）中的前两个方程是不可积分的微分方程，因而车轮在路面上滚动为非完整约束系统。

三、车辆动力学中应用非完整约束的利弊

在车辆动力学研究中采用非完整约束的优缺点如下：

1）车轮的实际运动情况为非完整约束，所以从理论上讲，在车辆动力学分析中采用非完整约束比简化成完整约束或约束力的方法所得的结果会更精确。

2）在传统的车辆动力学研究中，车轮与地面之间的约束是以力和力矩的形式出现在微分方程中，并且预先要知道其变化规律，而由于车轮与地面之间的受力状况非常复杂，通常需要大量试验测量才能确定。然而，采用非完整约束可以避免这一问题。

3）当想要知道车轮与地面之间的作用力时，采用非完整系统动力学中的拉格朗日待定乘子法也可将约束力求出。

4）在研究受控系统的动力学时，可将控制装置（即作动器）方便地作为推广的非完整约束形式代到动力学方程中来处理。

5）采用非完整约束方法研究车辆动力学也有不利的方面，因为非完整力学系统具有不可积分的微分约束，广义坐标的变分已不再是独立的，所以通常使用广义坐标、广义力及动能概念的所谓第二类拉格朗日方程已不能再应用了，这就需要更复杂的微分方程来描述。而前些年被人淡忘的第一类拉格朗日方法、牛顿矢量方法似乎又重新得到人们的关注。现在工程上常用的有 Routh 方程、Boltzmann Hamal 方程及 Appell 方程等几种方法。

参 考 文 献

[1] Guckenheimer J, Holmes P. Nonlinear Oscillations, Dynamical Systems, and Bifurcations of Vector Fields [M]. New York：Springer, 2013.

[2] 胡海岩. 应用非线性动力学 [M]. 北京：航空工业出版社, 2000.

[3] 刘延柱, 陈立群. 非线性振动 [M]. 北京：高等教育出版社, 2001.

[4] 陈予恕. 非线性振动系统的分叉和混沌理论 [M]. 北京：高等教育出版社, 1993.

[5] 张琪昌, 等. 分岔与混沌理论及应用 [M]. 天津：天津大学出版社, 2005.

[6] Marsden J E, Mccracken M. The Hopf Bifurcation and Its Applications [M]. Berlin：Springer – Verlag, 2012.

[7] M. 米奇克. 汽车动力学 [M]. 陈荫三, 余强, 译. 4 版. 北京：清华大学出版社, 2009.

[8] 刘延柱, 洪嘉振, 杨海兴. 多刚体系统动力学 [M]. 北京：高等教育出版社, 1989.

[9] 林逸. 带有非完整约束系统的汽车多刚体系统动力学研究 [D]. 长春：吉林工业大学, 1989.

[10] 张越今. 汽车多体动力学及计算机仿真 [M]. 长春：吉林科学技术出版社, 1998.

[11] J. 维滕伯格. 多刚体系统动力学 [M]. 谢传锋, 译. 北京：北京航空学院出版社, 1986.

[12] 张洪欣. 汽车系统动力学 [M]. 上海：同济大学出版社, 1996.

［13］陆佑方．柔性多体系统动力学［M］．北京：高等教育出版社，1996.

［14］陈欣．汽车悬架多柔体系统动力学研究［D］．长春：吉林工业大学，1995.

［15］詹文章．汽车独立悬架多体系统动力学仿真及转向轮高速摆振研究［D］．长春：吉林大学，2000.

［16］秦民．整车动力学控制仿真分析［D］．长春：吉林大学，2003.

［17］陈潇凯．多体系统动力学应用于轻型客车数字化模型的研究［D］．长春：吉林大学，2002.

［18］贾书惠．刚体动力学［M］．北京：高等教育出版社，1987.

［19］袁士杰，等．多刚体系统动力学［M］．北京：北京理工大学出版社，1992.

［20］户原春彦．防振橡胶及其应用［M］．牟传文，译．北京：中国铁道出版社，1982.

［21］Schwertasek R，Roberson R E. Dynamics of Multibody System［M］．Berlin：Springer- Verlag，1986.

［22］Bianchi G，Schiehlen W. Dynamics of Multibody Systems［M］．Berlin：Springer- Verlag，1986.

［23］Shabana A A. Dynamics of Multibody Systems［M］．London：Cambridge University Press，2013.

［24］Rahnejat H. Multi- Body Dynamics：Vehicles，Machines and Mechanisms［M］．London：Professional Engineering Publishing Limited，1998.

［25］R. 罗森伯．离散系统分析动力学［M］．程巽，郭坤，译．北京：人民教育出版社，1983.

［26］洪嘉振．计算多体系统动力学［M］．北京：高等教育出版社，1999.

第三章

充气轮胎动力学

第一节　概　述

轮胎是车辆重要的组成部分，直接与地面接触。其作用是支承整车的重量，与悬架共同缓冲来自路面的不平度激励，以保证车辆具有良好的乘坐舒适性和行驶平顺性；保证车轮和路面具有良好的附着性，以提高车辆驱动性、制动性和通过性，并为车辆提供充分的转向力。

现代轮胎是一个复杂的黏弹性结构，具有明显的非线性特性。由于轮胎材料、结构及其与路面相互作用关系的复杂性，以及轮胎力学特性对车辆动力学的重要影响，所以有必要在讨论整车动力学之前，先介绍轮胎结构、轮胎模型及力学特性。此外，在整车动力学建模中对轮胎模型的考虑也给予一些建议和说明。

首先介绍 SAE 标准轮胎运动坐标系，然后介绍几个重要的运动学参数的定义，即车轮的滑动率（wheel slip ratio）、轮胎侧偏角（tire slip angle）及径向变形（radial deflection）。

一、轮胎运动坐标系

为了便于研究人员统一进行轮胎力学模型分析，美国汽车工程师学会（SAE）制定了标准的轮胎运动坐标系，并定义了轮胎的作用力和力矩及相关运动变量。SAE 标准轮胎运动坐标系被定义为法向坐标向下的右手三维正交坐标系，如图 3-1 所示。坐标系的原点是轮胎接地印迹中心，x 轴定义为车轮平面与地面的交线，前进方向为正；y 轴是指车轮旋转轴线在地面上的投影线，向右为正；z 轴与地面垂直，向下为正。

轮胎受到分别沿 x 轴、y 轴和 z 轴三个方向的力以及绕三个轴的力矩作用，通常称为轮胎的六分力。其术语见表 3-1。

表 3-1　SAE 标准轮胎运动坐标系规定的轮胎六分力术语及符号

坐标轴定义	$+x$：纵向向前	$+y$：侧向向右	$+z$：法向向下
力 F	纵向力 F_x （longitudinal force）	侧向力 F_y （lateral force）	法向力 F_z （normal force）
力矩 M	侧倾力矩 M_x （overturning moment）	滚动阻力矩 M_y （rolling resistance moment）	回正力矩 M_z （aligning torque）

二、车轮运动参数

1. 滑动率 s

车轮滑动率表示车轮相对于纯滚动（或纯滑动）状态的偏离程度，是影响轮胎产生纵

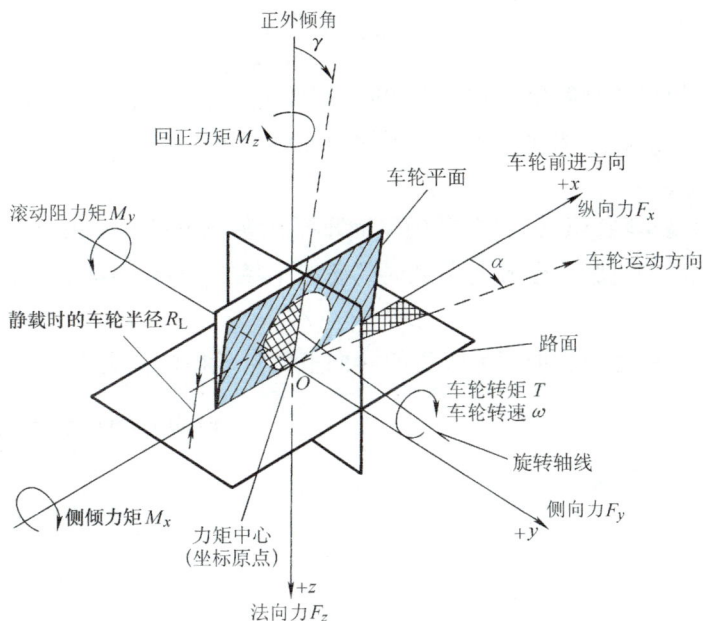

图 3-1 SAE 标准轮胎运动坐标系

向力的一个重要因素。为了使其总为正值，可将驱动和被驱动两种情况分开考虑。驱动工况时称为滑转率；被驱动（包括制动，常用下标 b 以示区别）时称为滑移率，二者统称为车轮的滑动率。

参照图 3-2，若车轮的滚动半径为 r_d，轮心前进速度（等于车辆行驶速度）为 u_w，车轮角速度为 ω，则车轮滑动率 s 定义如下：

$$\begin{cases} 驱动时: s = \dfrac{r_d\omega - u_w}{r_d\omega} \times 100\% \\[3mm] 制动时: s_b = \dfrac{u_w - r_d\omega}{u_w} \times 100\% \end{cases} \quad (3\text{-}1)$$

车轮的滑动率数值在 $0 \sim 1$ 之间变化。当车轮做纯滚动时，即 $u_w = r_d\omega$，此时 $s = 0$；当被驱动轮处于纯滑动状态时，$s = 1$。

2. 轮胎侧偏角 α

轮胎侧偏角是影响轮胎侧向力的一个重要因素，定义为车轮回转平面与车轮中心运动方向的夹角，顺时针方向为正，用 α 表示，如图 3-3 所示。实际上，轮胎接地区内胎面侧向变形相对于接地中心轴呈非对称分布，因而接地区变形力的合力（即轮胎侧向力 $\boldsymbol{F}_y$）的作用点并不处于接地区中心，而是向后偏移一段距离，通常将这段距离称为"轮胎气胎拖距"（tire pneumatic trail），记为 t_p。由于 SAE 轮胎坐标系是将轮胎侧向力的作用点定义于轮胎接地中心，因此需要引入一项"回正力矩"（aligning torque），记为 $\boldsymbol{M}_z$，其大小为轮胎侧向力与轮胎气胎拖距的乘积，以此来描述实际轮胎侧向力相对于接地中心的非对称性。在 SAE 标准轮胎运动坐标系中，若分别用 u_w 和 v_w 表示轮心的前进速度与侧向速度，则轮胎侧偏角通常可表示为：

$$\alpha = \arctan\left(\frac{v_w}{u_w}\right) \tag{3-2}$$

根据图 3-1 中规定的侧偏角、侧向力和回正力矩的方向，由图 3-3 可以看出，在标准轮胎运动坐标系中，负的轮胎侧向力将产生正的侧偏角。

3. 轮胎径向变形 ρ

轮胎径向变形是车辆行驶过程中遇到路面不平度影响而使轮胎在半径方向上产生的变形，定义为无负载时的轮胎半径 r_t 与负载时的轮胎半径 r_{tf} 之差，其表达式如下：

$$\rho = r_t - r_{tf} \tag{3-3}$$

其符号定义为正的轮胎径向变形产生于负的（向上的）轮胎法向力 F_z（图 3-2）。

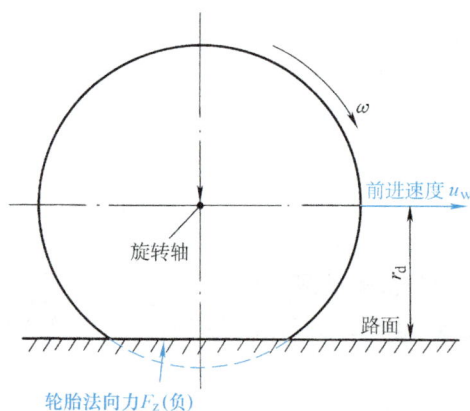

图 3-2　车轮滑动率示意图

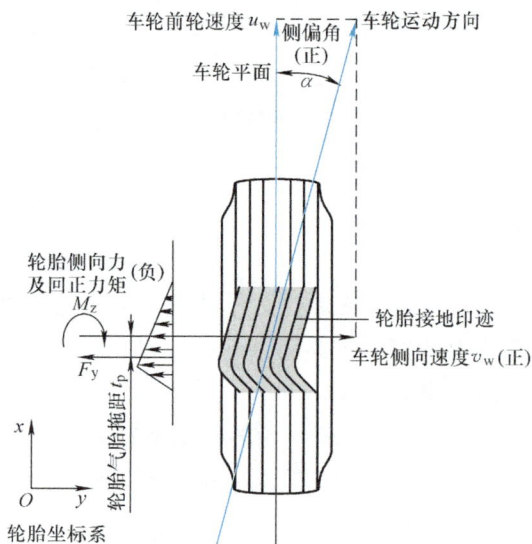

图 3-3　轮胎侧偏角及侧向力和回正力矩

第二节　轮胎的功能、结构及发展

轮胎的基本功能包括：

1）支撑整车重量；

2）与悬架元件共同作用，衰减由路面不平引起的振动与冲击；

3）传递纵向力，以实现驱动和制动；

4）传递侧向力，以使车辆转向并保证行驶稳定性。

为实现以上功能，任何一个充气轮胎都必须具备以下基本结构：

（1）胎体　具有高弹性模量的帘线层内嵌于低弹性模量的橡胶中，构成了轮胎的胎体，其结构决定了轮胎的基本性能。帘线层通常由尼龙、织物、聚酯物、人造纤维或钢丝等材料制成。对于无内胎轮胎来说，则有一层低浸透性的内衬置于胎体内侧并与其做成一体。

（2）胎圈　为便于胎体从轮辋上装卸，具有高弹性模量的卷边胎圈包容并贴合于轮辋。胎圈内含胎圈芯，由多股高强度钢丝组成。胎圈需有一定刚度，以保证与轮辋紧密贴合。

（3）胎面　包括胎冠、胎肩和胎侧。胎冠承受摩擦和冲击，保护胎体和内胎；提供与

路面的摩擦接触，以传递驱动力、制动力和转向力；胎冠花纹能够排水及排污，以保证在各种不同工作条件下行驶时，轮胎与路面具有良好的附着力。胎肩是较厚的胎冠和较薄的胎侧的过渡部分，一般也制有花纹，以利于散热。胎侧用以保护帘布层侧壁免受潮湿和机械损伤。

常用的车用充气轮胎有两种，即斜交轮胎和子午线轮胎。二者在结构上有明显不同，主要区别在于胎体帘线角度的不同。所谓"帘线角"即为胎体帘线层的线与车轮中心线形成的夹角。子午线轮胎的帘线角通常为85°~90°，斜交轮胎的帘线角通常为20°~40°。以某运动型轿车无内胎子午线轮胎为例，图3-4给出了其具体结构及各部分功能[1]。

轮胎是一个典型的黏弹性结构，其材料组成十分复杂，图3-5说明了不同材料在轮胎胎面橡胶混合物中所占的质量比例（质量分数）。实际上，橡胶混合物的材料构成、胎面花纹以及内部结构都是决定轮胎品质的重要因素。

轮胎的结构特性很大程度上影响了轮胎的物理特性，包括前进方向所受的滚动阻力、所能提供的垂向减振与缓冲作用，以及为车辆提供转向的能力。因此，现代车辆设计中对轮胎的设计提出了很高的要求。

以德国新倍力（Semperit）轮胎公司为例，简要介绍现代轮胎研究所取得的进展及轮胎产品需满足的性能要求[1]。在1960年、1970年和1992年，新倍力公司制定的产品研发目标如图3-6所示。从图中可以看出，1960年的斜交轮胎具有非常好的舒适性，且制造方便、重量轻，但缺点是车辆动力学性能差，尤其在操纵稳定性方面表现不佳，湿路面的附着性也很差。1970年的子午线轮胎，大部分

图3-4　某运动型轿车无内胎子午线轮胎的结构及功能

1—胎冠：其外部轮廓综合影响轮胎特性
2—胎冠底层：降低滚动阻力　3—尼龙束线：加强轮胎高速行驶能力　4—带束层：改善轮胎的形状及驱动稳定性　5—帘线层：保持胎内气体压力　6—内密封层：代替内胎　7—胎侧：保护胎体免受损坏　8—胎圈填充胶料：保证转向精度和行驶稳定性　9—胎圈芯：确保轮辋位置

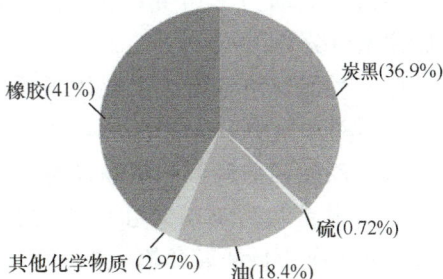

图3-5　不同材料在轮胎胎面橡胶混合物中所占的比例（质量分数）

的特性恰好与其相反。到了1992年的现代轮胎则兼顾了各种要求，并体现了最优的折衷。同时，轮胎制造企业可提供不同的系列产品以满足不同用户的要求，如可以选择舒适型轮胎或运动型轮胎等。

在货车轮胎研发中，经济性应是优先考虑的因素。减小轮胎滚动阻力系数对节省运输成本起重要作用。随着近年来对汽车节能和经济性要求的提高，最新的发展已使轮胎滚动阻力系数（f_R）降至0.005或更低，如德国大陆（Continental）公司研制的低滚动阻力货车轮胎等。

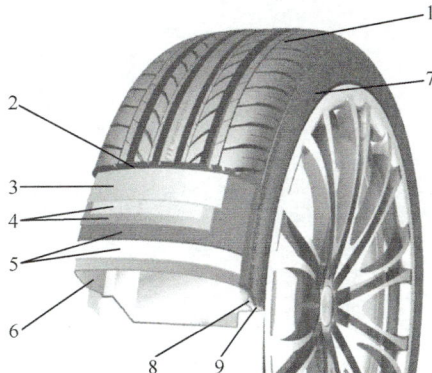

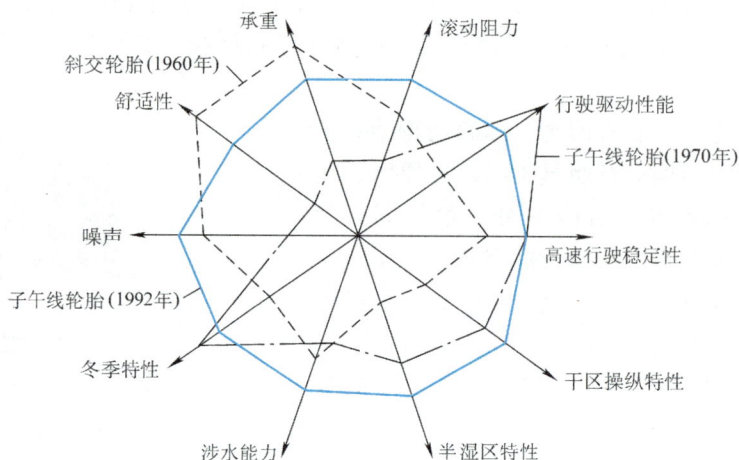

图 3-6　新倍力公司在不同时期制定的轮胎产品研发目标

第三节　轮 胎 模 型

轮胎模型描述了轮胎六分力与车轮运动参数之间的数学关系，即轮胎在特定工作条件下的输入和输出之间的关系，如图 3-7 所示。

根据车辆动力学研究内容的不同，轮胎模型可分为：

（1）轮胎纵滑模型　主要用于预测车辆在驱动和制动工况时的纵向力。

（2）轮胎侧偏模型和侧倾模型　主要用于预测轮胎的侧向力和回正力矩，评价转向工况下低频转角输入响应。

（3）轮胎垂向振动模型　主要用于

图 3-7　轮胎输入和输出之间的关系

高频垂向振动的评价，并考虑轮胎的包容特性（包括刚性滤波和弹性滤波特性）。

以上模型主要适用于纯工况下对轮胎力学特性的研究，本章将在第四、五、六节分别对轮胎纵向、垂向及侧向力学特性给予介绍。在联合工况下，如同时考虑纵滑和侧偏时的轮胎力学特性模型，也称为轮胎纵滑侧偏特性模型，如图 3-8 所示，将在第五节中一并给予介绍。

此外，轮胎模型还可以分为经验模型和物理模型。前者根据轮胎试验数据，通过插值或函数拟合方法给出预测轮胎特性的公式；而后者则是根据轮胎与路面之间的相互作用机理和力学关系建立模型，旨在模拟力或力矩产生的机理和过程。

在物理模型中，轮胎通常被简化成一系列理想化、具有给定的物理特性的径向排列的弹

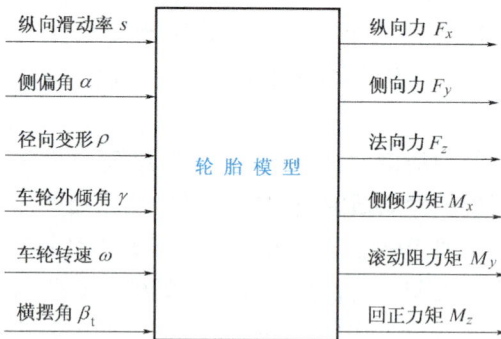

性单元体。必要的话，还要给出这些弹性单元体在道路表面的滑动能力，以及由于相邻单元体连结或包络的胎面而引起的约束。典型的轮胎物理模型[3]主要有：①弦模型（stressed string model）；②梁模型（beam model）；③刷子模型（brush model）；④辐条模型（multi-spoke model）。

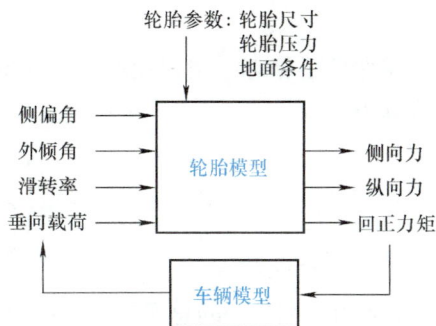

图 3-8　轮胎纵滑侧偏特性模型

其他有关物理模型将在后面相应章节中予以说明，但不论是经验模型还是物理模型，其实都有其特定的应用场合，其精度和复杂程度也不尽相同。此外，由于轮胎模型在车辆仿真的每次积分中可能被反复调用，因而在选用模型时要同时考虑计算效率和计算精度。这里仅对几种常用的轮胎模型给予介绍。

（1）幂指数统一轮胎模型　该模型属于一种半经验模型，由郭孔辉院士提出，用于预测轮胎的稳态特性[3]。在理论分析和试验研究基础上提出的半经验"指数公式"轮胎模型，可用于轮胎的稳态侧偏、纵滑及纵滑侧偏联合工况。通过获得有效的滑移率，该模型也可进行非稳态工况下的轮胎纵向力、侧向力及回正力矩的计算。

在稳态纯纵滑、纯侧偏工况下，轮胎的纵向力、侧向力及回正力矩分别表示如下。

1）稳态纯纵滑工况纵向力为：

$$F_x = -\frac{\phi_x}{|\phi_x|}\mu_x F_z \overline{F}_x \qquad (若\ \phi_x = 0,则\ F_x = 0) \tag{3-4}$$

式中，ϕ_x 为相对纵向滑移率，$\phi_x = K_x s_x/(\mu_x F_z)$；$\mu_x$ 为纵向摩擦系数，$\mu_x = b_1 + b_2 F_z + b_3 F_z^2$；$\overline{F}_x$ 为量纲为一的纵向力，$\overline{F}_x = 1 - \exp[-|\phi_x| - E_1|\phi_x^2| - (E_1^2 + \frac{1}{12})|\phi_x^3|]$；其中，$K_x$ 为纵滑刚度；s_x 为车轮纵向滑移率；E_1 为曲率系数，等于 $0.5/\{1 + \exp[-(F_z - a_1)/a_2]\}$。

2）稳态纯侧偏工况侧向力为：

$$F_y = -\frac{\phi_y}{|\phi_y|}\mu_y F_z \overline{F}_y \qquad (若\ \phi_y = 0,则\ F_y = 0) \tag{3-5}$$

式中，ϕ_y 为相对侧向滑移率，$\phi_y = K_y \tan\alpha/(\mu_y F_z)$；$\mu_y$ 为侧向摩擦系数，$\mu_y = a_1 + a_2 F_z + a_3 F_z^2$；$\overline{F}_y$ 为量纲为一的侧向力，$\overline{F}_y = 1 - \exp\left[-|\phi_y| - E_1|\phi_y^2| - \left(E_1^2 + \frac{1}{12}\right)|\phi_y^3|\right]$；其中，$K_y$ 为侧偏刚度；α 为侧偏角。

3）稳态纯侧偏工况回正力矩为：

$$M_z = -F_y D_x \tag{3-6}$$

式中，D_x 为回正力臂，$D_x = (D_{x0} + D_e)\exp(-D_1|\phi_y| - D_2|\phi_y^2|) - D_e$，其中，$D_{x0}$、$D_e$、$D_1$ 和 D_2 是与垂向载荷有关的参数，分别为：

$$D_{x0} = c_1 + c_2 F_z + c_3 F_z^2$$
$$D_e = c_4 + c_5 F_z + c_6 F_z^2$$
$$D_1 = c_7 \exp(-F_z/c_8)$$

$$D_2 = c_9 \exp(F_z/c_{10})$$

轮胎处于稳态纵滑侧偏联合工况时，轮胎的纵向力 F_x、侧向力 F_y 与回正力矩 M_z 的表达式如下：

$$\begin{cases} F_x = -\mu_x F_z \overline{F} \phi_x/\phi \\ F_y = -\mu_y F_z \overline{F} \phi_y/\phi \\ M_z = -F_y D_x - F_x D_y \end{cases} \tag{3-7}$$

式中，$\overline{F}$ 为量纲为一的总切向力，$\overline{F} = 1 - \exp\left[-\phi - E_1\phi^2 - \left(\frac{1}{12} + E_1^2\right)\phi^3\right]$；$\phi$ 为相对总滑移率，$\phi = \sqrt{\phi_x^2 + \phi_y^2}$；$D_y$ 为轮胎的侧向偏距，$D_y = F_y/K_{cy}$，其中，K_{cy} 为侧向刚度，$K_{cy} = d_1 F_z + d_2 F_z^2$。

以上公式中出现的参数 a_1，a_2，…，b_1，b_2，…，c_1，c_2，…，d_1，d_2 均由轮胎试验数据拟合求得。

幂指数统一轮胎模型的特点是：

1）采用了无量纲表达式，其优点在于由纯工况下的一次台架试验得到的试验数据可应用于各种不同的路面。当路面条件改变时，只要改变路面的附着特性参数，代入无量纲表达式即可得到该路面下的轮胎特性。

2）无论是纯工况还是联合工况，其表达式是统一的。

3）可表达各种垂向载荷下的轮胎特性。

4）保证了可用较少的模型参数实现全域范围内的计算精度，参数拟合方便，计算量小。在联合工况下，其优势更加明显。

5）能拟合原点刚度。

(2)"魔术公式"轮胎模型 "魔术公式"轮胎模型（Magic Formula Tire Model）由 Pacejka 教授提出[4]，它以三角函数组合的形式来拟合轮胎试验数据，得出了一套形式相同并可同时表达纵向力、侧向力和回正力矩的轮胎模型，故称为"魔术公式"。其形式如下：

$$y = D\sin\{C\arctan[Bx - E(Bx - \arctan Bx)]\} \tag{3-8}$$

式中，y 可以是纵向力、侧向力或回正力矩，而自变量 x 可以在不同的情况下分别表示轮胎侧偏角或纵向滑移率。

"魔术公式"中的系数由图 3-9 说明，图中所示的曲线可以是纵向力、侧向力或回正力矩关系曲线。其中，$D = y_p$，为曲线峰值（$C \geq 1$ 时）；C 为曲线形状系数，由于它控制了"魔术公式"中正弦函数的范围，因此决定了所得曲线的形状，其值可由曲线峰值 y_p 以及稳态值 y_s 决定，即 $C = 1 \pm [1 - 2\arcsin(y_s/D)/\pi]$；系数 B、C、D 的乘积对应于原点（$x = y = 0$）处的

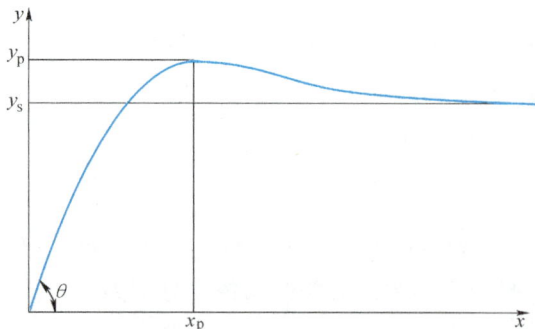

图 3-9 说明"魔术公式"中各参数的轮胎特性曲线

斜率，即 $BCD = \tan\theta$；当 C 和 D 确定后，即可由与 $\tan\theta$ 的关系式求出 B，即 $B = \tan\theta/(CD)$，因此 B 也称为刚度系数；系数 E 用来控制曲线峰值处的曲率，可以表示为 $E = \{Bx_p - \tan[\pi/(2C)]\}/[Bx_p - \arctan(Bx_p)]$。

"魔术公式"轮胎模型的特点是：

1）用一套公式可以表达出轮胎的各向力学特性，统一性强，编程方便，需拟合参数较少，且各个参数都有明确的物理意义，容易确定其初值。

2）无论对侧向力、纵向力还是回正力矩，拟合精度都比较高。

3）由于"魔术公式"为非线性函数，参数的拟合较困难，有些参数与垂直载荷的关系也是非线性的，因此计算量较大。

4）C 值的变化对拟合的误差影响较大。

5）不能很好地拟合极小侧偏情况下轮胎的侧偏特性。

现在，越来越多的轮胎制造商以"魔术公式"系数的形式为整车厂提供轮胎数据，而不再以表格或图形提供数据。因此，在某些数据丢失或不可靠时，以同类相近轮胎测得的系数替代，也可取到很好的效果。根据实测的轮胎数据，通过曲线拟合算法可以优化公式中的那些系数，一旦求得这些系数，利用"魔术公式"就可准确地进行轮胎性能预测，甚至对于极限值以外的一定范围也有较好的置信度。

（3）SWIFT 轮胎模型　SWIFT（Short Wavelength Intermediate Frequency Tire）轮胎模型是由荷兰 Delft 工业大学提出的[5,6]，它由刚性圈理论和"魔术公式"综合而成，在考虑侧向力和回正力矩时，采用了魔术公式；在考虑纵向力和垂直力时，采用了刚性圈理论，其基本结构如图 3-10 所示。该模型适用于短波长、大滑移幅度下的中频（一般大于 5~8Hz，但最高频率不超过 60Hz）范围输入情况。由于它采用了胎体建模与接地区域分离的建模方法，从而可精确地描述小波长、大滑移时的轮胎特性，因而可计算从瞬态到稳态连续变化的轮胎动力学行为，并且模型也考虑到了在不同路面条件下行驶的情况。通过对模型的进一步细化，还可用来描述车轮外倾以及转弯纵滑联合工况下的轮胎特性。

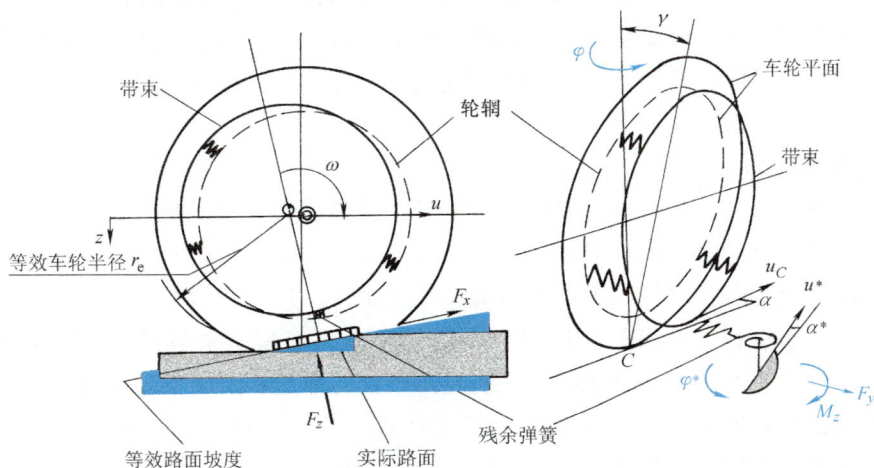

图 3-10　SWIFT 模型的基本结构

SWIFT 轮胎模型结构有以下几方面的特点：

1）为了合理描述轮胎动力学特性，考虑了胎体的惯量，并假设在高频范围内带束层为一个刚性圈。

2）在接地区域和刚性圈之间引入了所谓的"残余刚度"，在垂向、纵向、侧向以及侧偏方向的刚度值分别等于各个方向轮胎的静态刚度。而轮胎模型的柔性考虑了胎体柔性、残余柔性（实际上为胎体柔性的一部分）以及胎面柔性。

3）接地印迹有效长度和宽度的影响均给予考虑。

4）通过有效的路面不平度、路面坡度和具有包容特性的轮胎等效滚动半径来描述路面特性，可实现轮胎在任意三维不平路面的仿真，并能保证轮胎动态滑移和振动工况下的仿真精度。

第四节　轮胎纵向力学特性

滚动车轮产生的所有阻力被定义为车轮滚动阻力，主要包括轮胎滚动阻力分量、道路阻力分量和轮胎侧偏阻力分量。其中，轮胎侧偏阻力分量是由轮胎的侧向载荷使轮胎侧偏而产生的纵向附加轮胎阻力。而由不平路面、塑性路面和湿路面等道路情况引起的附加阻力称为道路阻力分量。此外，除了由轴承摩擦和轮胎与地面相对滑动造成的摩擦阻力外，胎内气流流动以及转动的轮胎对外部空气造成的风扇效应都会引起轮胎的滚动阻力，但均为次要影响因素，因此通常将它们隐含于车轮阻力中，并不单独列出。

本节首先介绍在干、硬路面上直线行驶的轮胎滚动阻力及其产生机理；然后，对其主要影响因素，即道路条件和轮胎侧偏引起的附加阻力分别进行讨论；最后，根据纵向动力学研究的要求，介绍轮胎纵向力与车轮滑动率的关系，并试图通过轮胎模型对其产生机理和物理过程给予理论上的解释。

一、轮胎滚动阻力

当充气轮胎在理想路面（通常指平坦的干、硬路面）上直线滚动时，其外缘中心对称面与车轮滚动方向一致，所受到的与滚动方向相反的阻力即为本节中介绍的轮胎滚动阻力。

根据作用机理不同，轮胎滚动阻力还可以进一步分解为弹性迟滞阻力、摩擦阻力和风扇效应阻力[1]，分别介绍如下。

1. 弹性迟滞阻力

胎体变形所引起的轮胎材料迟滞作用是造成轮胎滚动阻力的主要原因。实际中充气轮胎在静态压缩作用下会产生变形并回弹，且由于其内部的摩擦作用而引起能量损失。当车轮在力或力矩作用下滚动时，对轮胎胎面上的每一单元而言，其压缩与回弹的过程将重复不断地进行。对这样一个过程，可用图 3-11 所示的轮胎等效系统模型来解释。在轮胎等效系统模型中，假定车轮的外圆周与轮辋之间由一些径向布置的弹簧和阻尼单元支撑；此外，轮胎胎面也假定由一系列切向排列的弹簧和阻尼单元构成。当这些单元进入轮胎与路面接触印迹时，其弹簧和阻尼就能充分作用，并生成附加的摩擦效应，称为弹性迟滞阻力。轮胎胎面的阻尼特性对路面附着力也有影响，选用低阻尼的胎面材料会减少附着摩擦力。

当轮胎等效系统模型滚动时，相应的"弹簧-阻尼单元"便开始做功，并将其转化为

热，所产生的弹性迟滞阻力等于消耗的能量与行驶距离之比。对采用同一帘布材料的轮胎而言，通常帘布层数量越多，轮胎的阻尼就越高，原因是相邻帘布层间的相对运动将产生阻尼功。

子午线轮胎可以通过选择适当的带束层来加强轮胎胎面，而斜交轮胎则必须在整个胎体内（包括承载的胎侧）加固或增加帘布层来实现。这也解释了斜交轮胎刚度较大，其内摩擦和阻尼随之增加，从而引起弹性迟滞阻力增加的原因。

图 3-11　轮胎等效系统模型

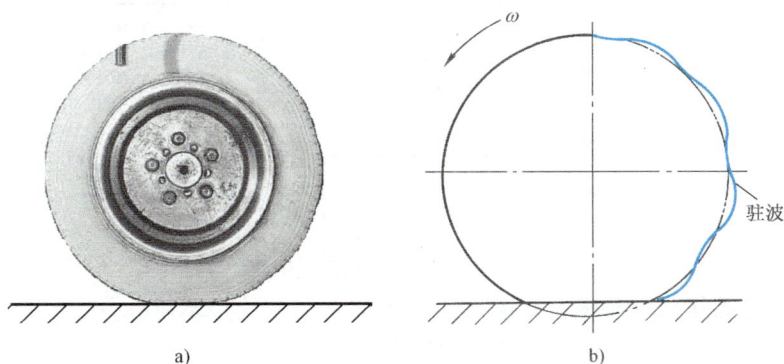

在轮胎接触印迹外形成所谓的"驻波"（deformation wave 或 standing wave）的过程，如图 3-12 所示。通常，轮胎的阻尼随车轮转速的增加而减小。驻波的形成是由于高速情况下，离开接触区域的胎面变形不能立即恢复，这个残留形变导致了驻波的产生。驻波的形成过程最终决定了阻尼的减小对轮胎弹性迟滞阻力的影响，而这一过程又取决于车速。驻波的形成会显著增加能量损失，从而产生大量的热，最终使轮胎破坏，因而也就限制了轮胎的最高安全行驶速度。某轮胎试验结果表明，其弹性迟滞阻力随车速的增加开始缓慢地呈线性增加；当车速增至约 35m/s 后，呈急剧上升的趋势。需强调说明的是，弹性迟滞阻力是轮胎滚动阻力中最重要的部分。

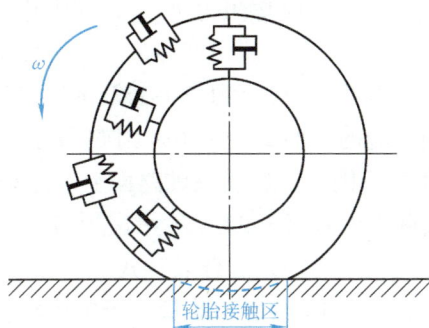

a)　　　　　　　　　　　　　b)

图 3-12　轮胎驻波的形成（运行工况：超载、低压胎、高速）

2. 摩擦阻力

在图 3-11 所示的轮胎等效系统模型中，由一系列弹簧-阻尼组成的单元连续滚动进入轮胎接触印迹区，由此相应的轮胎外缘圆弧就被压成对应的弦长，即"轮胎接地长度"。在轮胎接触印迹内，路面与滚动单元带之间在纵向及横向将产生相对运动，即所谓的"部分滑动"。由于部分滑动引起轮胎与地面摩擦，由此产生了附加的阻力。

3. 风扇效应阻力

像风扇一样，轮胎的旋转运动会导致气流损失，但可将其看成是对整个车辆气流影响的一部分。因此，通常将风扇效应阻力加到总的车辆空气阻力中，对此将在后面章节中加以介绍。

4. 滚动阻力系数

综上所述，车轮在干、硬的平路面上直线行驶，其滚动阻力 F_R 主要包括弹性迟滞阻力

$F_{R,弹性迟滞}$、摩擦阻力 $F_{R,摩擦}$ 和风扇阻力 $F_{R,风扇}$ 三部分，即：

$$F_R = F_{R,弹性迟滞} + F_{R,摩擦} + F_{R,风扇} \tag{3-9}$$

试验表明，在 128～152km/h 速度范围内，90%～95% 轮胎的破坏是由内部弹性迟滞作用引起的，而 2%～10% 则归咎于轮胎与地面的摩擦，仅有 1.5%～3.5% 归咎于空气阻力[2]。因此，轮胎在硬路面上的滚动阻力主要由胎体变形所引起的轮胎材料迟滞作用形成。实际上，式（3-9）表达的各个分量（如弹性迟滞分量与摩擦分量）均无法单独分开测量，因此有用的还是综合表达式。

图 3-13 给出了某货车子午线轮胎在不同载荷下滚动阻力的变化情况，清楚地说明了轮胎载荷与滚动阻力的关系。由图看出，轮胎滚动阻力和车轮载荷近似成线性关系。因此，可定义一个无量纲的轮胎滚动阻力系数 f_R，其值等于相应载荷作用下滚动阻力 F_R 与车轮垂直载荷 $F_{z,w}$ 的比值，即：

$$f_R = \frac{F_R}{F_{z,w}} \tag{3-10}$$

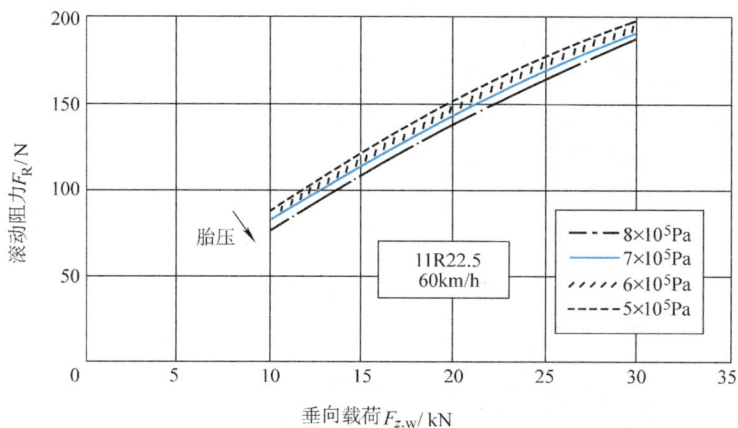

图 3-13　某货车子午线轮胎载荷与滚动阻力的关系

事实上，在轮胎接地印迹内，轮胎压力在纵向和横向均呈不对称分布，对典型的斜交轮胎和子午线轮胎的实际测量结果如图 3-14 所示[1]。

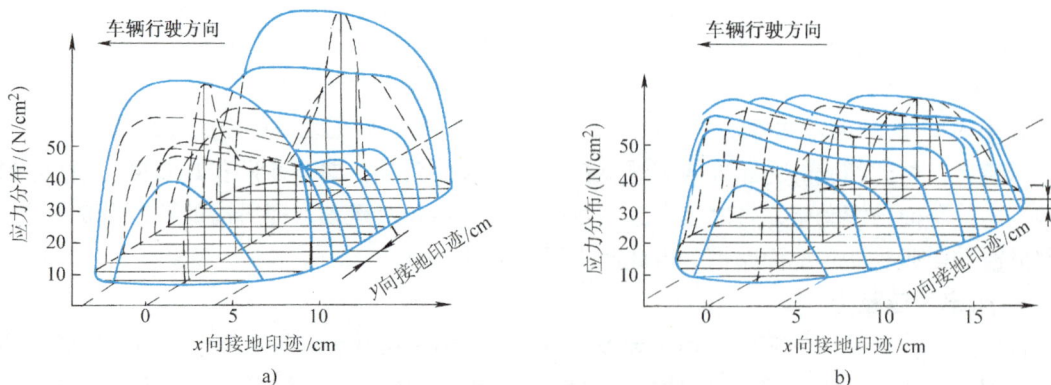

图 3-14　接地印迹内的轮胎压力分布

a）斜交轮胎　b）子午线轮胎

若仅考虑车轮中心面的纵向压力分布，图 3-14 所示的三维压力分布情况可简化为图 3-15 所示的二维表达形式，这样更容易理解在车辆纵向动力学意义上的车轮受力情况。

分别作用于车身、车轮和路面上的力与力矩如图 3-16 所示。这里以非驱动轮为例，若将轮胎接地印迹内的垂向分力求和，就可得到车轮载荷的反作用力 F_{RW}。由于接地印迹内压力分布的不对称性，其作用点位于轴心前方。若定义该偏心距为 e_R，则由此产生与车轮转动方向相反的力矩，即：

$$M_R = F_{RW}e_R = F_{z,w}e_R \qquad (3-11)$$

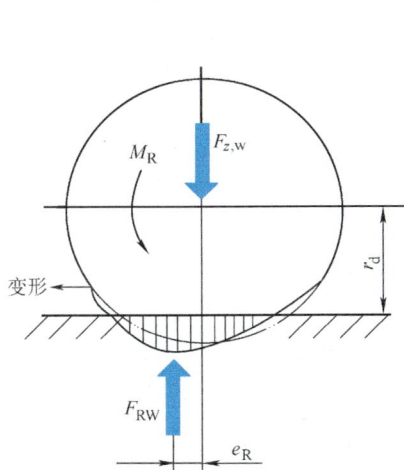

图 3-15　作用于车轮的力和力矩

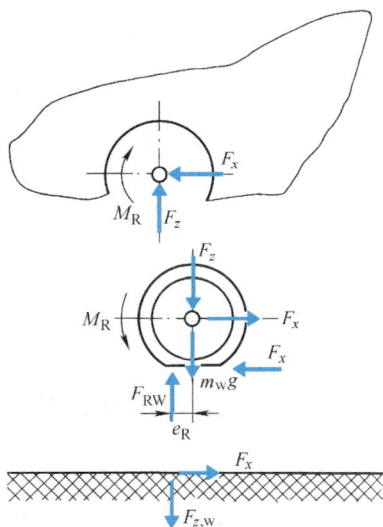

图 3-16　分别作用于车身、车轮和路面上的力与力矩

由此可见，要克服滚动阻力就需要一个作用于轮轴的水平推力，它与车轮滚动半径 r_d 的乘积所表示的力矩对应于式（3-11），即：

$$M_R = F_R r_d \qquad (3-12)$$

结合式（3-11）和式（3-12），可以简单地估计轮胎的滚动阻力系数，即：

$$F_R r_d = F_{z,w}e_R \qquad (3-13)$$

若令

$$F_R = f_R F_{z,w} \qquad (3-14)$$

则滚动阻力系数为：

$$f_R = \frac{e_R}{r_d} \qquad (3-15)$$

通常，在车辆性能基本计算中，大多假定轮胎滚动阻力是与车轮载荷和行驶速度无关的常量。当需要更细致地考虑与载荷的关系时，滚动阻力通常随车轮载荷的增加而增加（图 3-13），而滚动阻力系数则随车轮载荷的增加而减小。图 3-17 所示的某货车子午线轮胎滚动阻力系数曲线更清楚地说明了这一点。

同时，图 3-17 也说明了轮胎压力对滚动阻力系数的影响。随着胎压的升高，滚动阻力系数降低。由于胎压的增加使轮胎刚度增大，因而在车轮载荷不变的情况下，轮胎变形相应减小，进而使弹性变形能减小。同时，由于接地印迹长度的减小，轮胎的摩擦阻力分量也相应降低。

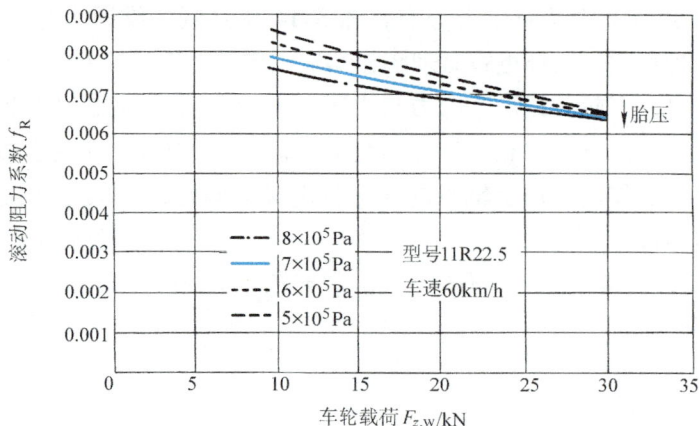

图 3-17   某货车子午线轮胎的滚动阻力系数曲线

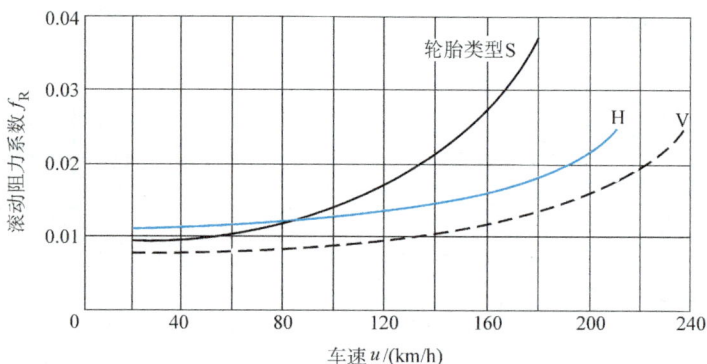

图 3-18   不同类型子午线轮胎的滚动阻力系数与车速的关系曲线

车速对滚动阻力系数的影响如图 3-18 所示。随着车速的增加，滚动阻力系数起初只是稍有增加，随后逐渐随着车速呈显著增加趋势，其原因是驻波的形成对弹性迟滞阻力产生影响，而这一影响随着车速的增加而更加显著。

对于高速 H 型轮胎（时速可高达 210km/h）和超高速 V 型轮胎（时速可高达 240km/h）而言，轮胎刚度的增加削弱了驻波的影响，因而其滚动阻力将会在更高车速下才开始显著增加，且变化趋势更为平缓。

总体来说，除了车速、车轮载荷和轮胎压力等外部因素的影响外，轮胎滚动阻力显然还取决于轮胎的结构设计、嵌入材料和橡胶混合物的选用。与斜交轮胎相比，子午线轮胎的滚动阻力通常较小。另外，轮胎胎面的结构设计对滚动阻力也有一定影响。较浅的胎面花纹和设计良好的胎面轮廓可使滚动阻力减小。但是，随着车速的增加，胎面花纹对滚动阻力的影响相应下降。

当考虑材料、结构和设计参数对轮胎滚动阻力的影响时，必须正确认识轮胎的能量损失与"轮胎-车辆"系统的整体特性之间的关系。虽然期望滚动阻力越小越好，但也必须权衡其他性能参数，如轮胎寿命与耐久性、驱动性能、转弯性能以及缓冲作用等。例如，从滚动阻力角度看，合成橡胶材料不如天然橡胶材料优越，但由于前者具有在胎面寿命、湿路面上的附着性能和降低轮胎噪声方面的巨大优势，所以实际上它们已经取代了天然橡胶，尤其在

胎面材料应用方面。对于高性能车辆，采用丁基橡胶的轮胎具有更大优势，虽然由于其材料的迟滞特性较差，导致轮胎滚动阻力较大，但在驱动力、抓地性、噪声与舒适性等方面性能却得到显著改善。

5. 滚动阻力系数的测量

上面介绍了轮胎滚动阻力的各个分量，包括弹性迟滞阻力、摩擦阻力和风扇效应阻力。有一点可以肯定，滚动阻力中最大的分量是弹性迟滞阻力。实际上，分别精确地测量上述各项是困难的，通常的做法是测量总的滚动阻力系数[7]。一般可采用两种不同的方法测量轮胎的总滚动阻力，即整车道路测试和室内台架测试。整车道路测试的优点是：道路状况和基本条件是真实的，但由于轮胎重复试验所必要的外部环境，如天气、道路及交通条件等外在因素的干扰和不定性，测试中很难保证设定的试验参数。而以上问题在室内固定轮胎试验台测试中可以避免。在室内试验条件下，将装有试验轮胎的车轮放在可移动的滚动表面上，试验数据可由车轮固定装置（如连接杆系和轮辋）上的力传感器获得。

根据滚动面情况的不同，轮胎试验台基本上可分为三种类型（表3-2）：①外支撑试验台；②内支撑试验台；③平板试验台。

表3-2　轮胎试验台的类型及特点

试验类型	简　图	优　点	缺　点
外支撑试验台		空间足够大，轮胎易于安装	很难实现湿路面测量
内支撑试验台		表面材料易更换，能实现湿路面测量	空间有限，轮胎不易安装
平板试验台		底座平坦，与实际情况更吻合	导向困难，振动引起磨损

最常用的是外支撑试验台。它的优点是成本相对较低，承载能力高，且结构紧凑，车轮周围留有较大的空间，不但能容纳各种不同的车轮导向元件，以保证车轮定位，而且便于车轮的安装。但由于离心力的作用，很难在外转鼓上设置不同的道路条件。因此，路面试验条件不能得到充分保证。

对内支撑试验台而言，离心力的作用可使车轮胎面很容易地固定于试验台面。因此，内支撑试验台特别适合于进行不同类型路面的试验，例如确定轮胎湿胎面的滚动特性。然而，车轮上的有限空间不利于车轮的安装和控制。由于弧形支撑面的影响，所有的内支撑试验台

基本上都存在测量误差。与实际路面相比，在车轮载荷相同的情况下，内支撑试验台使轮胎接触印迹和变形量增大，从而摩擦阻力和弹性迟滞阻力也相应增加。如果滚动卷筒半径与车轮半径相比较大，其测量误差就可控制在较小范围内。必要时可引入校正因子，以保证其测量结果与平面测量结果相吻合。

平板试验台在最大程度上保证了轮胎的滚动表面为平面，为车轮控制和车轮运动提供了宽阔的空间，同时也方便了轮胎的安装。通过变换不同滚板，可在一定条件下实现道路条件的改变，同样也适用于湿道路条件，但由于支撑面振动可能会产生测量误差。为解决滚板的导向问题，需要的技术成本较高，另外，滚板的磨损也增加了运行成本。

实际上，测试条件影响着与车速有关的滚动阻力系数特性曲线，常采用的测试方法主要有以下两种：

1）将静止的或匀速滚动的轮胎设置为额定胎压，随后，在无气压控制的条件下测量每一点的滚动阻力。由于轮胎的弹性迟滞能量，轮胎内气温升高，从而气压增加。

2）整个运行过程中控制轮胎内部压力，并始终调整到额定压力。

第二种方法消除了不断变化的参数对轮胎压力的影响，而第一种方法则更接近实际轮胎运行工况。这其中并没有考虑诸如冷却气流等其他因素的影响。

以两种不同型号的货车轮胎为例，图 3-19 比较了两种测量方法的测试结果。无胎压控制的滚动阻力系数基本上低于有胎压控制的滚动阻力系数，原因是轮胎内部压力的增加导致了滚动阻力的降低。

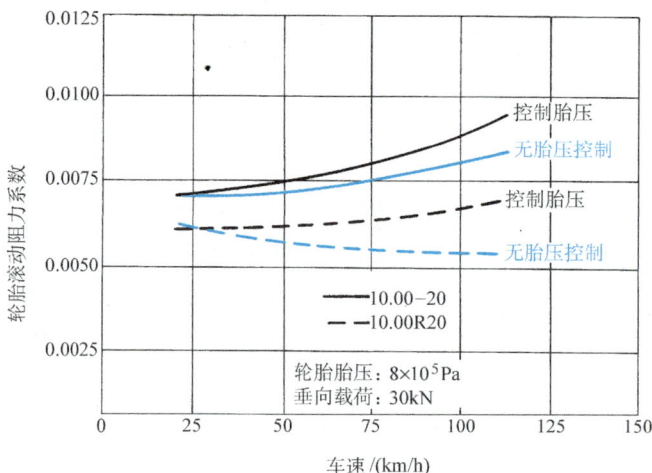

图 3-19 有/无胎压控制情况下车速对轮胎滚动阻力系数的影响

二、道路阻力

以上介绍了车轮在干、硬的平坦路面上的滚动阻力。实际上，不平路面、塑性路面和湿路面均可使轮胎滚动阻力增加，这样的道路条件引起的轮胎滚动阻力增加的部分称为"道路阻力分量"。

1. 不平路面

车辆行驶过程中，路面的微小不平度激励可由轮胎缓冲和吸收。此外，通过悬架弹簧和减振器，整个车轮总成相对车身上下跳动。此时，轮胎和悬架减振器一样，其中的动能也被转化为热量。这说明当车轮做弹跳运动时，弹性单元恢复变形过程中释放的能量比压缩过程所做的功少，其减小的量相当于阻尼功的大小。下面以图 3-20 所示的刚性车轮来说明。

由于能量的释放，图示等效系统中弹簧力所做的功对滚动阻力没有影响。但阻尼器在相应的不平路段（x 距离之内）所做的功 ΔW 使车轮滚动阻力增加了一附加分量，定义为不平路面滚动阻力分量 $F_{\text{R,不平}}$，其大小为：

$$F_{\text{R,不平}} = \frac{\sum_0^x \Delta W}{x} \quad (3-16)$$

图 3-20 越障时轮胎（等效为刚性轮-弹簧-阻尼系统）能量释放过程

2. 塑性路面

车轮在硬路面（如沥青路面）或微弹性路面（如混凝土路面）上滚动时，路面在正常载荷作用下不会产生永久变形。然而，在土路、砂路、草地或雪路等情况下，当承载车轮滚过后，将使路面产生清晰可见的车辙。将由路面塑性变形引起的附加车轮阻力定义为塑性路面阻力，记为 $F_{\text{R,塑性}}$，它主要由以下三部分阻力组成：

（1）压实阻力 根据路基种类的不同，承载车轮在塑性路面滚过的底层土壤变形只在很小的范围内可产生弹性恢复，滚过之后会有车辙留下，如图 3-21a 所示。

（2）推土阻力 当车轮滚过松软的底层土壤时，大量的土壤开始先被挤到轮胎前部，直至被压实或挤到侧面。由这些路面物质的纵向和侧向运动，造成的附加轮胎滚动阻力，可用推土阻力来表示，如图 3-21b 所示。

（3）剪切阻力 此外，还有更微小的阻力分量，即胎面花纹沟槽剪切阻力，由轮胎侧壁和路面物质之间的摩擦产生，如图 3-21c 所示。

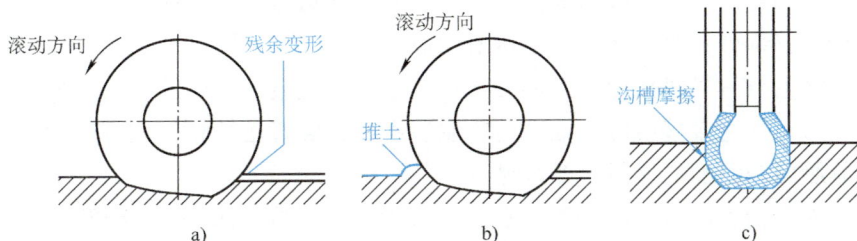

图 3-21 塑性路面产生的轮胎滚动阻力示意图

a）压实阻力 b）推土阻力 c）剪切阻力

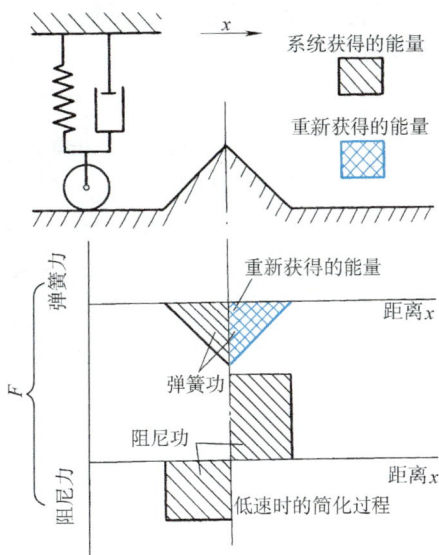

　　与硬路面上的轮胎滚动阻力相反，塑性路面上的附加阻力随着胎压的增加而增大。这是由于轮胎内部压力的增加使轮胎接地印迹减小，并使轮胎在路面中的沉陷量加大，如图3-22所示。

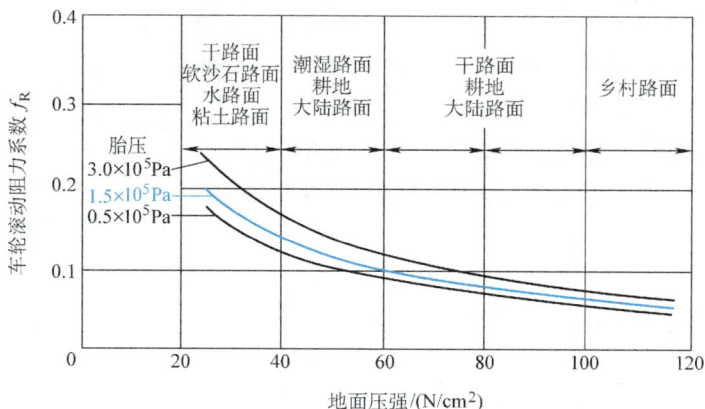

图3-22　塑性路面上与地面承载能力相关的轮胎滚动阻力系数

　　总之，塑性路面上的轮胎滚动阻力由压实阻力、推土阻力、剪切阻力和硬路面上的滚动阻力之和构成，即：

$$\sum F_{R,塑性} = F_R + F_{R,塑性} = F_{z,w}\left(f_R + f_{R,塑性}\right) \tag{3-17}$$

　　由上式可见，推导出的轮胎滚动阻力系数与道路条件有关，但通常仍将总的阻力系数简称为滚动阻力系数。只是这里的滚动阻力系数包含双重含义，即它还包括了附加的塑性路面阻力系数。考虑上述影响，表3-3列出了不同道路条件下的滚动阻力系数[1]。

表3-3　不同道路条件下的滚动阻力系数

道路条件	滚动阻力系数
新硬柏油路，混凝土路面，碎石路，鹅卵石路	0.005 ~ 0.015
压实砂砾路，损坏的搓板柏油路	0.02 ~ 0.03
损坏的搓板砂砾路	0.03 ~ 0.04
良好的土路	0.04 ~ 0.05
土路	0.05 ~ 0.15
沙路	0.15 ~ 0.35

3. 湿路面

　　为了使滚动的轮胎胎面与湿路面接触，轮胎必须穿透水层。在纵向上，胎面和水层之间的涉水区可分为三部分：水膜区、过渡区和直接接触区，如图3-23所示。在水膜区，滚动的轮胎胎面实际上没有接触路面，大部分水被排走；在过渡区，轮胎胎面部分接触地面，且轮胎已产生变形；在直接接触区，滚动的轮胎胎面和路面直接接触，只有少量的水从轮胎花纹间挤出，是胎面与路面的实际接触区域。

　　在涉水区内，为了消除水的干扰，必须克服所谓的"扰流阻力"（baffle resistance）。试验表明，扰流阻力主要取决于单位时间内排开水的体积，而轮胎设计、空气压力或轮胎载荷对扰流阻力几乎没有多大的影响。单位时间内的排水体积则由积水深度 h、轮胎宽度 W_t 和车轮滚动速度所决定。扰流阻力 $F_{R,扰流}$ 可通过以下经验公式计算获得：

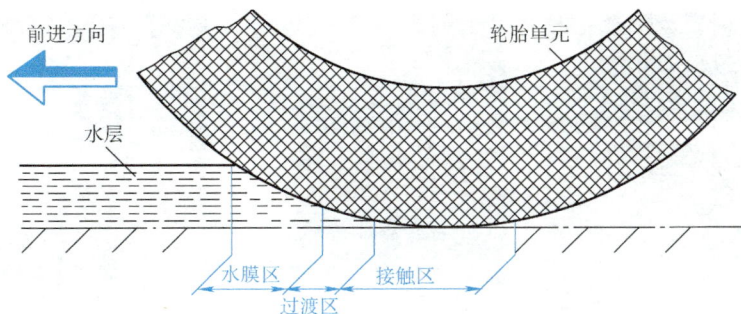

图 3-23　湿路面上轮胎涉水区示意图

$$F_{R,扰流} = \left(\frac{W_t}{10} \frac{u_w}{N} \right)^E \tag{3-18}$$

式中，$F_{R,扰流}$ 为扰流阻力，单位为 N；W_t 为轮胎宽度，单位为 cm；u_w 为车轮前进速度，单位为 km/h；N、E 为扰流阻力系数，其数值取决于积水深度，它们与积水深度的关系曲线如图3-24所示。

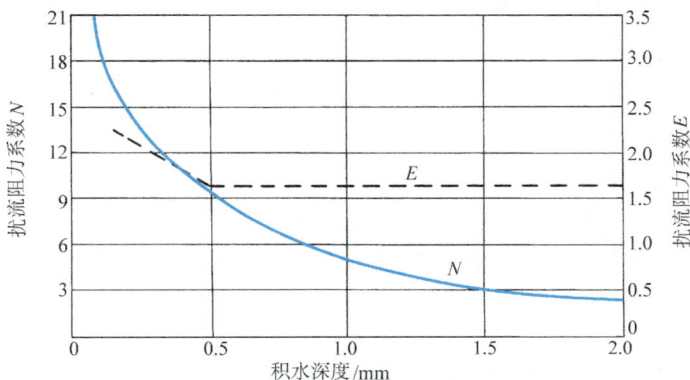

图 3-24　扰流阻力系数（N 和 E）与积水深度的关系曲线

在不同积水深度下，将式（3-18）计算出的扰流阻力与车轮滚动速度的关系与实际测量结果进行了比较，如图3-25所示。由图可以看出：斜交轮胎和子午线轮胎的测量值差别不大。

图 3-26 给出了两个不同胎面结构的轮胎在某湿路面上行驶的胎面接地触水情况[1]。其中：a）具有良好胎面结构的轮胎在车辆行驶速度为 80km/h 时胎纹完整，接水印迹长度约为 12mm，而干接触印迹长度约为 68mm；b）对同一轮胎，当车速提高至150km/h 时，接水印迹长度已达到 18mm，但印迹仍基本完整；c）对一个胎面结构设计不好的轮胎，当车速为 80km/h 时，由于车轮和路面间已存在一封闭的水层，故此胎面已无清晰的轮廓。

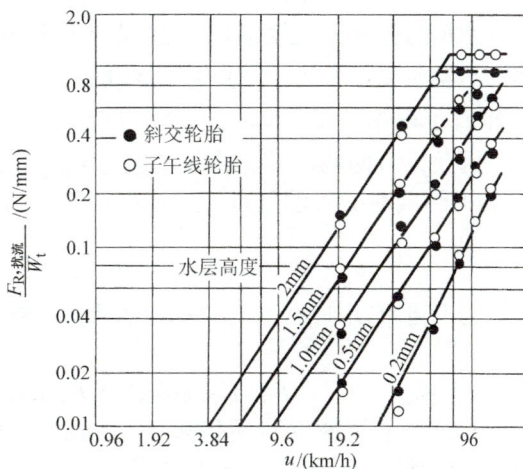

图 3-25　轮胎的扰流阻力与车轮滚动速度的关系曲线

a)　　　　　　　　　　b)　　　　　　　　　　c)

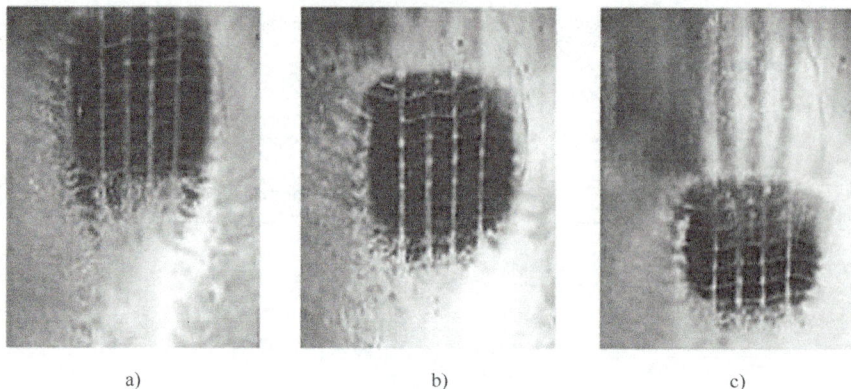

图 3-26　不同胎面结构轮胎的滑水现象

a）胎纹完整（胎面结构良好的轮胎，车速为80km/h）

b）胎纹基本完整（胎面结构良好的轮胎，车速为150km/h）

c）无完整胎纹（胎面结构差的轮胎，车速为80km/h）

考虑以上介绍的扰流阻力，再加上干路面行驶的滚动阻力，就得到了湿路面上的轮胎滚动阻力，即：

$$F_{R,湿路} = F_R + F_{R,扰流} \tag{3-19}$$

三、轮胎侧偏阻力

前面讨论的轮胎滚动阻力是基于车轮前进方向垂直于车轴，且车轴平行于路面的假设条件。然而，侧向载荷和车轮定位情况都会改变以上假设条件，下面就不同情况分别讨论。

1. 侧向载荷的影响

当受到侧风或在坡度路面上滚动时，特别是在转弯工况时，车轮将在侧向载荷作用下滚动，这时车轮的运动方向与其回转平面将产生一个侧偏角，记为 α。图 3-27所示的俯视图说明了转弯过程中车轮的受力情况，其中车轮所受离心力 F_C 垂直于运动方向，轮胎侧向力 F_y 垂直于车轮平面，车轮滚动阻力沿车轮平面方向。

因此，有侧偏时的车轮滚动阻力 $F'_{R,侧偏}$ 包括侧向力 F_y 和无侧偏时的滚动阻力 F_R 在车轮运动方向的分量之和，即：

$$F'_{R,侧偏} = F_R\cos\alpha + F_y\sin\alpha \tag{3-20}$$

为了更直观地看出侧偏角 α 的附加影响，上式可改写为：

$$F'_{R,侧偏} = F_R - F_R(1-\cos\alpha) + F_y\sin\alpha \tag{3-21}$$

式（3-21）右边的后两项代表了由轮胎侧偏角而引起的附加滚动阻力项，因而相应于某一特定车轮载荷，即可获得由侧偏角引起的附加滚动阻力系数，即：

$$f_{R,侧偏} = \frac{F_y\sin\alpha - F_R(1-\cos\alpha)}{F_{z,w}} \tag{3-22}$$

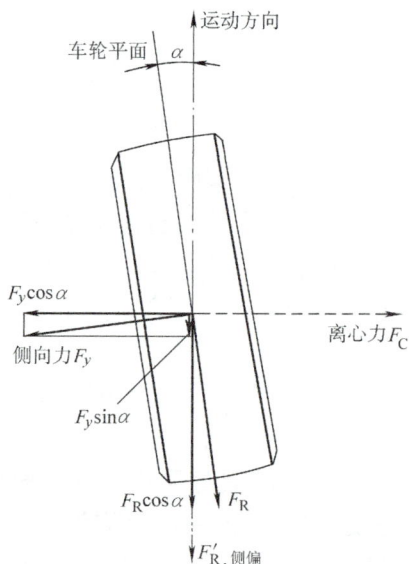

图 3-27　侧偏角作用下的车轮受力情况

将无侧向载荷的直线行驶工况下的滚动阻力系数 f_R 代入上式，有：

$$f_{R,侧偏} = \frac{F_y \sin\alpha}{F_{z,w}} - f_R(1 - \cos\alpha) \tag{3-23}$$

由于在小侧偏角情况下，轮胎侧向力 F_y 与侧偏角 α 的大小近似成正比而方向相反，即：

$$F_y = -C_\alpha \alpha \tag{3-24}$$

式中，C_α 称为轮胎侧偏刚度[○]。

结合式（3-23），取 F_y 数值大小为 $C_\alpha\alpha$ 并在小侧偏角情况下假定 $\cos\alpha \approx 1$，$\sin\alpha \approx \alpha$，则有：

$$f_{R,侧偏} = \frac{C_\alpha \alpha^2}{F_{z,w}} \tag{3-25}$$

轮胎侧偏角与侧偏滚动阻力系数的关系如图 3-28 所示。通过与表 3-3 中不同路面下车轮无侧偏时滚动阻力系数值比较可见，当侧偏角 α 小于 2° 时，轮胎的滚动阻力系数与直线工况下的数值相差不大（阶数相同）；而当侧偏角 α 超过 2° 时，滚动阻力系数将成倍地增长。

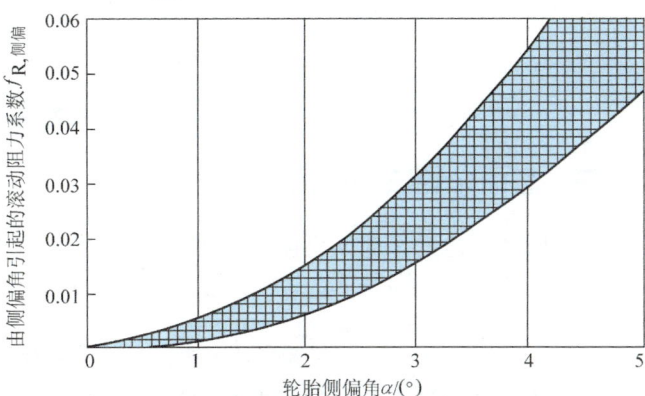

图 3-28　轮胎侧偏角与侧偏滚动阻力系数的关系

2. 车轮定位的影响

为了保证车辆良好的操纵稳定性，一般要求转向车轮有一定的前束角或外倾角。与前面提到的轮胎侧偏角相似，车轮的前束和外倾都将使轮胎滚动阻力增加，下面分别进行介绍。

（1）车轮前束角　车轮前束角 ψ_t 是车轮中心平面水平轴线与车辆行驶方向之间的夹角。对每一车轮而言，即使车辆无外部侧向载荷作用，车轮前束也可使每一转向车轮产生侧偏角，从而产生与运动方向相反的附加滚动阻力，其原理如图 3-29 所示。

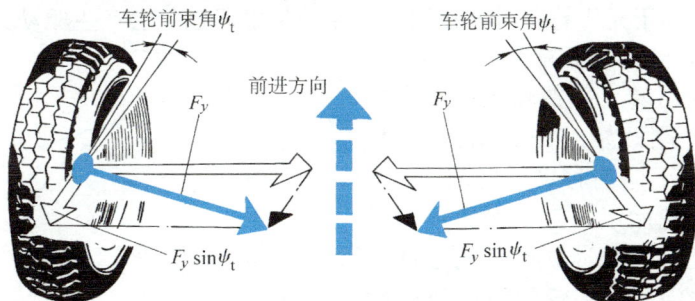

图 3-29　由车轮前束角产生的附加前束滚动阻力示意图

同样，与侧偏角的分析方法相似，可得到由车轮前束角产生的附加滚动阻力为：

$$F_{R,前束} = F_y \sin\psi_t = f_{R,前束} F_{z,w} \tag{3-26}$$

若计算同一车轴上的两个车轮附加前束阻力，则需将上式的计算结果乘两倍。

○ 本书对轮胎侧偏刚度的定义为正值，注意与《汽车理论》中对该值的负值定义相区别。

（2）车轮外倾角　车轮中心平面与路面垂线的夹角称为车轮外倾角 γ，如图 3-30 所示。由于车轮外倾角的存在，使胎面在滚动过程中不垂直于地面，此时胎面滚动区域将受不断变化的载荷变用，并且胎壁也会产生变形。因此，轮胎的滚动阻力会稍有增加，由此引起的附加滚动阻力分量记为 $F_{R,外倾}$。

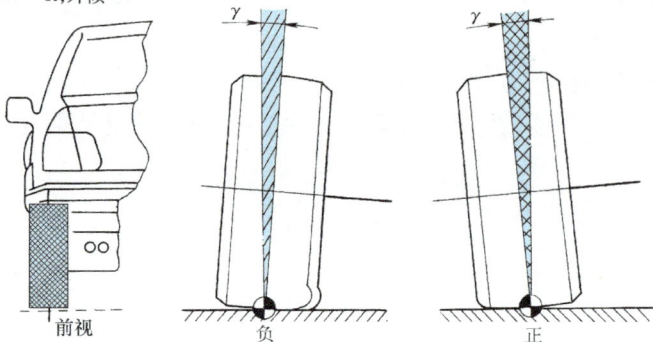

图 3-30　车轮外倾角

四、总的车轮滚动阻力

综上所述，总的车轮滚动阻力可通过对以上各部分阻力求和来计算：

$$\sum F_R = F_R + F_{R,不平} + F_{R,塑性} + F_{R,扰流} + F_{R,侧偏} + F_{R,前束} + F_{R,外倾} \tag{3-27}$$

其中

$$F_R = F_{R,弹性迟滞} + F_{R,摩擦} + F_{R,风扇} \tag{3-28}$$

由于轮胎的设计参数和使用参数与滚动阻力之间的关系极其复杂，几乎不可能找出预测其滚动阻力的理论方法。不同行驶条件下，车轮滚动阻力的确定仍主要依赖于试验。通过试验，提出了许多经验公式用于计算在硬路面上的车轮滚动阻力。当车辆在普通干路面上直线行驶时，对最基本的车轮阻力计算而言，一般可认为车轮阻力就是轮胎滚动阻力，即

$$\sum F_R \approx F_R = f_R F_{z,w} \tag{3-29}$$

五、轮胎纵向力与滑动率的关系

当驱动力矩施加于充气轮胎时，在轮胎与路面接触印迹处会产生驱动力，与此同时，轮胎胎面在接地印迹内及其前端受到压缩，从而使轮胎产生纵向滑转，并在轮胎胎壁产生相应的剪切变形。刚开始施加驱动力矩时，轮胎开始转动却并不向前移动，此时 $r_d\omega > u_w$，车轮滑转。当轮胎以一定的角速度转动而轮心的平移速度为零时（如驱动轮在冰面高速旋转打滑时的情况），轮胎纵向滑转率为 1。轮胎驱动力系数 μ（定义为驱动力 F_x 与法向力 F_z 之比）与滑转率 s 的关系如图 3-31所示[9]。

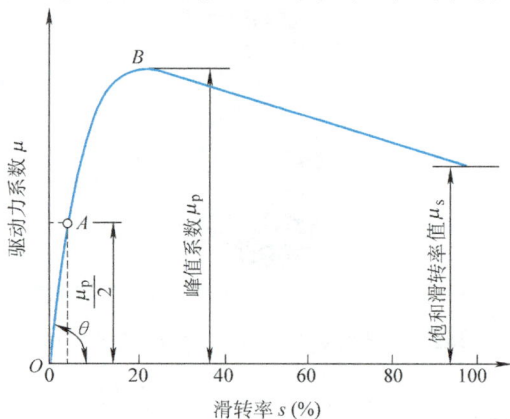

图 3-31　轮胎驱动力系数 μ 与滑转率 s 的关系

由图可见，一般情况下，因为轮胎初始的滑转主要由胎面的弹性形变引起，所以一开始车轮力矩与驱动力随着滑转率呈线性关系增加，即图中对应的曲线 OA 段。当车轮力矩和

驱动力进一步增加而导致部分轮胎胎面在
地面上滑转时，驱动力和滑转率呈非线性
的关系，对应于图中曲线的 AB 段。试验数
据表明，充气轮胎在硬路面上，其滑转率
通常在 15% ~ 20% 附近时驱动力达到最大
值。当滑转率进一步增加时，会导致轮胎
进入不稳定工况。驱动力系数从峰值 μ_p 很
快下降到纯滑转（即 $s=1$）时的饱和滑转
率值 μ_s。

　　同样，在制动力矩的作用下，定义制
动力系数 μ_b 为制动力 F_{bx} 与轮胎法向载荷
F_z 的比值。与先前介绍的驱动力系数和滑
转率的关系类似，图 3-32 以某轿车斜交轮
胎为例，给出了不同道路条件下制动力系
数 μ_b 与车轮滑移率 s_b 的关系[10]。

　　由图可见，当车辆制动时，纵向制动力同样
随滑移率的提高而迅速增加，而且很快就能达到
最大值。然后，随着滑移率的增加，轮胎制动力
开始逐渐下降或呈平稳趋势，直到纯滑移（即车
轮抱死、车轮角速度为零的情况，此时 $s_b=1$）
而达到饱和状态。

　　这里，给出当车速为 64km/h 时，不同类型
及不同胎压的轿车轮胎在干强化沥青路面上的附
着系数峰值 μ_p 及饱和滑动值 μ_s 的试验结果，如
图 3-33[11] 所示。可以看出，在良好路面的附着
系数并不随轮胎结构及充气压力的不同而显著
变化。

　　表 3-4[12] 给出了某货车轮胎在 64km/h 的速
度时，不同道路条件下道路附着系数的峰值 μ_p
和滑动值 μ_s。可以看出，对于干混凝土路面上的
货车轮胎，其峰值 μ_p 与滑动值 μ_s 的比值约为
1.4；对于湿路面，其比值约为 1.15。

　　由于路面附着系数峰值 μ_p 与滑动值 μ_s 可能
存在显著差别，因此应尽量避免车轮制动时抱死
（即滑移率 s_b 为 1）或车轮加速时打滑（即滑转率 s 为 1），这就是制动防抱死系统和驱动力
控制系统的重要理论根据之一。

　　相对而言，车辆行驶速度和轮胎载荷对驱动（制动）力系数与车轮滑转（滑移）率关
系的影响最为显著[13]。图 3-34 给出了某货车斜交轮胎在干沥青路面上不同行驶速度下的制

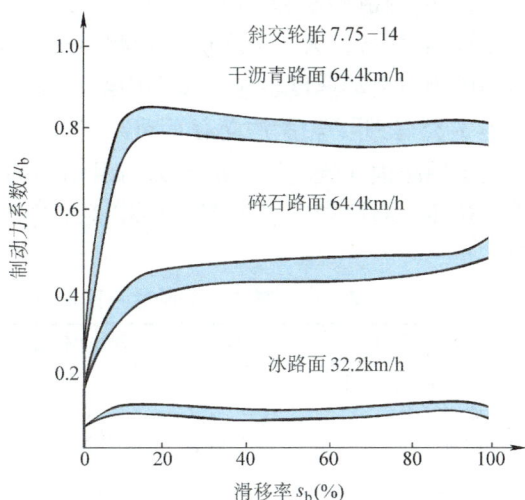

图 3-32　不同道路条件下制动力系数 μ_b 与车轮滑移率 s_b 的关系

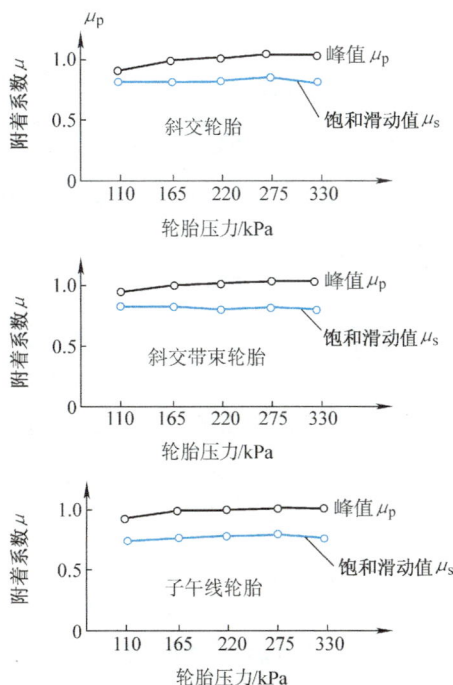

图 3-33　不同类型的轿车轮胎在干强化沥青路面上的 μ_p、μ_s 与胎压的关系

动力系数 μ_b 与滑移率 s_b 的关系曲线。而子午线轮胎也表现了相似的关系特性。由于车速对 $\mu\text{-}s$ 曲线影响显著，为了更准确地预测驱动（制动）力与滑转率（滑移率）的关系，胎面与地面间的相对滑动速度也应在模型中给予考虑。

图 3-35 表明了轮胎法向载荷对某货车斜交轮胎制动力与滑移率关系特性的影响。

关于硬路面充气轮胎的纵向力与滑动率的关系，至今尚未找到能准确预测且普遍适用的理论。然而，有些学者提出了一些相关理论，用于解释其基本物理过程，现分别进行简单介绍。

表 3-4　某货车轮胎在不同道路条件下的附着系数（车速为 64km/h）

道路类型	峰值 μ_p	滑动值 μ_s	道路类型	峰值 μ_p	滑动值 μ_s
沥青或混凝土路面（干）	0.8～0.9	0.75	土路（干）	0.68	0.65
混凝土路面（干）	0.8	0.57	土路（湿）	0.55	0.4～0.5
混凝土路面（湿）	0.8	0.7	雪（压实）	0.2	0.15
石子路	0.6	0.55	冰面	0.1	0.07

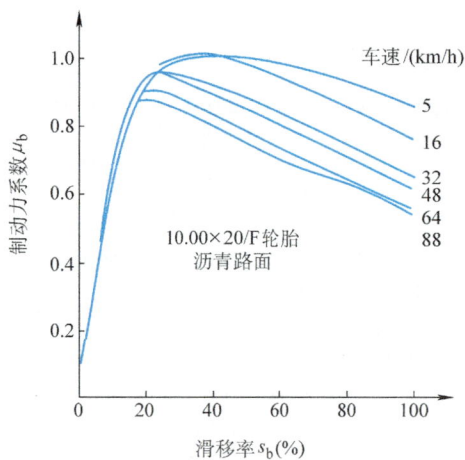

图 3-34　车速对制动力系数与滑移率关系特性的影响

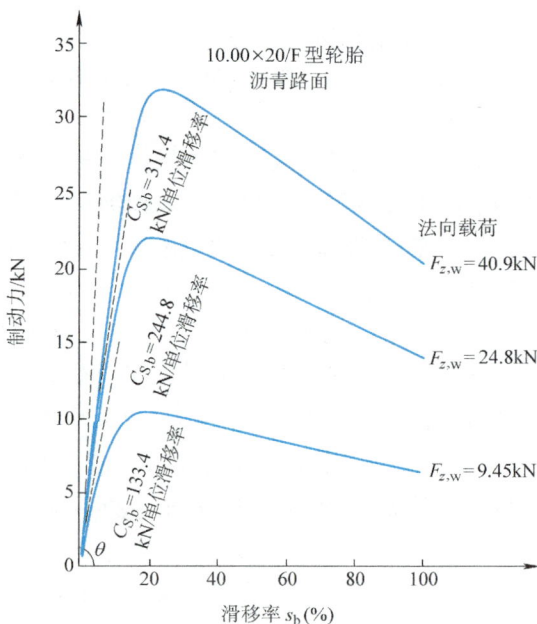

图 3-35　轮胎法向载荷对制动力与滑移率关系特性的影响

1. 理论一

Julien 提出的关于充气轮胎纵向驱动力与滑转率关系的理论模型[14]，是最早、也是最简单的模型之一。胎面被假设为是一个弹性带，接地印迹为矩形且法向压力为均匀分布。进一步假设接地区间被分为附着区与滑转区，如图 3-36 所示。在附着区，作用力由轮胎的弹性特性决定；而在滑转区，作用力由轮胎与路面接触区的附着条件所决定。

由图 3-36a 可见，当驱动力矩作用于轮胎时，在接地区间的前端，胎面产生纵向压缩应变 ε；而在接地区间的附着区 ε 保持不变，轮胎胎面相对地面不发生滑转。设 e_0 为在接触区

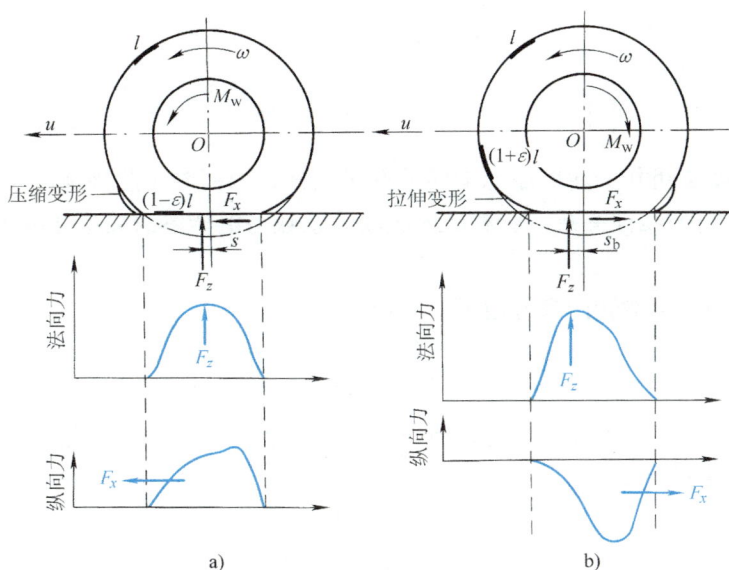

图 3-36 驱动和制动工况下的轮胎受力及变形示意图

a) 驱动工况 b) 制动工况

前缘胎面的纵向变形，e 为胎面距前缘 x 长度处某点的纵向变形，则有：

$$e = e_0 + x\varepsilon \tag{3-30}$$

假设 e_0 正比于 ε，即 $e_0 = \lambda_t \varepsilon$，则有：

$$e = (\lambda_t + x)\varepsilon \tag{3-31}$$

进一步假设，在胎面与地面间无滑动发生的附着区内，每单位接触长度的纵向力与胎面的变形成正比关系，则有：

$$\frac{\mathrm{d}F_x}{\mathrm{d}x} = k_{\tan}e = k_{\tan}(\lambda_t + x)\varepsilon \tag{3-32}$$

式中，$k_{\tan}$ 是胎面的切向刚度；F_x 是驱动力。

于是，在点 O 与点 x 之间的驱动力可通过积分求得：

$$F_x = \int_0^x k_{\tan}(\lambda_t + x)\varepsilon \mathrm{d}x = k_{\tan}\lambda_t x\varepsilon\left(1 + \frac{x}{2\lambda_t}\right) \tag{3-33}$$

设 p 为法向压力，b 为接触印迹的宽度，μ_p 为峰值路面附着系数，那么附着条件（即胎面相对路面不发生滑转的条件）为：

$$\frac{\mathrm{d}F_x}{\mathrm{d}x} = k_{\tan}(\lambda_t + x)\varepsilon \leqslant pb\mu_p \tag{3-34}$$

上式表明，如果距前端 x 长的一点在附着区内，x 须小于某一临界长度 l_c，这也就定义了附着区的长度，即：

$$x \leqslant l_c = \frac{pb\mu_p}{k_{\tan}\varepsilon} - \lambda_t = \frac{\mu_p F_{z,w}}{l_t k_{\tan}\varepsilon} - \lambda_t \tag{3-35}$$

式中，$F_{z,w}$ 为轮胎法向载荷；l_t 为轮胎接地长度。

若 $l_t \leqslant l_c$，则整个轮胎接地区均为附着区。令式（3-33）中 $x = l_t$，则驱动力为：

$$F_x = k_{\tan}\lambda_t l_t \varepsilon\left(1 + \frac{l_t}{2\lambda_t}\right) = K_t \varepsilon \tag{3-36}$$

式中，$K_t = k_{\tan}\lambda_t l_t\left(1 + \frac{l_t}{2\lambda_t}\right)$

由于纵向应变 ε 可作为轮胎纵向滑转的衡量指标，因而若轮胎接地区均为附着区，驱动力 F_x 和滑转率 s 将成线性关系，所对应的驱动力系数与滑转率的关系曲线即为图 3-31 中的 OA 段。

接地印迹后端发生滑转的条件由下式给出：

$$l_t = l_c = \frac{\mu_p F_{z,w}}{l_t k_{\tan} s} - \lambda_t \tag{3-37}$$

这意味着若滑转率达到极限值 s_c，或驱动力达到极限值 F_{xc} 时，接触区域后端就会开始发生滑动，极限值表示如下：

$$s_c = \frac{\mu_p F_{z,w}}{l_t k_{\tan}(l_t + \lambda_t)} \tag{3-38}$$

$$F_{xc} = \frac{\mu_p F_{z,w}[1 + l_t/(2\lambda_t)]}{1 + l_t/\lambda_t} \tag{3-39}$$

随着滑转率或驱动力的进一步增加，会导致滑转区从接地印迹后端向前端扩展。滑动区产生的驱动力 F_{xs} 由下式计算：

$$F_{xs} = \mu_p F_{z,w}(1 - l_c/l_t) \tag{3-40}$$

而附着区的驱动力 F_{xa} 为：

$$F_{xa} = k_{\tan}\lambda_t l_c s\left(1 + \frac{l_c}{2\lambda_t}\right) \tag{3-41}$$

式中，l_c 可由式（3-35）求得。

因此，当部分胎面与地面之间发生滑移时，总驱动力和滑转率的关系表达为：

$$F_x = F_{xs} + F_{xa} = \mu_p F_{z,w} - \frac{\lambda_t(\mu_p F_{z,w} - K_0 s)^2}{2l_t K_0 \varepsilon} = \mu_p F_{z,w} - \frac{\lambda_t(\mu_p F_{z,w} - K_0 s)^2}{2l_t K_0 s} \tag{3-42}$$

式中，$K_0 = k_{\tan}\lambda_t l_t$。

上述方程清晰地表明：当部分接触面发生滑转时，驱动力系数与纵向滑转率的关系呈非线性，它对应于图 3-31 中的 AB 段。

当滑转扩展到整个轮胎接地区时，驱动力 $F_x = \mu_p F_{z,w}$。在此条件下滑转率由式（3-37）（其中令 $l_c = 0$）求得。最大驱动力对应的滑转率 $s_{max} = \mu_p F_{z,w}/(l_t k_{\tan}\lambda_t)$，并对应于图 3-31 中的点 B。轮胎滑转率的进一步增加将造成不稳定工况，此时路面附着系数迅速从峰值 μ_p 下降到纯滑动时的 μ_s。

实际上，轮胎接地印迹内的法向力并非均匀分布，其在边缘处的压强逐渐减少。因此可以预见，即使在滑转率很小的情况下，也会导致轮胎接地印迹后端有小部分的滑移区。

2. 理论二

采用上述理论来定义驱动作用与纵向滑转的关系，除了参数 μ_p、$F_{z,w}$ 和 l_t 外，决定胎面进入接地区间前的纵向变形 λ_t 的值必须已知。而对于给定的轮胎，为了确定 λ_t 的值，需要

大量精确的试验。鉴于这一点，又有人对此提出了较为简单的理论[9]，它可以忽略 λ_t 的影响。

由式（3-32）可知，若忽略 λ_t 项，在离接触点前端 x 距离的附着区内，单位接地长度的驱动力为：

$$\frac{\mathrm{d}F_x}{\mathrm{d}x} = k_{\tan}x\varepsilon = k_{\tan}xs \tag{3-43}$$

如果在整个接地区间内，胎面与地面间无滑动，则驱动力与滑转率的关系为：

$$F_x = \int_0^{l_t} k_{\tan}sx\mathrm{d}x = (k_{\tan}l_t^2/2)s \tag{3-44}$$

式中，$k_{\tan}l_t^2/2$ 项可以看成是驱动力-滑转率曲线在原点处的斜率 c_s，如图 3-35 所示，即：

$$\frac{k_{\tan}l_t^2}{2} = c_s = \tan\theta = \left.\frac{\partial F_x}{\partial s}\right|_{s=0}$$

式中，c_s 通常表示轮胎的纵向刚度，定义为单位滑移率所受的纵向力。

如果接地区间无滑动发生，驱动力和滑转率之间将呈线性关系，即 $F_x = c_s s$。对应于图 3-31 所示曲线的 OA 段。

当滑转率超过图 3-31 所示的 A 点以后，接地区间后部每单位长度的驱动力达到附着极限，并在胎面与地面间发生滑动，即：

$$\frac{\mathrm{d}F_x}{\mathrm{d}x} = k_{\tan}l_ts = \mu_p pb = \frac{\mu_p F_{z,w}}{l_t} \tag{3-45}$$

这表明若滑转率或驱动力分别达到以下界限值时，接触区域后端就会开始发生滑动：

$$s_c = \frac{\mu_p F_{z,w}}{k_{\tan}l_t^2} = \frac{\mu_p F_{z,w}}{2c_s} \tag{3-46}$$

$$F_{xc} = c_s s_c = \frac{\mu_p F_{z,w}}{2} \tag{3-47}$$

换句话说，若滑转率 $s \le s_c$ 或驱动力 $F_x \le F_{xc}$，则驱动力与滑转率之间为线性关系，如图 3-31 所示。式（3-47）表明，驱动力-滑转率关系的线性上界为最大驱动力的一半（$\mu_p F_{z,w}/2$）。

随着滑转率或驱动力的进一步增加（即当 $s > s_c$ 或 $F_x > F_{xc}$ 时）会造成轮胎接地区的滑移区从印痕尾部向前端扩展。由滑移区得到的驱动力为：

$$F_{xs} = \mu_p F_{z,w}\left(1 - \frac{l_c}{l_t}\right) = \mu_p F_{z,w}\left(1 - \frac{\mu_p F_{z,w}}{2c_s s}\right) \tag{3-48}$$

附着区的驱动力为：

$$F_{xa} = \frac{1}{2}\frac{\mu_p F_{z,w}l_c}{l_t} = \frac{\mu_p^2 F_{z,w}^2}{4c_s s} \tag{3-49}$$

因此，部分胎面在地面上滑移（即 $s > s_c$ 或 $F_x > F_{xc}$）时，总驱动力与滑转率的关系为：

$$F_x = F_{xs} + F_{xa} = \mu_p F_{z,w}\left(1 - \frac{\mu_p F_{z,w}}{4c_s s}\right) \tag{3-50}$$

上式表明，当接地区发生部分滑移时，驱动力与纵向滑转率的关系呈非线性特性。当驱动力小于最大值 $\mu_p F_{z,w}$ 时，可以用上式预估驱动力-滑转率的关系。

与 Julien 理论相比，上述简化理论只需三个参数（μ_p、$F_{z,w}$ 和 c_s）即可定义驱动力与滑转率的关系。正如先前指出的那样，c_s 的大小可由测得的驱动力与滑转率关系曲线的初始斜率确定。

当轮胎受到制动力矩作用时，与驱动时的压缩变形情况相反，轮胎在进入接触印迹之前胎面就发生拉伸变形，如图 3-36b 所示。关于制动力与滑移率的关系，采用与驱动工况类似的方法，同样也能得到简化模型。必须注意的是，滑转率 s 与滑移率 s_b 之间的关系为：

$$|s| = \left| \frac{s_b}{(1 - s_b)} \right| \tag{3-51}$$

如果在轮胎接地区间无滑移发生，制动力与滑移率的关系可通过分别将 $F_x = c_s s$ 中的 c_s 和 s 替换为 $c_{s,b}$ 和 $s_b/(1 - s_b)$ 得到，即：

$$F_{xb} = c_{s,b} s_b / (1 - s_b) \tag{3-52}$$

式中，F_{xb} 是与车轮前进方向相反的制动力；$c_{s,b}$ 为制动力与滑移率曲线在原点处的斜率，即：

$$c_{s,b} = \left. \frac{\partial F_x}{\partial s_b} \right|_{s_b = 0}$$

式中，$c_{s,b}$ 可看成是制动作用下轮胎的纵向刚度。同样，$c_{s,b}$ 的数值可由测得的制动力-滑移率曲线的初始斜率得出，如图 3-35 所示。

值得说明的是，根据式（3-52）可知，即使是在胎面与地面之间并无滑动发生的低滑移率值处，制动力与滑移率的关系也是非线性的。

当胎面与地面之间将要滑动时，其极限滑移率 s_{bc} 可通过将式（3-46）中的 c_s 和 s_c 替换为 $c_{s,b}$ 和 $s_b/(1 - s_b)$ 得到，即：

$$s_{bc} = \frac{\mu_p F_{z,w}}{2 c_{s,b} + \mu_p F_{z,w}} \tag{3-53}$$

相应的极限制动力可由下式得出：

$$F_{xc} = \frac{c_{s,b} s_{bc}}{1 - s_{bc}} = \frac{\mu_p F_{z,w}}{2} \tag{3-54}$$

当部分接地区域发生滑移（即 $s_b > s_{bc}$）时，制动力与滑移率的关系可通过将式（3-50）中的 c_s 和 s 替换为 $c_{s,b}$ 和 $s_b/(1 - s_b)$ 得到，即：

$$F_x = \mu_p F_{z,w} \left[1 - \frac{\mu_p F_{z,w}(1 - s_b)}{4 c_{s,b} s_b} \right] \tag{3-55}$$

虽然上述理论给出了一个描述轮胎纵向动力学特性的简化模型，但实际上轮胎与地面的相互作用关系更为复杂，因而该轮胎模型的有效性有待进一步研究和验证。

3. 理论三

这里，以"刷子"模型（brush model）为例，介绍轮胎模型纵向力的分析过程[15]。刷子模型是一个简化了的物理模型，它将轮胎看成是由连接在刚性基座（轮缘）上的一系列可以产生伸缩变形的弹性刷毛所组成，这些刷毛可以用来承受垂向载荷以及产生轮胎纵向和侧向力。

在纯滚动状况下的刷毛单元形式如图 3-37a 所示，轮胎接地区域长为 $2a$，由于路面摩擦力的作用，当车轮滚动速度大于车轮平移速度时，此时刷毛接地端有"粘附于路面"的

趋势，从而使刷毛单元产生形变，其两端产生速度差，如图 3-37b 所示。假设车轮半径远远大于接地区域的长度，即 $r \gg a$，且刷毛单元足够小，以刷毛单元 A—A' 为例，其运动形式如图 3-37b 所示，则相对于车轮中心，单元上端点 A 以速度 ωr 向后运动，下端点 A' 由于地面附着的作用，以速度 u 运动。于是，刷毛单元沿 x 方向的纵向形变 ξ 可表示为：$\xi = (\omega r - u)\Delta t$。若以刷毛单元所处位置为自变量，则有：

$$\xi = (\omega r - u)\frac{\Delta t}{\Delta x}\Delta x = \frac{(\omega r - u)}{\omega r}\Delta x \tag{3-56}$$

式中，x 为刷毛单元顶端相对于带束层离开接地点的距离。

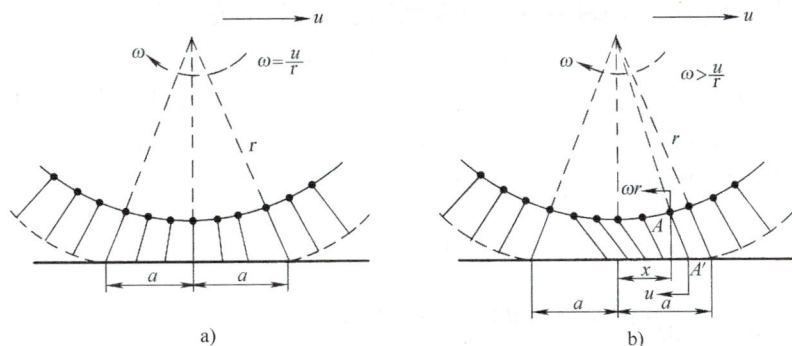

图 3-37　用于解释轮胎纵向力产生机理的刷子模型示意图
a) 自由滚动（$F_x = 0$）　b) 驱动作用下（$F_x > 0$）

若令 $\sigma_x = (\omega r - u)/\omega r$，且在此处定义轮胎滑转率 $s = (\omega r - u)/u$，则 $\sigma_x = s/(1 + s)$，因此 σ_x 也称为轮胎"修正"滑转率。此时刷毛单元的纵向变形可改写成：$\xi = \sigma_x\Delta x$。假设产生正比于刷毛单元纵向形变的单元弹性力为 F_{ex}，则有：

$$F_{ex} = c_{ex}\xi = c_{ex}\sigma_x(a - x) \tag{3-57}$$

式中，c_{ex} 为刷毛单元刚度。

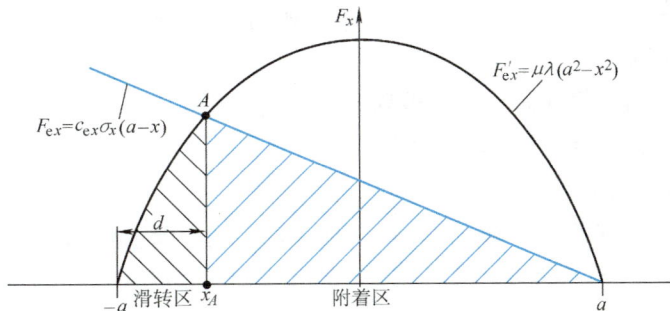

图 3-38　轮胎接地区域纵向力 F_{ex} 的分布情况

因此，整个接触区域的轮胎纵向力可由积分得出，即：

$$F_x = \int_{-a}^{a} c_{ex}\xi dx = 2c_{ex}a^2\sigma_x \tag{3-58}$$

当滑转率较小时，近似有：$\omega r \approx u$，$\sigma_x \approx s$。因而，轮胎纵向力 F_x 可近似为：

$$F_x = c_s s \tag{3-59}$$

式中，c_s 为轮胎纵向滑转刚度，$c_s = 2c_{ex}a^2$。

式（3-59）表明，轮胎纵向力与车轮的滑转率（或修正滑转率）成线性正比关系，但模型还没考虑当达到或超过地面附着极限值时的情况，因此需对模型进一步修正。首先，考察轮胎接地印迹内的垂向载荷分布情况，显然，在接地印迹中心的 F_z 最大，前后逐渐减小至两边为零，因而可近似认为接地印迹内的垂向应力为二次函数分布关系，即：

$$F_{ez}(x) = \lambda(a^2 - x^2) \tag{3-60}$$

式中，λ 为待定系数，若垂向载荷 F_z 为已知，可由表达式 $F_z = \int_{-a}^{a} \lambda(a^2 - x^2)dx$ 求出 λ 值。

若地面附着系数为 μ，则每一单元的最大纵向力有如下关系式：

$$F_{ex}(x) \leqslant \mu F_{ez}(x) \tag{3-61}$$

轮胎接地区域纵向力 F_{ex} 的分布情况如图 3-38 所示。由图可见，临界点 A 将整个接地区域分为两部分，前部为附着区；后部为滑转区，其长度为：$d = |a| - |x_A| = c_{ex}\sigma_x/(\mu\lambda)$。

因此，整个接地印迹的纵向力为两部分之和，即：

$$\begin{aligned}
F_x &= \mu\lambda\int_{-a}^{x_A}(a^2 - x^2)dx + \int_{x_A}^{a} c_{ex}\sigma_x(x - a)dx \\
&= \frac{1}{3}\mu\lambda d^2(3a - d) + \frac{1}{2}\mu\lambda d(2a - d)^2
\end{aligned} \tag{3-62}$$

由图 3-38 可知，当车轮将要发生纯滑转时的条件为 $d \geqslant 2a$，因此可得出临界滑转率为：$\sigma_{x,c} = 2a\mu\lambda/c_{ex}$

实际中，静摩擦系数 μ_{st} 通常大于滑动摩擦系数 μ_{sd}，因此轮胎纵向力可进一步表示为：

$$F_x = \frac{1}{3}\mu_{sd}\lambda d^2(3a - d) + \frac{1}{2}\mu_{st}\lambda d(2a - d)^2 \tag{3-63}$$

这时的临界滑转率表示为：

$$\sigma_{x,c} = 2a\mu_{st}\lambda/c_{ex}$$

基于刷子模型，当轮胎载荷及路面参数分别为：$F_z = 4000N$、$\mu_{st} = 1.0$、$\mu_{sd} = 0.6$、$a = 4cm$、$\sigma_{x,c} = 0.259$ 时，计算得出轮胎纵向力与滑动率的关系，及其与"魔术公式"分析结果的对比，如图 3-39 所示。

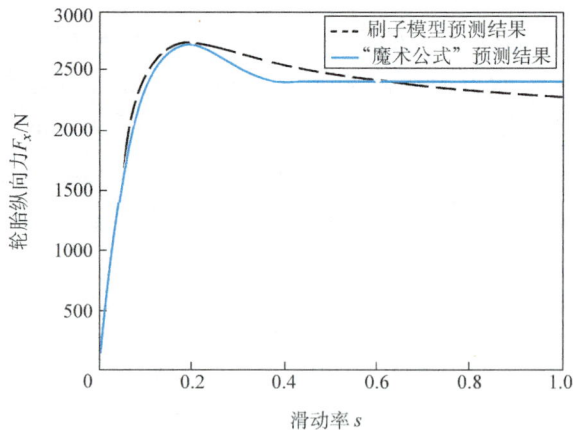

图 3-39　分别采用刷子模型和"魔术公式"预测的轮胎纵向力与滑动率关系的对比

第五节　轮胎垂向力学特性

一、轮胎的垂向特性

充气轮胎的一个基本功能是在车辆在不平路面行驶时起缓冲作用，这对车辆的行驶平顺性、行驶稳定性和制动性均有重要影响。

轮胎的缓冲作用与充气轮胎的弹性有关，在法向载荷作用下，充气轮胎会发生垂向变形。通常以轮胎所受的载荷和变形的曲线来表示轮胎的刚度特性，轮胎载荷与垂向变形基本呈线性关系。因此在最基本的行驶动力学模型中，经常将轮胎简化为刚度恒定的一个线性弹簧。试验还表明，非滚动轮胎垂向刚度比滚动轮胎垂向刚度要大，且滚动轮胎刚度呈现更明显的非线性。

根据测试条件的不同，轮胎垂向刚度有三种不同的定义，分别为：静刚度、非滚动动刚度及滚动动刚度，分别介绍如下。

1. 静刚度

图 3-40 所示为某斜交轿车轮胎在不同充气压力下的刚度特性曲线，通常称为"网格图"（lattice plot），其中每条刚度曲线的原点均沿变形轴方向偏移了与充气压力成一定比例的一段距离。因此某一变形下的载荷与充气压力的关系也能在网格图上找到。图 3-41 显示了某子午线轿车轮胎的静载荷、充气压力以及垂向变形之间的关系[16]。

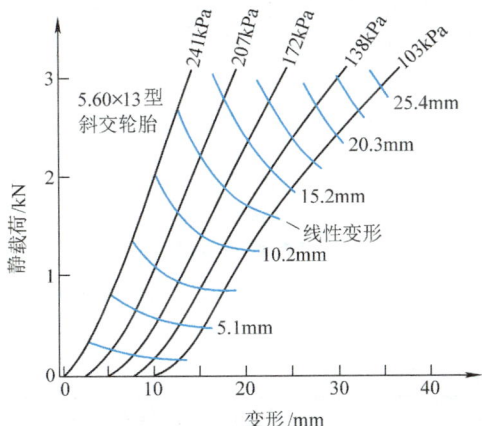

图 3-40　5.60×13 型斜交轿车轮胎静载荷与变形的关系

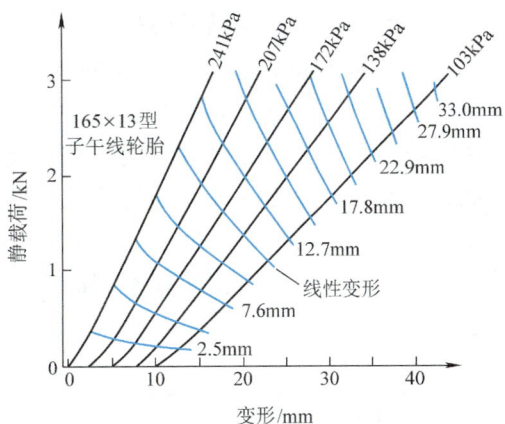

图 3-41　165×13 型子午线轿车轮胎的静载荷、充气压力以及变形的关系

轮胎的静态垂向刚度由图 3-40 和图 3-41 显示的静载荷与变形关系曲线的斜率所决定。可以看出，当充气压力一定时，除了在极低载荷作用下，斜交轮胎和子午线轮胎的载荷与变形关系基本均呈线性特征。因此可以认为在实际载荷范围内，轮胎的垂向刚度不随载荷的变化而变化。图 3-42 给出了 165×13 型子午线轿车轮胎的静刚度随充气压力的变化关系，其中的刚度值是由图 3-41 得出[16]。

图 3-42　165×13 型子午线轿车轮胎静刚度与充气压力的关系

2. 非滚动动刚度

非滚动轮胎的动刚度可以由不同的方法获得。最简单的方法之一就是所谓的"下抛"试验（drop test）。测试中，在一定载荷作用下的轮胎从某一高度自由下抛，这个高度可使轮胎刚好与地面接触后上下振动但胎面不脱离地面，即测试中轮胎始终与地面接触，记录其瞬态响应，典

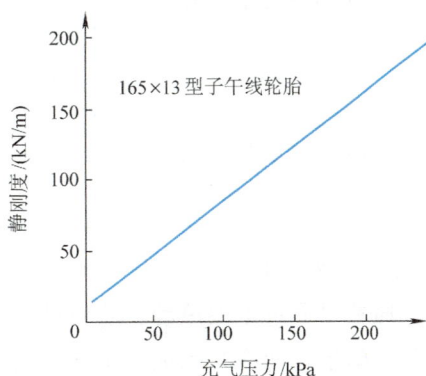

型的衰减振动轨迹如图 3-43 所示。等效阻尼系数 c_{eq} 和轮胎动刚度 k_z 可根据衰减曲线通过简单的单自由度系统振动分析得出，分别为：

$$c_{eq} = \sqrt{\frac{4m^2\omega_d^2\delta^2/(\delta^2+4\pi^2)}{1-[\delta^2/(\delta^2+4\pi^2)]}} \tag{3-64}$$

$$k_z = \frac{m\omega_d^2}{1-\delta^2/(\delta^2+4\pi^2)} \tag{3-65}$$

式中，$\omega_d = 2\pi/\tau$ 为质量为 m 的轮胎的固有频率，它可由图中所示的衰减振动轨迹得出；τ 为图中所示的衰减振动周期；δ 是以对数形式表示的衰减率，它定义为两个相邻幅值之比的自然对数，即 $\delta = \ln(x_1/x_2)$，如图 3-43 所示。

图 3-43　非滚动轮胎动刚度测试
及其振动衰减过程

　　"下抛"试验也在轮胎耐久性试验台上进行。试验台一端铰接转动梁，另一端安装被测试轮胎。试验开始时，使铰接梁偏转适当的距离，然后使整个系统绕铰接轴做如同单摆的周期振荡。试验中记录下角位移衰减幅值及衰减轨迹，根据单摆系统公式，与上面的单自由度线性系统情况相类似，可推导出轮胎的等效阻尼系数和非滚动动刚度。表 3-5 给出了某轿车用 5.60×13 型斜交轮胎和 165×13 型子午线轮胎在不同胎压下的阻尼系数[16]。

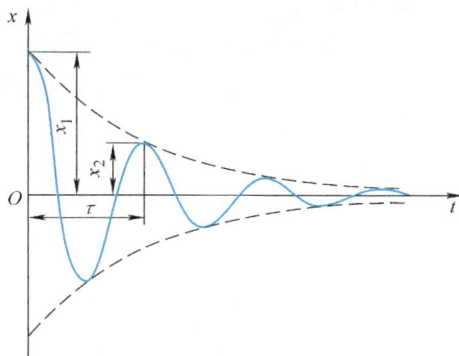

表 3-5　轮胎的阻尼系数

轮胎	充气压力/kPa	阻尼系数/（kN·s/m）
5.60×13 型斜交轮胎	103.4	4.59
	137.9	4.89
	172.4	4.52
	206.9	4.09
	241.3	4.09
165×13 型子午线轮胎	103.4	4.45
	137.9	3.68
	172.4	3.44
	206.9	3.43
	241.3	2.86

3. 滚动动刚度

　　通常可通过考察滚动轮胎对已知简谐振动激励的响应来衡量轮胎的滚动动刚度。响应在轮轴处测量，而激励施加于胎面。通过测试输出与输入的幅频和相频特性，可获得滚动轮胎的动刚度和阻尼系数。

　　另一种可用的测量方法是：通过测量轮胎在转鼓或传动带上滚动时的共振频率，来获得滚动轮胎的动刚度。由该方法测得的不同类型轿车轮胎的动刚度如图 3-44 所示。结果表明，滚动时轿车轮胎的动刚度显著下降，但车速超过约 20km/h 时，滚动速度的影响就非常小了。

表 3-6 给出了一些货车轮胎在额定载荷和充气压力下的垂向刚度值[17]，但这些数据是在较低的轮胎滚动速度下测得的。通常情况下，与斜交轮胎相比，子午线货车轮胎的垂向刚度相对较低。

人们也曾试图获得轮胎静刚度与动刚度之间的关系，但并没有得到普遍适用的结论。一些研究报告表明：对于轿车的轮胎，滚动动刚度通常比静刚度小 10% ~ 15%；对于重型货车的轮胎，其动刚度比静刚度约小 5%。在车辆动力学仿真中，通常是采用滚动动刚度作为计算的参数。

表 3-6　在额定载荷和充气压力下货车轮胎的垂向刚度[17]

轮胎型号	轮胎结构	滚动轮胎的垂向刚度/(kN/m)
未指定 11.0-22/G	斜交	1024
未指定 11.00-22/F	斜交	977
未指定 15.00×22.5/H	斜交	949
未指定 11.00-20/F	斜交	881
米其林 11R22.5 XZA（1/3 胎面）	子午线	874
米其林 11R22.5 XZA（1/2 胎面）	子午线	864
米其林 11R22.5 XZA	子午线	831
未指定 10.00-20/F	斜交	823
米其林 11R22.5 XZA	子午线	809
米其林 11/80R22.5 XZA	子午线	808
未指定 10.00-20/F	斜交	788
米其林 11/80R22.5 XZA	子午线	774
未指定 10.00-20/G	斜交	764

在各种工况及使用参数中，轮胎充气压力、车速、法向载荷以及磨损程度，对轮胎刚度均有着重要的影响。在轮胎的设计参数中，轮胎的结构参数（如胎冠帘线角、胎面宽度、胎面花纹深度、帘布层数量）及轮胎材料对刚度的影响较为显著。

充气轮胎的阻尼主要来源于轮胎材料的迟滞性，其大小取决于轮胎的设计与结构、轮胎的工况等。一般说来，它不是简单的库仑或黏性阻尼，而是两者的综合。然而，通常可由先前介绍的动态测试方法获得等效的黏性阻尼系数。由于目前常用的合成橡胶充气轮胎的阻尼远小于悬架减振器所能提供的阻尼值，因此在车辆动力学仿真中，有时可对此忽略不计。

为了得到轮胎的综合振动特性，需在变速转鼓上进行测试。转鼓的输入信号可以是随机的、正弦波、方形波或三角波。图 3-45 给出了正弦激励下某子午线轮胎与斜交轮胎的振动特性，输入的正弦信号具有 133mm 的峰谷和 6mm 的峰值[18]。在更宽

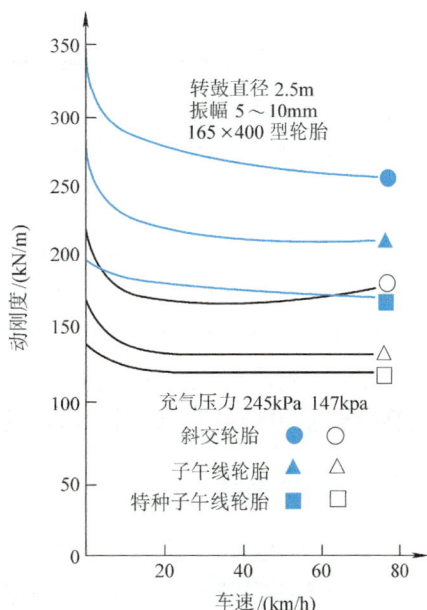

图 3-44　不同类型轿车轮胎的动刚度

频率范围内，两种不同类型轿车轮胎的垂向振动传递特性由图 3-46 给出[18]。

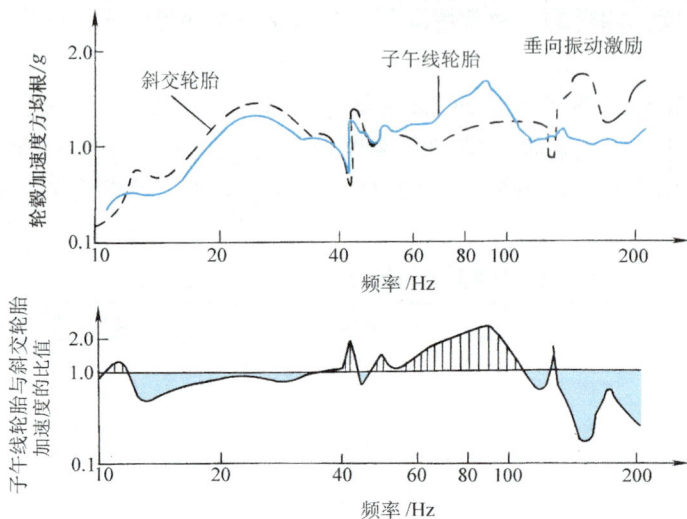

图 3-45　正弦激励下某子午线轮胎与斜交轮胎的振动特性

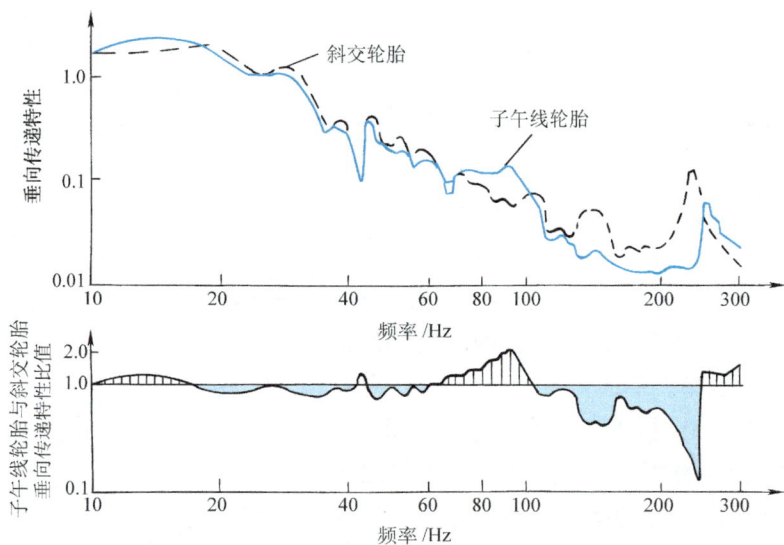

图 3-46　某斜交轮胎和子午线轮胎的频率响应特性

　　由图 3-45 和图 3-46 可知，在 60～100Hz 的频率范围内，子午线轮胎的垂向振动传递特性幅值明显高于斜交轮胎，该频率范围的振动正对应于乘员的"颤振"感觉区域。在150～200Hz 的频率范围内，斜交轮胎的振动特性远差于子午线轮胎，通常将该频率范围内的轮胎振动称为轮胎"噪声"，即通常所说的"路面噪声"。

二、轮胎噪声

　　轮胎噪声产生的主要机理如下：

　　（1）**空气泵吸效应**　随着轮胎的滚动，空气在胎面与路面的空隙中被吸入和挤压。当压缩的空气在接地区间的出口处被高速释放到空气中时，就会产生噪声。

　　（2）**胎面单元振动**　当轮胎滚动时，胎面单元作用于路面，当它离开接触区时，胎齿便

从高变形状态下恢复，从而引起胎面噪声，此为主要的轮胎噪声源。同时，胎体振动、胎面花纹沟、花纹凸块空隙就像谐振管一样，也促进了轮胎的噪声辐射。

由于空气泵吸效应、胎体和胎齿单元的振动均与车速有关，因此轮胎噪声的程度是车辆行驶速度的函数。图 3-47 所示为货车用斜交轮胎和子午线轮胎的噪声与车速的关系[19]。

路面材料对轮胎噪声也有影响，表 3-7 给出了某货车轮胎在不同路面以 80km/h 的车速行驶时产生的噪声大小。

表 3-7　某带肋斜交货车轮胎的噪声级别与路面材料的关系

路面类型	噪声级别/dB（A）
中等光滑水泥	70
光滑沥青	72
磨损水泥	72
粗糙水泥	78

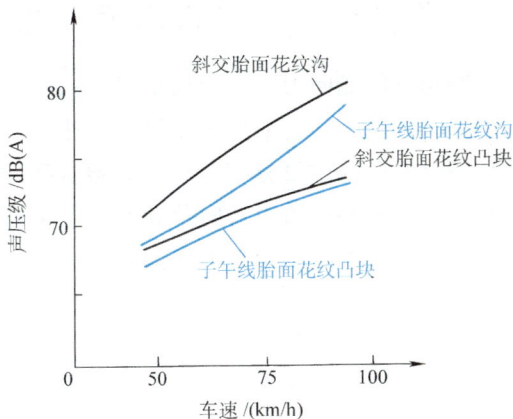

图 3-47　货车用斜交轮胎和子午线轮胎的噪声与车速的关系

三、轮胎垂向振动力学模型

在车辆振动分析中，轮胎的缓冲特性可用不同的数学模型来描述。最简单的模型是点接触式线性弹簧-黏性阻尼模型，如图 3-48 所示。其简单、实用、参数容易测定，因此应用较广。

为了更直接地描述轮胎在不平路面或非水平路面的力学特性，目前应用更为流行的是 SWIFT 模型。由于采用了刚性圈理论，SWIFT 模型可考虑在大滑移、高频、小波长输入下轮胎包络特性的影响，并通过采用有效路面输入的方式补偿轮胎模型存在的误差，使整车系统的振动情况与实际更接近。在 SWIFT 模型中，不平路面引起的轮胎动力学特性变化由以下三个等效路面的输入决定，即路面不平障碍的等效高度与斜率，以及由轮胎包络特性所决定的等效滚动半径变化量。

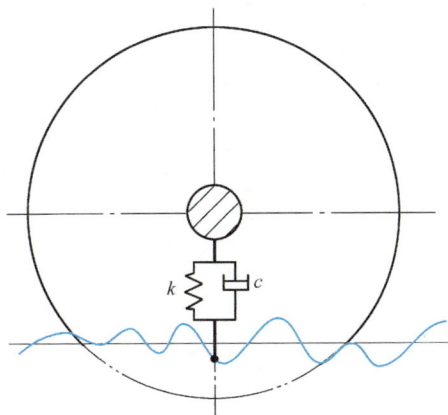

图 3-48　点接触式线性弹簧-黏性阻尼模型

道路试验结果表明，当车轮以恒定速度与转轴高度缓慢地滚过一较短凸台（长度明显小于轮胎接地长度）时，其垂向、纵向受力及车轮滚动角速度将会产生不同的变化。进一步观测表明，此时轮胎受力的变化与路面障碍的高度大致呈线性关系，因此可通过线性叠加原理来估计由任意形状路面不平因素所导致的轮胎动态响应。分析中，SWIFT 模型首先需要根据路面障碍的实际形状定义一等效路面，而由路面不平引起的轮心运动轨迹的变化则由等效路面决定。对于等效路面的建立，常采用基本形状曲线法、两点跟踪法和相切椭圆法来完成。轮胎的等效滚动半径主要由以下三个因素决定，即垂

向载荷的变化量、轮心运动轨迹的局部斜率与曲率。

在 SWIFT 模型中，还结合了刚性圈理论、稳态魔术公式、刷子模型以及瞬态单接触点模型，共同描述在复杂工况下（包括不平路面和非水平路面条件）的轮胎力学特性。

第六节　轮胎侧向力学特性

影响轮胎侧向力的三个最重要的因素是侧偏角、垂向载荷和车轮外倾角。侧偏角由轮胎的运行条件决定，它取决于车辆前进速度、侧向速度、横摆角速度和转向角。轮胎垂向载荷的静态值由车辆质量分布决定，但随着载荷在纵向和侧向的重新分配，轮胎的垂向载荷会发生变化。车轮外倾角由转向角和通过悬架杆系作用的车身侧倾决定，但对非独立悬架车辆来说，外倾角只取决于车轴的侧倾角。

一、纯转向工况

首先，以一个典型的轿车轮胎为例来说明三个主要因素，即侧偏角、垂向载荷和前轮外倾角，对轮胎侧向力的影响[20]。图 3-49 和图 3-50 分别说明了侧向力、回正力矩与侧偏角、垂向载荷及前轮外倾角的相互关系。从图中可以看出，无论何种情况下，当侧偏角、垂向载荷和前轮外倾角超过一定范围时，各变量间的近似线性关系将不再存在。

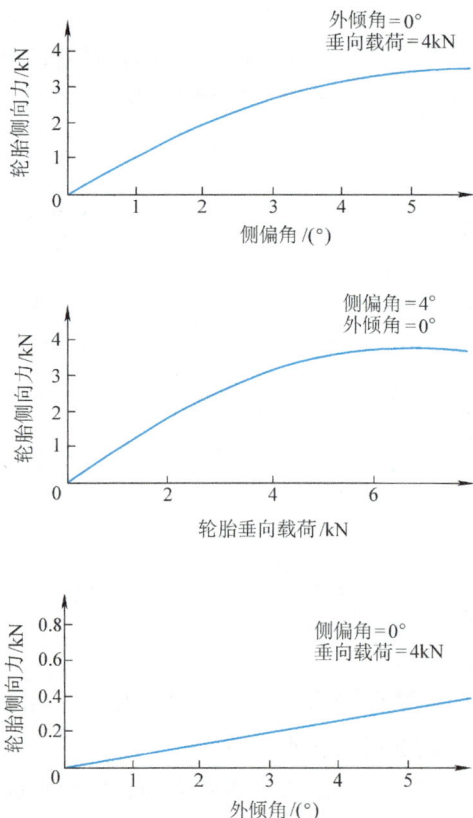

图 3-49　某典型轿车轮胎的侧向力特性

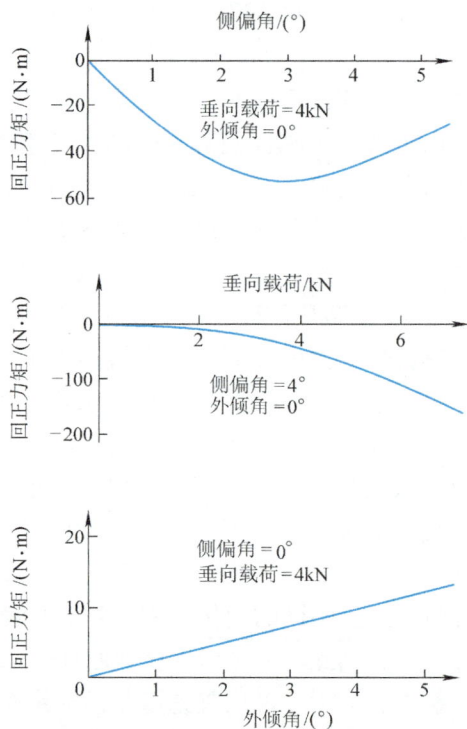

图 3-50　某典型轿车轮胎的回正力矩特性

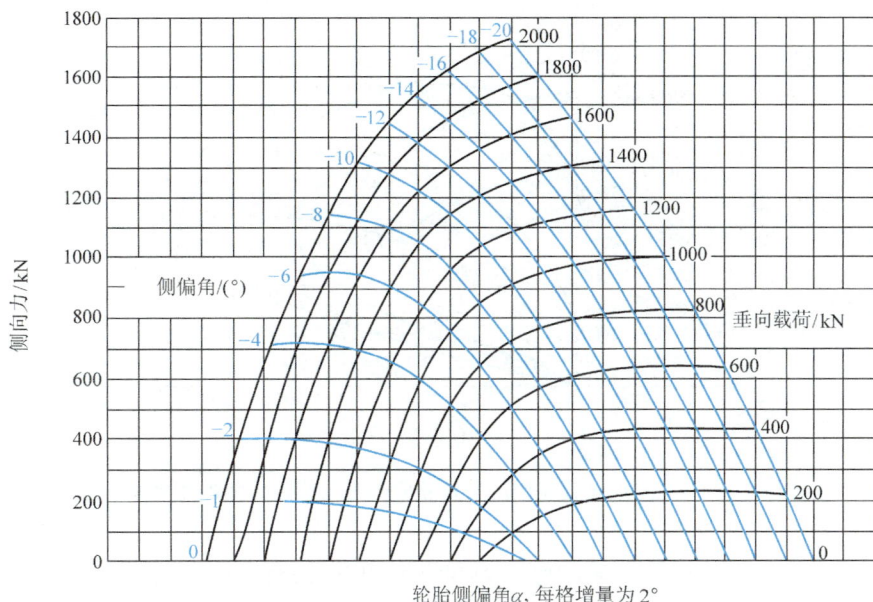

图 3-51　不同垂向载荷作用下轮胎侧向力与侧偏角的关系曲线

图 3-51 所示为不同垂向载荷作用下轮胎侧向力与侧偏角的关系曲线，这样的一系列曲线族通常称为"地毯图"（carpet plot）。为了更清楚地观察其中的每一条曲线，图中将这些曲线分别从原点处沿 x 轴以 2°间隔向外平移，这样就可以清晰地绘制出给定的各种不同固定侧偏角情况下，轮胎侧向力和垂向载荷的关系曲线。从中抽取其中一条曲线，如图 3-52 所示，它表示同一轮胎在侧偏角为 -6°时的情况。

图 3-53 所示为不同垂向载荷作用下轮胎侧向力与回正力矩的关系曲线，即所谓的"高夫"（Gough）图。当侧偏角大于 4°时，驾驶人通过转向盘就可以感觉到回正力矩在减少，因此该信息也可作为警示，提醒驾驶人此时的车辆是在大侧偏角的工况下行驶。

图 3-52　轮胎侧偏角为 -6°时，其侧向力和垂向载荷的关系

二、联合工况

实际中，轮胎的垂向载荷、侧向力与纵向力之间均相互影响。在不平路面车辆转弯加速或转弯制动的情况下，前面介绍的几种轮胎特性必须同时加以考虑。

现在介绍车辆转弯加速或转弯制动联合工况下的轮胎力学特性。该工况下要求轮胎同时产生侧向力和纵向力，但研究表明，轮胎印迹内所产生的合力是一定的。轮胎可获得的合力通常用图 3-54 所示的曲线族表示，称为"摩擦椭圆"（friction ellipse）。其表示了一系列给

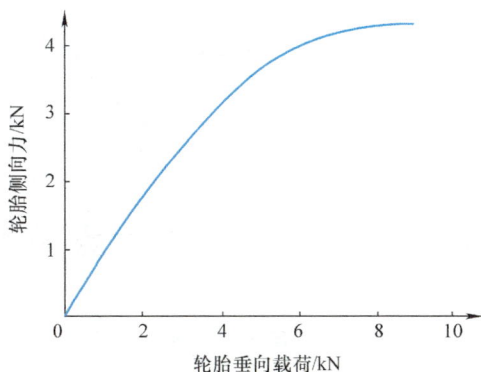

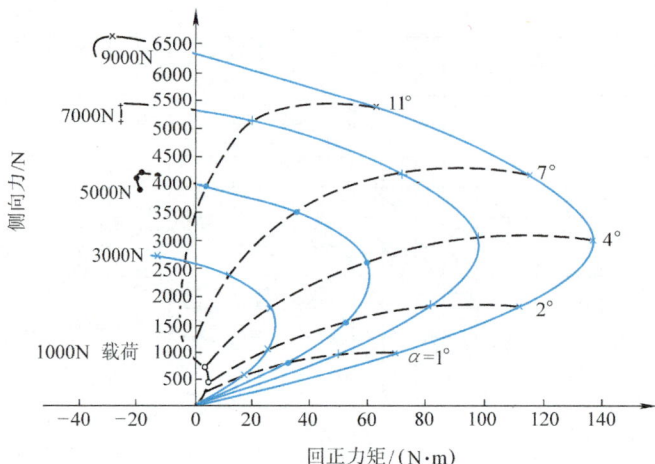

图 3-53　不同垂向载荷作用下轮胎侧向力与回正力矩的关系曲线

定滑移率或给定侧偏角情况下，轮胎侧向力与纵向力的关系曲线。由图可见，由于最大摩擦力的限制，轮胎不能同时获得最大的侧向力和最大的纵向力。当轮胎驱动力或制动力最大时，可利用的侧向力相应减小，只有当纵向力为零时，侧向力才能达到最大值。

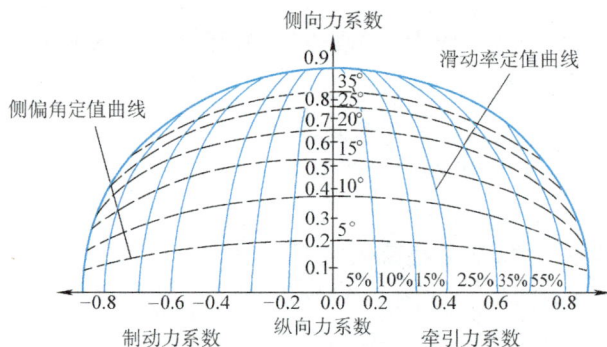

图 3-54　联合工况下轮胎纵向力和侧向力的分布（"摩擦椭圆"）

由联合工况下轮胎测试结果与"魔术公式"预测结果的比较[2]（图 3-55），可见"魔术公式"具有很高的拟合精度。

三、整车建模中对轮胎模型的考虑

对任何车辆操纵动力学模型来说，轮胎动力学模型是最为重要的基础，它直接影响整车动力学建模精度，因此，建模时车辆的建模精度必须与轮胎模型的精度相吻合。建模中需考虑的因素有以下几点：

1）在基本的线性操纵动力学模型中，轮胎只需产生与垂向载荷和侧偏角呈线性关系的侧向力（包括回正力矩）。

2）如果车辆模型考虑了车轮载荷重新分配的影响，那么轮胎模型还必须包括侧向力与轮胎垂向载荷的关系。

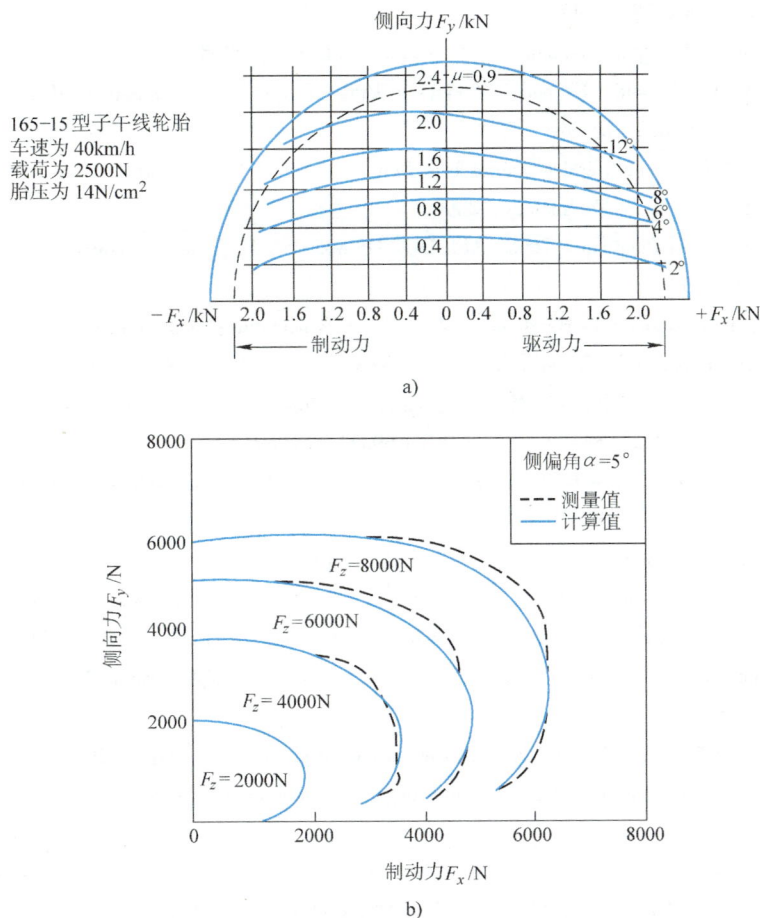

图 3-55　联合工况下轮胎纵向力和侧向力的特性曲线

a）实际测量结果　b）测量结果与"魔术公式"预测结果的比较

3）如果建模中还考虑了车身侧倾角与车轮外倾角的关系，那么轮胎模型中必须包含车轮外倾对轮胎力的影响。

4）在非线性域分析中（即侧向加速度大于 $0.3g \sim 0.4g$ 时），随着车辆模型复杂程度和精度的进一步提高，轮胎模型必须能充分考虑大侧偏角情况下的受力情况，并对其进行精确计算。

5）如果车辆模型包括纵向自由度，那么轮胎模型也必须包括纵向力。因此，在需要同时考虑纵向力和侧向力的联合工况下，轮胎模型必须能够在两个方向准确地分配所能获得的轮胎力。

参 考 文 献

［1］瓦伦托维兹. 汽车工程学Ⅰ：汽车纵向动力学（英文版）［M］. 北京：机械工业出版社，2009.

［2］Pacejka H B，Sharp R S. Shear Force Development by Pneumatic Tires in Steady State Conditions：A Review of Modeling Aspects ［J］. Vehicle System Dynamics，1991，20（3－4）：121－176.

［3］Guo K H，Ren L. A Unified Semi-empirical Tire Model with Higher Accuracy and Less Parameters ［C］. SAE

Technical Paper 1999010785，1999.

［4］Pacejka H B. Tire and Vehicle Dynamics ［M］. Oxford：Elsevier，2005.

［5］Zegelaar P W A. The Dynamic Response of Tyres to Brake Torque Variations and Road Unevennesses［D］. TU Delft：Delft University of Technology，1998.

［6］Maurice J P. Short Wavelength and Dynamic Tyre Behaviour Under Lateral and Combined Slip Conditions ［D］. TU Delft：Delft University of Technology，2000.

［7］Clark S K. Mechanics of Pneumatic Tires ［M］. DOT HS 805 952. U. S. Dept of Transportation，NHTSA，Washington DC，20590，1981.

［8］Robert Bosch GmbH. Automobile Handbook ［M］.4th ed. Warrendale：SAE International，1996.

［9］Wong J Y. Theory of Ground Vehicles ［M］.3rd ed. New York：Wiley，2001.

［10］Harned J L，Johnson L E，Sharp G. Measurement of Tire Brake Force Characteristics as Related to Wheel Slip Control System Design ［C］. SAE Technical Paper 690214，1969.

［11］Collier B L，Warchol J T. The Effect of Inflation Pressure on Bias，Bias Belted and Radial Tire Performance ［C］. SAE Technical Paper 800087，1980.

［12］Taborek J J. Mechanics of Vehicles ［M］. Cleveland：Penton，1957.

［13］Ervin R D. Mobile Measurement of Truck Tire Traction ［C］. Proc. of a Symposium on Commercial Vehicle Braking and Handling. Highway Safety Research Institute，University of Michigan，MI，1975.

［14］Hadekel R. The Mechanical Characteristics of Pneumatic Tyres ［J］. S. &T. Memo No. 10/52，Ministry of Supply，London，1952.

［15］Gordon T. Vehicle Dynamics Lecture Notes. University of Michigan，Ann Arbor，2004.

［16］Overton J A，Mills B，Ashley C. The Vertical Response Characteristics of the Non-rolling Tire ［J］. Proc. of IMechE，1969 –1970，184（2）.

［17］Fancher P S，Ervin R D，Winkler C B，etal. A Factbook of the Mechanical Properties of the Components for Single Unit and Articulated Heavy Trucks ［R］. UMTRI –86 – 12，1986.

［18］Barson C W，James D H，Morcombe A W. Some Aspects of Tire and Vehicle Vibration Testing ［J］. Proc. of IMechE，1967，182（2）：32 –46.

［19］Ford T L，Charles F S. Heavy Duty Truck Tire Engineering ［C］. Thirty Fourth L. Ray Buckendale Lecture，SAE Technical Paper 880001，1988.

［20］Dave Crolla，喻凡. 车辆动力学及其控制 ［M］. 北京：人民交通出版社，2004.

［21］郭孔辉. 汽车操纵动力学原理 ［M］. 南京：江苏科学技术出版社，2001.

第四章

空气动力学基础

第一节　概　　述

当汽车在空气中运动时，会受到空气的作用力。与轮胎的作用力有些不同，空气动力随车速的增加而迅速增加，从而对汽车高速行驶时的动力学性能有着显著的影响。例如，影响汽车高速行驶时动力性的因素，包括最高速度、高速时的前进加速度及制动减速度。除了空气动力的直接影响外，空气动力和轮胎力的相互作用对车辆侧向动力学特性的影响也很显著。例如，若能产生向下的气动压力可增加轮胎载荷，从而增加轮胎产生侧向力的能力，以提高车辆的操纵稳定性。汽车空气动力学问题的研究内容主要分为对车外流与对车内流的分析，研究目的包括减少风阻、提高侧风稳定性、实现合理的风压及其分布、提高发动机进气的效率、提高车辆各部分（包括发动机、油液、制动系统、传动系统和差速器）的冷却和驾驶室通风，以及解决汽车表面尘土污染、气动噪声、刮水器上浮等问题。

汽车空气动力学的主要研究内容可概括为[1,2]：

1）通过车身外部造型、流体控制和内部流通管道的设计来减小车辆的空气阻力。

2）在空气阻力一定的情况下，尽可能增加向下的气动压力以提高轮胎附着性，但同时减小对轮胎侧偏力的影响。

3）开展比例模型或全尺寸汽车空气动力学试验，并对试验结果进行分析。

4）研究空气动力与底盘设计及汽车使用情况之间的相互关系及影响。

本章首先对空气动力学的基本概念和理论进行介绍，然后针对实际问题，介绍汽车空气动力学基本知识，包括研究方法、试验手段及结果分析和标准等。

第二节　空气的特性

当研究空气动力学时，首先必须考虑空气的特性，如空气的物理特性、连续介质假设和其他一些重要的空气特性（如空气的密度和黏性等）。空气是由多种气体混合而成的，由于气体分子的运动，各气体微团间存在着相互作用力。根据产生方式的不同，作用力可分为两种形式：①两微团相互碰撞时交界面上没有相对滑动发生，仅产生法向应力；②由于微团间相互滑动，存在分子间的动量交换，产生切向应力，其大小取决于空气的黏性和微团的剪切变形速度。若假设微团为立方体，两种不同形式的相互作用力如图4-1所示。

通常情况下，两种形式的应力会同时存在，只是所占比例不同。与压应力相比，物体周

围大部分气流中的剪切力都很小，空气微团间相互作用力垂直于接触面，表现为法向压力。

当流体绕物体流动时，在物体壁面附近受流体黏性影响显著的薄层称为"边界层"（boundary layer）。在边界层中，剪切力相当重要。贴近物体的气流粘附于物

图4-1 空气微团间的两种作用形式

体表面，而较远的气流则自由流过。由于存在一个较大的速度梯度，导致边界层相应存在较大的剪切力。此外，在被空气围绕流动的物体的后部和理想气流之间也存在着相互作用，边界层会产生所谓的"分离气流"（separated flow）。分离气流的特征是存在由切向力产生的气流急速旋转，以及阻力提高和升力损失。

在讨论这些流体的流动特性之前，首先对空气的力学特性给予简单介绍。

一、空气密度

空气分子做不规则运动，其能量受温度的影响，温度越高，分子运动速度越高，移动距离越远。若单位体积内的分子数目保持不变，则空气质量和压强也将保持恒定。因而单位体积内的分子数量也随温度的不同而不同，单位体积内空气质量和空气密度会随温度发生变化。

因此，为了便于在不同条件下比较，需定义一个"标准空气密度"，即在标准压强和标准温度条件下的空气密度。按 NACA/NASA 标准，对于海平面上的干燥空气，规定：标准压强为 $1.013 \times 10^5 \mathrm{N/m^2}$，标准温度为 15℃，重力加速度 g 为 $9.8\mathrm{m/s^2}$，而在上述规定的条件下标准空气密度 ρ 等于 $1.225\mathrm{kg/m^3}$。

在研究空气动力学时，通常以上述标准值作为参照基准。实际上，空气大多处于非标准状态，空气密度的变化遵循理想气体状态方程，即：

$$\frac{\rho}{\rho_0} = \frac{p}{p_0} = \frac{T_0}{T} \tag{4-1}$$

式中，p 为大气压强，单位为 Pa；T 为热力学温度，单位为 K；ρ 为空气密度，单位为 $\mathrm{kg/m^3}$；下标"0"表示标准状态或任一初始状态。

1. 空气密度随温度的变化

大气温度或某局部条件变化都会导致空气温度变化。在压力不变的情况下，温度变化引起的空气密度变化可由初始绝对温度与当前热力学温度的比值乘以初始空气密度求得。例如，当散热器排出的空气比标准的周围环境空气高50℃时，可计算出其密度为：

$$\rho = (15 + 273.15)/(65 + 273.15) \times 1.225\mathrm{kg/m^3} = 1.044\mathrm{kg/m^3}$$

2. 空气密度随压强的变化

在温度不变的情况下，由于空气压力直接与大气压力成正比关系，因而天气状况或海拔的改变将引起大气压力的改变。海拔越高，空气越稀薄，空气密度越低。

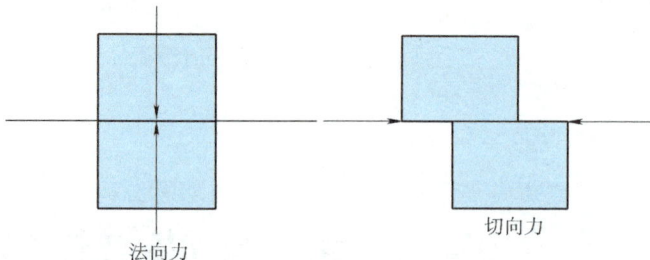

二、空气黏度

黏度用来表述流体的黏性，流体黏性力由气体的黏性和内部速度梯度共同决定。黏性力在流体间相互传递，通过依附于固体表面很薄的边界层作用于物体表面。流体越黏，流体传至物体的力也越大。黏度可分为动力黏度 μ 和运动黏度 ν。

气体的动力黏度 μ 会随温度缓慢变化，通常随温度的增加而增加。定义温度为 15℃ 时的空气动力黏度为标准值，其值为 $1.822 \times 10^{-5} \mathrm{Pa \cdot s}$。

运动黏度 ν 定义为动力黏度 μ 与密度 ρ 的比值，即 $\nu = \mu / \rho$，单位为 $\mathrm{m^2/s}$。在标准状态下，空气的运动黏度为 $1.428 \times 10^{-4} \mathrm{m^2/s}$。运动黏度是后面将要讨论的雷诺数表达式中的一个参数。雷诺数的微小改变就会引起空气动力的显著变化，这也意味着流体特性发生了改变。

第三节 伯努利方程

当理想不可压缩流体做定常运动时，可采用伯努利方程（Bernoulli's Equation）来描述其力学特性。伯努利方程以理想流体和能量守恒为基础而建立，它忽略了空气重力的影响，用于描述流体速度和压强之间的关系。

在正常车速范围内，可假设空气是不可压缩的。根据伯努利方程，可以预测不同形体的表面压力和升力，对不存在气流分离或边界层变化小的形体尤其适用。由于只考虑空气的法向压力，因此由黏性切向力（边界层效应）决定的空气阻力在伯努利方程中没有涉及。

如前所述，物体边界层以外的流体被简化为非黏性流体，所以空气各微团间主要以法向压力相互作用。对以亚声速行驶的车辆来说，空气密度变化通常不大（散热等内流场情况除外），因此在汽车空气动力学研究中，通常可以忽略车身周围气体密度的变化。现举例说明如下：

（1）随温度的变化 例如，假设车身周围气流的温度平均增加量 Δt 为 10℃，若初始温度 T_0 为 293.15K，则其密度比为：

$$\frac{\rho}{\rho_0} = \frac{T_0}{T_0 + \Delta T} = \frac{293.15}{293.15 + 10} = 0.967 \tag{4-2}$$

可见其变化小于 4%。

（2）随压强的变化 在气流缓慢流动的状态下，车身表面的压强会发生变化，局部压强可能比远处气流压强低。例如，当远处测得的气流压强差为 63.5cm 水柱（即 6347.26Pa）时，密度比为：

$$\frac{\rho}{\rho_0} = \frac{p_0 - p}{p_0} = \frac{1.013 \times 10^5 - 6347.26}{1.013 \times 10^5} = 0.937 \tag{4-3}$$

可见在上述温度和压强变化的极端条件下，空气密度变化分别小于 4% 和 7%，因而通常对空气密度变化可忽略不计。

现根据相对运动原理来研究空气动力学问题。例如假定空气静止不动，令物体在空气中运动；或假定物体不动，空气流过物体（如风洞试验的情况）。但不管哪种情况，压强与速度的相对关系都是一样的。在下面的推导中，假设空气流动。

图 4-2 所示的一根空气管道可看成是由若干流线（表示定常连续流体的流向，流线越密的区域表示流速越大）构成的流管。由于管道表面无气流穿过，其表面就相当于固体边界。流管中微小流束的速度可由伯努利方程来描述。

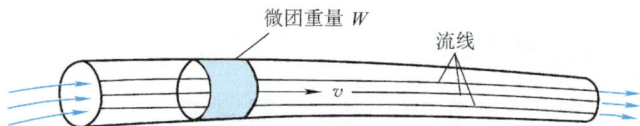

图 4-2　空气流管与流体微团

设流束是一个由理想不可压缩的流体组成的独立系统（即无流体通过边界），因此系统总能量沿轴向保持恒定，只是存在的形式可以不同，能量的形式可以是：

（1）势能 与流体高度变化有关，与流体密度和高度成正比，对汽车空气动力学研究来说，通常可以忽略。

（2）动能 等于 $\frac{1}{2}mv^2$，其中 m 为质量（单位为 kg），v 为速度（单位为 m/s）。考虑流束中重量为 W、速度为 v、体积为 V_0 的一流体微团（图 4-2），其动能表达式如下：

$$E_k = \frac{1}{2}\frac{W}{g}v^2 = \frac{1}{2}mv^2 = \frac{1}{2}\rho V_0 v^2 \tag{4-4}$$

（3）压力能 由于流束位于边界表面具有一定静压力的流体内，且静压在各向均匀作用，因而流体内部必须有相等的压力来保持平衡，如图 4-3 所示。流体微元的压力能等于它克服外界压力保持自身体积所需的功，即外部压强 p 乘以自身体积 V_0。

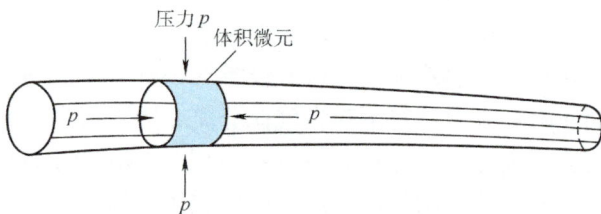

图 4-3　单位体积微元受到的压力

综上所述，所讨论的流体微团总能量为压力能与动能之和，即：

$$(pV_0) + \left(\frac{1}{2}\rho V_0 v^2\right) \tag{4-5}$$

为便于处理，通常以单位体积计算其总能量，即：

$$p + \frac{1}{2}\rho v^2 \tag{4-6}$$

式（4-6）第一项为静压，通常以气流压强表示静压，第二项定义为动压 q。伯努利方程表达了在理想流场中沿流束的能量守恒定律，即流体静压和动压之和为常数，表达如下：

$$p + q = H = 常量 \tag{4-7}$$

当气流与物体相对运动时，环绕物体的气流总会被分成两个或更多的方向流动，如图 4-4 所示的分流点 O 称为驻点，其压力等于静压与动压之和，称为驻点压力。

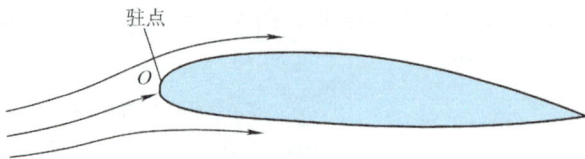

图 4-4　物体的驻点

对实际行驶中的车辆而言，图中所示驻点处的静压 p 是一特殊情况，驻点处的流线则是车辆上部气流和下部气流的分界线。

第四节 压力分布和压力系数

一、压力分布

由伯努利方程可知，若动压增加，则流体的静压必定减小，反之亦然。翼剖面是一种利用压力变化来产生动力的装置，如图 4-5 所示。空气从翼剖面上部和下部流过时速度都会加快，但由于上表面曲率更大和长度增加，因此流过上部的空气速度增加得更多。

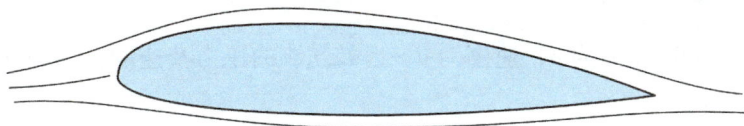

图 4-5 翼剖面的形状

根据前面对空气不可压缩和连续性条件的假定，通过翼前端附近横截面的空气体积要等于流过翼后端横截面的体积。因此，在翼剖面较厚之处流管变细，空气流速增加，典型的情况如图 4-6 所示。

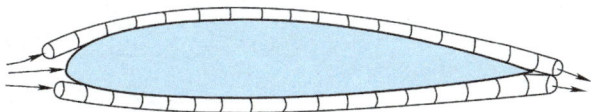

由图 4-6 可见，流管特性表现出"弹性"特性，即由于空气速度的提高而导致静压下降，从而流管截面变小。当流向翼剖面后端的空气速度减

图 4-6 翼剖面上部和下部处的流管变化情况

小后，流管便在压强增加的情况下扩张，这就是所谓的"压力恢复"。在这种情况下，若翼剖面顶部的压降（表现为负压力）大于底部压降，则形成了升力，此时顶部空气流动更快，相对负压力的分布如图 4-7 所示。因为这里假设理想流体不存在剪切力，因此描述压力分量的箭头与翼剖面表面是垂直的。

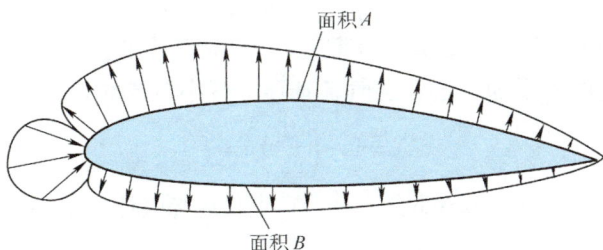

图 4-7 翼剖面周围的压力分布

由图 4-7 可见，由于翼剖面顶部区域的负压力要比底部负压力大，因此产生了向上的升力。若将所有矢量表示的压力分量相加，得到的总的合力在沿气流方向的分力可认为就是"压差阻力"。这里所讨论的只是理想情况，即压力可完全恢复，上述情况还是会发生在真实的翼剖面上，且远处气流方向上的压力总和为零。当然，实际中翼剖面所受到的升力考虑了与气流垂直方向上压力总和不为零的情况。

由伯努利方程可知，气流的动压可转化为静压。静压在表面施加作用力，就可以产生升力（或下压力），其大小由所能得到的动压值决定，与速度的平方和空气密度成正比，体现

了可利用能量的多少。将动压转化成静压和升力的效率与物体的形状有关。若要将动压有效地转化为静压和升力，还取决于物体的形状。例如，当翼剖面形状与理想气流流向一致时，如图4-8所示，对产生下压力是非常有效的。

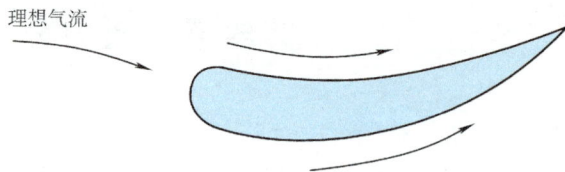

理想气流

图 4-8　与气流流向一致的翼剖面形状

二、压力系数 C_p

设车身某点的局部压力为 p，速度为 v，远处气流的压力及速度分别为 p_∞、v_∞，由伯努利方程，有：

$$p_\infty + \frac{1}{2}\rho v_\infty^2 = p + \frac{1}{2}\rho v^2 \tag{4-8}$$

$$p_\infty + q_\infty = p + q \tag{4-9}$$

$$\Delta p = p - p_\infty = q_\infty - q \tag{4-10}$$

$$\frac{p - p_\infty}{q_\infty} = 1 - \frac{q}{q_\infty} \tag{4-11}$$

$$\frac{\Delta p}{q_\infty} = 1 - \left(\frac{v}{v_\infty}\right)^2 \tag{4-12}$$

式中的 p 以来流压力 p_∞（近似为大气压力）为参考基准。若定义 $\Delta p/q_\infty$ 为压力系数 C_p，可得：

$$C_p = 1 - \left(\frac{v}{v_\infty}\right)^2 \tag{4-13}$$

不可压缩的理想流体某点速度 v 与来流速度 v_∞ 之间的关系依赖于车身形状、车速相对于流体的方向及该点所在的车身位置。一旦这些因素确定后，v/v_∞ 及 C_p 也就确定了。给定点的实际压力为：

$$\Delta p = C_p q_\infty，\qquad p = \Delta p + p_\infty \tag{4-14}$$

下面以两种特殊情况为例，说明压力系数 C_p 的取值范围：

1）在垂直于气流的大平面中心，当气流速度 v 减小至零时，压力系数取最大正值，即：

$$C_p = 1 - \left(\frac{0}{v_\infty}\right)^2 = +1 \tag{4-15}$$

2）若车辆的行驶速度为 160km/h，当某给定点处局部气流以 320km/h 速度流动时，则有：

$$C_p = 1 - \left(\frac{320}{160}\right)^2 = -3 \tag{4-16}$$

实际上，对来自汽车下部的空气压力，不管汽车的空气动力学设计如何完美，C_p 的实际值也难以达到 -3。

当车速为 160km/h 时，$q_\infty = \rho v_\infty^2/2 = 1210\mathrm{Pa}$。第一种情况下，若平面的有效面积是 0.1m²，则阻力等于 121N。对第二种情况而言，汽车底部的压力差为：$\Delta p = -3q_\infty = -3630\mathrm{Pa}$。如果该压力差作用在 $(1.5 \times 1.5)\mathrm{m}^2$ 的面积时，那么产生的下压力为：$2.25 \times 3630\mathrm{N} = 8167.5\mathrm{N}$。

第五节　对实际气流特性的考虑

上节中介绍的是理想气流流经光滑物体时速度与压力的关系。实际中的空气并非理想气

流，车身设计也很少能达到完美的流线型，且流动条件复杂多变。因而这里也只能对实际的气流的特性及影响给予一般性的介绍。

首先要考虑的是物体表面的空气边界层。由黏滞作用产生的剪切力对边界层影响显著，剪切力使空气流速和能量降低，其作用与空气沿物体表面的距离有关。边界层沿物体逐渐变厚，气流由层流（流线很平顺，各层之间层次分明，互不影响）变为湍流（流线脉动，层次不分明）。即便物体轮廓形状非常平滑也是如此。实际上，绝大多数边界层处的气流是湍流，这意味着边界层内部的空气微团以随机速度运动，且与物体表面的距离也相应变化，并对整个边界层动能的分布产生影响。

由于空气连续沿物体表面流动，湍流边界层会因边界层能量在表面摩擦力作用下变小而进一步增厚。边界层厚度可采用下式近似计算[3]：

$$\delta = k\sqrt[5]{\frac{\nu}{v_\infty}}x^{\frac{4}{5}} \tag{4-17}$$

式中，k 为比例系数，与物体形状和表面特性有关；ν 为运动黏度；v_∞ 为来流速度；x 为沿物体长度方向上的距离。

边界层厚度的增加使气流速度减慢、压力回升，物体后部形成压力恢复区。边界层压力的增加与能量的损失实际上在表面形成了逆流，逆流排挤主流从而使之脱落壁面，这种现象称为边界层分离，如图4-9所示。

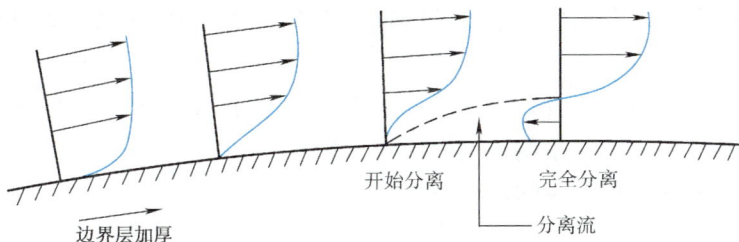

图4-9　流体在壁面处产生的边界层分离

对汽车而言，其后部边界层通常会从车身上分离出来，并且气流会形成所谓的扰动尾流，边界层变厚过程及尾流形成过程如图4-10所示。

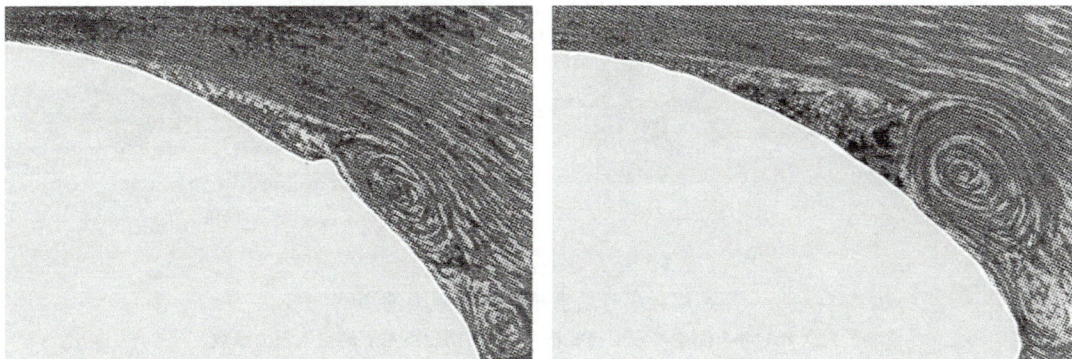

图4-10　边界层变厚过程及尾流形成过程

由图4-11所示的风洞试验可知，只有在图中所示的扩散角 $\alpha < 10°$ 的情况下空气流才会

膨胀并贴紧边界面。如果 α 过大，那么气流就会从风洞壁上脱离并伴有随机湍流生成。与飞机机身相比，车辆车身相对较短，且为非流线型体，因而上述现象常出现在车辆后部。图 4-12a 所示的烟雾流说明了这类的分离情况。尾流处的白色烟雾因湍流的混合而变得稀薄，从而尾流处的流线消失。

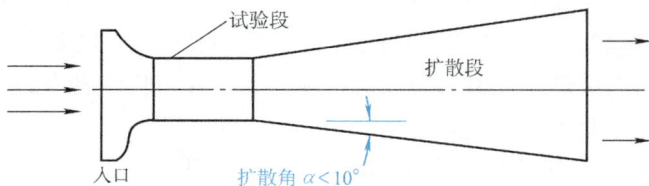

图 4-11　风洞扩散角的示意图

　　任何锐边都会导致气流分离。要使气流平稳地沿着锐边流动，就必须给予无穷大的加速度，实际中这点是达不到的。

　　通常不期望气流分离现象发生。因为在尾流区域压力很低，从而压差阻力增加。为了维持低压区的湍流，车辆动力装置还需消耗能量。但在某些情况下，气流的分离是有利的。如图 4-12b 所示，对于后部倾角较大的快背式车辆而言，气流是在其顶部分离；而对后部倾角约为 28° 的快背式车辆而言，气流分离的地方是在后窗较低的边缘处。通常后窗角越大（>32°），产生的空气阻力就越大，其作用与三维流场和车辆后侧形成的涡流有关，这些涡流能有效地作用于车身外部流场。

　　到目前为止，人们对气流分离的机理只是有些初步的认识。虽然人们试图利用计算模型分析空气动力特性，但由于几乎贴近地面的非流线型车身的空间流场计算太复杂，因而风洞试验在一段时期内仍是不可缺少的汽车空气动力学设计方法。

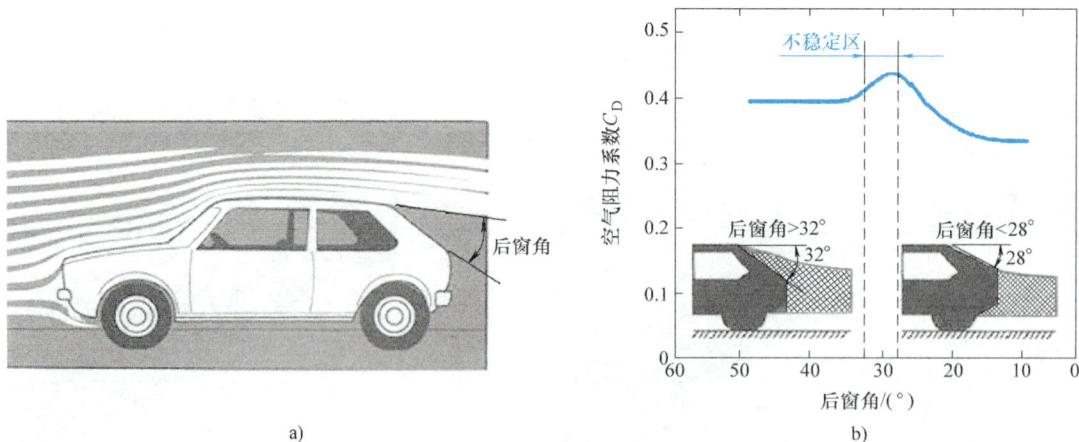

图 4-12　车身后窗角对空气阻力的影响
a）大众 Rabbit 车型中心截面流线谱　b）不同后窗角下的空气阻力系数

第六节　空气动力学试验

　　在研究车身这类非流线体特性时，空气动力学试验已成为一种标准方法。风洞测试中，

可采用整车模型或比例模型进行试验，也可进行道路实车试验。通过模型试验确定设计车辆的空气动力特性，对某些设计环节或部件进行改进，完善设计。本节首先讨论风洞试验和雷诺数，然后介绍各种用于实车试验的测试技术，最后对空气阻力和力矩系数进行介绍，这些参数广泛应用于不同车辆的特性比较。

一、风洞试验

尽管空气动力特性可根据理论方法和计算流体软件通过求解相关的流体力学方程来求出，但由于车辆外形的复杂性，很难用数值方法计算出与实际情况相符的气动数据。因此在对符合空气动力特性的车身设计中，风洞试验仍十分必要。

风洞试验首先要做出车辆模型，然后安装在风洞的人工流场中，用仪器测量作用在模型上的力和力矩，以及用喷烟或气流染色或贴丝线等办法来观察模型附近流线的变化。

风洞一般由动力段、收缩段、试验段以及扩散段组成，如图4-13所示。动力段的作用是鼓动空气在风洞中流动，以调节试验段中的风速。收缩段的作用是使气流加速，使其达到试验要求的速度。气流沿收缩段流动时，洞壁上不出现气流分离，阻止旋转，消除涡流，保证出口的气流均匀、平直且稳定。试验段是放置被测车辆实车或模型的部分，是风洞的中心，其应能尽可能地模拟车辆的真实流场。扩散段是使气流速度降低，把气流的动能部分地转化为压力能，以减少洞壁的摩擦损失，节省风扇电动机的功率。

根据内部空气导向设计的不同，风洞可分为直流式（埃菲尔式）风洞（图4-13）和回流式（哥廷根式）风洞（图4-14）。前者在送风方向和排气方向都是开口的，而后者的空气构成封闭的回路。

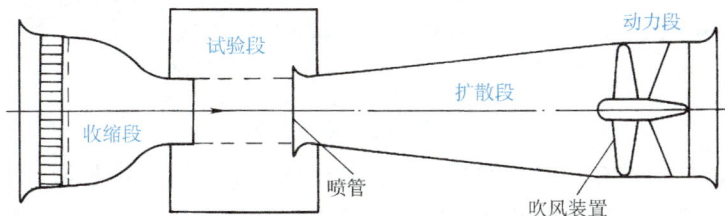

图4-13 直流式（埃菲尔式）风洞

直流式风洞其真正的优点在于非常有效地采用了无回风道和无冷却装置设计。但是由于直接从大气中吸入空气，经过试验段后又排入大气，所以试验段内的流体状态受风和周围环境温度的影响，致使这种风洞的应用仅局限于欧洲。另外，直流式风洞由于会受周围的高噪声污染和吹入空气的污染，以及雨雪等自然现象的影响，因而需

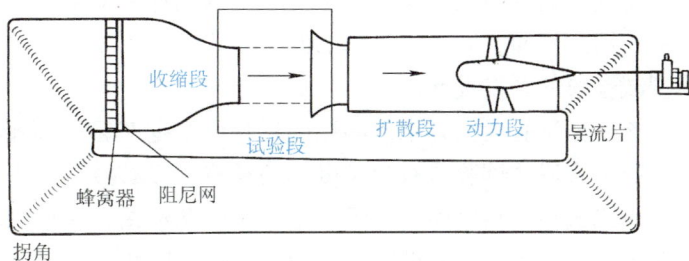

图4-14 回流式（哥廷根式）风洞

要安装附加的过滤系统；又由于动能很大的气流直接排入大气中，所以送风装置的功率也较大；试验段、喷管和送风装置等部件影响了风洞的性能。

回流式风洞中要求气流在一个闭合的回路中循环流动，因而受外界因素影响较小，从而使人工气候易于控制。若在闭式回路中加热空气，对非耐热材料制成的车辆模型而言，则需要冷却装置来保护，由于冷却装置存在压力损失，而且需要冷却能量，因此总能耗相对较大。

整个风洞的尺寸基本上由风洞试验段的尺寸决定，而试验段的尺寸由车辆迎风面积和风洞送风横断面面积的关系（通常为固定比例关系，称为"堵塞比"）决定。为了尽可能减小堵塞效应，堵塞比应小于0.07，因而风洞尺寸更大，致使风洞试验费用极高。在汽车工业应用中，通过调整相应的送风横断面来尽量减小车用风洞的尺寸，以降低试验成本。横断面壁面类型如图4-15所示。

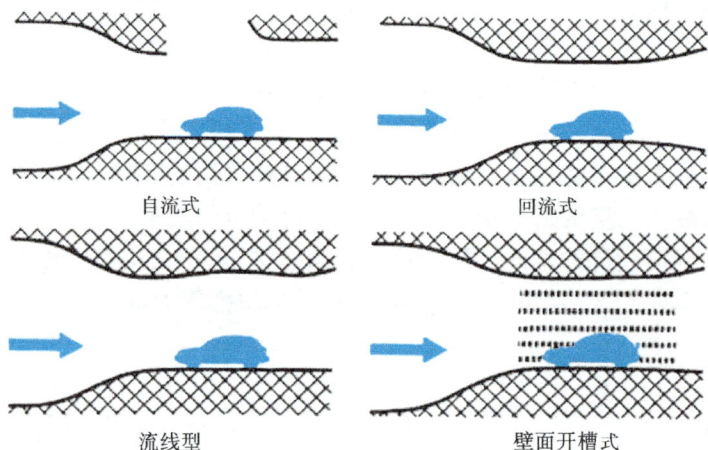

自流式　　　　　　　　　　回流式

流线型　　　　　　　　　　壁面开槽式

图 4-15　横断面壁面类型

直流式试验段中通常在上壁和侧壁开口，其优点在于流体运动方向上的压力基本保持恒定，可以保证测量精度和较小的堵塞效应。其缺点是有效长度小、损失系数高、声音辐射无阻碍。当用作人工气候风洞时，由于送风的延伸需要大的捕捉喇叭，对围绕试验段空间的空气条件要求苛刻。

回流式试验段的优点是能量损失少、噪声小、有效长度大。由壁面摩擦阻力导致的压力降低，使气流速度增大，从而产生一个额外的速度增量。这可由流体流动方向横断面的微幅减少来补偿。然而，即便对简单的洞壁样式，也需要大量的测量来校正。因此，这也促进了流线型试验段的开发设计。

在流线型试验段设计中，洞壁的形状可根据车辆（或模型）外形的几何参数进行调整。它既克服了直流式试验段有效长度小的缺点，又有效地减少了回流式试验段的摩擦效应。

开槽式试验段在壁面上开设一定数量的条形槽，条形槽起试验段内外通气的作用。因此它是介于直流式和回流式试验段之间的一种试验段。开槽式试验段非常接近所要求的实际流体，只是槽的数量和布置比较复杂。

此外，收缩段和扩散段形状对流体的均匀性和稳定性也有着重要的影响。大的收缩比

（喷管入口横截面和出口横截面面积之比）意味着小功率送风输出装置出口速度的均匀分布。然而，对功率较大的送风装置而言，意味着昂贵的建筑费用。送风机的轮廓设计必须满足送风时流体在壁面上不分离，并在出口处没有冗余的湍流产生的要求。

过去，流体速度主要通过送风装置的转动叶片来调整。这种设计的优点是送风驱动装置较为简单；但明显的缺点是干涉灵敏度、大支座的转子实现困难，以及运行状况下具有强烈的噪声污染。

虽然风洞试验的效能已被广泛承认，但因为要模拟车轮转动与地面的相对运动、发动机进/排气及散热和空调等因素，且堵塞效应修正和速度修正较为复杂，因此风洞试验方法也不尽完善。

在车辆设计的初期，空气动力学试验通常在规模较小、成本较低的风洞中进行模型测试。但有两个问题需特别注意，即地面层模型的建立和确保车辆模型的流场与最终实车的流场相似，具体说明如下：

1）现代汽车的车底净空间很低，因而车身底部和其相邻四周的气流成为影响升力与俯仰力矩大小的关键因素。实际中，因为汽车在路面上行驶，所以空气与地面间没有相对运动。而在传统的风洞中，空气与风洞地板间有相对运动，模型的前端形成边界层，严重影响了模型下部的气流模拟的准确性。要分析校正这一问题并非易事，因此只能让地面运动起来，以模拟空气速度相对地面的速度为零的真实情况。

2）关于"流体相似性"或风洞试验中与全尺寸车辆模型有关的流体特性的模拟问题。由模型试验理论可知：模型试验与全尺寸试验得到的分离点位置和流线谱呈几何相似，其中一张照片的图像在放大后可以与另一张吻合。如果是无黏流体，那么实车和模型都没有边界层存在，这样，问题也就不存在了。但由于实际中边界层的存在，对相似流体来说，需采用校正措施。

由于沿着平板流动的空气会产生边界层，边界层的厚度随着离前端距离的增大而增大，如图 4-16 所示。如在相同的气流条件下对该平板的 1:4 比例模型进行试验，那么其后端处的边界层厚度是 t_2，而不是 t_1，这表示可能发生的车辆后部压力梯度的边界层分离由边界层的实际厚度所决定，任何发生在全尺寸下的分离位置都必须出现在比例模型的相应位置处，所以用模型来模拟全尺寸情况显然不够。要"证实"模型上的气流流动具有相似的性质，就必须在模型上用到诸如"丝线"这类装置。

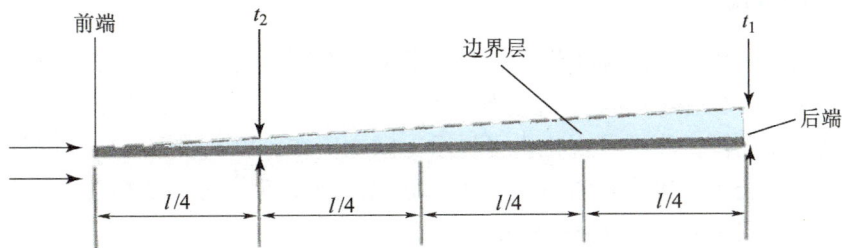

图 4-16　边界层的厚度变化

二、雷诺数

满足模型和实际车辆流体特性相似（即具有相似的摩擦力和惯性力关系）的基本条件

是：二者应具有相同的雷诺数。雷诺数常用 Re 来表示，定义如下：

$$Re = \frac{vL}{\nu} \tag{4-18}$$

式中，v 是气流速度；L 是适当选择的描述流体特性的长度；ν 是流体的运动黏度。

前面介绍空气特性时曾指出，空气微团间有两种交互作用即法向和切向，前者与惯性（质量）作用有关，后者与摩擦（黏性）作用有关。雷诺数相似性的基础是：如果这两种交互作用的比值为常数，则流体特性应相似。

对雷诺数 Re 的物理解释如下：动压等于 $\rho v^2 / 2$，是运动粒子与物体相撞后动能转换为压力能所引起的单位面积受到的力。所以，惯性力为：

$$\rho v^2 L^2$$

式中，L 是选择的描述流体特性的长度。

由此可见，惯性力与动压和作用面积之积成正比。

单位面积所受到的摩擦力为：

$$\mu \frac{v}{L}$$

式中，μ 是动力黏度；v/L 是随流体层距离改变的速度变化率。

根据单位面积的摩擦力，可计算出实际面积的摩擦力为：

$$\left(\mu \frac{v}{L} \right) L^2 = \mu v L \tag{4-19}$$

所以，惯性力与摩擦力的比值正比于雷诺数，即：

$$\frac{\rho v^2 L^2}{\mu v L} = \frac{\rho v L}{\mu} = \frac{v L}{\nu} = Re \tag{4-20}$$

为确保流体特性在实物和测试模型之间的相似性，应尽可能地保证雷诺数相同。如两种测试中的 ν 值相同，则 vL 值也应相同。如果是四分之一模型，那么理想情况下风洞测试速度应为车速的 4 倍。如无法满足此条件，也可以在不同速度下（不同的雷诺数）重复试验并记录测量力的改变。假如流体分离不是主要问题，且其他因素诸如实物与模型间表面粗糙度的差异不存在，也可运用与实物雷诺数不同的测试。当然，根据经验"校准"实物和模型结果也是一种常用的方法。

三、流场可视化

无论是在风洞还是道路试验条件下，总是期望能看到从稳态到流体分离，直至尾流区中流体的流线。流场可视化的方法较多，如丝线法、烟流法、荧光微线法、油流法、升华法等。虽然只是定性分析，流场可视化仍可显示出问题所在，以及改型后的改善程度。

最简单的是丝线法。将柔软的短细丝线、尼龙线或羊毛等的一端粘在试验模型表面上，另一端能随着气流自由摆动。如丝线太长，就会产生"旗飘"现象。有时丝线被附装在 3cm 左右长的销钉上以消除边界层效应。图 4-17 所示为在风洞中装丝线的机翼模型。

丝线也可固连在风洞中垂直于气流的平面的格栅上，以确定模型尾端的尾流情况，尾流的范围及特性与模型所受的阻力密切相关。图 4-18 是一个典型的格栅装置以及由后掠式机翼干扰后的丝线形态的照片，它显示机翼尖端存在涡流。在车体后端的尾流中也常存在涡

流，长丝线有时用来确定进口气流的状态。

　　低速风洞可用烟雾来实现流体特性的可视化，图4-19所示为烟道及烟雾图片。烟雾的产生方法有很多，如钛或锡的四氯化物（浓缩物都有毒性）在与潮湿空气接触的时候能够产生烟雾（此烟雾有毒）。烟道也可采用舞台式烟雾，烟雾由加热的煤油灯、腐烂的木头以及阴燃纸（由于产生一氧化碳，所以要充分通风）产生。

图4-17　在风洞中装丝线的机翼模型

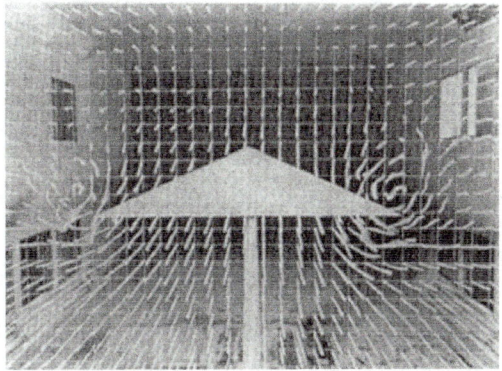

图4-18　丛毛格栅

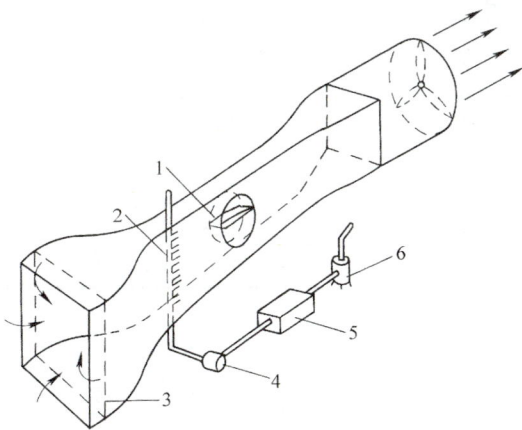

a)

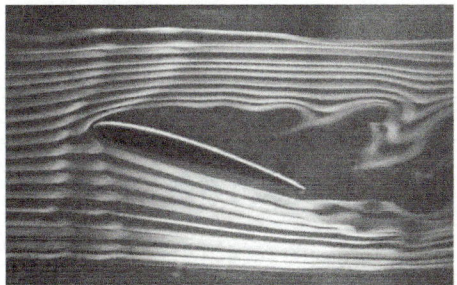

b)

图4-19　烟道及烟雾图片

a）二维烟道　b）烟雾图片

1—模型　2—烟雾发射器　3—减振筛　4—吹风机　5—烟雾清洁器　6—烟雾产生器

另一种流场可视化方法是在模型表面涂烟黑与煤油的混合物。烟道开启直到流体稳定后再关闭。这样就可以观察模型表面的烟黑条纹，并可用照片记录下来。

根据前面介绍的装置以及空气速度、静压、动压以及总压力、温度的测量方法，运用流场可视化技术，可使实车模型空气动力学测试及结果分析变得简便而直观。

第七节　汽车的空气阻力

一、SAE 标准坐标系

由于历史的原因，不同国家采用的风洞设备术语和参考坐标系都不同。为了统一路面汽车空气动力学发表的数据和报告，为世界各地的相关研究人员提供一个标准，SAE 路面汽车空气动力学委员会发布了 J1594 标准，即"汽车空气动力学术语"[4]，其中定义了标准参考坐标系、空气动力和动力矩及其系数。

图 4-20　SAE 空气动力学坐标系

如图 4-20 所示，SAE 标准坐标系的原点位于轮距中心线和轴距中心线在地面投影的交点处。x 向前为正；y 向右为正；z 垂直向下为正。

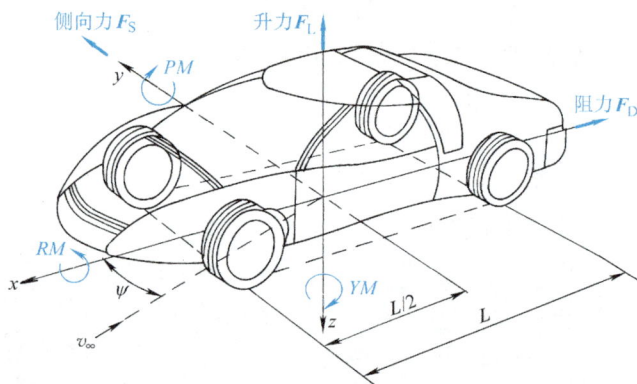

由空气动力产生的力矩与参考长度和轴距有关。SAE 标准对作用在车身上的六分力定义及计算公式的总结见表 4-1。

表 4-1　SAE 标准对作用在车身上的六分力定义及计算公式的总结

符号	六分力	符号定义	计算公式
F_L	升力（Lift）	向上为正	$F_L = C_L q_\infty A = -F_z$
F_D	阻力（Drag）	向后为正	$F_D = C_D q_\infty A = -F_x$
F_S	侧向力（Side Force）	向右为正	$F_S = C_s q_\infty A = +F_y$
PM	俯仰力矩（Pitch Moment）	向右为正	$PM = C_{PM} q_\infty A \times L = M_y$
YM	横摆力矩（Yaw Moment）	向下为正	$YM = C_{YM} q_\infty A \times L = M_z$
RM	侧倾力矩（Roll Moment）	向前为正	$RM = C_{RM} q_\infty A \times L = M_x$

二、空气阻力系数

汽车受到的空气阻力主要由车身表面的压力变化引起，而车身表面的压力变化与理想流体的动压 q_∞ 直接相关。实际作用力与作用面的面积成正比。最后，必须考虑车身外形对车身速度的影响。因此，SAE J1594 标准中定义了一个无量纲的空气阻力系数 C_D 为：

$$C_D = \frac{F_D}{A q_\infty} = \frac{F_D / A}{q_\infty} \qquad (4-21)$$

式中，F_D 为空气阻力，单位为 N；A 为参考面积，单位为 m^2，通常采用汽车的迎风面积；

q_∞ 为动压，单位为 Pa，等于 $\rho v^2/2$。

这样，系数 C_D 就是单位动压单位面积的空气阻力，体现了气流可获得的动能所转化的压力和阻力，它是代表汽车空气阻力动力学性能的一个重要评价参数。

采用空气阻力系数的好处是：风洞试验中一旦动压 q_∞、参考面积 A 以及车辆轴距 WB 确定后，对其他速度、空气密度以及车身尺寸的车辆来说，不需再进行风洞试验就能计算出相应的空气阻力和力矩。

实际上，体现流体特性的无量纲的雷诺数也可以转换为力和力矩系数。通常情况下，雷诺数与许多其他无量纲系数有关，如马赫数（等于流体速度与声速之比）、定义表面粗糙度的长度比及定义空气湍流的速度比等。而在车辆风洞试验中，长度比和速度比一般不是很重要。

三、空气阻力

目前，几乎所有新车型在开发过程中，特别是在车身设计中，空气阻力是极其重要的考虑因素。这里将介绍与汽车相关的空气阻力及其构成[3]。

汽车在路面上行驶时所受到的总的空气阻力由压差阻力（包括形状阻力、内循环阻力和诱导阻力）和摩擦阻力两大部分组成。同时，可能还有侧向气流的影响。

1. 形状阻力

形状阻力占压差阻力的大部分，主要与边界层流态和车身后端流体分离产生的尾涡有关。因而车身后端分离区尺寸的大小很大程度上决定了压差阻力的大小。如图 4-21 所示，在汽车迎风面积 A 相同的条件下，不同流速气流经过不同车身表面后获得的后端分离横截面面积 A_a 有很大的不同。

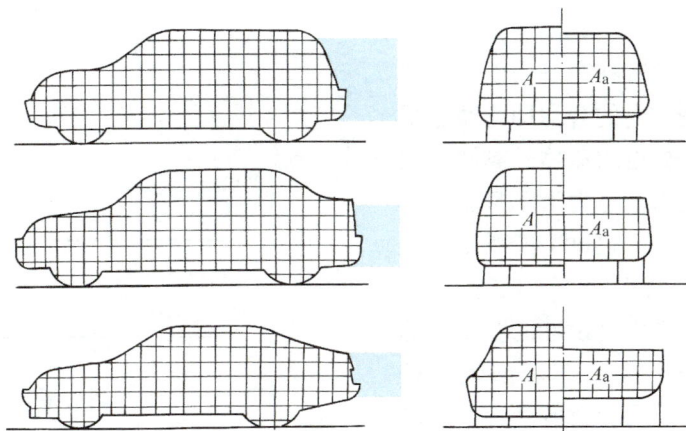

图 4-21 不同车身所产生的空气分离横截面

通常要尽量减小分离区，以使车身表面产生较小的真空区域，从而获得较小的压差阻力。后端边界层的"吸出效应"同样会使压差阻力显著降低。后端气流的分离经常受到后窗框、流水槽形式和位置、侧向通风孔及后盖箱的影响，因而要减小压差阻力就要精心设计这些部分。

2. 内循环阻力

运动中汽车不仅被周围的空气所环绕，而且冷却总成和室内通风空调气流也会进出车辆。当冷却系统、发动机、驾驶室和乘员舱（图4-22）被气流环绕时，由于摩擦和车辆内部的湍流以及气流分离而产生阻力。内部阻力占空气阻力的3%~11%。

3. 诱导阻力

诱导阻力是伴随压差阻力所产生的附加阻力。车体上、下空气压力的不同导致了横流，如图4-23所示。横向流动使得纵向涡流与顶部气流合并在一起，如图4-24所示。

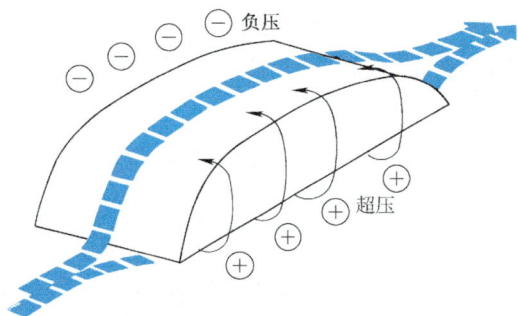

图4-22　车辆内部流场分布示意图

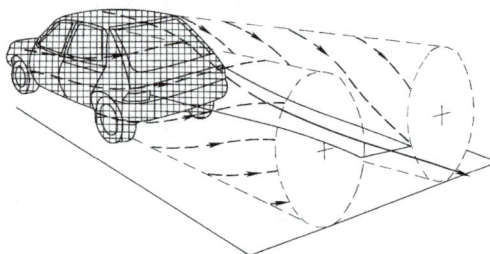

图4-23　车体周围的诱导气流

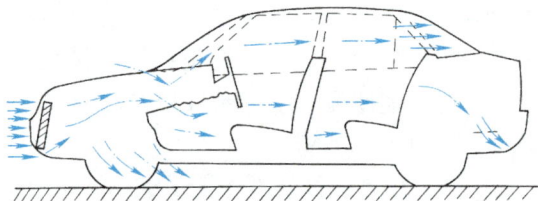

图4-24　诱导气流引起的纵向涡流

在纵向涡流与顶部气流的直接邻近区，所产生的涡流导致了压力降低，从而后端"尾涡区"延长，并导致压差阻力的增加。

4. 摩擦阻力

由于空气黏性使其在车身表面产生切向力，它们在行驶方向的合力即为摩擦阻力。摩擦阻力由边界层内流体的黏性作用引起，大小等于黏滞摩擦力沿车身表面的积分。摩擦阻力对长车身的车型（如大客车）影响更大。图4-25给出了作用在一辆具有良好空气动力学设计的客车上的总空气阻力。由图可见，车前部阻力较小，作用于后端的阻力相对较高，并且沿纵向其涡流阻力逐渐增加，其中涡流阻力主要是摩擦阻力。

图4-25　经车身优化后的某客车空气阻力分量

5. 侧向气流的影响

如果空气气流以一定角度绕车体流动，那么空气阻力系数会发生显著变化。图4-26所示为风向角对不同轿车的空气阻力系数值的影响。

图4-27所示为某帆布篷货车在不同风向角下的空气阻力系数。因此，不仅对轿车，对货车来说也是一样，当受到侧向风时，其空气阻力系数都显著增加。在这种情况下，空气阻力系数在风向角为25°~30°时取得最大值。然而在车辆行驶情况下，风向角超过15°的情况非常罕见。

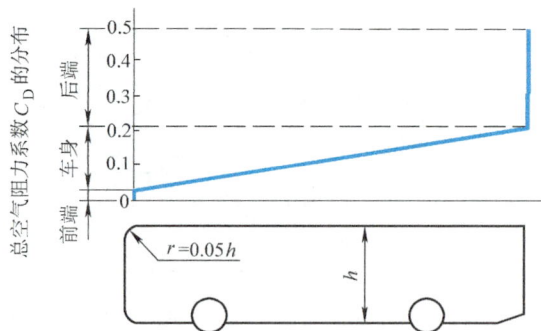

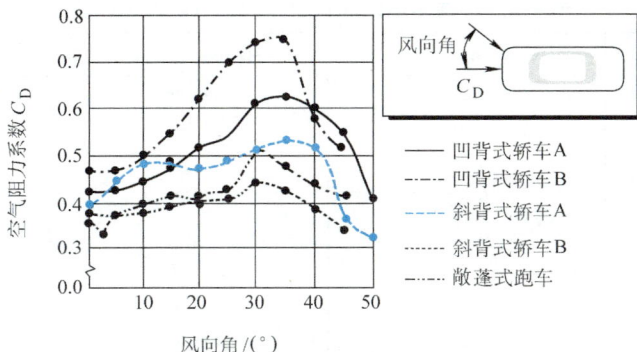

图4-26　风向角对不同轿车的空气阻力系数值的影响

为了降低车辆的空气阻力，从而降低能耗，各大汽车制造商不遗余力地设法降低汽车空气阻力系数 C_D 值。图4-28所示为近年来汽车空气阻力系数的发展。图中的统计数据表明，在1975年，$C_D = 0.4 \sim 0.48$；到1993年后，C_D 值降至0.3附近，充分显示了近20年来汽车空气动力学特性的发展及成就，使 C_D 值降低了 $25\% \sim 40\%$。不同车型的现代轿车的空气阻力系数值见表4-2。其中，具有极好的空气动力学特性的欧宝Calibra轿车的 C_D 值仅为0.26。

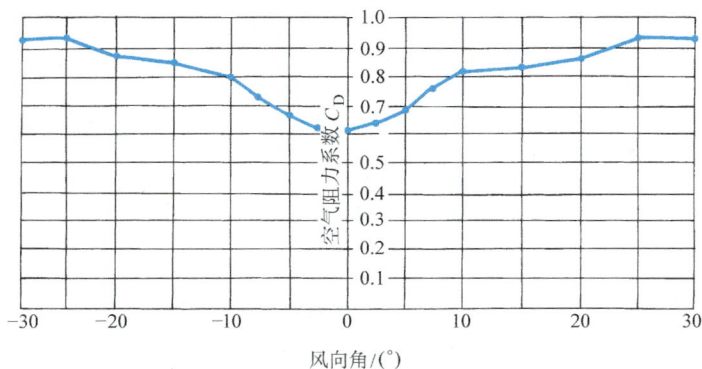

图4-27　某帆布篷货车在不同风向角下的空气阻力系数

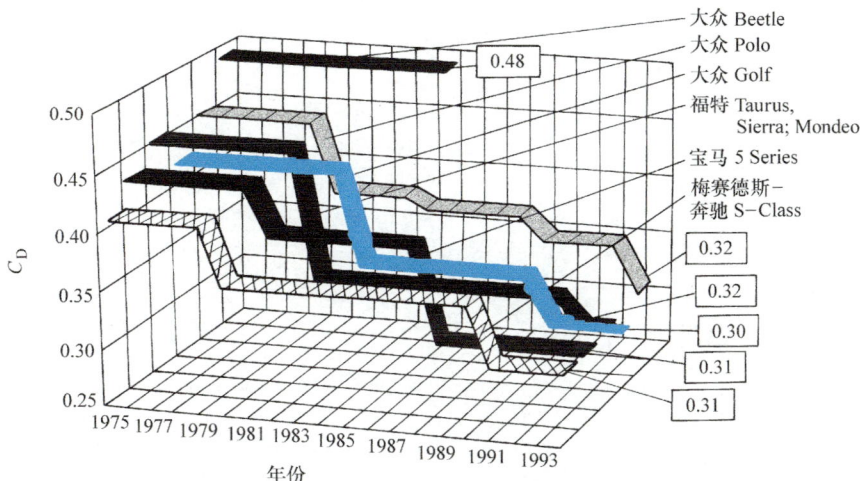

图4-28　汽车空气阻力系数的发展

表 4-2 不同车型的现代轿车的空气阻力系数值

车型	C_D	迎风面积 A/m^2	$C_D A/m^2$
雪铁龙 2CV	0.51	1.65	0.85
大众 Beetle	0.48	1.80	0.87
大众 Polo	0.32	1.90	0.61
大众 GolfⅢ	0.30	1.99	0.60
福特 Mondeo	0.32	2.00	0.64
宝马 5 系（E39）	0.27	2.17	0.59
梅赛德斯奔驰 S - class	0.31	2.38	0.74
欧宝 Calibra	0.26	1.90	0.49

参 考 文 献

[1] Milliken W F, Milliken D L. Race Car Vehicle Dynamics [M]. Warrendale：SAE International, 1995.

[2] Hucho, Wolf-Heinrich. Aerodynamics of Road Vehicles [M]. Oxford：Elsevier, 1987.

[3] 瓦伦托维兹. 汽车工程学Ⅰ：汽车纵向动力学（英文版）[M]. 北京：机械工业出版社, 2009.

[4] Society of Automotive Engineers. Vehicle Aerodynamics Terminology：J1594 _ 201007 [S]. Warrendale：SAE International, 2010.

[5] 丁祖荣. 流体力学 [M]. 2 版. 北京：高等教育出版社, 2013.

第一篇

纵向动力学

　　本篇介绍车辆纵向动力学的内容，包括驱动动力学和制动动力学两部分。首先，对车辆的纵向动力学性能（包括动力性、燃油经济性和制动性）进行介绍和分析。然后，分别介绍了车辆的制动控制和驱动控制系统，同时对基于车轮纵向力控制的车辆稳定性控制也给予了介绍。最后，结合动力传动系统的扭振这一典型的动力学问题，介绍了系统建模及分析的方法。

第五章 纵向动力学性能分析

除空调等附属电气设备的能耗需求外，行驶过程中汽车所需的动力与能量由行驶阻力决定。本章将在分析动力需求与动力供应的基础上，分析汽车的纵向动力学特性，包括动力性、燃油经济性和制动性。此外，还将讨论与路面附着条件相关的驱动和制动极限问题，最后进行制动稳定性的分析。

第一节 动力的需求与供应

本节首先介绍车辆的行驶阻力，然后分析车辆对动力的需求及供应，最后给出车辆的动力供求平衡方程。

一、车辆对动力的需求

这里介绍的车辆行驶阻力，实际上代表了车辆对动力的需求（Force Demand，记为 F_{Dem}）。按行驶状态的不同，车辆行驶阻力可分为稳态匀速行驶状态下的阻力和瞬态加速时的阻力两部分。前者包括车轮滚动阻力、空气阻力和坡度阻力；后者主要是指加速阻力。

在车辆加速上坡时，作用于车辆的行驶阻力如图 5-1 所示，主要包括车轮滚动阻力 F_R、空气阻力 F_D、坡度阻力 F_G 和加速阻力 F_a。其中关于车轮滚动阻力和车辆的空气阻力，已在第三章第四节和第四章第七节做了详细介绍。

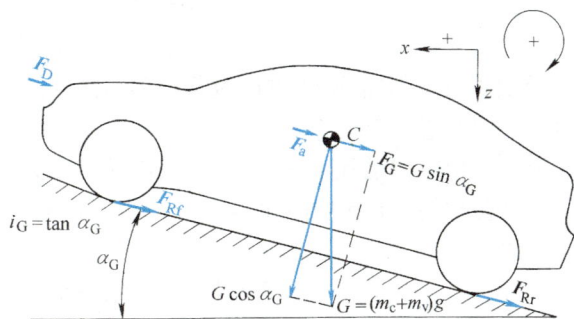

图 5-1 车辆加速上坡时所受到的行驶阻力

设车辆整备质量为 m_v，车辆装载质量为 m_c，当坡度角为 α_G 时，由重力导致的坡度阻力 F_G 为：

$$F_G = (m_v + m_c)g\sin\alpha_G \quad (5\text{-}1)$$

考虑一般道路坡度较小，所以近似有：

$$F_G = (m_v + m_c)g\tan\alpha_G = (m_v + m_c)gi_G$$

式中，i_G 为路面坡度。

当车辆非匀速行驶时，必须克服由加速（或减速）所产生的惯性力，这里统一记为"加速阻力" F_a，它包括车身质量加速（或减速）运动产生的平动（translational）分量 $F_{a,t}$ 和车辆旋转部件加速（或减速）产生的转动（rotational）分量 $F_{a,r}$，分别为：

$$F_{a,t} = (m_v + m_c)a_x \quad (5\text{-}2)$$

$$F_{a,r} = \frac{M_a}{r_d} = \frac{\Theta \cdot \ddot{\theta}_{tw}}{r_d} \tag{5-3}$$

式中，m_v 为车辆整备质量；m_c 为车辆装载质量；a_x 为车辆沿前进方向的加速度，等于 $\ddot{x}$；M_a 为由旋转部件非匀速运动引起的惯性力矩；Θ 为所有旋转部件换算到驱动桥的总等效转动惯量；$\ddot{\theta}_{tw}$ 为驱动轮的角加速度；r_d 为驱动轮滚动半径。

由于 $\theta_{tw} = x/r_d$，故有 $\ddot{\theta}_{tw} = \ddot{x}/r_d$，且 $\ddot{x} = a_x$，因此，加速阻力的转动分量可写为：

$$F_{a,r} = \Theta \cdot a_x / r_d^2 \tag{5-4}$$

对旋转质量总等效转动惯量 Θ 来说，必须考虑所有动力装置和传动系统部件的转动惯量，对图5-2所示的典型车辆而言，具体包括以下几方面：

1）发动机、离合器：$\Theta_e + \Theta_c$；

2）某特定传动比 i 时的传动系统（相对传动系统输入轴）：Θ_{Ti}；

3）驱动桥、差速器：Θ_{dr}；

4）车轮（包括制动鼓或制动盘及半轴）：Θ_w。

$$(\Theta_e + \Theta_c + \Theta_{Ti}) \qquad \Theta_{dr} \qquad \Theta_w$$

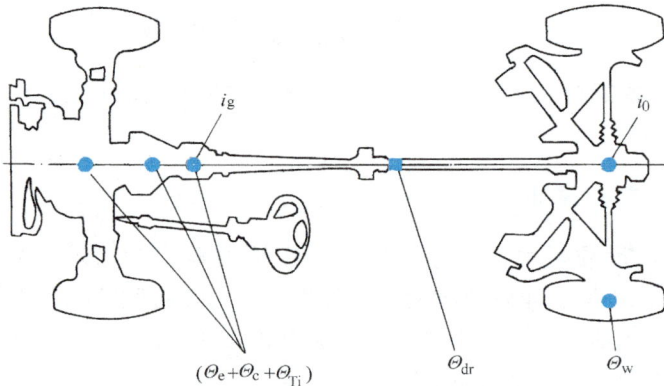

图5-2　非匀速工况下需考虑的旋转质量的转动惯量

在计算车轮质量转动惯量时须特别注意：不管是前轮驱动还是后轮驱动，或者是四轮驱动，必须考虑所有的车轮。

采用某特定传动比 i_g 和后轮（或前轮）驱动桥主减速器传动比 i_0 的乘积，可以得到相对于该驱动桥传动比 i 的简化等效旋转质量转动惯量 Θ_i，但要求替代的等效系统的输出必须相同，即：

$$\Theta_i = \Theta_w + i_0^2 \Theta_{dr} + i_0^2 i_g^2 (\Theta_e + \Theta_c + \Theta_{Ti}) \tag{5-5}$$

将加速阻力平动分量 $F_{a,t}$ 和加速阻力转动分量 $F_{a,r}$ 相加，并将式（5-2）和式（5-4）代入，即得到总的车辆加速阻力 F_a：

$$F_a = \left(\frac{\Theta_i}{r_d^2} + m_v + m_c \right) a_x \tag{5-6}$$

若定义一个仅与车辆参数有关的旋转质量换算系数 δ_i：

$$\delta_i = \frac{\Theta_i}{m_v r_d^2} + 1 \tag{5-7}$$

则车辆总的加速阻力可写成以下形式：

$$F_a = (\delta_i m_v + m_c) a_x \tag{5-8}$$

由式（5-5）可知，旋转质量惯性矩是传动系统传动比的二次函数，因而其大小很大程度上

由传动系统传动比决定。不同典型车型在不同档位的旋转质量换算系数 δ_i 见表5-1。若旋转质量换算系数大于2时，表明更高的动力需求是用来加速旋转质量，而非用于车辆的平动加速。

表 5-1　不同典型车型在不同档位的旋转质量换算系数 δ_i

档位	1	2	3	4	5
福特 Escort	1.32	1.15	1.10	1.07	1.06
宝马 730i A	1.21	1.10	1.05	1.03	
戴姆勒-奔驰-bus	1.61	1.18	1.08	1.06	1.03
档位	1	2	4	6	8
戴姆勒-奔驰 1632K	10.12	3.18	1.65	1.21	1.08

综上所述，代表车辆动力需求的车辆总行驶阻力 F_{Dem} 可写成：

$$F_{Dem} = F_a + F_G + F_R + F_D = (\delta_i m_v + m_c)a_x + (i_G + f_R)(m_v + m_c)g + C_D A \frac{\rho_a}{2}u^2 \quad (5\text{-}9)$$

将各行驶阻力分量绘制在同一图中，就得到了车辆行驶阻力曲线图，如图5-3所示。由于反映了不同驱动工况下车辆所需的驱动力矩，所以行驶阻力曲线也称为动力需求特性曲线。

各行驶阻力分量对总行驶阻力的影响程度与车辆的行驶状态有关。通常，对野外高速行驶的乘用车而言，空气阻力起主导作用；而对商用货车，空气阻力的影响相对较小。图5-4所示为典型商用车在不同行驶条件下各阻力分量

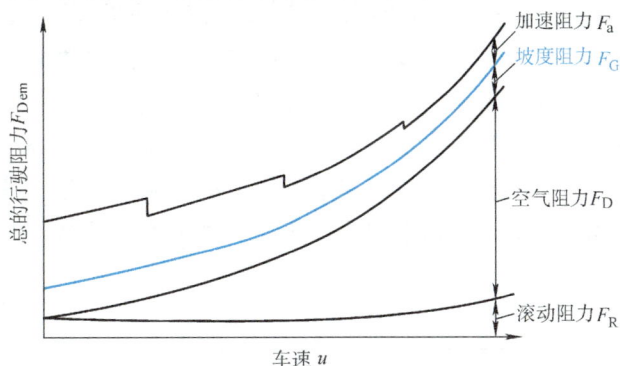

图 5-3　车辆上坡时的行驶阻力曲线图

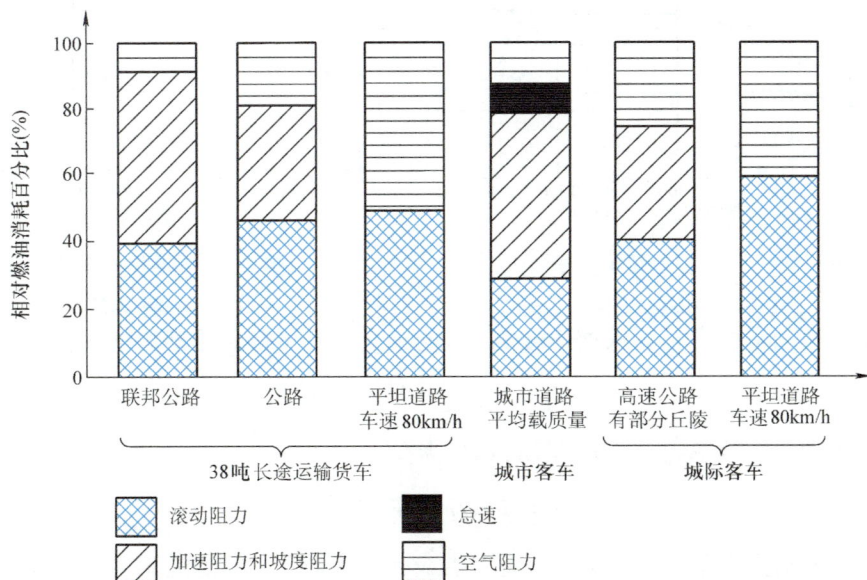

图 5-4　典型商用车在不同行驶条件下各阻力分量引起的相对燃油消耗百分比

引起的相对燃油消耗百分比。需强调的是，除空气阻力外，其他所有行驶阻力分量均与车重

有关。这也意味着减小车重对节省能耗有显著意义。

二、车辆的动力供应

将地面给驱动轮胎接地印迹内纵向作用力的合力定义为驱动力 F_x。若发动机至驱动轮毂的转矩损失为 M_L，变速器传动比为 i_g，主减速器传动比为 i_0，可得出由发动机转矩 M_e 传递至驱动轮毂的转矩 M_H 为：

$$M_H = (M_e - M_L) i_0 i_g \tag{5-10}$$

若定义传动系统额定效率为 η_{t0}，则发动机在额定工况下的转矩损失可表示为：

$$M_L = (1 - \eta_{t0}) M_{e,0} = (1 - \eta_{t0}) \frac{P_0}{2\pi n_0} \tag{5-11}$$

式中，P_0 为发动机额定功率；n_0 为发动机额定转速；$M_{e,0}$ 为发动机额定工况下的转矩。

影响转矩损失 M_L 的因素很多，主要包括转速、转矩、传动比和油温等。图 5-5 所示为某轿车三档时在不同输入转矩下的传动效率试验数据[1]。

由图 5-5 可见，当发动机额定转矩 $M_{e,0}$ 为 350N·m 时，其传动效率约为 0.95。除去传动过程中的转矩损失，将剩余的发动机转矩（$M_e - M_L$）称为净转矩，记作 M_n。一般情况下，可假定某特定档位车速下的转矩损失 M_L 恒定。因而，净转矩 M_n 的变化曲线可近似地由发动机满载转矩特性曲线减去某一固定值而得出，如图 5-6 所示。

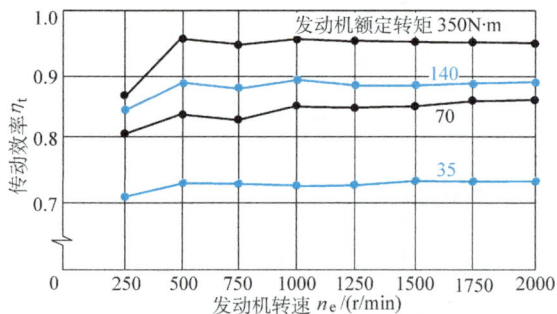

图 5-5　不同输入转矩下传动系统的传动效率

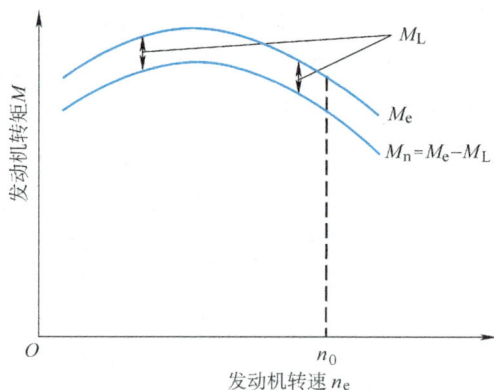

图 5-6　发动机额定转矩和净转矩随转速的变化

若驱动轮滚动半径为 r_d，根据净转矩 M_n 的定义，则可得到驱动力 F_x 为：

$$F_x = M_H / r_d = M_n i_g i_0 / r_d \tag{5-12}$$

若车辆传动系统效率为 η_t，则驱动力 F_x 为：

$$F_x = M_n i_g i_0 / r_d = \eta_t M_e i_g i_0 / r_d \tag{5-13}$$

根据车辆的动力需求式（5-9）和动力供应式（5-13），即得到车辆沿前进方向的动力供求平衡方程为：

$$\frac{M_e \eta_t i_g i_0}{r_d} = (\delta_i m_v + m_c) a_x + (i_G + f_R)(m_v + m_c) g + C_D A \frac{\rho_a}{2} u^2 \tag{5-14}$$

第二节　动　力　性

一、概述

车辆的动力性由加速能力、爬坡能力和最高车速来衡量，也可通过对特定行驶工况下车辆动力需求与动力供应之间的比较来评定，而供求双方的平衡关系则由驱动轮轮胎与地面间的相互作用所决定。评价车辆动力性时，通常采用"驱动力平衡图"或"驱动功率平衡图"进行分析。

若同时考虑车辆在某一工况下的行驶阻力和驱动力，则可用图来表示该工况下的动力供求关系，这样的图称为驱动力与行驶阻力平衡图，简称驱动力平衡图。一个典型的水平路面行驶工况下的驱动力平衡图如图5-7所示。而图中的行驶阻力特性曲线与驱动力特性曲线之交点，即为可能的车辆工况点。此外，驱动力平衡图中还绘出了最大功率时驱动力特性曲线（呈近似双曲线形状），表示车辆驱动能力与行驶车速之间的关系。

根据驱动力平衡图（图5-7），若分别将某特定车速 u 下的驱动力和行驶阻力值与车速 u 相乘，即得到传递至车轮轮毂的功率（即功率供应）P_H 和水平路面行驶时需克服的功率（即功率需求）P_{Dem}。将功率供应 $P_H = F_x u$ 和功率需求 $P_{Dem} = F_{Dem} u$ 两项绘制于同一图中进行比较，即得到了驱动功率平衡图，如图5-8所示。根据已知的最大驱动力特性曲线，还可绘制出不同档位下行驶的满负荷功率曲线。此外，对水平路面行驶的车辆，可由驱动力平衡图或驱动功率平衡图中得出最高行驶车速 $u_{a,max}$。

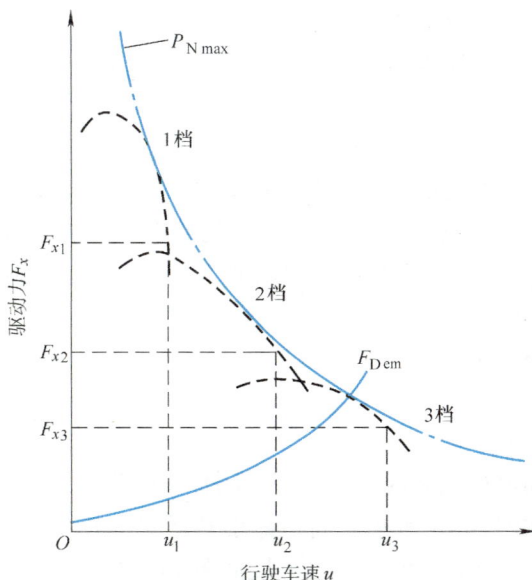

图5-7　驱动力平衡图（水平路面行驶工况）

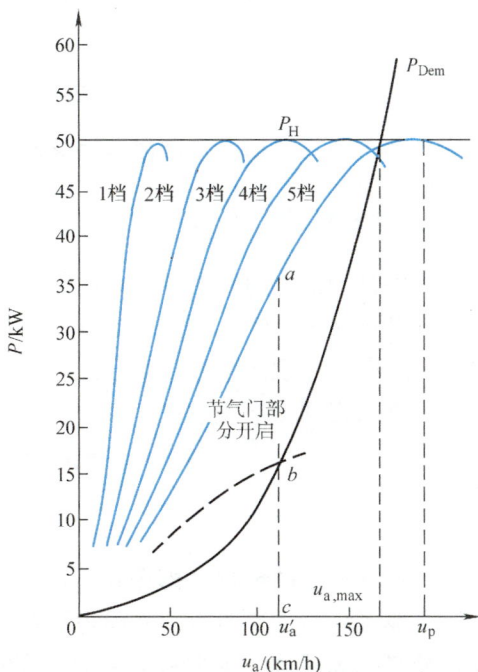

图5-8　驱动功率平衡图（水平路面行驶工况）

二、爬坡能力

现将车辆行驶时实际所需的驱动力 F_{Dem} 与车辆所能提供的最大驱动力 F_x 的差值定义为后备驱动力 $F_{x,ex}$。后备驱动力可通过驱动力平衡图方便地确定，它与行驶车速的关系如图5-9所示。

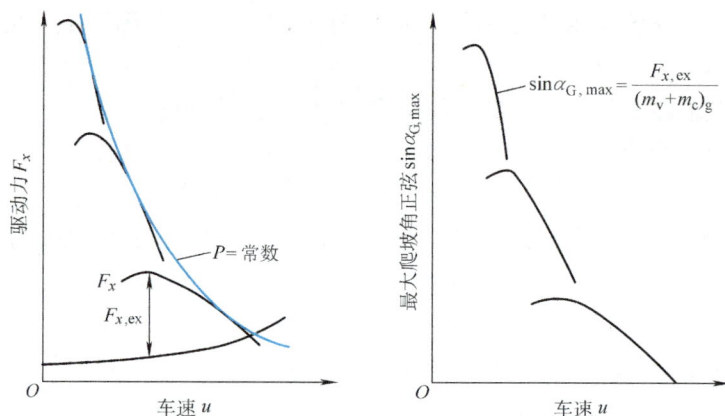

图5-9　后备驱动力与爬坡能力的驱动力平衡图

车辆上坡行驶时必须克服的坡度阻力见式（5-1）。在确定爬坡能力时，通常假设车辆为匀速行驶工况，因此全部后备驱动力 $F_{x,ex}$ 都可用于克服坡度阻力。由此可得出某一特定档位车速下的最大爬坡角 $\alpha_{G,max}$，即：

$$\sin\alpha_{G,max} = \frac{F_{x,ex}}{(m_v + m_c)g} \tag{5-15}$$

可以看出最大爬坡角正弦值与后备驱动力成正比关系。

三、加速能力

车辆的加速能力通常由可达到的最大加速度来表示。由于车辆加速时需同时考虑其平移质量和转动质量的影响，前面已经定义了一个传动系统传动比为 i 时的旋转质量换算系数 δ_i。因此，若车辆可能达到的最大加速度为 a_{max}，此时瞬时后备驱动力 $F_{x,ex}$ 全部用来克服加速阻力，则可得到以下关系：

$$F_{x,ex} = (\delta_i m_v + m_c)a_{max} \tag{5-16}$$

$$a_{max} = \frac{F_{x,ex}}{\delta_i m_v + m_c} \tag{5-17}$$

若不考虑旋转质量的影响（即令 $\delta_i = 1$），则加速性能曲线与后备驱动力曲线一致。

后备驱动力与加速能力的驱动力平衡图如图5-10所示。当考虑旋转质量的影响时，由于旋转质量换算系数 δ_i 是随变速器档位的降低而增加的，因此最大加速度的变化曲线如图5-10中虚线所示。通常，重型货车的 δ_i 对加速能力的影响比较显著，为了获得较强的爬坡能力，重型货车需在最低档位下工作，这时的旋转质量换算系数相对较高，1档的加速能力甚至还不如2档，如图5-11所示。因此，为实现车辆的最大加速能力，换档的最佳时机应

是发动机达到最高转速，或在相邻的高档能提供比当前档更高加速度的情况下。

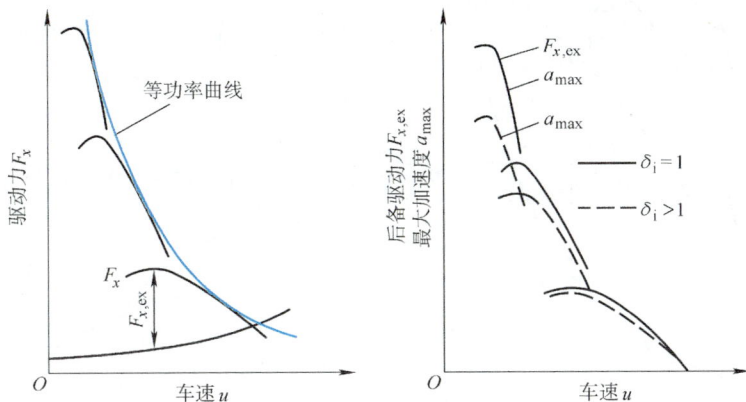

图 5-10　后备驱动力与加速能力关系的驱动力平衡图

　　由于车辆的最大加速能力与其最大后备驱动力呈线性关系，因而在同一档位下二者变化趋势一致。后备功率 P_{ex} 为：

$$P_{ex} = F_{x,ex}u = (\delta_i m_v + m_c)a_{max}u \qquad (5\text{-}18)$$

上式也意味着对匀加速行驶的车辆而言，其后备功率与车速成比例。图 5-12 所示为加速能力与后备功率关系的功率平衡图。

　　车辆的最大爬坡能力与加速能力分别由式（5-15）和式（5-17）确定，联立这两个方程，可得到车辆最大加速度为：

$$a_{max} = \frac{m_v + m_c}{\delta_i m_v + m_c}g\sin\alpha_{G,max} \qquad (5\text{-}19)$$

　　可见，车辆加速能力与爬坡能力之间的关系受旋转质量系数 δ_i 的影响，因此两者之间的关系与变速器的档位有关。

图 5-11　重型货车旋转质量系数 δ_i 对加速能力的影响

四、传动系统设计方案的影响

　　除了行驶阻力和发动机特性的影响外，传动系统的设计方案和控制策略对车辆动力性也有显著影响。因而，在传动系统整体方案的设计中，必须对每个档位下的加速能力和爬坡能力逐一进行校核，使每个档位下车辆对后备驱动力或后备功率的供应均能满足相应的需求。

　　车辆上坡或加速行驶时，可通过绘制驱动力（或驱动功率）平衡图来验证可用的驱动力（或驱动功率），还可分析各档位下的后备驱动力（或后备驱动功率）。图 5-13 所示为某车辆在不同坡度情况下的驱动力和驱动功率平衡图。

　　当发动机在部分负荷下工作时，可通过改变发动机的工作点得到所需的功率。因此，有

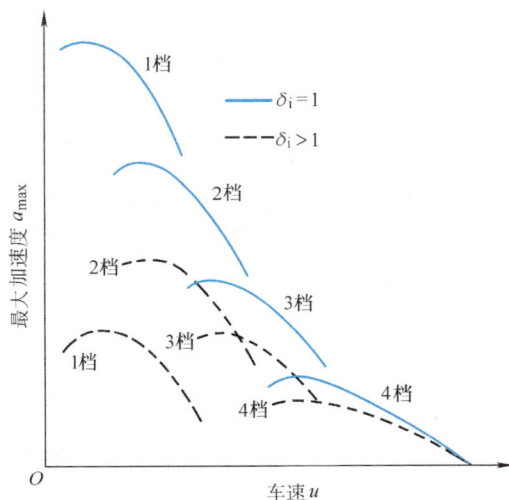

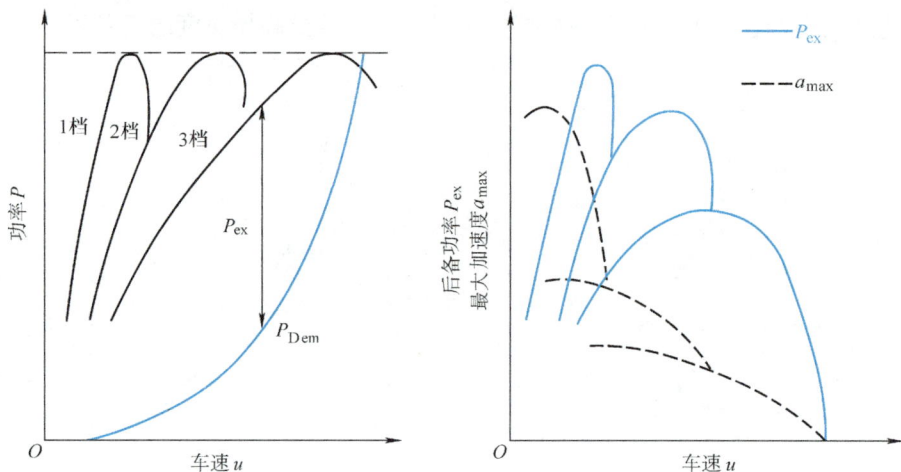

图 5-12　加速能力与后备功率关系的功率平衡图

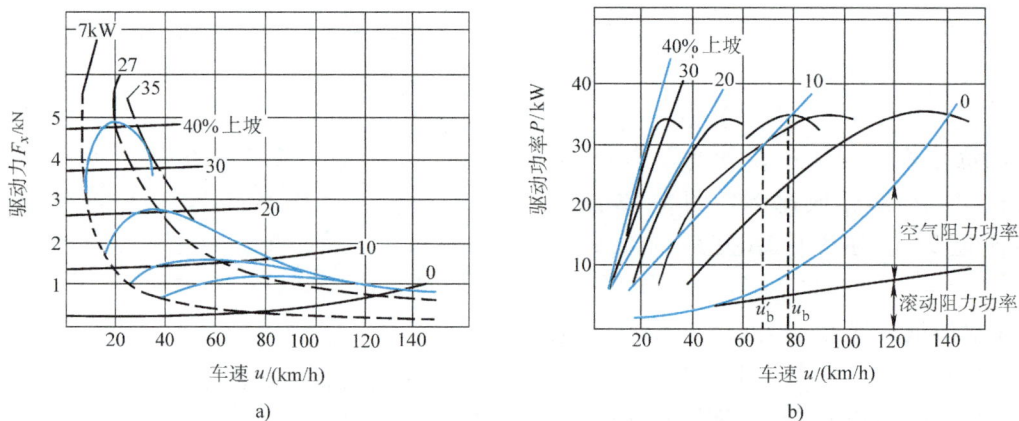

a)

b)

图 5-13　不同坡度情况下的驱动力和驱动功率平衡图

a）驱动力平衡图　b）驱动功率平衡图

级变速器换档时机的选择或连续无级变速器（CVT）的控制策略都对车辆动力性影响很大。

获得良好动力性的条件是后备驱动力最大，因而各档后备驱动力曲线的交点即代表了相邻两档间的最佳换档时机，也代表了有级式变速器所能达到的最佳加速性能。若考虑旋转质量换算系数 δ_i 的影响（图 5-14），最佳换档时机的对应点将从 u_b 向车速减小的方向偏移至 u_b'，如图 5-13b 所示。

车辆在匀速行驶工况下，获得最大爬坡能力的最佳换档时机即为后备驱动力曲线之交点，也是驱动功率曲线的交点，此时与旋转质量换算系数 δ_i 无关。

与有级式变速器相比，由于 CVT 系统可根

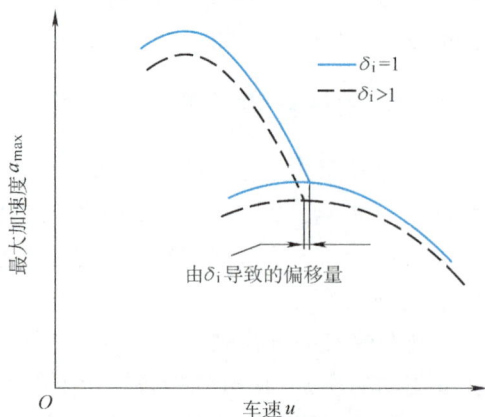

图 5-14　旋转质量换算系数 δ_i 对加速工况下最佳换档时机的影响

据所需的功率任意地选择发动机工作点，如果采用的控制策略合适，可使发动机始终工作在最大输出功率的工况下，因而车辆总可以获得最佳的爬坡性能和加速性能。

五、总制动力与制动潜力

当离合器处于接合状态时，使车辆减速的总制动力等于车轮滚动阻力 F_R、空气阻力 F_D、坡度阻力 F_G、发动机缓速阻力 $F_{e,t}$ 以及车轮制动力 F_b 之和。由于车辆减速行驶时的瞬时加速度为负，因而有：

$$-F_a = F_R + F_D + F_G + F_{e,t} + F_b \tag{5-20}$$

若制动减速度为 a_{xb}，即所需的车轮制动力 F_b 为：

$$F_b = -F_a - (F_R + F_D + F_G + F_{e,t}) = (\delta_i m_v + m_c)a_{xb} - (F_R + F_D + F_G + F_{e,t}) \tag{5-21}$$

以下坡行驶工况为例，车辆受力的定性描述如图 5-15 所示。由图可见，与水平路面行驶工况相比，车辆下坡时的重力分力与行驶方向一致，使得驱动力需求减少。要使车辆以较低的稳定速度行驶，就必须施加一定的制动力，图中分别给出了采用发动机制动和电涡流缓速器时的制动力曲线。

图 5-15 所示的稳定范围是充分使用电涡流缓速器的情况。在允许的最高行驶车速 u_{max} 范围以内，采用电涡流

图 5-15　采用发动机制动和电涡流缓速器的车辆下坡行驶稳定性分析

缓速器的车辆与发动机制动相比，能维持在更高的稳定车速下行驶。而在低速范围内，只有采用发动机制动的车辆才能获得稳定的行驶工况。

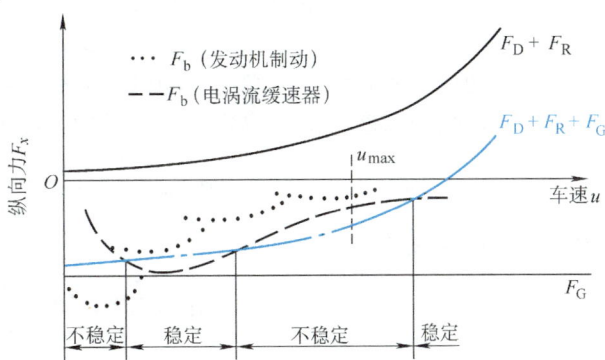

第三节　燃油经济性

目前，大多数车辆仍采用内燃机作为发动机，其经济性主要以燃油消耗量表示。车辆燃油经济性的评价指标分为里程燃油消耗量 B_{tr}（单位为 L/km）和瞬时燃油消耗量 B_{tp}（单位为 L/h）。

一、燃油消耗量的计算

根据初始的车辆设计参数，在车辆开发初期即可进行其燃油经济性理论上的估计，从而便于在车辆设计阶段进行设计参数的修正。计算燃油消耗量的第一步就是绘制出包含一系列等燃油消耗率（b_e）曲线的发动机万有特性图，如图 5-16 所示。

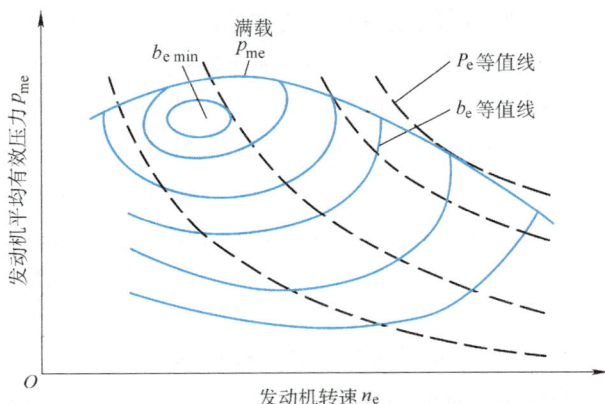

图 5-16　发动机万有特性图

若车辆在水平路面相对于风速 u_{w} 以速度 u 匀速行驶时,所需的驱动力 F_{Dem} 为:

$$F_{\mathrm{Dem}} = (m_{\mathrm{v}} + m_{\mathrm{c}})gf_{\mathrm{R}} + C_{\mathrm{D}}A\frac{\rho_{\mathrm{a}}}{2}(u \pm u_{\mathrm{w}})^2 \tag{5-22}$$

若考虑转矩损失 M_{L},则所需的发动机转矩 M_{Dem} 为:

$$M_{\mathrm{Dem}} = \frac{F_{\mathrm{Dem}}r_{\mathrm{d}}}{i_{\mathrm{g}}i_0} + M_{\mathrm{L}} \tag{5-23}$$

因此,所需的发动机缸内平均有效压力 p_{me} 为:

$$p_{\mathrm{me}} = \frac{2\pi M_{\mathrm{Dem}}}{V_s i} = \frac{2\pi}{V_s i}\left(\frac{F_{\mathrm{Dem}}r_{\mathrm{d}}}{i_{\mathrm{g}}i_0} + M_{\mathrm{L}}\right) \tag{5-24}$$

式中,V_s 为发动机排量;i 为每转点火次数(四冲程为 0.5,两冲程为 1)。

由车辆行驶速度 u 可求得发动机转速 n_{e} 为:

$$n_{\mathrm{e}} = ui_{\mathrm{g}}i_0/(2\pi r_{\mathrm{d}}) \tag{5-25}$$

根据发动机万有特性图可确定发动机相应的工况,从而得到该工况下的燃油消耗率。根据所需功率及燃油密度,即可得到瞬时的燃油消耗量 B_{tp} 为:

$$B_{\mathrm{tp}} = \frac{b_{\mathrm{e}}P_{\mathrm{e}}}{\rho_{\mathrm{f}}} = \frac{b_{\mathrm{e}}p_{\mathrm{me}}V_s n_{\mathrm{e}} i}{\rho_{\mathrm{f}}}c_{\mathrm{f}} \tag{5-26}$$

里程燃油消耗量 B_{tr} 为:

$$B_{\mathrm{tr}} = \frac{B_{\mathrm{tp}}}{u_{\mathrm{a}}} = \frac{b_{\mathrm{e}}p_{\mathrm{me}}V_s n_{\mathrm{e}} i}{\rho_{\mathrm{f}}u_{\mathrm{a}}}c_{\mathrm{f}} \tag{5-27}$$

式中,b_{e} 为燃油消耗率,单位为 g/(kW·h);ρ_{f} 为燃油密度,单位为 g/L;n_{e} 为发动机转速,单位为 r/min;u_{a} 为车速,单位为 km/h;c_{f} 为转换系数,此时为 $10^{-5}/6$,需根据单位做相应调整。

如果计算循环行驶工况下的燃油消耗,则需同时考虑稳定工况和非稳定工况下的燃油消耗。解决方法是:将车速变化过程划分成若干时间段,在足够小的时间段内,实际加速行驶的车辆可以近似看成是匀加速行驶,采用该时间段内的车速平均值,从而可计算出车辆所需的驱动力为:

$$F_{\mathrm{Dem}j} = (m_{\mathrm{v}} + m_{\mathrm{c}})gf_{\mathrm{R}} + C_{\mathrm{D}}A\frac{\rho_{\mathrm{a}}}{2}(u \pm u_{\mathrm{w}})^2 + (\delta_j m_{\mathrm{v}} + m_{\mathrm{c}})a_{xj} \tag{5-28}$$

式中,a_{xj} 为 j 时间段内车辆的加速度;δ_j 为 j 时间段内采用的传动比对应的旋转质量换算系数;m_{v} 为整车整备质量;m_{c} 为车辆装载质量。

根据发动机万有特性图得出的有效燃油消耗率,再考虑到传动系统的功率损失,则每一小时间段内消耗的燃油 $m_{\mathrm{f}j}$ 与时间段 Δt_j 的关系如下:

$$m_{\mathrm{f}j} = b_{\mathrm{e}}p_{\mathrm{me}j}V_s n_{\mathrm{e}} i\Delta t_j c_{\mathrm{f}} \tag{5-29}$$

在循环行驶工况下的里程燃油消耗量为各时间段内燃油消耗量的总和,即:

$$B_{\mathrm{tr}} = \frac{1}{\rho_{\mathrm{f}}s}\sum_{i=1}^{n}m_{\mathrm{f}j} \tag{5-30}$$

式中,s 为各时间段内的行驶里程总和。

若利用计算机估算燃油消耗量,时间段可划分得尽可能小,从而得出足够准确的结果。但需说明的是,该燃油消耗量计算方法是基于发动机稳定工况下的。对于非稳定行驶工况而言,只能在某种程度上近似求解。

二、减少油耗的途径

根据式（5-24）、式（5-25）和式（5-27），可求得车辆的燃油消耗量为：

$$B_{tr} = \frac{b_e}{\rho_f}\left(F_{Dem} + \frac{M_L i_g i_0}{r_d}\right) = \frac{b_e}{\rho_f}\frac{1}{\eta_t}F_{Dem} \tag{5-31}$$

式中，η_t 为传动效率。从而得出一般行驶工况下车辆燃油消耗量的计算公式为：

$$B_{tr} = \frac{b_e}{\rho_f}\frac{1}{\eta_t}\left[(m_v + m_c)g(f_R\cos\alpha_G + \sin\alpha_G) + C_D A\frac{\rho_a}{2}u^2 + (\delta_i m_v + m_c)a_x\right] \tag{5-32}$$

从式（5-32）可看出各个参数对燃油消耗量的不同影响，因而可以从以下几个方面找出减少燃油消耗量的途径。

1）交通管理因素：包括交通管理系统、信号灯控制系统、驾驶人等因素，实际上均影响了车辆的行驶速度。

2）车辆行驶阻力因素：在保证汽车安全性、人机工程、经济性和舒适性的同时，尽可能降低车辆行驶阻力，如减小整车质量、轮胎滚动阻力系数、空气阻力系数和迎风面积等。

3）尽可能地降低附属设备（如空调、动力转向、动力制动等）的能耗。

4）提高传动系统效率，使发动机功率尽可能多地传递到驱动轮上。

发动机的燃油消耗率定义为输出给定的机械功率所消耗的燃油量，它是衡量发动机能量转换能力的指标。在发动机万有特性图中，和功率曲线一样，等燃油消耗率曲线也是发动机特性曲线之一。因此，有级变速车辆的变速器传动比和主减速比的设计及换档时机的选择，装有转矩可连续变化的液力变矩器的车辆控制策略，都对燃油消耗率有很大影响。

考虑变速器的增扭作用和传动系统中的功率损失，将随车速变化的滚动阻力曲线转换到发动机万有特性图上，可得到水平路面上减速行驶时的燃油消耗曲线。图 5-17 中给出了有级

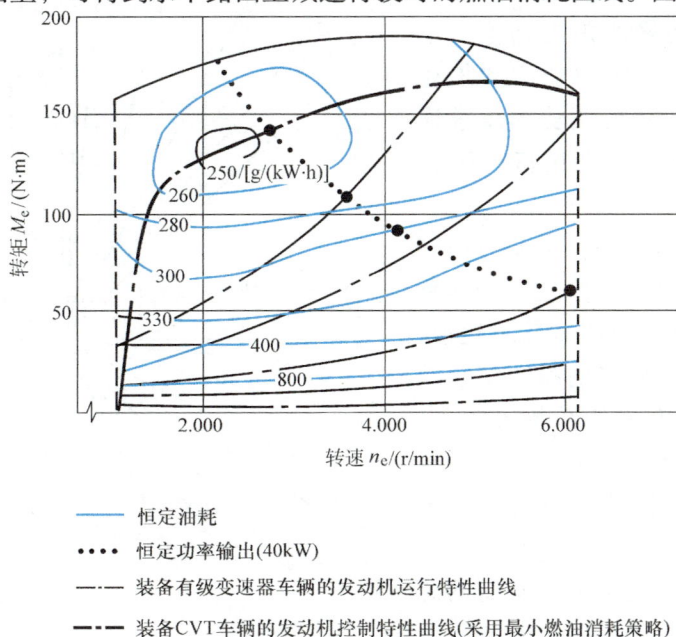

——　恒定油耗

••••　恒定功率输出（40kW）

——·—　装备有级变速器车辆的发动机运行特性曲线

——––　装备CVT车辆的发动机控制特性曲线（采用最小燃油消耗策略）

图 5-17　发动机特性曲线与功率需求曲线

变速车辆所需的燃油消耗量曲线和采用最小燃油消耗控制策略下的 CVT 系统控制特性曲线。

在有级变速器的设计中，最高档变速比是确定的，因为发动机大部分时间都在这个档位下工作。相应地，该档位的燃油消耗量曲线也应尽可能地靠近最省油的那个工作点。图5-18是某货车的燃油消耗图，它给出了不同档位下的燃油消耗与行驶车速的关系。

与有级变速器相比，CVT 系统可以根据所需功率，在发动机特性图上任意选择发动机的工作点。因此，通过对传动比的控制，它可使发动机总是工作在最省油的工况下。

比较单位里程所需的能量，可以估计出减少车辆燃油消耗的潜力。图5-19 给出了对各种城市客运交通工具（如公交车、轿车、轨道车辆）的研究结果，这里以乘客的数量和行驶距离为评价指标。

对于乘用车，欧洲经济委员会 ECE 的循环行驶工况是具有代表性的行驶工况，而对于公

图5-18　某货车不同档位下的燃油消耗量

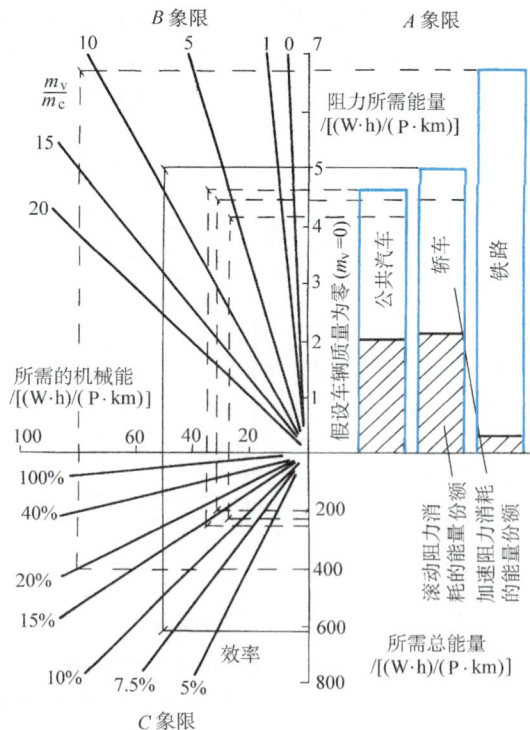

共汽车和轨道车辆，把站与站之间的距离、行驶车速、加速情况统计后取平均值作为它们的循环工况。由于所有工况中车速都很低，当空气阻力功率小于总需求功率的1/10 时，可以忽略空气阻力。

单位里程所需能量的影响因素如图5-19所示。在第一象限（A）中，先不考虑车辆质量，即假设全部能量份额都用于货物运输所需的功率。主要的阻力功率是行驶阻力功率和加速阻力功率。轿车的净机械功率需求通常为 $5W \cdot h/(P \cdot km)$（即瓦特·小时/（人·公里））。

在第二象限（B）中，主要考虑车辆质量利用系数的影响，它定义为车辆装载质量与车辆自身装备质量的比值，即 m_c/m_v。将（A）象限的净功率需求乘以 m_v/m_c（即质量利用系数的倒数）即得到（B）象限的实际功率需求。轿车驱动轮上的平均机械功率需求约为 $50W \cdot h/(P \cdot km)$。

第三象限（C）表示最终所需的总能量，其中定义一个总机械效率 η_c 为行驶一个循环所需能量与原始能量供应之

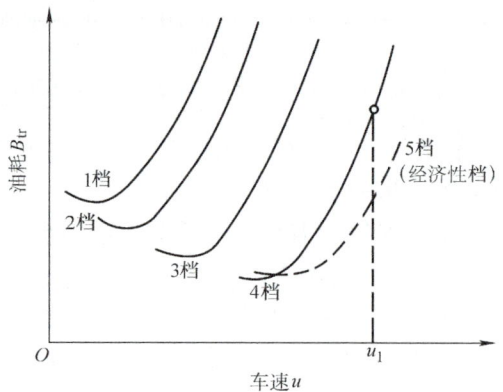

图5-19　单位里程所需能量的影响因素

比。通过提高质量利用系数和总机械效率 η_c，人均单位里程所需能量可以明显减少。

图 5-20 所示为在欧共体标准循环（MVEG）下，各参数的变化对某轿车燃油消耗量的影响。从图中可见提高传动效率 η_t 和减少车辆质量 m 会使燃油消耗量显著下降。而在此循环工况中，空气动力学参数和滚动阻力参数的优化对车辆燃油经济性的改善并不明显。

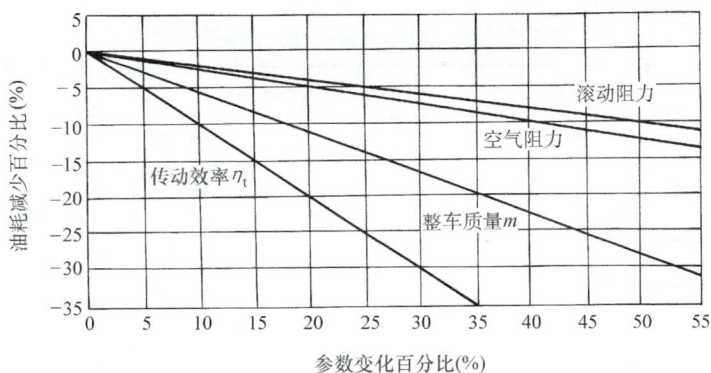

图 5-20　各参数的变化对轿车燃油消耗量的影响（奥迪）

对货车而言，车载质量对滚动阻力和燃油消耗量起决定性的作用。另外，由于货车通常都以最高车速行驶，因此与客车相比，通过调整车辆的空气动力学参数来减少货车（特别是对长途货车）的燃油消耗量会有更加显著的效果。

前面已经提到，变速器传动比设计方案和驾驶人换档操作对燃油消耗量影响显著。图 5-21 说明了某 40 吨半挂车因发动机没有在最佳工作点处工作而使燃油消耗量增加。

另外，附属设备对燃油消耗量的影响显著。研究发现[1]，随附属设备使用的增加，燃油消耗量显著增加，特别在低速档时，燃油消耗量增加近 30%，该研究测得的试验数据见表 5-2。

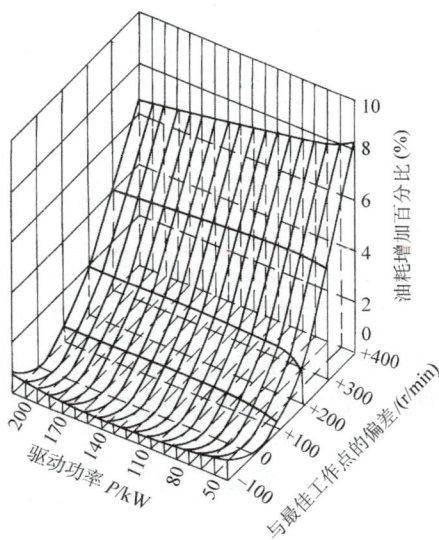

图 5-21　发动机转速变化对油耗的影响

表 5-2　附属设备对燃油消耗量的影响

（测试车辆：宝马 525iX）　　　　　　　　　　　　　　（单位：L/100km）

循环工况	无附属设备	有空调	有空调和发电机
90km/h 恒速	7.89	8.94	9.76
120km/h 恒速	9.80	10.75	11.22
ECE—循环	10.95	12.43	14.10

第四节　驱动与附着极限和驱动效率

第三章中对单个轮胎与地面附着极限问题已有介绍，本节将在整车受力分析的基础上，详细讨论整车驱动与附着极限。

一、车辆所受的垂向力

车辆所受的垂向载荷由静载 F_{zs}、动载 F_{zd}、坡道分量 F_{zg} 及空气升力分量 F_L 四部分组成。图 5-22 所示为车辆以加速度 a_x 上坡时的受力情况，图中各符号的说明见表 5-3。

表 5-3　车辆加速上坡的受力图符号说明

符号	物理量	符号	物理量
F_{zf}	前轴垂向载荷	F_D	空气阻力
F_{zr}	后轴垂向载荷	α_G	路面坡度角
F_{zgf}	前轴重力垂向分量	L	轴距
F_{zgr}	后轴重力垂向分量	F_{Lf}	前轴升力
F_{zsf}	前轴静载	F_{Lr}	后轴升力
F_{zsr}	后轴静载	h	车辆质心到地面的距离
F_{zdf}	前轴动载	a	质心至前轴的距离
F_{zdr}	后轴动载	b	质心至后轴的距离
F_{Rf}	前轴车轮滚动阻力	m	车辆质量
F_{Rr}	后轴车轮滚动阻力	Θ	旋转部件简化到驱动桥的转动惯量
F_{xf}	前轮驱动力	Θ_f	前轴等效转动惯量
F_{xr}	后轮驱动力	Θ_r	后轴等效转动惯量
$F_{a,t}$	加速阻力平动分量	r_d	车轮滚动半径

由图 5-22 所示的受力情况，分别绕前后轮胎接地点取矩，根据平衡方程可求得前、后轴静载荷。但上坡行驶的静轴载荷计算中还要考虑坡度角引起的轴荷转移。

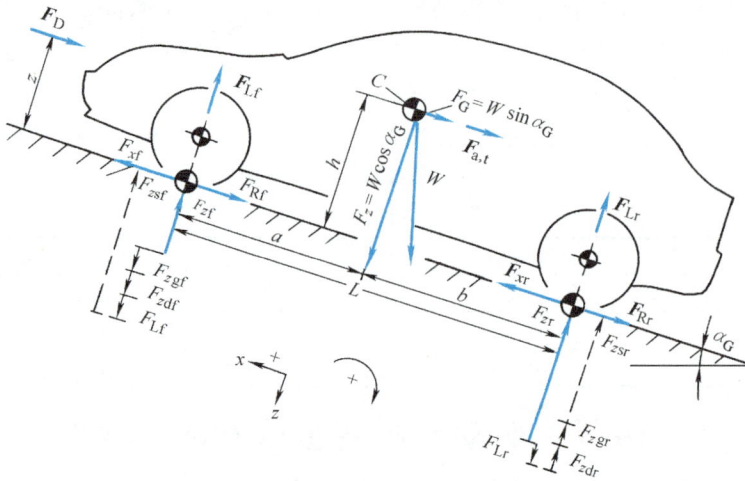

图 5-22　车辆加速上坡的受力情况

车辆受到的空气升力（向上为正）也影响车辆的垂向载荷。与纵向空气阻力的计算公式相似，空气升力 F_L 可由升力系数 C_L 来计算。

当车辆加速行驶时，产生的惯性力和惯性力矩将导致轴荷转移。计算轴荷时，可将车轮和传动系统（横置式发动机还包含发动机和变速器）的惯性力矩换算为驱动桥上的一个当量转动惯量。因此，导出的前、后轴垂向力分别为：

$$F_{zf} = (F_{zsf} - F_{zgf}) - F_{Lf} - F_{zdf}$$

$$= mg\left(\frac{b}{L}\cos\alpha_G - \frac{h}{L}\sin\alpha_G\right) - C_{Lf}A\frac{\rho_a}{2}\ (u \pm u_w)^2 - ma_x\left(\frac{h}{L} + \frac{\Theta}{mr_dL}\right) \tag{5-33}$$

$$F_{zr} = (F_{zsr} + F_{zgr}) - F_{Lr} + F_{zdr}$$

$$= mg\left(\frac{a}{L}\cos\alpha_G + \frac{h}{L}\sin\alpha_G\right) - C_{Lr}A\frac{\rho_a}{2}\ (u \pm u_w)^2 + ma_x\left(\frac{h}{L} + \frac{\Theta}{mr_dL}\right) \tag{5-34}$$

式（5-33）和式（5-34）中第三项的计算说明如下。

若只考虑车辆加速时的惯性力，结合图 5-22，车辆绕前轮接地点的力矩平衡方程可写为：

$$F_{zdr}L - F_{a,t}h - \Theta\ddot{\theta}_w = 0 \tag{5-35}$$

假设驱动轮做纯滚动，则 $\ddot{\theta}_w = a_x/r_d$；再考虑到 $F_{a,t} = ma_x$，将其代入式（5-35）可得：

$$F_{zdr} = \left(\frac{mh}{L} + \frac{\Theta}{r_dL}\right)a_x \tag{5-36}$$

由于前、后轴动载大小相等、方向相反，由此可得 F_{zdf}。

二、车辆所受的纵向力

为驱动车辆前进，轮胎接地处的纵向驱动力必须足以克服车辆的行驶阻力，包括空气阻力 F_D、坡度阻力 F_G、加速阻力平动分量 $F_{a,t}$、加速阻力旋转分量 $F_{a,r,f}$、$F_{a,r,r}$ 和车轮滚动阻力 F_R。根据图 5-22 中的车辆受力图，可分别导出前轮驱动和后轮驱动车辆的驱动力。

对前轮驱动车辆而言，驱动力为：

$$F_{xf} = F_D + F_G + F_{a,t} + F_{a,r,f} + F_{Rr}$$

$$= C_DA\frac{\rho_a}{2}\ (u \pm u_w)^2 + mg\sin\alpha_G + ma_x + \frac{\Theta_f}{r_d^2}a_x + mgf_R\left(\frac{a}{L}\cos\alpha_G + \frac{h}{L}\sin\alpha_G\right) \tag{5-37}$$

对后轮驱动车辆而言，驱动力为：

$$F_{xr} = F_D + F_G + F_{a,t} + F_{a,r,r} + F_{Rf}$$

$$= C_DA\frac{\rho_a}{2}\ (u \pm u_w)^2 + mg\sin\alpha_G + ma_x + \frac{\Theta_r}{r_d^2}a_x + mgf_R\left(\frac{b}{L}\cos\alpha_G - \frac{h}{L}\sin\alpha_G\right) \tag{5-38}$$

换算到驱动轮上的当量转动惯量 Θ，应由包括制动盘在内的车轮及所有相关旋转部件的转动惯量组成。

三、前后轴的附着率

为了建立某一车轴的法向力和驱动力与路面附着系数之间的关系，引入附着率 f 的概念，定义为纵向驱动力与法向力的比值，则前、后轴的附着率分别为：

$$f_f = \frac{F_{xf}}{F_{zf}}, \quad f_r = \frac{F_{xr}}{F_{zr}} \tag{5-39}$$

将在不同驱动方式和行驶工况下推导出的前后轴附着率的近似计算公式总结在表5-4中，其中 i_G 为路面坡度，并忽略轮胎滚动阻力，即令 $f_R = 0$。

表5-4　不同驱动形式和不同行驶工况下的前、后轴附着率

驱动形式	工况	前轮附着率 f_f	后轮附着率 f_r
前轮驱动	水平路面匀速直线行驶 $a_x = 0$, $i_G = 0$	$\dfrac{F_D}{F_{zsf} - F_{Lf}}$	0
	低速上坡行驶 $a_x = 0$, $F_D = 0$	$\dfrac{Li_G}{b - hi_G}$	0
	水平路面 低速加速行驶	$\dfrac{a_x/g}{\left(\dfrac{b}{L} - \dfrac{h}{L}\dfrac{a_x}{g} \right)}$	0
后轮驱动	水平路面匀速直线行驶 $a_x = 0$, $i_G = 0$	0	$\dfrac{F_D}{F_{zsr} - F_{Lr}}$
	低速上坡行驶 $a_x = 0$, $F_D = 0$	0	$\dfrac{Li_G}{a + hi_G}$
	水平路面低速加速行驶	0	$\dfrac{a_x/g}{\left(\dfrac{a}{L} + \dfrac{h}{L}\dfrac{a_x}{g} \right)}$
全轮驱动	加速上坡行驶 (q: 后桥驱动力矩所占份额)	$\dfrac{(1-q)(F_{a,t} + F_G + F_D)}{F_{zsf} - F_{Lf} - F_{zgf} - F_{zdf}}$ $-\dfrac{\dfrac{\Theta_f}{r_d^2}a_x}{F_{zsf} - F_{Lf} - F_{zgf} - F_{zdf}}$	$\dfrac{q(F_{a,t} + F_G + F_D)}{F_{zsr} - F_{Lr} + F_{zgr} + F_{zdr}}$ $-\dfrac{\dfrac{\Theta_r}{r_d^2}a_x}{F_{zsr} - F_{Lr} + F_{zgr} + F_{zdr}}$
	水平路面匀速行驶	$\dfrac{(1-q)F_D}{F_{zsf} - F_{Lf}}$	$\dfrac{qF_D}{F_{zsr} - F_{Lr}}$

四、由路面附着限制的加速或爬坡能力

假定路面附着系数为 μ，若潜在的附着力全部用于克服加速或上坡阻力，则可分别得出车辆纵向（沿 x 轴）和垂向（沿 z 轴）的力平衡方程以及绕 y 轴的俯仰力矩平衡方程。车辆在不同驱动形式和行驶工况下的加速和爬坡能力见表5-5。

在最大加速能力的推导中，假定车辆由静止开始加速，并忽略旋转质量的影响；在最大爬坡角的推导中，假定车辆低速行驶，以忽略空气阻力的影响，并只考虑减速行驶工况。

表5-5　不同驱动形式和行驶工况下由路面附着决定的加速和爬坡能力

前轮驱动	由最大加速度 $a_{max,\mu}$ 表示的水平路面加速能力	$\dfrac{(\mu b - f_R a)}{L + (\mu + f_R)\left(h + \dfrac{\Theta}{mr_d} \right)}g + \dfrac{(f_R C_{Lr} - \mu C_{Lf} - C_D)A\dfrac{\rho_a}{2}(u \pm u_w)^2}{L + (\mu + f_R)\left(h + \dfrac{\Theta}{mr_d} \right)}\dfrac{L}{m}$
	水平路面起步加速能力，即最大起步加速度 $a'_{max,\mu}$	$\dfrac{(\mu b - f_R a)}{L + (\mu + f_R)h}g$
	最大爬坡能力 $\tan\alpha_{G,max,\mu}$	$\dfrac{(\mu b - f_R a)}{L + (\mu + f_R)h}$

（续）

后轮驱动	由最大加速度 $a_{\max,\mu}$ 表示水平路面加速能力	$\dfrac{(\mu b - f_{\mathrm{R}} a)}{L - (\mu + f_{\mathrm{R}})\left(h + \dfrac{\Theta}{m r_{\mathrm{d}}}\right)} g + \dfrac{(f_{\mathrm{R}} C_{\mathrm{Lf}} - \mu C_{\mathrm{Lr}} - C_{\mathrm{D}}) A \dfrac{\rho_{\mathrm{a}}}{2}(u \pm u_{\mathrm{w}})^2}{L - (\mu + f_{\mathrm{R}})\left(h + \dfrac{\Theta}{m r_{\mathrm{d}}}\right)} \dfrac{L}{m}$
	水平路面起步加速能力，即最大起步加速度 $a'_{\max,\mu}$	$\dfrac{(\mu a - f_{\mathrm{R}} b)}{L - (\mu + f_{\mathrm{R}}) h} g$
	最大爬坡能力 $\tan\alpha_{\mathrm{G,max},\mu}$	$\dfrac{(\mu a - f_{\mathrm{R}} b)}{L - (\mu + f_{\mathrm{R}}) h}$
全轮驱动	由最大加速度 $a_{\max,\mu}$ 表示水平路面加速能力	$\mu g - \dfrac{(\mu C_{\mathrm{Lr}} + \mu C_{\mathrm{Lf}} + C_{\mathrm{D}}) A \dfrac{\rho_{\mathrm{a}}}{2}(u \pm u_{\mathrm{w}})^2}{m}$
	水平路面起步加速能力，即最大起步加速度 $a'_{\max,\mu}$	μg
	最大爬坡能力 $\tan\alpha_{\mathrm{G,max},\mu}$	μ

由于通常情况下，车轮滚动阻力系数远小于地面附着系数，即 $f_{\mathrm{R}} \ll \mu$，多数车辆通常有 $(\mu + f_{\mathrm{R}})\, h \ll L$。因此，可对表 5-5 的计算结果进一步简化。当车辆在水平路面起步加速时，采用前轮驱动和后轮驱动所能达到的最大加速度分别为：

$$a'_{\max,\mu,\mathrm{f}} \approx \mu g \frac{b}{L}, \quad a'_{\max,\mu,\mathrm{r}} \approx \mu g \frac{a}{L} \tag{5-40}$$

前轮驱动和后轮驱动所能达到的最大爬坡角分别为：

$$\tan\alpha_{\mathrm{G,max},\mu,\mathrm{f}} \approx \mu \frac{b}{L}, \quad \tan\alpha_{\mathrm{G,max},\mu,\mathrm{r}} \approx \mu \frac{a}{L} \tag{5-41}$$

五、驱动效率

将驱动效率 τ 定义为驱动轴静载 F_{zs} 与整车重量 W 的比值，即：

$$\tau = \frac{F_{\mathrm{zs}}}{W} \tag{5-42}$$

驱动效率决定着车辆的驱动与附着极限，由于其大小与车辆重心位置直接相关，因而主要取决于发动机的布置和车辆的装载情况。图 5-23 所示为某车辆在三种不同驱动方式下车辆的驱动效率与装载情况的关系。

由图 5-23 可见，发动机前置前轮驱动的车辆驱动效率在空载情况下较高；随着装载量增加，由于其货箱位于后轴上方，使驱动效率下降。相反，发动机前置后轮驱动的车辆在载质量增加时，驱动效率增加，并且由于动态轴荷的转移或上坡引起的轴荷转移，后轴载荷也会有所增加，从而导致驱动效率增加。

对货车而言，其载质量能力非常重要。因为空载与满载时车的质量会相差很大，结果导致驱动效率变化很大。图 5-24 所示为某满载质量为 17 吨的双轴货车的驱动效率，随着载质量的增加，驱动效率从 0.475 增加到 0.647。

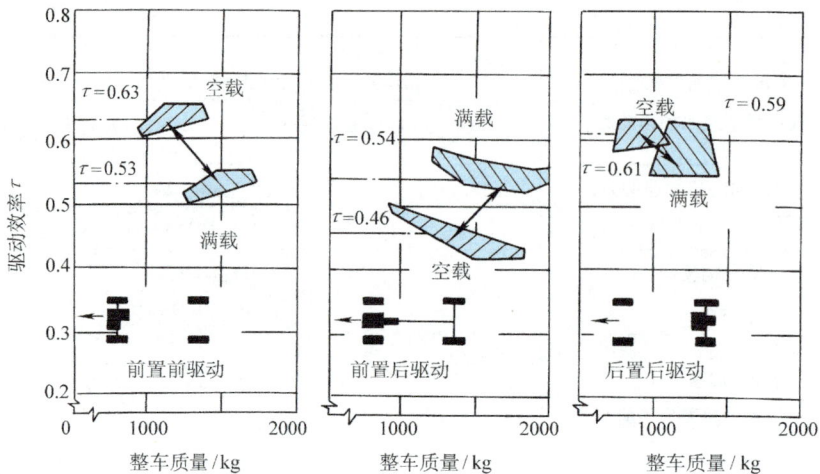

图 5-23　不同驱动方式下车辆的驱动效率与装载情况的关系

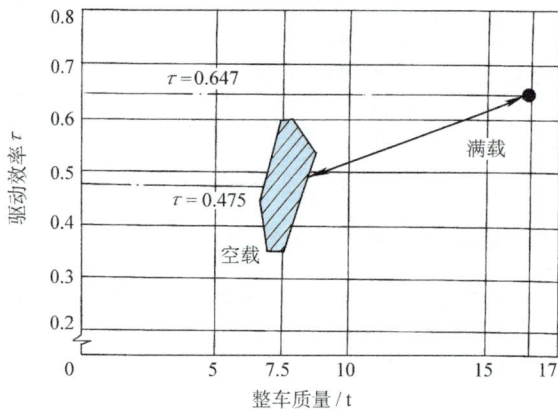

图 5-24　某满载质量为 17 吨的双轴货车的驱动效率

第五节　制　动　性

一、制动性的评价

车辆的制动性主要由下列三方面来评价：

1）制动效能，即制动距离与制动减速度。

2）制动效能的稳定性，即抗热衰退性能，它是指车辆高速行驶或下长坡连续制动时保持一定制动效能的程度。

3）制动时的方向稳定性，即制动时车辆不发生跑偏、侧滑以及失去转向能力的性能。它通常用制动时车辆按给定路径行驶的能力来评价。

作为制动效能的一个评定指标，制动强度 z 表示车辆的制动减速度 a_{xb} 与重力加速度 g 的比值：

$$z = \frac{|a_{xb}|}{g} \tag{5-43}$$

本节主要讨论由地面附着条件决定的车辆制动性能。在制动性能分析中，通常不考虑路面阻力和发动机制动力矩。再回顾一下前面曾经提到的附着率 f，只是这里讨论的不是驱动工况而是制动工况。相应地，将前、后轴附着率分别定义为其制动力与相应轴荷的比值，即：

$$f_f = \frac{F_{bf}}{F_{zf}}, \quad f_r = \frac{F_{br}}{F_{zr}} \tag{5-44}$$

为了描述地面附着条件的利用程度，通常将车轮将要抱死时的制动强度与附着率之比定义为制动效率。因此，车辆的前、后轴的制动效率分别为：

$$E_f = \frac{z}{f_f} = \frac{zF_{zf}}{F_{bf}}, \quad E_r = \frac{z}{f_r} = \frac{zF_{zr}}{F_{br}} \tag{5-45}$$

二、直线制动动力学分析

假定车辆行驶在水平路面，并忽略空气升力对轴荷的影响，车辆的制动力 F_b 与制动强度 z 的关系如下：

$$F_b = ma_{xb} = F_{zs}z \tag{5-46}$$

整车的制动力 F_b 等于作用于每一车轮的制动力之和。对于直线稳定行驶工况下的车辆来说，前、后车轴两侧车轮的制动力 $F_{b,w}$ 基本相同，因而有：

$$F_b = 2F_{bf,w} + 2F_{br,w} = F_{bf} + F_{br} \tag{5-47}$$

车辆制动过程中，需对前、后轴制动力进行合理分配，才能在不同附着系数的路面上达到尽可能好的制动效果，此时获得的最大制动强度 z_{max} 等于路面附着系数 μ，即：

$$z_{max} = a_{xb,max}/g = \mu \tag{5-48}$$

将上述条件下的前、后轴制动力分配称为"理想的制动力分配"，它与车速、载荷等许多因素有关。根据附着率的定义，实现理想制动力分配的基本条件是前、后轴附着率相等，均为其理想值 f_{id}，即：

$$f_f = f_r = f_{id} \tag{5-49}$$

综合以上公式，理想制动力分配条件下，整车制动力为：

$$F_b = zF_z = F_{bf} + F_{br} = f_fF_{zf} + f_rF_{zr} = f_{id}F_z \tag{5-50}$$

可见，相应于每一车轴制动强度的各轴路面附着率均相等，即 $f_f = f_r = z$。

若忽略旋转质量的影响，并已知车辆的静态轴荷分配，可导出理想的制动强度与前轴制动力 F_{bf} 的函数关系如下：

$$z = \frac{F_{bf}}{mg\left(\dfrac{b}{L} + \dfrac{h}{L}z\right)} \tag{5-51}$$

对上述二次方程求解，可得出 z 为：

$$z = -\frac{b}{2h} + \sqrt{\left(\frac{b}{2h}\right)^2 + \frac{F_{bf}}{F_z}\frac{L}{h}} \tag{5-52}$$

当前、后轴制动力分配为理想状态时，有：

$$\frac{F_{bf}}{F_z} + \frac{F_{br}}{F_z} = z \tag{5-53}$$

将式（5-52）代入式（5-53），则可得出理想的制动力分配关系为：

$$\frac{F_{br}}{F_z} = -\frac{b}{2h} + \sqrt{\left(\frac{b}{2h}\right)^2 + \frac{F_{bf}}{F_z}\frac{L}{h}} - \frac{F_{bf}}{F_z} \tag{5-54}$$

　　由式（5-54）可见，理想的制动力分配关系曲线为二次抛物线，它的形状取决于车辆质心位置和车辆装载情况。图 5-25 所示为前轴相对制动力随后轴相对制动力的变化过程曲线（也称为"制动力图"），同时还给出了一系列制动强度等值线。由图可见，随着制动强度的增加，导致后轴载荷逐步渐少，从而后轴制动力增加趋势减缓。

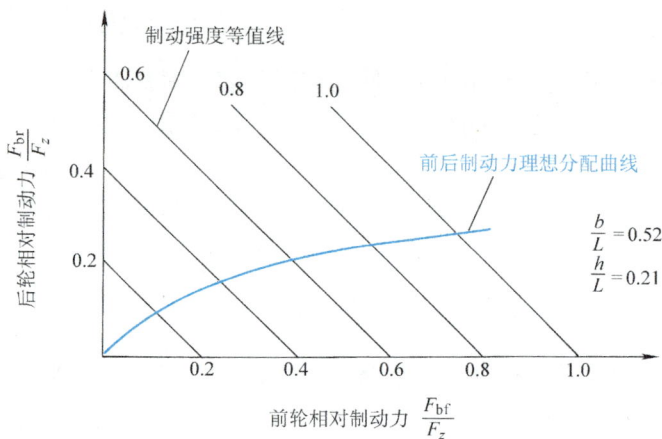

图 5-25　理想的制动力分配曲线

三、制动稳定性分析

　　经验表明，后轮在前轮之前先抱死将会导致车辆的稳定性恶化，使之发生甩尾甚至激转。而车辆的横摆运动取决于行驶车速、路面附着系数、车辆横摆转动惯量以及车辆结构参数等因素。下面根据车辆受力及运动情况分别对前轮抱死和后轮抱死时的车辆稳定性进行分析。

　　由第三章介绍的轮胎特性可知，当轮胎发生抱死（即车轮滑动率为 1）时，轮胎产生侧向力的能力已基本丧失。

　　首先，分析前轮先抱死拖滑而后轮仍处于滚动的状态。如果车辆受到任何作用于质心的侧向干扰力（可能由路面倾斜坡度、侧向风或左右车轮制动力不平衡等因素引起），即使此时转向盘固定不动，前轴也将受侧向力作用而发生侧滑。若假定前轴发生向右侧滑（图 5-26a），则前轴中点的前进速度 u_f 与车辆纵向轴线有一夹角（即前轴侧偏角），记为 α_f；而后轴因未发生侧滑，因此后轴中点的速度 u_r 仍沿车辆纵轴方向。此时，车辆发生类似转弯的运动，其瞬时回转中心 O 为速度 u_f 和 u_r 两垂线的交点。车辆做圆周运动时产生了作用于质心 C 的离心惯性力 F_j。显然，离心惯性力的方向与车辆侧滑的方向相反，因而可起到减少或阻止前轴侧滑的作用，即车辆处于一种稳定状态。同理可得，当前轴向左侧滑时，车辆也同样处于一种稳定状态。

　　图 5-26b 所示为后轮先抱死拖滑而前轮仍处于滚动的状态。此时，若有侧向干扰力作用于车辆，其后轴发生侧滑的方向正好与离心惯性力 F_j 的方向一致，于是惯性力加剧后轴侧滑；后轴侧滑又加剧了惯性力，如此恶性循环下车辆将发生急转。图 5-26b 所示为后轴向左侧滑的情况，若后轴向右侧滑时，分析结果相同。因此，后轴侧滑是一种不稳定的危险工况。

　　需要说明的是，虽然前轮抱死后无法产生侧向力，会使车辆失去转向能力。但此时车辆

a)　　　　　　　　　　　　　　　　　　b)

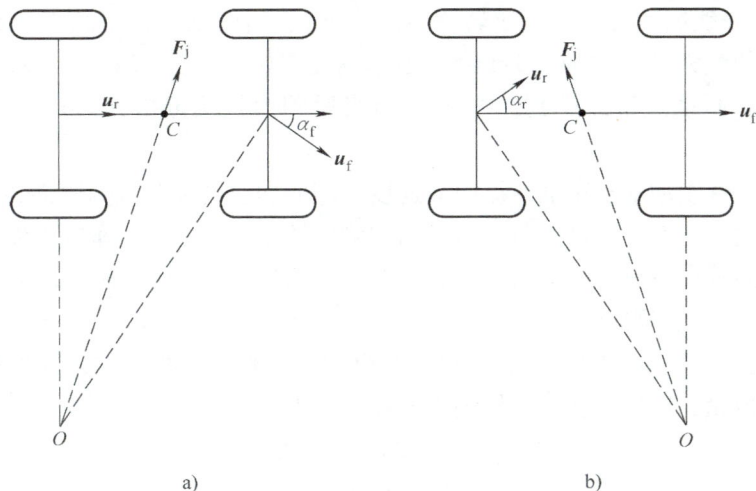

图 5-26　前轮或后轮先抱死时的车辆稳定性分析

a）前轮抱死导致前轴侧滑的情况　b）后轮抱死导致后轴侧滑的情况

仍处于一种趋向于"不足转向"（即转弯半径趋向增大、偏向于直线行驶）的稳定状态。通常，这相对于后轮抱死时发生"甩尾"（即转弯半径趋向迅速减小、呈极度"过度转向"趋势）的情况更为安全。关于前、后轮抱死情况下车辆的稳定性分析，将在后续的操纵动力学篇中给出更详细的解释。

四、转弯制动动力学分析

当车辆在转弯过程制动时，轮胎必须提供足够的纵向力和侧向力来保证实现预定的转弯轨迹。对直线制动工况下有最佳制动效能的车辆，在转弯工况却不一定能达到最佳的制动效能。当转弯加剧（如转弯半径变小，转向盘输入加大）时，无车轮抱死时的制动减速度将减小。图 5-27 所示为典型的后轴制动效率与车速和转弯半径的关系，其中路面附着系数为

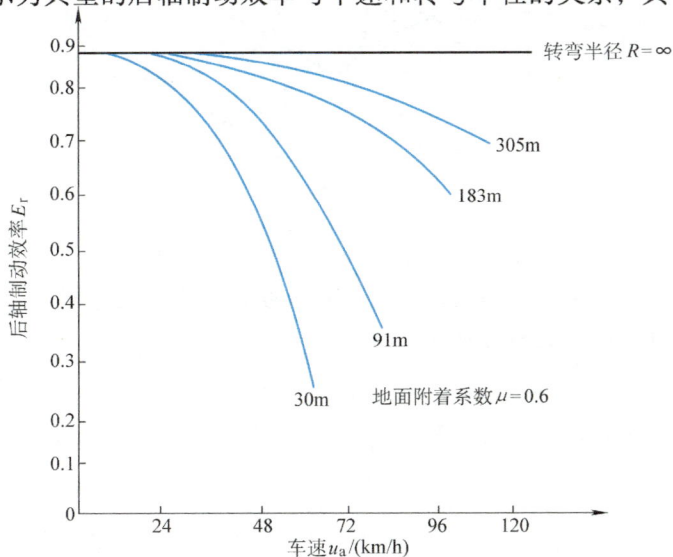

图 5-27　后轴制动效率与车速和转弯半径的关系[2]

0.6。由图可见，直线制动时（相当于转弯半径为∞），后轮制动效率约为0.86，此时无车轮抱死制动产生的最大减速度为 5.1m/s^2。当车辆在初始速度为72km/h、转弯半径为91m的情况下制动时，制动效率减少到约0.45，而当后轴内轮接近抱死时产生的减速度只有 2.65m/s^2。

实际车辆在转弯制动中，车辆的纵向减速度、侧向加速度和车身侧倾都会使各个轮胎的垂向载荷发生变化，从而使车辆载荷发生纵向和侧向转移。通常，将车辆直线行驶制动时引起的前、后轴轮胎垂向载荷转移称为"轴荷转移"；而将匀速转弯行驶时由内向外的轮胎垂向载荷转移称为"横向/侧向转移"。

图5-28给出了车辆转弯制动工况下的整车模型。由受力分析可知，发生横向载荷转移后的前外轮、前内轮、后外轮和后内轮的垂向载荷分别为：

$$\begin{cases} F_{zfo} = (1/2)\, F_{zsf} + \Delta F_{zf} \\ F_{zfi} = (1/2)\, F_{zsf} - \Delta F_{zf} \\ F_{zro} = (1/2)\, F_{zsr} + \Delta F_{zr} \\ F_{zri} = (1/2)\, F_{zsr} - \Delta F_{zr} \end{cases} \tag{5-55}$$

式中，ΔF_z 表示由车辆转向引起的载荷横向转移量；下标 f 和 r 分别表示前轴和后轴；o 和 i 表示外轮和内轮。

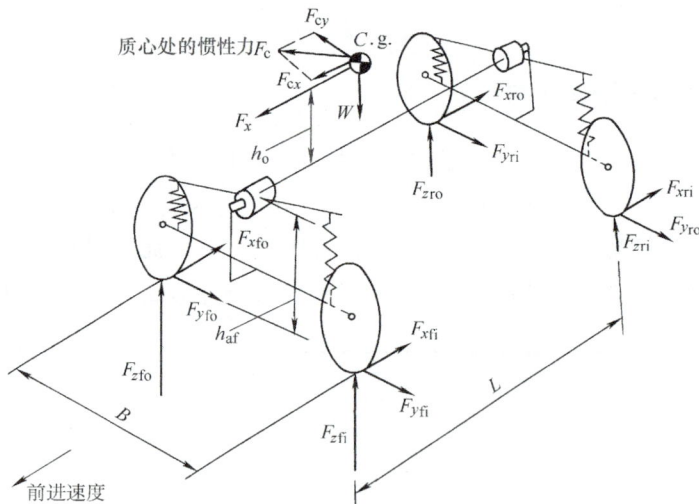

图5-28　车辆转弯制动的受力情况

考虑到载荷的横向转移和与非簧载质量和悬架参数有关的质心惯性力，可得出车辆在转弯制动工况下，各轮胎垂向载荷分别为：

$$F_{zfi} = \frac{1}{L}\left[bg + a_x h_o + a_y \frac{h_o\left(b - \dfrac{h_o}{L}\right)}{R} \right] m/2 - a_y K'_{\phi f} m_w \tag{5-56}$$

$$F_{zfo} = \frac{1}{L}\left[bg + a_x h_o + a_y \frac{h_o\left(b - \dfrac{h_o}{L}\right)}{R} \right] m/2 + a_y K'_{\phi f} m_w \tag{5-57}$$

$$F_{zri} = \frac{1}{L}\left[ag - a_x h_o - a_y \frac{h_o\left(b - \dfrac{h_o}{L} \right)}{R} \right]m/2 - a_y K'_{\phi r}m_w \tag{5-58}$$

$$F_{zro} = \frac{1}{L}\left[ag - a_x h_o - a_y \frac{h_o\left(b - \dfrac{h_o}{L} \right)}{R} \right]m/2 + a_y K'_{\phi r}m_w \tag{5-59}$$

式中，$K'_{\phi f}$ 和 $K'_{\phi r}$ 分别为前、后轴当量侧倾刚度。这里以前轴为例，其当量侧倾刚度的计算公式为：

$$K'_{\phi f} = \frac{b}{L}\frac{h_{af}}{B} + \frac{h_o}{B}\frac{K_{\phi f}}{K_{\phi f} + K_{\phi r} - m_w g h_o} + i_s\frac{h_o}{B} \tag{5-60}$$

式中，B 为前轮（或后轮）轮距；h_a 为相应轴侧倾中心离地面的高度；h_o 为车辆质心到侧倾轴线的距离；m_w 为整车非簧载质量；i_s 为相应轴非簧载质量与整车非簧载质量之比。

下面，将对转弯制动工况下各轮的制动效率进行计算，其步骤为：

1）由制动力分配特性求出制动管路压力，计算出每个车轮的制动力，进而计算总制动力 F_b。

2）由总制动力 F_b 除以整车质量 m，求出车辆制动减速度为 $a_x = F_b/m$。

3）对于给定的某侧向加速度 a_y，根据式（5-56）~式（5-59）计算出每个车轮的法向载荷。

4）计算前内轮、前外轮、后内轮和后外轮的侧向力，分别为：

$$F_{yfi} = m\frac{b}{L}\frac{a_y}{R}\frac{F_{zfi}}{F_{zf}}\left[R^2 - \left(b - \frac{h_o}{L} \right)^2 \right]^{1/2} \tag{5-61}$$

$$F_{yfo} = m\frac{b}{L}\frac{a_y}{R}\frac{F_{zfo}}{F_{zf}}\left[R^2 - \left(b - \frac{h_o}{L} \right)^2 \right]^{1/2} \tag{5-62}$$

$$F_{yri} = m\frac{a}{L}\frac{a_y}{R}\frac{F_{zri}}{F_{zr}}\left[R^2 - \left(b - \frac{h_o}{L} \right)^2 \right]^{1/2} \tag{5-63}$$

$$F_{yro} = m\frac{a}{L}\frac{a_y}{R}\frac{F_{zro}}{F_{zr}}\left[R^2 - \left(b - \frac{h_o}{L} \right)^2 \right]^{1/2} \tag{5-64}$$

5）计算各个车轮不发生抱死时的附着率，如前内轮的附着率 f_{fi} 为：

$$f_{fi} = \left[\frac{F_{xfi}^2 + (i_{t0}^2 F_{yfi})^2}{F_{zfi}^2} \right]^{1/2} \tag{5-65}$$

其中，轮胎系数 i_{t0} 用来表征轮胎纵向力和侧向力的差别，定义为 a_{xo}/a_{yo}，即：

$$i_{t0} = \frac{a_{xo}}{a_{yo}} \tag{5-66}$$

式中，a_{xo} 为无侧向加速度时所能达到的最大纵向减速度（也就是车轮与地面间的附着系数）；a_{yo} 为无制动力时所能达到的最大侧向加速度。对于干路面行驶的普通轮胎，i_{t0} 一般为 1.1 ~ 1.2。若 i_{t0} 为 1，纵向力和侧向力的关系以圆方程来表示（有关轮胎摩擦椭圆的内容详见本书第三章）；式（5-65）可用来描述极限工况下轮胎纵向力和侧向力之间的关系。

6）根据以上步骤计算出的 a_x 及相应的各车轮附着率，可得出各车轮的制动效率，以前内轮为例，其制动效率为 $E_{fi} = a_x/(f_{fi}g)$。

若以菲亚特124车型的车辆参数为例，得到的转弯制动工况下的各轮制动效率如图5-29所示。由图可见，后内轮首先抱死，紧接着前内轮和后外轮相继抱死，最后是前外轮抱死。在附着系数为0.8的路面上，由后外轮决定的稳定制动效率为0.78；在侧向加速度为0.45g时，对应的制动减速度为6.1m/s²。当路面附着系数为0.45时，由于全部的轮胎摩擦力均用于转弯，使制动减速度为零。

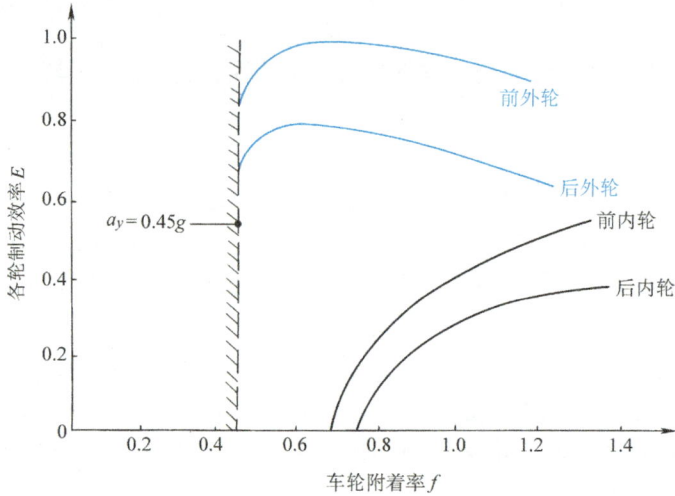

图 5-29　转弯制动工况下的各轮制动效率

五、制动力控制系统

制动系统设计中，为提高车辆制动性能，总是设法调整实际的制动力分配曲线，使其尽可能地靠近理想制动力分配曲线。同时，车辆的制动稳定性也是重要的设计目标。实际中采用的制动力控制系统可大致分为三种类型：固定比值制动力分配系统、制动力调节系统和防抱死制动系统。

1. 固定比值制动力分配系统

在无任何附加控制措施情况下，车辆制动力仅按一固定比例分配前后制动力，而这一比例关系只由前、后制动轮缸的截面积以及踏板推动的主缸位置所决定。定义制动力分配系数 β_b 为后轮制动力与前后轴制动力之和的比值，即：

$$\beta_b = \frac{F_{br}}{F_{bf} + F_{br}} \qquad (5\text{-}67)$$

在制动力图上，固定比值制动力分配关系表现为一条直线，如图 5-30 所示。

将固定比值制动力分配曲线与理想制动力分配曲线的交点称为系统的"特征点"。在特征点以下范围，前轴制动力均大于理想值，因而在相应的路面附着条件下，前轴趋向于制动过强，从而

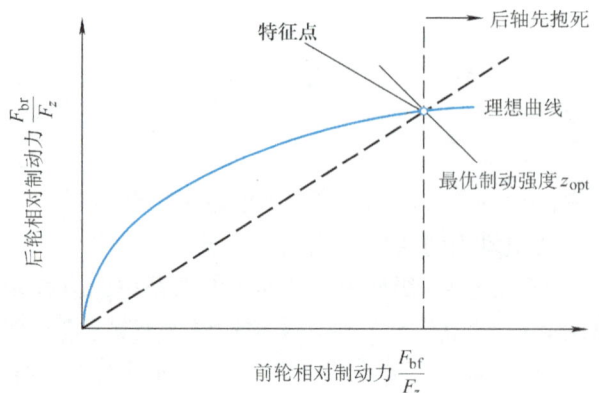

图 5-30　固定比值制动力分配曲线

引起前轮抱死；而在特征点以上范围，后轴倾向于抱死；因此只有在特征点位置才会使路面附着系数得到最大利用，即前、后轮同时抱死的情况。

一般情况下，车辆应避免后轴抱死，因为此时车辆会开始出现后轴侧滑的危险情况。虽然前轮抱死的车辆会失去转向能力，但仍可保持行驶稳定。因此在 ECE 制定的标准中，所设计的特征点要求超过 0.8 以上的制动强度。

2. 制动力调节系统

在制动主缸与后轮制动缸之间安装特殊的控制阀，可使实际的制动力分配曲线靠近理想的制动力分配曲线。根据这些控制阀的不同功能，制动力调节装置可分为以下几种形式：

（1）限压阀式　在制动力控制装置中，最简单的形式是采用限压阀来限制后轴最大制动力值，以防止后轴制动抱死。限压阀式制动力分配系统采用一个限压阀完成，其限压值由控制阀内的弹簧刚度限定。当制动管路压力达到弹簧

图 5-31　限压阀式制动力分配示意图

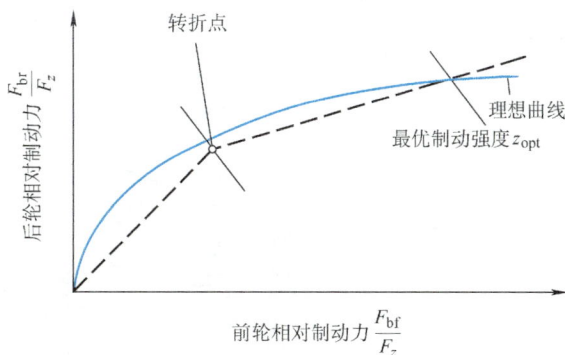

的限定压力值时，控制阀门关闭，从而保证在输入压力继续升高时，后轴制动压力仍保持恒定。控制过程如图 5-31 所示。

（2）比例阀式　这种控制装置是通过采用一种预先设置的比例阀减少后轴制动力。它与限压阀式控制装置相比，进一步降低了后轴制动抱死的倾向，使实际的制动力分配曲线更接近理想的制动力分配曲线。其过程如图 5-32 所示。

（3）自动感载式　由于车辆负载的变化使车辆重心位置改变，因此也改变了理想的制动力分配曲线。为了保证实际的制动力分配曲线在不同负载条件下仍能贴

图 5-32　比例阀式制动力分配示意图

近理想的分配曲线，许多货车采用自动感载式制动力控制装置（Automatic Load – dependent Brake – force distribution）。这种装置还可以进一步再分为"射线型"和"折线型"两种。

射线型 ALB 的前后轴制动力分配比例仅按载荷的变化而变，如图 5-33 所示；而折线型 ALB 制动力分配比例增加或降低的转折点还可根据载荷发生变化，如图 5-34 所示。感载式制动控制装置通常根据车桥与车身之间的相对运动信号来调节。在具有车高调节的空气悬架车辆中，空气弹簧的气囊压力也可作为控制信号。图 5-35 所示为一个典型的货车中采用的气制动的自动感载式制动力控制装置。

在货车中，需特别注意车身质心的位置变化，根据德国 STVZO 法规，对容许总质量超过 7.5 吨的半挂拖车或挂车，规定采用自动感载式制动力控制方式。

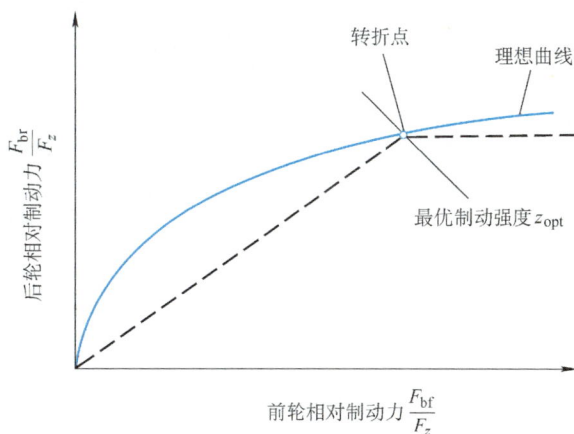

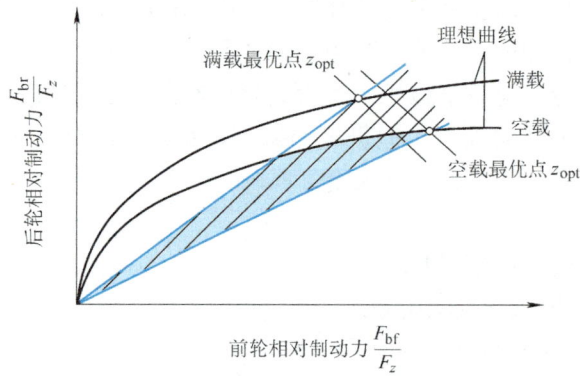

图 5-33　射线感载式制动力分配示意图

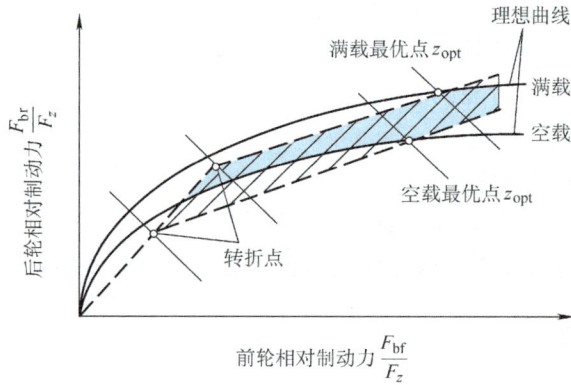

图 5-34　折线感载式制动力分配示意图

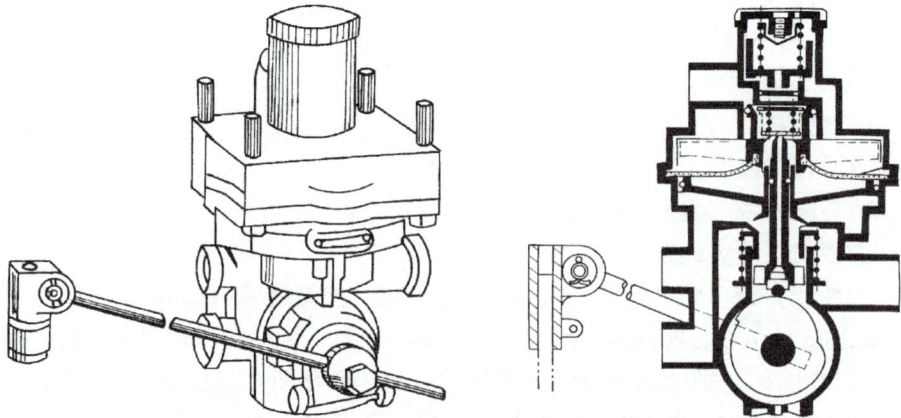

图 5-35　气制动的自动感载式制动力控制装置

　　虽然以上介绍的制动力控制方法可使前、后制动力分配接近理想的情况，但考虑到车辆运动及路面情况的复杂性，系统仍不能彻底防止车轮抱死。下一章将会详细介绍车辆的防抱死制动系统 ABS，它在制动过程中采用电控的压力调节装置来防止车轮的抱死，以保证在获

得良好的侧向力的同时达到比较高的制动强度。

参 考 文 献

［1］瓦伦托维兹．汽车工程学Ⅰ：汽车纵向动力学（英文版）［M］．北京：机械工业出版社，2009.

［2］Rudolf Limpert. Brake Design and Safety ［M］. 2nd ed. Warrendale：SAE International，1999.

［3］余志生．汽车理论［M］.5 版．北京：机械工业出版社，2009.

［4］王望予．汽车设计［M］.4 版．北京：机械工业出版社，2004.

<table>
<tr><td style="vertical-align:middle;font-size:2em;font-weight:bold;">第六章</td><td><h1>纵向动力学控制系统</h1></td></tr>
</table>

　　车辆纵向动力学主要研究车辆在加速或制动过程中的动力学特性，因而本章将对主要影响纵向动力学特性的底盘控制系统，包括防抱死制动系统（Anti-lock Brake System，ABS）和驱动力控制系统（Transction Control System，TCS）进行介绍。此外，考虑到现代车辆底盘控制系统中纵向动力学和侧向动力学的日渐融合，本章还将介绍和分析以各车轮纵向力控制来改善车辆高速转弯稳定性的车辆稳定性控制系统（Vehicle Stability Control，VSC）。而相关的车辆侧向动力学的内容则可参见本书第三篇操纵动力学部分。

第一节　防抱死制动控制

一、概述

　　由第三章中关于轮胎纵向力特性的介绍可知，车轮的滑移率决定了制动力和侧向力的大小。图 6-1 所示为车辆在制动行驶时，地面作用于车轮的制动力 F_{xb} 和侧向力 F_y 随车轮制动滑移率 s_b 的变化关系。可以看出，侧向力随滑移率的增加而下降，当滑移率为 1 时降至为 0；而制动力开始随滑移率的增加而迅速增加，当滑移率增至某值 s_{opt} 时，则随滑移率的增加而逐渐减小。可见，车轮完全抱死拖滑（即滑移率为 1）时，不仅制动力减小，制动强度降低，而且车轮侧向附着力也大大减小。如果当前轮抱死滑移时，车辆丧失转向能力；而后轮抱死滑移则属于不稳定工况，易引起车辆急速甩尾的危险。

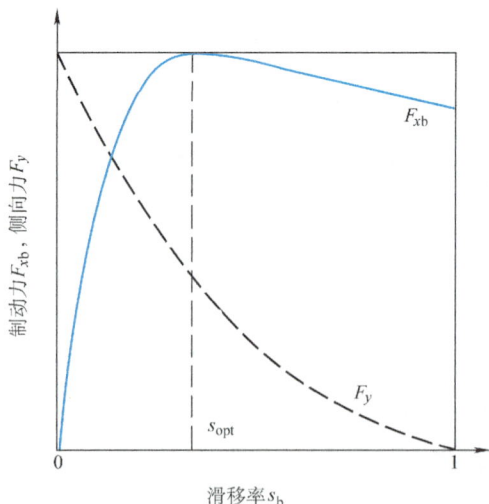

图 6-1　制动力 F_{xb} 和侧向力 F_y 随滑移率 s_b 的变化

　　在第五章第五节中，介绍了一些关于制动力的控制方法，可使车辆前后制动力分配关系接近理想的制动力分配曲线。但由于车辆运行工况的复杂性，采用这些方法仍不能彻底防止车轮抱死滑移。

　　防抱死制动系统（ABS）可通过调节车轮制动压力保证制动过程中的最佳滑移率，以在

获得良好侧向力的同时获得较高的制动强度。由于路面条件、轮胎结构和轮胎侧偏角都显著影响着可获得的轮胎力，因此 ABS 应具有自调节的能力，以适应各种不同条件。下面分别对 ABS 的控制目标、控制过程、控制策略及应用实例给予介绍。

二、控制目标

由图 6-1 所示的制动力与滑移率关系曲线可知，制动力通常在滑移率为某一特定值附近达到最大值，因而将该滑移率值认为是最佳滑移率，并作为 ABS 的控制目标。但由于车轮的滑移率通常不易直接测得，因此必须采用其他参数作为 ABS 的控制目标参数。

由图 6-2 所示的制动车轮受力情况，根据力矩平衡方程，可得出车轮制动器制动力矩 M_b 为：

$$M_b = \mu F_{z,w} r_d - I_w \ddot{\theta}_w \qquad (6-1)$$

由式（6-1）可见，制动过程中，当超出地面最大附着极限时，地面制动力 $\mu F_{z,w}$ 和地面制动力矩 $\mu F_{z,w} r_d$ 将会降低；而当 M_b 保持恒定时，势必导致车轮角加速度的减少，即增加了车轮角减速度。由于地面提供的制动力矩 $\mu F_{z,w} r_d$ 比车轮惯性力矩 $I_w \ddot{\theta}_w$ 大得多，当地面附着系数 μ 发生微小变化时，将会引起车轮角速度的显著变化。因此，车轮的角减速度 $\ddot{\theta}_w$ 可作为一个主要的 ABS 控制目标参数。

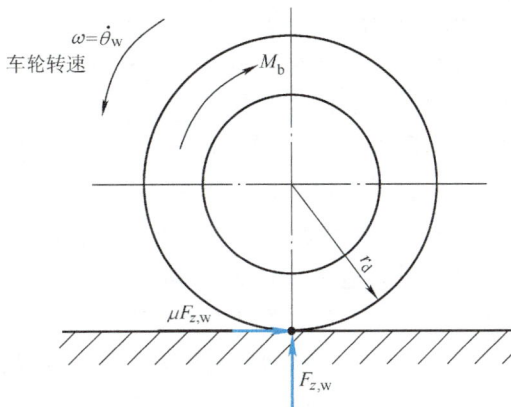

图 6-2　制动车轮受力情况

电子控制的防抱死装置通常采用轮速传感器测量车轮转速信号，通过车轮转速信号的微分来获得车轮的角减速度。但若要准确地控制制动强度，还需更多地控制目标参数。

通常的方法是采用所谓的相对滑移率作为第二控制目标参数。根据每个车轮的实际转速，通过一定关系可推算出一个理想的参考车速，它对应于当前时刻的最佳附着情况，比较该参考车速与实际车轮转速，即可得出相对滑移率目标值。如果车辆加装一个加速度传感器，也可将测得的车辆减速度作为第二个控制目标参数，并为车轮角减速度提供参考。

汽车厂商在车辆开发过程中，可采用一种与轮胎安装成一体的特殊传感器，通过测量轮胎与路面接触滚动时轮胎剖面单元的变形，间接测得轮胎与路面间的附着率。该传感器的工作原理如图 6-3 所示，当永久磁体相对于钢丝帘线运动时，四个霍尔发生器中的电流强度发生变化，根据该输出信号，即可得到轮胎在 x、y、z 方向的变形量，并由此推算出当前的附着率。

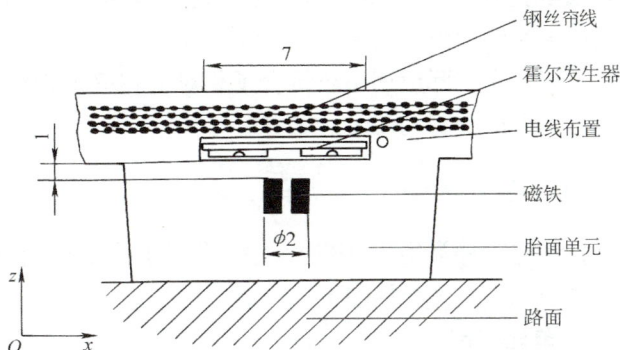

图 6-3　轮胎附着率传感器工作原理

三、控制过程

理论上讲，ABS 控制车轮角减速度的过程基本上相同，也就是调整驾驶人施加的过高制动压力，将车轮角减速度控制在要求的上下限之间。但不同类型的 ABS 保证最佳制动效果和抵抗外界干扰的方法不尽相同。下面以一典型的 ABS 为例，结合图 6-4 分析说明系统在一个循环周期不同时间段内的控制过程。

第 1 段：首先，由于驾驶人的作用使制动器管路压力增加，车轮线速度变化比车速变化更快。

第 2 段：当车轮角加速度达到或小于某一门限值（-a）时，附着力接近最大值，制动压力保持在当前值不变。

第 3 段：若车轮转速小于滑移率门限值 s_{b1} 对应的值时，减小制动压力。

第 4 段：若车轮角加速度再次达到门限值（-a）时，重新进入保压状态。

第 5 段：尽管此时制动压力保持稳定，但车轮因惯性作用会进一步加速转动。若车轮角加速度越过门限值（+A），则再次升高制动压力。

第 6 段：保持制动系统压力，使车轮角加速度在（+A）~（-a）之间，然后慢慢增压，直至车轮角加速度再次达到门限值（-a）。

第 7 段：本次循环以直接减压结束，然后进入下一个循环。

上面只介绍了以车轮角减速度为控制目标参数的情况，通常在控制过程开始的保压阶段，可通过改变外部条件来减少可能发生的干扰。但在车轮惯性矩较大、路面附着系数较小、轮缸压力上升较慢且驾驶人制动的情况下，尽管车轮角减速度尚未达到门限值（-a），车轮也可能会抱死。

图 6-4　博世公司开发的 ABS 的控制过程

为此，ABS 在实际应用中还结合了相对滑移率作为第二控制目标，使得在保证一定滑移率的同时，也可减少制动压力。

四、控制策略

目前有三种常用的 ABS 控制策略用于控制车轮制动压力，分别是单轮控制、低选控制和高选控制，具体介绍如下。

1. 单轮控制

要使车辆实现最大的制动强度，首先需保证每个车轮都能够最大程度地利用可用的附着系数。要使每个车轮的独立控制策略均可实现这一目标，每个车轮都要有一套传感器用于信号测量及其参数计算，都有各自的制动管路以实现对每个车轮制动压力的独立控制，从而与

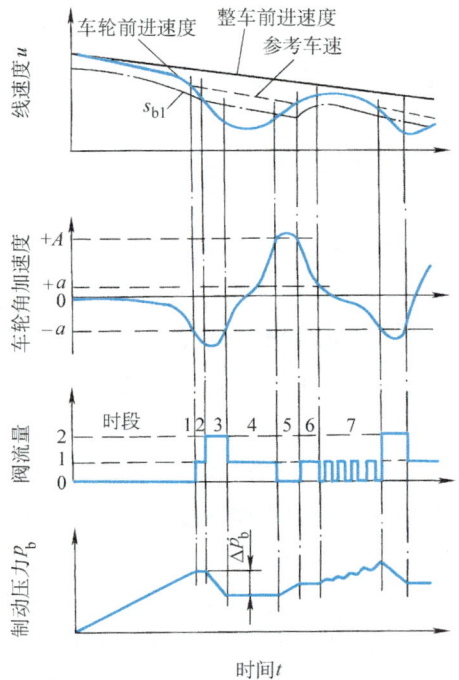

其他车轮的工作情况无关。

　　然而，当车辆行驶在左右车轮附着系数 μ 不同的路面（如单侧光滑的路面）上时，由于左右制动力差别较大，车辆会产生很大的横摆力矩，使车辆运动不稳定，从而在一定程度上削弱了单轮独立控制可获得最大制动强度的优势。

2. 低选控制

　　所谓低选控制是对同一车轴两侧车轮同时施加制动压力控制，大小由附着系数低的那侧车轮来决定。这种控制策略可通过安装于每个车轮上的传感器或安装于差速器驱动齿轮上的传感器信息来实现。

　　采用低选控制策略，虽不能充分发挥行驶于高附着系数路面上的那侧车轮的附着能力，但却能获得较大的转弯侧向力。并且由于左右车轮的制动力相差不多，车辆不会产生横摆，保证了车辆的稳定性。由于上述优点，低选控制一般适用于后轴车轮的制动控制。

3. 高选控制

　　高选控制是由高附着系数路面上的那侧车轮来决定车桥两侧车轮的制动压力，因此每个车轮上均需分别安装传感器。与低选控制相比，高选控制可获得更高的制动强度。然而，低附着路面上的那个车轮可能会抱死，因而导致车辆丧失转向能力。由于作用于两侧的制动力不等，还会产生横摆力矩。但因高选控制能获得较高的制动强度，这种控制方式通常用于前轴车轮的制动控制。

　　根据上述这些不同的制动力控制原则，若应用于普通的两轴四轮车辆上，可有多种不同的组合形式。表6-1给出了几种形式的比较，其中包括采用传感器及控制管路。

表 6-1　对于两轴四轮车辆 ABS 控制策略的不同组合形式及特点比较

不同组合形式 ▨ 控制通道 ◀ 传感器	管路数量	传感器数量	控制策略		附着力利用程度		转向能力	稳定性
			前轴	后轴	前轴	后轴		
	4	4	单轮控制	单轮控制	++	++	+	-
	4	4	单轮控制	单轮控制	++	++	+	-
			单轮控制	低选	++	-	+	
			高选		+		+	+
	3	3	单轮控制	低选	++	-	+	
			高选		+		+	+
	2	3	高选	低选	+	+	+	

（续）

不同组合形式 控制通道 传感器	管路数量	传感器数量	控制策略		附着力利用程度		转向能力	稳定性
			前轴	后轴	前轴	后轴		
	2	2	低选	低选	–	–	–	–
	2	2	低选		–		–	–
	1	1	低选		– –		– –	

注："– –"表示很差，"–"表示较差，"＋"表示较好，"＋ ＋"表示很好。

　　若在两轴四轮车辆中采用单轮独立控制策略，不论哪种方案都需要四个传感器和四条控制管路。对于采用高选控制前轮和低选控制后轮的防抱死装置，在制动管路交叉布置中也需要四个传感器和四条控制管路，而常用的所谓"标准布置"防抱死制动系统只需三条管路。

　　采用三个传感器的双管路防抱死装置通常采用高选控制，但在两侧车轮附着系数不同的情况下不能保证车辆的转向性和稳定性。若采用管路交叉布置方案，一个后车轮的制动压力可与交叉相对的前轮一起控制，前轮可以独立控制，这样的双管路系统也不能保证车辆的转向性和稳定性。单管路系统只能在左右车轮附着系数相差不大的路面上才能保证良好的行驶稳定性，但仍不能保证转向性，且制动距离相对比较长。

五、应用举例

　　实际中应用的制动防抱死装置有机械控制式和电子控制式两种。早期应用机械式防抱死装置的主要原因是它的成本低，但与电子控制系统相比，系统响应很慢。随着电子技术的发展，机械式防抱死装置的低成本优势越来越小，因此现已被淘汰。目前车辆中常用的多为电子控制的ABS，通常由以下三个模块构成（图6-5）：

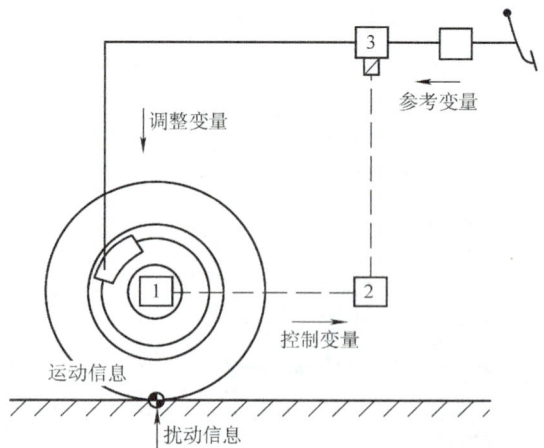

图6-5　电子控制的ABS结构和控制回路示意图
1—传感器　2—电控单元（ECU）　3—液压执行单元

（1）传感器　监测运动状态，作为检测判断依据。

（2）电控单元（Electronic Control Unit，ECU）　处理传感器信号。

（3）液压执行单元　利用电磁阀将 ECU 发出的指令转化为车轮上制动压力的变化。

由于对制动系统安全性的要求相当严格，电控单元必须具有一套备用系统，系统由两个相同的微处理器组成，通过控制信号的比较来识别微处理器的故障。

下面介绍几个具体的应用实例。

应用实例 1

博世公司的防抱死系统采用前轮单独控制和后轮低选控制方式，作为一套附加的结构单元安装于制动系统中。根据制动回路的不同布置方式，分别采用了三或四个制动阀和若干传感器。三管路 ABS 在后轴差速器位置装有一个测量转速的传感器，将通过轮速计算出的车轮角减速度作为第一控制目标参数，得出的相对滑移率作为第二控制目标参数。根据这两个控制目标，ECU 发出控制指令给电磁阀，控制制动系统压力。电磁阀的工作原理如图 6-6 所示，它有增压、保压和减压三个工作位置。每次停车后，

图 6-6　博世公司 ABS-3/3 型电磁阀工作原理

ECU 和液压执行单元中的电子部件都例行自检，以确保系统正常工作。如果出现故障，ABS 将关闭，常规制动系统仍然工作，同时通过警示信号灯提醒驾驶人：ABS 系统出现故障。

应用实例 2

与博世公司的 ABS 作为附加系统不同，特韦斯公司将离合器、制动助力系统和防抱死功能集于一体，形成了一套如图 6-7 所示的紧凑的液压总成。

同样，特韦斯公司的系统采用前轮单独控制、后轮低选控制的方案。此外为了给系统提供一个恒定的压力，并提高系统反应速度，能量供应系统中采用了一个膜式蓄能器。

应用实例 3

本田公司的防抱死制动 ALB（Anti Lock Brake）系统采用了四个感应式速度传感器和四个电磁阀，根据高选控制原则共同控制前轴车轮，采用低选控制原则控制后轴车轮，采用这种组合方式主要是为了获得较高的制动强度，但可能会导致前轮抱死。

应用实例 4

三菱公司的防抱死制动系统 ASBS（Anti Skid Brake System）只对后轴车轮施加控制，并且采用低选控制方式。当充分制动时前轮可能抱死，车辆失去转向能力，但可保证车辆行驶稳定性。为了准确判断车辆工况，该系统在与变速器相关联的里程表柔性联接轴上安装了一个转速传感器和一个加速度传感器，以测量车辆的制动减速度作为 ABS 的参考目标参数。

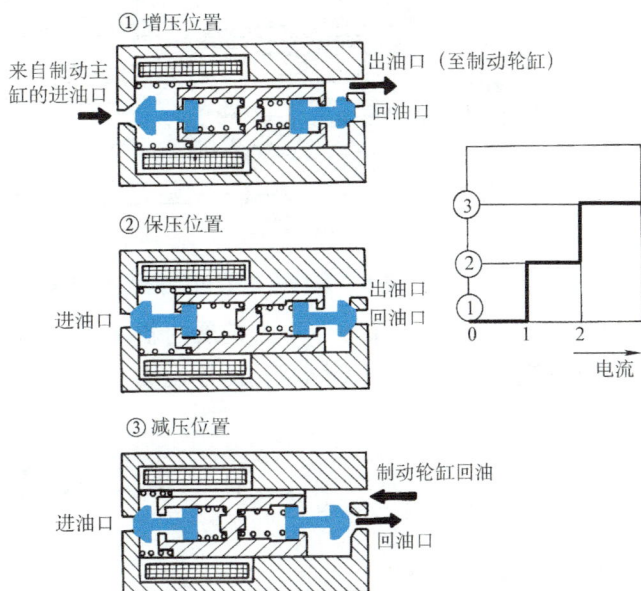

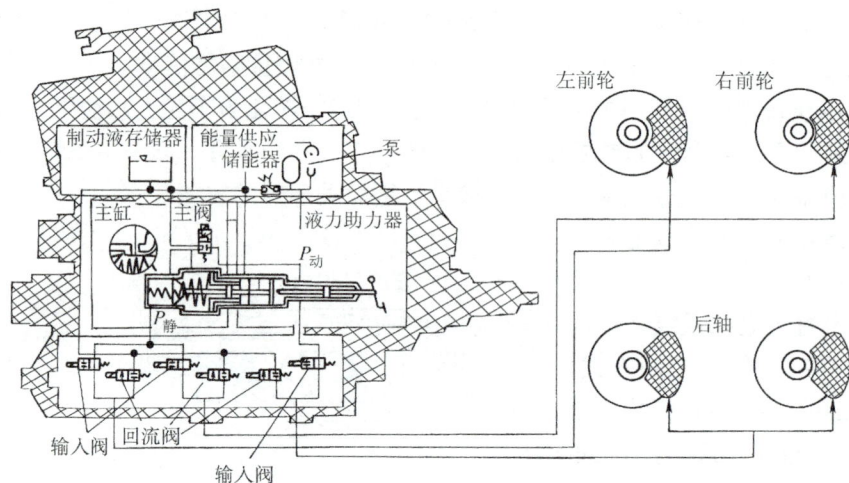

图 6-7　特韦斯公司防抱死制动系统的液压总成示意图

近年来开发的 ABS 集成了不断扩展的新功能，如以提高驱动性能为目的的驱动力控制系统（TCS），以及通过对不同车轮的制动力控制而提高车辆高速转向稳定性的车辆稳定性控制系统（VSC）。

第二节　驱动力控制系统

一、概述

驱动力控制系统（TCS）是在 ABS 基础上发展起来的一套主动安全系统，它的工作原理是：根据车辆的行驶工况，通过采用适当的控制算法使车辆驱动轮在恶劣路面或复杂行驶条件下也能产生最佳的纵向驱动力。博世公司也称其为防滑控制系统（Anti-Slip Regulation，ASR）。

没有装备 TCS 的车辆在光滑路面上加速时，驱动轮容易打滑，后轮驱动车辆则可能出现甩尾，前轮驱动车辆则容易方向失控，导致车辆侧向滑移。而 TCS 可将驱动轮的滑转率控制在最佳范围内，从而可避免车辆在加速时驱动轮打滑，并保证车辆转向能力。

1985 年，沃尔沃公司研制生产了世界上最早的车辆电子驱动防滑装置，并安装在沃尔沃 760 Turbo 车型上，它通过调节燃油供给量来调节发动机的输出转矩，从而控制驱动轮的滑转率，达到产生最佳驱动力的目的。

二、基本原理和控制目标

车辆在路面行驶时，无论是驱动力还是制动力，均受轮胎与路面之间的附着极限限制。制动力系数和滑移率的关系已在图 3-32 中做了介绍。图 6-8 给出了不同工况下路面附着系数与车轮滑转率的关系。由图可见，当驱动滑转率从零增加时，纵向附着系数 μ 也随之增加，当滑转率达到一特定值 s_{opt} 时，经陡然上升达到峰值 μ_{max} 后，纵向附着系数随滑转率的继续增加而逐渐下降。因而从驱动性能考虑，车轮的滑转率最好控制在与 μ_{max} 相对应的 s_{opt} 处。另一方面，由于轮胎与路面间的侧向附着系数 μ_s 随车轮滑转率的增加而急剧减小，因

此，从车辆侧向稳定性考虑，驱动滑转率应尽量小。综合来看，驱动轮的理想滑转率应取在 s_{opt} 附近，以保证同时产生合适的纵向驱动力和侧向力。

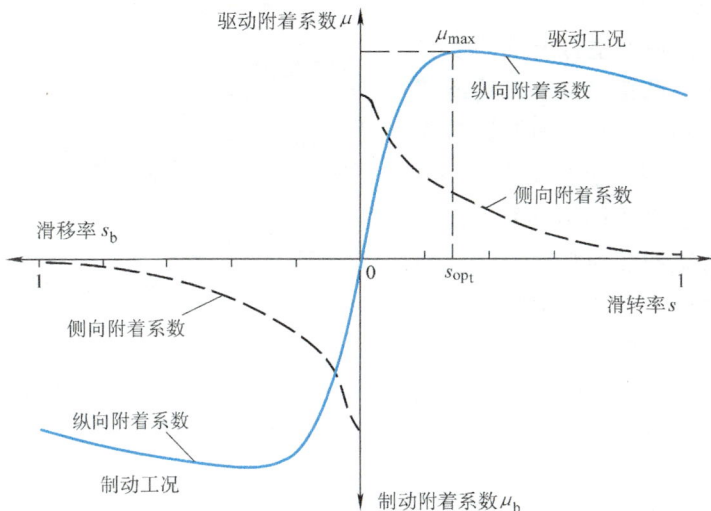

图 6-8　驱动/制动工况下路面附着系数与车轮滑转率的关系

三、控制方式

几种典型的 TCS 控制方式介绍如下。

1. 发动机输出转矩调节

对以内燃机为动力的车辆而言，可通过调节发动机的输出转矩控制传递到驱动轮上的转矩，从而调节驱动轮的滑转率。主要的控制方式有三种：点火参数调节、燃油供给调节和节气门开度调节。

（1）点火参数调节　它是指减小点火提前角。这是一种比较快速的驱动防滑控制方式，反应时间为 $30\sim100ms$。当驱动轮仍加剧滑转时，则可暂时中断点火，但此时也要暂停供油，以避免排放超标。

（2）燃油供给调节　它是指减少供油或暂停供油。当发现驱动轮发生过多滑转时，电子调节装置将自动减少供油量，甚至中断供油，以减小发动机输出转矩。燃油供给调节是目前电控内燃机中比较易于实现的一种驱动防滑控制方式。只要 TCS 系统与发动机的电子控制系统 ECU 进行通信，就可由发动机 ECU 推迟点火时刻或喷油时刻。但是点火参数调节和燃油供给调节都可能会引起发动机的不正常工作，会对发动机和传动系统的寿命有损害，还可能恶化发动机的排放。

（3）节气门开度调节　它是指在原节气门的基础上，再串联一个副节气门，由传动机构控制其开度，从而使其有效节气门开度得到调节。这种调节方式的优点是工作较平稳，易于与其他控制方式配合使用；缺点是响应较慢，需与其他控制方式配合使用。

其中，发动机输出转矩调节是最早应用的驱动防滑（ASR）系统。在附着系数较小的冰雪路面上或高速行驶中，当驱动轮发生过度滑转时，这种控制方式效果很好。图6-9所示为某发动机输出转矩调节的驱动力控制系统，该车辆同时具有防抱死制动系统（ABS）。

2. 驱动轮制动力矩调节

这种调节方式是在发生打滑的驱动轮上施加制动力矩来降低轮速，使车轮滑移率处于最理想的范围内。制动力矩调节通常与发动机输出转矩调节配合使用，即干预制动后立即调节发动机输出转矩，否则可能会出现制动力矩和发动机输出转矩间无意义的相互平衡而引起功率消耗。制动力矩调节方式的实质是控制差速，因而对两侧路面附着系数相差较大而出现打滑且车速不高的情况效果较好。

图6-9　发动机输出转矩调节的驱动防滑控制系统示意图

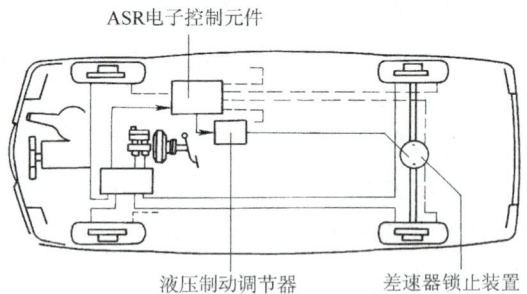

3. 差速器锁止控制

普通的对称式差速器在任何时刻都向左右车轮输出相同大小的转矩，差速器锁止控制就是使左右两侧驱动轮的输入转矩可根据控制指令（锁止比）和路面情况而变化。当两侧路面附着系数相差较大、低附着系数一侧驱动轮发生滑转时，电子控制装置驱动锁止阀，一定程度地锁止差速器，使高附着系数一侧驱动轮的驱动力得以充分发挥，从而提高车速和行驶稳定性。但其缺点是硬件成本较高，图6-10所示为一采用防滑差速器实现的驱动防滑控制系统示意图。

4. 离合器/变速器控制

离合器控制是指当发现车辆驱动轮发生过度滑转时，减弱离合器的接合程度，使离合器主、从动盘之间出现部分相对滑转，从而减小传递至驱动轮的转矩；变速器控制则是指通过改变传动比来改变传递至驱动轮的驱动转矩，以减小驱动轮滑转程度。由于离合器和变速器控制响应较慢，且变化突然，所以一般不作为单独的控制方式使用。另外，压力和磨损等问题也限制了这种控制方式在驱动防滑控制系统中的应用。

图6-10　防滑差速器控制的驱动防滑控制系统示意图

上述几种控制方式各有其优缺点和局限性，实际应用中通常是多种控制手段组合应用。表6-2中对比了上面介绍的几种方式及其组合方式的特点。目前在TCS系统中，广泛采用的是发动机节气门开度调节与驱动轮制动力矩调节相结合的控制方式。

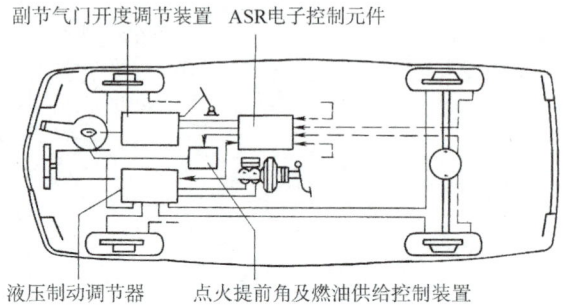

表 6-2　不同控制方式的 TCS 性能对比

控制方式	驱动性	操纵性	稳定性	舒适性	经济性
节气门开度调节	– –	–	–	+ +	+
点火参数及燃油供给调节	0	+	+	–	+ +
驱动轮制动力矩调节（快）	+ +	–	–	–	–
驱动轮制动力矩调节（慢）	+	0	0	0	0
差速器锁止控制	+ +	+	+	–	– –
离合器或变速器控制	+	0	+	–	–
节气门开度＋制动力矩控制（快）	+ +	+ +	+ +	+	–
节气门开度＋制动力矩控制（慢）	+	0	0	+	–
点火参数＋制动力矩控制	+	+ +	+ +	+	–
节气门开度＋差速器锁止控制	+ +	+	+	+	– –
点火参数＋差速器锁止控制	+ +	+	+	+	–

注："– –"表示很差，"–"表示较差，"0"表示基本无影响，"+"表示较好，"+ +"表示很好。

第三节　车辆稳定性控制系统

一、概述

在 ABS 和 TCS 的基础上，为防止车辆高速行驶时失控状态的出现或加剧，近年来又出现了所谓的车辆稳定性控制（Vehicle Stability Control，VSC）系统。VSC 主要用来控制车辆的横摆力矩，将车轮侧偏角限制在一定范围内，并在紧急情况下对车辆的行驶状态进行主动干预，防止车辆在高速行驶转弯或制动过程中失控。

VSC 系统主要在大侧向加速度、大侧偏角的极限工况下工作，它是利用控制左右两侧车轮制动力或驱动力之差产生的横摆力矩来防止出现难以控制的侧滑现象，保证车辆的路径跟踪能力，控制效果如图 6-11 所示。

由于实际中车辆纵向动力学和侧向动力学响应同时存在，因而研究内容上不可能彼此清晰界定，尤其对与车辆高速转弯特性相关的 VSC 系统，它同时涉及纵向和侧向动力学的内容。尽管 VSC 系统是以体现车辆操纵稳定性的横摆运动和车轮侧偏角等作为控制指标，但其控制效果却主要由车轮的纵向力控制，产生相应的横摆力矩来实现。虽然本

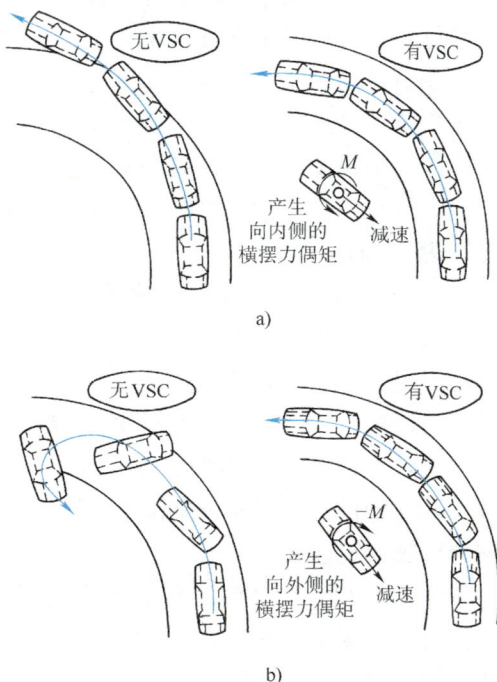

图 6-11　极限工况下 VSC 的控制效果
a）抑制前轮侧滑　b）抑制后轮侧滑

书将 VSC 编排在纵向动力学控制系统中，但其中涉及许多操纵动力学的内容，相关内容可参考后续章节。

二、系统组成和工作原理

1. 系统组成

车辆稳定性控制系统主要由 ABS、TCS、YSC（Yaw Stability Control）三个子系统组成，如图 6-12 所示。其中，ABS 和 TCS 分别在制动和加速时工作，直接控制车轮的纵向滑动率，提高车辆的制动或驱动性能，同时间接控制车辆的侧向稳定性；YSC 在车辆行驶的任何时刻都起作用，它直接控制车辆的侧向稳定性（由车轮侧偏角和车辆横摆角速度表征）。

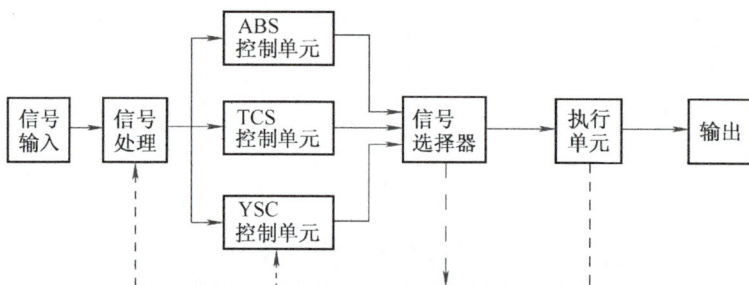

图 6-12　车辆稳定性控制系统的组成

最初的 VSC 系统以 ABS 和 TCS 为主，主要依赖轮速传感器提供车辆的状态信号，仅能控制各车轮纵向滑动率，来实现间接对车辆的横摆控制。近年来 VSC 系统又增加了转向盘转角传感器，可以确定驾驶人期望的行车路线，ECU 将其与车辆实际位置状态比较后，发出指令调节各轮的驱动力或制动压力，以提高车辆在转向过程中的操纵稳定性。

丰田公司最近研制的 VSC 系统如图 6-13 所示，其中采用了许多传感器用于测量横摆角速度、侧向加速度、转向盘转角和制动回路压力等信号，以便更准确地描述车辆的动态工况，同时可采用更复杂的控制算法和控制逻辑对车辆进行综合控制。

2. 基本原理

由图 6-11 可见，由于制动或转向等因素，汽车会发生驶出行驶轨道或激转等危险工况。采用 VSC 系统的主要控制目标就是通过施加一个横摆力矩 M_z，来减小或消除车辆行驶方向的偏差，在保证驾驶人希望的行驶轨迹的同时，保证车辆的行驶稳定性。

结合图 6-13，VSC 的工作原理说明如下：由于车辆的行驶状态主要由行驶车速、侧向速度和横摆角速度来反映，因而，VSC 系统的 ECU 能根据转向盘转角和制动主缸压力等信号判断驾驶人的

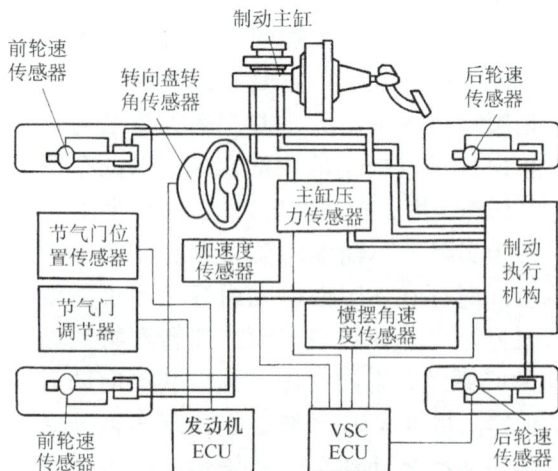

图 6-13　丰田轿车的 VSC 系统

驾驶意图，计算出理想的车辆运行状态参数值，通过与各传感器测得的实际车辆状态信号值比较，根据控制逻辑算法计算出期望的横摆力矩，然后通过控制液压调节制动系统，对各车轮施加制动力，以实现所需的车辆横摆力矩。同时，还可根据需要与发动机管理系统进行通信，改变驱动轮的驱动力，以实现车辆运行状态调节。

三、控制方式

实际采用的车辆稳定性的控制方法有很多，但调节车轮的制动力或驱动力的方法最为有效。其控制目标可以是车辆的横摆角速度 r 或车辆侧偏角 β，也可以是车轮的侧偏角 α 或滑移率 s_b。

1. 控制制动系统压力

根据车辆轮距、轴距、制动器和轮胎特性等参数，由所需的横摆控制力矩可估算出各制动轮缸的液压参数。具体执行方式主要有以下两种。

（1）仅控制单个车轮的制动压力　过度转向控制是通过对外侧前轮施加制动力来实现的。而不足转向控制可有两种情况：对前后轮均可用 YSC 控制的 VSC 系统，通过对内后轮施加制动力实现不足转向控制；对只有前轮进行 YSC 控制的 VSC 系统，则是通过对内前轮施加制动力进行的。

更合理的控制方式是根据各车轮制动时横摆力矩的变化特性，对四个车轮的制动力进行优化分配，从而达到控制车辆行驶轨迹、保证汽车行驶稳定性的要求。

（2）控制两个对角车轮的制动压力　实现过度转向控制时，在对外前轮增加一定制动力变化量的同时，对内后轮减少相应的制动力变化量。在不足转向控制时，则对内侧后轮增加所需的制动力变化量，同时对外前轮减少相应的制动力变化量。由于施加的制动力矩并不改变整车制动力，因此车辆的加（或减）速度并不改变。但该方法的局限性是减压的车轮必须具备足够的初始制动力。

2. 发动机控制

发动机控制是根据与车辆稳定性要求相应的车轮驱动力，计算出所需的发动机输出转矩，并将此指令送给发动机 ECU，使发动机输出转矩调整至所需值。

在驱动工况下，为了产生所需的横摆控制力矩变化量，必须控制驱动轮的平均驱动力矩和所需的驱动轮之间的驱动力矩差，即车轮上所需的锁止力矩与制动力矩之差。

四、VSC 系统实例[4]

丰田公司采用的 VSC 系统主要由以下各部件构成，如图 6-14 所示。

（1）**传统制动系统**　真空助力器、制动管路和制动器。

（2）**传感器**　四个轮速传感器、转向盘转角传感器、侧向加速度传感器、横摆角速度传感器、制动主缸压力传感器。

（3）**其他**　液压调节器、车辆稳定控制电控单元（ECU）。

下面以丰田皇冠轿车为例，分析其 VSC 系统采用不同控制方式的控制效果。

1. 横摆力矩及制动力控制

在极限工况下，对每个车轮都进行制动力主动控制，以利用左右车轮制动力之差形成横

摆力矩，记为 M_z，同时还可利用制动力之和控制车辆纵向减速度。

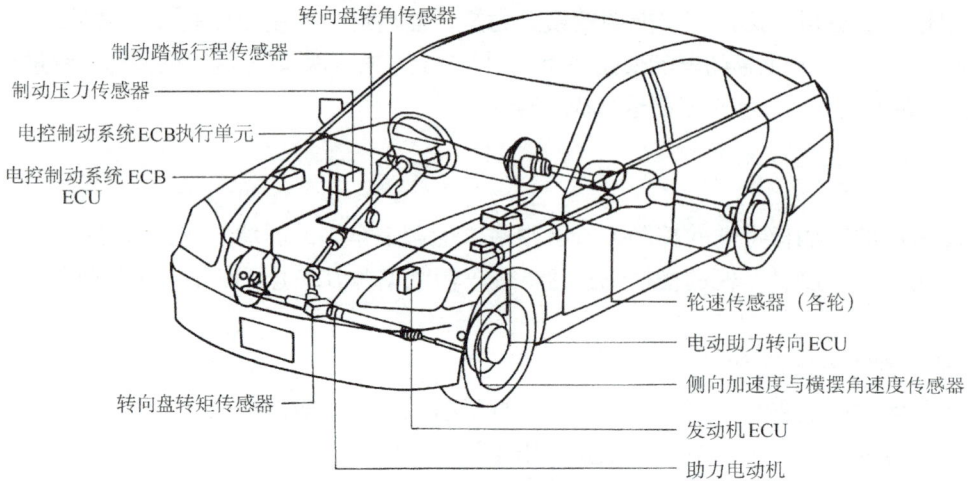

图6-14 丰田公司采用的 VSC 系统布置图

图6-15 反映了转向盘转向角为正弦输入时，当车辆受到向外侧的横摆力矩 M_z 或纵向制动力 F_x 时，车辆质心处的最大侧偏角 β 变化的情况。其中正弦输入的幅值为 $0.18\mathrm{rad}$，频率为 $0.6\mathrm{Hz}$，M_z 或 F_x 是在输入后的 $1.5\mathrm{s}$ 开始起作用。由图中所示的试验结果可见，施加的横摆力矩 M_z 可显著减少车辆最大侧偏角 β，而施加的纵向制动力 F_x 则无影响。这是因为，当 F_x 作用时，车辆前、后轴垂向载荷转移引起车辆的过多转向趋势，这带来的负面影响大于其降低车速带来的正面影响。

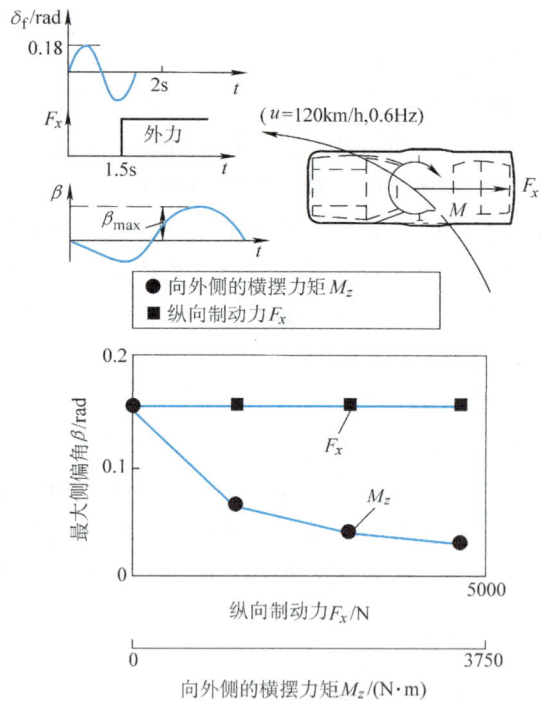

图6-16 反映了在前轮转向角 δ_f 为斜阶跃输入条件下，当施加横摆力矩 M_z 或纵向制动力 F_x 于车辆时，车辆质心的最大侧偏角 β 和转弯半径 R 的变化情况。$1\mathrm{s}$ 后，斜阶跃输入 δ_f 的最大值为 $0.25\mathrm{rad}$，此时横摆力矩或纵向力开始作用于车辆上。由图可知，施加于车辆的外力矩 M_z

图6-15 横摆力矩或纵向制动力
对汽车稳定性的影响

或纵向制动力 F_x 对减小转弯半径都很有效。但较大的向内侧的 M_z 会使汽车失去稳定性，而纵向制动力 F_x 的大小对车辆稳定性影响不大。然而，由于纵向制动力 F_x 使汽车减速，随着时间的增加，F_x 的影响加大。

总之，为了保持汽车的稳定性，当后轴即将产生侧滑发生激转时，应对车辆施加向外的横摆力矩；当前轴侧滑使汽车驶离弯道时，应对车辆施加适当的向内侧的横摆力矩，使后轮

胎产生最大侧偏力，同时，还应对车辆施加纵向制动力。

2. 各车轮制动力分别控制的效果

各个车轮分别作用制动力时产生的横摆力矩 M_z 如图 6-17 所示。当后轴将发生侧滑时，可于前外轮上施加制动力 F_{xfo}，以产生一向外的横摆力矩，且随 F_{xfo} 的增大而增大。这种控制方式易于实现，也能有效地抑制后轴侧滑。

若前轴发生侧滑时，应施加一定向内的横摆力矩 M_z 和纵向制动力 F_x。图 6-17 表明，制动前内轮、后内轮或后外轮均可产生向内的横摆力矩 M_z，只是 M_z 随各车轮制动力的变化趋势不尽相同。因此，若通过施加一个较大的制动力来抑制前轴侧滑，应避免通过对其中某单个车轮来实现控制，应采用设计适当的控制律将制动力分配到每个车轮，以获得适当的横摆力矩和总制动力，从而提高路径跟踪性能。

然而，当施加较小的制动力时，可采用对单个车轮进行控制。图 6-18 反映了同样转向

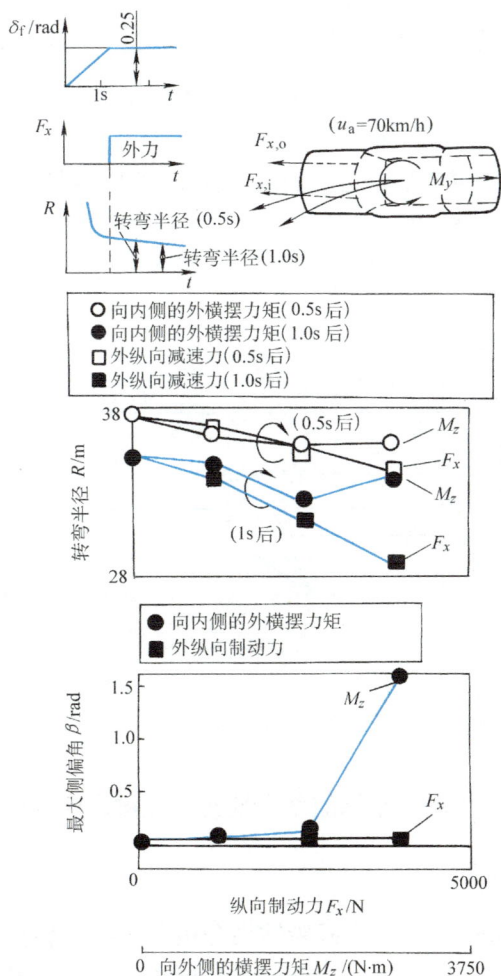

图 6-16　横摆力矩或纵向制动力对
路径跟踪能力的影响

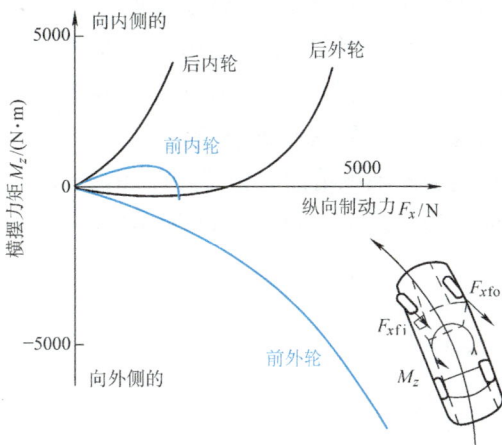

图 6-17　各个车轮上作用制动力时
产生的横摆力矩

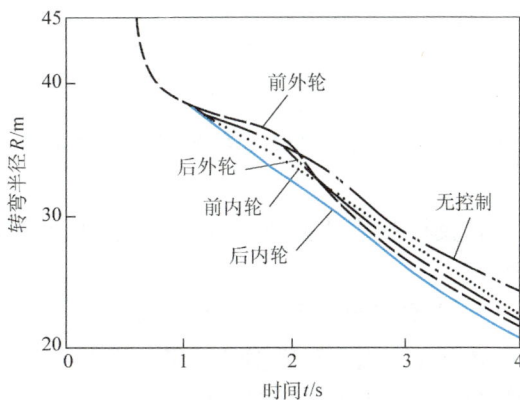

图 6-18　对单个车轮施加制动力时
车辆的转弯半径 R

角输入下，在转向开始1s后，对不同车轮单独施加500N制动力时，车辆转弯半径R随时间变化的仿真结果。可以看出，在后内轮施加制动力的控制效果最好。然而，若对四个车轮同时进行控制会得到更好的效果，其仿真结果与其他控制方式的比较如图6-19所示。在后内轮单轮控制的仿真计算中，在保证车辆不失去稳定性的前提下，施加尽可能大的制动力F_{xri}。四轮控制仿真计算中，前两轮与后外轮均作用同样大小的制动力，而后内轮作用的制动力较大，以产生足够大的制动力和适度向内的横摆力矩。

3. 四轮主动制动的控制效果

下面给出车辆在极限工况下对四个车轮均采用主动制动控制的响应分析结果。当后轴可能侧滑引起车辆激转而失稳时，对前外轮施加制动力的大小由质心侧偏角β及其变化率$\dot{\beta}$决定，系统控制目标为车轮滑移率s_b，如图6-20所示。

图6-19　不同控制方式对车辆转弯半径的影响

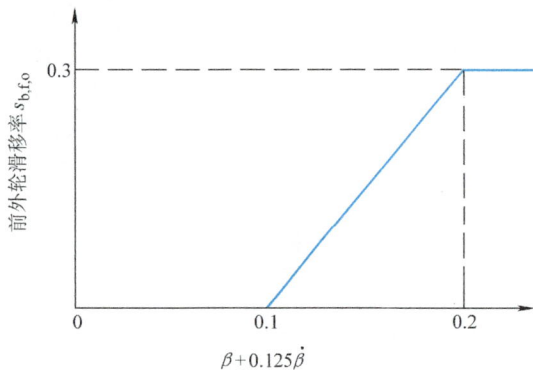

若当前轴侧滑而失去路径跟踪能力时，系统对四个车轮均施加制动控制，其控制强度由前轮侧偏角决定，如图6-21所示。

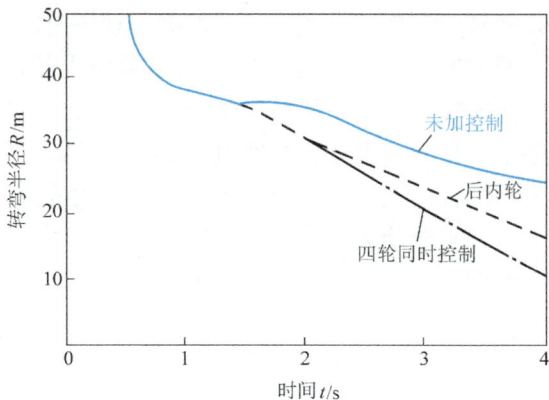

图6-20　由稳定性制约的对前外轮的控制策略

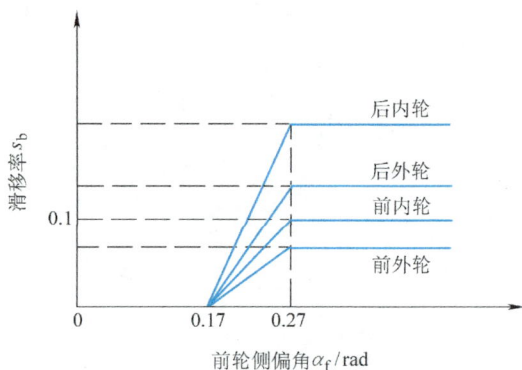

图6-21　由路径跟踪能力决定的控制策略

仿真计算结果表明，对四个车轮进行主动制动控制，车辆的稳定性或路径跟踪性均可显著提高。

4. 实车试验结果

图6-22和图6-23分别反映了起始车速为80km/h时避障试验结果和极限工况J转向试验结果。通过与没有安装VSC系统的车辆的比较表明，四轮主动制动控制能提供适当的横摆力矩和制动力，车辆的稳定性与路径跟踪性能均得到改善。

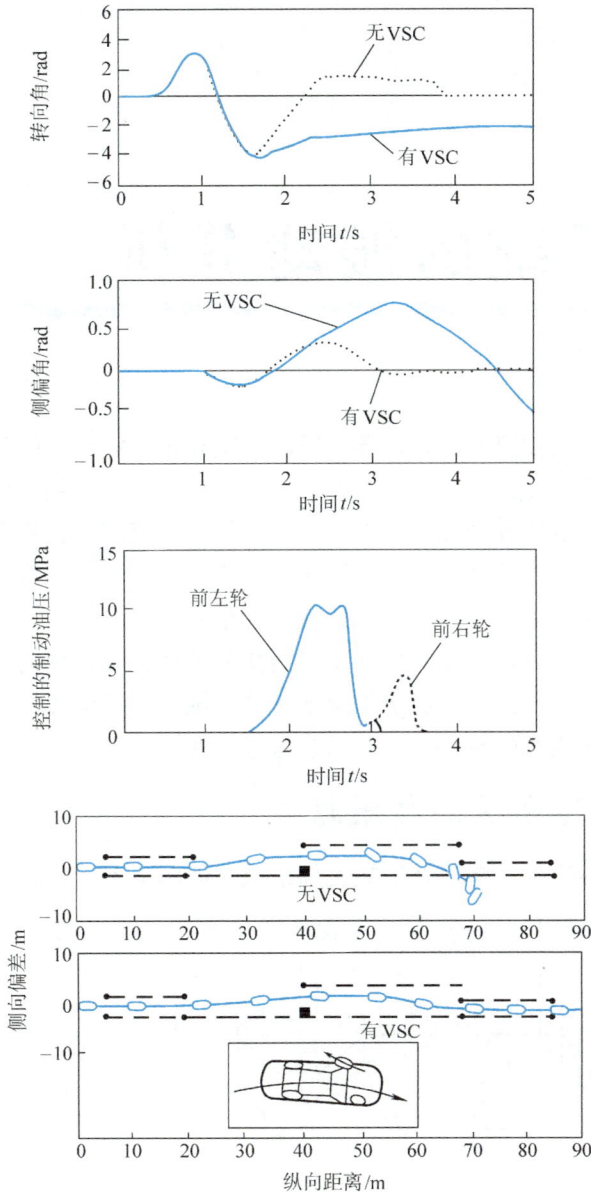

图 6-22　避障试验中 VSC 的作用

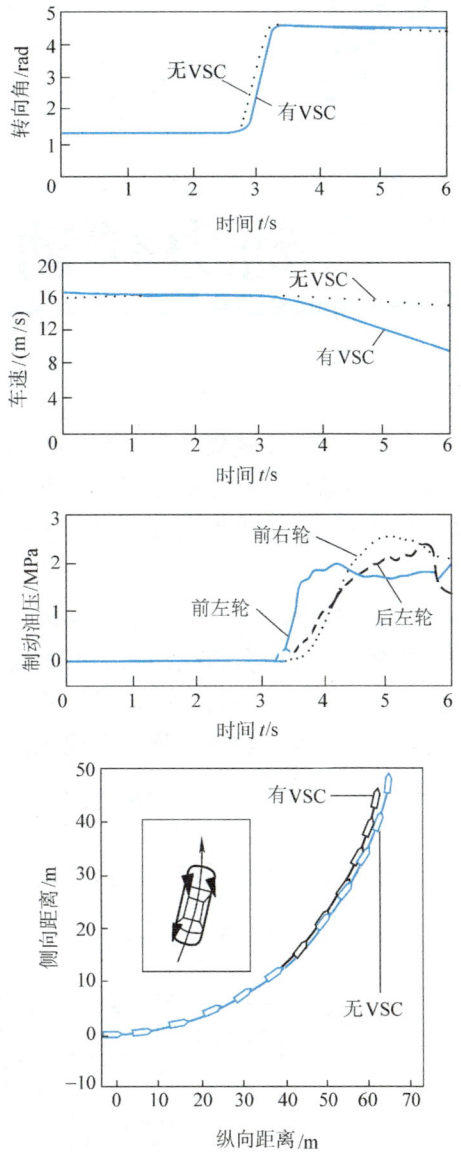

图 6-23　极限工况 J 转向试验中 VSC 的作用

参 考 文 献

[1] Tseng H E, Ashrafi B, Madau D, Brown T A, Recker D. The Development of Vehicle Stability Control at Ford [J]. IEEE/ASME Transaction on Mechatronics, 1999, 4(3):223 - 234.

[2] Beyer K, Krueger E, Sonnenberg M. Delphi Automotive Systems Enhanced Vehicle Stability with Engine Drag Control [J]. Vehicle Dynamics and Simulation, 2002 (SP - 1656).

[3] Maisch W. ASR - Traction Control - A Logical Extension of ABS [C]. SAE Technical Paper 870337, 1987.

[4] Koibuchi K, Yamaoto M, Fukada Y, Inagaki S. Vehicle Stability Control in Limit Cornering by Active Brake [C]. SAE Technical Paper 960487, 1996.

动力传动系统的振动分析

由离合器、变速器、万向节、传动轴、主减速器、差速器、驱动半轴和轮毂等组成的车辆动力传动系统，在激励作用下通常会产生弯曲振动和扭转振动。当传动系统出现强烈的扭转共振时，相关部件所受载荷将显著增加。若这种情况发生在车辆经常使用的范围内，将严重影响传动系统零件的使用寿命。情况严重时，传动系统中甚至还会出现负转矩，使啮合的轮齿间发生撞击，并产生强烈的噪声，增加对车内及车外环境的噪声污染。

本章中，首先分析扭振系统的激振源，然后建立动力传动系统的扭振模型，对系统的固有频率和振型进行分析，确定系统的共振转速，讨论在稳定工况下传动系统由发动机激振转矩引起的载荷变化特征，最后介绍几种已在实车中应用的传动系统减振措施。

第一节　扭振系统的激振源

简化的动力传动系统的扭振系统由旋转质量、弹簧及减振元件组成，如图7-1所示。

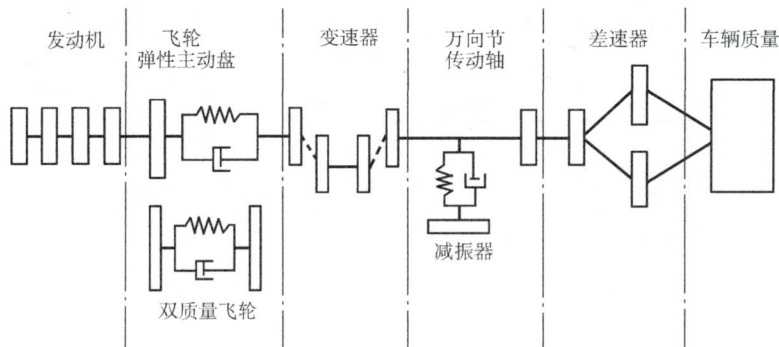

图 7-1　简化的扭振系统示意图

传动系统的激振源主要包括：

1. 发动机

内燃式发动机输出的交变力矩是导致整个传动系统产生扭转振动的主要原因。周期性作用于曲轴颈的切向力（包括单缸发动机膨胀气体作用力）和惯性力，使曲轴转速发生周期性改变，不断变化的角速度使各质量产生周期性的扭振。此外，活塞的惯性力矩也不断发生变化，活塞的直线往复运动和连杆摆动也引起惯性力矩的周期性振动。

发动机周期性的激振转矩使传动系统产生受迫振动，从而在传动系统轴段引起载荷的周

期性变化。设发动机曲轴角速度为 ω，则单个气缸对曲轴产生的转矩 T 可表示为其平均转矩 T_0 的傅里叶级数形式：

$$T = T_0 + \sum_{j}^{\infty} T_j \sin(j\omega t + \alpha_j) \qquad (7\text{-}1)$$

式中，t 为时间；j 为阶数，对二冲程发动机，$j = 1$、2、3、$\cdots$；对四冲程发动机，$j = 0.5$、1、1.5、2、2.5、3、$\cdots$；T_j 为第 j 阶简谐分量的幅值；α_j 为第 j 阶简谐分量初相位。

由单缸激振转矩式（7-1），可推导出多缸发动机对传动系统的激振转矩，它等于各缸的激振转矩之和；多缸发动机的 j 阶激振转矩矢量等于各缸 j 阶激振转矩 T_j 的矢量和。

以四冲程六缸发动机为例，假定第一缸的各阶旋转矢量与该缸对应的曲柄同向，且各缸的激振转矩幅值相等，则不同阶数 j 下的各缸旋转矢量如图 7-2 所示。由图可知，当 $j = 3$ 时，六缸旋转矢量重合，表明了发动机各缸的激振转矩的第 3 阶简谐分量均同相位地作用于曲轴，因而可激发动力传动系统扭振和动载荷；当 j 分别为 0.5、1、1.5、2、2.5 时，发动机相应的合矢量为零，它们不激发传动系统的振动。由此可知，阶数为 3 的整倍数的旋转矢量图

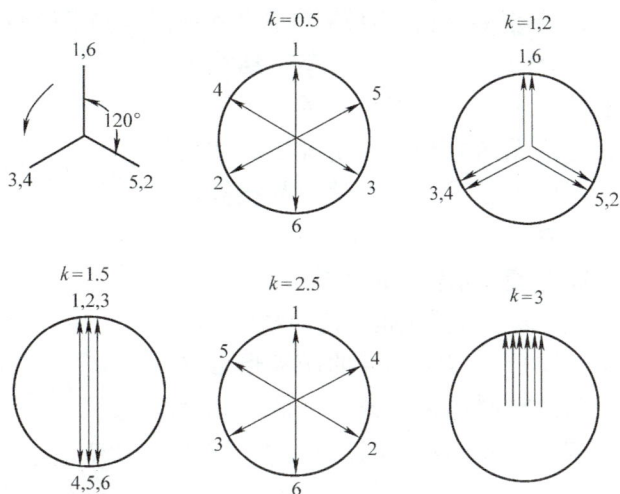

图 7-2　发动机各阶旋转矢量图

均相同。将所有气缸旋转矢量同向的简谐分量称为主谐量，并将其阶数称为主谐数。由于主谐量的幅值随阶数的增大迅速减小，因而最低阶的主谐量是引起传动系统扭振的最主要激振转矩谐分量。最低主阶数等于发动机曲轴每一转的点火次数。

2. 变速器

变速器的振动特性受系统质量、刚度、阻尼和齿刚度变化的影响。变速器本身的激励源主要由齿轮啮合过程中的载荷波动引起。

3. 万向节

万向节的转动也可引起系统扭转振动。万向节系统引起的振动激励可由图 7-3 所示的传递特性来说明。在存在轴向角的情况下，万向节不能均匀地传递

图 7-3　万向节的传递特性

输入和输出，即使输入的角速度 ω_1 恒定，输出角速度 ω_2 也将产生周期性波动，由此产生的参数化激励振动将可能导致系统共振。

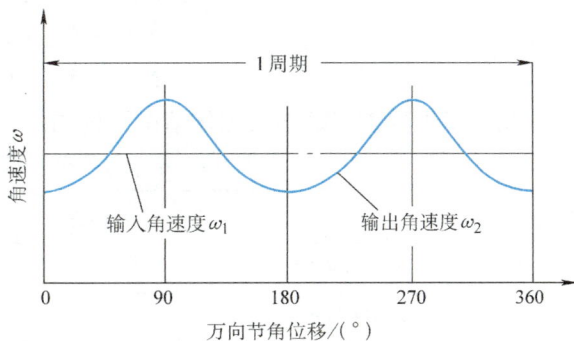

4. 其他因素

轮胎、轮辋、制动盘等旋转部件的不平衡质量以及不平路面的激励均可能引起传动系统

的扭振，若与悬架运动产生的振动耦合，还可能导致传动系统的自激振动。

第二节　扭振系统模型与分析

一、扭振力学模型

传动系统的首端与发动机相连，末端通过弹性轮胎与车辆平动质量相连，组成了一个多质量的弹性扭转振动系统。在计算系统的固有频率和振型时，忽略系统的阻尼，将传动系统看成是多个刚度圆盘弹性连接的无阻尼振动系统。以某六缸发动机货车第四档动力传动系统为例，其扭振系统力学模型如图 7-4 所示，符号说明及参数值见表 7-1。

系统的参数不但与其车辆结构参数有关，还与工作档位有关。下面说明在考虑系统的传动比情况下，如何将实际的扭振系统动力学参数换算成当量参数。

1. 当量转动惯量的计算

当量转动惯量 J 是指传动系统中与曲轴不同速旋转零部件的转动惯量换算成与曲轴同速旋转条件下的转动惯量。例如当车轮滚动半径为 r_d 时，车辆平动质量 m_t 的当量转动惯量记为 J_{14}，即：

图 7-4　某货车动力传动系统的扭振力学模型

$$J_{14} = m_t r_d^2 / (i_g^2 i_0^2) \tag{7-2}$$

2. 当量扭转刚度的计算

在图 7-4 所示的力学模型中，设两圆盘间弹性轴的当量扭转刚度为 K，则可根据传动系统中实际部分的扭转刚度 K' 按弹性变形能相等的原则计算。例如，设半轴轴段的实际扭转刚度为 K'_{12}，轮胎实际扭转刚度为 K'_{13}，则其相应的当量扭转刚度分别为：

$$K_{12} = K'_{12} / (i_g^2 i_0^2) \tag{7-3}$$

$$K_{13} = K'_{13} / (i_g^2 i_0^2) \tag{7-4}$$

据此计算出的该车第四档工作情况下的当量参数见表 7-1。

表 7-1　某车第四档下的扭振系统参数值

转动惯量	零部件名称	$kg \cdot m^2$
J_1	第一曲柄连杆机构	1.986×10^{-3}
J_2	第二曲柄连杆机构	1.910×10^{-3}
J_3	第三曲柄连杆机构	1.931×10^{-3}
J_4	第四曲柄连杆机构	1.931×10^{-3}
J_5	第五曲柄连杆机构	1.910×10^{-3}
J_6	第六曲柄连杆机构	1.924×10^{-3}
J_7	第六主轴颈中点与飞轮之间的轴段、飞轮及离合器总成	7.8426×10^{-2}

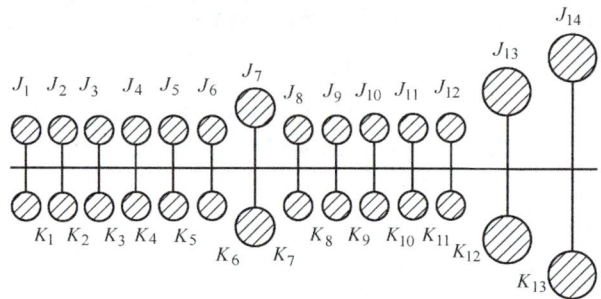

（续）

转动惯量	零部件名称	$kg \cdot m^2$
J_8	变速器第一轴、中间轴组件、倒档齿轮、第二轴上的三档常啮齿轮和超速齿轮与衬套	2.258×10^{-3}
J_9	变速器第二轴总成、中央制动器总成、中间传动轴一半	2.614×10^{-2}
J_{10}	中间传动轴一半、后传动轴一半	2.91×10^{-3}
J_{11}	后传动轴一半、主传动齿轮	2.51×10^{-3}
J_{12}	两个半轴一半、差速器、二级减速器	1.77×10^{-3}
J_{13}	两个半轴一半、四个驱动轮	7.836×10^{-2}
J_{14}	汽车平动质量之当量转动惯量	3.238
扭转刚度	轴　段	$N \cdot m/rad$
K_1	发动机第一、第二连杆轴颈间轴段	7.95×10^4
K_2	发动机第二、第三连杆轴颈间轴段	7.95×10^4
K_3	发动机第三、第四连杆轴颈间轴段	6.95×10^4
K_4	发动机第四、第五连杆轴颈间轴段	7.95×10^4
K_5	发动机第五、第六连杆轴颈间轴段	7.95×10^4
K_6	发动机第六连杆轴颈中点与飞轮间轴段	6.90×10^4
K_7	变速器第一轴	8.93×10^3
K_8	变速器第一轴及中间轴	1.41×10^4
K_9	中间传动轴	1.02×10^4
K_{10}	后传动轴	4.4×10^3
K_{11}	主传动器主动锥齿轮	1.38×10^4
K_{12}	两个半轴	1.616×10^2
K_{13}	四个驱动车轮	2.51×10^2

二、扭振系统动力学方程

根据所建立的系统扭振模型，可写出系统动力学方程如下：

$$
\begin{cases}
J_1 \ddot{\theta}_1 + K_1(\theta_1 - \theta_2) = M_{e1} \\
J_2 \ddot{\theta}_2 - K_1(\theta_1 - \theta_2) + K_2(\theta_2 - \theta_3) = M_{e2} \\
\quad\quad\quad \vdots \\
J_6 \ddot{\theta}_6 - K_5(\theta_5 - \theta_6) + K_6(\theta_6 - \theta_7) = M_{e6} \\
J_7 \ddot{\theta}_7 - K_6(\theta_6 - \theta_7) + K_7(\theta_7 - \theta_8) = 0 \\
\quad\quad\quad \vdots \\
J_{14} \ddot{\theta}_{14} - K_{13}(\theta_{13} - \theta_{14}) = 0
\end{cases}
\tag{7-5}
$$

式中，$\theta_1 \sim \theta_{14}$分别为相应圆盘的扭转角位移；$M_{e1} \sim M_{e6}$分别为发动机 1~6 缸的输出转矩。

可将式（7-5）表示的系统微分方程组改写成矩阵形式的动力学方程通式，即：

$$J\ddot{\boldsymbol{\theta}} + C\dot{\boldsymbol{\theta}} + K\boldsymbol{\theta} = N \tag{7-6}$$

式中，转动惯量阵 $\boldsymbol{J} = \begin{pmatrix} J_1 & & \\ & \ddots & \\ & & J_{14} \end{pmatrix}$;

阻尼阵 $\boldsymbol{C} = 0$;

刚度阵 $\boldsymbol{K} = \begin{pmatrix} K_1 & -K_1 & & & & \\ -K_1 & K_1+K_2 & -K_2 & & & \\ & \ddots & \ddots & \ddots & & \\ & & -K_{11} & K_{11}+K_{12} & -K_{12} & \\ & & & -K_{12} & K_{12}+K_{13} & -K_{13} \\ & & & & -K_{13} & K_{13} \end{pmatrix}$;

角位移矢量 $\boldsymbol{\theta} = \begin{bmatrix} \theta_1 & \theta_2 & \cdots & \theta_{14} \end{bmatrix}^{\mathrm{T}}$;

若以发动机激励为系统输入阵，则：

$$N = \begin{bmatrix} M_{e1} & M_{e2} & M_{e3} & M_{e4} & M_{e5} & M_{e6} & 0 & \cdots & 0 \end{bmatrix}^{\mathrm{T}}$$

三、固有频率与振型分析

在不考虑外部激励情况下，根据矩阵方程式（7-6），系统无阻尼自由振动可写成如下齐次方程：

$$J\ddot{\boldsymbol{\theta}} + K\boldsymbol{\theta} = 0 \tag{7-7}$$

假定系统为线性系统，各圆盘做同频率 ω、同相位 ϕ，仅振幅 θ_{m} 不同的简谐运动，则微分方程组式（7-7）有如下形式的解：

$$\boldsymbol{\theta} = \boldsymbol{\theta}_{\mathrm{m}}\sin(\omega t + \phi) \tag{7-8}$$

式中，$\boldsymbol{\theta}_{\mathrm{m}} = \begin{bmatrix} \theta_{m1} & \theta_{m2} & \cdots & \theta_{m14} \end{bmatrix}^{\mathrm{T}}$。

将式（7-8）代入式（7-7），可得：

$$(\boldsymbol{K} - \omega^2 \boldsymbol{J})\boldsymbol{\theta}_{\mathrm{m}} = 0 \tag{7-9}$$

根据线性代数可知，只有当矩阵 $(\boldsymbol{K} - \omega^2 \boldsymbol{J})$ 的行列式为零时，方程式（7-9）才有非零解，系统的特征方程即为：

$$|\boldsymbol{K} - \omega^2 \boldsymbol{J}| = 0 \tag{7-10}$$

根据式（7-10）求得的特征值 ω 就是扭振系统的固有圆频率，其对应的特征矢量就是该固有频率所对应的振型。此外，可根据求得的振型画出振型图，并将振型图中振幅为零的质点称为节点。根据表7-1中的参数计算得出的六节点以下的固有频率及其振型见表7-2，所对应的振型图如图7-5所示[5]。由于节点处的振幅最小，而扭转切应力最大，所以节点处是危险截面。该货车第四档下的动力传动系节点位置见表7-3。

表 7-2　第四档下扭振系统的固有频率（$f_{ti} = \omega_i / 2\pi$）和振型

f_{ti}/Hz　节点数 振型	单节点 5.3	双节点 21.6	三节点 73.9	四节点 147.7	五节点 252.9
1	1.0000	1.0000	1.0000	1.0000	1.0000
2	1.0000	0.9995	0.9946	0.9785	0.9369
3	0.9999	0.9986	0.9841	0.9367	0.8170
4	0.9998	0.9971	0.9661	0.8666	0.6225
5	0.9997	0.9953	0.9453	0.7871	0.4142
6	0.9996	0.9931	0.9197	0.6914	0.1809
7	0.9994	0.9900	0.8846	0.5645	-0.1007
8	0.9882	0.8067	-1.0624	-4.6841	-0.0426
9	0.9810	0.6882	-2.2587	-7.3624	0.0114
10	0.9682	0.4921	-2.6639	5.1797	0.0121
11	0.9379	0.0314	-3.2232	31.3052	-0.0065
12	0.9281	-0.1155	-3.2750	34.7329	-0.0095
13	0.0751	-12.6438	0.0342	-0.0850	0.0000
14	-0.0403	0.2719	-0.0001	0.0000	-0.0000

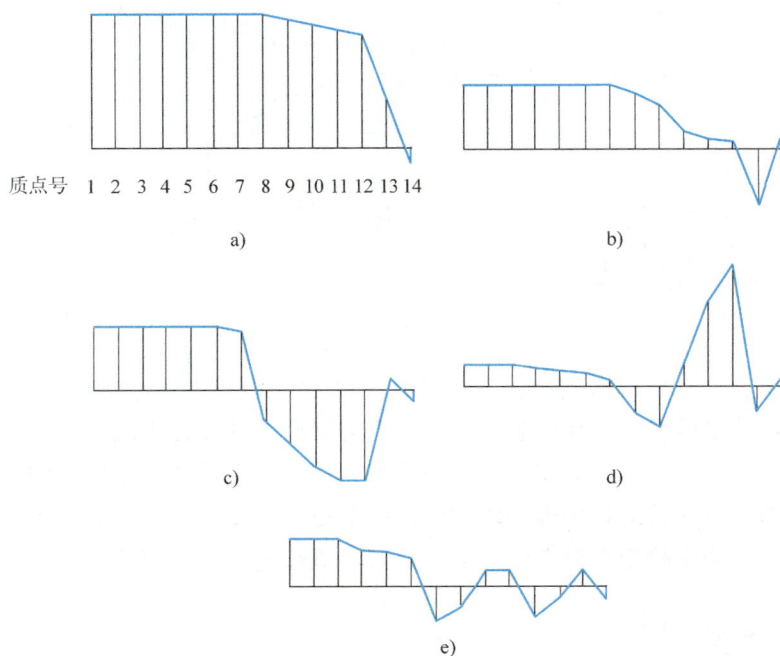

质点号　1 2 3 4 5 6 7 8 9 10 11 12 13 14

a)　　　　　　　　　　　b)

c)　　　　　　　　　　　d)

e)

图 7-5　第四档对应各固有频率 f_{ti} 的低阶振型图

a）对应 f_{t1} 的单节点振型　b）对应 f_{t2} 的双节点振型　c）对应 f_{t3} 的三节点振型

d）对应 f_{t4} 的四节点振型　e）对应 f_{t5} 的五节点振型

表7-3 第四档下动力传动系的节点位置

振型	单节点	双节点	三节点	四节点	五节点	六节点
节点位置 （即危险截面）	K_{13}	K_{11}、K_{13}	K_7、K_{12}、K_{13}	K_7、K_9、K_{12}、K_{13}	K_6、K_8、K_{10}、K_{12}、K_{13}	K_4、K_7、K_9、K_{10}、K_{12}、K_{13}

当低频振动时，传动系统各质量之间的相对振幅值相差较大，而发动机各质量之间的相对振幅近似相等。由表7-3可见，单节点、双节点及三节点扭转振动的节点均位于传动系统上，因而这种低频振动对曲轴系统危害较小。为改善车辆传动系统低频扭振特性，应从传动系统部件的扭振结构参数设计考虑，尽可能减少底盘传动系统的扭振幅值及扭转切应力值。

四节点、五节点和六节点等高频振动时，发动机各部分之间的相对振幅值相差较大。此时，传动系统各质量（离合器除外）的动力学参数影响很小，而发动机系统的动力学参数对高频振动特性影响显著。因此通常可采用改善发动机曲轴扭振减振器性能和曲轴扭振系统部件结构参数以减少发动机高频振动的影响。

此外，根据系统动力学方程还可进行系统频率响应分析。如本例计算出第四档的汽车平动质量当量角加速度的频率响应特性如图7-6所示。

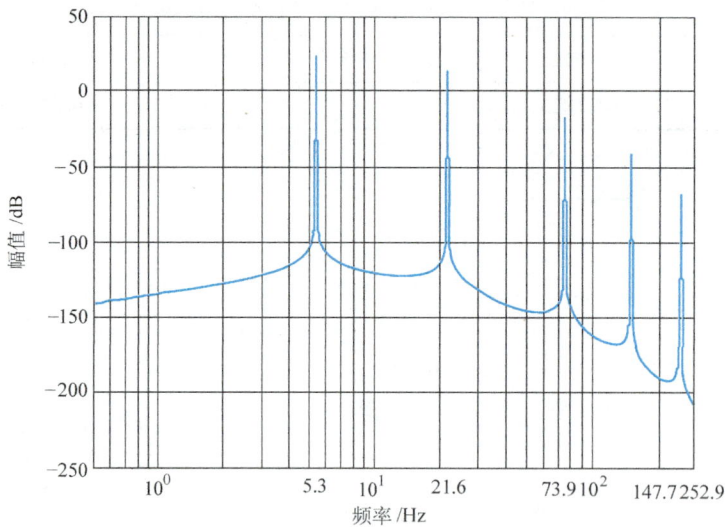

图7-6 第四档汽车平动质量当量角加速度的频率响应特性

由图7-6可清楚地看出，在与表7-2相对应的固有频率f_{ti}处出现了明显的共振峰。因而应设法增加各阶可能产生共振的扭振模态的阻尼，以有效降低共振振幅，例如采用离合器从动盘扭振减振器，可为传动系统提供附加的扭振阻尼。此外，用于曲轴和传动轴的阻尼式扭振减振器也可增加特定阶扭振模态的阻尼，以减小该阶的共振响应幅值。

四、发动机临界转速

当发动机转矩主谐量的频率与扭振系统固有频率一致时，系统便发生共振。因而，引起共振的发动机临界转速$n_{e,c}$为：

$$n_{e,c} = \frac{30f_t}{\pi j} \tag{7-11}$$

式中，f_t 为动力传动系统固有频率；j 为发动机转矩主谐量的阶数。

在所有的发动机临界转速中，由于高阶谐量的幅值较小，引起的共振相对较弱，因而只有其中少数几个具有实际意义。对多节点振型，由于固有频率高，引起共振的激振扭矩阶数也高，因而其共振危害较小。

对汽车传动系统的扭振计算和试验表明，对四冲程发动机而言，六缸机的 3 阶主谐量和四缸机的 2 阶主谐量激起的传动系统三节点振型（与传动系统第三固有频率相对应）振动通常最为重要，此时的共振载荷可达最大值，且共振状态下的振型近似于自由振动的振型。由图 7-5 所示的振型可知，系统各轴段的共振转矩载荷是不同的，振型线越陡的轴段，所承受的共振载荷越大。在三节点振型中，一般在相当于发动机飞轮与变速器之间的轴段的振型线最陡，表示共振载荷最大。

第三节　动力传动系统的减振措施

为了减少传动系统扭转振动、降低共振载荷和噪声，可采用各种减振措施来改善系统结构参数（包括转动惯量、扭转刚度、扭振阻尼等），尽可能将共振工况移出常用的车速区，使其危害性显著减少。传动系统的减振措施主要有以下两类：

(1) 调整传动系统本身的固有频率　使其临界转速增加或降低到发动机工作转速之外。由于固有频率主要取决于转动惯量和扭转刚度，因此可通过改变传动系统中任一部件的转动惯量和扭转刚度来调整其固有频率。由于轴段扭转刚度与轴径的四次方成反比，故改变轴径的效果明显。实际中常用的调频方法是：①改变远离节点处（如飞轮）的转动惯量；②改变传动系统某些轴段的扭转刚度，如采用扭转刚度较小的弹性联轴器，可显著降低传动系统的单节点固有频率。

(2) 提高系统阻尼以衰减传动系统振动　液力耦合器或液力变矩器具有良好的阻尼特性，可有效消除传动系统扭振。而对于传统的机械式离合器来说，则需要其他辅助装置来增加阻尼。

实际中通常采用的动力传动系统减振装置不尽相同，这里就两种典型的例子进行介绍。

1）扭转减振器。通常在离合器中安装扭转减振器，降低离合器与变速器之间的扭转刚度，并提高系统阻尼，其结构如图 7-7 所示。扭转减振器中同时具有弹簧和阻尼的作用，在其压盘弹簧刚度变化的同时，还产生摩擦阻尼。图 7-7a 所示为单级扭转减振器。为了保证均匀地衰减不同频率的振幅，使系统在不同情况下都能提供满意的阻尼特性，在扭转减振器中可设置不同组刚度的弹簧，在发动机怠速工况下起作用，以消除变速器怠速噪声。目前在柴油机车辆中，广泛采用具有怠速级为两级或三级的非线性扭转减振器，如图 7-7b 所示。通过改变传动系统的固有频率，尽可能将较为严重的共振移出发动机常用的转速范围。同时，合理设计减振器中阻尼元件中的摩擦力矩，以有效地消耗振动能量。

摩擦式离合器能限制可传递的最大转矩，因而可采用滑动率控制的摩擦扭转减振器来衰减扭振，其结构及控制原理如图 7-8 所示。其中，传统的干式摩擦离合器由微处理器（即图中所示的滑动率控制模块）控制的机械调整机构来操纵。其中传感器检测发动机输出转速

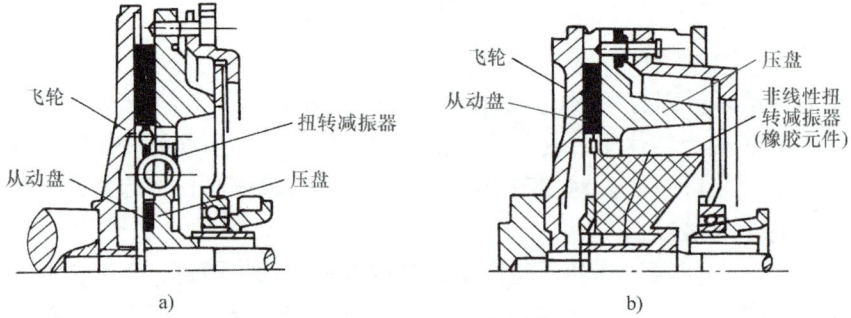

图7-7 具有扭转减振器的离合器

a) 单级扭转减振器 b) 非线性扭转减振器

和变速器输入转速，微处理器通过这些输入信号确定调整量的大小。微处理器根据控制信号改变扭转减振器的压力，使其保持在适当的滑动率下工作。当超过承载范围而发生强烈扭振时，预设的控制律即可实现当前工况下最佳的阻尼值。

图7-9中给出了某发动机临界转速为 1850r/min 时，发动机的输出转速、传动系统的输入转速和滑动率与时间的函数关系。由传动系统输入轴（即滑动式摩擦离合器输出轴）曲线可清晰地看到，高频振动得到了有效衰减。

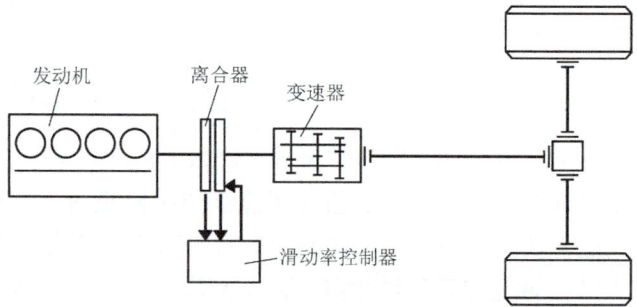

图7-8 扭转减振器的结构及控制原理

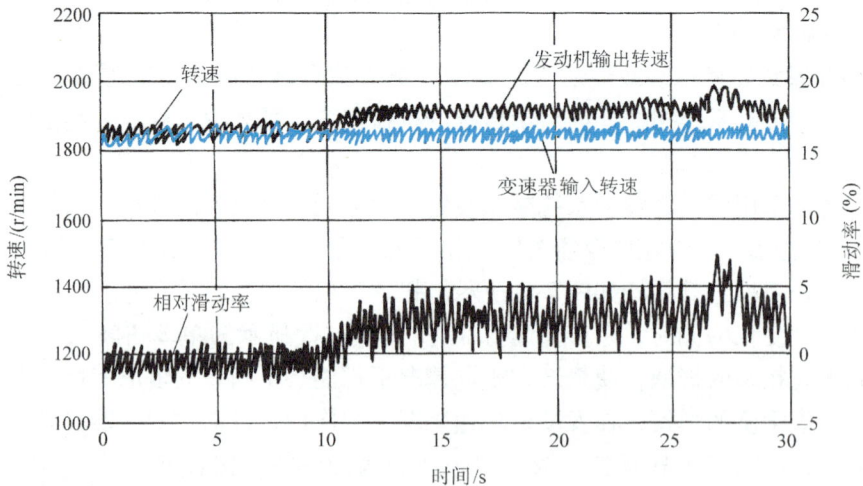

图7-9 扭转减振器滑动率和转速控制过程

2）双质量飞轮。对振动衰减要求高的场合还可采用双质量飞轮，其结构和工作原理如图7-10所示。双质量飞轮通过附加质量的弹性连接，实现了对振动信号的大幅度衰减，其优点表现为：

① 降低了发动机-变速器振动系统的固有频率，可避免柴油机怠速时发生共振。

② 可加大减振弹簧的布置半径，降低减振弹簧刚度，并容许增大转角。

③ 由于其较好的减振效果，变速器中可采用黏度较低的齿轮油因而不会产生齿轮冲击噪声，并可改善低温工况下的换档性能。而且，由于从动盘中无减振器，因而减少了从动盘的转动惯量，有利于换档平稳。

与采用附加扭转减振器的结构相比，采用双质量飞轮减振成本较高，并且传统结构的改变引起了维修不便，也使成本增加。此外，由于双质量飞轮的结构空间布置困难，因而限制了其在前轮驱动车辆中的广泛应用。

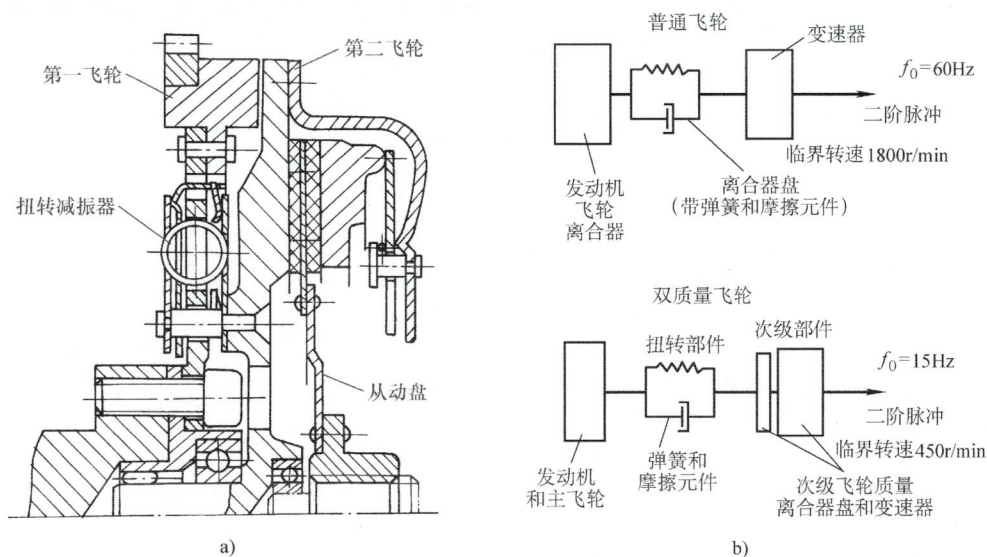

图 7-10　双质量飞轮的结构和工作原理

a）双质量飞轮的结构　b）双质量飞轮工作原理

参 考 文 献

[1] 瓦伦托维兹. 汽车工程学 I：汽车纵向动力学（英文版）[M]. 北京：机械工业出版社，2009.

[2] M. 米奇克汽车动力学 [M]. 陈萌三，余强，译. 4 版. 北京：清华大学出版社，2009.

[3] 莱夫. BOSCH 汽车工程手册（中文第 4 版）[M]. 魏春源，译. 北京：北京理工大学出版社，2016.

[4] 邬惠乐，邵成，冯振东，等. 解放牌 CA-10 型汽车动力传动系的扭转振动 [J]. 吉林工业大学学报，1982（3）：001.

[5] 李道飞，庄德军，喻凡. 汽车动力传动系的扭转振动建模与分析 [J]. 机械设计与研究，2005（增刊）：138～140.

第二篇

行驶动力学

本篇介绍车辆的行驶动力学内容、主要包括不平路面的输入模型、乘坐舒适性评价标准、车辆行驶平顺性指标以及行驶动力学模型。通过行驶动力学建模及性能分析，介绍对悬架系统参数的设计及考虑。最后，对可控悬架（或称为智能悬架）进行了分类介绍，以及采用先进控制方法进行主动悬架系统设计的控制算法及仿真结果。

路面模型及舒适性标准

第一节 概 述

与闭环的操纵动力学问题不同的是，或许可以先将车辆行驶动力学看作一个典型的"开环系统"，它所涉及的主要内容如图8-1所示。

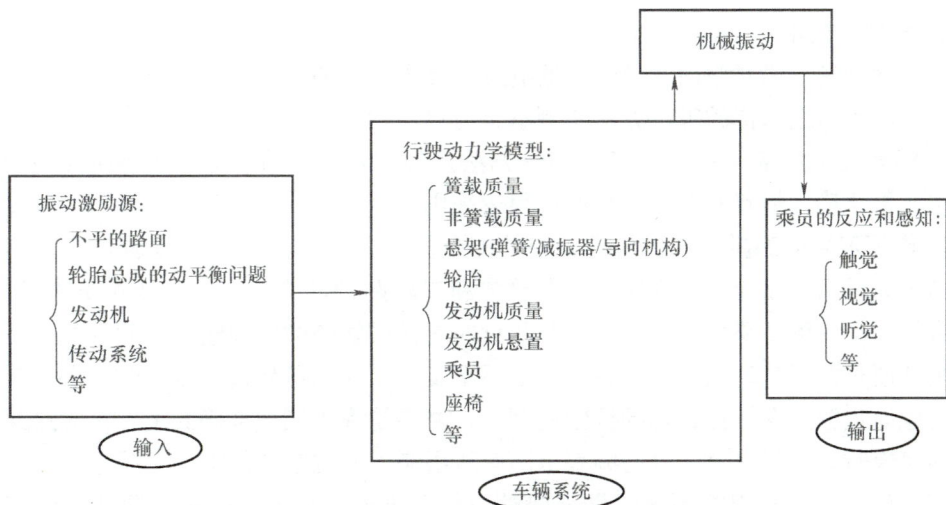

图8-1 车辆行驶动力学所涉及的主要内容

由图8-1可知，左边的系统输入包括多个激励源，如来自不平路面的激励、轮胎及车轮总成的影响（如动平衡问题）、发动机及传动系统的振动引起的激励等。此外，还可能有许多其他潜在因素可以被乘员所感受到，但本章中只介绍作为主要激励源的路面不平度，具体内容见下一节的路面输入模型。

图8-1所示的输出部分即乘员的反应和感知。人可以通过触觉、视觉及听觉等多方面感知周围环境，例如低频下的振动会引起人晕车，也就是通常所指的"运动病"，眼的振动及中耳的不平衡也可以引起晕车。这些问题涉及生理学这一更为广泛的范畴，这里仅讨论人体对振动的反应。

图8-1中介于输入与输出之间的内容是本章研究的核心问题，即车辆行驶动力学模型，其中所涉及的实际因素有很多，但主要因素包括簧载质量（即车身质量）和非簧载质量（即车轮质

量）、悬架、轮胎、发动机质量及其悬置、乘员和座椅等。尽管行驶动力学所涉及的内容较广泛，但本书中会围绕行驶动力学所谓"主问题"展开，即通过数学建模、预测和分析车辆行驶在不平路面输入下系统的响应。因此，行驶动力学研究的主要内容可以总结为以下三个问题：

1）如何建立一个能合理描述不平路面的输入模型；

2）如何合理地建立一个用于车辆行驶平顺性分析的车辆模型；

3）如何提出能合理表述车辆行驶平顺性的量化指标。

本章将围绕第一个和第三个问题展开，而第二个问题将在第九章的行驶动力学模型中进行介绍。目的是通过车辆行驶动力学建模、仿真及性能分析，预测车辆行驶平顺性能、优化车辆系统（这里主要是针对悬架系统）的设计，以及通过采用先进的控制方法进行主动悬架控制系统的设计，关于悬架控制部分的相关内容将在第十章中给予介绍。

第二节　路面输入及其模型

一、路面测量技术及数据处理

1. 路面测量技术

为了精确预测车辆对路面激励输入的响应，首先要做的工作就是对路面本身进行恰当描述及表达。获得路面特征的唯一方法是测量，可供使用的测量技术有：

（1）经典测量技术　一种古老的测量方法是使用水平仪和标尺进行路面不平度测量。这种方法非常精确，但费时费工，目前已很少采用。

（2）路面不平度测量仪　目前常采用的测量方法是使用路面不平度测量仪，其结构及原理如图 8-2 所示。路面不平度测量仪有单轨和双轨两种形式。一般安装在车体或拖车上，通过拖带的从动轮测量路面不平度。如要测量左右两轮轨迹的路面输入之间的关系，可用双轨式测量仪通过两个从动轮测得。在对路面不平度测量仪的悬架进行设计时，必须保证从动轮始终与地面接触，保持在合理的行驶速度下，路面轮廓才能被准确测量。在对路面测量信号处理和建模时，一般要对信号的频率范围有所限制。通过频宽的上、下截止，使所建立的路面模型只包括认为有用的频率信号。相对一般汽车车轮来说，测量仪的从动轮较小、较硬，它通常由一个硬质的小窄轮胎构成。由于汽车轮胎与地面有一定的接触长度，对不平路面中的那些微小凹坑和凸起有包络效应，因而在建模中无需反映那些太细的路面纹理结构。而测量仪的硬质小轮比通常的车用轮胎小，可以测量出更多的路面高频小幅值分量，故采用上截止频率的办法来滤掉这些高频分量，以简化数据处理工作。如果仅考虑影响平顺性的频段信号成分，则无需采集那些伴随大波长（如类似桥面的波峰和桥洞下隧道般的波谷）的极低频段内的路面位移信号，因为车辆总归是要跟随这样的路面行驶，故可用带通滤波器将这种没用的极低频信号去除。

（3）非接触式路面测量装置　假如路面的细致纹理也需考虑，则可采用非接触式测量方法，如激光或超声波方法，工作原理如图 8-3 所示。路面与测量装置中的质量块间的相对位移可由加速度传感器间接获得。非接触式路面测量装置通常安装在车辆前部的支承横梁上，可安装多个测量装置进行多道同时测量。

（4）倾斜测量装置　可使用一辆双轮小车（工作原理见图 8-4）并配合自立式陀螺仪

来测量非路面的不平度[1,2]。地表面的倾斜度由陀螺仪测量，然后通过积分得出位移。例如，两轮间距为150mm，那么就可获得波数高达3~4cycle/m的空间频率信息。如果测量车以2m/s的速度行驶，那么所测得的不平度信号频率域可覆盖至8Hz。

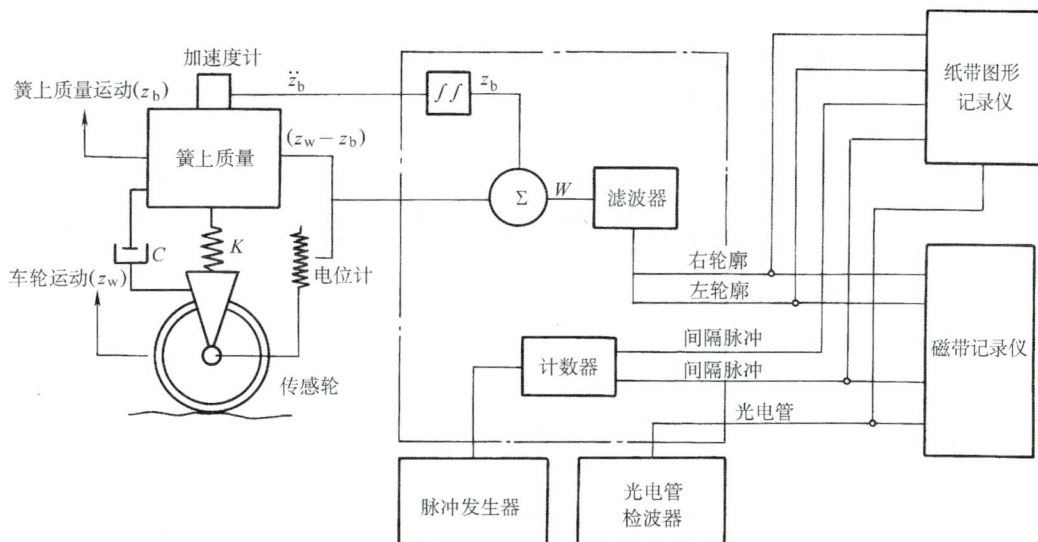

图8-2 路面不平度测量仪的结构及原理

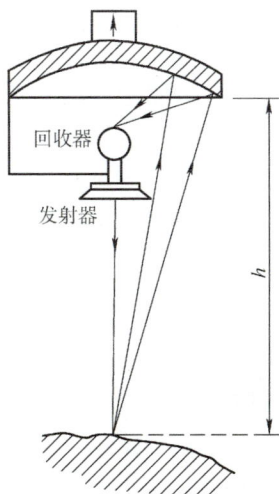

图8-3 非接触式路面测量的工作原理

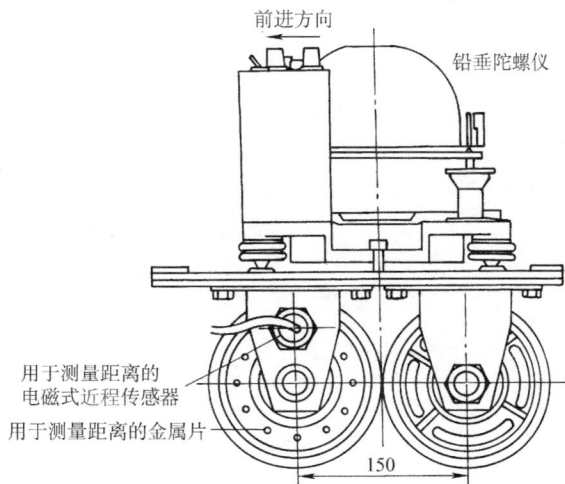

图8-4 倾斜测量装置

2. 数据处理

通常实测所得的路面轮廓不会遵循某一特定的模式，图8-5a所示为一典型的实测路面截面曲线。假设所取的典型样段可在一段距离内重复出现，那么就可以用代表性路段对该路面进行处理，将信号分解为一系列的傅里叶分量，并可表示为由各种波长的正弦波组成的集合。例如以20m/s的车速行驶，记录里程为2400m，记录时间T为120s，那么由傅里叶变换可生成如图8-5b所示的线谱图，其中横坐标为频率，纵坐标表示正弦波幅值的平方，并以

双对数坐标表示。这里，线谱的频率分别为 1/120Hz、2/120Hz、3/120Hz 等，其位置取决于记录的信号长度。为了克服线谱分析过程和方式的影响，采用功率谱密度来代替频谱线，图 8-5c 所示的功率谱密度更为简单地表达了路面位移的频域描述，而且其频率范围可扩展到 1/(2T) 以下。

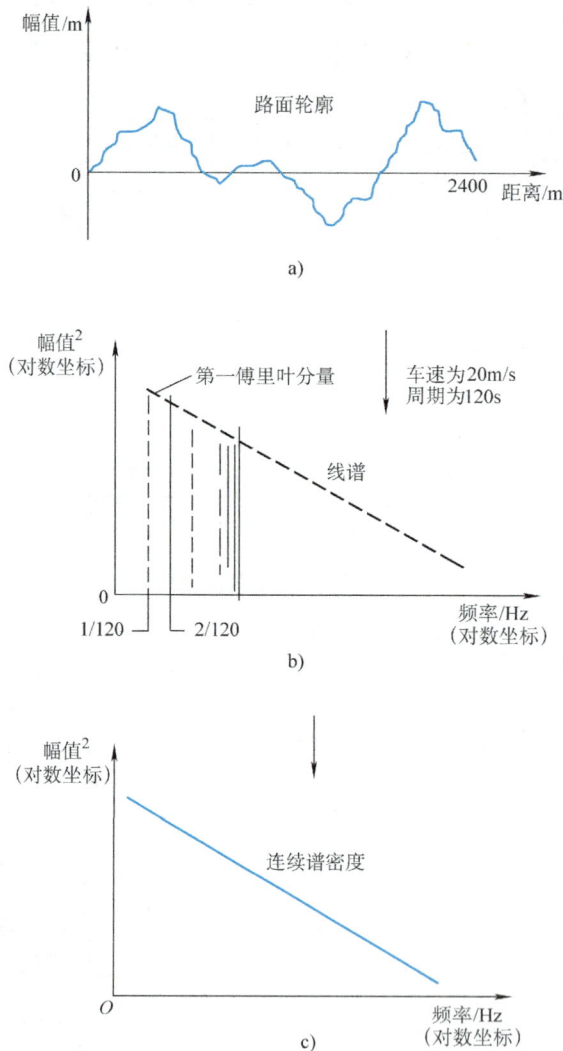

图 8-5　由实测路面位移到频域表达的分析过程

显然，低频长波通常有较大的振幅，而高频短波具有较小的振幅。图 8-6 所示的实际路面的频谱密度图就清晰地表明了这一点。

国际标准化组织推荐采用路面功率谱密度来描述路面不平度的统计特性，并制定了《机械振动—地面车辆—测量数据报告方法》[3]标准，为单道或多道路面不平度测量数据提供了统一报告方法，适用于乡道、街道、公路以及非路面的不平度测量的数据处理。

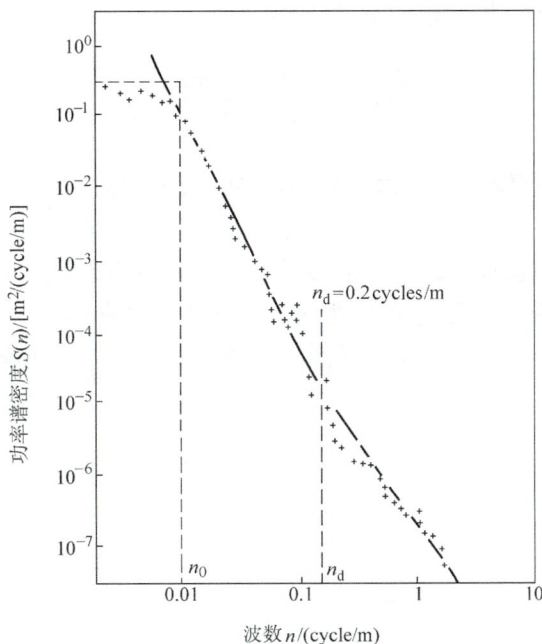

图 8-6 实测的典型主干道路面谱密度

路面功率谱密度一般采用双对数坐标来描述，通常在高频部分会出现剧烈的波动，因而需对一定的频带进行光滑处理，用一段或几段直线来表示。其路面功率谱密度光滑计算的频带划分区间见表 8-1。

表 8-1 路面功率谱密度光滑计算的频带划分区间

倍频带	从最低频带（零频率除外）到中心频率 $0.0312\mathrm{m}^{-1}$
1/3 倍频带	从倍频带的末尾值到中心频率 $0.25\mathrm{m}^{-1}$
1/12 倍频带	从 $0.2726\ \mathrm{m}^{-1}$ 到最高计算频率

在规定的带宽内对功率谱密度进行平均计算，其光滑计算公式为：

$$S(i) = \frac{[(n_L + 0.5)Be - n_l(i)]S(n_L)}{n_h(i) - n_l(i)} +$$

$$\frac{\sum_{j=n_{L-1}}^{n_{H-1}} S(j)Be + [n_h(i) - (n_H - 0.5)Be]S(n_H)}{n_h(i) - n_l(i)} \tag{8-1}$$

式中，$S(i)$ 为在第 i 个频带内的光滑功率谱密度；$n_H = \mathrm{INT}(n_h(i)/Be + 0.5)$；$n_L = \mathrm{INT}(n_l(i)/Be + 0.5)$；$n_l$ 为频率下限；n_h 为频率上限；Be 为频率分辨率。

对于多道路面不平度的统计特性，以各通道的功率谱密度函数和各通道间的互功率谱密

度函数或相关函数来描述。相关函数 $\gamma(n)$ 定义为：

$$\gamma^2(n) = \frac{|S_{LR}(n)|^2}{S_{LL}(n)S_{RR}(n)} \tag{8-2}$$

式中，S_{LR} 为左右轮迹路面输入的互谱；S_{LL} 为左轮迹路面输入的自谱；S_{RR} 为右轮迹路面输入的自谱。

数据处理后的路面数据通常以曲线的形式给出，其中单道路面不平度的表达形式应包括未经光滑处理的功率谱密度和经过光滑处理的功率谱密度曲线，分别如图 8-7 和图 8-8 所示。而对多道路面谱数据的描述，除各单道功率谱密度曲线外，还应包括相关函数曲线，如图 8-9 所示。

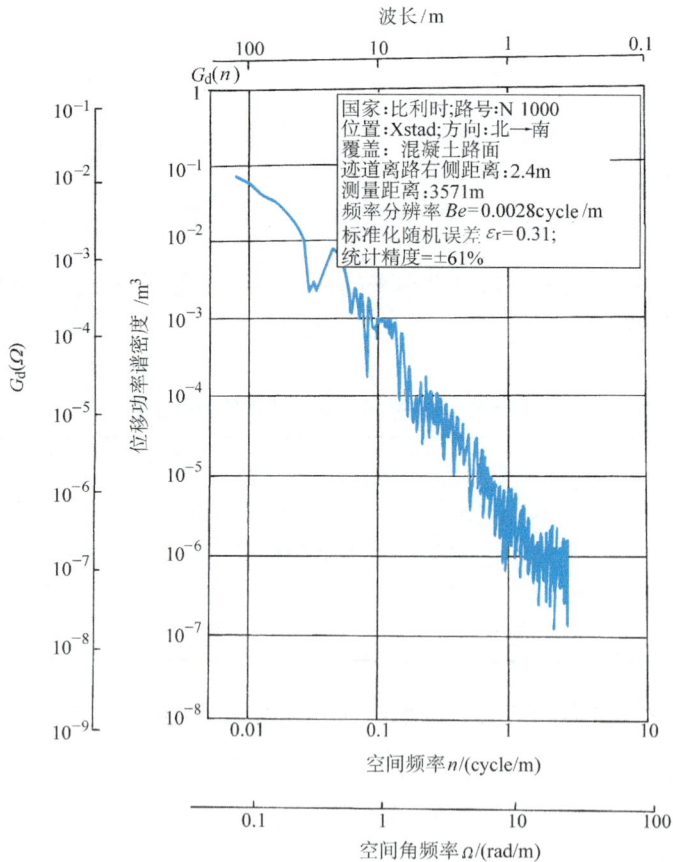

图 8-7　未经光滑处理的路面功率谱密度

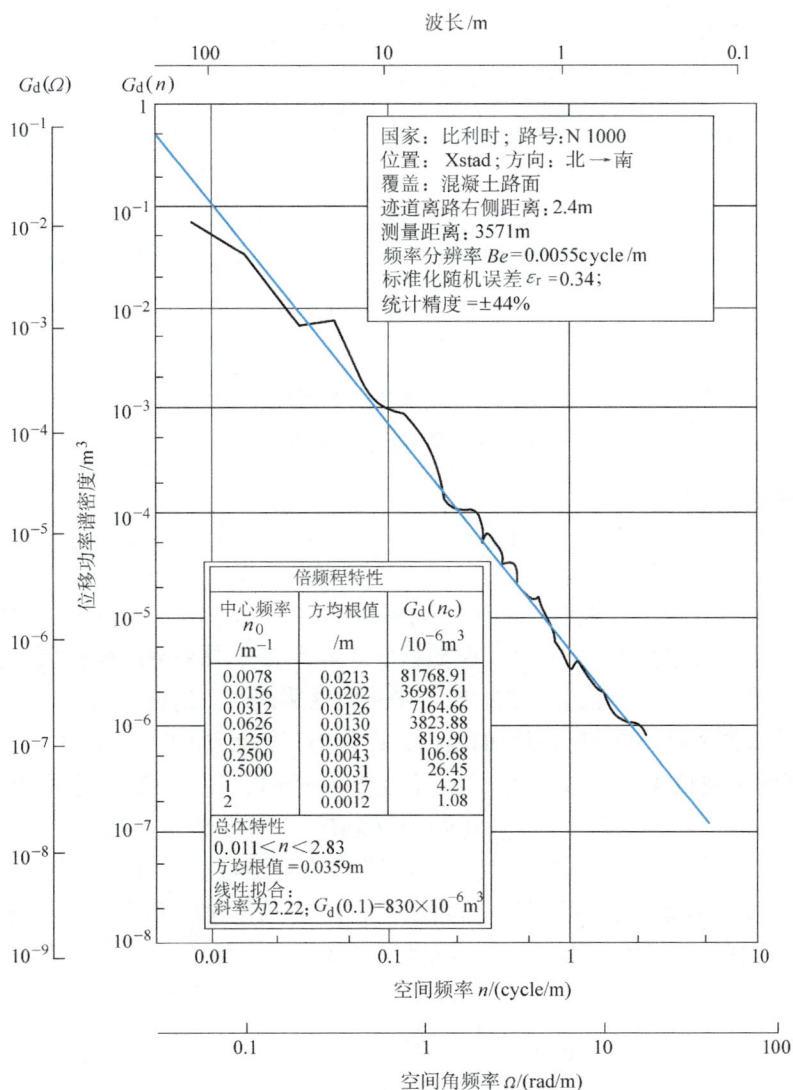

图 8-8　经过光滑处理的路面功率谱密度

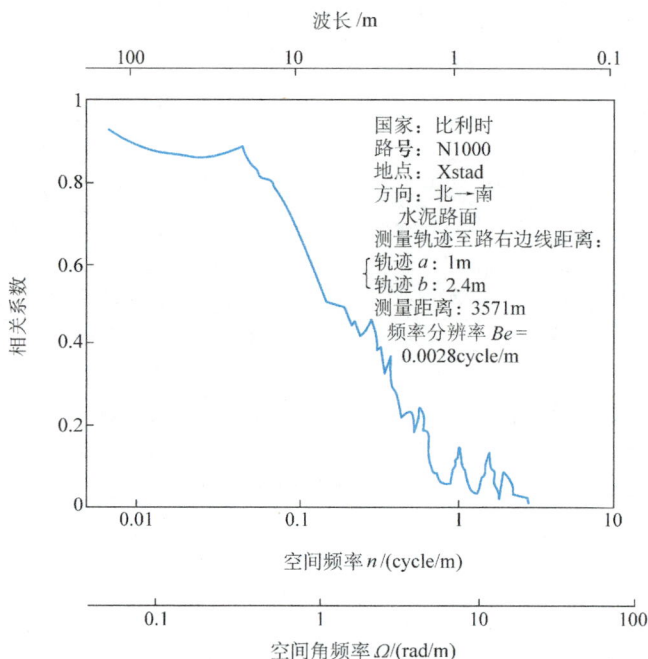

图 8-9　路面相关函数曲线

二、路面输入模型

1. 频域模型

大量的路面测量文献[4,5]表明，对于不同等级的路面，主要区别在于路面粗糙程度的不同，通常用路面不平度系数 G_0 来表示其粗糙程度。如果将一段平滑路面的所有频谱成分的振幅均按一定比例增加，实际上就可形成一段不平路面的路面谱。这样，就可以方便地用一个谱密度函数通式来近似表达不同粗糙程度的路面，以作为车辆系统的输入激励。设空间谱密度为 S，空间频率（等于波长 λ 的倒数）为 n（单位为 cycle/m），则二者的关系可用下式表示：

$$S(n) = G_0 n^{-p} \tag{8-3}$$

式中，G_0 为路面谱密度不平度系数，其大小随路面的粗糙程度而递增；指数 p 表示双对数坐标下谱密度曲线的斜率。有些情况下，路面谱密度公式包含的斜率可能不连续，如图 8-6 所示的实测路面谱就有两段不同斜率的情况[5]，这时，式（8-3）则可写成如下形式：

$$S(n) = \begin{cases} G_0\left(\dfrac{n}{n_d}\right)^{-p_1} & n \leqslant n_d \\[3mm] G_0\left(\dfrac{n}{n_d}\right)^{-p_2} & n > n_d \end{cases} \tag{8-4}$$

式中，n_d 为双对数坐标下谱密度线断点处的空间频率。

实际上，式（8-4）仍有与实际情况不符之处，例如在空间频率趋于零时，所表达的路面输入振幅将趋向∞。而实际路面并非如此，由图 8-6 所示的实测路面谱中也可看出，路面谱密度 S 的值在低频段趋向平坦。基于这点考虑，可引入一个下截止频率 n_0，即当频率低于 n_0 时，谱密度幅值保持恒定。这样，式（8-4）表达的路面模型进而改为与实际路面更加吻合的"三段式"路面模型（参见表 8-4）。在极低频段内，有些长波信号可能已低于我们关心的最小空间

频率。对车辆悬架设计而言，这些极低频率的大波段信号成分其实不重要、也无意义。尽管如此，在路面输入信号建模中，对这些信号成分也要有所考虑。对三段式路面模型而言，不同路面条件下测得的不平度系数 G_0、低频段（$n_0 \sim n_d$ 之间）斜率值 p_1、高频段斜率值 p_2、下截止空间频率 n_0、断点处空间频率 n_d 值见表 8-2。

表 8-2　各种实测路面的模型参数值

路面类型	不平度系数 G_0/ (m^3/cycle)	斜率 p_1	斜率 p_2	下截止 空间频率 n_0/ (cycle/m)	断点处 空间频率 n_d/ (cycle/m)
高速公路（M1）	2×10^{-8}	2.59	—	0.01	—
主干道（A5）	4.6×10^{-7}	2.75	1.16	0.01	0.30
支路	5.6×10^{-7}	3.15	2.42	0.01	0.20
MIRA 石子路[①]	1.7×10^{-5}	5.9	1.55	0.04	0.16

① MIRA 为英国汽车研究所的简称，即 Motor Industry Research Association。

如果仅以基本行驶模型分析为目的，通常式（8-3）表示的单斜率路面输入模型基本上就可满足要求。假如不平度系数 G_0 按表 8-3 取值，则斜率 p 值通常取 $2 \sim 2.5$ 为宜。

表 8-3　各种典型路面的不平度系数 G_0 值　　　　（单位：m^3/cycle）

路面种类	范围	均值
高速公路	$3 \times 10^{-8} \sim 5 \times 10^{-7}$	1×10^{-7}
主干道	$3 \times 10^{-8} \sim 8 \times 10^{-6}$	5×10^{-7}
支路	$5 \times 10^{-7} \sim 3 \times 10^{-5}$	5×10^{-6}

需注意，路面模型表达式（8-3）和式（8-4）以及含下截止频率的"三段式"模型均为空间频率域表达式，与时间和车速无关。如果车辆以恒定的速度在路面上行驶，就可以方便地用时间频率代替空间频率来表达路面模型，基于单斜率路面模型（式（8-3））的推导过程如下。

根据功率谱密度函数的定义，无论是以时间频率还是以空间频率表达，它们在频率域内的积分相同，均等于路面激励的方均值，即 $\int S(f)\mathrm{d}f = \int S(n)\mathrm{d}n$，其中时间频率 f 等于车速 u 与空间频率 n 之积，即 $f = nu$。因为有 $\mathrm{d}f = u\mathrm{d}n$，则有 $\int S(f)\mathrm{d}f = \int S(f)u\mathrm{d}n = \int S(n)\mathrm{d}n$，所以 $S(f) = S(n)/u$。因此，空间频率表达式（8-3）改写为：

$$S(f) = \frac{G_0 n^{-p}}{u} = \frac{G_0 u^{p-1}}{f^p} \tag{8-5}$$

式中，f 为时间频率；u 为恒定的车辆行驶速度。

对于线性车辆模型来说，式（8-5）表示的路面模型可直接用来作为频域分析的系统输入。然而，如果车辆系统模型中包含一些非线性的描述，如双刚度弹簧、非线性阻尼器、限位块撞击等，那么路面模型必须在时间域或距离域内加以描述。如果得不到实际测量的时间域或距离域信号，通常采用已知的路面谱密度方程重新"构建"一段路面。因为理论上讲，任意一条路面轨迹均可由一系列离散的正弦波叠加而成。虽然根据已知的路面频域模型，每个正弦波的振幅可由相应频率的频谱密度获得，但相位差可能由随机数发生器产生，这就意味着在相频函数未知的情况下，所"构建"的这段路面与实际路面并非完全一致。通过这

种方法产生的时间域或距离域的路面,在统计意义上与其频域模型是一致的,可用于车辆的非线性动力学分析。

2. 时域模型

(1)积分白噪声 对式(8-3)表示的空间频域模型,以指数 $p = 2$ 时为例,即 $S(n) = G_0 n^{-2}$,则以时间频率 f 表达的路面功率谱密度可改写为:

$$S(f) = G_0 \frac{u}{f^2} \tag{8-6}$$

由式(8-6)可以看出,若仅作为悬架系统的输入来考虑路面激励,提高车速和增加路面不平度系数,其二者的效果实际上是相同的。

根据式(8-6),由功率谱密度描述的路面不平度输入模型可用一个线性系统来描述,如图 8-10 所示,其中系统输入为单位强度为 1 的随机白噪声 w,输出为路面不平度位移 "z_g",$G(j\omega)$ 表示系统的传递函数,即:

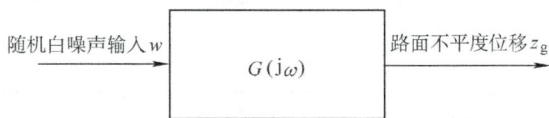

随机白噪声输入 w → $G(j\omega)$ → 路面不平度位移 z_g

图 8-10 随机滤波白噪声路面模型

$$G(j\omega) = \frac{z_g(j\omega)}{w(j\omega)} \tag{8-7}$$

根据线性系统理论可知[6],输出的功率谱等于输入功率谱乘以传递函数模的平方,因而随机白噪声表达的路面功率谱密度为:

$$S(f) = \frac{G_0 u}{f^2} = |G(f)|^2 \sigma^2 \tag{8-8}$$

式中,σ^2 为随机白噪声 w 的方差,取为 1;z_g 为路面不平度位移。

若以圆频率 ω(单位为 rad/s)表示,则式(8-8)可改写为:

$$S(\omega) = \frac{S(f)}{2\pi} = \frac{2\pi G_0 u}{\omega^2} = |G(\omega)|^2 \frac{\sigma^2}{2\pi}\bigg|_{\sigma^2 = 1}$$

由此可得:

$$|G(j\omega)|^2 = \frac{4\pi^2 G_0 u}{\omega^2} \tag{8-9}$$

因此,传递函数 $G(j\omega)$ 的表达式为:

$$G(j\omega) = \frac{z_g(j\omega)}{w(j\omega)} = \frac{2\pi \sqrt{G_0 u}}{j\omega} \tag{8-10}$$

再对上式进入反拉普拉斯变换,就可以求得路面不平度位移的时域表达式,即:

$$\dot{z}_g(t) = 2\pi \sqrt{G_0 u} w(t) \tag{8-11}$$

式(8-11)通常被称为"积分白噪声"形式表达的时域路面输入模型,是在 $p = 2$ 时的单斜率假设条件下推导而来的。

(2)滤波白噪声 为了能更真实地反映路面谱在低频范围内近似恒定的实际情况(参见图 8-6),可以在以式(8-6)表达的路面谱模型中再引入一个下截止频率 f_0,结合式(8-8),可得:

$$S(f) = \frac{G_0 u}{f^2 + f_0^2} = |G(f)|^2 \sigma^2 \qquad (8\text{-}12)$$

同样，低通滤波传递函数 $G(j\omega)$ 改写为：

$$G(j\omega) = \frac{2\pi \sqrt{G_0 u}}{j\omega + \omega_0} \quad (\omega_0 = 2\pi f_0) \qquad (8\text{-}13)$$

由式（8-13），即得到引入了一个下截止频率的路面不平度位移时域表达式，即所谓的滤波白噪声：

$$\dot{z}_g(t) = -2\pi f_0 z_g(t) + 2\pi \sqrt{G_0 u} w(t) \qquad (8\text{-}14)$$

通常，下截止频率 f_0 的取值范围可在 0.01Hz 附近，以保证所构建的时域路面位移输入与实际路面相符合。

3. 四轮输入时的考虑

当车辆在硬路面上直线行驶时，其后轮的路面输入与前轮的输入轨迹相同，只是时间上存在一定的滞后。在恒定车速下，其滞后时间等于轴距与车辆行驶速度的比值。因而在车辆行驶动力学时域仿真分析时，只需将前轮的路面输入模型滞后即可作为后轮的输入。

而在整车建模及分析中，不仅需要考虑轴距滞后的前后轮路面输入，而且还要考虑左右车轮轮距的相关程度。如果测量中采用双轨路面不平度测量仪获得了左、右两边的路面信号，那么就可以获得各自的自谱（S_{LL} 和 S_{RR}）以及互谱（S_{LR}），得到左右轨迹之间的相关函数。

相关函数 $\gamma(n)$，参见公式(8-2)，在频域内描述了左右轨迹不平度中频率为 n 的分量之间线性相关的程度，其值在 0~1 范围内变化。当相关函数值为 1 时，表示左右轮迹路面输入完全相关；当相关函数值为 0 时，表示左右轨迹路面输入完全无关，二者随机变化。左右轨迹路面不平度信号通常对于大波长情况（即低频段）得出的相关函数值趋近于 1；对于高频段则趋近于 0。从统计意义上讲，可以认为路面是各向同性的，若以式(8-3)表示的斜率为 2.5 的情况（即 $S(n) \propto n^{-2.5}$ 表示的各向同性路面）为例，可以计算出不同轮距（以 B 表示）情况下的相关函数随空间频率的变化曲线，如图 8-11 所示[6]。

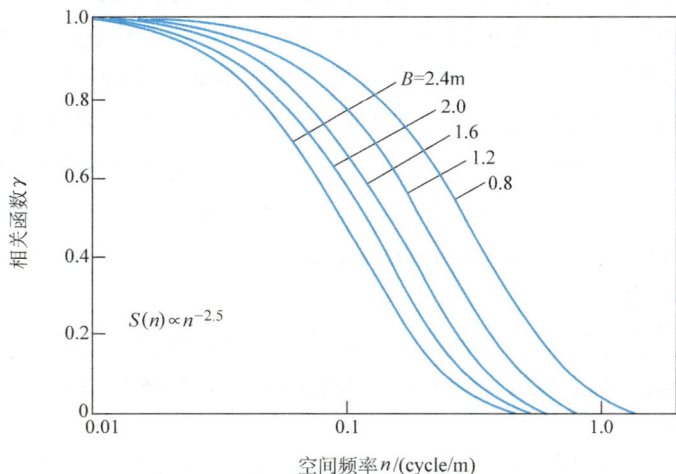

图 8-11　左右车轮路面输入相关函数

为更清晰地总结以上介绍的频域和时域路面模型，这里将空间频率、时间频率及以白噪声表示的时域路面输入模型归纳在表8-4中。

表8-4　路面不平度输入模型

表达形式			公式	特点
频域 （功率谱密度 S）	空间频率 n	单斜率	$S(n) = G_0 n^{-p}$	主要用于线性系统的频域分析；G_0、u 表达了整段路面的激励水平
		三段式多斜率	$S(n) = \begin{cases} G_0\left(\dfrac{n_0}{n_d}\right)^{-p_1} = 常数 & n < n_0 \\ G_0\left(\dfrac{n}{n_d}\right)^{-p_1} & n \leqslant n_d \\ G_0\left(\dfrac{n}{n_d}\right)^{-p_2} & n > n_d \end{cases}$	
	时间频率 f 或 ω	单斜率 （以 $p=2$ 为例）	$S(f) = \dfrac{G_0 u}{f^2}$ $S(\omega) = \dfrac{2\pi G_0 u}{\omega^2}$	
		引入下截止频率的双斜率 （仅当 $p=2$ 时）	$S(f) = \dfrac{G_0 u}{f^2 + f_0^2}$ $S(\omega) = \dfrac{2\pi G_0 u}{\omega^2 + \omega_0^2}$	
时域 （路面位移 z_g）	积分白噪声		$\dot{z}_g(t) = 2\pi\sqrt{G_0 u}\cdot w(t)$	用于时域仿真分析，方便对不同路段组合，并换算成距离域，以仿真不同车速的情况
	滤波白噪声		$\dot{z}_g(t) = -2\pi f_0 z_g(t) + 2\pi\sqrt{G_0 u}\cdot w(t)$	

三、特殊路面输入

对车辆而言，大多数路面基本上都可看作是随机输入，但实际中还是有很多其他形式的输入。这些特殊路面输入有些是实际中自然形成的，有些是供试验专用的。为了对车辆进行各种性能和可靠性的测试，汽车试验路面是对实际中存在的各种道路经过集中、浓缩而构建特定形状的路面。汽车可靠性强化试验道路有二十几种典型路面[7]，本节仅对部分路面给予介绍。在整车虚拟仿真中，也常采用一些典型的路面对车辆的特定系统进行分析。

（1）石块路（比利时路）　石块路是汽车行业一致认同的汽车可靠性行驶试验路面，是考核汽车轮胎、悬架系统、车身、车架以及结构部件的强度、振动和可靠性的理想路面。该路面的空间频率高于 $0.15\mathrm{cycles/m}$（波长 $\lambda \leqslant 6.66\mathrm{m}$），路面等级为 E 级，且路面谱斜率较陡，通常指数小于2。

（2）卵石路　汽车在卵石路上行驶时，除了引起垂直跳动外，不规则分布的卵石还对车轮、转向系统和悬架系统造成较大的纵向和侧向冲击。卵石路的路面谱指数接近于1，路面等级为 F 级。

（3）扭曲路　扭曲路由左右两排互相交错分布的凸块组成，凸块形状有梯形、正弦波形和环锥形等。主要是使汽车产生强烈的扭曲，以检验车辆的车架、车身结构强度和各系统的

连接强度、干涉等。扭曲路功率谱密度峰值的带宽可达到 $6.8 \sim 8.3 m^3$，峰值功率高达 E 级。

（4）搓板路　搓板路的每个凸起近似于正弦波，是砂石路上常见的路况。波长范围为 $0.5 \sim 1.1 m$，主要用于汽车的振动特性、平顺性、可靠性试验。为了造成左右车轮相位差，常将左右两侧的搓板错位布置或斜置某一角度。通常，搓板路的峰值功率高达 G 级。

此外，还有鱼鳞坑路、条石路、石板路、波形路等连续路面输入。汽车试验场还为车辆提供一些离散的路面输入，如坑洞、剧烈冲击障碍物、猫眼式反光路标、混凝土路面接缝等，图8-12 所示即为捷豹（Jaguar）公司在英国汽车研究所专用试验的标准坑洞路面截面图。

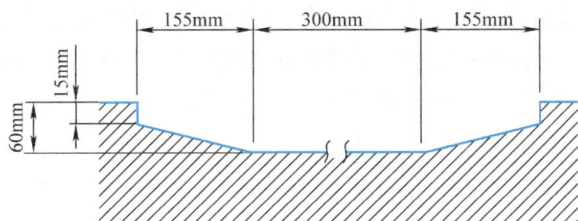

图 8-12　标准试验坑洞断面

第三节　车辆舒适性评价标准

为了合理地提出车辆行驶动力学性能评价标准，首先要考虑的是人体对振动的反应。实际上，人体对振动的反应相当复杂。由于人体本身就是一个复杂的振动系统，因此人体对振动的反应不仅取决于振动的强度，而且还与频率有关。不同的人、不同的姿势、不同的身体部位、不同的作用位置和方向，对振动的反应都会不同。也就是说，与振动频率有关的舒适性评价应包含客观测量和主观感觉两方面。在车辆乘坐舒适性评价中，我们主要以"坐姿"受振模型来展开讨论。关于人体对振动的反应，首先可将振动输入按以下属性分类[8]：

1）振动的幅值和频率。

2）作用的位置和方向。

3）作用时间。

人体对振动的反应还可以按照其他不同的方式分类，如：健康状况、舒适程度、工作效能、主观感觉、晕车反应等。然而，人对振动的反应方式可能在很大程度上受外界因素的影响，如期望、动机、疲劳、刺激以及个人心理与生理方面的差别和变化等。所有这些不确定的主观因素均影响着人体对振动的反应程度。虽然对车辆乘坐舒适性的定量评价一直是个有争议的问题，但随着研究结果与数据的完善，制定的标准也日趋合理。

一、标准

国际标准化组织 ISO 于 1978 年在综合大量有关人体全身振动研究成果的基础上，制定了国际标准 ISO 2631《人体承受全身振动评价指南》，随着测量数据的不断增多，原标准存在的问题也日趋明显，因此，国际标准化组织 ISO 于 1985 年推出了 ISO 2631 的修订版，在标准中做出了一些改变，如标准中不再规定振动界限，而是在附录中给出了各种振动水平可能产生效应的最新信息。制定标准中特别强调，在没有证据支持的情况下不做指标精度方面的要求。

虽然目前最新的车辆舒适性评价标准为 ISO 2631 - 1：1997/Amd 1：2010，但广泛应用的标准仍为 ISO 2631 - 1：1997[12]。标准 ISO 2631 - 1：1997 综合了大量的试验数据和最新的科研文献，有助于认识和了解该部分的最新国际标准，并且它改变了振动环境的测量和分析手段及其结论的应用方法，该标准在评价长时间作用的随机振动和多轴向振动环境对人体的影响时，与主观感知较为相符。

标准 ISO 2631 - 1：1997 制定了关于周期性、随机性以及瞬时性全身振动对人体影响的评价方法。在评价人体对振动的反应之前，必须先设定人体姿态。标准中以三种典型人体姿态模型为对象来评价振动的影响，三种姿态分别为坐姿、站姿和卧姿，标准还给出了三种姿态对应的坐标系。这里，只考虑人体坐姿受振模型对 ISO 2631 - 1：1997 给予介绍。

人体坐姿受振模型以 12 个坐标分量方向的振动来表示对人体造成的影响。其中脚支承面和座椅靠背上各有 3 个方向的线振动，座椅支承面上有 3 个方向的线振动和 3 个方向的角振动，各振动分量的方向如图 8-13 所示。

标准 ISO 2631 - 1：1997 将振动对人体的影响分为三个方面，即对人体健康和舒适性的影响、对振动的感知概率和引发晕车反应。虽然 ISO 2631 标准在人体坐姿模型中定义了 12 个振动方向分量，实际上在单独评价振动对某一方面的影响时并不一定要考虑所有方向上的振动。例如，若考虑振动引起晕车反应，通常只需考虑座椅支承面上直角坐标系中 z 方向上的振动。但在某些情况下，角振动也是引发晕车反应的重要因素，

图 8-13 人体坐姿模型

此时则要考虑角振动的影响。其中，引起晕车反应的振动频率一般在 0.1 ~ 0.5Hz 范围内，而与人体健康、舒适性和感知密切相关的振动频率一般在 0.5 ~ 80Hz 范围内。另外，试验证实人体对不同频率的振动敏感程度不同，对不同方向的振动敏感程度也不同。因此，标准引入了频率加权函数和加权系数来加以解决。标准 ISO 2631 - 1：1997 指出，当考虑振动对不同方面的影响时，如考虑对健康、舒适性、感知和运动病的影响时应采用不同的频率加权系数，不同的频率加权系数对应不同的振动方向。

图 8-14 所示为各振动分量轴向频率加权函数，图 8-15 所示为在 0.5 ~ 80Hz 范围内各振动分量轴向频率加权函数的渐近线。表 8-5 给出了在考虑振动对舒适性影响中各振动分量所对应的加权函数和各轴的加权系数。可以看出，椅面处的三个线振动方向轴 x_s、y_s、z_s 的加权系数均为 1.00，其余都小于 0.80，椅面垂向（z_s）频率加权函数的最敏感范围为 4 ~ 12.5Hz，其中 4 ~ 8Hz 范围内是人体的内脏器官最易产生共振的频率范围；而 8 ~ 12.5Hz 范围内的振动对人体脊椎系统影响最大。座椅面水平轴向（x_s、y_s）的频率加权函数 w_d 的最敏感频率范围均为 0.5 ~ 2Hz，可见低频范围内（大约 3Hz 以下）水平振动比垂直振动更敏

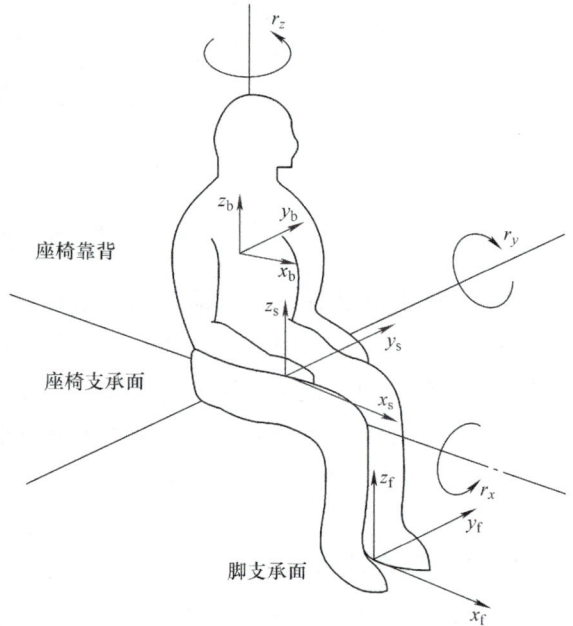

感，因而对水平方向的低频振动给予充分重视。

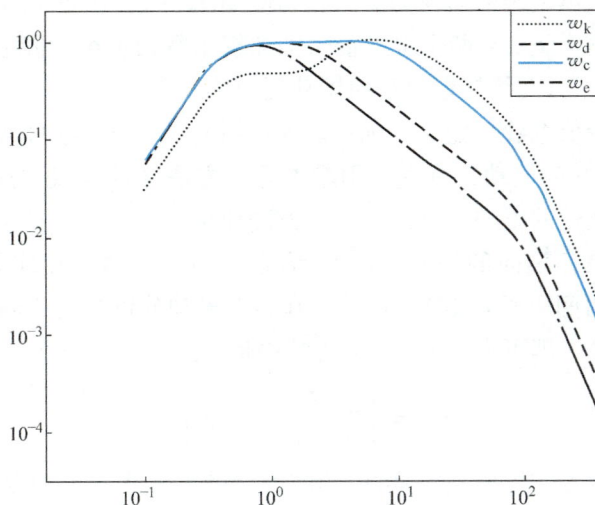

图 8-14 各振动分量轴向频率加权函数

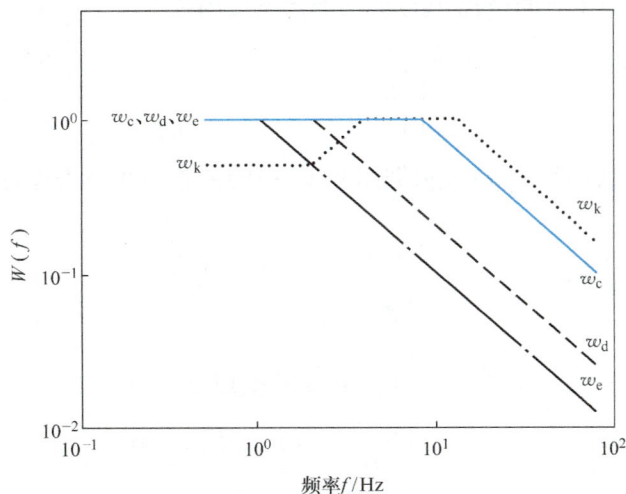

图 8-15 在 0.5 ~ 80Hz 范围内的各振动分量轴向频率加权系数的渐近线

表 8-5 各振动分量所对应的加权函数和各轴的加权系数

位置	坐标轴名称	频率加权函数	轴加权系数 k
座椅支承面	x_s	w_d	1.00
	y_s	w_d	1.00
	z_s	w_k	1.00
	r_x	w_e	0.63m/rad
	r_y	w_e	0.40m/rad
	r_z	w_e	0.20m/rad
靠背	x_b	w_c	0.80
	y_b	w_d	0.50
	z_b	w_d	0.40
脚	x_f	w_k	0.25
	y_f	w_k	0.25
	z_f	w_k	0.40

单独考虑振动对人体健康的影响时，标准 ISO 2631 – 1：1997 指出只需考虑 x_s、y_s、z_s 三个方向的线振动，其中 x_s、y_s 两个水平轴向轴加权系数为 1.4，垂直轴向 z_s 轴加权系数为 1，由此可见，此时水平方向线振动比垂向振动更敏感。

标准规定，对于峰值系数（定义为加权加速度时间历程 $a_w(t)$ 的峰值与加权加速度方均根值 a_w 的比值）小于 9 的振动，可直接用基本评价方法（即加权加速度均方根植的方法）来评价振动对人体舒适性的影响。具体的计算方法介绍如下。

首先，测试并记录各轴向的加速度时间历程 $a(t)$，再通过相应频率加权函数滤波器 $w(f)$ 得到加权加速度时间历程 $a_w(t)$。然后，在整个振动分析时间 T 内，对加权加速度时间历程进行如下积分运算，即可求出 $a_w(t)$ 的方均根值 a_w：

$$a_w = \left[\frac{1}{T} \int_0^T a_w^2(t)\,\mathrm{d}t \right]^{\frac{1}{2}} \tag{8-15}$$

另外，加权加速度方均根值 a_w 还可由频域积分的方法求出。根据随机过程理论，某一时域信号的方均根值等于其功率谱密度函数在整个频率范围内积分的开方值。

因此，先求出加速度时间历程 $a(t)$ 的功率谱密度函数 $G_a(f)$，再根据下式求出加权加速度方均根值 a_w：

$$a_w = \left[\int_{0.5}^{80} w^2(f) G_a(f)\,\mathrm{d}f \right]^{\frac{1}{2}} \tag{8-16}$$

其中，各轴向频率加权函数 $w(f)$ 可根据图 8-15 中的函数曲线渐进逼近，由以下公式[13]近似表示：

$$w_k(f) = \begin{cases} 0.5, & 0.5 \leq f < 2 \\ \dfrac{f}{4}, & 2 \leq f < 4 \\ 1, & 4 \leq f < 12.5 \\ \dfrac{12.5}{f}, & 12.5 \leq f < 80 \end{cases}$$

$$w_d(f) = \begin{cases} 1, & 0.5 \leq f < 2 \\ \dfrac{2}{f}, & 2 \leq f < 80 \end{cases} \tag{8-17}$$

$$w_c(f) = \begin{cases} 1, & 0.5 \leq f < 8 \\ \dfrac{8}{f}, & 8 \leq f < 80 \end{cases}$$

$$w_e(f) = \begin{cases} 1, & 0.5 \leq f < 1 \\ \dfrac{1}{f}, & 1 \leq f < 80 \end{cases}$$

最后，对求出的各轴向加权加速度方均根值进行加权求和（各轴向分量的加权系数见表 8-5），就可以得到与式（8-15）相同的加权加速度方均根值，即：

$$a_w = \sqrt{\sum_{i=1}^{12} (k_i a_{wi})^2} \tag{8-18}$$

虽然得出的加权加速度方均根值可作为评价振动对人体影响的依据，但它并没有定性地给出振动对乘员感觉的影响。为此，有些"人体振动测量仪"采用加权振级 L_{aw} 对车辆的乘坐舒适性进行评价。它与加权加速度方均根值 a_w 的换算关系为：

$$L_{aw} = 20\lg(a_w/a_0) \tag{8-19}$$

式中，$a_0 = 10^{-6}\text{m/s}^2$，为参考加速度方均根值。表8-6 给出了加权振级 L_{aw} 和加权加速度方均根值 a_w 与人的主观感觉之间的关系。

表8-6　L_{aw} 和 a_w 与人的主观感觉之间的关系

加速度方均根值 $a_w/(\text{m/s}^2)$	加权振级 L_{aw}/dB	人的主观感觉
<0.315	110	没有不舒适
0.315~0.63	110~116	有一些不舒适
0.5~1.0	114~120	相当不舒适
0.8~1.6	118~124	不舒适
1.25~2.5	112~128	很不舒适
>2.0	126	极不舒适

然而，对于一些包含随机冲击的振动，尽管峰值因子小于9，应用基本的评价方法往往会低估振动的影响。另外，对于峰值因子大于9的振动，基本评价方法也不再适用。因此，标准还制定了两种评价振动影响的补充方法，即连续方均根评价方法和振动剂量值法。对于同一振动影响的评价，可以采用这两种方法中的任意一种，具体介绍如下。

（1）连续方均根法　连续方均根法是通过短时间积分将偶然冲击和瞬时振动考虑进来，计算公式为：

$$a_w(t_0) = \left\{\frac{1}{\tau}\int_{t_0-\tau}^{t_0}[a_w(t)]^2 dt\right\}^{\frac{1}{2}} \tag{8-20}$$

式中，$a_w(t)$ 表示瞬时频率加权加速度；τ 表示积分时间，t 是积分变量，t_0 表示观察时间。

以上的线性积分表达可采用指数积分来近似，即：

$$a_w(t_0) = \left\{\frac{1}{\tau}\int_{-\infty}^{t_0}[a_w(t)]^2\exp\left(\frac{t-t_0}{\tau}\right)dt\right\}^{\frac{1}{2}} \tag{8-21}$$

定义一个最大瞬时振动值（MTVV），即：

$$\text{MTVV} = \max[a_w(t_0)]$$

（2）振动剂量值法　加权加速度四次方根值称为"振动剂量值"（Vibration Dose Value），其计算公式为：

$$\text{VDV} = \left(\int_0^T a_w^4(t)dt\right)^{0.25} \tag{8-22}$$

振动剂量值的单位为 $\text{m/s}^{1.75}$，该方法能更好地估计偶尔遇到的冲击振动对人体的影响。对于前面提到的一些峰值因子小于9但包含随机冲击的振动，也可采用以上介绍的附加方法进行评价。为了甄别这种情况，定义了以下比值，即：

$$r = \frac{\text{VDV}}{a_w T^{1/4}} \tag{8-23}$$

其中，a_w 为加权加速度方均根值，T 为振动时间。对包含随机冲击的振动，当 r 值大于1.75 时，应采用振动剂量法进行评价。需要指出的是，无论采用何种附加方法，都应给出

由基本方法得出的加权加速度方均根值 a_w。

还有人提出采用能量吸收法（Absorbed Power，简称 AP 方法）来定量评价乘坐舒适性[14,15]。其基本思想是：以耗散于人体中的振动能量来表示人体对振动的不舒适程度。如果假定有关人体各部分的阻抗或质量已知，就可方便地由加速度计算出人体的吸收能量值，关于阻抗的假定实际上意味着 AP 方法中已经体现了频率加权的效果。总之，ISO 2631 和 AP 方法都是利用频率加权加速度，最终以一个单一的数值来评价振动强度。AP 方法常用于行驶路状恶劣的军车乘坐舒适性评价，例如北约就采用该方法预测其越野车辆在非路面上行驶时的极限车速[16]。

二、平顺性测量

车辆的平顺性由安装于车辆特定部位的加速度传感器进行测量。在过去的车辆平顺性研究中，通常采用应变式加速度传感器，用于测量高频范围内平缓的频率响应。近年来多采用压电式加速度传感器，并与电荷放大器结合使用，可测量更高频率范围内的加速度信号，如车身结构的共振等。

传感器的安装位置应根据需要而定。如果关心的主要是整个车身的振动，那么必须注意要将传感器安装在车身的刚性部位，以使测量结果不受安装部位本身结构振动（如地板的弯曲变形等）的影响。但如果需要测量高频的结构振动信号，则应将加速度传感器安装在车身板件上。

关于俯仰和侧倾等角振动的测量，可由相隔一段距离的两个加速度传感器测出。对于驾驶人和乘员所受到的振动测量，通常需在座椅和人体之间安装一个衬垫。参考文献［8］中给出了有关这类衬垫的例子，座椅靠背的振动测量也采用了类似的装置。完整的测量过程如图 8-16 所示。最简单的测量方法是使用"平顺性测量仪"（Ride Meter）进行测量。测量仪内置有遵循特定要求的标准功能模块，包括必要的带通滤波器和频率加权、求和及求时间历程的均值等程序。更详细的测量信息，则需根据所采用的标准记录硬件，以及对时域信号的幅频分析技术的处理来获得。对各种车辆，典型的测量实例可见参考文献［8］。

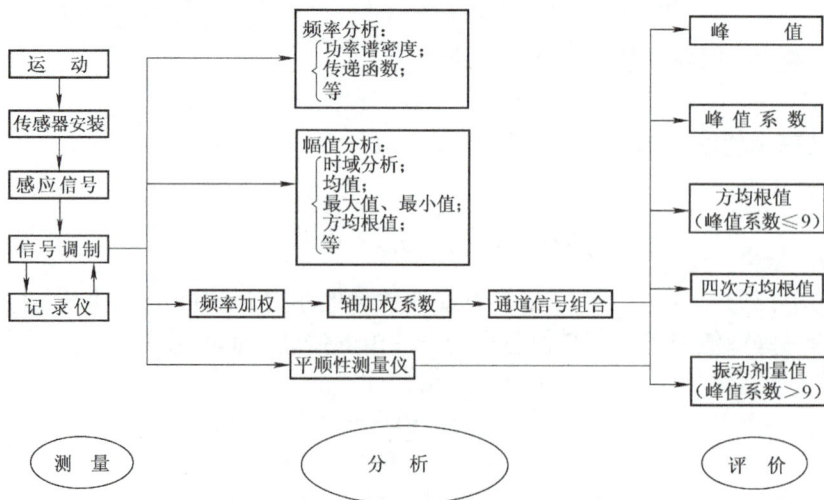

图 8-16 振动测量、分析及评价

参 考 文 献

［1］ Ohmiya K, Matsui K. Characteristics of Farm Field Profile as Sources of Tractor Vibration ［J］. Journal of Terrainmechnics, 1986, 23(1): 23 – 26.

［2］ Crolla D A, Maclaurin E B. Theoretical and Practical Aspects of the Ride Dynamics of Off-road Vehicles—Part 2 ［J］. Journal of Terramechanics, 1986, 23(1): 1 – 12.

［3］ International Organization for Standardization. Mechanical Vibration of Land Vehicles Method for Reporting Measured Data: ISO 8002: 1986 ［S］. International Organization for Standardization, 1986.

［4］ La Barre R P, Forbes R T, Andrew S. The Measurement and Analysis of Road Surface Roughness ［R］. MIRA Report 197015, 1969.

［5］ Healey A J, Nathman E, Smith C C. An Analytical and Experimental Study of Automobile Dynamics with Random Roadway Inputs ［C］. Transactions of the ASME, Journal of Dynamics Systems, Measurement and Control, December, 1977: 284 – 292.

［6］ D. E. Newland. An Introduction to Random Vibrations, Spectral & Wavetel Analysis ［M］. 3rd ed. New York: Dover Publications, 2005.

［7］ 赵济海, 王哲人, 关朝阳. 路面不平度的测量分析与应用 ［M］. 北京: 北京理工大学出版社, 2000.

［8］ Griffin M J. Handbook of Human Vibration ［M］. London: Academic Press, 1996.

［9］ International Organization for Standardization. Guide for the Evaluation of Human Exposure to Whole-body Vibration: ISO2631: 1978 ［S］. International Organization for Standardization, 1978.

［10］ International Organization for Standardization. Mechanical Vibration and Shock – evaluation of Human Exposure to Whole-body Vibration, Part 1: General Requirements, and Part 3: Evaluation of Exposure to Whole-body Z Axis Vertical in the Frequency Range 0. 1 to 0. 6 Hz: ISO2631/1&3: 1985 ［S］. International Organization for Standardization, 1985.

［11］ International Organization for Standardization. Mechanical Vibration and Shock – Evaluation of Human Exposure to Whole-body Vibration—Part1, General Requirements: ISO2631 – 1: 1997 ［S］. International Organization for Standardization, 1997.

［12］ International Organization for Standardization. Mechanical Vibration and Shock – Evaluation of Human Exposure to Whole-body Vibration—Part1, General Requirements: ISO2631 – 1: 1997/Amd 1: 2010 ［S］. International Organization for Standardization, 2010.

［13］ Criffin M J. Evaluation of Vibration with Respect to Human Pesponses ［J］. SAE Technical Paper 860047, 1986.

［14］ Janeway R N. Human Vibration Tolerance Criteria and Applications to Ride Evaluation ［C］. SAE Technical Paper 750166, 1975.

［15］ Lee R A, Pradko F. Analytical Analysis of Human Vibration ［C］. SAE Technical Paper, 680091, 1968.

［16］ Murphy N R. Further Development in Ride Quality Assessment. Proc. of 8th ISTVS Conference, Cambridge, 1984.

行驶动力学模型

第一节 概　述

在第八章中已经介绍了行驶动力学的两个主要问题，即作为输入的路面模型和人体对振动的反应及舒适性标准。本章将介绍行驶动力学中的另一个主要问题，即车辆的行驶动力学模型。由图8-1可知，虽然建立车辆模型要考虑的因素有很多，但本章的研究重点主要围绕悬架参数的设计方面。在建模之前，先介绍与平顺性相关的部件及其特性。然后在论述建模假设条件的基础上，分别推导全车、半车和单轮模型。最后，通过实例对车辆的行驶动力学性能进行分析和讨论。

路面车辆的振动环境实际上非常复杂，影响乘员舒适性的振动分量频率范围分布也很广。就车辆乘坐舒适性来说，通常是以噪声（Noise）、振动（Vibration）和啸鸣（Harshness），即NVH来描述。一般情况下车辆的振动频率范围可大致划分如下：

0 ~15Hz	刚体运动
15~150Hz	结构振动，板件共振
150Hz 以上	噪声及啸鸣

典型的共振频率范围通常为：

车身共振频率	1 ~1.5Hz

（当相对临界值而言的阻尼比 ξ 约为0.3时）

车轮跳动	10 ~12Hz
座椅上的乘客	4 ~8Hz
悬置的动力总成	10 ~20Hz
结构共振频率	>20Hz
轮胎共振频率	30 ~50Hz 和 80 ~100Hz

本章主要介绍针对悬架系统设计的行驶动力学建模，即设计者应如何协调相互矛盾的性能指标，以达到某种意义上的悬架系统最优设计的目的。基于所要研究的目标，本质上也就决定了所建数学模型的复杂程度。例如，悬架元件只用于控制刚体模态（包括车身和车轮），那么建模中就必须包括这些部件；同样，若悬架元件并非用于控制车身结构振动模态，那么模型中就不必包括这些因素。

对悬架设计而言，有些参数可以由悬架工程师来确定，而有些则不能完全由他们所确定。通常可由悬架工程师确定的设计参数有：①悬架刚度（其中包含弹簧、导向元件及其

衬套等的刚度）；②阻尼；③簧载质量与非簧载质量之比；④橡胶限位块的特性；⑤轮胎部分的特性；⑥衬套刚度。

其中有些因素，如簧载质量、轮胎特性等，通常是出于某些其他方面因素的考虑，因此不能完全由设计者确定。悬架系统中，衬套的刚度主要影响高频响应的传递特性，它对低频下的行驶性能影响较小。此外，在悬架行程达到极限引起限位块撞击时，限位块的特性则属于典型的非线性响应范畴。因此，对上述因素及其影响这里不做介绍。

第二节　与平顺性相关的部件特性

与车辆的行驶平顺性及乘员的乘坐舒适性直接相关的部件主要包括轮胎、悬架和座椅。悬架是车辆行驶性能中最重要的相关系统，它主要包括弹性元件、阻尼元件和导向机构等。

实际上，轮胎也是一个与车辆行驶性能紧密相关的部件。从行驶动力学角度讲，轮胎的垂向特性主要指刚度和阻尼两个方面，对此已在绪篇第三章中做了详细介绍。在车辆行驶动力学仿真中，通常以轮胎在正常行驶速度范围内的垂向滚动刚度作为计算参数。一般情况下，轮胎的垂向阻尼随车速的增加而减小，轮胎的垂向刚度随车速的增加也略微减小，并且非线性更加不明显。由于目前常用合成橡胶充气轮胎，其滚动时的阻尼远小于悬架减振器阻尼，因而在最基本的行驶动力学仿真中，轮胎阻尼可忽略不计，因此可将轮胎简化为一个线性弹簧。

这里主要介绍悬架弹簧、减振器、导向机构和座椅的结构和特性，以及它们在车辆动力学建模中的处理。

一、悬架弹簧

车辆悬架弹簧是典型的低刚度元件，其受力随所连接的簧上簧下刚体间的相对位移的变化而变化。弹簧可根据其本身材料分类，也可按其受力及产生的相应应力分布方式分类。然而，对车辆行驶动力学研究而言，最为关心的是弹簧元件的刚度特性，即它的受力与变形关系。这里首先介绍传统的金属弹簧（钢板弹簧、螺旋弹簧和扭杆弹簧），然后对气体弹簧（空气弹簧和油气弹簧）给予介绍。

1. 金属弹簧

实际车辆悬架的弹簧多数为金属弹簧，由于金属材料在直接受压或受拉时刚度很大，因此通常是在受弯曲和扭转情况下被当作弹簧元件使用。车辆悬架中的金属弹簧包括以下几种。

（1）钢板弹簧　钢板弹簧是车辆悬架中应用非常广泛的一种弹性元件，它是由若干等宽但不等长的合金弹簧片组合而成的一根近似等强度的弹性梁。典型的钢板弹簧受力情况如图9-1a（弯矩图）所示，图中表示了钢板弹簧的受力沿其长度方向的分布情况。为了满足钢板弹簧所需的柔度，钢板弹簧的最佳形状，从平面图看应为菱形，这样钢板厚度才能与所受弯矩成正比，从而使材料利用更为合理。但这样又会造成实际车辆空间布置上的问题，因此，可以采用将菱形钢板切成一定宽度的钢条，然后一片片叠放起来组成一个梯形板簧，如图9-1b所示。这样，就保证了原来的受力分布情况，即在垂直载荷方向，其弯曲刚度保持不变，使每片弹簧的中点处受力最小。

与其他弹簧结构形式相比，钢板弹簧的主要优点在于它不仅用作弹簧元件，还作为结构连接件装备在车架和车轴之间，兼作悬架的导向机构。同时，由于各片间相对滑动而产生的

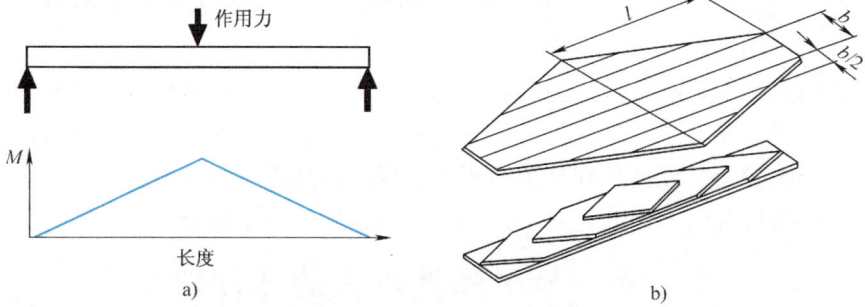

图 9-1　典型的钢板弹簧受力情况

a）钢板弹簧弯矩图　b）叠放起来的梯形板簧

摩擦力，起到了一定的阻尼作用。

目前，钢板弹簧多用于载重货车上，只有少数用在客车或其他车辆上。然而，具有线性弹性特性的钢板弹簧有如下缺点：

1）在负载变化时，可用的悬架动行程常降至允许值以下。通常，对普通客车而言，可用的标准悬架动行程一般大于 50mm；而大客车一般要大于 70mm。

2）固有频率随装载质量的变化而改变。车辆空载时的固有频率比满载时高；当车辆加减速时，由于轴荷转移效应，使前、后悬架的固有频率也会发生改变。

3）吊耳处和多层板簧的各簧片间存在的干摩擦可能会对弹簧特性产生不良影响，如图 9-2 所示。

为了避免钢板弹簧的上述缺陷，可通过改进板簧结构设计，减小板簧的簧片数，也可通过调整单根板簧的预应力或加装附加弹簧得以实现。另外，可将吊耳换成滑动式吊耳，或者在板簧中添加特殊材料的夹层等方法来减小簧片间的干摩擦。为了克服弹簧中央出现的大弯曲应变，可使用高强度板簧来解决。

当簧片呈抛物线形状时，在一定长度下其弯曲应变保持恒定，由多个簧片组合而成的钢板弹簧称为抛物线弹簧。抛物线弹簧相对于传统层叠式钢板弹簧的优势可从图 9-3 中看出。

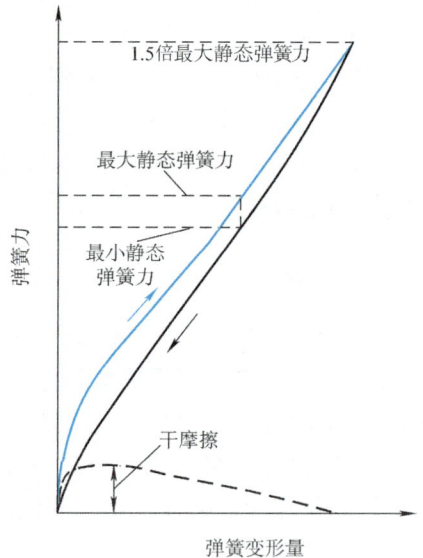

图 9-2　某货车后悬架板簧的干摩擦对弹性特性的影响

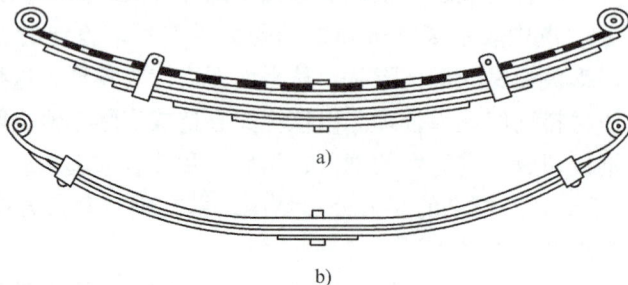

图 9-3　钢板弹簧的改进过程

a）传统钢板弹簧（$m = 128kg$）　b）抛物线弹簧（$m = 61kg$）

图 9-3 所示的两种弹簧具有相同的长度、刚度和额定负载。其抛物线弹簧的优点在于除了减少摩擦外，还减少了约 50% 的弹簧质量，从而减少了车辆的总质量。

（2）扭杆弹簧 扭杆弹簧主要用于轻型客车和货车。与钢板弹簧相比，扭杆弹簧更能充分有效地利用材料。由于扭杆弹簧的圆形截面使大部分材料都在最大应力处工作。为此，扭杆弹簧的扭杆通常被做成空心，以除去不受力的中心部分，使元件重量更轻。

扭杆弹簧在工作时主要承受扭矩，它一端紧固于车架上，另一端固定于与车轮相连的悬架摇臂上。当车轮跳动时，摇臂绕着扭杆轴线来回摆动，使扭杆产生扭转弹性变形，从而保证了车轮与车架的弹性连接，如图 9-4 所示。

对直径为 d 的圆截面扭杆，其转角 φ 和扭转力矩 M 存在以下关系：

$$\varphi = \frac{ML}{GJ_p} \qquad (9-1)$$

图 9-4 扭杆弹簧的曲柄装置

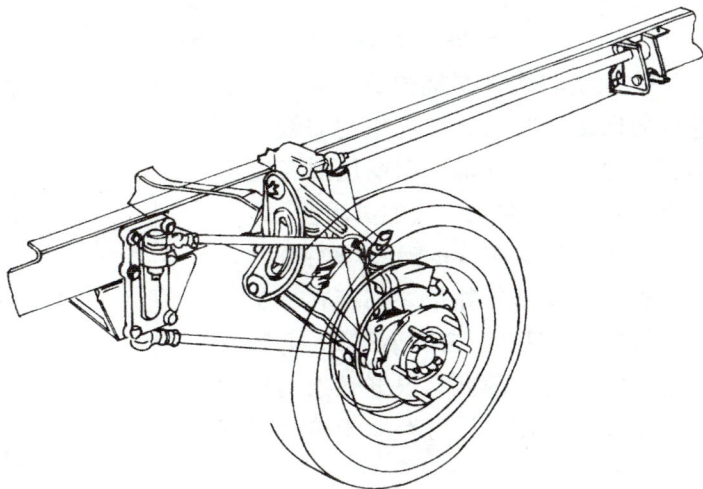

式中，G 为材料的切变模量；J_p 为极惯性矩，$J_p = \pi d^4/32$；L 为杆长。

设 r 为摇臂长度，相对扭杆端部，扭杆弹簧刚度 K_s 可近似地计算为：

$$K_s = \frac{\Delta F}{\Delta z} = \frac{\frac{1}{r}\Delta M}{r\Delta\varphi} = \frac{G\pi d^4}{32Lr^2} \qquad (9-2)$$

扭杆弹簧不仅可与横向导向装置连接，还可与纵向甚至斜向导向装置连接。但实际扭杆弹簧多为纵向布置，安装于前悬架系统中，一个应用实例如图 9-5 所示。

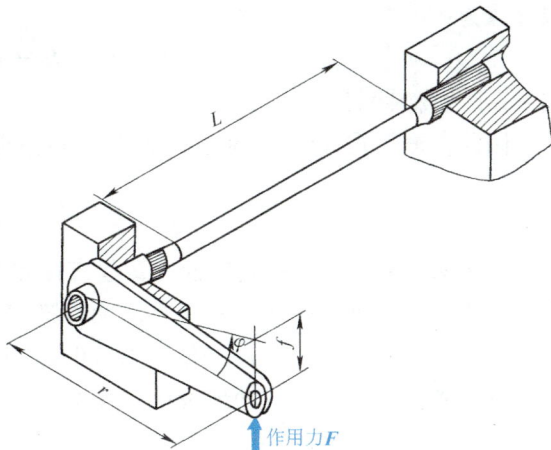

图 9-5 南京依维柯轻型货车前悬架

（3）螺旋弹簧 轿车中最广泛使用的是螺旋弹簧，它可以理解为呈螺旋卷曲状的扭杆。螺旋弹簧在悬架中主要承受压力，尽管它可能影响由悬架几何尺寸所决定的总体有效刚度，但其本身的侧向刚度和弯曲刚度均很小，因此螺旋弹簧设计中其稳定性也需考虑。

若将螺旋弹簧中径的一半（$D/2$）作为力臂，由式（9-2）推出螺旋弹簧刚度如下：

$$K_s \approx \frac{4}{D^2}\frac{G\pi d^4}{32L} \tag{9-3}$$

式中，d 为簧丝直径；D 为螺旋弹簧中径；L 为螺旋弹簧的总长（即簧丝展开长度），可近似计算为：

$$L = i\pi D \tag{9-4}$$

式中，i 为螺旋圈数。

因此，根据式（9-3）和式（9-4），可近似得出圆形截面螺旋弹簧的刚度 K_s 为：

$$K_s \approx \frac{Gd^4}{8iD^3} \tag{9-5}$$

近年来，通过改变弹簧中径、簧丝直径和节距等方法，使得传统的线性螺旋弹簧的特性不断被改进，其改进原理由图9-6说明。随着如动力学与有限元结合等现代设计方法的应用，除了此类"三变"（变中径、丝径和节距）弹簧外，更复杂的（如中径也呈弯曲的香蕉型）螺旋弹簧也可以被成功地设计、开发，并用于现代高档轿车产品中[9]。

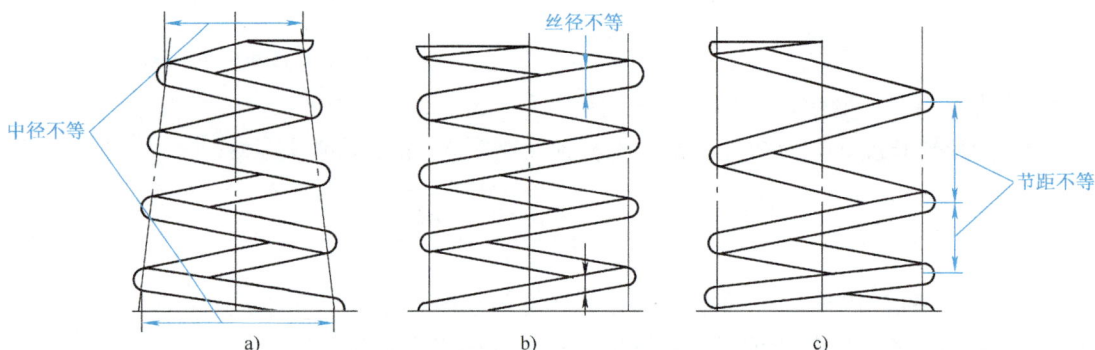

图9-6　对传统螺旋弹簧的改进
a）变中径　b）变簧丝直径　c）变节距

实际采用的一种改进型非线性螺旋弹簧，其结构如图9-7所示。改进后的螺旋弹簧除具有期望的非线性弹性特性外，其压缩行程也会大大增加，在受压时各圈可相互叠错，这为悬架的结构布置带来很大的灵活性。

应该注意，由于悬架和弹簧布置的运动学特征，单侧车轮上下跳动量与相应的弹簧压缩量之间存在一定的比例关系（即悬架杠杆比），理论上该值小于1，并随悬架导向机构的瞬态运动而改变。因此，根据悬架运动学与动力学规律，通过悬架的合理设计可有助于得到更好的弹簧特性曲线。

2. 气体弹簧

为了说明气体弹簧的工作原理，首先可将其简化为在一个密封缸筒中充入高压气体，通过活塞的往复运动来压缩气体以实现减振作用的装置，其工作原理如图9-8所示。

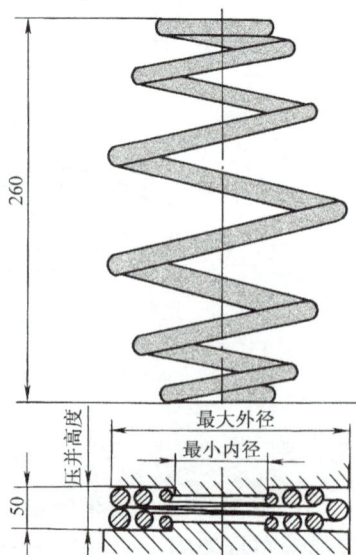

图9-7　非线性螺旋弹簧

气体弹簧的主要特征参数为理论弹簧高度 h_{th}，它等于气缸内的工作容积 V（包括附加气室中的容积）与气体有效面积 A_e 的比值，即：

$$h_{th} = \frac{V}{A_e} \qquad (9\text{-}6)$$

由图可知，气体弹簧的弹性作用力 F 可表示为：

$$F = (p - p_0)A_e \qquad (9\text{-}7)$$

式中，p 为气缸内的气体压强；p_0 为大气压强。

工作过程中，气体弹簧气缸内的气体压力与容积的变化关系可近似由气体状态方程表示为：

$$pV^n = 常数 \qquad (9\text{-}8)$$

式中，指数 n 的选择取决于弹簧变形的速度，当变形速度慢时气体变化接近于等温过程，可取 $n = 1$；当变形速度快时气体变化接近于绝热过程，可取 $n = 1.4$；在一般情况下 $n = 1.33$。

因而可知，气体弹簧的刚度 k_a 为气体弹簧所受的载荷对弹簧变形量 z_a 的导数，即：

$$k_a(z_a) = \frac{\mathrm{d}F}{\mathrm{d}z_a} = \frac{A_e n p(z_a)}{h_{th}} \qquad (9\text{-}9)$$

图 9-8　气体弹簧的工作原理

图 9-9 所示为在有限的理论弹簧高度情况下，气体弹簧作用力分别在准静态和动态时的变化曲线。

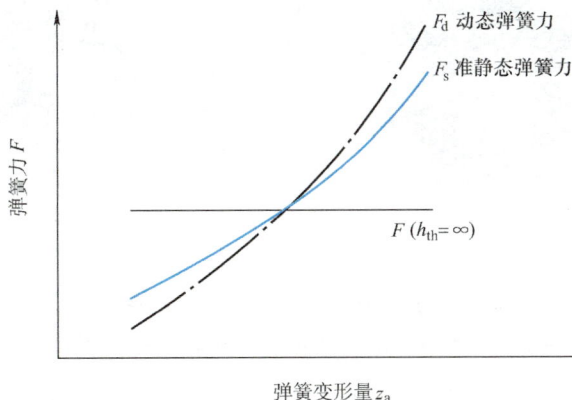

图 9-9　气体弹簧弹性特性曲线

由图可知，弹簧力和弹簧变形的比即为气体弹簧的刚度，图中直线代表 $h_{th} = \infty$，即 $k_a = 0$，说明若使弹簧刚度及固有频率低，理论上要求弹簧高度及空气容积足够大。

若簧载质量为 m，在振动过程中系统的固有频率可以表示为：

$$\omega_a = \sqrt{\frac{k_a}{m}} = \sqrt{\frac{k_a g}{(p - p_0)A_e}} \qquad (9\text{-}10)$$

由式（9-9）可进一步推导得：

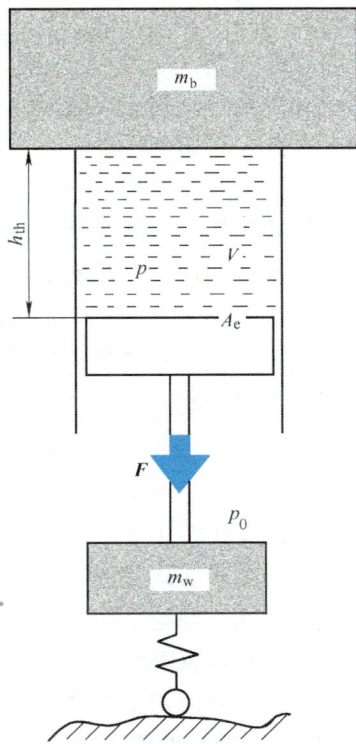

$$\omega_a = \sqrt{\frac{gnp}{h_{th}(p-p_0)}} \qquad (9\text{-}11)$$

通常气体弹簧气缸内充入的气体压力 $p \gg p_0$，因而其振动系统的固有频率可近似为：

$$\omega_a \approx \sqrt{\frac{gn}{h_{th}}} \qquad (9\text{-}12)$$

由上式可知，气体弹簧振动系统的固有频率近似为一常值，不随簧载质量的变化而改变，从而也说明了气体弹簧振动系统具有固有频率不变的特性。

在车辆悬架系统中，气体弹簧按其工作介质的不同，可分为空气弹簧和油气弹簧。

空气弹簧是在橡胶气囊密封容器中充入压缩气体，利用气体的可压缩性实现其弹性作用的装置。空气弹簧具有较理想的非线性弹性特性，加装高度调节装置后，车身高度不随载荷增减而变化，并且空气弹簧的刚度可以设计得很低，乘坐舒适性好。但空气弹簧悬架的结构较为复杂，制造成本也相对较高。

空气弹簧按结构形式分为囊式和膜式两种，具体结构如图9-10所示。在汽车悬架系统中多数采用的是膜式空气弹簧。在膜式空气弹簧设计中，其载荷与变形关系由其底座的形状所决定，因而，理论上任何所要求的弹簧刚度特性都可以通过底座的设计来实现。气囊内线束角的方向对橡胶气囊的外形轮廓影响很大。空气弹簧在工作过程中，当气囊的外轮廓发生变化时，其有效面积也随之改变，从而影响空气弹簧特性曲线的形状。除此之外，附加弹簧（或减振器）对弹性特性曲线也有明显的改进作用。

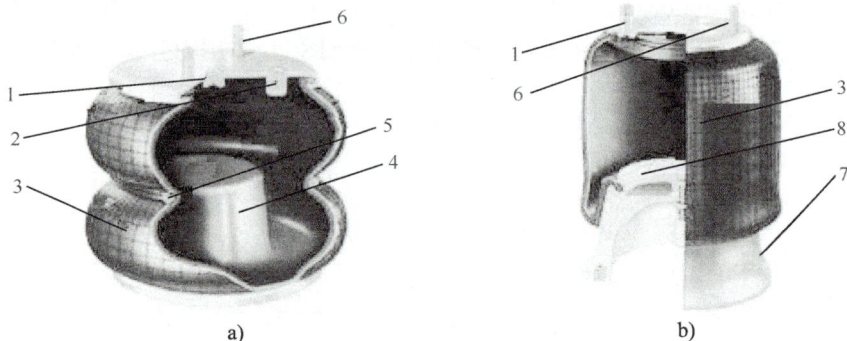

图9-10　空气弹簧结构示意图
a）双曲囊式空气弹簧　b）膜式空气弹簧
1—进气孔　2—限位孔　3—橡胶气囊　4—橡胶缓冲块　5—腰箍　6—安装螺栓　7—底座　8—底座凸台

油气弹簧是以油液作为传力介质，以气体（通常为氮气）作为弹性介质的装置。其结构可近似等效为由一个气体弹簧和一个相当于液力减振器的液压缸组成。气体弹簧中的气体与油液通过橡胶隔膜或浮动活塞分开，其弹性力由气体弹簧产生。通常油气弹簧液压缸内安装有阻尼阀装置，当油液流过阻尼阀时，将产生一定的阻尼作用力，近而衰减系统振动的能量。一个典型的油气弹簧系统结构如图9-11所示。

油气弹簧的刚度特性与空气弹簧的刚度特性相同，只是油气弹簧的有效面积 A_e 在工作过程中不发生变化。油气弹簧主要应用在军用车辆、矿用车辆和豪华轿车上。其中液压缸中的油液除传递压力外，还具有车身高度调节、阻尼减振、悬架刚性闭锁、辅助密封气体及润

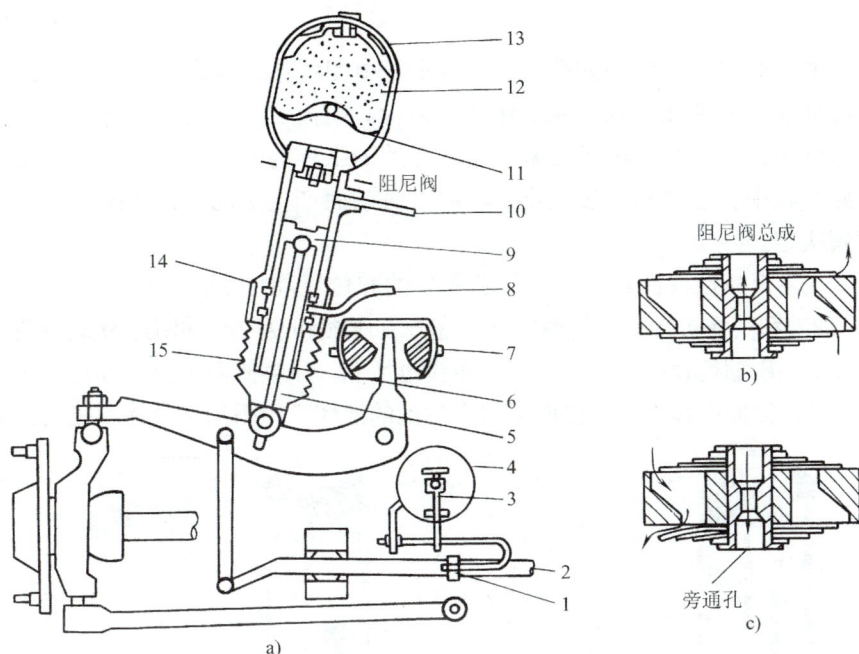

图 9-11　油气弹簧的结构

a）结构图　b）压缩行程　c）拉伸行程

1—控制杆卡座　2—抗侧倾杆　3—控制杆平衡杆　4—高度调节阀　5—活塞杆　6—活塞　7—限位块
8—回油管　9—缸体　10—进油管　11—隔膜　12—氮气　13—球形弹簧　14—密封圈　15—防尘罩

滑零件、调节气室容积等功能。

二、减振器

所谓"减振器"实际上是一个振动阻尼器，只是习惯将其称为减振器。这里主要介绍对行驶平顺性影响最大的车用悬架减振器。当车辆行驶在不平路面上时，悬架弹簧被压缩而吸收车身的振动，而回弹时又将吸收的能量释放。加入阻尼可以尽快抑制车轮与车身之间的振动。因此，安装悬架减振器的主要作用是：尽快衰减并耗散车身与车轮之间的垂向振动能量，以提高车辆的行驶平顺性。

人们曾研究过多种可用于车辆的阻尼原理。包括最早期基于固体介质的机械摩擦式减振器，以及后来的基于空气弹簧原理的气体介质减振器，但都因阻尼特性较差难以满足现代汽车的设计需求而没有得到广泛应用。目前，车辆悬架中主要应用的是基于液体介质的液压－机械式阻尼系统，特别是套筒式液力减振器具有安装尺寸相对较小、结构简单、阻尼精确和成本低等优点，仍将会被继续广泛应用。近二、三十年，随着可控悬架技术的发展，相应地出现了各种不同控制程度的可变阻尼减振器。下面，分别对常用的筒式液力减振器和可调阻尼减振器的工作原理及应用情况进行介绍。

1. 筒式液力减振器

液力减振器工作原理是，当车身与车轴相对运动时，减振器活塞在缸筒内随之产生相应的运动，减振器缸体内的油液往复从一个腔通过一些狭小的孔隙流入到另一个腔内，此时孔壁与油液间的摩擦及流体分子内摩擦便产生了阻尼力。筒式液力减振器可以分为单筒式和

双筒式两种。

一个基本的双筒减振器结构如图 9-12a 所示。由图可见，其内筒内腔为工作腔，内筒和外筒之间为贮油腔，活塞和活塞杆在工作腔内运行。内筒、外筒之间的环形贮油腔内充有减振器油和压力气体，用来平衡由于活塞杆运动导致的工作腔的油量变化。减振器中有活塞阀和底阀。复原行程中，活塞阀通过阻止油液向下流动而产生阻尼力；压缩行程中，阻尼特性则主要由底阀决定。

而对充气式单筒减振器而言，其工作腔和贮油腔位于同一个缸筒内，一个典型结构如图 9-12b 所示。油液和气体被带有密封圈的活塞隔开，压缩和复原时的阻尼分别由活塞上的压缩阀和伸张阀决定。压缩行程中，液体被向上压流过活塞，压缩阀对液体流动产生阻尼，气体被压缩而压力升高。复原行程中，伸张阀对向下运动的液体产生阻尼，气体膨胀而压力降低。

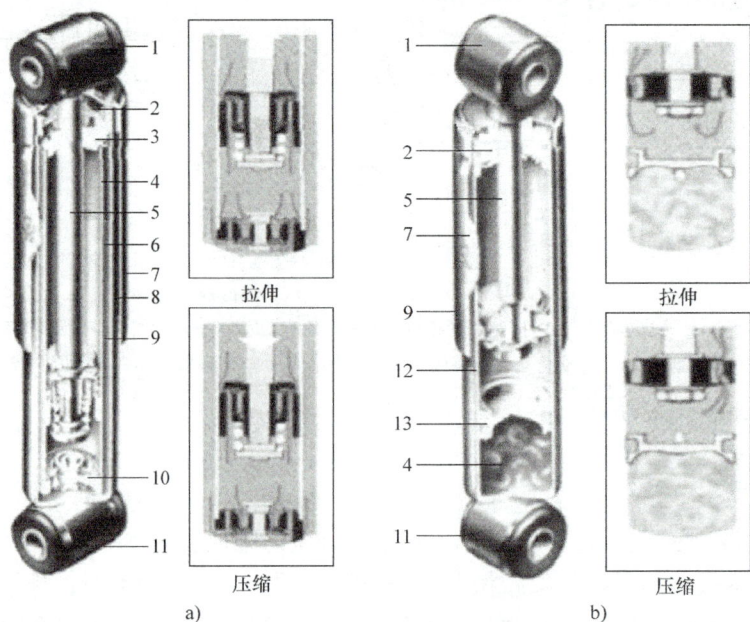

图 9-12　液力减振器结构
a）双筒式　b）单筒式
1、11—端头　2—油封　3—导向器　4—气体　5—活塞杆　6—贮油腔　7—防尘套
8—外筒　9—活塞阀　10—底阀　12—内筒　13—活塞

液力减振器的阻尼力来自活塞阀两端的压差。理想情况下，阻尼力 F 和活塞两段压差 Δp 成正比，流量 Q 和压缩以及复原速度 v 成正比，以 A 表示阻尼截面积，则有：

$$F = A\Delta p, \qquad v = Q/A$$

如图 9-13 所示，不同的减振器阀设计可以产生不同的阻尼特性。其中②为纯粹小孔节流，因阻尼小而较少应用于实际；而①为压力差同流量平方成正比，实际中最为常用。图 9-13b 所示为一个简化的限压阀功能图，③为其特性曲线，只要弹簧力大于液压压差与面积的乘积（即 $A\Delta p$），阀门则保持关闭状态，流量为零；当压力升高并超过弹簧力时，则阀门打开。实际中，对减振器阀的设计还应考虑阀开启和关闭时的瞬态特性，通过不同的阀设计配合可以获得不同的减振器阻尼特性。由于双筒减振器压缩和复原方向的阻尼由单独的活塞阀与底阀完成，其可实现的阻尼特性更丰富。而普通单筒减振器的伸张阀与压缩阀集中在活

塞上，且由于其工作压力高会使压缩时的阻尼特性受到限制。若将单筒减振器下部的密封活塞变为带底阀的补偿腔，则可大大拓宽单筒减振器的阻尼特性调整范围。

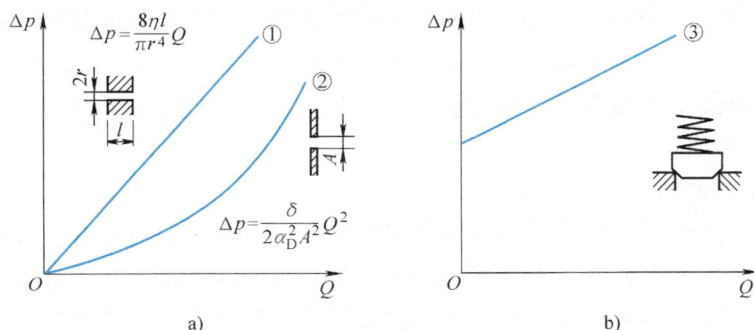

图9-13 不同减振器阀设计取得的液压阻力特性

减振器的阻尼特性通常由力与位移、力与速度的关系曲线来描述。图9-14中给出了三种典型的减振器特性曲线，分别为阻尼增幅的递增型、递减型与线性型。

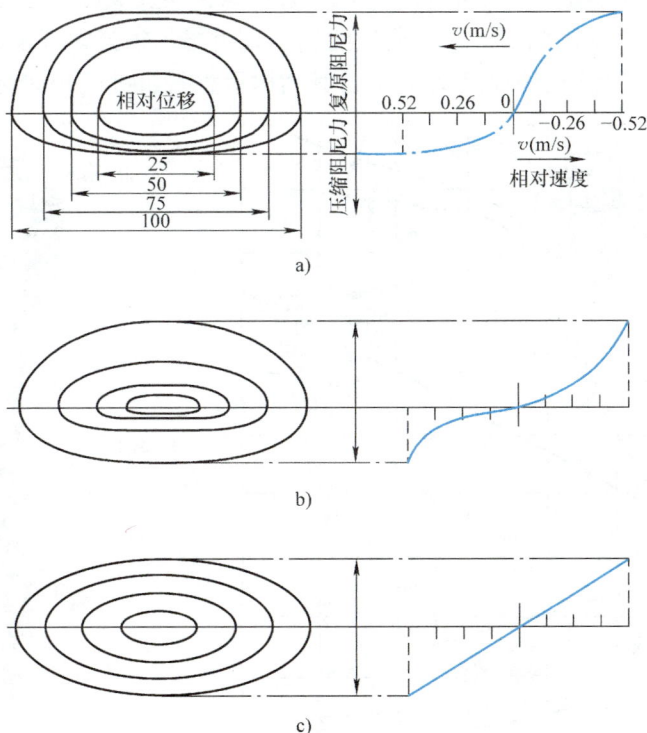

图9-14 三种典型的阻尼特性

a）递增型 b）递减型 c）线性型

图9-14c给出的线性阻尼减振器在实际中很少见，大多会采用图9-14a和b所示的不对称阻尼特性形式，而且通常压缩行程的阻尼系数仅为拉伸行程时的30%～60%。这样做的原因源于人们在实际驾驶中对行驶舒适性的主观评价。有人曾这样解释，较大的拉伸行程阻尼系数可以防止在悬架弹簧力较大时车轮陷入坑中。

图9-15给出了一个双筒减振器采用两种不同的阀所实现的不同特性曲线。其中，减振

器 A 通过预紧弹簧片实现了接近线性的阻尼特性；而减振器 B 则利用常通节流孔、高速节流孔与活塞弹簧组合出了类似限压阀的非线性阻尼特性。

除了阀设计外，还有其他一些常用的改变阻尼特性的设计方案，如在减振器内筒上加工一个液压旁通，可以很容易在现有的液力减振器上实现阻尼随行程变化的特性。例如，在车身高度可调的车辆上，通过在减振器的活塞杆上开一个短槽，以使车辆在某期望高度时获得更为"柔软"的阻尼特性。

2. 可变阻尼减振器

虽然可通过减振器的结构设计改善其阻尼特性，但车辆在不同使用工况下对阻尼特性的要求也不尽相同。为此，近年来出现了各种阻尼特性可调的减振器，以满足现代车辆舒适性和安全性的更高要求。根据阻尼特性的不同调节形式，可分为有级可调与连续可调两类。连续可调阻尼减振器又可分为孔径调节和磁流变（或电流变）调节两种基本形式。孔径调节是通过电磁阀或类似机电控制阀来调节阻尼器截流阀的面积，从而改变其阻尼特性；而磁流变（或电流变）减振器则是利用磁场（或电场）强度的变化改变流体的黏 - 剪特性，从而达到改变阻尼特性的目的。基于电液及磁液原理的减振器发展被普遍看好，目前正由高端轿车向中端轿车上扩大应用范围，一个典型的例子是由德尔福公司开发的磁流变减振器 MagneRide，目前已成功用于多种轿车车型上，其结构示意图如图 9-16 所示。

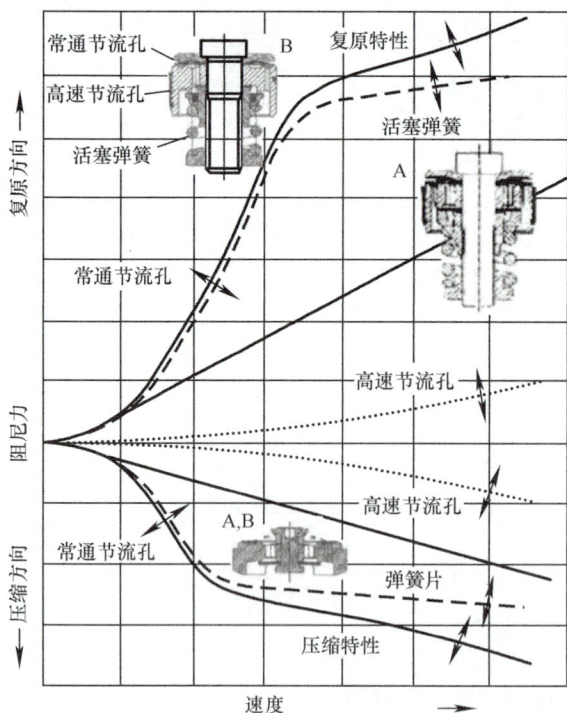

图 9-15　不同阀设计的双筒减振器阻尼特性

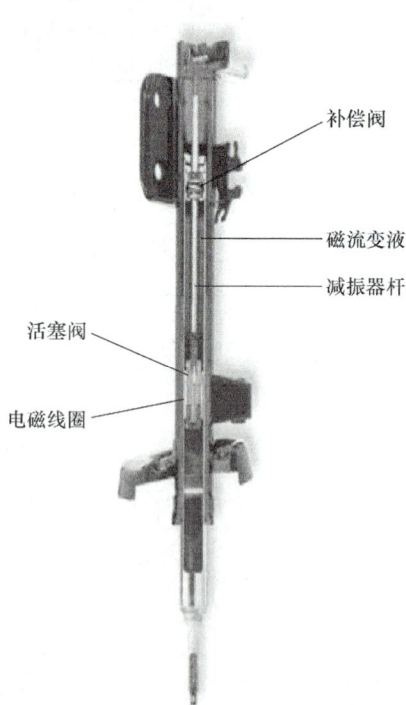

图 9-16　德尔福公司的磁流变减振器 MagneRide 结构示意图

三、导向机构

导向机构是悬架系统的另一重要组成部分，其主要作用是传递除垂向力以外的车轮和车

身之间的多种力和力矩，并保证它们之间有确定的运动关系。

1. 非独立悬架的导向机构

以纵置钢板弹簧为弹性元件的悬架是典型的非独立悬架，其特点是左右车轮用一根刚性轴（也称为"桥"）连接起来，并通过悬架与车架或车身相连，其中钢板弹簧兼作导向机构的作用。

2. 独立悬架的导向机构

独立悬架的特点是左右车轮不连接在一根桥上，它们各自通过悬架与车架相连。根据布置方式的不同，独立悬架可分为图 9-17 所示的几类，其特点分别说明如下。

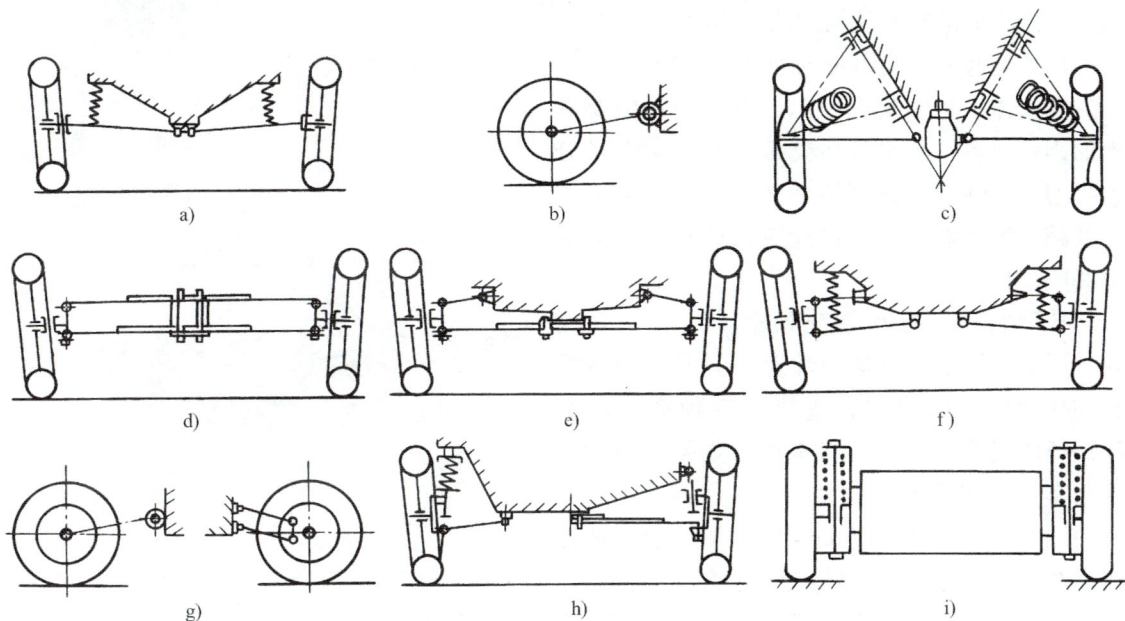

图 9-17　独立悬架的分类

a）单横臂式　b）单纵臂式　c）单斜臂式　d）等长双横臂式　e）不等长双横臂式
f）不等长双横臂式　g）双纵臂式　h）滑柱摆臂式　i）烛式

单横臂式（图 9-17a）在车轮跳动时，主销外倾角变化大，轮距也发生变化，轮胎磨损严重。单纵臂式（图 9-17b）在车轮跳动时，车轮外倾角和轮距保持不变，但轴距变化明显。单斜臂式（图 9-17c）其摆臂绕车辆纵轴成一定夹角做轴线摆动，适当地选择摆臂轴线与车辆纵轴的夹角，可获得良好的操纵性，常用于后悬架上。双横臂式分为等长双横臂式（图 9-17d）和不等长双横臂式（图 9-17e、图 9-17f）。等长双横臂式在车轮上下跳动时轮距变化较大，加剧了轮胎磨损，现已很少采用。不等长双横臂式只要参数选择合适，可以使轮距及前轮定位参数变化不大，因而可得到良好的操纵稳定性和行驶平顺性。双纵臂式（图 9-17g）的两个摆臂长度相等，当车轮跳动时可保持主销后倾角不变，适用于转向轮。单纵臂式在车轮跳动时，主销后倾角变化较大，多用于后悬架。滑柱摆臂式（图 9-17h）又称为麦弗逊式，是用减振器作滑动主柱并与下摆臂组成悬架，其主要优点是增加了左右两轮之间的空间，适用于前置前驱动车辆，广泛应用于现代轿车上。但滑柱中存在较大的侧向力，使磨损严重，因而常将螺旋弹簧布置得与滑柱中心线偏离一定角度，以抵消一部分侧向

力。烛式悬架（图9-17i）为车轮转向节沿主销上下移动的悬架，当悬架变形时，主销的定位角不发生变化，仅轮距、轴距稍有改变，有利于转向操纵和行驶稳定性，但侧向力全部由主销和套筒承受，摩擦阻力大。

四、座椅

由于人体与座椅直接接触，因而在不平路面长途行驶时，汽车座椅极大地影响着乘员的乘坐舒适性。现代汽车座椅的机械结构主要由头枕总成、靠背总成、座垫总成和滑道总成组成，一个典型的轿车座椅如图9-18所示。其中的座椅座垫通常由高阻尼的泡沫材料制成。

从人体工程学角度考虑，座椅设计中要考虑的因素很多，从设计研究角度看基本上可分为静态舒适性和动态舒适性两个方面。从平顺性及减振要求看，座椅设计应保证有良好的阻尼和刚度特性。

典型的座椅振动系统频率响应特性如图9-19所示。早期的车辆弹性座椅只是用一些填充物作为座垫的材料，座椅固有频率一般在2.5~5Hz之间。在发生共振时，如果座椅加速度与车身加速度的比值大于3，尤其是当车身本身固有频率较高时（如工程机械、农用拖拉机和载货汽车等），乘坐舒适性会显著下降。

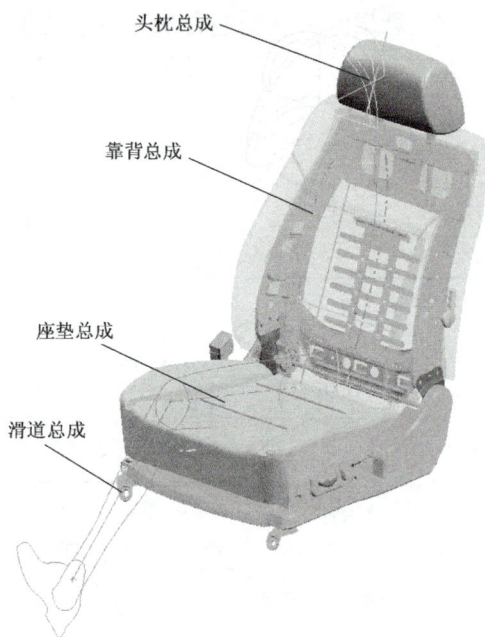

图 9-18　汽车座椅的结构

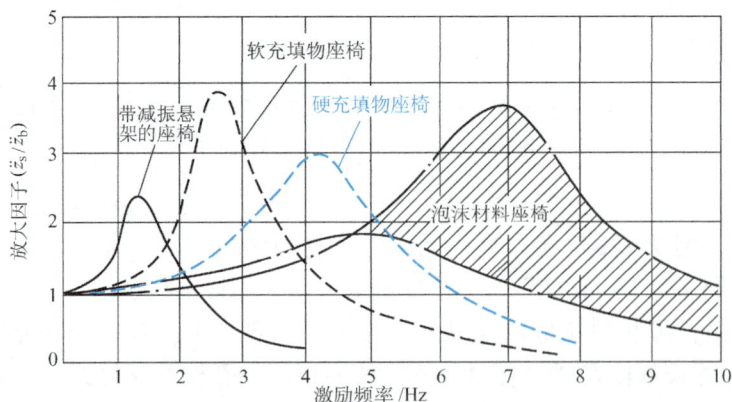

图 9-19　典型的座椅振动系统频率响应特性

现代汽车座椅采用的泡沫材料座垫，其共振频率集中于4~8Hz范围内。由于泡沫材料具有高阻尼特性，因而设计良好的泡沫座椅座垫可以有效地抑制来自车身的振动。近年来，一种可显著改善乘坐舒适性的减振座椅首先在工程机械和载重车辆上得到应用，其结构在原有的座椅座垫的基础上，增加了由弹簧和减振器所组成的座椅悬架系统。由图9-19可见，其共振频率约为1.5Hz，频率响应大大减小（尤其在2~4Hz范围内，且峰值也小于2.5），因而可显著改善车辆的乘坐舒适性。

第三节　模型推导的前提及简化条件与分析

为了便于对行驶动力学模型建立的理解，最好还是首先从七自由度车辆模型开始介绍，如图9-20所示。假定车身是一个刚体，当车辆在水平面做匀速直线运动时，车身具有上下跳动、俯仰、侧倾三个自由度；两个前轮分别具有垂向运动的自由度；剩下的两个自由度是表示独立悬架的两个后轮垂向运动，或表示非独立悬架中后轴的垂向跳动和侧倾转动。

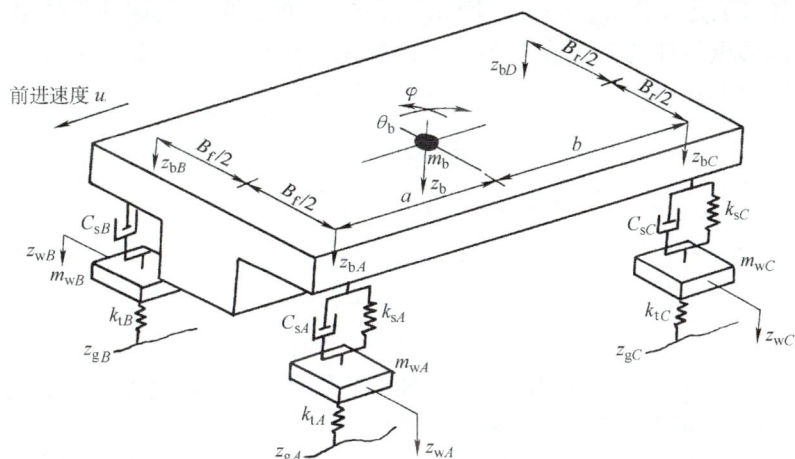

图 9-20　具有独立悬架形式的七自由度整车模型示意图

在七自由度模型基础上，若还需考虑人体在车辆行驶过程中所受到的振动和冲击，则需要增加一个代表座椅和人体质量的垂向自由度，这样就形成八自由度的整车系统模型。此外，为了分析发动机动力总成悬置的影响，还可将该部分从车身质量块中独立出来，考虑其相对于车身的垂向自由度，形成一个九自由度整车系统。而对具有较长的车体或带有拖挂车的商用车辆而言，由于其车体本身的柔性变形及后挂车等影响因素，使系统建模变得更加复杂。但总的原则是：根据所研究问题的实际需要而选择适当复杂程度的模型。

上述整车七自由度模型，虽然对真实的车辆而言，这个模型已是非常简化，并且它还忽略了悬置的发动机和驾驶人及座椅。但对于车辆基本行驶特性分析求解来说，七自由度模型还是有些复杂。因此，还可做进一步简化，进而形成如图 9-21 所示的四自由度模型和两自由度模型，简化过程论证如下：

1）在低频路面激励下，可以认为车辆的左右两个车轮轨迹输入具有较高的相关性，即认为左右轮输入基本一致。再考虑到车辆的几何尺寸及质量分布通常为左右对称，则可认为车辆左右两侧以完全相同的方式运动。

2）在高频路面激励下，车辆所受的激励实际上大多只涉及车轮跳动，对车身运动影响甚微，这样车身左右两边的相对运动就可忽略。

这样，就将七自由度模型简化成一个线性的四自由度半车模型，模型中考虑了车身的俯仰和垂向运动、前后轴的垂向跳动，如图 9-21a 所示。再用一个动力学等效系统来代替上面的半车模型（如图 9-21b 所示），在对该模型进行动力学等效处理时，车辆系统的三个等效质量必须满足以下三个力学条件。

1）总质量 m 等于：

$$m_f + m_C + m_r = m \tag{9-13}$$

式中，m_f 为前轴处集中质量；m_C 为质心处集中质量；m_r 为后轴处集中质量。

2）质心位置不变，即：

$$m_f a = m_r b \tag{9-14}$$

3）俯仰转动惯量不变，即：

$$m_f a^2 + m_r b^2 = I_{hp} \tag{9-15}$$

由上式可知，如果满足条件 $I_{hp} = mab$，则 m_C 为零。这时，前、后端动力学呈互不耦合的关系。虽然证明该解耦条件的方法有多种，下面给出一个证例。以前端为例，在俯仰角假设下，其动力学方程为：

$$\ddot{z}_f = \ddot{z} - a\ddot{\theta} \tag{9-16}$$

其中，$\ddot{z} = \dfrac{1}{m}(F_{zf} + F_{zr})$，$\ddot{\theta} = \dfrac{1}{I_{hp}}(-aF_{zf} + bF_{zr})$

将其代入式（9-16）可得：

$$\ddot{z}_f = \frac{I_{hp} + ma^2}{mI_{hp}} F_{zf} + \frac{I_{hp} - mab}{mI_{hp}} F_{zr} \tag{9-17}$$

若当 $F_{zf} = 0$ 时，不论 F_{zr} 如何，总有 $\ddot{z}_f = 0$，则说明此时前、后端垂直方向的运动相互独立，若以后端为例推导，同理。因此，证明完毕。

通常轿车的车辆参数大多近似满足这一条件，且 m_C 很小，说明轿车前后部分之间的相互影响很小。下面以福特 Granada 轿车的车辆参数举例说明：

车身质量 $m = 1380$ kg

质心至前轴的距离 $a = 1.25$ m

质心至后轴的距离 $b = 1.51$ m

俯仰转动惯量 $I_{hp} = 2444$ kg·m²

可以计算出 $mab = 2605$ kg·m²，与 I_{hp} 相差不到 6.2%，说明福特 Granada 轿车的前后部分耦合关系很弱。

可见，某些情况下四自由度半车模型问题可进一步简化成两个子问题，即前悬架决定 m_f 质量块的运动；后悬架决定 m_r 质量块的运动。而轮距之间任何位置的运动则可由几何关系方便地求出。因此，每个子问题只需通过一个简单的单轮车辆模型来研究，如图 9-21c 所示。

以轿车为例，分别采用七、四、二自由度车辆模型[4~6]计算出的车辆响应对比结果表明，最简单的单轮模型也能较为准确地反映车辆的基本

图 9-21　车辆模型的简化过程

行驶特性，从而也验证了上述模型简化过程中等效条件的正确性。采用不同车辆模型所进行的性能响应分析将在本章第四、五、六节中分别给予详细讨论。

对其他类型车辆而言，如小型货车或重型货车，质心处集中质量 m_C 的大小会很重要，

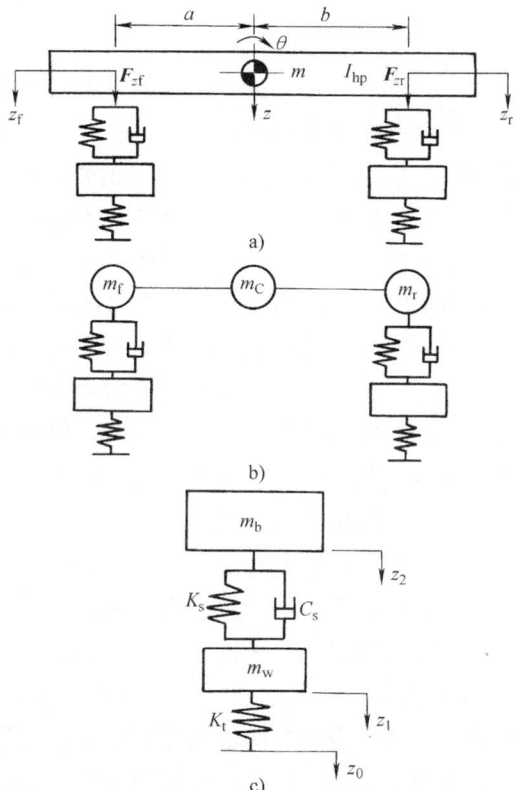

它可能导致车辆的前后质量在不同程度上相互耦合。尽管如此，单轮模型在比较不同悬架最初设计方案时仍然会有用。

本篇介绍的行驶动力学研究主要是针对悬架设计的刚体动力学方面，研究的频率范围仅限于 0.25~15Hz。该频率范围上、下限的取值主要是出于以下考虑来确定的。对于下限频率值，由于悬架无法滤除如此低频的长波输入（即波峰和波谷输入），因而这里也就不考虑 0.25Hz 以下的输入所产生的任何动力学影响。对上限频率取值的依据是，由于一般车身结构的固有频率大多始于 20Hz 左右，当低于 15Hz 时，车身运动基本上可以假定为简单的刚体运动，而超过 15Hz 频率的动力学性能建模可能就需对车辆结构有精确的描述。尽管将研究的频率范围进行了限制，但仍然可基于建立的车辆模型，研究不同的设计参数对悬架系统性能的影响，或者为更高级的悬架设计及其新技术的评价提供依据。

这里所确定的研究频率范围上限值为 15Hz，意味着所研究的路面输入最短波长 λ 为车速的 1/15。一般在车辆正常行驶速度范围内，所研究的最短波长均远大于轮胎与地面的接触印迹（约为 0.2m）。因而，在此可以将滚动轮胎的垂向动力学特性简化为一个忽略了阻尼的线性弹簧。

第四节　单轮车辆模型的推导及分析

一、运动方程

应用牛顿运动定律，即可导出由图 9-21c 所示的单轮车辆模型的运动方程，其表达式如下：

$$m_w \ddot{z}_1 = K_t(z_0 - z_1) - K_s(z_1 - z_2) - C_s(\dot{z}_1 - \dot{z}_2) \tag{9-18}$$

$$m_b \ddot{z}_2 = K_s(z_1 - z_2) + C_s(\dot{z}_1 - \dot{z}_2) \tag{9-19}$$

式中，K_s 为悬架弹簧刚度；K_t 为轮胎等效刚度；C_s 为悬架阻尼系数。

二、线性分析

由于运动方程式（9-18）、式（9-19）为线性时不变（linear time-invariant），因此可对其直接进行频域分析。所研究的问题基本上可描述为：根据由路面功率谱密度表示的路面输入，求解由运动方程表示的车辆模型系统的输出。为了方便对线性频域分析的理解，首先介绍系统模型在单一频率正弦波输入下的频率响应求解过程。

1. 频率响应

对一个线性系统，受到振幅为 Z_0、频率为 ω（单位为 rad/s）的单一频率正弦波输入，其表达形式如下：

$$z_0 = Z_0 e^{i\omega t} \tag{9-20}$$

经一个瞬态滞后，该线性系统产生与输入形式类似的稳态响应输出，表示如下：

$$z_1 = Z_1(\omega) e^{i(\omega t + \phi_1)} = Z_1(\omega) e^{i\phi_1} z_0/Z_0 \tag{9-21}$$

$$z_2 = Z_2(\omega) e^{i\phi_2} z_0/Z_0 \tag{9-22}$$

其中，输出响应频率仍为 ω，与输入频率完全相同；但输出的幅值不同，而且由响应时间滞后引起的相位差 ϕ 不同。

综上所述，可以将线性频域分析要点总结如下：对于一个单输入 z_0，系统输出状态矢量为 z 的系统，其输入和输出的关系可写为：

$$z = G(\omega)z_0 \tag{9-23}$$

式中，$G(\omega)$ 称为频率响应函数，是一个复矢量函数。

因此，在单轮车辆模型的幅频分析中，其车轮和车身等效质量块的速度和加速度为：

$$\dot{z}_1 = i\omega z_1, \qquad \ddot{z}_1 = -\omega^2 z_1 \tag{9-24}$$

$$\dot{z}_2 = i\omega z_2, \qquad \ddot{z}_2 = -\omega^2 z_2 \tag{9-25}$$

将式（9-21）~式(9-25) 代入式（9-18）和式（9-19）中，则得到矩阵形式表达的单轮模型的运动方程为：

$$\begin{pmatrix} C_s i\omega + (K_s + K_t - m_w\omega^2) & -C_s i\omega - K_s \\ -C_s i\omega - K_s & C_s i\omega + (K_s - m_b\omega^2) \end{pmatrix} \begin{pmatrix} z_1 \\ z_2 \end{pmatrix} = \begin{pmatrix} K_t z_0 \\ 0 \end{pmatrix} \tag{9-26}$$

对该矩阵方程进行求解要用到一个数学法则，即克莱姆（Cramer）法则。对克莱姆法则具体介绍如下：

求解一组包含 $x_1 \sim x_n$ 的 n 维线性联立方程：

$$\begin{pmatrix} a_{11} & \cdots & a_{1n} \\ \vdots & \vdots & \vdots \\ a_{n1} & \cdots & a_{nn} \end{pmatrix} \begin{pmatrix} x_1 \\ \vdots \\ x_n \end{pmatrix} = \begin{pmatrix} b_1 \\ \vdots \\ b_n \end{pmatrix} \tag{9-27}$$

或写成：

$$AX = B \tag{9-28}$$

方程解形式如下：

$$x_j = \frac{D_j}{D} \qquad (j = 1, 2, \cdots, n) \tag{9-29}$$

式中，D 是矩阵 A 的行列式，D_j 是用 B 代替第 j 列后的 A 的行列式。

应用举例　有一个二阶方程：

$$\begin{pmatrix} a_{11} & a_{12} \\ a_{21} & a_{22} \end{pmatrix} \begin{pmatrix} x_1 \\ x_2 \end{pmatrix} = \begin{pmatrix} b_1 \\ b_2 \end{pmatrix} \tag{9-30}$$

其中

$$D = \begin{pmatrix} a_{11} & a_{12} \\ a_{21} & a_{22} \end{pmatrix}, \ D_1 = \begin{pmatrix} b_1 & a_{12} \\ b_2 & a_{22} \end{pmatrix}, \ D_2 = \begin{pmatrix} a_{11} & b_1 \\ a_{21} & b_2 \end{pmatrix} \tag{9-31}$$

于是，可得方程解如下：

$$x_1 = \frac{b_1 a_{22} - b_2 a_{12}}{a_{11} a_{22} - a_{12} a_{21}}, \quad x_2 = \frac{b_2 a_{11} - b_1 a_{21}}{a_{11} a_{22} - a_{12} a_{21}} \tag{9-32}$$

根据式（9-26），应用克莱姆法则即可求得车轮位移和车身位移的频率响应函数，即 (z_1/z_0) 和 (z_2/z_0) 随 ω 的变化，分别为：

$$\frac{z_1}{z_0} = \frac{K_t[C_s i\omega + (K_s - m_b\omega^2)]}{\begin{vmatrix} C_s i\omega + (K_t + K_s - m_w\omega^2) & -C_s i\omega - K_s \\ -C_s i\omega - K_s & C_s i\omega + (K_s - m_b\omega^2) \end{vmatrix}} \tag{9-33}$$

$$\frac{z_2}{z_0} = \frac{K_t(C_s i\omega + K_s)}{\begin{vmatrix} C_s i\omega + (K_t + K_s - m_w\omega^2) & -C_s i\omega - K_s \\ -C_s i\omega - K_s & C_s i\omega + (K_s - m_b\omega^2) \end{vmatrix}} \tag{9-34}$$

因为 $\ddot{z}_2 = -\omega^2 Z_2 e^{i\phi_2} z_0 / Z_0$，所以很容易由位移求出车身加速度的频率响应。同样，悬架的相对位移由 $(z_2 - z_1)$ 直接给出，轮胎动载荷则为 $K_t(z_1 - z_0)$。

2. 对路面谱密度输入的响应

对一个线性系统来说，一旦建立了其频率响应函数，就可以根据给出的振幅输入谱密度求出系统输出变量的谱密度。各种性能参数的计算主要依据随机过程理论中的两条法则，即：①输出的功率谱等于输入谱乘以系统频响函数模的平方；②输出变量的方均根值等于其谱密度函数在整个频率范围内积分值的开方。其输入与输出的关系可由图9-22说明。

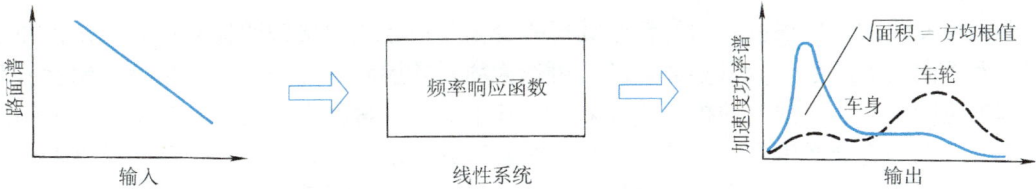

图 9-22　线性系统的输入和输出的关系

三、系统的性能指标

车辆悬架的两个主要功能是保证良好的乘坐舒适性和稳定的轮胎载荷。悬架在执行该功能的同时，还必须将悬架行程控制在允许的限度内，并满足车辆在载荷变化、加速、制动、转弯工况时对车身姿态的要求。车辆行驶性能评价指标中，对加速度的控制显然体现了对乘坐舒适性的要求，而对轮胎载荷均匀性要求则是出于对轮胎附着性的考虑。由于轮胎对地面的附着能力会因轮胎垂向载荷的波动而减弱，因而应尽量避免轮胎动载过大。

因此，对车辆悬架系统而言，其性能可用三个基本参数来进行定量评价，而这些参数实际上代表了悬架互相冲突的不同性能要求，具体介绍如下：

1. 不舒适性参数（a_w）

这里定义的不舒适性参数 a_w（r.m.s. value of weighted body acceleration）是指经 ISO 2631 频率加权后的垂向加速度方均根值。根据 ISO 2631－1 推荐的加权方法[7]（有关内容在第8章第三节中已经介绍），将不同频率的加速度信号进行加权后求和便可得出。

对轿车而言，垂向加速度很大程度上决定了车辆行驶平顺性品质，图9-23给出的加权函数可以看出人体对 4～8Hz 频率范围内的垂向振动最敏感。对客车或货车来说，纵向加速度对乘员的不舒适程度影响较大。

2. 悬架动行程（SWS_{rms}）

悬架动行程参数 SWS_{rms}（r.m.s. value of Suspension Working Space），定义为车轮与车身的位移之差的方均根值，即（$z_1 - z_2$）的方均根值，以 SWS_{rms} 表示，用于描述相对于静平衡位置悬架位移的变化程度。根据随机路面高斯分布的假设，对线性系统而言，其响应也应具有高斯性质，并可用正态分布描述。因而对悬架动行程而言，

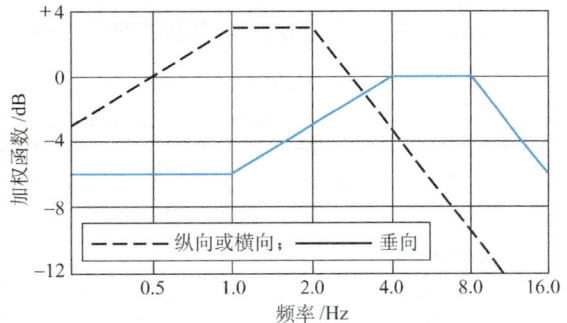

图 9-23　ISO 2631－1 推荐的加速度谱加权函数

可以认为在静平衡位置条件下，车轮与车身相对位移保持在 $\pm SWS_{rms}$、$\pm 2\,SWS_{rms}$、$\pm 3\,SWS_{rms}$ 以内的概率分别为 68.3%、95.4%、99.7%。因此，根据悬架动行程方均根值 SWS_{rms}，就可决定在某种路面输入条件下车辆所需的悬架动行程。例如，设某车辆悬架最大行程为 0.12m，若通过某一差路面时悬架动行程方均根值 SWS_{rms} 为 0.02m，则相对于静平衡位置的悬架动位移在 99.7% 的时间域内均可保持在可用范围（即 ±0.06m）之内，其余的 0.3% 时间将可能会发生限位块碰撞。

3. 轮胎动载荷（DTL_{rms}）

轮胎动载荷参数 DTL_{rms}（r. m. s. value of Dynamic Tyre Load），定义为相对于静平衡位置的轮胎载荷变化的方均根值。因为轮胎载荷的变化会引起地面接触印迹面积的变化，并导致纵向力和侧向力的减小，所以参数 DTL_{rms} 可作为衡量轮胎附着能力的一个指标。轮胎载荷变化引起的轮胎附着能力损失的机理比较复杂，基本上可以解释为：当需要轮胎来产生侧向或纵向力时，在力充分产生之前，轮胎与地面接触部分必定变形，而这一变形又反过来要求轮胎应滚动一定距离，因此在完全获得轮胎力之前有一定的时间延迟。当轮胎载荷随悬架运动而波动时，由于轮胎动态延迟机理的影响，导致了可用的有效侧向或纵向力减小。因此，若能保持稳定的轮胎法向载荷，则可获得较大的轮胎力；若轮胎动载荷波动增加，随着轮胎跳动的加剧，轮胎抓地能力将随之减弱。

综上所述，频率加权后的车身加速度、悬架动行程、轮胎动载荷方均根值（即 a_w、SWS_{rms} 和 DTL_{rms}）为车辆悬架设计提供了三个基本的量化指标。然而，只有同时考虑其他一些主观评价的因素时，对这些量化指标的分析才有意义。这里所说的主观评价因素中，一个最重要的性能指标是加速、制动和转弯时的车身姿态。例如，在上述工况下，车身的俯仰角及侧倾角主要由悬架刚度决定，而悬架阻尼特性对瞬态响应有显著影响。虽然不同工况下车辆所表现出来的特性可由行驶振动模型计算获得，但对所得结果的分析和解释同时还取决于制造厂商的主观判断。通常，可接受的最小悬架刚度由车身姿态控制确定，而不是由行驶振动方面的因素决定。车辆的负载变化情况也是一重要影响因素，如空载、满载等。对被动悬架车辆来说，过多的负载可能会占用大量的悬架动行程，从而降低车辆的行驶平顺性能。这也再次说明，其他方面的考虑会对悬架刚度的设计起到一定的指导作用，如货车、客货两用车及小客车的悬架设计等。

四、例题计算

下面以某轿车的单轮模型参数为例，说明车辆行驶性能指标的计算方法。本章中的实例计算均以 1949 年生产的福特 Granada 轿车后悬架为例，其车辆模型参数见表 9-1。

表 9-1　福特 Granada 轿车后悬架单轮模型参数

参数	符号	单位	数值
簧载质量	m_b	kg	317.5
非簧载质量	m_w	kg	45.4
悬架弹簧刚度	K_s	kN/m	22
轮胎刚度	K_t	kN/m	192
悬架阻尼系数	C_s	kN·s/m	1.5

设在某典型差路面上，取不平度系数 G_0 为 $5 \times 10^{-6} \mathrm{m}^3/\mathrm{cycle}$，指数 p 为 2.5，并设车辆的恒定前进速度为 $20\mathrm{m/s}$，根据频率路面谱表达式（8-5）可写成时间频率的表达形式，即：

$$S(f) = \frac{5 \times 10^{-6} \times 20^{1.5}}{f^{2.5}} = \frac{4.47 \times 10^{-4}}{f^{2.5}} \tag{9-35}$$

式中，f 为频率，单位为 Hz。

根据得到的路面功率谱密度函数式（9-35）及式（9-33）和式（9-34）表达的单轮模型频响函数，就可以依据前面介绍的线性系统输入与输出的关系及计算法则（参见图9-22）求系统输出变量的谱密度和方均根值。

这里，系统的输出响应分别为车身加速度、悬架动行程、轮胎动载荷。其中，车身加速度可根据与车身位移的关系求出，即 $\ddot{z}_2 = -\omega^2 Z_2 \mathrm{e}^{\mathrm{i}\phi_2} z_0 / Z_0$；悬架的相对位移由 $(z_2 - z_1)$ 直接给出；而轮胎动载荷则为轮胎垂向刚度与轮胎动位移的乘积，即 $K_t(z_1 - z_0)$。

计算中，可选取频域积分区间为 $[0.5\mathrm{Hz}, 15\mathrm{Hz}]$，增量 Δf 为 $0.5\mathrm{Hz}$，利用现成的数值计算软件（如 MATLAB），可方便地得到三个性能指标的功率谱密度曲线，再对每一功率谱密度曲线进行数值积分（相当于求功率谱密度曲线下的面积）后开方，即可得到各性能指标在此路面激励下的方均根值。

然而，由于将不舒适性参数 a_w 定义为经 ISO 2631 频率加权后的垂向加速度均方根值，因此计算中必须将不同频率的加速度信号进行加权后求和得出，对此特别说明如下。

在不同频率范围内 ISO 2631 推荐的垂向加速度加权函数值可参考图 9-23 和加权函数（8-7）中的 w_k。例如，在计算频率为 $0.5\mathrm{Hz}$ 的正弦波输入对车辆舒适性指标的影响时，由图可见，其纵坐标表示的加权值为 $-6\mathrm{dB}$，这里的 $1\mathrm{dB}$ 表示 $10\log$（加权值/未加权值），由此求得 $0.5\mathrm{Hz}$ 下加权后的加速度均方值，将该值保存在计算程序中；然后计算 $1\mathrm{Hz}$ 的正弦波输入的响应，此时 ISO 2631 – 1 对 $1\mathrm{Hz}$ 的加权函数推荐值仍为 $-6\mathrm{dB}$；以此类推计算。

由图 9-23 可见，加权函数值随频率的增加呈递增趋势。当计算至 $4 \sim 8\mathrm{Hz}$ 的频率范围时，加速度加权函数达到最大值，即图 9-23 显示的 $0\mathrm{dB}$（意味着此时加权值等于未加权值），随后加权函数值随频率的增加呈递减趋势。计算过程依次进行，直至 $15\mathrm{Hz}$，最后将保存的每一频率正弦波输入均方值进行累加，得出的就是车身垂向加速度的均方值。对输出响应的功率谱密度曲线积分，再开方后得出的值即为 ISO 2631 加权后的车身加速度方均根值 a_w，代表了车辆的不舒适性指标。

五、结果分析

以表 9-1 中给出的车辆参数及式（8-5）所描述的路面输入（即路面不平度系数 G_0 为 $5 \times 10^{-6} \mathrm{m}^3/\mathrm{cycle}$ 的差路面，车辆前进速度为 $20\mathrm{m/s}$），根据上述计算步骤，就可以仿真分析悬架设计参数对车辆性能指标的影响，即分析不舒适性参数、轮胎动载荷、悬架动行程是如何随悬架设计参数的不同而变化的。根据给出的车辆参数，行驶车速和路面不平度系数，仿真计算得到的三个性能指标的频率响应函数如图 9-24 所示，相应的输出功率谱密度 PSD 如图9-25所示。

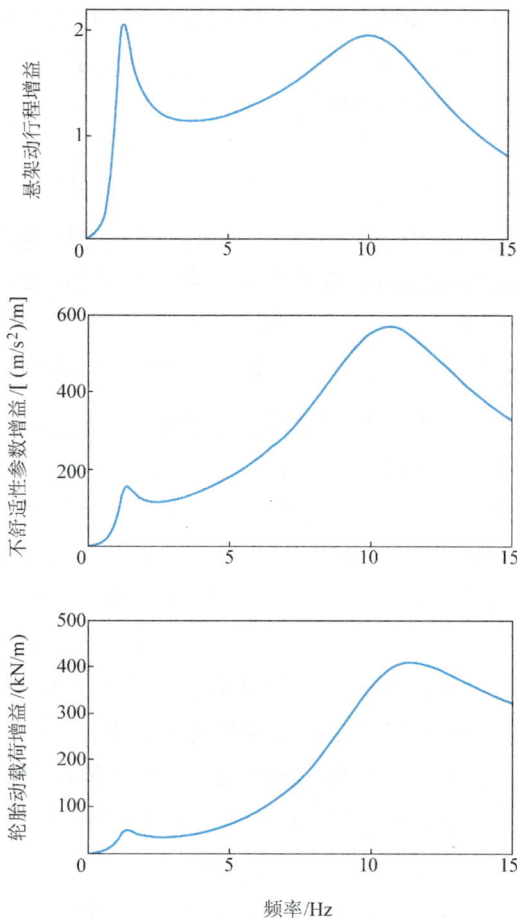

图 9-24　福特 Granada 轿车后悬架单轮
模型频率响应函数

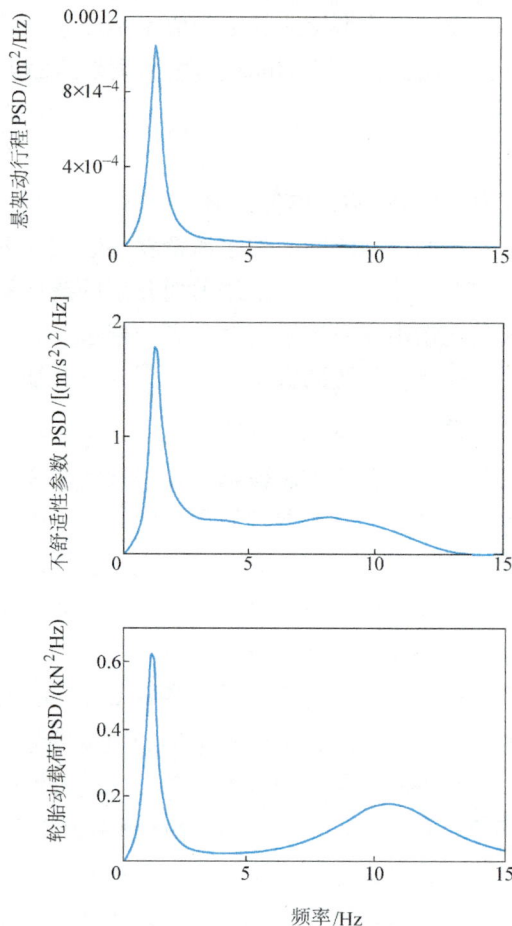

图 9-25　福特 Granada 轿车后悬架单轮模型
系统响应输出功率谱密度

　　为了分析悬架阻尼和频率变化对悬架性能指标的影响，固定簧载质量、非簧载质量和轮胎刚度值，并在一定范围内改变悬架弹簧刚度和阻尼值，分别重复以上计算过程，得出不同情况下三个性能指标的方均根值，如图 9-26 所示。为了在该图中显示弹簧刚度的影响，采用了无阻尼簧载质量的固有频率 f_n 为自变量，其表达式为：

$$f_n = \frac{1}{2\pi}\sqrt{\frac{K_s}{m_b}} \tag{9-36}$$

　　需注意的是，这里的 f_n 并非为真实的车身质量模态频率，因为计算中未考虑与轮质量的耦合问题。尽管如此，这里给出的悬架系统的无阻尼固有频率仍然代表了悬架设计中的一个非常重要的特性。与此相似，悬架系统的阻尼特性通常用阻尼比 ξ_s 表示，定义如下：

$$\xi_s = \frac{C_s}{2\sqrt{K_s m_b}} \tag{9-37}$$

　　式（9-38）近似等于实际悬架阻尼系数值与临界阻尼系数值之比，即在阶跃输入下，其响应在未出现超调却以最快速度回稳情况下的系统阻尼称为"临界阻尼" C_s（critial damping coefficient）。同样，它也不同于真正的模态阻尼。工程中习惯采用 f_n 和 ξ_s 表示悬架

系统特性，其原因可能是它们比 K_s 和 C_s 更容易对实际问题进行解释。

根据表 9-1 给出的福特 Granada 轿车相关参数，可以很容易地求出系统的固有频率 f_n = 1.32Hz，阻尼比 ξ_s = 0.28。当考虑系统耦合的情况时，真正的模态固有频率和阻尼比则在表 9-2 中给出。

表 9-2　福特 Granada 轿车后悬架单轮模型系统特征值

固有频率 f_n/Hz		阻尼比 ξ_s	主模态
无阻尼情况	有阻尼情况		
1.24	1.21	0.23	车身
10.77	10.44	0.25	车轮

图 9-26 所示的结果表明，采用尽可能软的弹簧可获得较好的舒适性，即在低固有频率和低阻尼比情况下可获得高的舒适性。但是，由此设计获得的高舒适性却总是以牺牲悬架工作空间为代价。由直接影响附着性能的轮胎动载荷曲线可以看出，当悬架固有频率 f_n 在 0.4 ~ 1.0Hz 之内，阻尼比 ξ_s > 0.5 时达到最小值，从而可获得最佳的轮胎附着性能。因此，悬架设计者在进行悬架设计时必须综合考虑上述矛盾，满足不同条件下悬架的综合性能要求。

尽管图 9-26 中给出了诸多所要求的信息，但对系统的匹配及相互关系却未直接给出，如 K_s 和 ξ_s 之间的匹配关系。事实上，任何一个悬架设计者都面临这样一个难题，首先必须要把所有的悬架部件安装在有限的悬架空间内，而且还必须预留出足够的悬架工作行程。考虑到对实际悬架工作空间的利用是有限的，因此可采用一定的手段将问题简化，以便于分析。

对具有三个评价指标的系统来说，以等悬架动行程为基础来比较

图 9-26　系统固有频率 f_n 和阻尼比 ξ_s 比对性能指标的影响

不同的悬架系统应是合理的。本例中，假设车辆悬架相对于静平衡位置所允许的最大行程是 ±0.09m。由于路面输入为高斯分布，避免限位块碰撞所允许的最大悬架动位移方均根值为

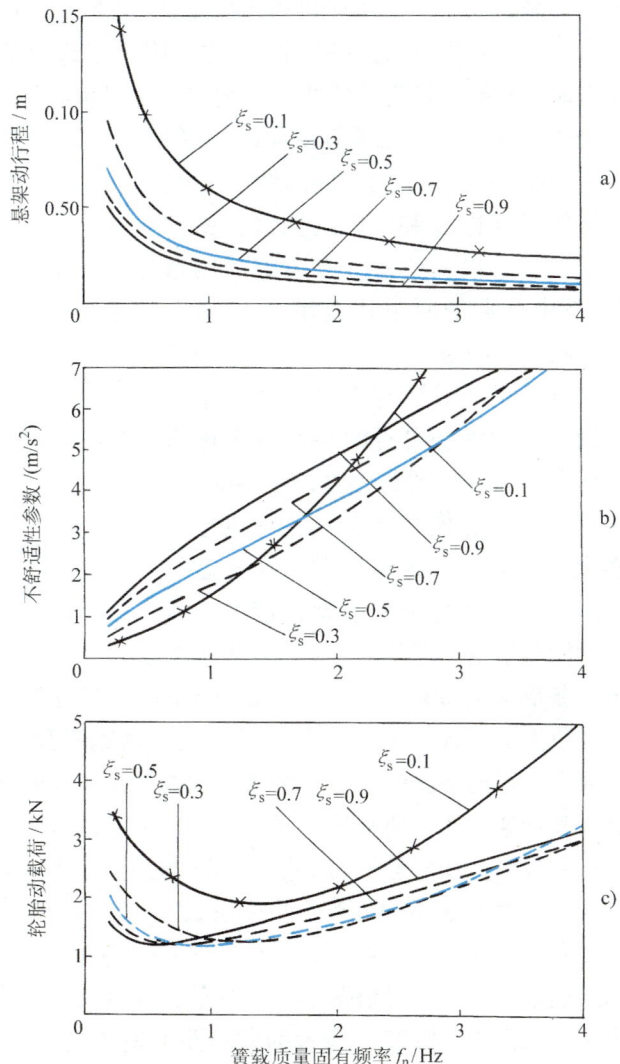

0.03m。那么由图 9-26a 可知，悬架动行程方均根值为 0.03m 时，系统具有不同的固有频率和阻尼之间的匹配关系。假如一旦建立了这样的悬架系统，其不舒适性系数和轮胎动载荷参数便可容易地分别在图 9-26b 和图 9-26c 中得到。由此产生的等悬架动行程等值曲线如图 9-27 所示。

显然，由图 9-27 可见，最佳匹配点为点 2 （$f_n = 0.8\mathrm{Hz}$，$\xi_s = 0.5$）和点 3 （$f_n = 0.6\mathrm{Hz}$，$\xi = 0.7$）。但在实际设计中，福特 Granada 轿车后悬架系统参数的最终确定必须出于对更多实际因素的考虑。首先，弹簧刚度必须足够大，以保证车身静载变化时不至于出现过多的悬架位移。其次，悬架太软可能会造成车辆转弯时车身姿态变化太大，导致对车辆操纵稳定性的不利影响。在图 9-27 中标明的两个悬架性能最佳点 2 和 3，因其刚度太低而没有在福特 Granada 轿车后悬架设计中采用。这也说明，在选择悬架系统方案中，车辆设计者必须同时兼顾平顺性和操纵稳定性的要求，确定一个尽量满足各方面要求的最佳方案。

如果将悬架动行程等值线加以扩展，则可得到图 9-28 所示的一族曲线[8]，其中还标明了定刚度和定阻尼曲线，由此建立了一个不同悬架系统方案的"网格图"。图中选取的阻尼比范围为 0.15 ~ 0.40，刚度范围为 10 ~30kN/m，缩小其范围的目的是能够更有针对性地对于实际车辆设计中那些可行的参数范围进行集中研究。图9-28 则是针对福特 Granada 轿车后悬架单轮模型参数，在一典型差路面上以 20m/s 的速度行驶、在任意刚度与阻尼匹配情况下的悬架性能。大致位于性能包络线中点处的点 P，代表了该

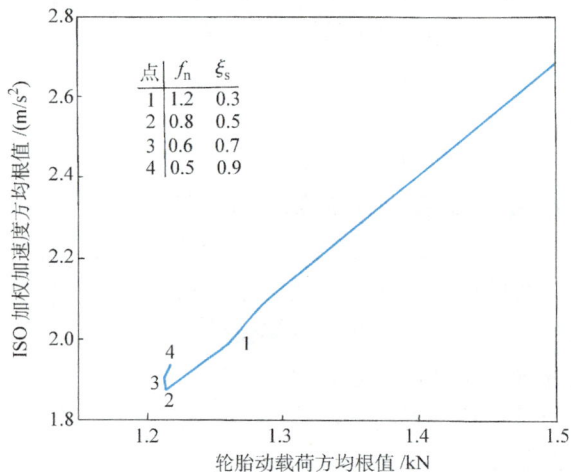

图 9-27　等悬架动行程等值曲线

系统"基准车辆参数"（baseline parameters）下的性能，其刚度为 22kN/m，阻尼比为 0.28，阻尼系数为 1.5kN·s/m。一般来说，运动型跑车具有大阻尼、弹簧较硬的特点，其悬架工作区通常位于网格图的左上方区域；而高档豪华型轿车的悬架一般具有小阻尼、弹簧较软的特点，其悬架工作区通常位于网格图的右下方区域。

需要指出，任何悬架均工作于不同的路面不平度和车速范围情况下，而上面计算中采用的由式 （9-35） 表示的具有不平度系数 G_0 为 $5 \times 10^{-6} \mathrm{m}^3/\mathrm{cycle}$ 和车速为 20m/s 的激励作为系统的有效输入，其结果并非是在各种不同路面输入下的最优设计。现将一个具有固定参数值的悬架系统与一个可根据不同运行条件调节其自身刚度和阻尼的悬架系统进行比较，比较中仍然采用由式 （9-35） 表示的同一路面输入模型。由式 （9-35） 可以看出，增加路面不平度和增加车速对输入谱密度所产生的影响是相同的。因此，只需在一定范围内改变其中的一个数值就可得到一系列不同的路面输入条件。可任意设置该范围的上限，以不超出所设置的最差路面和最高行驶车速为原则。本例计算中，将路面不平度设为定值，而只改变车速 u （分别为 10m/s、20m/s、30m/s）。将福特 Granada 轿车后悬架设计中采用的固定参数所计算出的结果与可变参数以适应不同行驶环境的悬架系统 （这里不妨将其称为自适应系统） 的

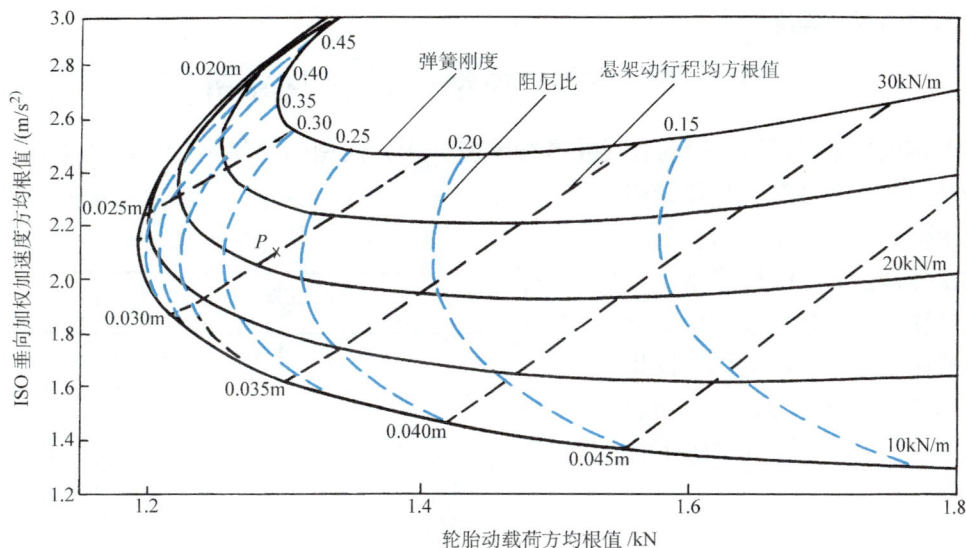

图 9-28 标有刚度、阻尼和动行程等值线的被动悬架性能网格图
（路面输入条件：不平度系数为 $5 \times 10^{-6} \, \text{m}^3/\text{cycle}$；车速为 20m/s）

结果进行对比，结果见表 9-3。每一条件下，自适应系统的刚度与阻尼均采用了最优的组合匹配。与图 9-27 相类似，每一最优组合点可在等悬架工作行程图中选取。

表 9-3 固定参数系统与自适应系统的性能比较

车速/(m/s)	固定系统			自适应系统		
	a_w/(m/s²)	SWS_{rms}/m	DTL_{rms}/kN	a_w/(m/s²)	SWS_{rms}/m	DTL_{rms}/kN
10	1.38	0.017	0.78	0.83	0.030	1.06
20	2.20	0.030	1.31	1.99	0.030	1.24
30	2.97	0.039	1.78	3.61	0.030	1.72

分析可见，当行驶车速为 10m/s 时，固定参数系统大约只用了可用悬架工作行程方均根值（0.03m）的一半，因而其不舒适性指标自然要比自适应系统差得多；而具有较小阻尼值的自适应系统的结果表明，轮胎动载荷方均根值还是有所增加。当然，在低速直线行驶时，轮胎动载荷的波动略有增加，对车辆性能影响大不。在 20m/s 的车速下，也就是前面介绍的设计工况，自适应系统的各项性能都与固定参数系统非常接近，因为它们都是通过在等悬架工作行程图上选择了接近于最佳状态点得到的。然而，这里所考虑的仅是行驶性能指标，几乎所有车辆在实际转弯过程中，其自适应策略都会自动地将弹簧和阻尼器切换为硬状态，从而保持对车身的姿态控制。当车速增至 30m/s 时，福特 Granada 轿车对悬架工作空间的要求将大于可用的工作空间，于是导致限位块的频繁碰撞。这时，基于线性分析的计算结果就不再准确。撞击限位块的作用相当于加大弹簧刚度 K_s，阻尼比 $\xi_s = C_s/2\sqrt{K_s m_b}$ 相应减小。因此，在与其等效线性系统中，相当于刚度变大、阻尼变小。由上述分析可知，各种工况下，固定系统的性能均不如自适应系统。

就悬架方案设计中所涉及的基本问题来说，采用四分之一单轮车辆模型是可以的。但对

其他一些主要特性，如车身的俯仰和侧倾，采用单轮模型显然不合适。因而必须根据需要相应增加模型的复杂程度。

第五节　半车模型的推导及分析

本节将推导半车模型的运动方程并进行响应分析，模型的变量符号如图 9-29 所示。假设车身是刚体，并具有垂直和俯仰两个自由度，其半个车身的质量和转动惯量分别由 m_{hb} 和 I_{hp} 表示。采用的车轮质量、悬架参数和轮胎刚度的符号则与上一节中的单轮模型中的表达相同，只是加入了分别表示前（front）和后（rear）的下标"f"和"r"。

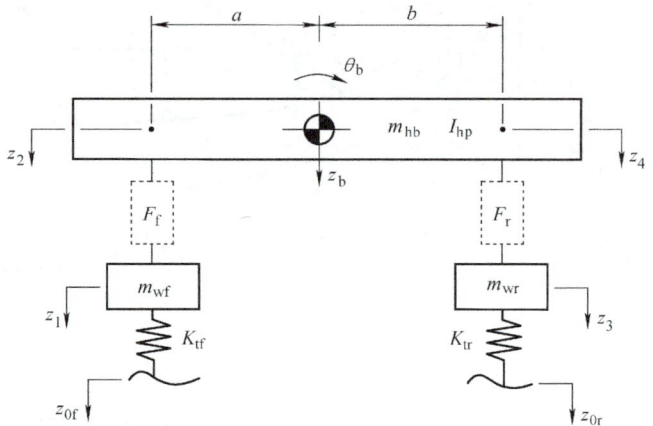

图 9-29　半车模型

一、运动方程

半车模型的运动方程的推导过程如下。若根据车身质心处的垂向位移 z_b 和俯仰角 θ_b，系统的运动方程可以表示为：

$$m_{wf}\ddot{z}_1 = K_{tf}(z_{0f} - z_1) - F_f \tag{9-38}$$

$$m_{wr}\ddot{z}_3 = K_{tr}(z_{0r} - z_3) - F_r \tag{9-39}$$

$$m_{hb}\ddot{z}_b = F_f + F_r \tag{9-40}$$

$$I_{hp}\ddot{\theta}_b = -aF_f + bF_r \tag{9-41}$$

式中，采用 F_f 和 F_r 作为表达通式，分别表示任何一种形式的悬架系统的前悬架力和后悬架力。

由图 9-29 可见，当俯仰角 θ_b 较小时，近似有：

$$\ddot{z}_2 = \ddot{z}_b - a\ddot{\theta}_b \tag{9-42}$$

$$\ddot{z}_4 = \ddot{z}_b + b\ddot{\theta}_b \tag{9-43}$$

因此，运动方程式（9-39）～式（9-42）可表示为：

$$\ddot{z}_1 = \frac{1}{m_{wf}}[K_{tf}(z_{0f} - z_1) - F_f] \tag{9-44}$$

$$\ddot{z}_2 = \left(\frac{1}{m_{hb}} + \frac{a^2}{I_{hp}}\right)F_f + \left(\frac{1}{m_{hb}} - \frac{ab}{I_{hp}}\right)F_r \tag{9-45}$$

$$\ddot{z}_3 = \frac{1}{m_{wr}}[K_{tr}(z_{0r} - z_3) - F_r] \tag{9-46}$$

$$\ddot{z}_4 = \left(\frac{1}{m_{hb}} - \frac{ab}{I_{hp}}\right)F_f + \left(\frac{1}{m_{hb}} + \frac{b^2}{I_{hp}}\right)F_r \tag{9-47}$$

对传统的被动悬架系统而言，其前、后悬架力分别为：

$$F_f = K_{sf}(z_1 - z_2) + C_{sf}(\dot{z}_1 - \dot{z}_2) \tag{9-48}$$

$$F_r = K_{sr}(z_3 - z_4) + C_{sr}(\dot{z}_3 - \dot{z}_4) \tag{9-49}$$

二、结果分析

福特 Granada 轿车半车模型参数由表 9-4 给出，相应的模态频率和阻尼比计算结果见表 9-5。

表 9-4　福特 Granada 轿车半车模型参数

	模型参数	符号	单位	数值
质量和惯量	二分之一车身质量	m_{hb}	kg	690
	二分之一转动惯量	I_{hp}	kg · m^2	1222
	前轮非簧载质量	m_{wf}	kg	40.5
	后轮非簧载质量	m_{wr}	kg	45.4
刚度和阻尼	前轮胎刚度	K_{tf}	kN/m	192
	后轮胎刚度	K_{tr}	kN/m	192
	前悬架刚度	K_{sf}	kN/m	17
	后悬架刚度	K_{sr}	kN/m	22
	前悬架阻尼系数	C_{sf}	kN · s/m	1.5
	后悬架阻尼系数	C_{sr}	kN · s/m	1.5
几何尺寸	车身质心至前轴距离	a	m	1.25
	车身质心至后轴距离	b	m	1.51
	轴距	L	m	2.76

表 9-5　福特 Granada 轿车半车模型系统特征值

阻尼固有频率/Hz	阻尼比	主模态
1.01	0.27	前车身跳动
1.27	0.25	后车身跳动
10.43	0.25	前轮跳动
10.88	0.27	后轮跳动

半车模型的系统响应计算结果包括车身质心处的加速度、前轴和后轴处的前、后悬架动行程和前、后轮胎动载荷，如图 9-30 所示。

车身质心加速度和俯仰运动的频率响应如图 9-31 所示，与图 9-24 所示的单轮车辆模型的频率响应比较中可以发现二者明显不同。原因是，半车模型系统有前、后轮两个输入，且二者之间有特定的关系，即后轮的输入和前轮的输入相同，只是延迟了一定的时间（等于轴距/车速）。因而，半车模型的频率响应结果一定程度上也反映了具有一定轴距的车辆以一定车速行驶在不同波长的正弦波路面时的特征表现。正是由于前后两轮输入相位差的存在，系统的特性变得更复杂。如车身某点处的响应实际上是两个同时作用的主模态各自频率响应的叠加，而每一主模态都有其相应的增益与相位。图 9-31 中给出的结果可以更清楚地看出这一特征对车身质心加速度和车身俯仰运动的综合影响。

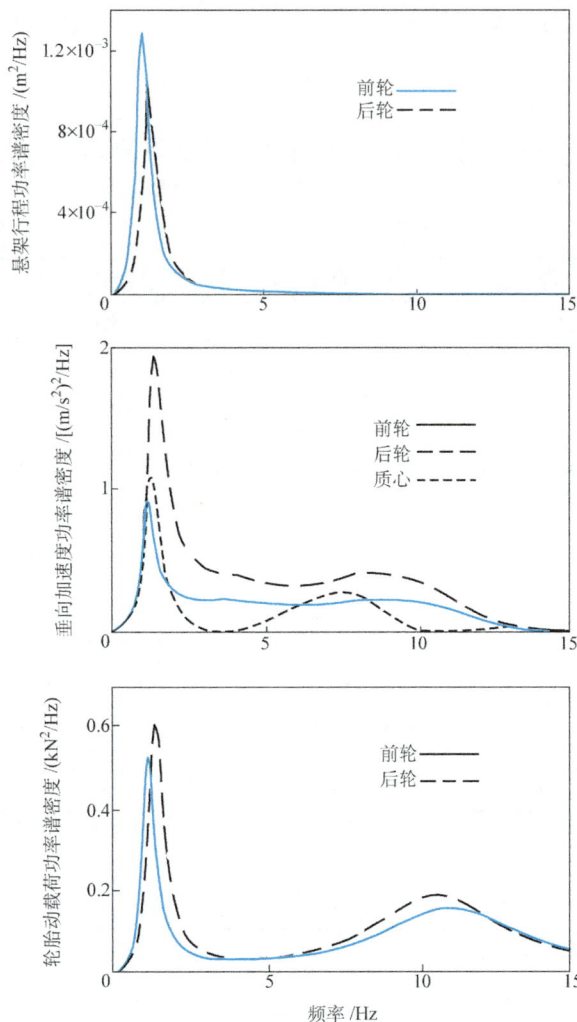

图 9-30   福特 Granada 轿车半车模型的系统
响应功率谱密度

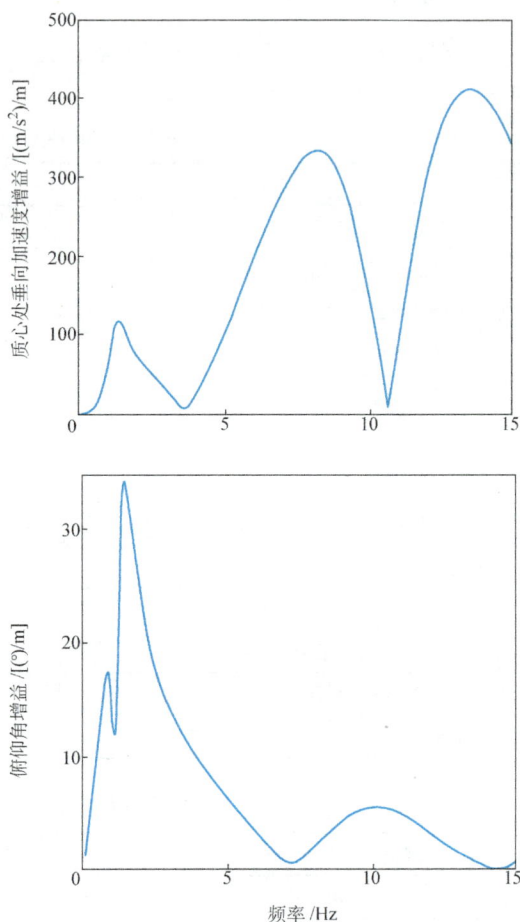

图 9-31   福特 Granada 轿车半车模型
的频率响应函数

为了进一步对上述半车模型的表现特征进行解释，这里只能大致地对结果进行粗略的分析。但由于理论上欠严谨，所以使用场合受到限制。假定车辆行驶在一定波长的正弦波形路面，使车辆产生上下跳动但无俯仰运动，即其前、后轮同时到达波峰或波谷；而另一种相反情况是，车辆只产生俯仰运动而无任何质心位移的变化，如当前轮正处于波峰时，后轮恰好处于波谷。那么，当车辆轴距正好为路面正弦波波长的整数倍，即 $L = n\lambda$（$n = 1, 2, \cdots$）时，由于前、后轮的输入同相，因而增加了车辆的上下跳动；而另一种情况是车辆轴距正好为路面正弦波波长一半的整数倍，即 $L = (n - 0.5)\lambda$（$n = 1, 2, \cdots$）时，则加剧了车辆的俯仰激励，对应的频率等于 $(n - 0.5)u/L$，这种现象就是所谓的"轴距滤波"（wheel base filtering）效应。

以上分析结果如图 9-31 所示，图中分别反映了车身质心加速度与车身俯仰角对不同频率振动激励的响应，以及在不同频率下车身跳动与俯仰运动的耦合关系及程度。将 $n = 1$ 和

$n = 2$ 代入表达式 $(n-0.5)u/L$ 中，当车速为 20m/s 时，根据福特 Granada 轿车参数得到的结果表明，当受到频率为 3.6Hz 的激励时，车身质心加速度响应最小；在受到频率为 10.9Hz 的激励时，车身俯仰响应最大。

第六节　整车模型的推导及分析

如需研究由路面输入产生的车身侧倾，则需采用图 9-20 所示的七自由度整车模型。其建模过程与半车模型类似，只是再加上分别描述车身侧倾及另外两个车轮垂向运动的方程。当俯仰角 θ_b 和侧倾角 ϕ 较小时，车身四个端点（A、B、C 和 D）处的垂向位移的关系为：

$$\begin{cases} z_{bA} = z_b - a\theta_b - \dfrac{1}{2}B_f\phi \\[2mm] z_{bB} = z_b - a\theta_b + \dfrac{1}{2}B_f\phi \\[2mm] z_{bC} = z_b + b\theta_b - \dfrac{1}{2}B_r\phi \\[2mm] z_{bD} = z_b + b\theta_b + \dfrac{1}{2}B_r\phi \end{cases} \tag{9-50}$$

因而，车身质心处的垂向运动方程为：

$$\begin{aligned} m_b\ddot{z}_b = {} & C_{sA}(\dot{z}_{wA} - \dot{z}_{bA}) + k_{sA}(z_{wA} - z_{bA}) + C_{sB}(\dot{z}_{wB} - \dot{z}_{bB}) + k_{sB}(z_{wB} - z_{bB}) + \\ & C_{sC}(\dot{z}_{wC} - \dot{z}_{bC}) + k_{sC}(z_{wC} - z_{bC}) + C_{sD}(\dot{z}_{wD} - \dot{z}_{bD}) + k_{sD}(z_{wD} - z_{bD}) \end{aligned} \tag{9-51}$$

车身俯仰运动方程为：

$$\begin{aligned} I_p\ddot{\theta}_b = {} & \left[C_{sC}(\dot{z}_{wC} - \dot{z}_{bC}) + k_{sC}(z_{wC} - z_{bC}) + C_{sD}(\dot{z}_{wD} - \dot{z}_{bD}) + k_{sD}(z_{wD} - z_{bD}) \right]b - \\ & a\left[C_{sA}(\dot{z}_{wA} - \dot{z}_{bA}) + k_{sA}(z_{wA} - z_{bA}) + C_{sB}(\dot{z}_{wB} - \dot{z}_{bB}) + k_{sB}(z_{wB} - z_{bB}) \right] \end{aligned} \tag{9-52}$$

车身侧倾运动方程为：

$$\begin{aligned} I_r\ddot{\phi} = {} & \left[-C_{sA}(\dot{z}_{wA} - \dot{z}_{bA}) - k_{sA}(z_{wA} - z_{bA}) + C_{sB}(\dot{z}_{wB} - \dot{z}_{bB}) + k_{sB}(z_{wB} - z_{bB}) \right]\frac{B_f}{2} + \\ & \left[-C_{sC}(\dot{z}_{wC} - \dot{z}_{bC}) - k_{sC}(z_{wC} - z_{bC}) + C_{sD}(\dot{z}_{wD} - \dot{z}_{bD}) + k_{sD}(z_{wD} - z_{bD}) \right]\frac{B_r}{2} \end{aligned}$$
$$\tag{9-53}$$

四个非簧载质量的垂向运动方程分别为：

$$m_{wA}\ddot{z}_{wA} = k_{tA}(z_{gA} - z_{wA}) + k_{sA}(z_{bA} - z_{wA}) + C_{sA}(\dot{z}_{bA} - \dot{z}_{wA}) \tag{9-54}$$

$$m_{wB}\ddot{z}_{wB} = k_{tB}(z_{gB} - z_{wB}) + k_{sB}(z_{bB} - z_{wB}) + C_{sB}(\dot{z}_{bB} - \dot{z}_{wB}) \tag{9-55}$$

$$m_{wC}\ddot{z}_{wC} = k_{tC}(z_{gC} - z_{wC}) + k_{sC}(z_{bC} - z_{wC}) + C_{sC}(\dot{z}_{bC} - \dot{z}_{wC}) \tag{9-56}$$

$$m_{wD}\ddot{z}_{wD} = k_{tD}(z_{gD} - z_{wD}) + k_{sD}(z_{bD} - z_{wD}) + C_{sD}(\dot{z}_{bD} - \dot{z}_{wD}) \tag{9-57}$$

以上七个微分方程式(9-51)~式(9-57)给出了七自由度整车动力学模型。

这里仍以福特 Granada 轿车为例进行分析，其车身质量为 1380kg，俯仰转动惯量为 2440kg·m²，侧倾转动惯量为 380kg·m²，二分之一轮距为 0.74m，其他参数与表 9-4 中完全相同。在 MATLAB/Simulink 环境下对整车动力学模型进行仿真，计算得出的模态频率和

阻尼比见表 9-6。

表 9-6 福特 Granada 轿车整车模型的系统特征值

固有频率/Hz	阻尼比	主模态
1.01	0.27	车身跳动
1.27	0.25	车身俯仰
1.54	0.36	车身侧倾
10.90	0.26	左前轮跳动
10.88	0.27	右前轮跳动
10.43	0.25	左后轮跳动
10.42	0.25	右后轮跳动

计算得出的车身垂向加速度和侧倾加速度的功率谱密度如图 9-32 所示。侧倾加速度的功率谱密度在侧倾固有频率 1.54Hz 处有一个峰值，该值由轮距、车速和左右路面轨迹的相关性决定。侧倾运动的影响还可从前、后轮处的车身加速度功率谱密度结果中看出，与半车模型相比，在大约 7.5Hz 和 12.5Hz 处还呈现有峰值。

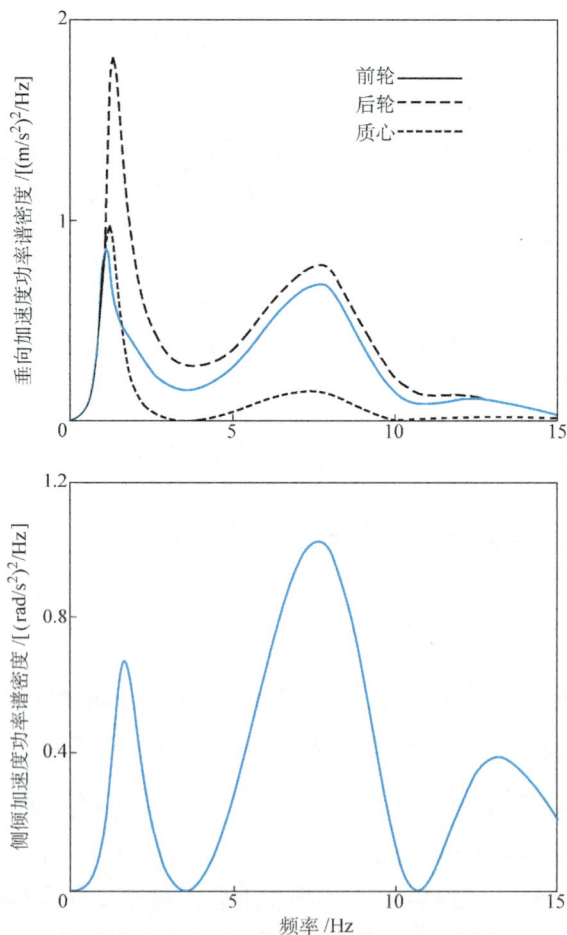

图 9-32 福特 Granada 轿车整车模型的功率谱密度

表9-7 比较了以不同自由度模型计算得出的系统性能方均根值。由福特 Granada 轿车分析结果表明，其单轮车辆模型的结果与七自由度整车模型后轮处的结果比较接近。从而也验证了为研究基本的悬架设计问题而将七自由度模型简化为两自由度车辆模型的正确性。

表9-7　单轮模型、半车模型和整车模型的性能指标方均根值比较

模型	a_w/ (m/s²)			SWS_{rms}/m		DTL_{rms}/kN		俯仰角/(°)	侧倾角/(°)
	质心	前	后	前悬架	后悬架	前轮	后轮		
单轮模型	—	—	2.20	—	0.030	—	1.31	—	—
半车模型	1.43	1.74	2.33	0.032	0.029	1.21	1.32	0.59	—
整车模型	1.19	2.08	2.45	0.031	0.027	1.21	1.29	0.57	0.84

参 考 文 献

[1] Dixon J C. The Shock Absorber Handbook [M]. New York：Wiley, 2008.

[2] 瓦伦托维兹. 汽车工程学Ⅰ：汽车纵向动力学（英文版）[M]. 北京：机械工业出版社，2009.

[3] Sharp R S, Hassan S A. The Fundamentals of Passive Automotive Suspension System [C]. Society of Environmental Engineers, Conference on Dynamics in Automotive Engineering, Cranfield Institute of Technology, 1986：104~115.

[4] Healey A J , Nathman E , Smith C C. An analytical and Experimental Study of Automobile Dynamics with Random Roadway Inputs [J]. Transaction of the ASME, Journal of Dynamic Systems, Measurement and Control, 1977, 99 (4)：284~292.

[5] Chalasani R M. Ride Performance Potential of Active Suspension System—Part 1：Simplified Analysis Based on a Quartercar Model [C]. Proc. of 1986 ASME Winter Annual Meeting, Los Angeles, CA, December, 1986.

[6] Chalasani R M. Ride Performance of Active Suspension Systems—Part 2：Comprehensive Analysis Based on a Full – car Model [C]. Proc. of the ASME Symposium on Simulation and Control of Ground Vehicle and Transportation Systems, New York, 1990：205—234.

[7] International Organization for Standardization. Mechanical Vibration and Shock – Evaluation of Human Exposure to Whole- body Vibration—Part 1：General Requirements：ISO 2631 – 1：1997 [S]. International Organization for Standardization, 1997.

[8] Dave Crolla，喻凡. 车辆动力学及其控制 [M]. 北京：人民交通出版社，2004.

[9] 柳江，喻凡，楼乐明. 麦弗逊悬架侧载螺旋弹簧优化设计 [J]. 汽车工程2006, 28 (8)：743—746.

第十章

可控悬架系统

目前车辆中的被动悬架系统性能无法根据外部信号的变化而改变。由前面分析可以看出，悬架系统各项性能要求相互冲突和矛盾，而车辆又被要求在各种不同的行驶工况下工作，因此对被动悬架刚度和阻尼参数的设计只能采用折衷的办法来解决。

近年来微处理器在车辆中的应用日渐普遍，再加上作动器、可调减振器和变刚度弹簧等方面的技术突破，使人们更加关注对先进悬架系统的研究。可控悬架，也称为"智能悬架"，由于其具有调节功能，因而，在一定程度上改善了悬架系统的性能。本章在总结各类可控悬架系统结构特点和工作原理的基础上，着重在建模方法和控制律的设计上进行分析和论述，并通过性能仿真的手段验证控制器设计的有效性。

第一节　车身高度调节系统

早在几十年前，有些制造商就已经采用车身高度自动调节系统来解决悬架设计中的矛盾，如雪铁龙公司车身高度调节系统的结构原理，如图 10-1a 所示。它除了可提供外部能量保持车身高度不随静载的变化而改变之外，其他与被动悬架完全相同。目前典型的车身高度调节系统有可调空气悬架系统和可调油气悬架系统两种。但这类系统在进行车身高度校正完

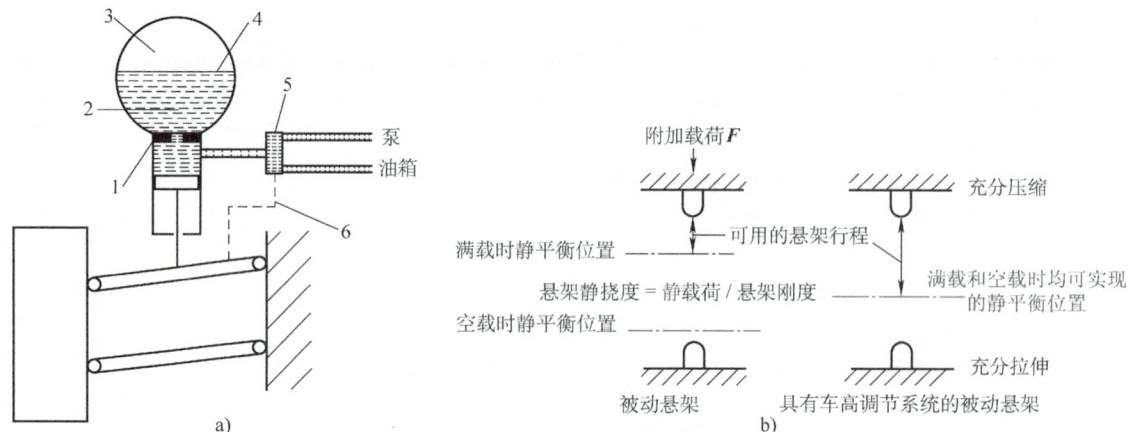

图 10-1　车身高度自动调节系统

a）车高调节系统结构原理图　b）车高调节系统工作原理图

1—阻尼孔　2—油液　3—氮气　4—柔性膜　5—高度调节阀　6—悬架高度信号

成之前，通常会产生几秒的响应迟滞。车身高度调节系统的主要优点是不论车辆的静载如何变化，其悬架工作空间可保持恒定或根据需要进行调节，工作原理如图 10-1b 所示。与具有同样工作空间的传统悬架系统相比，车身高度调节悬架系统可采用较小的弹簧刚度，由此改善了车辆的乘坐舒适性。也正因如此，车高调节系统的优势也随车载变化范围的增加而得到更加充分的发挥。

第二节　自适应阻尼调节系统

通过人工手动改变阻尼比的可调阻尼器早已问世多年，并应用于市场。随后在此基础上，汽车厂商又进一步开发出电控可调阻尼器，其阻尼比由电信号来调整。根据测得的车辆运行状况，如节气门位置、转向角或转向速度、制动信号、悬架位移等信息，在微处理器中进行信息处理，根据预先编制的控制策略从而实现悬架阻尼的控制。

1983 年推出的丰田[1] TEMS 系统就采用了一个两级可调的阻尼器。正常行驶状况下，阻尼器设为低阻尼档；而当车辆在起动、加速、制动、转向时则设为高阻尼档。许多车辆采用了类似的系统，如三菱[2]、日产[3]和雪铁龙[4]等。有些系统还进一步结合了变刚度弹簧和车身高度调节系统，使悬架系统性能进一步提高。图 10-2 所示为雪铁龙悬架系统的结构原理图。在低阻尼情况下，中央控制阀打开，液体可在三个气体弹簧间自由流动，此时车身侧倾刚度减小，阻尼作用力仅来自管路中液体的黏滞效应；而在高阻尼情况下，车辆转弯或行驶在倾斜路面时，系统自动切换至高阻尼状态，此时中央控制阀关闭，每一悬架单元以传统方式单独作用。

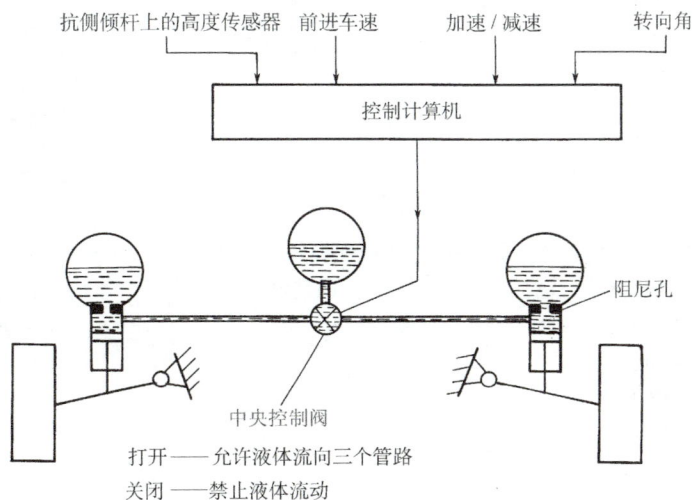

图 10-2　雪铁龙悬架系统的结构原理图

为了更好地协调行驶安全性和乘坐舒适性之间的矛盾，近年来，多种可调式减振器已广泛应用于汽车产品中。如所谓的"双活塞式减振器"，它能够在不同的工作阶段改变其阻尼特性[5]，一个典型的实例是德国 F&S 公司所开发的 ADC—1 系统，结构如图 10-3 所示。

由图可见，ADC—1 双活塞式减振器主要由连杆活塞和安装在空心活塞杆中的直流电动机组成。活塞杆内有两个旋转滑阀，分别装在独立的阀座上，并由电动机控制，从而可实现两个互相独立的阻尼特性，如图 10-4 所示。减振器的拉伸和压缩导向机构也是可以调节的，

每个旋转滑阀在拉伸阶段时表现为刚性单向阀,在压缩阶段表现为柔性单向阀。

然而,有些形式的可调减振器的调节时间较长,如 ADC—1 系统需要较长的调整时间(约为 30~200ms)。当突然遇到障碍时,这么长的反应时间是不允许的。F&S 公司又进一步开发了具有内置分配阀的可调式减振器(ADC—2.2),可使响应时间减少到 20~100ms,可将遇到个别障碍的反应时间控制在许用值范围内。ADC—2.2 系统的结构如图 10-5 所示,其中的活塞阀由电磁阀来控制。

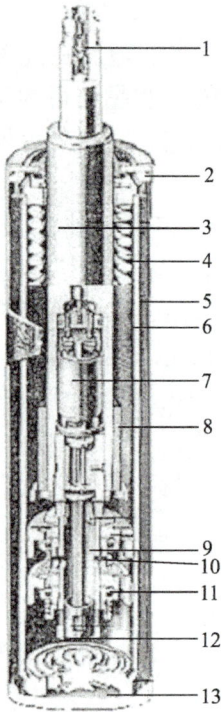

图 10-3　双活塞式减振器结构
1—活塞杆插头　2—密封及导向装置　3—空心活塞杆　4—限位弹簧　5—外筒　6—活塞筒　7—电动机　8—拉伸限位隔片　9—上转阀　10—活塞 a　11—活塞 b　12—下转阀　13—底阀

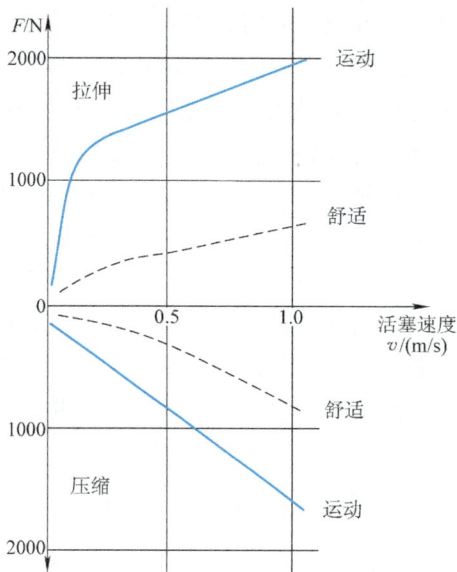

图 10-4　两级切换式减振器(F&S,ADC—1)的阻尼特性曲线

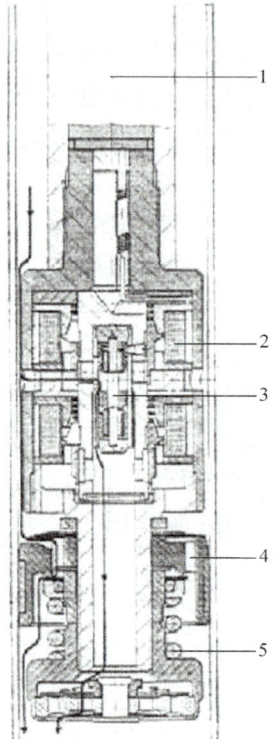

图 10-5　内置分配阀的可调式减振器(ADC—2.2)结构
1—活塞杆　2—电磁线圈　3—电磁阀　4—活塞　5—弹簧

已有百年历史的蒙诺(Monroe)汽车减振器公司 1989 生产的 ASC 系统[6]是一个三级阻尼可调减振器,它与传统悬架弹簧并联安装。其阻尼控制策略是根据悬架位移和车辆速度来确定减振器的设置状态,如图 10-6 所示。但在车辆起步、制动和转向工况时,均设阻尼为最高档。

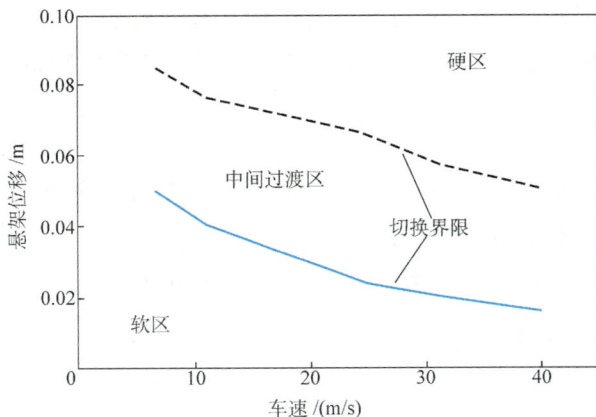

图 10-6　蒙诺公司 ASC 自适应悬架系统的阻尼控制策略

第三节　可切换阻尼系统

控制阀技术的进步大大减少了减振器阻尼切换时间，为设计人员实现复杂控制策略提供了硬件保证。其中典型的应用实例是：减振器可在两或三个离散阻尼状态之间实现快速切换，切换时间只需 $10 \sim 20 \mathrm{ms}$。对一个两档间切换的减振器而言，其控制策略可按测得的车身绝对和相对速度信号制定，如图 10-7 所示。当车身绝对速度与相对速度同号时，则阻尼设置为硬档；若二者相反，则设置为软档，控制律的数学表达式如下：

如果　　　$\dot{z}_2(\dot{z}_2 - \dot{z}_1) > 0$

$$\begin{cases} \text{则令 } C = C_{\mathrm{hard}}，即阻尼设置为硬档; & (10-1) \\ \text{否则} \\ \quad \text{令 } C = C_{\mathrm{soft}}，即阻尼设置为软档 \end{cases}$$

式中，C 为减振器阻尼系数。

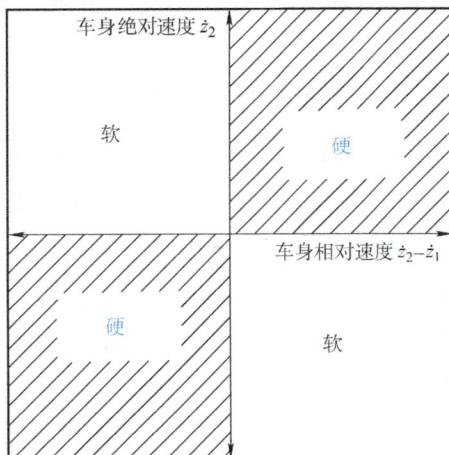

图 10-7　两档切换减振器的控制策略

需要注意，这里所说的阻尼可切换系统与上一节介绍的自适应悬架系统不同，二者的主要区别是改变阻尼状态所需的时间长短不同。与自适应系统相对比，阻尼可切换式减振器能不断地快速改变其状态，而自适应系统则在某一阻尼设置状态下保持较长时间。正因如此，阻尼可切换式减振器的制造精度及成本相对较高，目前在市场上仅应用于少量高端车辆产品中。

第四节　全主动系统

全主动悬架采用一个力发生器（或称为作动器），来取代传统被动悬架中的弹簧和减振器。为了减少主动悬架的能耗，实际中也保留悬架弹簧，与作动器并联来共同支持车身静载。作动器通常为液动、气动和电动形式，根据控制信号来产生相应大小的作用力。控制信号通常由一个微处理器产生，根据接收到的一些加速度和位移等测量信息，通过某种控制律

来产生力信号。控制律设计的理论和方法也有多种，本节主要介绍采用随机线性二次型最优控制理论推导主动悬架控制律的方法与步骤。首先，建立具有主动悬架的车辆模型。

一、运动方程

这里以图 10-8 所示的单轮车辆后悬架模型为例，介绍主动悬架控制律的设计过程。根据牛顿定律，系统的运动方程为：

$$m_w \ddot{z}_1 = K_t(z_0 - z_1) - U_a \qquad (10\text{-}2)$$

$$m_b \ddot{z}_2 = U_a \qquad (10\text{-}3)$$

式中，U_a 是作动器产生的控制力。

二、系统优化

对任何一个可控制悬架系统的设计来说，其中最重要的工作就是推导出可使系统性能实现最优化的控制律。通过动力学建模及最优理论将会比经验试凑方法更为高效。因此，随机线性最优理论被广泛地应用于主动悬架控制律设计中，具体介绍如下[7]。

首先为系统定义一个新的状态矢量 $(x_1, x_2, x_3, x_4)^T = (z_1, z_2, \dot{z}_1, \dot{z}_2)^T$。两个二阶微分方程式（10-2）和式（10-3）则变为四个一阶方程，形式如下：

图 10-8　全主动悬架车辆模型

$$\dot{x}_1 = \dot{z}_1 \qquad (10\text{-}4)$$

$$\dot{x}_2 = \dot{z}_2 \qquad (10\text{-}5)$$

$$\dot{x}_3 = \ddot{z}_1 = \frac{1}{m_w}[K_t(z_0 - z_1) - U_a] \qquad (10\text{-}6)$$

$$\dot{x}_4 = \ddot{z}_2 = \frac{U_a}{m_b} \qquad (10\text{-}7)$$

根据最优控制理论的要求，系统干扰的输入模型必须写成在白噪声激励下的线性系统输出的形式。假定路面位移输入变量 z_0 是一个积分白噪声，那么它可由数学方程表示为：

$$\dot{z}_0 = w \qquad (10\text{-}8)$$

式中，w 是均值为零的白噪声信号。

结合式（10-8）与式（10-4）~式（10-7），则系统模型可以写成如下状态方程形式：

$$\dot{X} = AX + BU_a + B_1 w \qquad (10\text{-}9)$$

优化目标是使车身垂直加速度和轮胎动载荷达到最小，同时保证悬架动行程在允许范围内。于是，优化指标函数 J 可定义为各项性能指标的加权平方和的积分，形式如下：

$$J = \frac{1}{2}\int_0^\infty [q_1(z_0 - z_1)^2 + q_2(z_1 - z_2)^2 + \rho U_a^2]dt \qquad (10\text{-}10)$$

式中，q_1、q_2、ρ 分别为性能指标的加权系数，表示各性能指标的重要程度。由于这里的作动器力 U_a 与车身的垂向加速度成比例，所以实际上 ρ 代表了舒适性指标的加权。

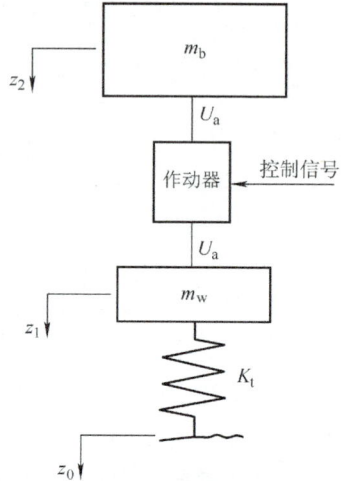

到此为止，问题已经明确，即：对一个由方程式（10-9）所描述的系统，求出使方程式（10-10）中的优化指标 J 为最小的控制力，即求 $U_a(t)$ 的值。这一问题属于经典控制理论范畴，是一个典型的"随机线性最优化控制器设计"问题。当应用于车辆主动悬架设计时，可有两种不同的解[7,8]，分别为：

（1）全状态（full state）**反馈控制**　当假定所有的系统状态变量均可测，且作为反馈信息，通过对黎卡提（Riccati）方程的求解，则最优控制力可由最初定义的状态变量写成如下形式：

$$U_a = K_{f1}(z_1 - z_0) + K_{f2}(z_2 - z_0) + K_{f3}\dot{z}_1 + K_{f4}\dot{z}_2 \tag{10-11}$$

式中，$K_{f1} \sim K_{f4}$ 是与一组性能加权系数相对应的最优反馈增益系数。

为了便于分析，将式（10-11）改写成以下形式：

$$U_a = K_{f1}(z_1 - z_2) + K_{f3}(\dot{z}_1 - \dot{z}_2) + (K_{f1} + K_{f2})(z_2 - z_0) + (K_{f3} + K_{f4})\dot{z}_2 \tag{10-12}$$

由式（10-12）可见，实际上控制力 U_a 中的第一项可认为是弹簧力，而反馈增益系数 K_{f1} 可看作是弹簧刚度；同样，第二项为相对速度项，可以看成是阻尼系数为 K_{f3} 的阻尼项，这两项实际上是组成被动悬架系统中的悬架力。这里需注意，任何一个全状态反馈控制律都包含了车身至路面的高度，而实际中对其测量却有一定难度。

（2）有限状态（limited state）**反馈控制**　由于全状态反馈控制存在车身至路面高度的测量问题，一个更实用的解决方案就是：采用一个有限状态反馈控制律，从而避免使用路面高度传感器的需求。假定车身和车轮的绝对位移和绝对速度可测，则控制律可写成如下形式：

$$U_a = K_{l1}z_1 + K_{l2}z_2 + K_{l3}\dot{z}_1 + K_{l4}\dot{z}_2 \tag{10-13}$$

式中，$K_{l1} \sim K_{l4}$ 是与一组确定的加权系数相对应的有限状态反馈增益系数，可通过梯度搜索等优化方法求得[8]。

由于主动悬架通常采用电信号控制，因此它具有一个重要的特点，就是控制律容易更新。因此原则上讲，主动悬架可以迅速地自适应于车辆目前的运行状况，根据不同的运行状况来相应地选择一组不同的增益以实现对运行环境的自适应能力。

理论研究已经表明，主动悬架的行驶性能相对于被动悬架有显著提高，但是系统增加的复杂程度以及伴随而来的高能耗限制了全主动悬架的市场应用，使其仅停滞在一些样车开发阶段。目前已开发的实际样车包括路特斯公司的 Turbo Esprit[9]、戴姆勒奔驰试验系统车[10] 等。实际上，世界上大部分大汽车制造公司几乎都开发过主动悬架样机系统，但有关的详细资料都没有公开发表过。

第五节　有限带宽主动系统

在市场应用方面，一种有限带宽主动悬架系统更具商业竞争力。由于其主动作动响应频宽仅为 $0 \sim 6Hz$，因而系统的成本相对较低。若其作动器再与一个可控减振器结合使用，有限带宽主动系统的总体性能在很多情况下几乎可与全主动悬架相媲美。尽管如此，其作动器频响范围仍然相对有限，正因为有限带宽主动悬架作动器响应相对较慢，因而也称为"慢主动悬架"。为使慢主动悬架在超过可控带宽时仍起作用，作动器还必须与一普通弹簧串联，这样也因此减少了系统的能量需求。有限带宽主动悬架系统的工作原理如图10-9所示。

有限带宽主动悬架的作动器成本低于全主动悬架，正因如此，促使了第一代有限带宽主

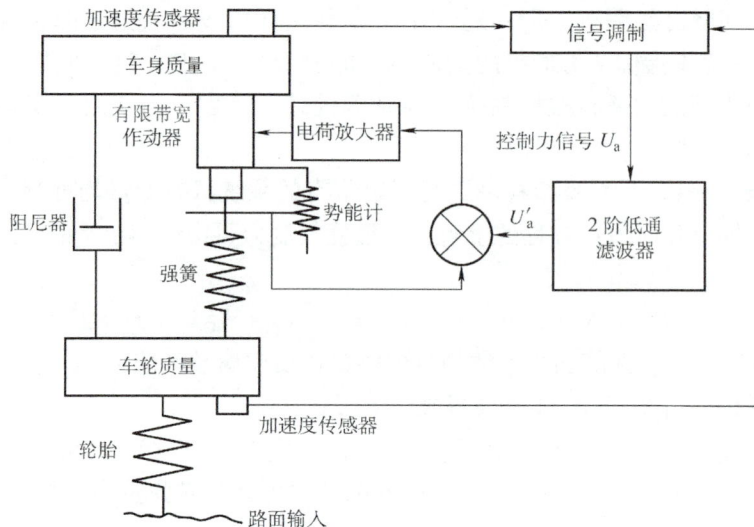

图 10-9　有限带宽主动悬架系统的工作原理

动悬架在市场上的出现，如英菲尼迪 Q45[11] 和丰田 Celica[12] 等。两个典型的油气悬架有限带宽主动系统的实施方案如图 10-10 所示。

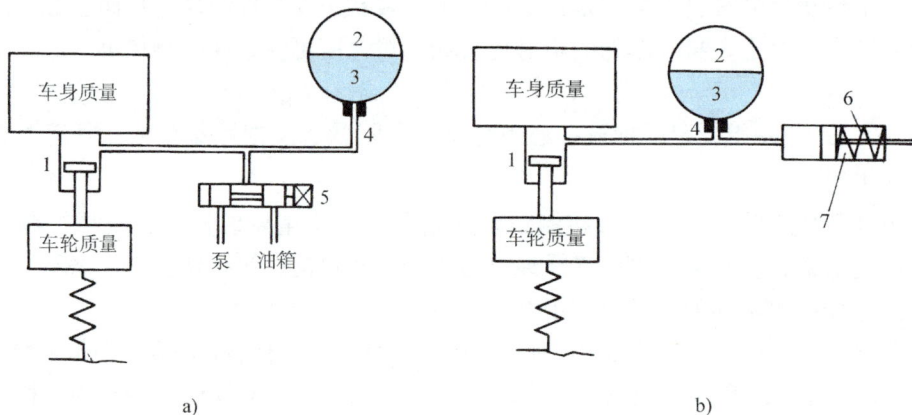

图 10-10　有限带宽主动悬架系统的两个实施方案

1—作动器　2—气　3—油　4—阻尼阀　5—比例阀　6—随车载而变的车身高度调节装置（机械式或电动式）　7—线性电机

第六节　连续可变阻尼的半主动系统

对连续可变阻尼的半主动悬架而言，其减振器产生的阻尼力理论上可独立地跟踪力需求信号，而与减振器本身的相对速度无关。因此，与前面介绍的自适应阻尼调节系统和可切换阻尼系统相比，连续可变阻尼半主动悬架为控制律的设计提供了更广泛的设计空间，使其工作范围可连续调节到阻尼特性场中的任何一点。

尽管许多学者采用不同的控制理论对连续可变阻尼半主动悬架系统进行了大量的研究，但由于半主动系统本身固有的非线性特性，因而严格地讲，其控制律的设计问题需运用非线

性理论来求解。此外，取决于执行机构和相关控制元件等硬件的系统响应也需要在控制律的设计中给予考虑。

根据单轨车辆模型，可写出半主动系统的运动方程如下：

$$m_w \ddot{z}_1 = K_t(z_0 - z_1) - K_s(z_1 - z_2) - U_d \qquad (10\text{-}14)$$

$$m_b \ddot{z}_2 = K_s(z_1 - z_2) + U_d \qquad (10\text{-}15)$$

其中，U_d 表示可控的阻尼力。

如果悬架相对位移、车轮速度、车身速度可测，则作为有限状态反馈变量，阻尼器的最优控制力为：

$$U_{d,opt} = \left[K_{l1}(z_1 - z_2) + K_{l2}\dot{z}_1 + K_{l3}\dot{z}_2 \right] - K_s(z_1 - z_2) \qquad (10\text{-}16)$$

由于半主动系统的非线性限制，应用最优控制理论所得到的最优控制力实际上并不能完全实现，因而还需增加一条附加控制律：

$$\begin{cases} 当(\dot{z}_1 - \dot{z}_2)U_d > 0 \text{ 时}, U_d = U_{d,opt} \\ 当(\dot{z}_1 - \dot{z}_2)U_d \leq 0 \text{ 时}, U_d = 0 \end{cases} \qquad (10\text{-}17)$$

即当悬架相对速度与力需求信号符号相同时，则令控制力需求信号等于最优控制力 $U_{d,opt}$；否则令控制力需求信号为零。

本质上讲，半主动系统减振器没有能量输入机构，所需的能量只是控制阀所需的电能而已。就其控制力 U_d 而言，当它与悬架相对速度符号相反时，即阀口充分打开，使减振器上的控制力为零。但实际上，由于减振器内的黏滞阻力及控制阀口径的限制，控制力 U_d 不可能完全降至为零。

第七节　各类悬架系统的性能比较

对以上介绍的几种悬架系统的平顺性和轮胎接地性指标进行对比分析，计算结果如图 10-11 所示。比较的前提是以最大等悬架工作行程为基础，也就是说，这里所有的工作点均最大地利用了车辆可用的悬架工作行程。这样，三个基本悬架性能评价指标中有一项固定后，就只需比较其他两项。计算中仍以 ISO 加权后的车身垂直加速度方均根值来评价舒适性，而轮胎接地性则由轮胎动载荷的方均值来评价。车辆参数仍采用福特 Granada 的参数值，即悬架动行程为 ±0.09m（方均根值为 0.03m）。比较计算中，采用的仿真工况全部以 20m/s 的车速，在不平度系数 G_0 为 $5 \times 10^{-6} \text{m}^3/\text{cycle}$ 的差路面上行驶。

在图 10-11 中，被动系统曲线上的每一点均由刚度与阻尼的不同组合计算得出，其中 P 点代表的是真正的福特 Granada 后悬架的特性。图中结果表明，有些点的平顺性和接地性均好于 P 点，但在实际中并未被采纳的主要原因是：由于悬架的刚度过低，导致车辆转弯时过度的车身姿态变化，或是因为静载荷变化量大时，引起过多的悬架变形而损失可用的悬架工作空间。

这里的主动系统、慢主动系统、半主动系统的控制律均采用最优控制理论设计。控制律中所采用的每一组反馈增益均与性能指标目标函数所取的每组加权系数相对应，加权系数的定义参见公式（10-10）。因此，主动或半主动系统曲线上的每一点实际上都代表着不同加权系数的最优反馈增益的计算结果。也只有这样，得出的行驶性能指标的改善才有意义。

由图可知，在轮胎动载荷等同条件下，主动悬架与被动悬架（这里以 P 点为参考点）相比，可减少车身加速度方均根值近 20%。慢主动和半主动系统改善的程度虽然相对较小，但仍然显著。但这里需要说明的是，在对半主动系统的计算中采用了与被动系统相同刚度的弹簧。

同时需要说明，对两级可切换阻尼系统中高档值与低档值的选取依据。计算中，假定高档阻尼与被动系统的 P 点阻尼值相同，然后将其值沿曲线逐渐递减，直至图中所示最低点处即低阻尼与高阻尼之比为 0.2 时为止，系统所采取的切换策略如图 10-7 所示。可切换阻尼系统可使行驶舒适性改善程度高达 18% 左右，但却是以牺牲轮胎接地性为代价。

对自适应系统而言，悬架采用的切换策略如图 10-6 所示。由于在此例计算中只采用了一种仿真工况，所以只能计算出一个点，即 A 点。在当前的仿真工况下，被动悬架系统已经利用了所有的悬架工作空间，因此，这里的自适应系统也就无法发挥其优势。当然，在其他工作条件下，自适应系统能够比被动系统更有效地利用任何可能的工作空间，从而获得比被动系统更好的性能。此外还有一点需要说明，这里所说的"自适应系统"本质上仍属于被动系统，如果说"自适应"，其实各种主动悬架都可认为是自适应的，由于其控制律是以电控方式实现，因此很容易实现自适应调节，以适应当前不同的运行情况。但在对智能悬架进行分类介绍时，由于文献或工程中通常习惯了某一个名称的使用，也基本上沿袭了各自的名称，只是在必要时附加了具体的说明。

最后，将不同悬架系统的特性总结见表 10-1。由表可以看出，随着悬架系统的升级，系统的阻尼可调空间愈加宽广，但能量消耗则相应增加。

图 10-11 基于最大等悬架工作行程的不同悬架系统性能比较

表 10-1 不同悬架系统的特性

系统类型	结构形式	阻尼特征	频率调节速度	能耗
被动系统			不可调节	无外部能量消耗

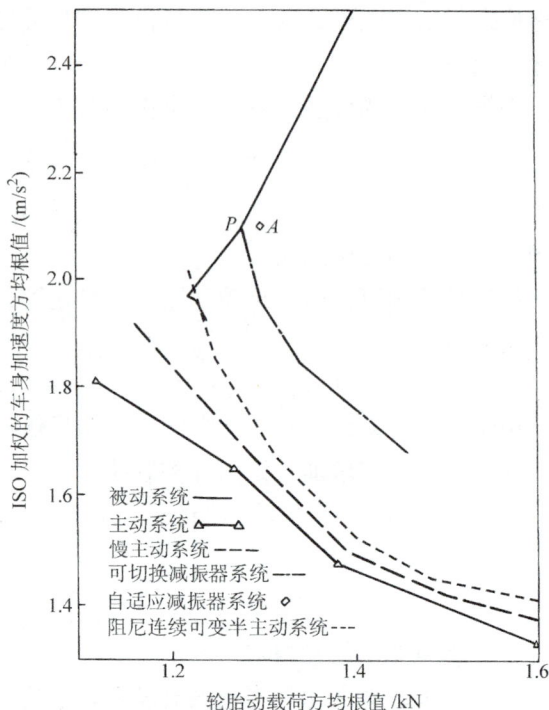

（续）

系统类型	结构形式	阻尼特征	频率调节速度	能耗
自适应系统			调节速度慢	低
半主动系统			快速响应调节	较低
主动系统			快速响应调节	高

此外，还有一点需强调说明，在对各种可控悬架的实施方案中，分别采用的控制策略均包括了一些其他附加算法，以便对其他因素进行实际的考虑，例如在车辆转弯或制动时对车身姿态所采取的控制等。

第八节　主动悬架控制算法介绍

车辆主动悬架设计的关键任务之一，就是寻求一个能为车辆提供良好性能的控制律。过去的二三十年间，人们在车辆悬架控制系统方面做了许多理论研究工作，并有大量的文献发表。回顾已发表的控制研究方法，几乎涉及现代控制理论的所有分支。仅在车辆系统动力学期刊（Vehicle Systems Dynamics）上，每几年就有一篇综述文章发表[13~17]，介绍悬架系统结构形式、控制策略和算法、控制硬件技术及其发展等。

尽管许多学者提出了各种不同的控制理论，本节主要以随机线性最优控制和预瞄控制为例，结合行驶动力学介绍主动悬架控制器的设计。

一、随机线性最优控制

在对车辆主动悬架进行优化控制器设计之前，首先对线性最优控制（LQG）控制器设计基本理论给予简单介绍。应用随机线性最优控制理论，对系统有几点要求：

1）受控系统是线性的（Linear）。

2）系统的性能指标要以二次型的形式表达（Quadratic）。

3）系统输入为高斯分布的白噪声（Gaussian distributed white noise）。

4）系统的状态均为可测。

1. 线性系统二次型最优控制理论[18]

在对实际系统进行合理简化后，根据动力学基本定律，一个集中参数的受控系统总可以用一组一阶常微分方程来描述，一般可以表述为：

$$\dot{x}(t) = f[x(t), u(t), t] \tag{10-18}$$

式中，$x = [x_1, x_2, \cdots, x_n]^T$ 是 n 维状态变量；$u = [u_1, u_2, \cdots, u_r]^T$ 是 r 维控制矢量；t 是时间变量；$f^T = (f_1, f_2, \cdots, f_n)$ 是 n 维函数值矢量。

而线性系统是一种特例，可以用如下的状态空间表达式表示：

$$\dot{x} = Ax + Bu \tag{10-19}$$

$$y = Cx \tag{10-20}$$

式中，A、B、C 分别是 $n \times n$、$n \times r$、$m \times n$ 维时不变矩阵。

对于由式（10-19）和式（10-20）表述的线性系统，若取状态变量和控制变量二次型函数的积分作为性能指标，这种动态系统最优化问题称为线性系统二次型性能指标的最优控制问题。性能指标可以表述为：

$$J = \int_{t_0}^{T} [x^T(t)Qx(t) + u^T(t)Ru(t)] dt \tag{10-21}$$

通常加权矩阵 Q 为非负定对称矩阵或正定矩阵，它表示了相应状态分量在性能指标中所占的比重。矩阵 R 必须是正定的。而 $u^T(t)Ru(t)$ 是一与控制功率成正比的量，其积分表示控制过程所消耗的能量。

为了求解最优控制问题，首先要根据状态方程和性能指标函数构造一个哈密尔顿函数：

$$H = \frac{1}{2}x^T(t)Qx(t) + \frac{1}{2}u^T(t)Ru(t) + \lambda^T[Ax(t) + Bu(t)] \tag{10-22}$$

考虑到 $u(t)$ 不受约束，所以使 H 取绝对极小的最优控制 $u^*(t)$ 可以通过驻点条件求得，即：

$$\frac{\partial H}{\partial u} = Ru(t) + B^T\lambda = 0 \tag{10-23}$$

由于 R 是正定矩阵，最终得出最优控制矩阵为：

$$u^*(t) = -R^{-1}B^TPx^*(t) \tag{10-24}$$

式中，$x^*(t)$ 是相应于 $u^*(t)$ 的最优轨迹，P 则是如下黎卡提（Riccati）方程的解，即

$$-PA - A^TP + PBR^{-1}B^TP - Q = 0 \tag{10-25}$$

2. 系统模型的建立

下面以可考虑车辆前、后动力学关系的半车模型（图10-12）为例，介绍随机线性最优控制理论的应用和主动悬架 LQG 控制器算法的设计。

在第九章第五节中已经给出了被动悬架的半车模型的运动方程式（9-38）~式（9-41）。这里我们只需将相应的阻尼力改为作动器的作用力，就可以得到主动悬架的运动方程，其表达式如下：

$$\ddot{z}_1 m_{wf} = K_{tf}(z_{01} - z_1) - U_{af} + K_{sf}(z_2 - z_1) \tag{10-26}$$

$$\ddot{z}_2 = \left(\frac{1}{m_{hb}} + \frac{a^2}{I_{hp}}\right)[U_{af} - K_{sf}(z_2 - z_1)] + \left(\frac{1}{m_{hb}} - \frac{ab}{I_{hp}}\right)[U_{ar} - K_{sr}(z_4 - z_3)] \tag{10-27}$$

$$\ddot{z}_3 m_{wr} = K_{tr}(z_{02} - z_3) - U_{ar} + K_{sr}(z_4 - z_3) \qquad (10\text{-}28)$$

$$\ddot{z}_4 = \left(\frac{1}{m_{hb}} - \frac{ab}{I_{hp}}\right)[U_{af} - K_{sf}(z_2 - z_1)] + \left(\frac{1}{m_{hb}} + \frac{b^2}{I_{hp}}\right)[U_{ar} - K_{sr}(z_4 - z_3)] \qquad (10\text{-}29)$$

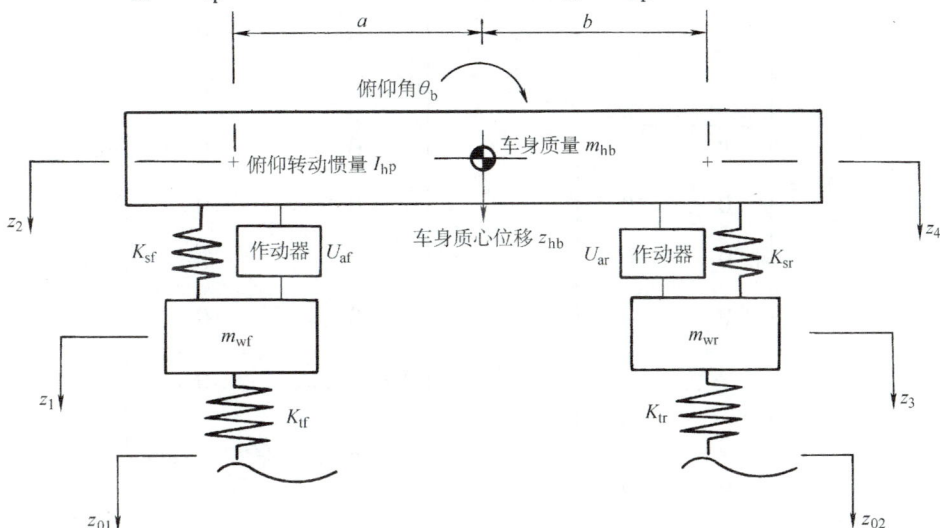

图 10-12　半车模型

这里，仍然采用滤波白噪声的时域表达式作为路面输入模型，则前、后轮处路面输入方程分别为：

$$\dot{z}_{01}(t) = -2\pi f_0 z_{01}(t) + 2\pi \sqrt{G_0 u_c} w_1(t) \qquad (10\text{-}30)$$

$$\dot{z}_{02}(t) = -2\pi f_0 z_{02}(t) + 2\pi \sqrt{G_0 u_c} w_2(t) \qquad (10\text{-}31)$$

以 $X = [\begin{matrix} \dot{z}_4 & \dot{z}_3 & \dot{z}_2 & \dot{z}_1 & z_4 & z_3 & z_2 & z_1 & z_{02} & z_{01} \end{matrix}]^T$ 作为系统状态变量，结合系统运动方程式（10-26）～式（10-29）和路面输入方程式（10-30）、式（10-31），则系统动力学微分方程可写成如下状态空间方程的形式：

$$\dot{X}(t) = AX(t) + BU(t) + FW(t) \qquad (10\text{-}32)$$

式中，

$$A = \begin{pmatrix} 0 & 0 & 0 & 0 & -\alpha_1 K_{sr} & \alpha_1 K_{sr} & -\alpha_2 K_{sf} & \alpha_2 K_{sf} & 0 & 0 \\ 0 & 0 & 0 & 0 & \dfrac{K_{sr}}{m_{wr}} & \dfrac{-K_{sr}-K_{tr}}{m_{wr}} & 0 & 0 & \dfrac{K_{tr}}{m_{wr}} & 0 \\ 0 & 0 & 0 & 0 & -\alpha_2 K_{sr} & \alpha_2 K_{sr} & -\alpha_3 K_{sf} & \alpha_3 K_{sf} & 0 & 0 \\ 0 & 0 & 0 & 0 & 0 & 0 & \dfrac{K_{sf}}{m_{wf}} & \dfrac{-K_{sf}-K_{tf}}{m_{wf}} & 0 & \dfrac{K_{tf}}{m_{wf}} \\ 1 & 0 & 0 & 0 & 0 & 0 & 0 & 0 & 0 & 0 \\ 0 & 1 & 0 & 0 & 0 & 0 & 0 & 0 & 0 & 0 \\ 0 & 0 & 1 & 0 & 0 & 0 & 0 & 0 & 0 & 0 \\ 0 & 0 & 0 & 1 & 0 & 0 & 0 & 0 & 0 & 0 \\ 0 & 0 & 0 & 0 & 0 & 0 & 0 & 0 & -2\pi f_0 & 0 \\ 0 & 0 & 0 & 0 & 0 & 0 & 0 & 0 & 0 & -2\pi f_0 \end{pmatrix};$$

$$\boldsymbol{B} = \begin{pmatrix} \alpha_2 & \alpha_1 \\ 0 & -\dfrac{1}{m_{\mathrm{wr}}} \\ \alpha_3 & \alpha_2 \\ -\dfrac{1}{m_{\mathrm{wf}}} & 0 \\ 0 & 0 \\ 0 & 0 \\ 0 & 0 \\ 0 & 0 \\ 0 & 0 \\ 0 & 0 \end{pmatrix}; \quad \boldsymbol{F} = \begin{pmatrix} 0 & 0 \\ 0 & 0 \\ 0 & 0 \\ 0 & 0 \\ 0 & 0 \\ 0 & 0 \\ 0 & 0 \\ 0 & 0 \\ 2\pi\sqrt{G_0 u_{\mathrm{c}}} & 0 \\ 0 & 2\pi\sqrt{G_0 u_{\mathrm{c}}} \end{pmatrix};$$

$\boldsymbol{U} = \begin{pmatrix} U_{\mathrm{af}} \\ U_{\mathrm{ar}} \end{pmatrix}$，为控制输入矩阵，即前、后悬架作动器的力；

$\boldsymbol{W} = \begin{pmatrix} w_1 \\ w_2 \end{pmatrix}$，为路面模型中的高斯白噪声输入矩阵；

其中，$\alpha_1 = \left(\dfrac{1}{m_{\mathrm{hb}}} + \dfrac{b^2}{I_{\mathrm{hp}}} \right)$；$\alpha_2 = \left(\dfrac{1}{m_{\mathrm{hb}}} - \dfrac{ab}{I_{\mathrm{hp}}} \right)$；$\alpha_3 = \left(\dfrac{1}{m_{\mathrm{hb}}} + \dfrac{a^2}{I_{\mathrm{hp}}} \right)$。

3. LQG 控制器设计

在车辆悬架设计中，主要的性能指标包括：①代表轮胎接地性的轮胎动载荷；②代表乘坐舒适性的车身加速度；③影响车身姿态且与结构设计和布置有关的悬架动行程。这里车身加速度的大小同时也意味着作动器输出力的大小，因此，LQG 控制器设计中的目标性能指标 J 即为轮胎动态位移、悬架动行程和车身加速度的加权平方和的积分值[19]，表示如下：

$$J = \lim_{T \to \infty} \frac{1}{T} \int_0^T \left[q_1(z_1 - z_{01})^2 + q_2(z_2 - z_1)^2 + \rho_1 \ddot{z}_2^2 + q_3(z_3 - z_{02})^2 + q_4(z_4 - z_3)^2 + \rho_2 \ddot{z}_4^2 \right] \mathrm{d}t$$

$$(10\text{-}33)$$

式中，q_1 为前轮胎动位移的加权系数；q_2 为前悬架动行程的加权系数；q_3 为后轮胎动位移的加权系数；q_4 为后悬架动行程的加权系数；ρ_1 为车身前部的加速度加权系数；ρ_2 为车身后部的加速度加权系数。

将式（10-33）写成矩阵形式：

$$J = \lim_{T \to \infty} \frac{1}{T} \int_0^T (\boldsymbol{X}^{\mathrm{T}} \boldsymbol{Q} \boldsymbol{X} + \boldsymbol{U}^{\mathrm{T}} \boldsymbol{R} \boldsymbol{U} + 2\boldsymbol{X}^{\mathrm{T}} \boldsymbol{N} \boldsymbol{U}) \mathrm{d}t \qquad (10\text{-}34)$$

式中，

$$Q = \begin{pmatrix} 0 & 0 & 0 & 0 & 0 & 0 & 0 & 0 & 0 & 0 \\ 0 & 0 & 0 & 0 & 0 & 0 & 0 & 0 & 0 & 0 \\ 0 & 0 & 0 & 0 & 0 & 0 & 0 & 0 & 0 & 0 \\ 0 & 0 & 0 & 0 & 0 & 0 & 0 & 0 & 0 & 0 \\ 0 & 0 & 0 & 0 & q_4 + K_{sr}^2\beta_3 & -q_4 - K_{sr}^2\beta_3 & K_{sf}K_{sr}\beta_2 & -K_{sf}K_{sr}\beta_2 & 0 & 0 \\ 0 & 0 & 0 & 0 & -q_4 - K_{sr}^2\beta_3 & q_3 + q_4 + K_{sr}^2\beta_3 & -K_{sf}K_{sr}\beta_2 & K_{sf}K_{sr}\beta_2 & -q_3 & 0 \\ 0 & 0 & 0 & 0 & K_{sf}K_{sr}\beta_2 & -K_{sf}K_{sr}\beta_2 & q_2 + K_{sf}^2\beta_1 & -q_2 - K_{sf}^2\beta_1 & 0 & 0 \\ 0 & 0 & 0 & 0 & -K_{sf}K_{sr}\beta_2 & K_{sf}K_{sr}\beta_2 & -q_2 - K_{sf}^2\beta_1 & q_1 + q_2 + K_{sf}^2\beta_1 & 0 & -q_1 \\ 0 & 0 & 0 & 0 & 0 & -q_3 & 0 & 0 & q_3 & 0 \\ 0 & 0 & 0 & 0 & 0 & 0 & 0 & -q_1 & 0 & q_1 \end{pmatrix};$$

$$R = \begin{pmatrix} \beta_1 & \beta_2 \\ \beta_2 & \beta_3 \end{pmatrix}; \quad N = \begin{pmatrix} 0 & 0 \\ 0 & 0 \\ 0 & 0 \\ 0 & 0 \\ -K_{sr}\beta_2 & -K_{sr}\beta_3 \\ K_{sr}\beta_2 & K_{sr}\beta_3 \\ -K_{sf}\beta_1 & -K_{sf}\beta_2 \\ K_{sf}\beta_1 & K_{sf}\beta_2 \\ 0 & 0 \\ 0 & 0 \end{pmatrix}。$$

其中，$\beta_1 = \rho_1\alpha_3^2 + \rho_2\alpha_2^2$；$\beta_2 = \rho_1\alpha_2\alpha_3 + \rho_2\alpha_1\alpha_2$；$\beta_3 = \rho_1\alpha_2^2 + \rho_2\alpha_1^2$。

当车辆参数值和加权系数值确定后，最优控制反馈增益矩阵 K 即可由下面的黎卡提方程求出：

$$PA + A^TP - (PB + N)R^{-1}(B^TP + N^T) + Q = 0 \tag{10-35}$$

最优控制反馈增益矩阵 $K = R^{-1}(B^TP + N^T)$ 由车辆参数和加权系数决定。求出了 K 就完成了车辆主动悬架控制器的设计。根据任意时刻的反馈状态变量 $X(t)$，可得出 t 时刻前后作动器的最优控制矩阵 $U(t)$，即：

$$U(t) = -KX(t) \tag{10-36}$$

4. 计算实例

首先，介绍如何在 MATLAB/Simulink 环境下建立半车计算机仿真模型；然后，进行最优主动悬架的系统性能仿真以及与被动悬架的对比分析。

以某轿车的悬架系统为例，给出一套完整的车辆模型参数，并同时给出本例中的仿真路面输入参数及控制器设计参数。输入参数值详见表10-2。

表 10-2　半车模型仿真输入参数值

车辆模型参数	符号	单位	数值
车身质量	m_{bh}	kg	690
车身俯仰转动惯量	I_{hp}	kg · m^2	1222
前轮非簧载质量	m_{wf}	kg	40
后轮非簧载质量	m_{wr}	kg	45
前悬架刚度	K_{sf}	N/m	17000
后悬架刚度	K_{sr}	N/m	22000
前轮胎刚度	K_{tf}	N/m	200000
后轮胎刚度	K_{tr}	N/m	200000
前轴到质心的距离	a	m	1.3
后轴到质心的距离	b	m	1.5
可用悬架工作空间	SWS	mm	±50
仿真路面输入参数	符号	单位	数值
路面不平度系数	G_0	m^3/cycle	5.0×10^{-6}
车速	u_c	m/s	20
下截止频率	f_0	Hz	0.1
性能指标加权系数	符号	单位	数值
前轮胎动位移	q_1	—	80000
前悬架动行程	q_2	—	100
后轮胎动位移	q_3	—	80000
后悬架动行程	q_4	—	100
前车身加速度	ρ_1	—	1
后车身加速度	ρ_2	—	1

在 MATLAB 环境下的仿真计算中，首先要生成路面模型中的时间序列白噪声，以及系统状态方程和优化性能指标 J 的加权矩阵，即已知的 LQR 控制器设计的矩阵 $A_{10 \times 10}$、$B_{10 \times 2}$、$Q_{10 \times 10}$、$R_{2 \times 2}$、$N_{10 \times 2}$。调用函数 ［K］ ＝LQR（A，B，Q，R，N），即可求得最优主动悬架增益 K。根据表 10-2 给出的输入参数，求出的最优控制增益的计算结果为：

$$K = \begin{pmatrix} 76.866 & -60.493 & 1682.5 & -1353.7 & 148.21 & -1447 & 20539 & -46488 & 1301.4 & 26001 \\ 1429.2 & -1245.6 & 84.987 & -59.389 & 25046 & -45116 & 165.54 & -2619.8 & 20055 & 2461.9 \end{pmatrix}$$

完成了 LQG 控制器的设计（即求出 K）后，就可以直接调用 MATLAB 中的线性仿真函数 ［Y，X］＝LSIM（A，B，C，D，U，T）进行动力学仿真。为了便于与后面将要介绍的预瞄控制结果相比较，最优控制的仿真结果将在下面给出。

根据要求的系统输出，在这里可以简单地取 $C_{10 \times 10}$ 为单位矩阵，意味着所有的状态变量均作为输出变量，可调用函数 eye（10，10）生成；$D_{10 \times 2}$ 则取为零矩阵，调用函数 zeros（10，2）生成；仿真中系统的输入，即式（10-19）中的 u，分别为车辆前、后轮处路面输入的白噪声，即：

$$u = \begin{pmatrix} w_1 \\ w_2 \end{pmatrix}$$

二、预瞄控制

从理论上看，限制主动悬架进一步改善车辆性能的主要因素是缺乏足够的路面信息。如

果由于道路的不规则而引起的路面干扰能在车辆到达之前被测得，且这个信息能够被控制器在决定系统控制力时加以考虑和利用，那么控制器即可将前方路面状态作为预瞄变量，以更有效的控制方式进行"前馈"控制，因而主动悬架的潜力将可得到充分的发挥。这样一种控制方法通常称为"预瞄控制"。

1. 控制方式

早在 1968 年，Bender[20] 就结合预瞄信息，基于两自由度单轮车辆模型，提出了线性最优车辆主动悬架控制系统的设计问题。它的基本思想是：通过安装于车身的路面位移传感器，测得行驶中的汽车前方几米处的路面位移信号，并将其结合到主动悬架控制律设计中。研究结果[21~23]表明，采用预瞄控制能进一步改善悬架系统性能。还有人[24]将预瞄控制用在有限带宽主动悬架系统设计中，其结构示意图如图 10-13 所示。

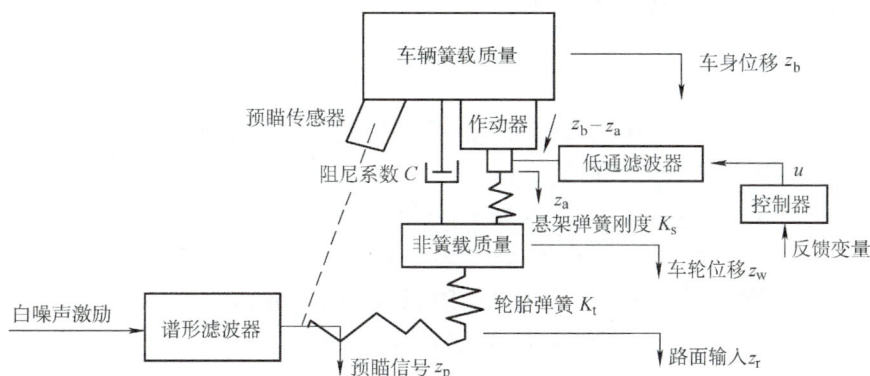

图 10-13　有限带宽主动悬架预瞄控制

然而根据前方路面信息的获取及利用方式的不同，预瞄控制还可进一步分为不同的形式。它的最高级形式是控制系统在车前部设置有专用的预瞄传感器，以测试前方道路的状态，然后将测得的信息送至控制器，控制器根据这些信息计算控制指令，并将信号分别送至相应四个车轮的每个悬架执行机构中。但这些系统要面临测量路面位移传感器的成本问题。

实际上，当车辆在硬路面上直线行驶时，其后轮的路面位移输入与前轮处几乎相同，只不过是后轮输入存在一个时间上的滞后，近似等于前后轮间的跨距（即轴距）除以车速。从这个意义上讲，前轮处感受到的路面输入信息可以用来作为后轮输入的预瞄信息。有了轴距预瞄信息，也就意味着前后轮跨距之间的路面信息均可利用。这种最基本的预瞄控制形式（即利用前轮信息对后轮进行的预瞄控制）称为"轴距预瞄控制"。

在轴距预瞄控制方式中，两个前轮采用的是一般的反馈控制，而此刻车辆前部各种传感器测得的信号，作为车辆后部的预瞄信息被送至控制器。在确定后轮的控制指令时，控制器不仅考虑当时车轮传感器得到的各种信息，而且也根据当时车速及轴距考虑前轮各传感器所获得的信息。因此，在后轮的执行机构上，实行的是反馈加前馈的双重控制。这样，无须另增额外的预瞄传感器，只需对系统控制算法做些修改便可对后轮实施预瞄控制，从而提高后轮的减振效果。同时，就整车而言，也可以减小车体的姿态变化[25~30]。因而，轴距预瞄控制可使乘坐舒适性和操纵稳定性得到改善。但需注意，如采用随机线性最优控制理论进行轴

距预瞄控制器设计，仍要求所有的状态变量已知，这也就意味着需要已知路面不平度信息。除了通过实际测量获得路面状态变量的方法外，另一个解决方案就是应用状态估计器[29,30]。

2. 系统模型和控制算法

在考虑前后路面输入关系，并进行相应的车辆响应分析时，半车模型应是最为合适的。这里，仍采用表 10-2 给出的轿车参数进行仿真，并重点介绍轴距预瞄控制算法。

需要指出，如果已知前轮处的路面信息，那么只要根据几何位置向后推算，即可得知相应的轴间路面信息。由于车辆行驶速度（即代表了预瞄时间）可能还影响着轴距预瞄的控制效果，因此在算法设计中应考虑这一点。例如，可根据车速的变化相应调整最优的预瞄距离（或预瞄时间）。

由于后轮输入的预瞄时间 τ 等于轴距／车辆前进速度，则前、后轮处路面输入关系可用拉普拉斯（Laplace）传递函数表示，即：

$$\frac{w_2(s)}{w_1(s)} = e^{-\tau s} \tag{10-37}$$

为了将方程（10-37）的频域表达式转换成时域表达式，采用 Pade 近似法将其转换为状态空间的形式。Pade 近似公式表达如下：

$$\frac{w_2(s)}{w_1(s)} = \frac{a_0 - a_1 s + a_2 s^2 - a_3 s^3 + \cdots + a_n s^n}{a_0 + a_1 s + a_2 s^2 + a_3 s^3 + \cdots + a_n s^n} \tag{10-38}$$

若仅取 Pade 二次近似，则对一个两维的附加状态矢量 $\boldsymbol{\eta}$ 而言，其状态空间方程可写为：

$$\dot{\boldsymbol{\eta}}(t) = \boldsymbol{A}_\eta \boldsymbol{\eta}(t) + \boldsymbol{B}_\eta w_1(t) \tag{10-39}$$

式中，$\boldsymbol{\eta} = \begin{pmatrix} \eta_1 \\ \eta_2 \end{pmatrix}$；$\boldsymbol{A}_\eta = \begin{pmatrix} 0 & 1 \\ -a_0 & -a_1 \end{pmatrix}$；$\boldsymbol{B}_\eta = \begin{pmatrix} -2a_1 \\ 6a_0 \end{pmatrix}$。

其中，$a_0 = \left(\frac{12}{\tau^2}\right)$；$a_1 = \left(\frac{6}{\tau}\right)$；$a_2 = 1$。

而系统的输入方程为：

$$w_2(t) = w_1(t - \tau) = \boldsymbol{C}_\eta \boldsymbol{\eta}(t) + w_1(t) = \eta_1(t) + w_1(t) \tag{10-40}$$

式中，$\boldsymbol{C}_\eta = [1 \quad 0]$。

结合方程式（10-32）、式（10-39）、式（10-40），便可得到具有轴距预瞄信息并带有附加状态矢量 $\boldsymbol{\eta}$ 的系统状态方程，其形式如下：

$$\begin{pmatrix} \dot{\boldsymbol{X}} \\ \dot{\boldsymbol{\eta}} \end{pmatrix} = \begin{pmatrix} \boldsymbol{A} & \boldsymbol{FD}_\eta \\ 0 & \boldsymbol{A}_\eta \end{pmatrix} \begin{pmatrix} \boldsymbol{X} \\ \boldsymbol{\eta} \end{pmatrix} + \begin{pmatrix} \boldsymbol{B} \\ 0 \end{pmatrix} \boldsymbol{U} + \begin{pmatrix} \boldsymbol{FE}_\eta \\ \boldsymbol{B}_\eta \end{pmatrix} w_1 \tag{10-41}$$

式中，$\boldsymbol{D}_\eta = \begin{pmatrix} 0 & 0 \\ 1 & 0 \end{pmatrix}$；$\boldsymbol{E}_\eta = \begin{pmatrix} 1 \\ 1 \end{pmatrix}$。

同样，对新建立的系统状态方程式（10-41），采用 LQG 最优控制，即根据目标性能指标方程式（10-34）对黎卡提方程求解，得出结合轴距预瞄信息的最优控制增益阵 $\boldsymbol{K}_p$，由于多出了两个附加状态变量，因而 $\boldsymbol{K}_p$ 共包括了 24 个增益系数。这样，就得到了轴距预瞄最优控制

力，形式如下：

$$U_p(t) = K_p[X(t) + \eta(t)] \qquad (10\text{-}42)$$

由上式可见，与无预瞄控制的最优控制力相比，有预瞄控制时多出的两项实际上就是轴距预瞄信息在后悬架作动器控制力中的体现。由于后悬架作动器接受到来自前轮的前馈信息，后悬架系统性能指标可进一步提高。

3. 仿真分析与结果对比

根据上述最优主动悬架进行性能仿真计算，同样以该车模型参数，结合轴距预瞄控制算法进行最优主动悬架的性能计算，并对有、无预瞄反馈的两种系统进行对比分析。

由于仿真工况为车辆在硬路面上做直线运动，因此前、后轮受到的路面激励可以认为是一样的，只不过后轮受到的激励比前轮在时间上有一个滞后。因此模拟计算中只需产生一条白噪声，后轮输入的相对时间滞后 τ 为轴距/车速，即 $(a+b)/u$。本例中的仿真车速为 20m/s，轴距为 2.8m，因此滞后时间 τ 为 0.14s。若取仿真时间 T 为 20s，采样时间间隔 Δt 为 0.005s，考虑到生成白噪声对前、后轮的同时输入，因而总仿真点数为 4028。

图 10-14 中给出了有轴距预瞄和无轴距预瞄情况下最优主动系统的时域仿真结果对比。为了说明后悬架系统性能的改善程度，这里只给出了后悬架的时域仿真结果对比，分别包括后轮路面位移输入（z_{02}）、后轮轮胎动位移（DTD_r）、后悬架动行程（SWS_r）及车身后部的加速度（BA_r）。

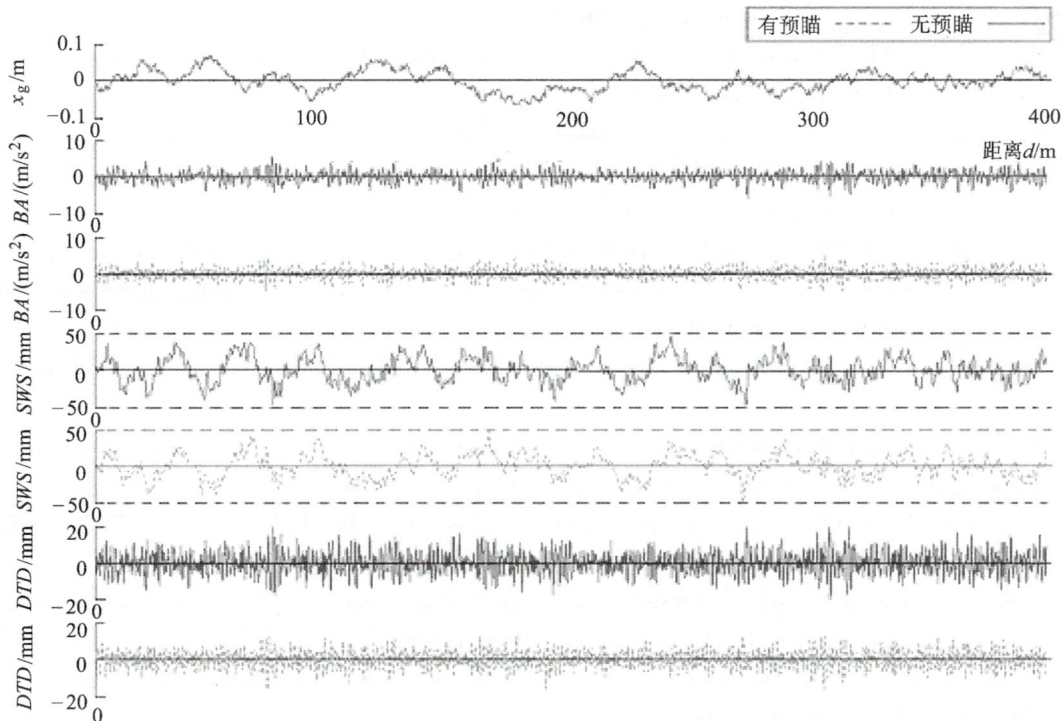

图 10-14　有预瞄和无预瞄系统时域仿真结果对比

图 10-14 的仿真结果清楚地表明：结合了轴距预瞄控制算法的后车身加速度和后轮胎动位移均明显减小，同时悬架动行程也被控制在允许的范围之内，因此证实了轴距预瞄算法的

有效性。

　　仿真结果的还可由车辆性能指标的方均根值体现，以便更清楚地比较有、无轴距预瞄时车辆前部和后部的行驶平顺性指标，详见表10-3。

表10-3　有轴距预瞄和无轴距预瞄系统主要性能指标方均根值的比较

性能指标方均根值	车辆前部		车辆后部	
	无预瞄系统	有预瞄系统	无预瞄系统	有预瞄系统
车身加速度 / (m/s^2)	1.330	1.309	1.503	1.412
悬架动行程 /mm	16.664	16.668	16.868	15.769
轮胎动位移 /mm	5.331	5.319	5.854	4.182

　　结果表明，有轴距预瞄系统和无轴距预瞄系统相比，在前轮的性能指标基本相同的情况下，而后轮的总体性能得到了明显改善。其原因是后悬架作动器接受了前轮处路面输入的"前馈"信息。本例仿真工况下，后部车身加速度方均根值减小了6%，后轮轮胎动位移降低了28.56%，从而可以看出采用轴距预瞄方法控制可以挖掘主动悬架性能的潜力，尤其是对后轮，振动抑制效果得到了显著改善[28~30]。

参 考 文 献

［1］Yokoya Y, Asami K, Hamajima T, Nakashima N. Toyota Electronic Modulated Suspension (TEMS) System for the 1983 Soarer［C］. SAE Technical Paper 840341, 1984.

［2］Mizuguchi M, Suda T, Chikamori S, Koboyashi K. Chassis Electronic Control System for the Mitsubishi 1984 Galant［C］. SAE Technical Paper 840258, 1984.

［3］Konishi J, Shiraishi Y, Katada K, Ito H. Development of Electronically Controlled Air Suspension System ［C］. SAE Technical Paper 881770, 1988.

［4］Citroen. Hydractive Suspension System. Technical leaflet, 1989.

［5］瓦伦托维兹. 汽车工程学Ⅱ：汽车垂向和侧向动力学（英文版）［M］. 北京：机械工业出版社, 2009.

［6］Hine P J, Pearce P R. A Practical Intelligent Damping System［C］. Proc. of IMechE, International Conference on Advanced Suspensions, 1989：141 − 148.

［7］Thompson A G. An Active Suspension with Optimal Linear State Feedback［J］. Vehicle System Dynamics, 1976, 5 (4)：187 − 203.

［8］Wilson D A, Sharp R S, Hasson S A. The Application of Linear Optimal Control Theory to the Design of Automobile Suspensions［J］. Vehicle System Dynamics, 1986, 15 (2)：105 − 118.

［9］Wright P G, Williams D A. The Application of Active Suspension to High Performance Road Vehicles［C］. Proc. of IMechE, C239/84, 1984：23 − 28.

［10］Acker B, Draenberg W, Gall H. Active Suspensions for Passenger Cars［J］. Proc. 11th IAVSD Symposium on Dynamics of Vechicles on Roads and on Tracks, 1989：15 − 26.

［11］Aoyama Y, Kawabata K, Hasegawa S, et al. Development of the Full Active Suspension by Nissan［C］. SAE Technical Paper 901747, 1990.

［12］Yokoya K, Kizu R, Kawaguchi H, et al. Integrated Control System Between Active Control Suspension and Four Wheel Steering for the 1989 Celica［C］. SAE Technical Paper 901748, 1990.

［13］Hedrick J K, Wormley D N. Active Suspension for Ground Transportation Vehicle—A State of the Art Review ［C］. Mechanics of Transportation System, ASME, AMD, 1975, 15：21 − 40.

［14］Goodall R M, Kortum W. Active Controls in Ground Transportation—A Review of the State of the Art and Future Potential ［J］. Vehicle System Dynamics, 1983, 12 (4 - 5): 225 - 257.

［15］Sharp R S, Crolla D A. Road Vehicle Suspension System Design—A Review ［J］. Vehicle System Dynamics, 1987, 16 (3): 167 - 192.

［16］Hrovat D. Application of Optimal Control to Advanced Automobile Suspension Design ［J］. Transactions of the ASME, Journal of Dynamic Systems, Measurement and Control, 1993, 115 (2B): 328 - 342.

［17］Elbeheiry E M, Karnopp D C, Elamby M E, Abdelraaouf A M. Advanced Ground Vehicle Suspension System—A Classified Bibliography ［J］. Vehicle System Dynamics, 1995, 24 (3): 231 - 258.

［18］王朝珠, 秦化淑. 最优控制理论 ［M］. 北京: 科学出版社, 2003.

［19］Yu F, Crolla D A. Wheelbase Preview Optimal Control for Active Vehicle Suspensions. Chinese Journal of Mechanical Engineering (English edition), 1998, (2): 43 - 50.

［20］Bender E K. Optimum Linear Preview Control with Application to Vehicle Suspension ［J］. Journal of Basic Engineering, 1968, 90 (2): 213 - 221.

［21］Tompson A G, Davis B R, Pearce C E. An Optimal Libear Active Suspension with Finite Road Preview ［C］. SAE Technical Paper 800520, 1980.

［22］Hac A. Optimal Linear Preview Control of Active Vehicle Suspension ［J］. Vehicle System Dynamics, 1992, 21 (1): 167 - 195.

［23］Sharp R S. Preview Control of Active Suspension ［C］. Proc. of the EURMOTOR Seminar on Smart Vehicles, Swets & Zeitlinger Publishers, 1995, 166 - 182.

［24］Sharp R S, Pilbeam C. On the Ride Comfort Benefits Available from Road Preview with Slow-active Car Suspensions ［J］. Vehicle System Dynamics, 1994, 23 (S1): 437 - 448.

［25］El - Demerdash S M, Crolla D A. Hydro- pneumatic Slow- active Suspension with and without Preview Control. Vehicle System Dynamics ［J］. 1996, 25 (5): 369 - 386.

［26］Foag W. A Practical Control Concept for Passenger Car Active Suspension with Preview ［J］. Proc. of IMechE (Part D): Journal of Automobile Engineering, 1989, 203 (4): 221 - 230.

［27］Louam N, Wilson D A, Sharp R S. Optimisation and Performance Enhancement of Active Suspensions for Automobiles Under Preview of the Road ［J］. Vehicle System Dynamics, 1992, 21: 39 - 63.

［28］Fruhauf F, Kasper R, Luckel J. Design of an Active Suspension for a Passenger Vehicle Model Using Input Processes with Time Delays ［J］. Proc. of 9th IAVSD Symposium on the Dynamics of Vehicles on Roads and Tracks, Linkoping, Sweden, 1986, 15 (S1): 126 - 138.

［29］Crolla D A, Abdel- Hady M B A. Active Suspension Control: Performance Comparisons Using Control Laws Applied to a Full Vehicle Model ［J］. Vehicle System Dynamics, 1991, 20 (2): 107 - 120.

［30］Yu F, Zhang J W, Crolla D A. A Study of a Kalman Filter Active Vehicle Suspension System with Using the Correlations of Front and Rear Wheel Inputs ［J］. Proc. of IMechE (Part D): Journal of Automobile Engineering, 2000, 214 (5): 493 - 502.

第三篇

操纵动力学

本篇首先介绍以线性分析为主的操纵动力学建模及在给定转向输入下车辆的运动特性。在第十一章，首先介绍仅考虑车辆横摆及侧向运动的两自由度基本操纵模型。在第十二章，基于两自由度基本操纵模型介绍考虑车身侧倾、车轮转动、悬架运动学、转向系统及变形转向等因素影响的复杂操纵动力学模型，本书中将其称为"扩展的操纵动力学模型"，并给出一个从车辆参数化开发的前处理到相关结果提取及分段后处理的完整分析实例。然后，介绍与操纵特性直接相关的车辆转向系统的动力学分析，并增加了一个非线性前轮摆振分析实例。

随着近年来车辆控制系统不断发展，人们对操纵动力学基本内容的认识和需求不断增加，尤其是对影响车辆操纵性及主动安全性的控制系统的研发更为迫切。为此，在第十三章中对几种典型的转向控制系统给予了介绍，除了原有的四轮转向和电动助力转向系统外，特别对影响主动安全性的前轮主动转向系统的研究给予详细的补充和介绍。

最后，在第十四章中新增了驾驶人模型，以及对车辆操纵品质闭环评价的内容，并介绍了一种辨识驾驶人参数的方法，以及建立操纵品质评价与操纵特性之间关系的一种通用方法。

第十一章

基本操纵模型

第一节 概 述

一、背景

最简单的车辆操纵模型可由一单质量刚体来表示，该刚体在外力和外力矩作用下具有在道路水平面运动的三个自由度，即纵向运动、侧向运动和横摆运动。若假定车辆前进速度恒定，这样就只剩下侧向运动和横摆运动两个自由度。通常采用这个简单的两自由度模型来说明车辆操纵动力学的基本特征。

两自由度基本操纵模型虽然简单，但它概括了车辆的主要操纵特性，并由此引出了转向特性的基本概念，定义了车辆的不足转向和过多转向特性。此外，两自由度基本操纵模型为建立更为复杂的操纵模型提供了必要的基础。

二、作用于车辆的外力与外力矩

作用于车辆的外力与外力矩有两种，即轮胎力和空气动力。驾驶人对车辆运动施加控制的作用机理主要来自于轮胎，即通过轮胎将力施加于车辆。对以正常速度行驶的普通路面车辆而言，一般将空气动力的影响列为次要因素，它主要影响车身的外形设计。而对高速车辆（尤其是赛车），空气动力学的影响则非常重要。

1. 空气动力与力矩

当车辆在静止的空气中做直线运动时，主要受到空气阻力、升力和俯仰力矩的作用。由于这些力和力矩的作用，车辆前后轴载荷的分布将发生变化，从而影响车辆的操纵稳定性。

当直线行驶的车辆受到稳定的侧风作用时，其平衡状态将受影响。若要车辆仍保持其稳定状态，轮胎就必须产生相应的侧向反力来抵消这一作用力。而在小扰动情况下，车辆的动态特性一般不会因其平衡状态的微小变化而改变。

然而，在实际中车辆通常受到的是不稳定的阵风。这种情况下，车辆受到不可预测的力和力矩作用，致使其偏离预定轨迹。当然，车辆受到这些干扰在所难免，而且其干扰的强度随天气条件而变。因此，设计者的主要问题是：如何使设计的车辆具有一定的鲁棒性，即对此类外部激励尽可能地不敏感。

2. 轮胎力与力矩

在车辆运动过程中，轮胎主要受到纵向、侧向以及垂向三个方向的力和力矩，驾驶人对这些力和力矩的准确控制始终是间接的。轮胎纵向力的作用使车辆加速或减速，驾驶人通过加速踏板和变速机构来控制驱动力的大小，通过制动系统来控制制动力的大小。轮胎侧向力的作用是使车辆转弯，驾驶人通过转向系统使车轮产生一个转向角，以此来控制轮胎的侧向力。同时，单个轮胎在转弯过程中会产生回正力矩。其实，回正力矩对车辆运动的影响并不大，其重要性却在于，它能通过转向盘为驾驶人提供一个反馈力矩。这一反馈信息就是通常所说的"路感"。轮胎垂向力的作用使车辆具有良好的附着性能。

第二节　基本操纵模型假设

在建立两自由度基本操纵模型之前，首先对假设条件加以介绍和分析。描述车辆运动（包括侧向速度和横摆角速度）的两自由度基本操纵模型是基于以下理想化的假设：

1）假设车辆行驶在平坦路面，即无垂向路面不平度输入，因而可以忽略与行驶动力学相关的垂向力影响及耦合作用。

2）包括悬架系统在内的车辆结构是刚性的。

3）忽略了转向系统，将输入直接施加于车轮；或者假设转向系统为刚性，然后以固定的传动比，将输入通过转向盘施加于转向轮。

4）忽略了空气动力。

5）车辆仅受平衡状态（如直线行驶或稳态转向）附近的小扰动，这意味着前轮输入转角足够小，从而保证车辆运动方程为线性的。

基本操纵模型的最大问题是：它忽略了簧载质量（即车身）的侧倾运动及其相关影响。例如，左右轮胎载荷转移的影响、悬架运动学的影响（包括侧倾转向和变形转向引起的外倾角变化等）。对这些问题，将在第十二章中加以扩展并给予详细讨论。然而，两自由度基本操纵模型的突出优点在于：通过对模型响应物理意义上的解释，可以间接反映上述因素的影响，对此本章第五节将具体讨论。

由于基本模型中忽略了轮胎的左右载荷转移，所以也就不必考虑车辆的宽度（即轮距）的影响。因此，左右两个轮胎的合力是作用在车轴上，所生成的即为单轨操纵动力学模型，通常称为"自行车模型"。

根据以上假设，车辆被简化成为一个具有两个平动自由度（纵向和侧向）和一个转动自由度（横摆）的单质量刚体。如果再假定车速为恒定，则纵向运动自由度也无须考虑，因而只剩下侧向和横摆两个运动自由度。

第三节　运动方程的推导

为了建立基本操纵模型的运动方程，首先必须定义一个合适的坐标系。就大多数机械系统动力学问题而言，力取决于位移，如在车辆行驶动力学模型中，弹簧力取决于悬架相对位移，轮胎力取决于轮胎动位移等。因此，那里的运动方程通常写成位移的形式，而且其位移量必须以一个地面固定参考坐标系来表示。

然而，在操纵动力学模型中，由轮胎传递给车辆的外力主要取决于速度变量，而并非取决

于车辆的绝对位置坐标和航向角（heading angle）。实际上，与驾驶人最为相关的运动变量是速度和加速度，它们更能反映人所看得见的、感觉到的车辆表现行为。因此，建模中最好也以固结于车辆上的、随动的且本身具有加速度的坐标系来表示这些速度和加速度矢量。但需注意的是，由此表示的车辆不能直接应用牛顿运动定律导出其运动方程，因为牛顿运动定律只适用于无加速度的地面固定参考坐标系情况。这里，介绍两种方法用以推导系统运动方程，即牛顿矢量方法和拉格朗日方法。不论采用哪种方法，都必须考虑车辆的加速度坐标系。

一、采用牛顿方法的模型推导

图 11-1 表示的是一个在地面惯性坐标系 G 中运动着的车辆。严格地说，将 G 称为惯性参考"基"（Frame），它包括了分别由三个单位正交矢量（g_1、g_2、g_3）定义的惯性坐标系 g，而车辆由一个固结于本身的参考基 A 来定义，它包含由三个单位正交矢量（a_1、a_2、a_3）定义的坐标系 a；其中 a_1 轴指向车辆前进方向，并与 g_1 轴有一夹角（航向角）ψ，轴 g_3 和轴 a_3 均垂直于地面指向下。在基本操纵模型中，车辆的三个自由度分别为：

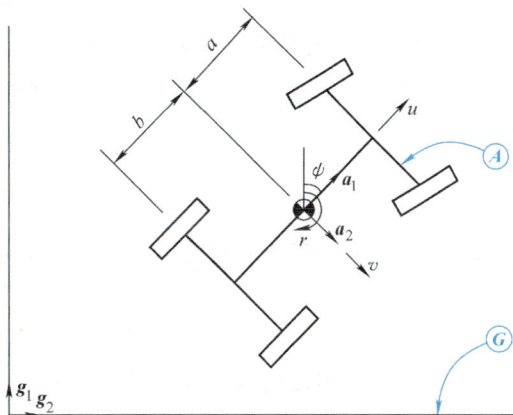

1）沿 a_1 方向的前进速度 u。

2）沿 a_2 方向的侧向速度 v。

图 11-1　与参考基 A 固结的车辆在接地参考基 G 中的相对运动

3）绕 a_3 方向的横摆角速度 r，即 $r=\dot{\psi}$。

坐标系 a 和 g 之间的相互关系由表 11-1 的变换公式给出，例如：$g_1=\cos\psi a_1-\sin\psi a_2$，而 $a_2=-\sin\psi g_1+\cos\psi g_2$。

表 11-1　坐标系 g 和坐标系 a 之间的变换

	a_1	a_2	a_3
g_1	$\cos\psi$	$-\sin\psi$	0
g_2	$\sin\psi$	$\cos\psi$	0
g_3	0	0	1

由此，系统的运动方程就可方便地以牛顿第二定律的形式表达，即在惯性参考基 G 中，线动量的变化率等于作用于车辆上的外力之和；角动量的变化率等于作用于车辆的外力矩之和（参见绪篇第二章中的式（2-1）和式（2-3））。需注意的是，虽然这里的变化率是相对于惯性参考基 G 而言，但它们仍然可以写成坐标系 a 中的表达形式，最后通过与惯性基下的坐标系转换，对其再做处理。

若车辆的质量为 m，横摆转动惯量为 I，则其线动量在参考基 A 中表示如下：

$$L=mua_1+mva_2 \tag{11-1}$$

车辆在参考基 A 中的角动量为：

$$\boldsymbol{H} = I r \boldsymbol{a}_3 \tag{11-2}$$

车辆线动量 $\boldsymbol{L}$ 在参考基 $\boldsymbol{A}$ 中的变化率为：

$$\frac{\mathrm{d}\boldsymbol{L}^A}{\mathrm{d}t} = m\dot{u}\boldsymbol{a}_1 + m\dot{v}\boldsymbol{a}_2 \tag{11-3}$$

车辆角动量 $\boldsymbol{H}$ 在参考基 $\boldsymbol{A}$ 中的变化率为：

$$\frac{\mathrm{d}\boldsymbol{H}^A}{\mathrm{d}t} = I\dot{r}\boldsymbol{a}_3 \tag{11-4}$$

根据参考基 $\boldsymbol{G}$ 与 $\boldsymbol{A}$ 的关系，车辆线动量 $\boldsymbol{L}$ 在惯性参考基 $\boldsymbol{G}$ 中的变化率为：

$$\frac{\mathrm{d}\boldsymbol{L}^G}{\mathrm{d}t} = \frac{\mathrm{d}\boldsymbol{L}^A}{\mathrm{d}t} + \boldsymbol{\Omega}^{GA} \times \boldsymbol{L} \tag{11-5}$$

式中，"×"表示矢量的叉乘；符号 $\boldsymbol{\Omega}^{GA}$ 表示参考基 $\boldsymbol{A}$ 相对于惯性参考基 $\boldsymbol{G}$ 的角速度，即

$$\boldsymbol{\Omega}^{GA} = r\boldsymbol{a}_3 \tag{11-6}$$

由此得到：

$$\frac{\mathrm{d}\boldsymbol{L}^G}{\mathrm{d}t} = m(\dot{u}-vr)\boldsymbol{a}_1 + m(\dot{v}+ur)\boldsymbol{a}_2 \tag{11-7}$$

同理，车辆角动量 $\boldsymbol{H}$ 在惯性参考基 $\boldsymbol{G}$ 中的变化率则为：

$$\frac{\mathrm{d}\boldsymbol{H}^G}{\mathrm{d}t} = I\dot{r}\boldsymbol{a}_3 \tag{11-8}$$

分别以 $\sum F_x$ 和 $\sum F_y$ 表示 $\boldsymbol{a}_1$ 和 $\boldsymbol{a}_2$ 方向的合外力，以 $\sum M_z$ 表示绕 $\boldsymbol{a}_3$ 轴的合外力矩，则系统运动方程写成如下形式：

$$m(\dot{u}-vr) = \sum F_x \tag{11-9}$$
$$m(\dot{v}+ur) = \sum F_y \tag{11-10}$$
$$I\dot{r} = \sum M_z \tag{11-11}$$

与车辆侧向速度 v 相比，车辆质心处的前进速度 u 通常较大，因此，将 u 表示为：

$$u = u_c + \Delta u \tag{11-12}$$

式中，u_c 表示车辆的恒定前进速度，而 Δu 则是与 v 和 r 为同一数量级的、相对于车速 u_c 的一个扰动量。在小扰动假设下，乘积 $\Delta u r$ 和 vr 的值可以忽略，那么式（11-9）可被解耦。若 $\sum F_x = 0$，则 $\dot{u} = 0$，那么式（11-9）就可被取消，这样，就得到了一个两自由度的基本操纵模型，其运动方程为：

$$m(\dot{v}+u_c r) = \sum F_y \tag{11-13}$$
$$I\dot{r} = \sum M_z \tag{11-14}$$

若前轴的两个轮胎的侧向力合力为 F_{yf}，后轴的两个轮胎的侧向力合力为 F_{yr}，且忽略作用于单个车轮的回正力矩，则式（11-13）、式（11-14）变为：

$$m(\dot{v}+u_c r) = F_{yf} + F_{yr} \tag{11-15}$$
$$I\dot{r} = aF_{yf} - bF_{yr} \tag{11-16}$$

下面以系统变量 u、v 以及输入转向角 δ_f 来表达轮胎力。推导过程中做了一些简化处理，忽略了轮胎回正力矩对车轮外倾角的影响，假定轮胎力主要是轮胎侧偏角和垂向载荷的函数。下面对轮胎侧偏角进行推导。

图 11-2 给出了垂向载荷 F_z 和侧偏角 α 与轮胎侧向力 F_y 的典型关系曲线。在线性操纵动力学分析中，假定轮胎载荷 F_z 为恒定，且侧偏角 α 较小，所以只需已知 $\alpha = 0$ 时的斜率 C_α，在这种情况下，侧向力为：

$$F_y = -C_\alpha \alpha \qquad (11\text{-}17)$$

式中，系数 C_α 值为正，定义为某特定垂直载荷下的轮胎侧偏刚度。

这里，需要说明如下：

1）在式（11-17）中隐含着对符号的约定，轮胎侧偏角 α 由 $\tan\alpha = v_w/u_w$ 定义（其中，v_w 为车轮的侧向速度；u_w 为车轮的前进速度），则式（11-17）中的轮胎侧偏刚度 C_α 总定义为正值，而负号表示轮胎侧偏角与轮胎侧向力符号相反。

2）单轨操纵模型中的 C_α 值是指整个车轴（包括左右两侧轮胎）的侧偏刚度，可以认为是单个轮胎侧偏刚度的两倍。

3）虽然轮胎侧向力 F_y 被定义为垂直于车轮的回转平面，但在前轮转向角 δ_f 很小的情况下，可近似假设前轮侧向力 F_y 与坐标系 A 中的 a_2 轴平行。

根据前、后轮胎侧偏角的定义及说明（参见图 11-3），可近似导出它们与车辆前进速度、侧向速度和横摆角速度的关系。由图 11-3 可知，如果车辆恒定的前进速度为 u_c，横摆角速度为 r，那么左右两侧车轮的前进速度应该分别等于 $u_c \pm Br/2$，其中 B 表示轮距（参见图 11-3）。由于实际上 $u_c \gg (B/2)r$，所以可以近似认为车轮的纵向速度与车轮的前进速度相等。

那么单轨操纵模型推导中，前轮的侧向速度为：

$$v_f = v + ar \qquad (11\text{-}18)$$

后轮的侧向速度为：

$$v_r = v - br \qquad (11\text{-}19)$$

当 α 很小时，有 $\tan\alpha \approx \alpha$，则在后轴为非转向轴情况下，后轮侧偏角 α_r 可近似线性地表示为：

$$\alpha_r \approx \frac{v - br}{u_c} \qquad (11\text{-}20)$$

由于前轮产生一个转向角 δ_f，且定义顺时针方向为正，可得：

$$\tan(\alpha_f + \delta_f) = \frac{v_f}{u_c} \qquad (11\text{-}21)$$

则前轮侧偏角近似为：

$$\alpha_f \approx \frac{v + ar}{u_c} - \delta_f \qquad (11\text{-}22)$$

根据已知的轮胎侧偏刚度与侧偏角的大小，可知前后轮侧向力分别为：

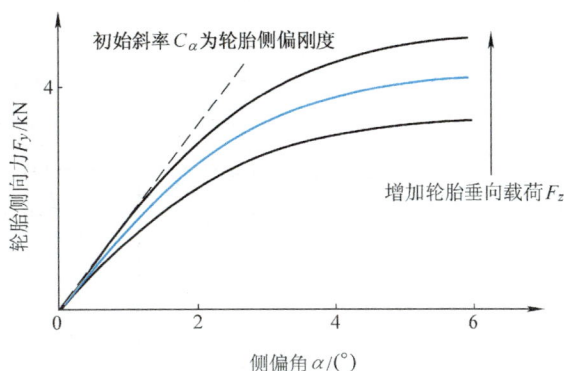

图 11-2　垂向载荷和侧偏角与轮胎侧向力的关系曲线

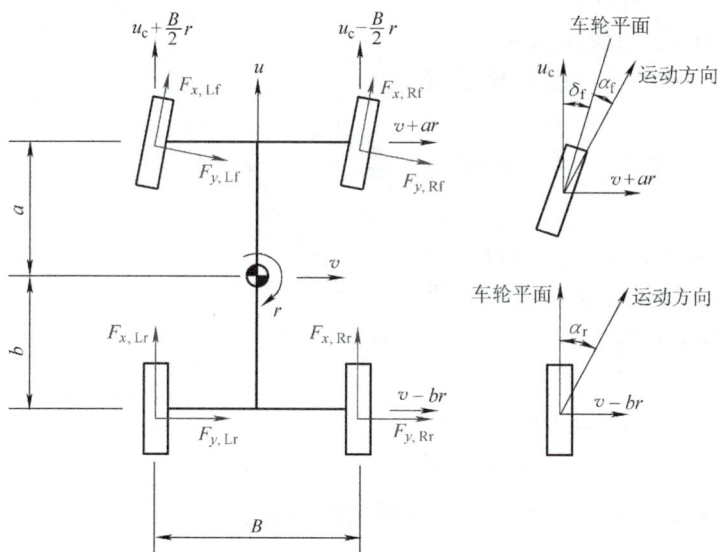

图 11-3　前后轮侧偏角示意图（以正值标出）

$$F_{yf} = -C_{\alpha f}\alpha_f \tag{11-23}$$

$$F_{yr} = -C_{\alpha r}\alpha_r \tag{11-24}$$

将式（11-20）、式（11-22）、式（11-23）和式（11-24）代入系统运动方程式（11-15）、式（11-16）中，可得：

$$m(\dot{v} + u_c r) = C_{\alpha f}\delta_f - \frac{(C_{\alpha f} + C_{\alpha r})}{u_c}v - \frac{(aC_{\alpha f} - bC_{\alpha r})}{u_c}r \tag{11-25}$$

$$I\dot{r} = aC_{\alpha f}\delta_f - \frac{(aC_{\alpha f} - bC_{\alpha r})}{u_c}v - \frac{(a^2 C_{\alpha f} + b^2 C_{\alpha r})}{u_c}r \tag{11-26}$$

令状态变量 $X = \begin{bmatrix} v \\ r \end{bmatrix}$，将系统输入（即前轮转角 δ_f）整理到方程的最右边，式（11-25）和式（11-26）则可整理成状态方程形式，即：

$$\dot{v} = -\frac{C_{\alpha f} + C_{\alpha r}}{mu_c}v - \left(\frac{aC_{\alpha f} - bC_{\alpha r}}{mu_c} + u_c\right)r + \frac{C_{\alpha f}}{m}\delta_f \tag{11-27}$$

$$\dot{r} = -\frac{(aC_{\alpha f} - bC_{\alpha r})}{Iu_c}v - \frac{(a^2 C_{\alpha f} + b^2 C_{\alpha r})}{Iu_c}r + \frac{aC_{\alpha f}}{I}\delta_f \tag{11-28}$$

将上面两式写成标准状态方程的矩阵形式，即：

$$\dot{X} = AX + BU \tag{11-29}$$

式中，$A = \begin{pmatrix} -\dfrac{C_{\alpha f} + C_{\alpha r}}{mu_c} & \dfrac{bC_{\alpha r} - aC_{\alpha f}}{mu_c} - u_c \\ -\dfrac{aC_{\alpha f} - bC_{\alpha r}}{Iu_c} & -\dfrac{a^2 C_{\alpha f} + b^2 C_{\alpha r}}{Iu_c} \end{pmatrix}$；$B = \begin{pmatrix} \dfrac{C_{\alpha f}}{m} \\ \dfrac{aC_{\alpha f}}{I} \end{pmatrix}$；$U = (\delta_f)$，为系统的输入。

因而，推导出两自由度操纵模型的表达通式，即式（11-29）。可以看到，本书中出现

的所有其他线性模型均有类似的表达形式，只不过是矢量与矩阵不同而已。

二、采用拉格朗日方法的模型推导

对于简单的模型，利用牛顿法可方便地导出系统运动方程；但对于复杂的模型，拉格朗日方法不失为一种更为有效的方法。这里，根据第二章中介绍的拉格朗日方程，参见式（2-8）推导两自由度操纵模型如下。

虽然拉格朗日方程的广义坐标 Q 通常表示的是参考基 A 中的位移，但基本操纵模型中的系统变量 u、v 和 r 是速度而不是位移，因此，在基本操纵模型的推导中采用拉格朗日方程的特殊形式如下：

令 $q_1 = u$
$$\frac{\mathrm{d}}{\mathrm{d}t}\left(\frac{\partial E_\mathrm{T}}{\partial u}\right) - r\frac{\partial E_\mathrm{T}}{\partial v} = F_{Q1} \tag{11-30}$$

令 $q_2 = v$
$$\frac{\mathrm{d}}{\mathrm{d}t}\left(\frac{\partial E_\mathrm{T}}{\partial v}\right) + r\frac{\partial E_\mathrm{T}}{\partial u} = F_{Q2} \tag{11-31}$$

令 $q_3 = r$
$$\frac{\mathrm{d}}{\mathrm{d}t}\left(\frac{\partial E_\mathrm{T}}{\partial r}\right) + u\frac{\partial E_\mathrm{T}}{\partial v} - v\frac{\partial E_\mathrm{T}}{\partial u} = F_{Q3} \tag{11-32}$$

对基本操纵模型而言，系统动能和广义力分别为：
$$E_\mathrm{T} = \frac{1}{2}m(u^2 + v^2) + \frac{1}{2}Ir^2 \tag{11-33}$$
$$F_{Q1} = \sum F_x, \quad F_{Q2} = \sum F_y, \quad F_{Q3} = \sum M_z \tag{11-34}$$

这里总势能为零，总耗散能也为零，即 $E_v = 0$，$E_D = 0$。

根据式（11-33），求出拉格朗日方程式（11-30）～式（11-32）中的各项分别为：
$$\frac{\mathrm{d}}{\mathrm{d}t}\left(\frac{\partial E_\mathrm{T}}{\partial u}\right) = \frac{\mathrm{d}}{\mathrm{d}t}(mu) = m\dot{u}$$
$$r\frac{\partial E_\mathrm{T}}{\partial v} = r(mv) = mvr$$
$$\frac{\mathrm{d}}{\mathrm{d}t}\left(\frac{\partial E_\mathrm{T}}{\partial v}\right) = \frac{\mathrm{d}}{\mathrm{d}t}(mv) = m\dot{v}$$
$$r\frac{\partial E_\mathrm{T}}{\partial u} = r(mu) = mur$$
$$\frac{\mathrm{d}}{\mathrm{d}t}\left(\frac{\partial E_\mathrm{T}}{\partial r}\right) = \frac{\mathrm{d}}{\mathrm{d}t}(Ir) = I\dot{r}$$
$$u\frac{\partial E_\mathrm{T}}{\partial v} - v\frac{\partial E_\mathrm{T}}{\partial u} = u(mv) - v(mu) = 0$$

将式（11-34）表达的各广义力代入拉格朗日方程，最终得出的系统运动方程与牛顿法得出的结果一致。

第四节　操纵特性分析

根据上面导出的两自由度操纵模型的运动方程，即可对该一阶连续线性微分方程组进行求解和分析。本节中主要对表征车辆操纵特性的稳态响应、稳定性和频率响应进行分析。实

际上，这三种分析分别代表了三种不同的行驶工况，因此，建立数值解与其相应的实际应用间的关系将十分重要。

（1）稳态响应分析　指一种稳定的转弯状态。该状态下，车辆的前进速度和转向角均为定值，从而使车辆以固定的转弯半径转弯行驶。实际中，车辆很少能长时间地在这样的稳态工况下行驶。但是，稳态响应特性非常重要，因为它代表了车辆的基本操纵性能，并被作为一个公认的标准操纵性能试验方法。

（2）稳定性分析　指没有转向角输入的直线行驶状态。实际中，通常指高速公路上以中、高速直线行驶的情况。稳定性响应是指在直线行驶条件下，车辆持续受到小的干扰（如风的扰动或不平路面的激励），使其偏离本身平衡状态的程度，因而包含了可能的不稳定条件以及车辆干扰的瞬态响应等有用的信息。当然设计者总是希望车辆能够保持其稳定性，也就是期望车辆在受到干扰之后能恢复其本身平衡状态。然而，车辆不稳定的行为表现实际上还是较为普遍的，例如最常见的铰接车"折叠"（jack-knifing），以及轿车与后挂车组成的机组蛇形行驶等现象。车辆对外界扰动的瞬态响应是相当重要的，对于小型车辆，瞬态响应的品质可按"有效方向刚度"（effective directional stiffness）和"阻尼特性"（damping properties）来分类。

（3）频率响应分析　指车辆在转向角为一定频率范围的正弦输入下的响应。很显然，实际中没有与之直接对应的情况，因而这不代表实际驾驶情况。然而，它代表了车辆对转向盘角输入的一般动态响应特征。要充分理解频率响应的意义，首先需了解傅里叶分析和线性动力学系统。对这个问题可简要介绍：现实中的输入大部分能被分解为不同频率的正弦波；频率响应函数为系统提供了对各种不同频率成分响应的完整描述；最后的输出实际上就是这些响应的线性叠加。因此，可以说频率响应函数间接地为车辆对任何形式的转向输入响应提供了一个完整描述。然而，人们还是普遍认为，无论是由实验还是理论得到的车辆频率响应结果，似乎难以与实际中的车辆行为表现联系起来，因而也不易直观地对频率响应分析的结果加以解释。

下面对三种分析过程分别进行具体介绍。事实上，这里介绍的三种不同形式的分析结果，相互之间有渗透及关联。例如，稳态响应实际上就是当频率减至零时的频率响应的极限值。此外，代表着车辆总体操纵特性（即不足转向或过多转向）的表达式，在每种形式的分析结果中均有体现。

一、稳态响应分析

如果设方程式（11-27）及式（11-28）中的动态项 $\dot{v}$ 和 $\dot{r}$ 为零，对输入项（即前轮转角 δ_f）求解，得到输出 v 和 r，即得到了稳态响应结果。将其写成如下状态空间方程的形式：

$$\begin{pmatrix} \dfrac{C_{\alpha f}+C_{\alpha r}}{u_c} & mu_c+\dfrac{aC_{\alpha f}-bC_{\alpha r}}{u_c} \\ \dfrac{aC_{\alpha f}-bC_{\alpha r}}{u_c} & \dfrac{a^2C_{\alpha f}+b^2C_{\alpha r}}{u_c} \end{pmatrix}\begin{pmatrix} v \\ r \end{pmatrix}=\begin{pmatrix} C_{\alpha f} \\ aC_{\alpha f} \end{pmatrix}[\delta_f] \qquad (11\text{-}35)$$

根据前面介绍的克莱姆法则，参见式（9-32），即可方便地对上式求解，得出表示车辆

的横摆角速度稳态响应 r_{ss}。所得到横摆角速度稳态响应增益如下：

$$\frac{r_{ss}}{\delta_f} = \frac{u_c L C_{\alpha f} C_{\alpha r}}{L^2 C_{\alpha f} C_{\alpha r} + m u_c^2 (b C_{\alpha r} - a C_{\alpha f})} \tag{11-36}$$

式中，轴距 $L = a + b$，下标 ss 表示 "Steady State"，即 "稳态"。

若假定车辆前进速度恒定，就可用其他一些简单的参数来描述车辆的运动，如图 11-4 所示。

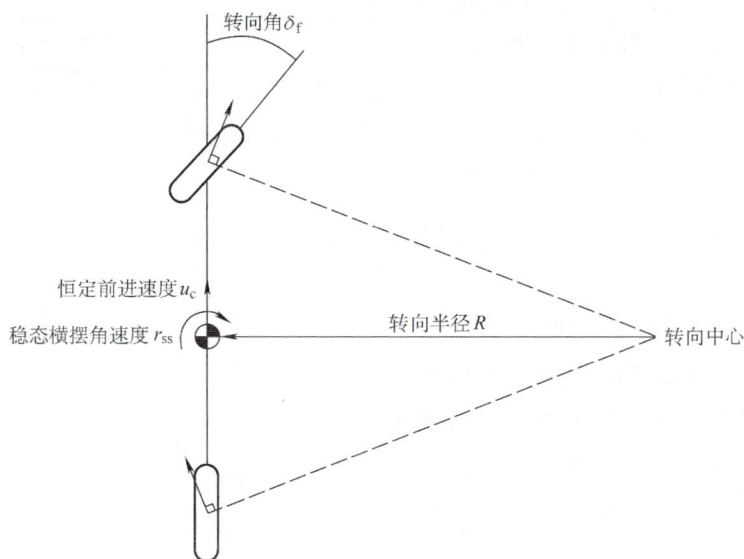

图 11-4　描述稳态转向的基本车辆模型

当车辆稳态转向半径为 R 时，转向曲率 ρ_{ss} 则为：

$$\rho_{ss} = \frac{1}{R} \tag{11-37}$$

当车辆以极低车速行驶且不考虑侧偏角影响时，稳态横摆角速度和侧向加速度分别为：

$$r_{ss} = \frac{u_c}{R} \tag{11-38}$$

$$a_{ss} = \frac{u_c^2}{R} \tag{11-39}$$

因此，由式（11-36）表示的稳态横摆角速度响应增益还可写成单位转向角产生的曲率的形式，即：

$$\frac{\rho_{ss}}{\delta_f} = \frac{1}{L + \kappa u_c^2} \tag{11-40}$$

式中，系数 κ 被称为 "不足转向参数"（understeer parameter），定义为：

$$\kappa = \frac{m(b C_{\alpha r} - a C_{\alpha f})}{L C_{\alpha f} C_{\alpha r}} \tag{11-41}$$

由上式可见，实际上 κ 的符号由（$b C_{\alpha r} - a C_{\alpha f}$）决定，称（$b C_{\alpha r} - a C_{\alpha f}$）为 "稳定裕

度"（stability margin）。事实上，不足转向参数 κ 的符号（即稳定裕度的符号）代表了车辆操纵稳定性的一个重要指标，它是描述车辆不足转向与过多转向的关键。需要指出的是，很多文献中采用的所谓"稳定性因数" K 本质上是与其相同的，同样来表示车辆不足转向与过多转向特性，只不过是相差一个系数（$1/L$），也就是要除以轴距 L，即：

$$K = \frac{\kappa}{L}^{\ominus} \qquad (11\text{-}42)$$

按 κ 值符号的不同，可将车辆稳态转向特性分为三种情况，如图 11-5 所示。

这三种情况分别为：

1） $\kappa = 0$，称为"中性转向"（neutral steer）。此时 ρ_{ss}/δ_f 等于轴距的倒数，对应于实际中车辆的纯滚动状态，有 $\delta_f \approx L/R$（图 11-6）。

2） $\kappa > 0$，称为"不足转向"（understeer）。响应始终是稳定的，并随车速的增加而减少。实际中不足转向的车辆经常被描述为转弯时"向外跑"，或者是转弯时需要比预期更多的转向角输入来保证一个预期的转向半径。

3） $\kappa < 0$，称为"过多转向"（oversteer）。响应随车速的增加而增加，当超过一个临界车速 u_{crit} 时，响应趋向 ∞。临界车速 u_{crit} 由下式给出：

$$u_{crit} = \sqrt{\frac{L}{-\kappa}} = \sqrt{\frac{L^2 C_{\alpha f} C_{\alpha r}}{m\,(aC_{\alpha f} - bC_{\alpha r})}}$$

$$(11\text{-}43)$$

图 11-5　不同 κ 值情况下稳态转向曲率和车速的关系

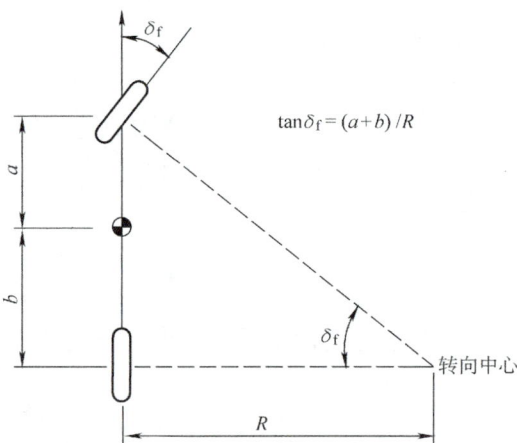

图 11-6　做纯滚动的车辆转向角与转向半径的关系
（由于 $L \ll R$，因而近似有 $\delta_f \approx L/R$）

与不足转向情况相反，具有过多转向的车辆可以这样描述：实际中的感觉是车辆转弯过度，超出了预期的转角。这种情况下，驾驶人似乎不得不通过减少转向盘的输入来保证车辆沿着期望的路径行驶。

在不同的文献和书籍中，还有很多其他方法来表征车辆的稳态性能，例如，分别将稳态转向曲率 $1/R$、稳态横摆角速度 u_c/R、稳态侧向加速度 u_c^2/R 用图形表示，绘出固定前进车速 u_c 下的这些稳态值随转角 δ_f 的变化曲线。在线性情况下，则给出由 κ 决定斜率的直线图，当车辆具有中性转向特性时，相应的斜率分别为 $1/L$、u_c/L 和 u_c^2/L。

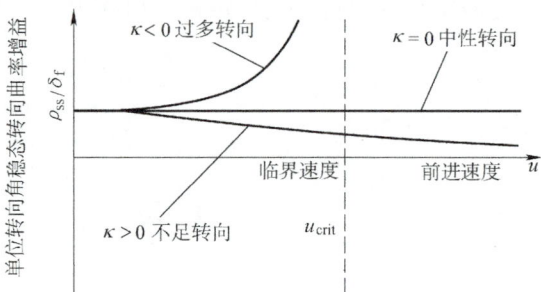

$\ominus$　这里的不足转向参数 κ 与《汽车理论》中的稳定性因数 K 的关系为 $K = \kappa/L = \kappa/(a+b)$。

由于定义了一个描述不足（或过多）转向程度的参数 κ，从而得到了总结车辆稳态转向性能的最好方法，而且这种方法还能方便地扩展应用到更贴近实际的多自由度或非线性车辆性能分析中（有关内容将在后面章节中加以介绍）。在那些复杂情况下，稳态转向响应可由更复杂的车辆模型预测，也可由实际测量获得。这里，为了更清楚地看出参数 κ 的物理意义，将式（11-40）结合式（11-37）重新整理后，可得：

$$\delta_{\mathrm{f}} = \frac{L}{R} + \kappa \frac{u_{\mathrm{c}}^2}{R} \tag{11-44}$$

等式右边第一项 L/R 代表车轮的转向角，要求车轮必须沿着半径为 R 的圆周做纯滚动；第二项中的 u_{c}^2/R 代表了稳态侧向加速度。如果像定圆转弯试验中那样固定半径 R，那么不足转向参数 κ 则代表了 δ_{f} 与 u_{c}^2/R 关系曲线的斜率，其单位为 $\mathrm{rad/(m/s^2)}$，但工程中经常用"$(°)/g$"表示（其中 g 指重力加速度）。

在线性模型中，转向角与侧向加速度的关系为一直线，即不足转向参数 κ 为恒定的斜率。而在非线性模型中，尽管二者的关系曲线仅在低侧向加速度（通常小于 $0.3g$）范围内近似线性，但在大侧向加速度范围内仍可用该曲线与线性的偏差来表征车辆的稳态转向特性。

关于不足转向参数的测量方法在参考文献［2］中进行了比较全面的介绍。针对大量的不同车型，其不足转向参数与整备质量关系绘制在同一图中，以便于比较和分析，如图11-7所示。一般北美车型较欧洲车型的不足转向参数偏大，北美车型的平均值是 $4.4°/g$，而欧洲车的值一般在 $2.6°/g$ 附近。

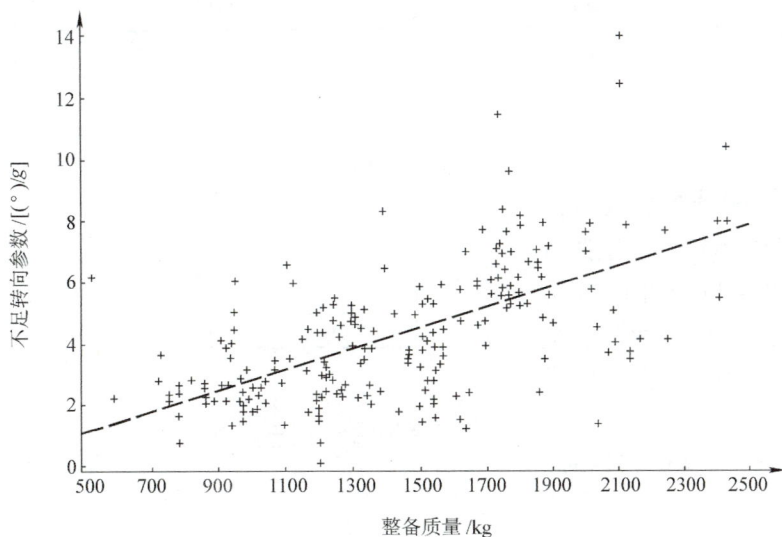

图 11-7　不同车型的不足转向参数的比较

由于稳态响应在操纵动力学分析中的重要性，所以研究人员多年来一直尝试采用各种可能的方法来表示它们。尽管稳态响应的表达可以多种多样，但其实质是一样的。由于这些不同的表示方法可能会导致混乱，因此，建议最好规定一种标准的表达方法。

此外，重视稳态分析的其他理由还有：

1）在转向试验场进行的实车试验中，稳态圆周转向试验相对简单，而且试验成本低。

2）不足转向与过多转向的概念在瞬态特性分析中仍可以继续使用。

二、稳定性分析

若假定转向输入角 δ_f 为零，那么系统运动方程式（11-29）的解则代表了直线行驶工况，此时，车辆受到的是来自于风、路面坡度及路面不平度等持续的小干扰。对这些小干扰的瞬态响应特性可以通过观察系统方程组的根在复平面的位置来评价。在动力学研究中，通常将方程的解描述为"自由振动响应"。

在无转向输入的情况下，系统状态方程式（11-29）变成齐次线性微分方程：

$$\dot{X} - AX = 0 \tag{11-45}$$

其解的形式如下：

$$x(t) = e^{A(t-t_0)} x(t_0) \tag{11-46}$$

其中，$x(t_0)$ 为系统在初始时刻 t_0 时状态变量的取值。若记初始时刻 $t_0 = 0$，则：

$$x(t) = e^{At} x(0) \tag{11-47}$$

该解的稳定性取决于系数矩阵 A 的特征值。在初始状态不为 0 的情况下，当且仅当 A 的特征值为负数或实部为负数时，齐次线性微分方程的解稳定。

系数矩阵 A 的特征值满足 $|\lambda I - A| = 0$，即：

$$\lambda^2 + \underbrace{\left\{ \frac{I(C_{\alpha f} + C_{\alpha r}) + m(a^2 C_{\alpha f} + b^2 C_{\alpha r})}{mIu_c} \right\}}_{D}\lambda + \underbrace{\left\{ \frac{(a+b)^2 C_{\alpha f} C_{\alpha r}}{mIu_c^2} + \frac{bC_{\alpha r} - aC_{\alpha f}}{I} \right\}}_{S} = 0$$

$$\tag{11-48}$$

或写为：

$$\lambda^2 + D\lambda + S = 0 \tag{11-49}$$

需注意：车辆参数的取值保证了矩阵 D 始终为正，但矩阵 S 可正可负。这里可以用图 11-8 所示的一个非受迫阻尼简谐振动系统来类比说明，其系统方程形式如下：

$$m\ddot{x} + c\dot{x} + kx = 0 \quad (11\text{-}50)$$

其特征方程为：

$$\lambda^2 + \frac{c}{m}\lambda + \frac{k}{m} = 0 \quad (11\text{-}51)$$

或写成：

固有频率 $\omega_n = \sqrt{\dfrac{k}{m}}$

阻尼比 $\xi_s = \dfrac{c}{c_{crit}} = \dfrac{c}{2\sqrt{km}}$

阻尼固有频率 $\omega_d = \omega_n\sqrt{1 - \xi_s^2}$

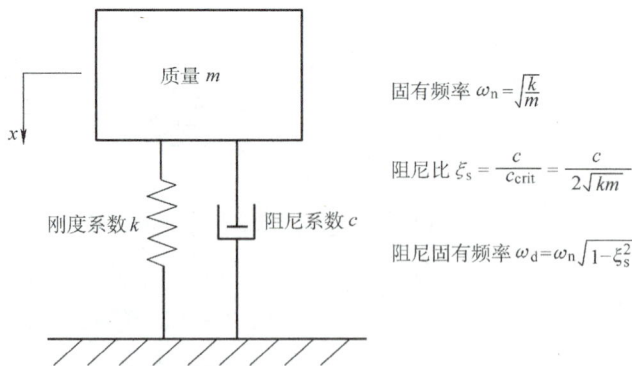

图 11-8　单自由度质量-弹簧-阻尼系统

$$\lambda^2 + 2\xi\omega_n\lambda + \omega_n^2 = 0 \tag{11-52}$$

简单地说，对图 11-8 所示的系统来说，当受到一个阶跃输入时，使质量块最快速地回到稳态而又没有出现超调时的阻尼称为系统的临界阻尼 c_{crit}，其大小为 $2\sqrt{km}$。那么，由对比分析可见，式（11-49）中的系数矩阵 D 可以看作阻尼项，而矩阵 S 可以看作刚度项。系

统阻尼与其临界值之比，即 $c/c_{\text{crit}} = D/2\sqrt{S}$，且如果 S 为正，则阻尼总为正。从 D 的表达式可以看出，阻尼随车速 u_c 增加而减小，且容易得到系统的固有频率与阻尼比分别如下：

$$\omega_n = \frac{L}{u_c}\sqrt{\frac{C_{\alpha f}C_{\alpha r}}{mI}}\sqrt{1 + Ku_c^2} \tag{11-53}$$

$$\xi = \frac{m(a^2C_{\alpha f} + b^2C_{\alpha r}) + I(C_{\alpha f} + C_{\alpha r})}{2L\sqrt{mIC_{\alpha f}C_{\alpha r}(1 + Ku_c^2)}} \tag{11-54}$$

对于刚度项来说，根据稳定裕度（$bC_{\alpha r} - aC_{\alpha f}$）符号的不同，有两种完全不同的情况：

（1）$bC_{\alpha r} > aC_{\alpha f}$

1）S 总为正，其大小随行驶速度 u_c 的增加而减少。

2）系统无条件稳定。

3）系统表现为阻尼振动特性。

4）由于阻尼随车速 u_c 的增加而减少，从而系统可能出现显著的振动。

（2）$bC_{\alpha r} < aC_{\alpha f}$

1）当车速 u_c 增加到由式（11-43）表示的临界车速 u_{crit} 时，S 减少到零；当 $u_c > u_{\text{crit}}$ 时，S 为负，此时给出了不稳定运动的分界点。

2）阻尼总是很高，且随着车速 u_c 增加而增加，即使当 u_c 取值不大时，阻尼也可能会大于临界值。

特征方程式（11-48）的解有两种形式，或两个解都为实数，即 $\lambda_1 = \sigma_1$、$\lambda_2 = \sigma_2$；或两个解为一对共轭的复根，即 $\lambda_1 = \sigma + i\omega$、$\lambda_2 = \sigma - i\omega$。不论哪一种情况，特征方程解的实部（即 σ 的值）和符号都决定着系统的稳定性。若有任何一个 σ 为正，则系统不稳定；否则，系统稳定。

特征方程的解 λ 称为"特征根"（eigenvalues），可将其绘制在一个复平面内，并在一定范围内改变某些系统参数，以观察特征根位置轨迹的相应变化。由此绘出的图也称为"根轨迹图"（root locus）。如图 11-9 所示，固有频率 ω_n 和阻尼比 ξ 与特征根 λ 有如下关系：

1）特征根至原点的距离表示了系统无阻尼固有频率。

2）特征根的虚部即为阻尼固有频率。

3）特征矢量与虚轴之间夹角的正弦即为阻尼比（系统阻尼与临界值之比）。

图 11-9　特征根与相应的固有频率和阻尼比的关系

为便于说明，对车辆参数进行理想化假设，见表11-2。例如，令 $a = b$、$C_{\alpha f} = C_{\alpha r}$，因而稳定裕度为零，车辆恰好具有中性转向特性。两个特征根分别为 $\lambda_1 = -5.30$ 和 $\lambda_2 = -5.11$，因此判定系统是稳定的。且在这种特定条件下，系统恰好处于临界阻尼状态。

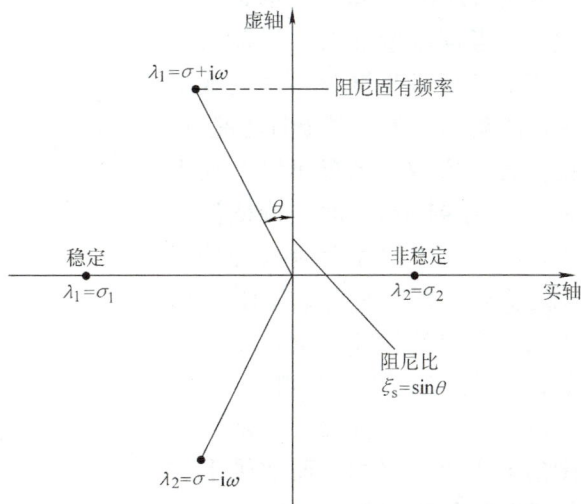

然后，再通过改变车辆质心的位置（即改变质心至前后轴的距离 a 和 b 的值）来改变车辆的稳定裕度，修正后的参数及相应转向特性见表 11-3。图 11-10 更清楚地表明了三种不同转向特性的车辆在前进速度由 10m/s 递增至 50m/s 时，其相应的系统特征值在复平面内的位置，图中增大的圆圈符号表示车速的增加。

表 11-2　一组特定的车辆操纵动力学模型参数

参　　数	符　号	数　值	单　位
车辆总质量	m	1000	kg
车辆横摆惯量	l	1500	kg·m²
质心至前轴的距离	a	1.25	m
质心至后轴的距离	b	1.25	m
前轮侧偏刚度	$C_{\alpha f}$	53	kN/rad
后轮侧偏刚度	$C_{\alpha r}$	53	kN/rad
车辆前进速度	u_c	20	m/s

表 11-3　基于表 11-2 修改后的车辆参数及相应的转向特性

参　　数	单　位	不足转向	中性转向	过多转向
a	m	1.15	1.25	1.35
b	m	1.35	1.25	1.15
$bC_{\alpha r} - aC_{\alpha f}$	kN·m/rad	+10.6	0	−10.6
κ	(°)/g	+0.086	0	−0.086
u_{crit}	m/s	—	∞	41

由图 11-10 可知，在不足转向情况下，当速度增加时，特征值在复平面的位置发生变化，这反映了阻尼比的减小；在过多转向情况下，特征值为一实数，当车速增至临界车速（约为 41m/s）时，特征值开始出现正实部，因而此时系统处于不稳定状态；而在中性转向情况下，图中没有标出的特征矢量也是一个实数，且保持在原点的左侧。

由于对称性，通常只显示特征根图的上半个复平面，而实轴下方的值仅仅是上半部的镜像而已。

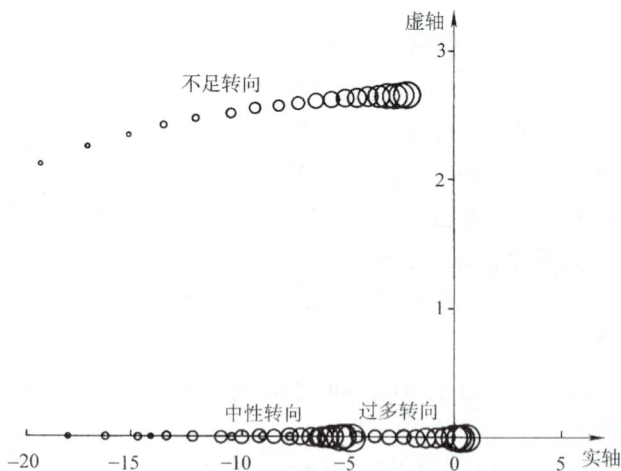

图 11-10　不同转向特性车辆在不同车速下的系统特征根

三、频率响应分析

前面已经介绍过，频率响应特性完整地描述了车辆在小扰动下的动态性能，而稳态响应则是频率为零时频率响应的一个特例。

假设系统输入 U 是正弦波，其通式表达如下：

$$U = U_0 \mathrm{e}^{\mathrm{i}\omega t} \tag{11-55}$$

式中，ω 为频率（单位为 rad/s），U_0 为一个常矢量，则方程的解具有如下类似的形式：

$$x = X\mathrm{e}^{\mathrm{i}\omega t} \tag{11-56}$$

其中，X 通常为复数，代表了 x 对输入响应的幅值和相位的变化，且遵循 $\dot{x} = \mathrm{i}\omega x$ 的关系，将 x 代入前面的两自由度系统方程式（11-29），各项再约掉 $\mathrm{e}^{\mathrm{i}\omega t}$，重新整理得到：

$$X = -(A - \mathrm{i}\omega I)^{-1} BU = G(\omega)U \tag{11-57}$$

这里，将矩阵 G 称为系统方程的"传递函数"（transfer function），代表了系统输出 X 与系统输入 U 的关系。需注意的是，这里使用的方程式（11-57）为一通用表达式，结合本节研究的例子，系统的输入是一个单输入量，由 $\delta_f = \Delta_f \mathrm{e}^{\mathrm{i}\omega t}$ 给出。而得出的系统输出响应是侧向速度和横摆角速度，形式为 $v = X_v \mathrm{e}^{\mathrm{i}\omega t}$ 和 $r = X_r \mathrm{e}^{\mathrm{i}\omega t}$，传递函数 G 是一个 2×1 的列阵，即：

$$G(\omega) = \begin{pmatrix} G_v(\omega) \\ G_r(\omega) \end{pmatrix} = \begin{pmatrix} X_v/\Delta_f \\ X_r/\Delta_f \end{pmatrix} \tag{11-58}$$

将以上关系式代入方程式（11-29），各项约掉 $\mathrm{e}^{\mathrm{i}\omega t}$ 后得：

$$\begin{pmatrix} \mathrm{i}\omega m + \dfrac{C_{\alpha f} + C_{\alpha r}}{u_c} & mu_c + \dfrac{aC_{\alpha f} - bC_{\alpha r}}{u_c} \\[3mm] \dfrac{aC_{\alpha f} - bC_{\alpha r}}{u_c} & \mathrm{i}\omega I + \dfrac{a^2 C_{\alpha f} + b^2 C_{\alpha r}}{u_c} \end{pmatrix} \begin{pmatrix} X_v \\ X_r \end{pmatrix} = \begin{pmatrix} C_{\alpha f}\Delta_f \\ aC_{\alpha f}\Delta_f \end{pmatrix} \tag{11-59}$$

再用克莱姆法则，参见式（9-32）传递函数可写为如下形式：

$$X_v/\Delta_f = \frac{V_r + \mathrm{i}V_i}{D_r + \mathrm{i}D_i}, \quad X_r/\Delta_f = \frac{R_r + \mathrm{i}R_i}{D_r + \mathrm{i}D_i} \tag{11-60}$$

式中，下标 r 表示实数部分，而 i 表示虚数部分。

$$D_r = -\omega^2 mI + \frac{L^2 C_{\alpha f}C_{\alpha r}}{u_c^2} + m(bC_{\alpha r} - aC_{\alpha f}) \tag{11-61}$$

$$D_i = \frac{\omega\left[I(C_{\alpha f} + C_{\alpha r}) + m(a^2 C_{\alpha f} + b^2 C_{\alpha r})\right]}{u_c} \tag{11-62}$$

$$V_r = \frac{LbC_{\alpha f}C_{\alpha r}}{u_c} - maC_{\alpha f}u_c \tag{11-63}$$

$$V_i = \omega I C_{\alpha f} \tag{11-64}$$

$$R_r = \frac{LC_{\alpha f}C_{\alpha r}}{u_c} \tag{11-65}$$

$$R_i = \omega maC_{\alpha f} \tag{11-66}$$

如果用极坐标的形式表示复变量 X_v/Δ_f 将会更有意义，它表示单位转向角引起的侧向速度增益及相应的相位移，二者都是频率 ω 的函数。与此类似，X_r/Δ_f 代表了单位转向角引起的横摆角速度增益和与此相应的相位移。

一旦得出系统的频响函数，就可方便地求出任何线性分析结果。对本例而言，对车辆侧向加速度 $a_y = \dot{v} + u_c r$ 的响应是：$\mathrm{i}\omega X_v + u_c X_r$。

由于横摆角速度与驾驶人的视觉直接相关，而侧向加速度与驾驶人的感觉直接相关，所以通常以这两项作为最重要的输出参数。将其幅值和相位作为频率的函数绘出，则完整地描述了车辆的操纵动力学线性响应结果。

采用本节中表 11-2 和表 11-3 给出的车辆参数，得到的横摆角速度和侧向加速度的频率响应分别由图 11-11 和图 11-12 给出。有以下两点需要说明：

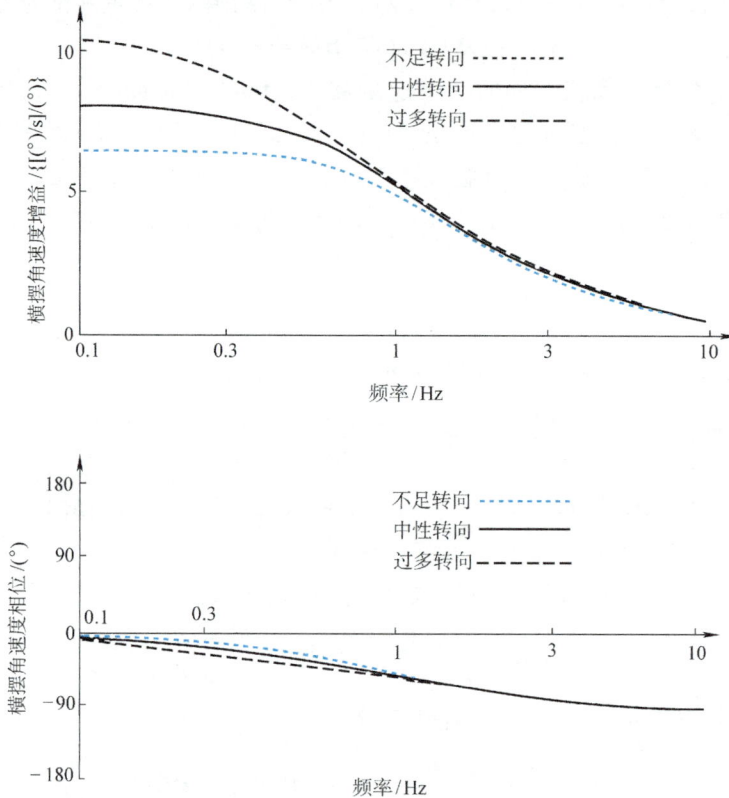

图 11-11　具有不同转向特性车辆的横摆角速度幅频和相频响应

1）图中零频率时的响应，其幅值与前面计算过的稳态响应相同。

2）不足转向的车辆可在高频范围内一直保持较平坦的响应（图 11-13）。需注意的是，在此将响应的幅值相对于其稳态值进行了归一化处理。

此外，还可以直接对系统的微分方程进行拉普拉斯变换，来求解车辆系统的传递函数。前面分析的状态均为 $[v,r]^{\mathrm{T}}$，这里以 $[\beta,r]^{\mathrm{T}}$ 为例求解系统的传递函数。考虑式（11-25）与式（11-26）中车辆的微分运动方程，近似认为车辆的质心侧偏角 $\beta=v/u_{\mathrm{c}}$，可得：

$$\left[mu_{\mathrm{c}}s+(C_{\alpha\mathrm{f}}+C_{\alpha\mathrm{r}})\right]\beta(s)+\left[mu_{\mathrm{c}}+\frac{(aC_{\alpha\mathrm{f}}-bC_{\alpha\mathrm{r}})}{u_{\mathrm{c}}}\right]r(s)=C_{\alpha\mathrm{f}}\delta(s) \qquad (11-67)$$

$$(aC_{\alpha\mathrm{f}}-bC_{\alpha\mathrm{r}})\beta(s)+\left[Is+\frac{(a^2C_{\alpha\mathrm{f}}+b^2C_{\alpha\mathrm{r}})}{u_{\mathrm{c}}}\right]r(s)=aC_{\alpha\mathrm{f}}\delta(s) \qquad (11-68)$$

其中 $\beta(s)$、$r(s)$ 与 $\delta(s)$ 分别为 β、r 与 δ 的拉普拉斯变换，可以分别求得为：

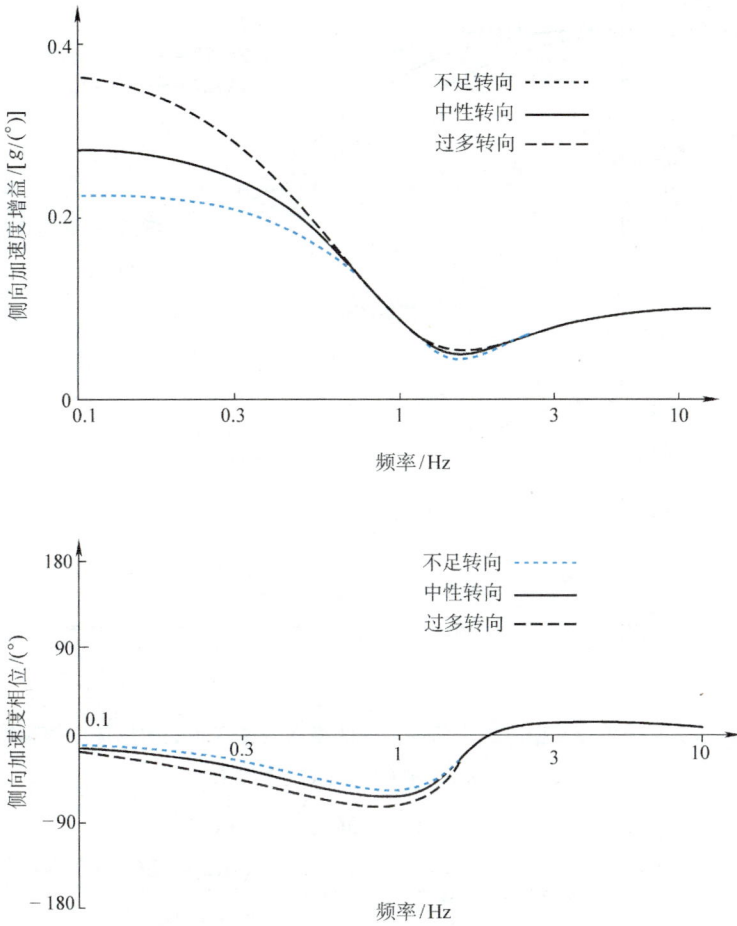

图 11-12 具有不同转向特性车辆的侧向加速度幅频和相频响应

$$
\frac{\beta(s)}{\delta(s)} = \frac{\begin{vmatrix} C_{\alpha f} & mu_c + \dfrac{(aC_{\alpha f} - bC_{\alpha r})}{u_c} \\[2mm] aC_{\alpha f} & Is + \dfrac{(a^2 C_{\alpha f} + b^2 C_{\alpha r})}{u_c} \end{vmatrix}}{\begin{vmatrix} mu_c s + (C_{\alpha f} + C_{\alpha r}) & mu_c + \dfrac{(aC_{\alpha f} - bC_{\alpha r})}{u_c} \\[2mm] aC_{\alpha f} - bC_{\alpha r} & Is + \dfrac{(a^2 C_{\alpha f} + b^2 C_{\alpha r})}{u_c} \end{vmatrix}}
\tag{11-69}
$$

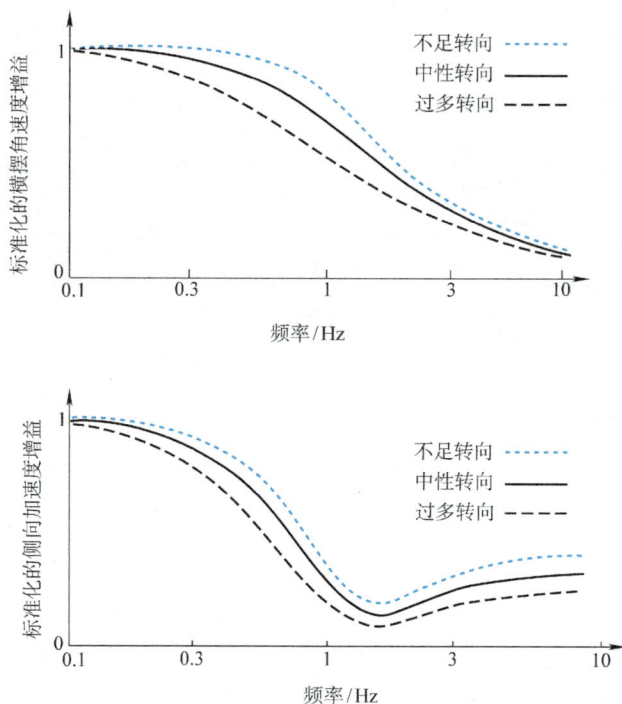

图 11-13　基于零频率稳态响应值规范化的横摆角速度和侧向加速度幅频特性

$$\frac{r(s)}{\delta(s)} = \frac{\begin{vmatrix} mu_c s + (C_{\alpha f} + C_{\alpha r}) & C_{\alpha f} \\ aC_{\alpha f} - bC_{\alpha r} & aC_{\alpha f} \end{vmatrix}}{\begin{vmatrix} mu_c s + (C_{\alpha f} + C_{\alpha r}) & mu_c + \dfrac{(aC_{\alpha f} - bC_{\alpha r})}{u_c} \\ aC_{\alpha f} - bC_{\alpha r} & Is + \dfrac{(a^2 C_{\alpha f} + b^2 C_{\alpha r})}{u_c} \end{vmatrix}} \tag{11-70}$$

分别根据式（11-53）和式（11-54）表达的 ω_n 与 ξ，可以将式（11-69）和式（11-70）改写为：

$$\frac{\beta(s)}{\delta(s)} = G_\delta^\beta(0) \frac{1 + T_\beta s}{1 + \dfrac{2\xi s}{\omega_n} + \dfrac{s^2}{\omega_n^2}} \tag{11-71}$$

$$\frac{r(s)}{\delta(s)} = G_\delta^r(0) \frac{1 + T_r s}{1 + \dfrac{2\xi s}{\omega_n} + \dfrac{s^2}{\omega_n^2}} \tag{11-72}$$

其中，

$$G_\delta^\beta(0) = \frac{1 - \dfrac{m}{L}\dfrac{au_c^2}{bC_{\alpha r}}}{1 + Ku_c^2}\frac{b}{L}$$

$$T_\beta = \frac{Iu_c}{LbC_{\alpha r}}\frac{1}{1 - \dfrac{m}{L}\dfrac{a}{bC_{\alpha r}}u_c^2}$$

$$G_\delta^r(0) = \frac{1}{1 + Ku_c^2} \frac{u_c}{L}$$

$$T_r = \frac{mau_c}{LC_{\alpha r}}$$

第五节　对实际问题的考虑

表征车辆操纵稳定性的稳定裕度（$bC_{\alpha r} - aC_{\alpha f}$）是一个非常关键的设计参数，它对控制车辆不足转向或过多转向特性具有重要意义，且在对系统运动方程的稳态响应分析和稳定性分析中均有体现。在操纵动力学研究中，稳态响应与瞬态响应之间的关系也是重要的研究内容。例如，在某些情况下，根据稳态试验将车辆分为不足转向或过多转向特性，那么具有不同转向特性的车辆将表现出与其相应的瞬态特性。正因如此，车辆稳态特性与瞬态响应之间的这种关系就成为汽车厂商采用稳态试验方法来估计车辆瞬态特性的依据。

在认同了稳定裕度（$bC_{\alpha r} - aC_{\alpha f}$）是一个关键的设计参数的前提下，接下来的问题就是：设计者能够通过哪些手段来控制车辆的不足转向或过多转向效果？下面，通过对前、后轮胎侧偏刚度定义的补充来扩展说明这一问题。从稳定裕度的定义式看，当车辆质心位置确定时，稳定裕度只是前、后轮胎侧偏刚度的函数。然而，可通过采用有效侧偏刚度（effective cornering stiffness）$C_{\alpha,e}$来体现其他次要因素的影响，即将它视为主要由侧偏角和一些其他次要因素（如前轮外倾角、变形转向影响等）共同构成。如果 $C_{\alpha f,e}$ 和 $C_{\alpha r,e}$ 分别表示前、后轮胎的有效侧偏刚度，那么车辆的有效稳定裕度则为（$bC_{\alpha r,e} - aC_{\alpha f,e}$）。

既然如此，就可以在实际中利用这些附加的"次要影响因素"对车辆的稳定裕度进行"微调"。例如，车轮外倾角 γ 可影响轮胎的侧向力，在小角度情况下，由外倾角引起的侧向力 F_{y_c} 近似等于轮胎外倾角刚度 C_γ 与外倾角 γ 的乘积。这样，由外倾角引起的轮胎侧偏力可以被线性地叠加到由侧偏角引起的轮胎侧偏力中。因此，有效侧偏刚度 $C_{\alpha f,e}$ 可以看作是由侧偏刚度 $C_{\alpha f}$ 和外倾角刚度 C_γ 共同作用的结果。以上论述的重要意义是，前面介绍的两自由度操纵模型虽未考虑外倾角，但它仍可作为一个基础来体现外倾角的效应。

下面通过举例大致说明对稳定裕度影响的主要因素及其调整，而更详细的讨论见第十二章。

一、车辆的质心位置

改变车辆的质量分配将改变 a 和 b 值，从而直接影响稳定裕度。然而，实际情况并不这么简单，此时轮胎垂直载荷也同时发生了变化，从而影响轮胎侧偏刚度的变化。假定轮胎侧偏刚度 $C_{\alpha f}$ 和 $C_{\alpha r}$ 对垂直载荷的影响相对不太敏感（如轮胎受重载的情况），那么通过稳定裕度的定义很容易就可预测质心位置变化的影响。一般情况下，质心后移，稳定裕度减小，车辆将趋于过多转向，如在车辆发动机后置时即为此种情况。但通常情况下，必须考虑质心位置和轮胎侧偏刚度的综合影响。

二、轮胎侧偏刚度

虽然轮胎侧偏刚度 $C_{\alpha f}$ 和 $C_{\alpha r}$ 的改变可以通过改变轮胎的尺寸来实现，但实际中绝大多

数轿车的前后轮通常不会采用不同尺寸的轮胎。然而也有例外，比如有些大功率、发动机后置的运动型跑车，如保时捷（Porsche Boxster）汽车，就是采用了前后不同型号的轮胎来提高后轮侧偏刚度 $C_{\alpha r}$，以避免过多转向。

另外，改变轮胎的胎压也能小幅度地改变 $C_{\alpha f}$ 和 $C_{\alpha r}$。在轮胎正常工作载荷范围内，增加胎压可使轮胎侧偏刚度增加。因此，在车辆设计和使用中，这种调节胎压的方法经常会用来补偿车辆装载条件的变化对车辆转向特性的影响。对典型的轿车而言，空载至满载的变化可导致车辆质心位置的显著改变。而车辆设计者却希望车辆在整个载荷范围内均保持稳定的操纵品质。因此，为补偿稳定裕度，不同载荷情况下采用相应的不同胎压被推荐为一个实际中采用的标准方法。

现代子午线轮胎在车辆中的广泛应用，解决了历史上曾一度出现过的轮胎侧偏刚度不足的问题。过去的车辆采用的多为斜交轮胎，与相同型号的子午线轮胎相比，其侧偏刚度明显偏低。因此，若在同一车辆上分别使用子午线轮胎和斜交轮胎，会对稳定裕度产生显著的影响，但这种做法十分危险。在一些国家，仍有这样的法律规定，即在两种轮胎混用的情况下，禁止后轮使用斜交轮胎。

三、载荷的轴向转移

车辆在转弯过程中，车辆载荷在左、右车轮上将重新分配，即外侧轮胎载荷增加，内侧轮胎载荷相应减少。在忽略了悬架变形的车辆模型假设下，两侧的车轮沿车轴方向的轮胎载荷转移量可直接由图 11-14 所示的原理及方法进行简单的计算。

若轮胎侧偏刚度与垂直载荷成正比，那么载荷轴向转移的"净效果"将是零。因为内侧轮胎减少的侧向力将被外侧车轮增加的侧向力所补偿，因此，两个车轮上总的侧向力将保持不变。然而，实际中轮胎侧偏刚度随垂向载荷的变化并非为线性的，图 11-15 表明了给定侧偏角情况下，垂直载荷与轮胎侧向力的非线性关系。由图可见，由于载荷的轴向转移，使轮胎总的侧向力会有一个"净"减小量。也就是说，车辆转向时，其内侧轮胎与外侧轮胎的侧向力之和总小于静态平衡条件下的轮胎侧向力之和。车辆设计中，必须要考虑载荷轴向转移的影响，以减少车辆前、后轮胎有效侧偏刚度的变化。

a_y 为车身质心处的侧向加速度；
静载荷 $F_{z0}=mg/2$；载荷转移 $\Delta F_z=ma_y h_{CG}/B$

图 11-14　计算车辆转弯时车轮轴向载荷转移量的力学分析

设计者可以通过采用车辆前、后悬架侧倾刚度的匹配关系机理来控制载荷转移的影响。由于总的载荷转移量作用于车辆的前、后轴，那么前、后悬架侧倾刚度的比例在控制车辆操纵稳定性中就成为一个重要因素。前后悬架的相对侧倾刚度决定了前后分配的比例。例如，若前后悬架侧倾刚度之比为 60∶40，且假设车身是刚性的，则载荷转移量也将以 60∶40 的比

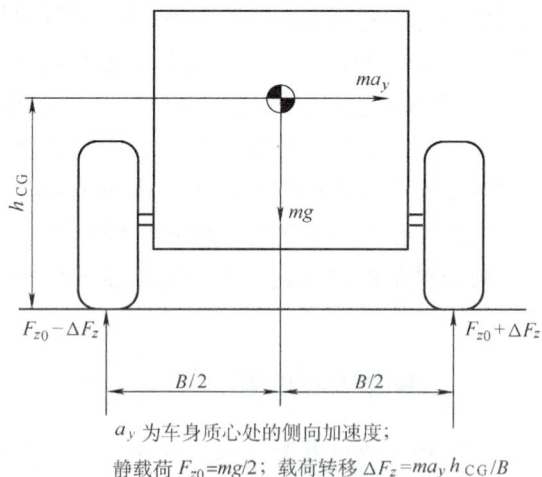

例进行前后分配。车辆的侧倾刚度受悬架弹簧体现的主悬架刚度和一些附加因素（如横向稳定杆等）的综合影响，因此通过横向稳定杆的设计，可以控制平衡载荷的轴向转移，从而也控制了轮胎侧向力的减少。例如，实际中通常将抗侧倾稳定杆安装于车辆前部，当发生载荷转移时，前轮的净侧向力损失减少，从而提高不足转向的效果。这一作用机理十分微妙，作用的效果随代表转向程度的侧向加速度的增加而增加，因此可以使车辆在至极限工况的整个转向范围内都能有效地保证车辆的稳定性。

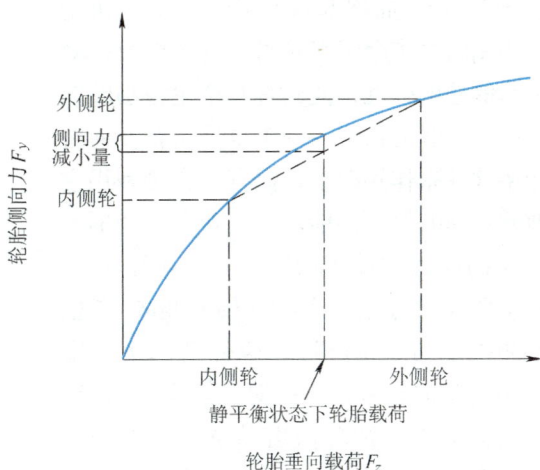

图 11-15　载荷转移对左右轮胎侧向力合力的影响

四、车轮外倾角的影响

小角度情况下，由外倾角 γ 引起的侧向力可写成线性的表达，即：

$$F_{y-c} = C_\gamma \gamma \tag{11-73}$$

因此，可以将轮胎侧偏角引起的轮胎侧向力和轮胎外倾角引起的车轮侧向力进行简单的线性叠加。因为轮胎外倾角刚度远比轮胎侧偏刚度小；另外，由悬架变形引起的车轮外倾角通常很小（一般小于 2°），所以外倾角的影响是次要的。尽管如此，这一小外倾角的影响仍被用来对车辆操纵特性进行微调，其原理如图 11-16 所示。为了说明外侧角变化的影响，在图中对角度进行了放大处理。由图 11-16 可见，车轮外倾角会向转弯的外侧倾斜，因而导致可用的转向轮的净侧向力多少会有点损失。

在一定程度上，设计者可以通过悬架的运动学效应来控制车轮外倾角的变化，但调节范围毕竟有限，实际车辆设计中外倾角太大将会加剧轮胎磨损，另外还有一些其他因素的限制。

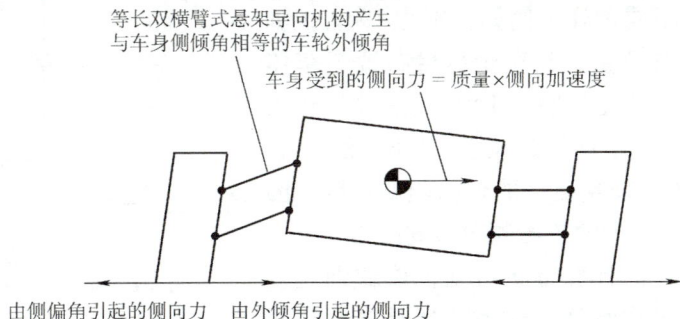

图 11-16　转向时由车身侧倾引起的总轮胎侧向力"净"损失示意图

五、变形转向的影响

当车辆转弯时，车轮定位参数的变化实际上是由悬架运动学效应和变形作用（即 Kinematic

& Compliance，简称 K & C 特性）共同决定的。当侧向力作用于车轮时，由于橡胶衬套等引起的悬架弹性，使其具有产生微小转向角的能力，这是悬架的一个重要特征。通常不希望这种副作用存在，但有时也可利用它来改善车辆的操纵性能。车辆转向时变形转向作用的原理如图 11-17 所示。由图可见，后轮胎侧向力导致一个附加转向角 δ_r 产生（此例中 δ_r 与 δ_f 同相）。这种情况下，增加了不足转向趋势，因此对一给定的弯道，前轮转角需根据情况做出调整，其影响结果可以看作是改变了轮胎的有效侧偏刚度值。在所示的例子中，后轮胎有效侧偏刚度 $C_{\alpha r,e}$ 增大，因而提高了车辆稳定裕度，即增加了不足转向趋势。

梅赛德斯（Mercedes）、沃克斯豪尔（Vauxhall）公司生产的车辆，以及雪铁龙轿车都利用了后轴变形转向效应来试图改善车辆操纵性能。

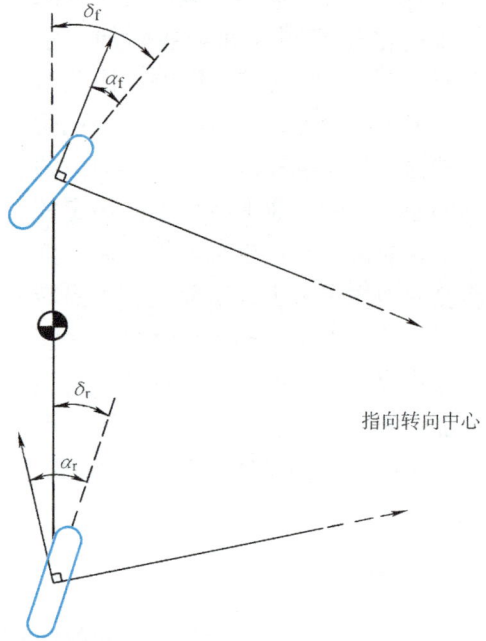

图 11-17　车辆转向时变形转向作用的原理（对后轮转向进行了放大）

第六节　实例分析与比较

在线性两自由度操纵模型基础上，本节以两款不同车型为例，进行性能对比分析。一款是别克 1949，另一款是法拉利 Monza。车辆参数分别在表 11-4 中给出。有意识地选择这两款车型，主要想强调它们在设计上的不同之处。例如，别克 1949 在轴距之外有较大的外挂质量，与车轮尽量布置于车体两端的法拉利 Monza 相比，别克 1949 显然具有较大的横摆转动惯量。作为一款运动型跑车，法拉利 Monza 具有相对于本身质量更高的轮胎侧偏刚度，因而决定了它具有产生更大的轮胎侧向力的能力。

通过对转向特性的计算分析可知，该款别克轿车具有很强的不足转向特性，代表了当时典型的北美车型；而法拉利 Monza 稍微有点不足转向特性，几乎已接近了中性转向。

对两种车型的稳态响应比较如图 11-18 所示。图中给出了车辆在 20m/s 的恒定车速、0.3g 的侧向加速度、顺时针右转工况下的稳态响应。这里，由于

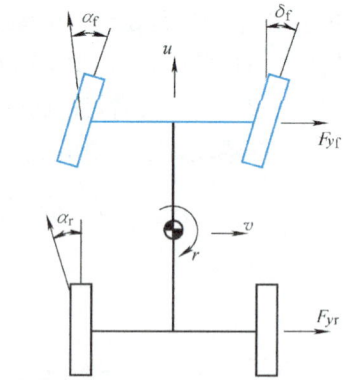

车型	别克 1949	法拉利 Monza
侧向速度 v/(m/s)	-0.48	-0.07
转向角 δ_f/(°)	1.62	0.96
前轮侧偏角 α_f/(°)	-2.37	-0.66
后轮侧偏角 α_r/(°)	-2.09	-0.64
前轮侧向力 F_{yf}/kN	3.22	1.34
后轮侧向力 F_{yr}/kN	2.80	1.62

仿真条件：速度为 20m/s；侧向加速度为 0.3g；横摆角速度为 8.4°/s；转弯半径为 136m。

图 11-18　两种车型的稳态响应比较

假定侧向加速度和车速恒定，因而产生的稳态横摆角速度也为定值（8.4°/s），同时保证了所有计算条件相同，即转弯半径均为136m。计算中每种情况下的轮胎侧偏角均为负，因而产生指向右的、正的轮胎侧向力。对比结果表明，由于法拉利Monza的轮胎侧偏刚度较大，所以其相应的稳态侧偏角比别克1949小得多。

表11-4　别克轿车和法拉利跑车的车辆模型参数

参　　数	符　　号	单　　位	别克1949	法拉利Monza
质量	m	kg	2045	1008
转动惯量	I	kg·m^2	5428	1031
质心到前轴距离	a	m	1.488	1.234
质心到后轴距离	b	m	1.712	1.022
前轮侧偏刚度	$C_{\alpha f}$	kN/rad	77.85	117.44
后轮侧偏刚度	$C_{\alpha r}$	kN/rad	76.51	144.93
轴距	L	m	3.200	2.256
稳定裕度	$bC_{\alpha r}-aC_{\alpha f}$	kN·m/rad	15.15	3.20
不足转向参数	κ	(°)/g	0.93	0.05

图11-19所示的计算结果表明了车速从10m/s递增至50m/s时，两辆不同车型的系统特征值的变化趋势。由对比结果可见，两款车型最明显的区别是：与法拉利Monza相比，别克1949的系统阻尼要小得多。三种车速下两款车的特征值、阻尼固有频率ω_d和阻尼比ζ的比较见表11-5。

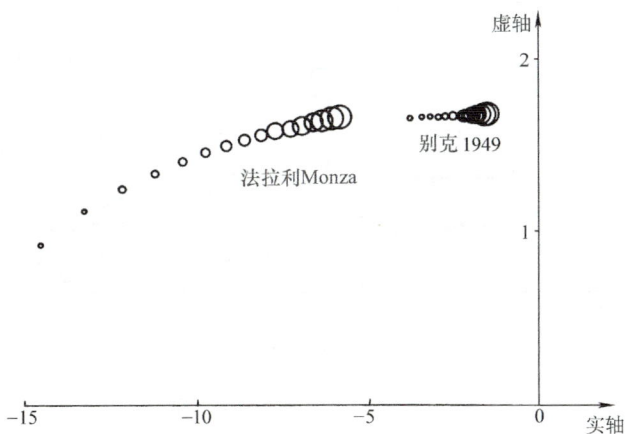

图11-19　不同车速下两款车的特征值比较

在车速为50m/s时，两款车对角阶跃输入的横摆角速度响应情况如图11-20所示。计算中，为获得0.3g的侧向加速度稳态响应值，对每种情况下输入的转向角阶跃大小均进行了调整。由图可见，法拉利Monza对输入的响应比较迅速，反映了其较高的单位质量侧偏刚度；别克1949的响应在回到稳态之前出现了瞬态超调，其原因显然是由系统的低阻尼特征所致。

表 11-5　不同车速下两款车的特征值、阻尼固有频率和阻尼比的比较

车速/(m/s)	别克 1949			法拉利 Monza		
	特征值	ω_d/Hz	ζ	特征值	ω_d/Hz	ζ
20	$-3.71 \pm 1.65i$	0.263	0.914	$-14.5 \pm 0.91i$	0.145	0.998
30	$-2.48 \pm 1.66i$	0.264	0.831	$-9.68 \pm 1.45i$	0.231	0.989
50	$-1.49 \pm 1.67i$	0.276	0.666	$-5.81 \pm 1.65i$	0.263	0.962

两款车的频率响应特性的比较分别如图 11-21 和图 11-22 所示。给出的频率响应分析结果不仅进一步说明了前面的分析结果，而且更利于深入了解其内在特性。在低频段，两款车的稳态响应相差不大；但对于横摆角速度增益而言，接近中性转向的法拉利 Monza 比具有不足转向的别克 1949 要大得多。随着车速的增加，阻尼较小的别克轿车在 0.3Hz 附近出现一个明显的峰值，表现出了具有较强不足转向特性车辆的一个共性问题，即当车辆高速行驶时驾驶人将感受到强烈的摆振。

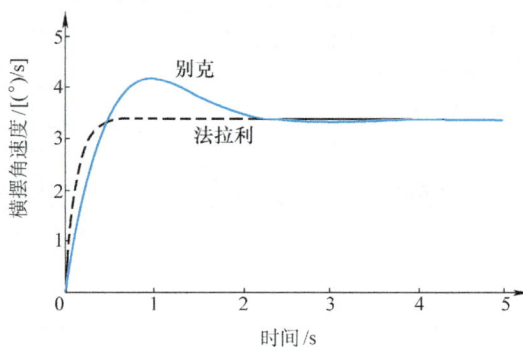

（仿真条件：车速50m/s，产生的侧向加速度为0.3g）

图 11-20　角阶跃输入下两款车型的横摆角速度时域响应比较

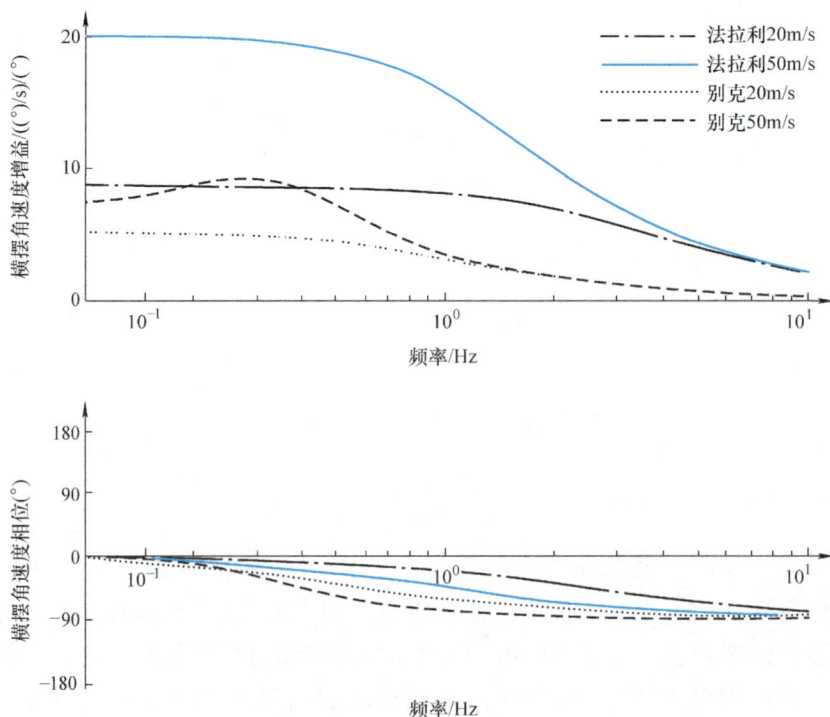

图 11-21　不同车速下两款车的横摆角速度频率响应比较

隐含于频率响应分析结果中的其他信息还包括，车辆能够对转向角输入产生响应的频率范围。与别克 1949 相比，法拉利 Monza 在这方面优势明显，它可在更高频率范围内仍保持稳定的横摆角速度增益。由图 11-21 可见，法拉利跑车在约 1Hz 内均能保持稳定的横摆角速度增益，而别克轿车的响应在 0.3 ~ 0.4Hz 时就开始下降，同时伴有较大的相位滞后。

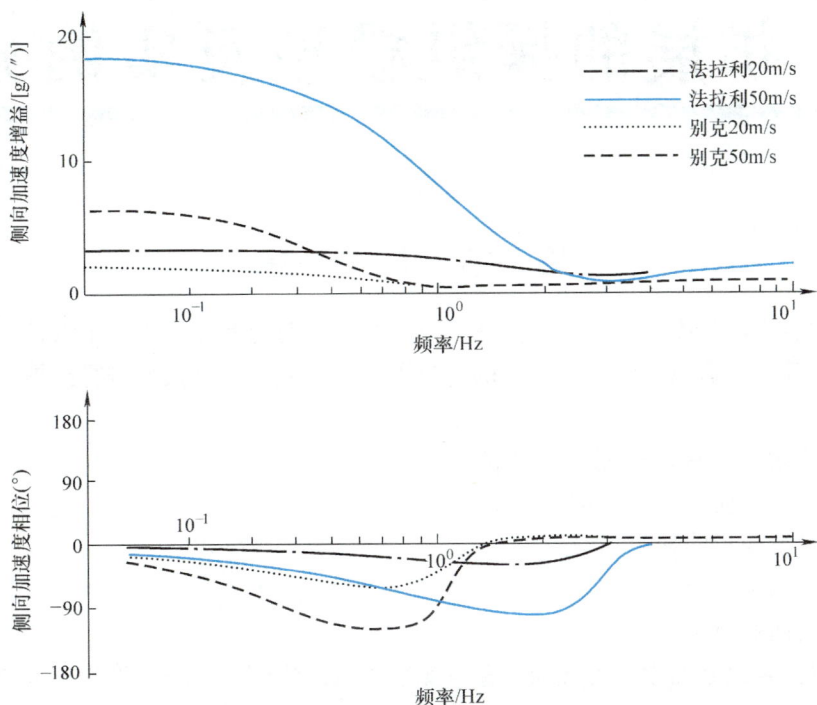

图 11-22　不同车速下两款车的侧向加速度频率响应比较

参 考 文 献

[1] Dave Crolla，喻凡. 车辆动力学及其控制 [M]. 北京：人民交通出版社，2004.

[2] Riede P M, Leffert R L, Cobb W A. Typical Vehicle Parameters for Dynamics Studies Revised for 1980's [C]. SAE Technical Paper 840561, 1984.

扩展的操纵模型及实例分析

第一节 概 述

在建立两自由度操纵模型时，对车辆进行了简化，对轮胎力也进行了线性化处理。本章中，根据前面建模中假设条件与其相关的影响因素，对基本操纵模型进行扩展。扩展的因素包括：

1）簧载质量（车身）的侧倾自由度。

2）车轮转动效应。

3）转向系统变形的影响。

4）悬架运动学效应。

5）变形转向效应。

为保证以上各因素的影响可叠加于基本操纵模型的响应中，还是将分析范围限制在线性域以内。分析中仍假定车辆的前进速度为恒定，且所有的符号说明与第十一章相同。

第二节 考虑车身侧倾的三自由度模型

在建立两自由度基本操纵模型的过程中，将车辆视为一个整体，并定义了地面参考基 G 和车辆参考基 A，如图 12-1 所示。这里，采用拉格朗日方法建立考虑车身侧倾的三自由度操纵模型，建模中将整车分为不发生侧倾的非簧载质量和具有侧倾自由度的簧载质量，并再定义一个与车身一起运动的参考基 B。

由于车辆建模是在三维坐标系下进行，因而首先必须确定车身侧倾中心轴的高度。车辆的每一车轴均具有一个可认为固结于非簧载质量的"侧倾中心"（roll center），其定义为车身发生侧倾时，相对于轮胎接地印迹处不发生任何侧向位移的点。车辆

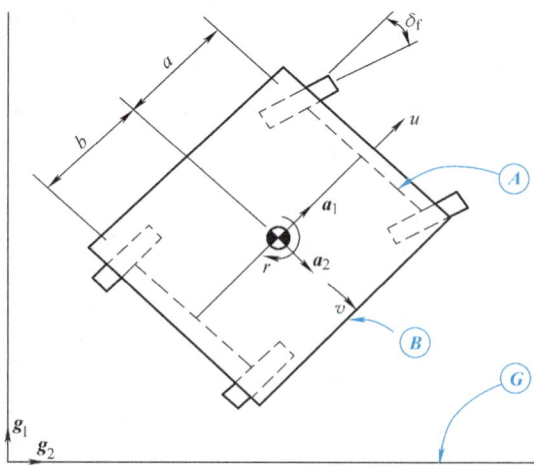

图 12-1 定义车辆运动的参考基 A 和
接地参考基 G 的关系

前、后侧倾中心的连线称为"侧倾中心轴"（roll axis），如图 12-2a 所示。一般车辆前、后轴侧倾中心高度不等，所以侧倾中心轴与水平面通常不平行。

这里，定义一个参考点 O，为通过簧载质量质心的垂线与侧倾中心轴的交点，如图 12-2b 所示。将车辆参考坐标系 a 的原点定义在 O 点，将自坐标系原点出发平行于水平面并指向车辆前进方向的轴定义为单位矢量 a_1。根据右手螺旋法则，侧向单位矢量与垂直单位矢量分别指向车辆右侧和垂直向下，分别定义为 a_2 和 a_3。将固定于车身的参考基记为 B，它包括由三个正交单位矢量 b_1、b_2、b_3 定义的坐标系 b，与 A 的关系如图 12-2b 所示，其中每一矢量与坐标系 a 的各坐标量 a_1、a_2、a_3 的转换关系见表 12-1。

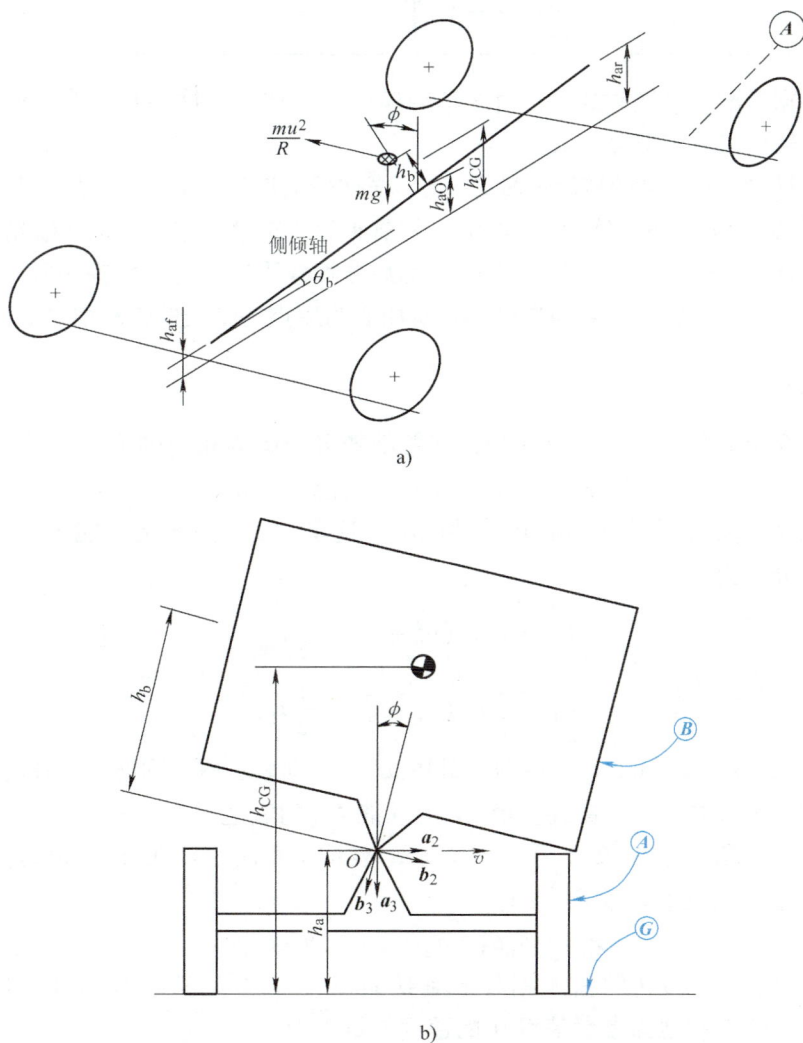

图 12-2　车辆的车身侧倾中心和侧倾轴及坐标定义
a）车身侧倾中心轴　b）车身参考基 B、车辆参考基 A 和接地参考基 G 的关系

定义了坐标系后，再根据参考基 B 相对于参考基 A 的转角（即车身侧倾角）ϕ，就可以写出以车辆的动能 E_T、势能 E_V、耗散能 E_D 和广义力 $F_{Q\phi}$ 表示的拉格朗日方程，形式

如下：

$$\frac{\mathrm{d}}{\mathrm{d}t}\left(\frac{\partial E_\mathrm{T}}{\partial \dot{\phi}}\right) - \frac{\partial E_\mathrm{T}}{\partial \phi} + \frac{\partial E_\mathrm{V}}{\partial \phi} + \frac{\partial E_\mathrm{D}}{\partial \dot{\phi}} = F_{\mathrm{Q}\phi} \qquad (12\text{-}1)$$

表 12-1　坐标系 a 与坐标系 b 的转换关系（其中车身侧倾角 ϕ 为 a_3 与 b_3 的夹角）

坐标系 b 坐标系 a	b_1	b_2	b_3
a_1	1	0	0
a_2	0	$\cos\phi$	$-\sin\phi$
a_3	0	$\sin\phi$	$\cos\phi$

下面，根据考虑车身侧倾的三自由度车辆模型，分别逐项推导其动能、势能和广义力。首先，假设车辆由以下三部分组成：

1）具有质量为 m_b、侧倾转动惯量为 I_{xxb}、横摆转动惯量为 I_{zzb} 的簧载质量（即车身）。

2）具有质量为 m_f 和横摆转动惯量为 I_{zzf} 的前非簧载质量（包括前轴和前轮）。

3）具有质量为 m_r 和横摆转动惯量为 I_{zzr} 的后非簧载质量（包括后轴和后轮）。

这里，每一刚体的转动惯量均指绕其自身质心为原点的轴线的转动惯量。

一、动能

根据上述介绍的车辆三大组成部分，其总动能可分解为相应的下列三项，即簧载质量（车身）的动能 E_Tb、前非簧载质量（前车轴）动能 E_Tf 和后非簧载质量（后车轴）动能 E_Tr，其中每一项均包括平动动能项和转动动能项。这里，前、后轴的动能 E_Tf、E_Tr 的表达式可直接写出，分别为：

$$E_\mathrm{Tf} = \frac{1}{2}m_\mathrm{f}(u_\mathrm{f}^2 + v_\mathrm{f}^2) + \frac{1}{2}I_{zzf}r^2 \qquad (12\text{-}2)$$

$$E_\mathrm{Tr} = \frac{1}{2}m_\mathrm{r}(u_\mathrm{r}^2 + v_\mathrm{r}^2) + \frac{1}{2}I_{zzr}r^2 \qquad (12\text{-}3)$$

式中，$u_\mathrm{f} = u_\mathrm{r} = u$；$v_\mathrm{f} = v + ar$；$v_\mathrm{r} = v - br$。其中 a、b 分别表示质心到前、后轴的距离。

由于考虑了车身的侧倾，簧载质量 m_b 的动能 E_Tb 的表达式更为复杂。由于车身参考基 B 相对于 A 有一转角，如图 12-2 所示，若以 h_b 表示车身质心至 b_1 轴的距离，则车身质心相对于参考原点 O 的位置矢量 P 为：

$$P = -h_\mathrm{b}b_3 = h_\mathrm{b}\sin\phi a_2 - h_\mathrm{b}\cos\phi a_3 \qquad (12\text{-}4)$$

考虑到车辆航向角 ψ（即基 A 相对于基 G 的转角），并记参考基 B 相对于参考基 G 的角速度为 $\boldsymbol{\Omega}^{GB}$，则 P 在地面参考基 G 中的速度矢量则为：

$$\frac{\mathrm{d}\boldsymbol{P}^G}{\mathrm{d}t} = \frac{\mathrm{d}\boldsymbol{P}^B}{\mathrm{d}t} + \boldsymbol{\Omega}^{GB} \times \boldsymbol{P} \qquad (12\text{-}5)$$

式中，

$$\boldsymbol{\Omega}^{GB} = \boldsymbol{\Omega}^{GA} + \boldsymbol{\Omega}^{AB} = \dot{\psi}a_3 + \dot{\phi}a_1 \qquad (12\text{-}6)$$

因为这里 $\mathrm{d}\boldsymbol{P}^B/\mathrm{d}t = 0$，根据表 12-1，并结合参考原点 O 的速度（$ua_1 + va_2$），则式

（12-5）可写为：

$$\frac{\mathrm{d}\boldsymbol{P}^G}{\mathrm{d}t} = u_\mathrm{b}\boldsymbol{a}_1 + v_\mathrm{b}\boldsymbol{a}_2 + w_\mathrm{b}\boldsymbol{a}_3 \tag{12-7}$$

其中，u_b 为车身前进速度；v_b 为车身侧向速度；w_b 为车身垂向运动速度。且表达式分别为：

$$\begin{cases} u_\mathrm{b} = u - h_\mathrm{b}\dot{\phi}\sin\phi \\ v_\mathrm{b} = v + h_\mathrm{b}\dot{\phi}\cos\phi \\ w_\mathrm{b} = h_\mathrm{b}\dot{\phi}\sin\phi \end{cases} \tag{12-8}$$

若将车身（body）质量的平动（translational）动能记为 $E_{\mathrm{Tb-t}}$，则有：

$$E_{\mathrm{Tb-t}} = \frac{1}{2}m_\mathrm{b}(u_\mathrm{b}^2 + v_\mathrm{b}^2 + w_\mathrm{b}^2) \tag{12-9}$$

而车身（body）质量的转动（rotational）动能项为：

$$E_{\mathrm{Tb-r}} = \frac{1}{2}(\boldsymbol{\Omega}^{GB})^{\mathrm{T}}I_\mathrm{b}\boldsymbol{\Omega}^{GB} \tag{12-10}$$

式中，$\boldsymbol{I}_\mathrm{b}$ 是车身质量的转动惯量阵。在参考基 $\boldsymbol{B}$ 中，$\boldsymbol{I}_\mathrm{b}$ 为一常量矩阵，等于：

$$\boldsymbol{I}_\mathrm{b} = \begin{pmatrix} I_{11} & -I_{12} & -I_{13} \\ -I_{12} & I_{22} & -I_{23} \\ -I_{13} & -I_{23} & I_{33} \end{pmatrix} \tag{12-11}$$

式中，I_{ii} 分别表示通过车身质心关于矢量 $\boldsymbol{b}_i$ 的转动惯量；I_{ij} 为惯性积。对大多数车辆而言，由于车辆对其中心线的对称性，所以近似有 $I_{12} = I_{23} = 0$。由于矩阵 $\boldsymbol{I}_\mathrm{b}$ 在参考基 $\boldsymbol{B}$ 中恒定，因而根据式（12-6）和表 12-1，$\boldsymbol{\Omega}^{GB}$ 在参考基 B 内可表达为：

$$\boldsymbol{\Omega}^{GB} = \dot{\phi}\boldsymbol{b}_1 + \dot{\psi}\sin\phi\boldsymbol{b}_2 + \dot{\psi}\cos\phi\boldsymbol{b}_3 \tag{12-12}$$

结合式（12-10）~式（12-12），得到车身的转动动能 $E_{\mathrm{Tb-r}}$ 为：

$$E_{\mathrm{Tb-r}} = \frac{1}{2} \times \begin{pmatrix} \dot{\phi} \\ \dot{\psi}\sin\phi \\ \dot{\psi}\cos\phi \end{pmatrix}^{\mathrm{T}} \times \begin{pmatrix} I_{11} & 0 & -I_{13} \\ 0 & I_{22} & 0 \\ -I_{13} & 0 & I_{33} \end{pmatrix} \times \begin{pmatrix} \dot{\phi} \\ \dot{\psi}\sin\phi \\ \dot{\psi}\cos\phi \end{pmatrix}$$

$$= \frac{1}{2}(I_{11}\dot{\phi}^2 - 2I_{13}\dot{\phi}\dot{\psi}\cos\phi + I_{33}\dot{\psi}^2\cos^2\phi + I_{22}\dot{\psi}^2\sin^2\phi) \tag{12-13}$$

上式主要取决于第一项和第三项，即侧倾转动惯量项和横摆转动惯量项，且两项均为二阶项。虽然第二项（侧倾与横摆的惯性积项）也为二阶项，但它与侧倾转动惯量和横摆转动惯量相比相对较小，因此通常可忽略。而第四项为四阶项（因为当 ϕ 较小时，近似有 $\sin\phi \approx \phi$），因此此项也可忽略不计。

二、势能和耗散能

若假定车身侧倾时，悬架仍表现为线性特性，那么悬架的侧倾刚度系数 K_ϕ 和侧倾阻尼系数 C_ϕ 均为常量。若在线性假定条件下，车身相应的势能和耗散能分别为：

$$E_{V\phi} = \frac{1}{2}K_\phi \phi^2 \tag{12-14}$$

$$E_{D\phi} = \frac{1}{2}C_\phi \dot{\phi}^2 \tag{12-15}$$

实际上，车辆前、后悬架的侧倾角刚度是包括横向稳定杆在内综合作用的结果，有许多非线性成分。如果考虑悬架作用力是非线性的，则必须包括作用于车身的广义力。由式 (12-1) 可知，实际上可以将势能项对广义坐标求导，然后将其移至方程右边，即令其包含于拉格朗日方程的广义力中。于是车身侧倾势能项 $E_{V\phi}$ 就可以从总势能 E_V 中分离出来，以 $-\partial E_{V\phi}/\partial \phi$（即等于 $-K_\phi \phi$）的形式被包含在广义力 $F_{Q\phi}$ 中。同样，对于耗散能 $E_{D\phi}$ 也可做类似处理，将它以适当的表达形式体现在等式右边的广义力中。

此外，还需考虑由于车辆侧倾时车身质心高度下降所产生的势能变化，表示为：

$$E_{Vg} = -m_b g h_b (1 - \cos\phi) \tag{12-16}$$

式中，g 为重力加速度。

三、广义力

广义力 $F_{Q\phi}$ 是取决于参考侧倾轴高度（即参考坐标系原点高度 h_{aO}）的转矩。而对任一车轴而言，其侧倾中心被定义为轮胎接地印迹不发生侧滑的前提下，车身能够绕其发生侧倾转动的点。也就是说除该点之外，车身绕任何其他点（在二维主视图中表现为高度）侧倾时，均会使轮胎接地处产生侧向位移，因而产生轮胎侧向力。车身侧倾角 ϕ 较小的情况下，由车身侧倾引起的轮胎侧向位移 y_ϕ 可由下式给出：

$$y_\phi = \frac{\partial y_{cp}}{\partial \phi}\phi = (h_a - h_{aO})\phi \tag{12-17}$$

式中，h_a 为某车轴的侧倾中心高度；h_{aO} 为参考坐标系原点高度（车身质心位置所对应的侧倾中心高度）；y_{cp} 为轮胎接地印迹侧向位移。

对于两轴车辆，车身侧倾转矩的广义力表达式为：

$$F_{Q\phi} = (h_{af} - h_{aO})F_{yf} + (h_{ar} - h_{aO})F_{yr} \tag{12-18}$$

式 (12-17) 中的（$\partial y_{cp}/\partial \phi$）项是一个重要参数，实际上代表着由车身侧倾引起的"轮胎侧向偏移量"（tire lateral offset 或 scrub），从定义式中可看出它表示了当车身侧倾角为零时，轮胎侧向位移与车身侧倾角之间关系曲线的梯度。它是后面将要介绍的几个主要的"悬架导数"（suspension derivatives）之一，详细内容见本章第五节。

根据拉格朗日方程，当车辆前进速度为恒定时（即为 u_c），可分别导出侧向速度 v、横摆角速度 r 和车身侧倾角 ϕ 的三个微分方程，结果如下：

$$(m_b + m_f + m_r)(\dot{v} + u_c r) + (am_f - bm_r)\dot{r} + m_b h_b \ddot{\phi} = F_{yf} + F_{yr} \tag{12-19}$$

$$(am_f - bm_r)(\dot{v} + u_c r) + I_{zz}\dot{r} + I_{xz}\ddot{\phi} = aF_{yf} - bF_{yr} \tag{12-20}$$

$$I_{xx}\ddot{\phi} + C_\phi \dot{\phi} + (K_\phi - m_b g h_b)\phi + m_b h_b(\dot{v} + u_c r) + I_{xz}\dot{r} = d_f F_{yf} + d_r F_{yr} \tag{12-21}$$

式中，I_{xx} 为车辆对于 $\boldsymbol{a}_1$ 轴的侧倾转动惯量，$I_{xx} = I_{xxb} + m_b h_b^2$；$I_{zz}$ 为车辆对于 $\boldsymbol{a}_3$ 轴的横摆转动惯量，$I_{zz} = I_{zzb} + I_{zzf} + I_{zzr} + m_f a^2 + m_r b^2$；$I_{xz}$ 为侧倾与横摆运动的惯性积；d_f 为单位车身侧

倾角引起的前轮胎侧向偏移量，$d_{\mathrm{f}} \approx h_{af} - h_{aO}$；$d_{\mathrm{r}}$ 为单位车身侧倾角引起的后轮胎侧向偏移量，$d_{\mathrm{r}} \approx h_{ar} - h_{aO}$。

需要说明如下：

1）其中（$am_{\mathrm{f}} - bm_{\mathrm{r}}$）项代表车辆总质量，即（$m_{\mathrm{b}} + m_{\mathrm{f}} + m_{\mathrm{r}}$），绕车身质心的质量矩，且与坐标系位置有关。尽管运动方程独立于任何特定坐标系，但在不同的坐标系中其表达形式会有所不同。

2）由于包括了 $\ddot{\phi}$ 项，因而得出的运动方程是二阶的。车身侧倾运动学方程式（12-21）中的前三项表示的是一个有阻尼简谐振动系统，表明车辆会绕侧倾轴做侧倾振动。而第三项中的（$K_{\phi} - m_{\mathrm{b}}gh_{\mathrm{b}}$）则表示了簧载质量和非簧载质量间的总侧倾刚度。

如果假定轮胎侧向力 F_y 相对轮胎的侧偏角和垂向载荷呈线性关系，那么式（12-19）~式（12-21）可写成如下矩阵形式：

$$
\begin{pmatrix} 0 & 0 & m_{\mathrm{b}}h_{\mathrm{b}} \\ 0 & 0 & 0 \\ 0 & 0 & I_{xx} \end{pmatrix}
\begin{pmatrix} \ddot{v} \\ \ddot{r} \\ \ddot{\phi} \end{pmatrix}
+
\begin{pmatrix} m & am_{\mathrm{f}} - bm_{\mathrm{r}} & 0 \\ am_{\mathrm{f}} - bm_{\mathrm{r}} & I_{zz} & 0 \\ m_{\mathrm{b}}h_{\mathrm{b}} & 0 & C_{\phi} \end{pmatrix}
\begin{pmatrix} \dot{v} \\ \dot{r} \\ \dot{\phi} \end{pmatrix}
+
$$

$$
\begin{pmatrix} \dfrac{C_{\alpha f} + C_{\alpha r}}{u_{\mathrm{c}}} & mu_{\mathrm{c}} + \dfrac{aC_{\alpha f} - bC_{\alpha r}}{u_{\mathrm{c}}} & 0 \\[3mm] \dfrac{aC_{\alpha f} - bC_{\alpha r}}{u_{\mathrm{c}}} & \dfrac{a^2 C_{\alpha f} + b^2 C_{\alpha r}}{u_{\mathrm{c}}} + (am_{\mathrm{f}} - bm_{\mathrm{r}})u_{\mathrm{c}} & 0 \\[3mm] \dfrac{d_{\mathrm{f}}C_{\alpha f} + d_{\mathrm{r}}C_{\alpha r}}{u_{\mathrm{c}}} & \dfrac{ad_{\mathrm{f}}C_{\alpha f} - bd_{\mathrm{r}}C_{\alpha r}}{u_{\mathrm{c}}} + m_{\mathrm{b}}hu_{\mathrm{c}} & K_{\phi} - m_{\mathrm{b}}gh_{\mathrm{b}} \end{pmatrix}
\begin{pmatrix} v \\ r \\ \phi \end{pmatrix}
=
\begin{pmatrix} C_{\alpha f} \\ aC_{\alpha f} \\ d_{\mathrm{f}}C_{\alpha f} \end{pmatrix}
[\delta_{\mathrm{f}}]
$$

$$
\tag{12-22}
$$

由上式可见，除了多出的一项（$am_{\mathrm{f}} - bm_{\mathrm{r}}$）外，该矩阵方程的左上角 $[2 \times 2]$ 子矩阵均与式（11-35）表达的两自由度模型的矩阵完全相同。尽管不会用到无实际物理意义的 $\ddot{v}$ 与 $\ddot{r}$ 这两项，但为了满足方程的矩阵结构，还是包含了这两项。

第三节　车轮转动效应

对任何一个车轮，通常都要考虑以下三个自由度，即：

1）绕 x 轴的外倾运动；

2）绕 y 轴的转动；

3）绕 z 轴的转向运动。

以上三项均影响车辆的总能量，但与车身的倾向、横摆以及侧倾运动相比，车轮运动的影响通常很小。当然也有例外的情况，例如对某些车轮很大的非路面车辆而言，其车轮的转动对车辆动态特性的影响可能会相对显著。

需要说明的是，在纵向动力学模型中，由于车辆的驱动力和制动力是主要研究对象，因而车轮转动自由度将非常重要，因为轮胎的纵向力很大程度上取决于车轮的滑转或滑移状态，即受滑转率（驱动时）或滑移率（制动时）大小的影响。

如图 12-3 所示的一个前轮，这里为其定义了一个参考基 W。但为了方便起见，引入两个间接参考基 S 和 T，其中用基 S 来描述在基 A 中的转向角 δ；以基 T 来描述在基 S 中的外倾角 γ；而其 W 则用于描述在基 T 中的车轮滚动角 θ。四个基坐标之间的转换关系见表 12-2。

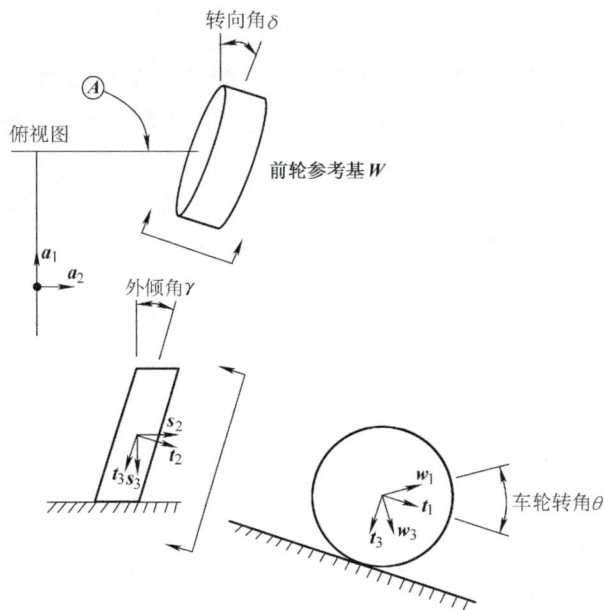

图 12-3　在参考基 A 中表示的一个具有转向、
外倾及转动自由度的前轮参考基 W

表 12-2　参考基 A、S、T 和 W 之间的转换关系

	s_1	s_2	s_3
a_1	$\cos\delta$	$-\sin\delta$	0
a_2	$\sin\delta$	$\cos\delta$	0
a_3	0	0	1
	t_1	t_2	t_3
s_1	1	0	0
s_2	0	$\cos\gamma$	$-\sin\gamma$
s_3	0	$\sin\gamma$	$\cos\gamma$
	w_1	w_2	w_3
t_1	$\cos\theta$	0	$\sin\theta$
t_2	0	1	0
t_3	$-\sin\theta$	0	$\cos\theta$

车轮轮心的位置矢量 P 可表达如下：

$$P = a a_1 + \left(\frac{B}{2} + y_0\right)a_2 \tag{12-23}$$

式中，B 为轮距；y_0 是由车身侧倾引起的车轮侧向偏移量。轮心位置矢量 P 在惯性参考基 G 内的线速度为：

$$\frac{\mathrm{d}\boldsymbol{P}^G}{\mathrm{d}t} = \left[u - \left(\frac{B}{2} + y_0 \right)\dot{\psi} \right]\boldsymbol{a}_1 + (v + a\dot{\psi} + \dot{y})\boldsymbol{a}_2 \tag{12-24}$$

它在惯性参考基 G 下的角速度为：

$$\boldsymbol{\Omega}^{GW} = \boldsymbol{\Omega}^{GA} + \boldsymbol{\Omega}^{AS} + \boldsymbol{\Omega}^{ST} + \boldsymbol{\Omega}^{TW} = \dot{\psi}\boldsymbol{a}_3 + \dot{\delta}\boldsymbol{s}_3 + \dot{\gamma}\boldsymbol{t}_1 + \dot{\theta}\boldsymbol{w}_2 \tag{12-25}$$

上式可在参考基 W 中方便地表示如下：

$$\boldsymbol{\Omega}^{GW} = \left[\dot{\gamma}\cos\theta - (\dot{\psi} + \dot{\delta})\cos\gamma\sin\theta \right]\boldsymbol{w}_1 + \left[\dot{\theta} + (\dot{\psi} + \dot{\delta})\sin\gamma \right]\boldsymbol{w}_2 +$$
$$\left[\dot{\gamma}\sin\theta + (\dot{\psi} + \dot{\delta})\cos\gamma\cos\theta \right]\boldsymbol{w}_3 \tag{12-26}$$

若将车轮绕矢量 t_1 的外倾转动惯量记为 I_γ，绕矢量 t_2 的滚动转动惯量记为 I_θ，绕矢量 t_3 的转向转动惯量记为 I_ψ，且注意到这里 $I_\gamma = I_\psi$，再忽略二阶以上的项，则车轮的转动动能如下：

$$E_{\mathrm{Tw-r}} = \frac{1}{2}\left\{ I_\theta \left[\dot{\theta} + (\dot{\psi} + \dot{\delta})\sin\gamma \right]^2 + I_\psi \left[(\dot{\psi} + \dot{\delta})^2\cos^2\gamma + \dot{\gamma}^2 \right] \right\} \tag{12-27}$$

式（12-27）中的 $\dot{\theta}$ 可写成：

$$\dot{\theta} = \dot{\Theta} + \Delta\dot{\theta} \tag{12-28}$$

其中，$\dot{\Theta} = -u_{\mathrm{w}}/r_{\mathrm{d}}$，等于车轮的前进速度 u_{w} 除以其滚动半径 r_{d}，该式意味着对车轮施加一个约束，即假设轮胎为滚动，此时的 $\Delta\dot{\theta}$ 表示关于 $\dot{\Theta}$ 的扰动量。轮胎纯滚动情况下，$\Delta\dot{\theta}$ 为零。在研究驱动力与制动力的车辆纵向动力学模型中，则将 $\Delta\dot{\theta}$ 扩展为一个新的自由度。

第四节　转向系统的影响

转向输入最简单的形式是将一角位移直接施加于转向车轮。如再接近一些实际情况，则可将角位移直接施加于转向盘，并假设转向盘转角与车轮转角比值 i_{s}（称为转向系总转向比）为恒定。以转向盘角位移作为输入进行操纵响应分析有两点好处。首先，在频率响应和稳态响应分析中均假定为单位幅值的输入，若将单位弧度输入直接作用于转向车轮，所导致的响应势必过大。需强调的是，这里介绍的操纵动力学内容主要针对小输入下的线性域分析，若以每弧度转向盘转角作为输入，且假定转向传动比为 30 左右，将产生约为 2° 的转向轮输入角，由此产生的结果更接近实际。其次，实际车辆的转向系统机构虽复杂，但如果其刚度足够，就可近似认为其传动比为恒定。因此，如果仅以操纵特性的比较为目的，采用这种简单的具有固定转向比的转向系统模型还是可行的。

对实际的转向系统结构，当系统输入以角位移或转矩的形式施加于转向盘时，车轮的转向角则成为另一个自由度。其中转向柱变形为扭转变形；而转向杆系统的变形与转向机构的几何尺寸直接相关，可以是沿拉杆方向的拉伸变形，也可以是扭转变形。为推导转向系统的刚度，在模型中只考虑转向柱和转向杆系统的变形，将在第十三章中详细介绍。

若假定转向柱与转向系统的变形均为扭转变形，则二者可统一合并为转向柱的单一变形，如图 12-4 所示。将转向柱（steering column）的扭转刚度记为 K_{SC}，转向杆系（steering linkages）的等效扭转刚度记为 K_{SL}，则转向系统总扭转刚度系数 K_{ST} 可表示为：

$$K_{\mathrm{ST}} = \frac{K_{\mathrm{SC}}K_{\mathrm{SL}}}{i_{\mathrm{s}}^2 K_{\mathrm{SC}} + K_{\mathrm{SL}}} \tag{12-29}$$

由此即可导出转向系统的动能 E_{TS}、势能 E_{VS} 及耗散能 E_{DS}。转向系统的动能可简单地认为是两个前轮总成的转向转动动能，即：

$$E_{TS} = \frac{1}{2}I_{fw}\dot{\delta}_f^2 \tag{12-30}$$

式中，I_{fw} 为单个前轮绕其转向轴（主销）转动惯量的 2 倍；δ_f 为前轮转向角。

为了建立其势能模型，转向柱基底处的角位移 δ_b 可由前轮转向角 δ_f 求出，即：

$$\delta_b = i_s\delta_f \tag{12-31}$$

因而转向系统的势能为：

$$E_{VS} = \frac{1}{2}K_{ST}(\delta_b - \delta_{sw})^2 \tag{12-32}$$

式中，δ_{sw} 为转向盘的角位移。

通常假定转向系统的耗散能主要体现在转向前桥，所以有：

$$E_{DS} = \frac{1}{2}C_S\dot{\delta}_f^2 \tag{12-33}$$

式中，C_S 为转向系统阻尼系数。

作用于转向前桥的广义力就是由轮胎剪切力引起的转矩。一般情况下，该广义力作用于转向节主销轴线（在 SAE 轮胎坐标空间定义的 xz 平面）上，转向节轴线通常与垂直方向成一定角度，称为"主销后倾角"（caster），以 λ 表示，如图 12-5 所示。为了便于建模，通

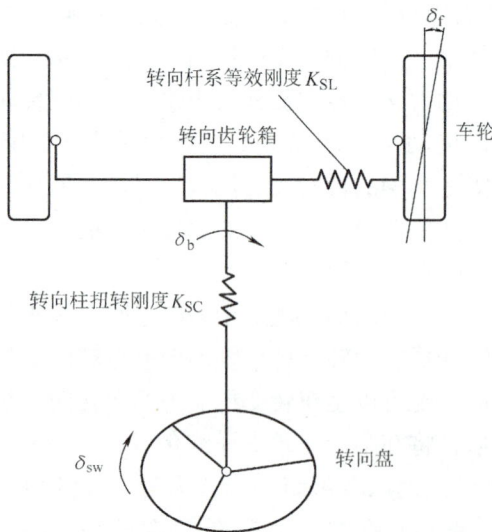

图 12-4　计算转向系统刚度的等效模型

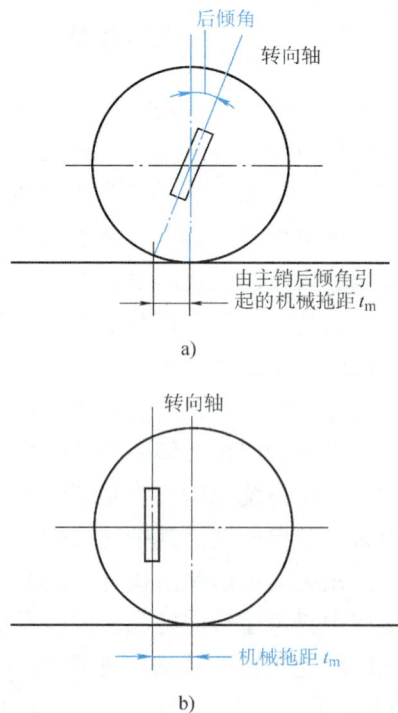

图 12-5　转向主销后倾角与轮胎机械拖距的关系

a）真实情况　b）等效模型

常假定一个虚拟的转向节轴垂直于地面，但只是向前偏移了一段距离 t_m，通常将这个由主销后倾引起的纵向偏移量 t_m 称为"主销后倾拖距"或轮胎的机械拖距（mechanical trail）。它与主销后倾角 λ 的关系为：

$$t_m = r_d \tan\lambda \tag{12-34}$$

式中，r_d 是车轮的滚动半径。

由此即可求出作用于前轮胎的广义力 F_{Qs}，它由两部分组成，即轮胎的回正力矩 M_{zf} 和由作用在虚拟转向节轴线后 t_m 处的轮胎侧向力 F_{yf} 产生的力矩，即：

$$F_{Qs} = M_{zf} - t_m F_{yf} \tag{12-35}$$

将上面导出的各项能量和广义力代入拉格朗日方程，就得到以下三个方程组成的方程组，其中包含了新的转向自由度 δ_f。由于回正力矩在转向系统模型中的重要性，因此也将它放在横摆运动方程式（12-37）的右边，作为系统外力矩处理，表示如下：

$$m(\dot{v} + u_c r) = F_{yf} + F_{yr} \tag{12-36}$$

$$I\dot{r} = aF_{yf} - bF_{yr} + M_{zf} + M_{zr} \tag{12-37}$$

$$I_{fw}\ddot{\delta}_f + C_S \dot{\delta}_f + i_s^2 K_{ST}\delta_f = i_s^2 K_{ST}\delta_{sw} + M_{zf} - t_m F_{yf} \tag{12-38}$$

需要指出的是，由式（12-38）表达的前轮转向角输入 δ_f 的运动方程，其形式为典型的有阻尼受迫振动，外界作用力分别来自于转向盘和轮向轮。在一定条件下，这种系统可产生自激摆振。尽管前轮摆振问题一直被认为主要与转向前桥的设计有关，然而实际上影响摆振的因素比较复杂。作为一个典型的系统动力学问题，将在第十三章的第二节中对转向系统振动的相关内容做专门介绍。

假定轮胎力侧向力和回正力矩与轮胎侧偏角 α 为线性关系，则有：

$$F_{yf} = -C_{\alpha f}\alpha_f \tag{12-39}$$

$$F_{yr} = -C_{\alpha r}\alpha_r \tag{12-40}$$

同理，有：

$$M_{zf} = C_{\psi f}\alpha_f \tag{12-41}$$

$$M_{zr} = C_{\psi r}\alpha_r \tag{12-42}$$

其中 $\quad \alpha_f = \dfrac{v+ar}{u_c} - \delta_f, \qquad \alpha_r = \dfrac{v-br}{u_c}$

式中，$C_{\psi f}$ 和 $C_{\psi r}$ 为正常数，分别称为前、后轮自回正刚度。因此，运动方程组式（12-36）~式（12-42）则可写成如下矩阵形式：

$$\begin{pmatrix} 0 & 0 & 0 \\ 0 & 0 & 0 \\ 0 & 0 & I_{fw} \end{pmatrix}\begin{pmatrix} \ddot{v} \\ \ddot{r} \\ \ddot{\delta}_f \end{pmatrix} + \begin{pmatrix} m & 0 & 0 \\ 0 & I & 0 \\ 0 & 0 & C_S \end{pmatrix}\begin{pmatrix} \dot{v} \\ \dot{r} \\ \dot{\delta}_f \end{pmatrix} +$$

$$\begin{pmatrix} \dfrac{C_{\alpha f}+C_{\alpha r}}{u_c} & mu_c + \dfrac{aC_{\alpha f}-bC_{\alpha r}}{u_c} & -C_{\alpha f} \\ \dfrac{C'_{\alpha f}+C'_{\alpha r}}{u_c} & \dfrac{aC'_{\alpha f}-bC'_{\alpha r}}{u_c} & -C'_{\alpha f} \\ -C''_{\alpha f} & -aC''_{\alpha f} & C''_{\alpha f}+i_s^2 K_{ST} \end{pmatrix}\begin{pmatrix} v \\ r \\ \delta_f \end{pmatrix} = \begin{pmatrix} 0 \\ 0 \\ i_s K_{ST} \end{pmatrix}[\delta_{sw}] \tag{12-43}$$

其中：

$$C'_{\alpha f} = aC_{\alpha f} - C_{\psi f}; \qquad C'_{\alpha r} = -bC_{\alpha r} - C_{\psi r}; \qquad C''_{\alpha f} = t_m C_{\alpha f} + C_{\psi f}$$

对于上面导出的系统方程，做几点说明：

1）方程为包含$\ddot{\delta}_f$的二阶方程，虽然不会用到无实际物理意义的两项$\ddot{v}$和$\ddot{r}$，但为满足方程的矩阵结构，还是有必要保留的。

2）位于矩阵左上方的2×2子矩阵即代表了两自由度基本操纵模型的矩阵形式，但这里输入项$C_{\alpha f}\delta_f$和$aC_{\alpha f}\delta_f$也作为系统矩阵的一部分。

3）当转向系统总扭转刚度$K_{ST} \rightarrow \infty$时，则表示转向系统为完全刚性，即满足条件：$\delta_f = \delta_{sw}/i_s$。

如果转向输入是作用在转向盘上的转矩M_{sw}，那么转向盘的转角δ_{sw}为一新增自由度。模型中无需新增任何能量项，系统模型与上述表达式完全相同，只不过就是将转向盘转矩M_{sw}项作为广义力F_{Qsw}处理而已。

第五节　悬架运动学

车辆的操纵稳定性能很大程度上取决于前、后轮胎侧向力的平衡。因而，对任何一个有效的操纵动力学模型来说，都应尽可能地考虑影响轮胎侧向力及其平衡的相关因素。显然，其中最重要的因素是轮胎的侧偏刚度和车辆质心的纵向位置。而且，随着车身侧倾转向效应的变化，车辆转向特性也不同程度上受其影响。此外，在悬架运动中，车轮定位参数的变化也相当重要，例如车身侧倾可导致某些车轮定位参数发生显著变化。几个由车身侧倾引起的重要的位移变量有：

1）绕z轴转动的车轮转向角（δ）。

2）绕x轴转动的车轮外倾角（γ）。

3）沿y轴方向的轮胎接地印迹侧向位移（y_{cp}）。

对独立悬架而言，无论是对车辆前桥还是后桥，悬架运动对以上三个变量的影响均很重要；但对非独立悬架的刚性车轴而言，通常不考虑车身侧倾对车轮外倾角的影响，而只考虑对轮胎接地印迹的侧向位移y_{cp}和车轮转向角δ的影响。

当车身侧倾角ϕ较小时，以上三个变量与ϕ的关系均可假定为线性，并分别由每一项对侧倾角ϕ的偏导数来表示。在小侧倾角情况下，这些偏导数在侧倾角ϕ为零时的值实际上就表示了悬架杆系的线性运动学效应，统称为"悬架系数"，它包括"侧倾转向系数"、"侧倾外倾系数"和"侧倾侧向偏移系数"，分别定义为：

$$\frac{\partial \delta}{\partial \phi}\bigg|_{\phi=0}, \qquad \frac{\partial \gamma}{\partial \phi}\bigg|_{\phi=0}, \qquad \frac{\partial y_{cp}}{\partial \phi}\bigg|_{\phi=0}$$

以上悬架系数能够以下述两种方式影响系统的运动响应。首先，引起的车轮定位变化会在接地印迹处产生附加的侧向力或横摆力矩；其次，它们可以改变车轮质心的平移速度和转动速度，从而影响系统的动能。下面分别对各项悬架系数进行讨论。

一、侧倾转向系数

当车身发生倾倾时，会在前轴或后轴上分别产生附加的转向角$\delta_{f\phi}$和$\delta_{r\phi}$，与车身侧倾角

ϕ 的关系分别为：

$$\delta_{f\phi} = \frac{\partial \delta_f}{\partial \phi}\phi \text{ 和 } \delta_{r\phi} = \frac{\partial \delta_r}{\partial \phi}\phi \qquad (12\text{-}44)$$

对于前轴，前轮转向角必须包括附加侧倾转向角 $\delta_{f\phi}$ 和由转向系统产生的转向角 δ_{fs}，即 $\delta_f = \delta_{fs} + \delta_{f\phi}$。因此，在对前轮轮胎侧偏角的计算中需加以考虑，即：

$$\alpha_f = \frac{v + ar}{u_c} - (\delta_{fs} + \delta_{f\phi}) \qquad (12\text{-}45)$$

而前轮的横摆角速度则为 $r + \dot{\delta}_{fs} + \dot{\delta}_{f\phi}$。

对作用为非转向轮的后轮而言，转向角 δ_r 仅由车身侧倾转向角 ϕ 引起，因而后轮轮胎侧偏角为：

$$\alpha_r = \frac{v - br}{u_c} - \delta_{r\phi} \qquad (12\text{-}46)$$

二、侧倾外倾系数

由车身侧倾角 ϕ 产生的附加车轮外倾角 γ_ϕ 为：

$$\gamma_\phi = \frac{\partial \gamma}{\partial \phi}\phi \qquad (12\text{-}47)$$

当 γ_ϕ 较小时，通常认为它与所产生的轮胎侧向力 $F_{y\gamma}$ 呈线性关系，即：

$$F_{y\gamma} = C_\gamma \gamma_\phi \qquad (12\text{-}48)$$

式中，C_γ 为常数，称为"侧倾外倾刚度"。在车轮动能的计算中应注意，由车身侧倾引起的车轮外倾既影响车轮的平动动能，又影响其转动动能。

三、侧倾侧向偏移系数

若将由车身侧倾角 ϕ 引起的轮胎侧向偏移 y_ϕ 表示为：

$$y_\phi = \frac{\partial y_{cp}}{\partial \phi}\phi \qquad (12\text{-}49)$$

则在轮胎侧向力计算中就应考虑由此导致的侧偏角的变化，修正后的轮胎侧偏角为：

$$\alpha_f = \frac{v + ar + \dot{y}_\phi}{u_c} - \delta_f \qquad (12\text{-}50)$$

由此可见，对车轮质心侧向速度的修正计算出自两个方面：一是来自于由车身侧倾引起的轮胎侧向偏移速度 $\dot{y}_\phi$ 项；二是由侧倾外倾所引起的附加项 $r_d\,\dot{\gamma}_\phi$（其中 r_d 为车轮半径）。于是，车轮质心处总的附加侧向速度为：

$$\dot{y}_{CG} = \dot{y}_\phi + r_d\,\dot{\gamma}_\phi = \left(\frac{\partial y_{cp}}{\partial \phi} + r_d\,\frac{\partial \gamma}{\partial \phi} \right)\dot{\phi} \qquad (12\text{-}51)$$

第六节　变形转向

当车身发生侧倾时，通过悬架的作用可使车轮产生一附加的转向角，在本章第五节中已对车身侧倾转向机理有所介绍。本节中重点介绍"变形转向"（compliance steer），它是指悬

架导向杆系变形所引起的车轮转向角的变化。这一附加的变形转向角是由轮胎侧向力通过悬架变形作用而产生的，将其记为 δ_{Fy}。无论是独立悬架，还是非独立悬架，其变形转向效应均可由类似前面介绍的悬架偏导数的形式来表达。在线性域分析中，将变形转向角 δ_{Fy} 表示为：

$$\delta_{Fy} = \frac{\partial \delta}{\partial F_y} F_y \tag{12-52}$$

式中，$\partial \delta / \partial F_y$ 也称为"侧向力变形转向系数"。

在线性车辆模型中，与变形转向相关的轮胎侧向偏移量定义为：

$$y_{Fy} = \frac{\partial y}{\partial F_y} F_y \tag{12-53}$$

变形转向角 δ_{Fy} 和轮胎侧向偏移量 y_{Fy} 的综合作用对车辆的操纵稳定性有显著影响。下面以两种不同典型情况为例分别进行讨论：第一种情况是独立前悬架结构形式；第二种情况是通过拖臂与车体相连的梁式后悬架结构形式。

一、前轴变形转向效应

在两个前轮为独立悬架且假定前桥为刚性的情况下，所有的变形转向效应均来自于转向系统的变形。尽管变形转向可导致车轮的侧向运动，但就独立悬架的车辆而言，较大的刚度与质量比使其车身固有频率超出了操纵动力学分析所关心的频率范围。这就意味着可以从运动学角度来处理前轴变形。图 12-6 反映了一个车辆前轴（它由一根车轴和独立悬架中两个车轮总成表示）的变形转向机理。考虑到变形转向效应与转向系统机构的密切关系，在转向系统建模中，将其分为以下两部分：

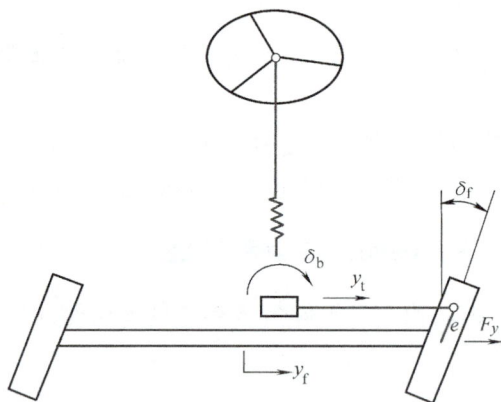

图 12-6　表示侧向和转向变形机理的前桥及转向系统示意图

1）通过变速机构与转向横拉杆和转向垂臂相连的转向柱（将传动比记为 ρ）。

2）通过转向横拉杆和转向臂与前轮相连的转向杆系（将转向臂长记为 e）。

如本章第四节所述，假定转向系统中的任何变形均集中于转向柱，同时指出这里转向系统的总传动比 $i_s = e/\rho$。由于转向柱相对于基底部有一角位移为 δ_b，则转向横拉杆的位移 y_t 为：

$$y_t = \rho \delta_b \tag{12-54}$$

若将单位力作用下的侧向变形记为 y_{Fyf}，那么前轴的位移 y_f 则为：

$$y_f = y_{Fyf} F_{yf} \tag{12-55}$$

由于前面已经假定转向系统中的其他元件为刚性，则由几何关系可知：

$$\delta_f = \frac{y_t - y_f}{e} \tag{12-56}$$

因此，转向柱转角为：

$$\delta_b = \frac{1}{\rho}(e\delta_f + y_{Fyf}F_{yf}) \tag{12-57}$$

在转向系统锁止（即 $\delta_b = 0$ 时）的情况下，测得的转向变形引起的转向角 δ_{Fyf} 为：

$$\delta_{Fyf} = \frac{\delta_f}{F_{yf}}\bigg|_{\delta_b=0} \tag{12-58}$$

由式（12-57），可得：

$$\delta_{Fyf} = -\frac{y_{Fyf}}{e} \tag{12-59}$$

注意，此处对转向臂长 e 的符号定义为车轴到主销向前为正值。因此，在图 12-6 所示情况下，一个正的侧向力将产生一个正的侧向位移和负的转向角。

综合上述方程，可得：

$$\delta_b = \frac{e}{\rho}(\delta_f - \delta_{Fyf}F_{yf}) \tag{12-60}$$

若式中的转向变形为零，则转向系就变为刚性系统即 $\delta_b = i_s\delta_f$ 时的情况。

在轮胎侧偏角计算中，将 δ_b 的表达式代入式（12-32）表达的转向柱势能项中，再结合车轮侧向速度 $\dot{y}_f$，就可计算出考虑了变形效应的轮胎侧偏角修正值。

二、后轴变形转向效应

考虑后轴变形情况时，认为后轴相对车身可以产生横摆运动。结合变形转向系数来定义后轴的瞬时转动中心，就可给出后轴相对车身的横摆扭转刚度。在图 12-7 所示的这种布置方式中，由于其横摆转动中心位于后轴之前，并导致车辆过多转向趋势的增加，因此通常称为"过多变形转向"（compliance oversteer）；如果横摆转动中心位于后轴之后，则将导致车辆的"不足变形转向"（compliance understeer）。

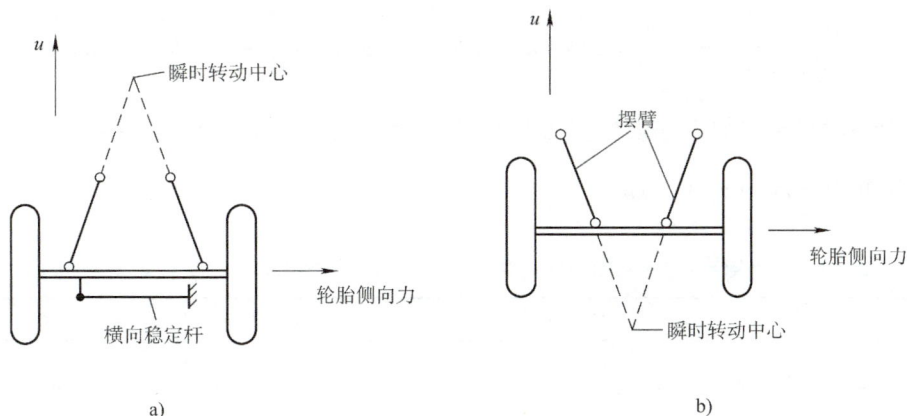

图 12-7　单摆臂式后悬架过多和不足变形转向示意图
a) 逆时针转动过多转向效应　b) 顺时针转动不足转向效应

考虑到后轴变形效应，若以 b_r 表示横摆瞬时中心至后轴质心的距离，在瞬时中心位于后轴之前（即过多转向）的情况下，定义 b_r 为正。以 $K_{\psi r}$ 表示后轴相对车身的扭转刚度，则有：

$$b_r = -\frac{y_{Fy}}{\delta_{Fy}} \tag{12-61}$$

$$K_{\psi r} = \frac{b_r}{\delta_{Fy}} \tag{12-62}$$

将相对于车身做横摆运动的后轴作为车辆模型中的一个新增自由度，如图 12-8 所示。后轴绕其质心前距离为 b_r 的垂直轴做横摆运动，将横摆角记为 ψ_r。若定义车辆后轴运动的参考基为 C，则给出参考坐标系 c 相对于车身参考坐标系 a 的转换关系，见表 12-3。

后轴质心相对参考原点的位置矢量为：

$$\boldsymbol{P} = -(b - b_r)\boldsymbol{a}_1 - b_r\boldsymbol{c}_1 \tag{12-63}$$

位置矢量 $\boldsymbol{P}$ 在惯性参考基 G 内的速度为：

$$\frac{\mathrm{d}\boldsymbol{P}^G}{\mathrm{d}t} = \frac{\mathrm{d}\boldsymbol{P}^C}{\mathrm{d}t} + \boldsymbol{\Omega}^{GC} \times \boldsymbol{P} \tag{12-64}$$

位置矢量 $\boldsymbol{P}$ 在参考基 C 内的速度矢量为：

图 12-8　车辆后轴参考基 C 与车身参考基 A 的关系

$$\frac{\mathrm{d}\boldsymbol{P}^C}{\mathrm{d}t} = (b - b_r)\dot{\psi}_r\boldsymbol{a}_2 \tag{12-65}$$

且有：

$$\boldsymbol{\Omega}^{GC} = \boldsymbol{\Omega}^{GA} + \boldsymbol{\Omega}^{AC} = \dot{\psi}\boldsymbol{a}_3 + \dot{\psi}_r\boldsymbol{c}_3 \tag{12-66}$$

因此，矢量 $\boldsymbol{P}$ 在惯性参考基 G 中的速度为：

$$\frac{\mathrm{d}\boldsymbol{P}^G}{\mathrm{d}t} = \left[b_r(\dot{\psi} + \dot{\psi}_r)\sin\psi_r\right]\boldsymbol{a}_1 - \left[b_r(\dot{\psi} + \dot{\psi}_r)\cos\psi_r + (b - b_r)\dot{\psi}_r\right]\boldsymbol{a}_2 \tag{12-67}$$

再结合参考坐标系原点在惯性参考基 G 中的速度矢量，记作 $u\boldsymbol{a}_1 + v\boldsymbol{a}_2$，即可求出后轴的平移动能项为 $\frac{1}{2}m_r(u_r^2 + v_r^2)$。

表 12-3　坐标系 a、c 之间的转换关系（其中后轴横摆角 ψ_r 为 $\boldsymbol{a}_1$ 和 $\boldsymbol{c}_1$ 之夹角）

	c_1	c_2	c_3
a_1	$\cos\psi_r$	$-\sin\psi_r$	0
a_2	$\sin\psi_r$	$\cos\psi_r$	0
a_3	0	0	1

同样，可推导出后轴的转动动能项、势能项及耗散能项，分别为：

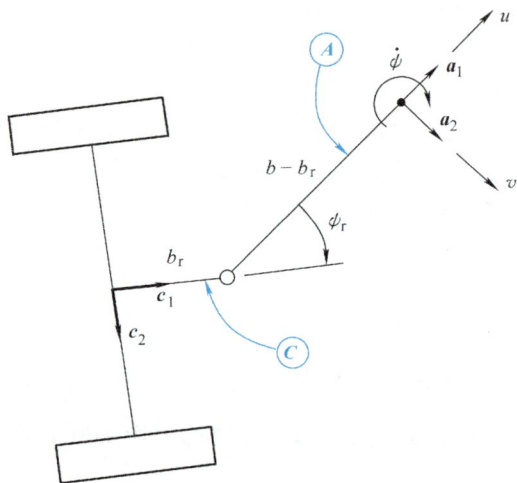

$$\frac{1}{2}I_{zzr}\ (\dot{\psi}+\dot{\psi}_r)^2;\qquad \frac{1}{2}K_{\psi r}\psi_r^2;\qquad \frac{1}{2}C_{\psi r,b}\dot{\psi}_r^2$$

其中系数 $C_{\psi r,b}$ 表示后轴相对车身的横摆扭转阻尼系数。

到此为止，对基本操纵模型就以上几方面进行了扩展分析。根据拉格朗日法和牛顿法，在基本操纵模型的基础上，建立了所谓的"扩展的操纵动力学模型"。下一节将以某些实际车型为例，根据所建的扩展操纵模型针对实例展开分析，并对系统动力学响应进行详细讨论与比较，以加强对车辆操纵动力学理论及实际问题的理解。

第七节　操纵动力学性能实例分析

根据前述内容中建立的车辆操纵特性分析模型，本节将结合实例展开更深入的讨论。这里，重点介绍模型求解的前后处理过程。在前处理过程中，介绍如何获取车辆的动力学参数；在后处理过程中，介绍如何提取相关结果并进行分析；最后，介绍如何以车辆设计者常用的方式来表达这些结果。

一、模型参数组的开发

任何一个模型都需要一系列的参数，将这些给定的模型参数值代入模型中求解，即产生一组相关的结果。例如，两自由度基本操纵模型需要七个参数，见表 12-4。其中大部分模型参数为车辆的设计参数，如车辆本身的质量和轮胎刚度等，但有些参数由使用情况决定，如车辆行驶速度和与装载情况有关的车身质量等。

表 12-4　1949 年别克轿车基本操纵模型参数值

参　数	符号	单位	数值	参　数	符号	单位	数值
车辆质量	m	kg	2045	前轮侧偏刚度	$C_{\alpha f}$	kN/rad	77.85
横摆转动惯量	I	kg·m²	5428	后轮侧偏刚度	$C_{\alpha r}$	kN/rad	76.51
质心至前轴距离	a	m	1.488	恒定的车辆行驶速度	u_c	m/s	20
质心至后轴距离	b	m	1.712				

随着模型复杂程度的增加，确定模型所需的参数量也在增加。可以说，获取车辆参数的难度在一定程度上代表了模型的复杂程度。当模型复杂程度增加时，每一参数的确切定义及其物理意义也可能随之改变。例如，在两自由度基本操纵模型中，a 和 b 描述了整车质心至前、后轴的距离；而在考虑簧载质量侧倾的三自由度模型中，a 和 b 可能是指簧载质量质心至前、后轴的距离。

以前文中建立的"扩展的操纵模型"为例，其车辆模型参数由表 12-5 给出。可以看出，随着模型复杂程度的增加，所需数据量将会变得非常庞大。

一般来说，要准确获得某一基准条件下的一组模型参数是一项艰巨的工作。对大部分参数而言，测量的精度难以保证，而且其中不少数据只能由估计获得，原因是根本没有现成的方法来测量这些参数，另外还有些参数缺乏严密的定义。但毕竟设计目的之一就是"产生"一组"最优的"参数值，来满足车辆的设计性能指标。

表 12-5　具有独立前悬架、非独立后悬架的小货车满载时的车辆参数值

车辆参数	单位	数值	车辆参数	单位	数值
车身质量	kg	3085	前悬架摆动半跨距（上臂）	m	0.480
前轮质量（单轮）	kg	60	前悬架摆动半跨距（下臂）	m	0.435
后轮质量（单轮）	kg	60	前悬架球铰半跨距（上臂）	m	0.778
后非簧载质量（后轴＋两轮）	kg	160	前悬架球铰半跨距（下臂）	m	0.822
簧载质量绕质心的侧倾转动惯量	kg·m²	1190	前悬架刚度半跨距	m	0.256
簧载质量横摆转动惯量	kg·m²	7050	前悬架阻尼半跨距（中点）	m	0.631
簧载质量的侧倾与横摆转动惯量积	kg·m²	0	后悬架刚度半跨距	m	0.628
后轴横摆转动惯量（不包括车轮）	kg·m²	100	后悬架阻尼半跨距	m	0.726
单个后轮侧倾（外倾）转动惯量	kg·m²	1.2	前悬架弹簧刚度	kN/m	124.6
单个后轮俯仰（自旋）转动惯量	kg·m²	2.1	后悬架弹簧刚度	kN/m	142
单个后轮横摆（转向）转动惯量	kg·m²	1.2	转向系统总扭转刚度（转向盘至前轮）	kN·m/rad	10000
单个前轮侧倾（外倾）转动惯量	kg·m²	1.2	前轮胎垂向刚度	kN/m	363
单个前轮俯仰（自旋）转动惯量	kg·m²	2.1	后轮胎垂向刚度	kN/m	422
单个前轮横摆（转向）转动惯量	kg·m²	1.2	前悬架抗侧倾刚度	kN·m/rad	0
轴距	m	3.650	两个前轮轮胎的侧偏刚度	kN/rad	140
簧载质量质心至后轴距离	m	1.520	两个后轮轮胎的侧偏刚度	kN/rad	190
簧载质量质心至地面距离	m	0.760	两个前轮轮胎外倾角刚度	kN/rad	5.2
侧倾中心至地面距离（后轴）	m	0.260	前悬架减振器阻尼系数	kN·s/m	3.85
1/2 前轮轮距	m	0.870	后悬架减振器阻尼系数	kN·s/m	2.72
1/2 后轮轮距	m	0.865	转向柱阻尼系数	kN·m·s/rad	0.250
主销后倾角引起的拖距	m	0.008	后轴侧向阻尼系数	kN·s/m	0.157
前轮轮胎拖距	m	0.028	前轮侧偏位移/车身垂向位移	—	0.147
后轮轮胎拖距	m	0.030	前轮外倾角/车身垂向位移	rad/m	−0.295
转向臂长度	m	0.129	前轮转向角/车身垂向位多	rad/m	−0.014
转向系统齿轮齿条传动比	m/rad	0.004	后轴变形转向角/车身侧倾角	—	0.083
前轮胎松弛长度	m	0.313	后轴转向变形系数	rad/kN	−0.00034
后轮胎松弛长度	m	0.313	后轴侧向变形系数	m/kN	0.00109
轮胎滚动半径	m	0.313	车辆行驶速度	km/h	60

在参数值难以测量或估计的情况下，对车辆设计者的挑战表现为：改变哪些设计参数会影响车辆的性能？影响的程度有多大？由此可直接得出一些有用的设计信息，即：明确了哪些参数对获得良好的车辆性能是更重要的；哪些参数对性能影响不敏感，从而在模型参数组的开发过程中，不必要求这些不敏感参数具有很高的精度。

二、实例分析

根据前面小节推导的扩展的操纵动力学模型，就可按照第十一章中完全相同的方法来进行稳态响应分析、稳定性分析和频率响应分析。但在稳态响应分析中，需对其运动方程进行适当处理，通过分析每个因素对不足转向参数的单独作用，通过叠加来获得对车辆转向特性的总体影响。这种方式在设计过程中尤其重要，可以看出每个因素不足转向参数的相对影响程度。本节以某实际车辆为例来说明这种处理过程，模型中包括的影响因素有：

1）非簧载质量。

2）考虑了簧载质量的侧倾。

3）考虑了转向系统的变形。

4）悬架导数，包括：前轴侧倾转向影响、后轴侧倾转向影响和前轮侧倾外倾影响。

5）除轮胎侧向力外，还考虑了轮胎回正力矩。

实际分析中，通过对六组不同车辆参数进行计算，给出了在典型的参数变化范围内车辆操纵性能响应的分析结果，包括稳态响应、稳定性及频率响应分析，分别介绍如下。

1. 稳态响应分析

本节中采用 Segel[5] 首先提出的方法进行不足转向参数 κ 的推导，具体介绍如下。

转向系统的运动方程可写为：

$$I_{\mathrm{fw}}(\ddot{\delta}_{\mathrm{f}} + \dot{r}) + C_{\mathrm{S}}\dot{\delta}_{\mathrm{f}} + K_{\mathrm{S}}'\delta_{\mathrm{f}} = K_{\mathrm{S}}'\delta_{\mathrm{fw}} + M_{\mathrm{E}} \tag{12-68}$$

式中，M_{E} 为式（12-35）中的 F_{Qs}，是作用于主销的外力矩，即：

$$M_{\mathrm{E}} = M_{\mathrm{zf}} - t_{\mathrm{m}}F_{\mathrm{yf}} \tag{12-69}$$

δ_{fw} 是前轮输入转向角，假定转向系统传动比 i_{s} 为恒定，则有：

$$\delta_{\mathrm{fw}} = \frac{\delta_{\mathrm{sw}}}{i_{\mathrm{s}}} \tag{12-70}$$

其中，δ_{sw} 为转向盘输入角，并且有 $K_{\mathrm{S}}' = i_{\mathrm{s}}^2 K_{\mathrm{ST}}$。结合前桥侧倾转向项 $\delta_{\mathrm{f}\phi} = (\partial\delta_{\mathrm{f}}/\partial\phi)\phi$，并假定为稳态条件，则式（12-68）变为：

$$0 = K_{\mathrm{S}}'(\delta_{\mathrm{fw}} - \delta_{\mathrm{f}} + \delta_{\mathrm{f}\phi}) + M_{\mathrm{E}} \tag{12-71}$$

等效于：

$$\delta_{\mathrm{f}} = \delta_{\mathrm{fw}} + \delta_{\mathrm{f}}' \tag{12-72}$$

其中，

$$\delta_{\mathrm{f}}' = \delta_{\mathrm{f}\phi} + \frac{1}{K_{\mathrm{S}}'}M_{\mathrm{E}} \tag{12-73}$$

如果 L 为车辆轴距，R_{ss} 为稳态转向半径，则在 $R_{\mathrm{ss}} \gg L$ 的情况下，前后车轮转向中心所对应弧的角度为 L/R_{ss}。由图 12-9 所示的几何关系，可得：

$$\frac{L}{R_{\mathrm{ss}}} = (-\alpha_{\mathrm{f}} + \delta_{\mathrm{f}}) + (\alpha_{\mathrm{r}} - \delta_{\mathrm{r}})$$

$$= -\alpha_{\mathrm{f}} + (\delta_{\mathrm{fw}} + \delta_{\mathrm{f}}') + \alpha_{\mathrm{r}} - \delta_{\mathrm{r}} \tag{12-74}$$

由于稳态转向的侧向加速度为 $u_{\mathrm{c}}^2/R_{\mathrm{ss}}$，且模型是线性的，那么在侧向加速度为任意值

（例如为 $1g$）时，有 $R_{ss} = u_c^2/g$。由于转向曲率 $\rho_{ss} = 1/R_{ss}$，方程可整理为：

$$\frac{\rho_{ss}}{\delta_{fw}} = \frac{1}{L + \dfrac{u_c^2}{g}(\alpha_f - \delta_f' - \alpha_r + \delta_r)}$$

$$(12\text{-}75)$$

按照式（11-40）给出的形式，上式可写为：

$$\frac{\rho_{ss}}{\delta_{fw}} = \frac{1}{L + \kappa u_c^2} \qquad (12\text{-}76)$$

其中不足转向参数 κ［单位为（°）/ g］为：

$$\kappa = (\alpha_f - \delta_f' - \alpha_r + \delta_r)/g$$

$$(12\text{-}77)$$

由上式可见，不足转向参数 κ 的表达式除主要由轮胎侧偏刚度和外倾刚度决定的外倾角影响外，实际上还可能包括与车身侧倾引起的前、后轮

图 12-9　车辆稳态转向时的几何关系

转向效应及转向变形效应等因素。为方便后继内容的说明，对主要影响因素进行了编号，其中具体每一项均代表了某一特定的影响因素对车辆转向特性的影响描述，见表 12-6：

表 12-6　对不足转向参数 κ 的影响因素

参数项	影响因素	参数项	影响因素
第①项	轮胎侧偏刚度	第④项	转向系统变形效应
第②项	前轮外倾刚度	第⑤项	转向系统和前轮外倾的影响
第③项	前轴侧倾转向效应	第⑥项	后轴侧倾转向效应

在稳态转向且当侧向加速度为 $1g$ 时，有：

$$\sum F_y = F_{yf} + F_{yr} = mu_c r_{ss} = mg \qquad (12\text{-}78)$$

$$\sum M_z = aF_{yf} - bF_{yr} + M_{zf} + M_{zr} = 0 \qquad (12\text{-}79)$$

在轮胎力和力矩为线性条件下，有：

$$F_{yf} = -C_{\alpha f}\alpha_f + C_{\gamma f}\gamma_f \qquad (12\text{-}80)$$

$$F_{yr} = -C_{\alpha r}\alpha_r \qquad (12\text{-}81)$$

$$M_{zf} = C_{\psi f}\alpha_f \qquad (12\text{-}82)$$

$$M_{zr} = C_{\psi r}\alpha_r \qquad (12\text{-}83)$$

其中，$C_{\psi f}$ 和 $C_{\psi r}$ 分别定义为：

$$C_{\psi f} = \left.\frac{\partial M_{zf}}{\partial \alpha_f}\right|_{\alpha_f = 0} \qquad C_{\psi r} = \left.\frac{\partial M_{zr}}{\partial \alpha_r}\right|_{\alpha_r = 0} \qquad (12\text{-}84)$$

应用克莱姆法则，即可由式（12-78）和式（12-79）求解出 α_f、α_r，为：

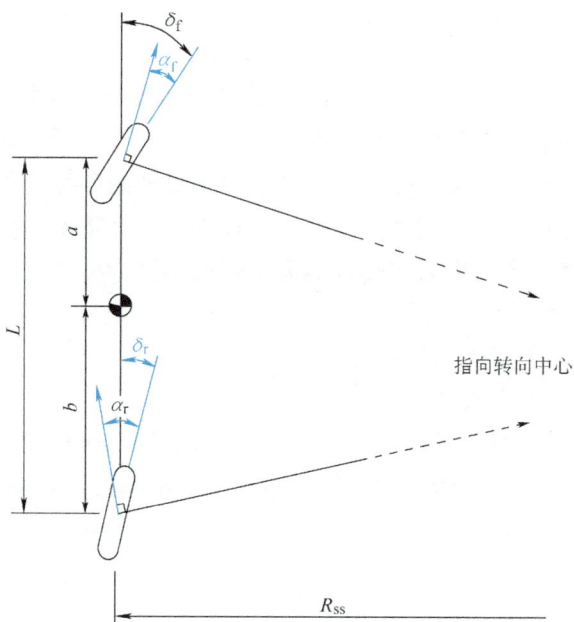

$$\alpha_{\mathrm{f}} = \frac{1}{D}\left[\,(LC_{\alpha r} + C_{\psi r})C_{\gamma f}\gamma_{\mathrm{f}} - mg(bC_{\alpha r} + C_{\psi r})\,\right] \tag{12-85}$$

$$\alpha_{\mathrm{r}} = \frac{1}{D}\left[\,-C_{\psi f}C_{\gamma f}\gamma_{\mathrm{f}} - mg(aC_{\alpha f} - C_{\psi f})\,\right] \tag{12-86}$$

其中，

$$D = LC_{\alpha f}C_{\alpha r} + C_{\alpha f}C_{\psi r} - C_{\alpha r}C_{\psi f}$$

因此，得到前后轮胎侧偏角之差为：

$$\alpha_{\mathrm{r}} - \alpha_{\mathrm{f}} = \frac{1}{D}\left[mg(bC_{\alpha r} - aC_{\alpha f} + C_{\psi f} + C_{\psi r}) - (LC_{\alpha r} + C_{\psi f} + C_{\psi r})C_{\gamma f}\gamma_{\mathrm{f}}\right] \tag{12-87}$$

由此推导出了本节中所讨论的代表转向特性的前两个参数项，即式（12-87）中的第一项（代表轮胎侧偏刚度的影响）和第二项（代表车轮外倾刚度的影响）。

利用式（12-80）和式（12-82）、式（12-69）所表示的外力矩 M_{E} 可写为：

$$M_{\mathrm{E}} = (t_{\mathrm{m}}C_{\alpha f} + C_{\psi f})\alpha_{\mathrm{f}} - t_{\mathrm{m}}C_{\gamma f}\gamma_{\mathrm{f}} \tag{12-88}$$

然后，根据式（12-85）可得：

$$M_{\mathrm{E}} = -\frac{mg}{D}\left[(t_{\mathrm{m}}C_{\alpha f} + C_{\psi f})(bC_{\alpha r} + C_{\psi r})\right] + \left[\frac{1}{D}(t_{\mathrm{m}}C_{\alpha f} + C_{\psi f})(LC_{\alpha r} + C_{\psi r}) - t_{\mathrm{m}}\right]C_{\gamma f}\gamma_{\mathrm{f}} \tag{12-89}$$

由此就推导出代表转向特性的第四项和第五项。由上面介绍的式（12-73）中表示的 $\delta_{\mathrm{f}\phi}$ 推导出代表转向特性的第三项，最终可由 δ_{r} 项推导出其第六项。由此，可将所有各项因素分别对不同车型及其不足转向参数的影响总结于表 15-6。

其中唯一影响前轮外倾角的是侧倾外倾这一项，于是有：

$$\gamma_{\mathrm{f}} = \gamma_{\mathrm{f}\phi} = \frac{\partial \gamma_{\mathrm{f}}}{\partial \phi}\phi \tag{12-90}$$

如果以 L_{ϕ} 表示簧载质量和非簧载质量之间的总体有效侧倾刚度，即：

$$L_{\phi} = K_{\phi} - m_{\mathrm{b}}gh_{\mathrm{b}} \tag{12-91}$$

那么在侧向加速度为 $1g$ 时的稳态转向工况下，车身稳态侧倾角 ϕ_{ss} 为：

$$\phi_{\mathrm{ss}} = -\frac{m_{\mathrm{b}}gh_{\mathrm{b}}}{L_{\phi}} \tag{12-92}$$

至此，分别代表不足转向程度这六项，即可由车辆参数明确地表示如下：

第①项：$\dfrac{mg}{D}(bC_{\alpha r} - aC_{\alpha f} + C_{\psi f} + C_{\psi r})$

第②项：$\dfrac{m_{\mathrm{b}}gh_{\mathrm{b}}}{DL_{\phi}}(LC_{\alpha r} + C_{\psi f} + C_{\psi r})C_{\gamma}\dfrac{\partial \gamma_{\mathrm{f}}}{\partial \phi}$

第③项：$\dfrac{m_{\mathrm{b}}gh_{\mathrm{b}}}{L_{\phi}}\dfrac{\partial \delta_{\mathrm{f}}}{\partial \phi}$

第④项：$\dfrac{mg}{DK'_{\mathrm{S}}}\left[(t_{\mathrm{m}}C_{\alpha f} + C_{\psi f})(bC_{\alpha r} + C_{\psi r})\right]$

第⑤项：$\dfrac{m_{\mathrm{b}}gh_{\mathrm{b}}}{L_{\phi}K'_{\mathrm{S}}}\left[\left(\dfrac{1}{D}(t_{\mathrm{m}}C_{\alpha f} + C_{\psi f})(LC_{\alpha r} + C_{\psi r}) - t_{\mathrm{m}}\right)\right]C_{\gamma}\dfrac{\partial \gamma_{\mathrm{f}}}{\partial \phi}$

第⑥项：　$-\dfrac{m_{b}g h_{b}}{L_{\phi}}\dfrac{\partial \delta_{r}}{\partial \phi}$

以六组不同车辆参数（代表了六种不同车辆）分别对上述六项进行计算，输入的车辆参数见表12-7，得出的结果见表12-8。

表 12-7　六组不同的车辆参数值(其中符号在文中已定义)

车辆参数	单位	福特 Pinto[5]	欧洲 Saloon	公路越野两用车		沃尔沃[6]	
				满载	空载	264	760
m	kg	1375	1522	2563	1791	1450	1450
m_{b}	kg	1208	1350	2324	1552	1260	1220
a	m	1.195	1.254	1.573	1.326	1.270	1.200
b	m	1.305	1.507	0.967	1.214	1.370	1.570
h_{b}	m	0.451	0.472	0.488	0.488	0.250	0.250
t_{m}	m	0.0066	0.01	0.0176	0.0176	0.050	0.050
$C_{\alpha f}$	N/rad	30082	71500	58810	56615	50000	55000
$C_{\alpha r}$	N/rad	29332	68500	71110	54565	50000	55000
$C_{\psi f}$	N·m/rad	1075	0	6679	5448	0	0
$C_{\psi r}$	N·m/rad	0	0	9459	4598	0	0
$C_{\gamma f}$	N/rad	6883	2165	3500	3500	2000	2000
K_{ϕ}	N·m/rad	41088	81572	43260	43260	50000	45000
K_{S}	N·m/rad	6475	5040	80025	80025	6500	15000
$\partial \delta_{f}/\partial \phi$	—	0.040	-0.036	0.04	0.04	0.08	0.05
$\partial \delta_{r}/\partial \phi$	—	-0.095	-0.020	0	0	-0.02	0.02
$\partial \gamma_{f}/\partial \phi$	—	0.8	0.34	-0.50	-0.50	0.8	0.9

表 12-8　六组车辆参数的总不足转向参数 κ 值及其各项分量值

影响因素标号	各因素内容描述	不足转向参数分配/[(°)/g]					
		福特 Pinto	欧洲 Saloon	公路越野两用车		沃尔沃	
				满载	空载	264	760
①	轮胎侧偏刚度	0.61	0.43	-0.51	0.08	0.31	0.99
②	前轮外倾刚度	1.61	0.05	-0.64	-0.40	0.12	0.13
③	前轴侧倾转向效应	0.34	-0.17	0.79	0.48	0.30	0.20
④	转向系统变形效应	2.68	0.93	1.02	0.74	3.25	1.54
⑤	转向系统及前轮外倾的影响	0.53	0	-0.10	-0.05	0	0
⑥	后轴侧倾转向效应	0.81	0.10	0	0	0.08	-0.08
单位侧向加速度引起的总不足转向参数		6.58	1.33	0.56	0.84	4.06	2.79
单位侧向加速度引起的侧倾角		8.6	4.8	20	12	3.8	4.1

表12-8所给出的重要信息是：由第一项表示的基本不足转向参数不一定是总不足转向参数中的最重要因素。在上述各种不同情况下，第四项代表的转向系统变形效应也占有相当重要的地位。事实上，公路越野两用车在满载工况下，第一项表示处于过多转向状态，只在第四项取值增大时才使车辆恢复为不足转向状态。

2. 稳定性分析

通过对复平面内的不同车辆系统特征值的比较，分析六组不同车辆参数（假设代表着

六种不同车型）的相对稳定性，如图 12-10 所示，其中不同车辆系统特征值均为车辆行驶速度的函数。每一车型都显示了两个重要的振动模态：大阻尼情况下（如公路越野两用车在低速行驶时表现为过阻尼状态），同时考虑了车身侧倾影响的侧向运动或横摆为主模态；而低阻尼时，以伴有横摆或侧向运动成分在内的车身侧倾为主模态。

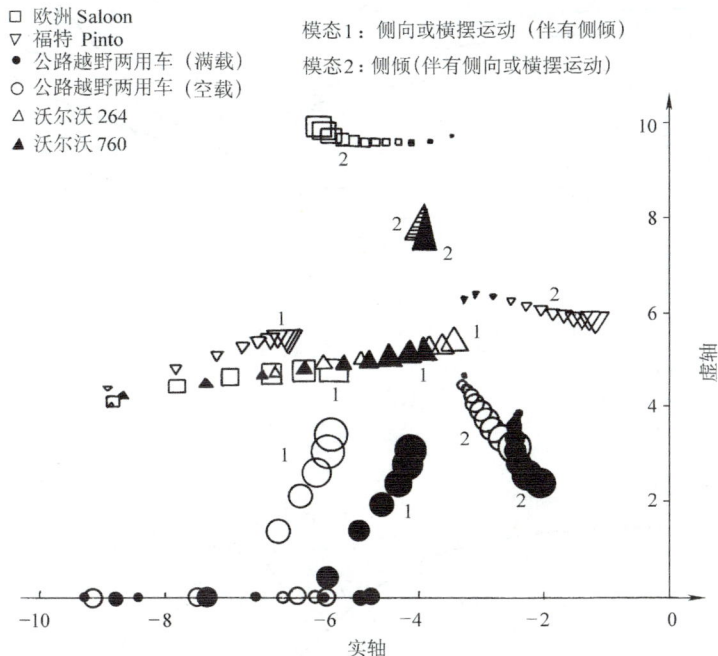

图 12-10　六种不同车辆的系统特征值比较
（行驶车速在 4~40m/s 范围内变化，其中的图形由小到大表示车速由低到高）

第一种模态下的系统特征值一般居于图中左下区域，呈低频、大阻尼状态；而第二种模态的系统特征值一般在图的右上方，呈高频、小阻尼状态。除此之外，不同车型的结果在总体趋势上差别不大。正如所预料的那样，严重不足转向的福特 Pinto 的侧向或横摆运动的模态阻尼最小，该结论还可从图 11-19 所示的与别克车型结果的比较中看出。

由以上结果获得的总体信息体现着两面性。一方面，这些结果不易解释，通常需要花些时间来掌握判别与某一特定模态相关的频率和阻尼的技巧和经验，并且要想合理地解释某一参数的变化会如何影响其结果，同样也需要时间和经验；另一方面，这些特征值的计算结果可能在获取车辆的相对信息中更为有用，比如在不同车型和不同车辆比较时使用，而不是将它们作为操纵稳定性的绝对指标。因此，通常的做法是将这些结果与稳态响应和频率响应信息结合使用，并通过对比的方法来分析车辆操纵动力学方面的性能。

3. 频率响应分析

六种车型在转向输入下的车辆侧向加速度和侧倾角增益的幅频函数如图 12-11 所示。计算中，各种输入条件下的车辆行驶速度均为 20m/s，转向盘输入幅值均为 1rad。可以看出，由于各种车型的侧向加速度增益的大小不同，很难对不同车型的结果进行比较。

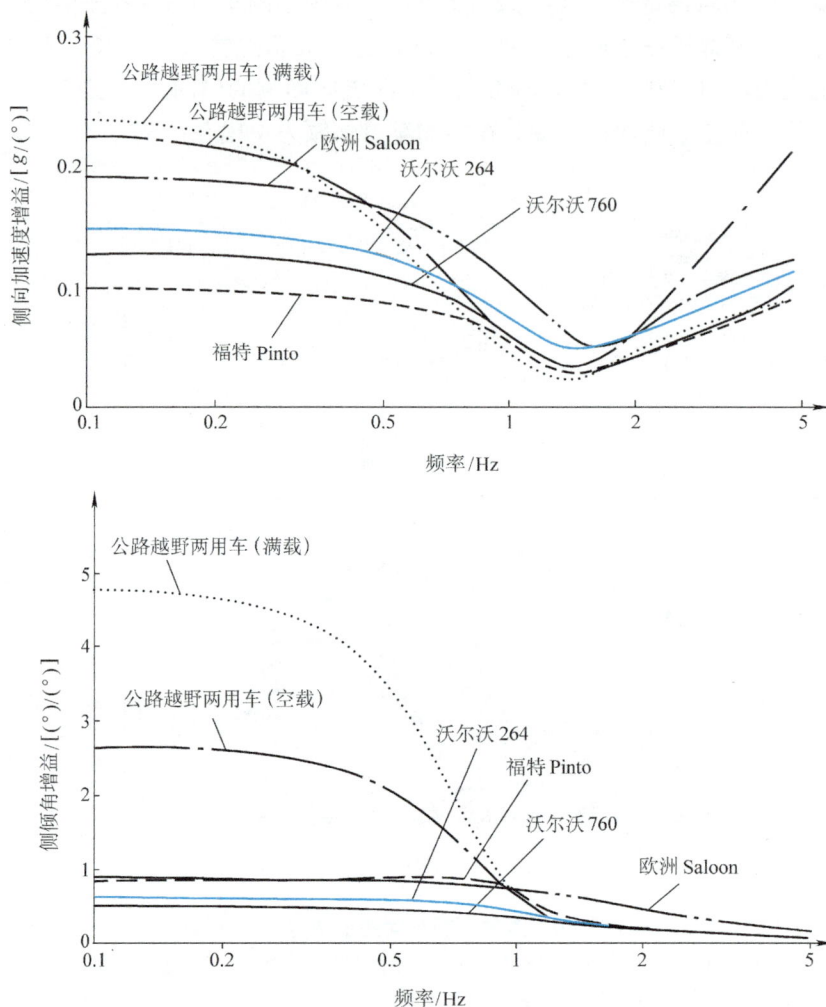

图 12-11　不同车型的侧向加速度和侧倾角增益的幅频函数

　　然而，由结果可知：当频率为零时，各种车型的侧向加速度增益稳态值不尽相同，而且随着频率的增加，变化趋势也有差别。因此，为了对这六种不同车型进行比较，最好是将它们进行统一的标定处理，以达到相同的稳态值。这种做法体现在图 12-12 所示的分析结果中，每种车型均采用了不同的输入幅值，但获得的稳态侧向加速度均为 $0.3g$。

　　由图 12-12 可以看出，四种轿车在该车速下的响应极为相似，但是公路越野两用车的响应在低频段逐渐减小，其原因是由于该车型的轮胎侧倾刚度相对本身车重较低所致。

　　在侧倾响应分析中，公路越野两用车具有相对较高的质心和较低的悬架侧倾刚度，因此其侧倾角增益值比欧洲 Saloon 等轿车要高得多。福特 Pinto 具有相对较小的刚度和阻尼，因此在 0.8Hz 附近略微显示了共振趋势，尽管图中显示的趋势不甚明显，但随着车速的增加这一特性将变得更加显著。

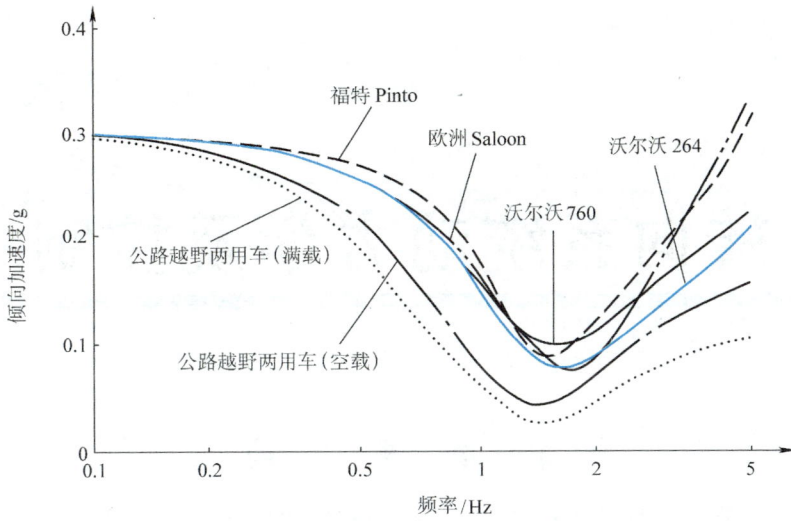

图 12-12　侧向加速度均设定为 $0.3g$ 时不同车型的稳态频率响应比较

参 考 文 献

［1］Campbell C. Automobile Suspension ［M］. London：Springer，1981.

［2］Bastow D. Car Suspension and Handling ［M］. 2nd ed. Plymouth：Pentech Press，1987.

［3］Daniels J. Handling and Roadholding ［M］. Uckfield：Motor Racing Publications Ltd.，1988.

［4］Dixon J C. Tires，Suspension and Handling ［M］. 2nd ed. Warrendale：SAE International，1996.

［5］Segel L. Basic Linear Theory of Handling and Stability of Automobiles ［C］. International Center for Transportation Studies，1982，4（10）：25 - 30.

［6］Jaksch F O. The Influence of Different Vehicle Parameters on Steering Controllability and Stability ［C］. Proc. of IMechE Conference on Road Vehicle Handling，Paper C110/83，May，1983.

［7］Dave Crolla，喻凡. 车辆动力学及其控制 ［M］. 北京：人民交通出版社，2004.

转向系统动力学及控制

第一节 概　述

转向系统的功能是遵循驾驶人的输入指令使转向轮转向，以获得总体上的车辆方向控制。从前面的章节中可知，在车辆转向过程中，实际获得的转向角不仅与转向系统的结构有关，还与悬架系统的结构及其与转向系统之间的相互作用有关。

本章首先简单介绍转向系统的结构及转向几何学，然后根据转向系统动力学的分析要求，分析转向系统的振动及其与悬架的耦合振动问题，包括一个线性分析实例和应用分岔理论的非线性分析实例。最后，以两自由度操纵动力学模型为例，介绍三种典型的转向控制系统：四轮转向系统、电动助力转向系统和主动前轮转向系统。

一、转向系统结构

转向系统的典型结构如图 13-1 所示[1]。驾驶人在转向盘上施加的转矩及转向角，使转向盘的旋转运动经转向器转换为直线运动。转向器产生的横向直线运动由转向杆系传至左、右车轮的转向节臂。车辆转向时，为获得左右不等的转向角，转向杆系构成的几何形状通常设计成不等边四边形，称为"转向梯形"。通过转向梯形使两侧转向轮绕主销转动，以实现车辆转向的目的。

二、转向几何系

根据阿克曼几何学原理，如图 13-2 所示，前轮转向的车辆在转向时，其外侧车轮转向角 δ_o 和内侧车轮转向角 δ_i 应符合如下关系：

$$\cot\delta_o - \cot\delta_i = t_{kp}/L \qquad (13-1)$$

式中，δ_o 为外侧转向轮转角；δ_i 为内侧转向轮转角；L 为车辆轴距；t_{kp} 为两主销轴线与地面

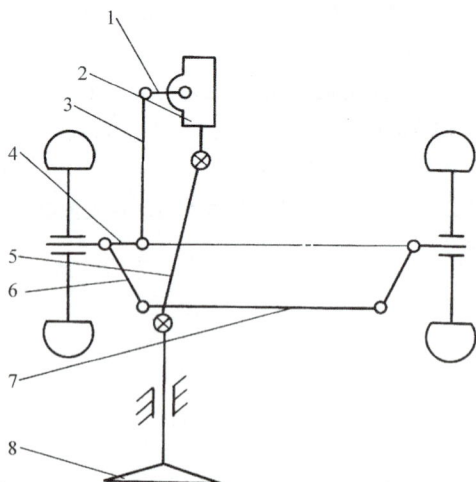

图 13-1　转向系统的典型结构
1—转向摇臂　2—转向器　3—转向直拉杆
4—转向节臂　5—转向传动轴　6—转向
梯形臂　7—横拉杆　8—转向盘

交点间距离。

车辆转向行驶时，若满足式（13-1）表示的条件，车轮才做纯滚动。但实际中，车辆转向梯形机构很难在整个转向范围内均满足该条件，通常只是近似地满足。当内、外轮转角差别不大时，可近似认为两者相等，此时的转向梯形为平行几何关系。符合阿克曼几何关系和平行几何关系的内、外轮转角关系理论曲线如图 13-3 所示。由图可见，平行几何关系为 45°直线，由于转向梯形机构通常不能完全满足阿克曼几何关系，因而实际的内、外轮转角关系曲线通常在两条几何学关系线之间变化。

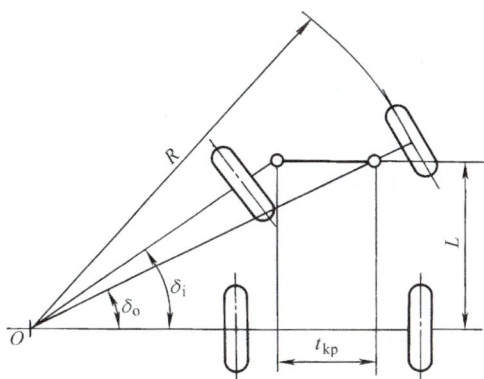

图 13-2 阿克曼转向几何关系

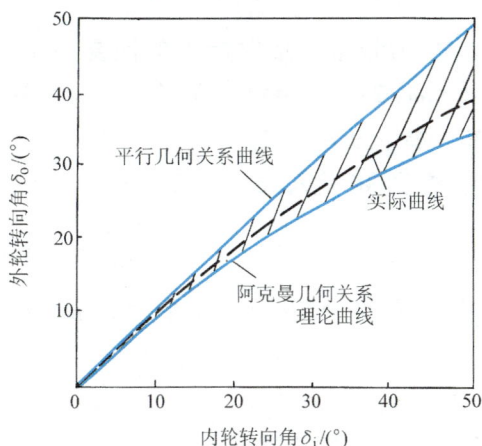

图 13-3 内、外轮转向角关系曲线

车轮定位参数对车辆的操纵稳定性、直线行驶能力以及轮胎磨损等方面都有显著影响。主销后倾角和主销内倾角的作用主要是使车轮能自动回正，从而保证车辆直线行驶的稳定性。而车轮外倾角、主销内倾角和车轮前束则主要影响轮胎侧向偏移量，若变化过大将会引起轮胎的过度磨损。因而，车辆行驶过程中车轮定位参数的变化也要符合车辆各方面性能的要求，以保证车辆良好的总体性能。

第二节 转向系统振动分析

一、振动系统的组成

本节中对车辆前轴与转向系统的振动问题进行最基本的分析，所研究的振动系统主要由转向杆系、转向轮、转向器以及悬架和簧载质量组成。在建模之前，首先做如下简化[2]：

1）将转向系统简化为由总体扭转刚度系数 K_{ST} 表示的单自由度系统，参见式（12-29）和图 12-4。并假定系统质量集中于转向盘，驾驶人控制的转向盘固定不动。

2）忽略簧载质量的振动，即假设簧载质量也固定不动。

3）轮胎特性仅考虑侧向刚度 ρ_y 和侧偏刚度 C_α。车轮定位参数只考虑轮胎的机械拖距（即主销后倾拖距）t_m，而不考虑车轮外倾角和主销内倾角的影响。

基于上述假设条件，即可根据建立的系统动力学模型对系统进行振动分析。首先，分别介绍在不同激励作用下的前轴侧倾振动和前轮摆振，然后分析两者的耦合振动。

1. 车辆前轴的侧倾振动

在忽略系统阻尼的情况下，车辆前轴绕车辆坐标系 x 轴的自由振动如图 13-4 所示。

设车辆前轴的侧倾转动惯量为 I_{xxf}，前轴侧倾角为 ϕ_f，则前轴绕 x 轴转动的运动方程为：

$$I_{xxf} \frac{\mathrm{d}^2 \phi_f}{\mathrm{d} t^2} = - M_s - M_t \qquad (13\text{-}2)$$

式中，M_s 为悬架变形时产生的恢复力矩，等于 $d_s^2 K_s \phi_f / 2$；M_t 为轮胎变形时产生的恢复力矩，等于 $B^2 K_t \phi_f / 2$。

将 M_s 和 M_t 代入式（13-2）中，可得：

$$I_{xxf} \frac{\mathrm{d}^2 \phi_f}{\mathrm{d} t^2} + \frac{1}{2}(d_s^2 K_s + B^2 K_t) \phi_f = 0 \qquad (13\text{-}3)$$

由此可得前轴侧倾振动的固有圆频率 ω_{fa} 为：

$$\omega_{fa} = \sqrt{\frac{d_s^2 K_s + B^2 K_t}{2 I_{xxf}}} \qquad (13\text{-}4)$$

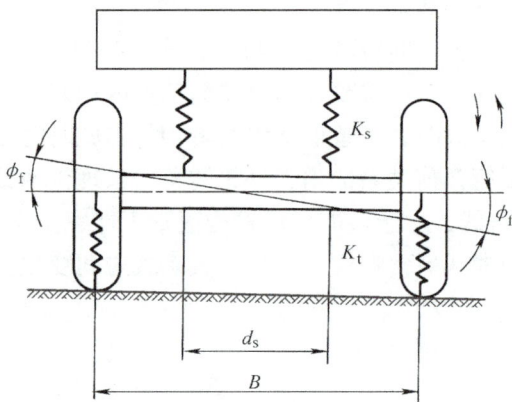

图 13-4　车辆前轴绕车辆坐标系 x 轴的自由振动

2. 前轮绕主销的摆振

转向前轮与转向机构及杆系组成的绕主销的摆振系统如图 13-5 所示。

设前轮绕主销的转动惯量为 I_{kp}，前轮绕主销的转向角刚度为 K_{kp}，则前轮绕主销的摆振角为 ψ_w，系统自由振动微分方程为：

$$I_{kp} \frac{\mathrm{d}^2 \psi_w}{\mathrm{d} t^2} = - K_{kp} \psi_w \qquad (13\text{-}5)$$

当考虑整个转向系统（从转向盘至转向前轮）的弹性变形时，则可根据式（12-29），以转向系统总扭转刚度 K_{ST} 替代前轮绕主销的转向角刚度 K_{kp}，从而得出的前轮绕主销振动的固有频率 ω_w 为：

$$\omega_w = \sqrt{\frac{i_s^2 K_{ST}}{I_{kp}}} = \sqrt{\frac{i_s^2 K_{SC} K_{SL}}{I_{kp}(i_s^2 K_{SC} + K_{SL})}} \qquad (13\text{-}6)$$

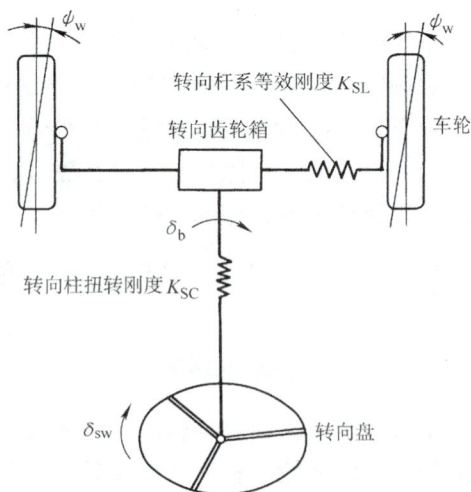

二、系统的外界激振

图 13-5　转向前轮与转向机构及杆系组成的
绕主销的摆振系统

以上分别介绍的前轴及前轮振动系统在不同的外界激励下可激发不同形式的振动。车辆转向系统受到的外界激励可分为周期性变化激励和偶然离散激励两种。下面分别就不同情况进行讨论。

1. 周期性变化激励

转向系统受到的周期性变化激励可以是由车轮不平衡质量引起的离心惯性力，也可以是由悬架与转向杆系运动关系不协调产生的激励，这里对这两种情况分析如下。

车轮与轮胎可能由于制造上的误差、材料的不均匀性而产生不平衡质量 m_g。当车轮转动时，不平衡质量将产生沿车轮半径方向的离心惯性力 F_g，如图 13-6a 所示。

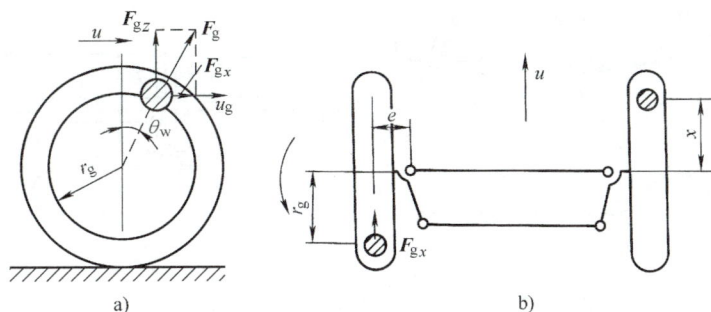

图 13-6　车轮不平衡质量引起的周期性外界激励

a）不平衡质量引起的离心惯性力　b）不平衡质量的位置

设不平衡质量 m_g 的线速度 u_g 近似等于车速；质量 m_g 的偏心距 r_g 近似等于车轮滚动半径 r_d，则由不平衡质量引起的离心惯性力为：

$$F_g = m_g u_g^2 / r_g \approx m_g u^2 / r_d$$

如图 13-6b 所示，由 F_g 的水平分力 F_{gx} 产生一个绕主销的力矩 M_g，即：

$$M_g = F_{gx} e = F_g \sin\theta_w e \approx m_g \frac{u^2}{r_d} \sin\left(\frac{u}{r_d}t\right) e \tag{13-7}$$

式中，θ_w 为车轮转角，等于车轮角速度与时间的乘积，约等于 ut/r_d；e 为主销中心到车轮中心平面的距离。

由式（13-7）可见，由不平衡质量 m_g 间接产生的力矩 M_g 将使车轮绕主销产生周期性摆振，其激振频率与车速成正比。当激振频率与转向轮绕主销振动的固有频率接近时，系统将发生共振，此时车轮将产生强烈的摆振，导致操纵性能变化。

同样，若考虑到不平衡质量引起的离心惯性力在垂直方向的分力 F_{gz}，其大小可表示为：

$$F_{gz} = F_g \cos\theta_w \approx m_g \frac{u^2}{r_d} \cos\left(\frac{u}{r_d}t\right) \tag{13-8}$$

此外，离心惯性力 F_g 的垂向力 F_{gz} 还将引起车轮的上下跳动。若左、右两边车轮的不平衡质量相位差正好为图 13-6b 所示的 180° 时，则会导致前轴侧倾振动。为避免车轮不平衡质量带来的影响，规定装配新车或给旧车换胎时，需对每个车轮进行动平衡测试，通常要求不平衡度应控制在 $0.04 \sim 0.05\text{N}\cdot\text{m}$ 范围之内。

悬架与转向杆系运动关系不协调也会引起前轮绕主销的摆振。某货车钢板弹簧前悬架系统（图 13-7）中钢板弹簧的前后端分别以铰链和活动吊耳与车架相连。转向机固定于前轴之后，而转向节球头销的 D 点与纵拉杆相连，纵拉杆摆动中心为 O_2，弹簧跳动瞬时中心为

O_1，假定 O_1 与 O_2 相隔较远（图 13-7a）。当车轮上跳时，前轴及主销 C 点沿 $\overset{\frown}{AA}$ 运动，即一面上跳，一面相对于车架前移；而转向节上的 D 点将以 O_2 为中心沿 $\overset{\frown}{BB}$ 运动，即在上跳的同时相对车架后移（图 13-7b）。车轮上跳时，D 点相对于 C 点后移，其结果使车轮向内偏转；反之当车轮下落时，使车轮向外偏转。

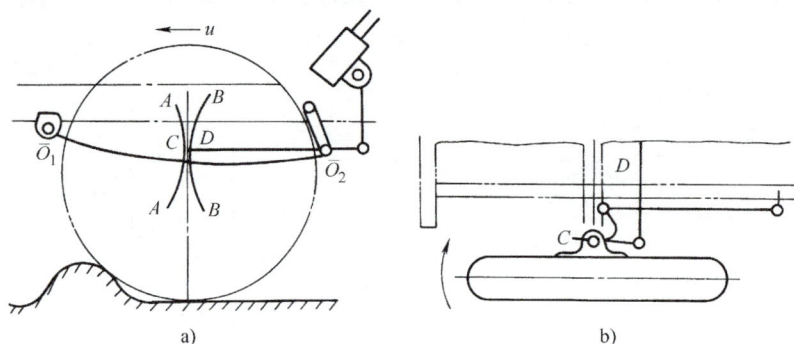

图 13-7　某货车转向机构与悬架的运动干涉

可见，当前悬架采用独立悬架时，悬架与转向杆系的运动协调可能在很大程度上取决于横拉杆连接点的位置选择是否合理，如选择不当也会引起前轮摆振。

2. 偶然离散激励

当车辆直线行驶时，可能受到的侧向阵风或车轮受到路面凸凹引起的离散侧向输入作用，这些偶然的离散激励都会引发车轮的偏转摆振。一种情况是，当外界激励消除后，若系统的阻尼足够，振动会逐渐衰减，系统表现为通常的有阻尼自由振动。另一种情况则是，当外界激励消除后，振动并不衰减，相反却因此激发系统内部的某种周期性交变力，从而引起持续的振动，系统表现为自激振动。

尽管实际中车轮自激摆振机理很复杂，但是仍可以通过最基本的能量输入输出关系来进行简单的分析和解释。考虑到使车辆转向系统产生自激振动的能量输入来自发动机，激励源由地面与弹性轮胎的相互作用输入到前轮转向系统。由于轮胎固有的迟滞特性，当轮胎发生侧向振动时，轮胎弹性恢复力 F_{ye} 滞后于轮胎变形 y，二者的关系如图 13-8 所示。

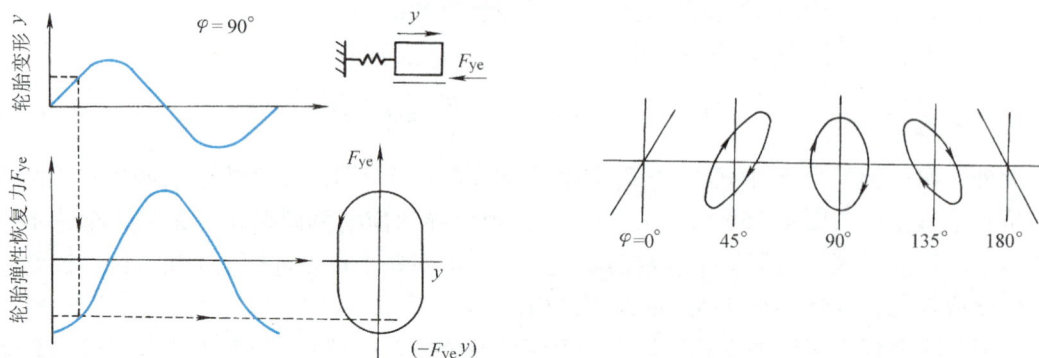

图 13-8　轮胎的侧向弹性恢复力与变形的滞后关系及示功图

由图 13-8 可见，弹性轮胎所产生的能量（即 $F_{ye}y$ 所形成的面积）随 F_{ye} 与 y 相位差 φ 的不同而不同，当 φ 为 90°时，产生的能量最大。正是由于这种能量的输入，形成了系统的所谓"负阻尼"。

根据前面对前轮摆振系统的分析，再考虑车轮绕主销转动的等效阻尼系数 C_{kp}，则以前轮摆振角 ψ_w 为状态变量的运动方程为：

$$I_{kp}\ddot{\psi}_w + C_{kp}\dot{\psi}_w + K_{kp}\psi_w = 0 \tag{13-9}$$

然而，若假定轮胎弹性恢复力滞后于轮胎变形，且滞后时间为 τ，则弹性恢复力矩 $K_{kp}\psi_w$ 不是时间 t 的函数，而是 $(t-\tau)$ 的函数，其拉氏变换为 $L[K_{kp}\psi_w(t-\tau)] = K_{kp}\psi_w(s)e^{-\tau s}$。因此，在考虑轮胎弹性恢复力矩滞后的情况下，式（13-9）可改写为：

$$I_{kp}\ddot{\psi}_w(t) + C_{kp}\dot{\psi}_w(t) + K_{kp}\psi_w(t-\tau) = 0 \tag{13-10}$$

对式（13-10）进行拉氏变换，有：

$$[I_{kp}s^2 + C_{kp}s + K_{kp}e^{-\tau s}]\psi_w(s) = 0 \tag{13-11}$$

若将轮胎迟滞特性表示为：

$$F_{ye} = F_{ye0}(1 - e^{-(ut/C_t)}) \tag{13-12}$$

式中，u 为轮胎滚动速度；F_{ye0} 为不计迟滞的轮胎弹性恢复力；C_t 为轮胎特性系数。

这里，不妨再假设 $F_{ye}/F_{ye0}=0.95$，根据式（13-12），可计算出 $e^{(-ut/C_t)} = 1 - 0.95 = 0.05$，则滞后时间 τ 为：

$$\tau = \frac{C_t}{u}\ln 20 \tag{13-13}$$

将式（13-13）代入式（13-11），可得：

$$I_{kp}s^2 + C_{kp}s + K_{kp}e^{-(C_t/u)(\ln 20)s} = 0 \tag{13-14}$$

考虑到滞后时间 τ 很小，因而有：

$$e^{-(C_t/u)(\ln 20)s} \approx 1 - \frac{C_t}{u}(\ln 20)s \tag{13-15}$$

将式（13-15）代入式（13-14），有：

$$I_{kp}s^2 + \left(C_{kp} - K_{kp}\frac{C_t}{u}\ln 20\right)s + K_{kp} = 0 \tag{13-16}$$

再将式（13-16）进行拉氏逆变换，可得：

$$I_{kp}\ddot{\psi}_w + \left(C_{kp} - K_{kp}\frac{C_t}{u}\ln 20\right)\dot{\psi}_w + K_{kp}\psi_w = 0 \tag{13-17}$$

由式（13-17）可知，此时考虑了轮胎弹性迟滞的前轮摆振系统的总阻尼系数 ζ 为：

$$\zeta = \left(C_{kp} - K_{kp}\frac{C_t}{u}\ln 20\right)\Big/2\sqrt{K_{kp}I_{kp}} \tag{13-18}$$

由此可见，当 $K_{kp}\frac{C_t}{u}\ln 20 > C_{kp}$ 时，系统总阻尼 ζ 值为负，从而激发系统产生了自激振动。

三、前轴与前轮的耦合振动

前面我们分别介绍了车辆前轴的侧倾振动和前轮绕主销的摆振问题。然而，车辆在实际

行驶中，前轴侧倾振动和前轮摆振可能相互耦合，并对车辆操纵性和行驶稳定性的影响很大。虽然摆振的机理和影响因素很复杂，用于摆振研究的数学模型也很多，然而为了便于说明摆振现象，可以在模型建立过程中对一些数学上难于处理的非线性问题进行简化处理，如忽略悬架弹性和阻尼的非线性特性及一些如零部件的间隙和干摩擦等次要因素。这里，首先建立考虑前轮和前轴耦合振动的线性模型，再给出一些典型的分析结果[2,3]。

1. 模型的建立

实际经验表明，通常两转向轮之间的转向梯形机构的刚度对车轮的摆振影响显著，因此可将左右两轮间转向杆系视为具有一定阻尼的弹性元件，左、右两轮绕主销的摆振作为两自由度系统来考虑。仍采用本章第二节中的三个假设条件，对某非独立悬架汽车建立考虑车辆前轴与前轮耦合振动的摆振模型，如图 13-9 所示。模型中包含了前桥绕其纵轴线的侧摆运动 ϕ_f 和左右车轮绕主销摆动 $\psi_{w,L}$、$\psi_{w,R}$ 三个自由度。

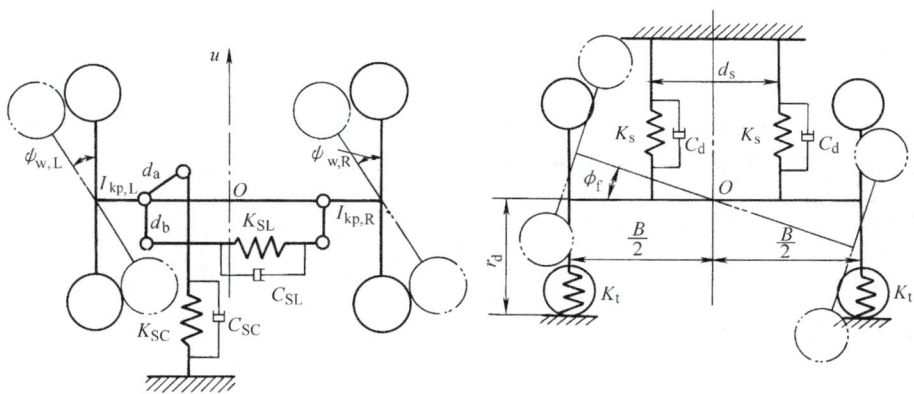

图 13-9　非独立悬架的转向轮摆振模型

根据以上简化条件得出的系统运动微分方程，分别由式（13-19）～式（13-21）表示如下：

（1）左前轮绕主销摆振方程

$$I_{kp,L}\ddot{\psi}_{w,L} + (C_{kp} + d_b^2 C_{SL} + d_a^2 C_{SC})\dot{\psi}_{w,L} + (K_0 + K_p)\psi_{w,L} - d_b^2 C_{SL}\dot{\psi}_{w,R} - K_0\psi_{w,R} -$$

$$I_w \frac{u}{r_d}\dot{\phi}_f + \left[\frac{B}{2}K_t e(\lambda - f_R) + \rho_y r_d^2 \lambda\right]\phi_f + F_{y,L}(r_d\lambda + t_m) = 0 \tag{13-19}$$

（2）右前轮绕主销摆振方程（忽略纵拉杆的影响）

$$I_{kp,R}\ddot{\psi}_{w,R} + C_{kp}\dot{\psi}_{w,R} + d_b^2 C_{SL}(\dot{\psi}_{w,R} - \dot{\psi}_{w,L}) + K_0(\psi_{w,R} - \psi_{w,L}) - I_w \frac{u}{r_d}\dot{\phi}_f +$$

$$\left[\frac{B}{2}K_t e(\lambda - f_R) + \rho_y r_d^2 \lambda\right]\phi_f + F_{y,R}(r_d\lambda + t_m) = 0 \tag{13-20}$$

（3）车辆前轴绕 x 轴的侧倾角振动微分方程

$$I_{xxf}\ddot{\phi}_f + \frac{d_s^2 C_d}{2}\dot{\phi}_f + \left(\frac{d_s^2 K_s}{2} + \frac{B^2}{2}K_t + 2\rho_y r_d^2\right)\phi_f + I_w \frac{u}{r_d}(\dot{\psi}_{w,L} + \dot{\psi}_{w,R}) +$$

$$(F_{y,L} + F_{y,R})r_d = 0 \tag{13-21}$$

式中，u 为车辆行驶车速；d_a、d_b 为转向节臂长和梯形臂长；K_{SC} 和 C_{SC} 分别为转向柱的等效刚度和等效阻尼系数；K_{SL} 和 C_{SL} 分别为转向梯形机构的等效刚度和等效阻尼系数；K_p 为转向机构刚度，等于 $d_a^2 K_{SC}$；K_0 为横拉杆刚度，等于 $d_b^2 K_{SL}$；K_s 为悬架刚度；C_d 为减振器阻尼系数；f_R 为轮胎滚动阻力系数；K_t 为轮胎垂向刚度；ρ_y 为轮胎侧向刚度；$F_{y,L}$、$F_{y,R}$ 分别为左、右车轮的侧向力；I_w 为车轮绕自转轴的转动惯量；e 为主销中心到车轮中心平面的距离；t_m 为轮胎机械拖距；λ 为主销后倾角；$I_{kp,L}$、$I_{kp,R}$ 分别为左、右车轮绕主销的转动惯量；I_{xxf} 为前轴绕纵轴线的侧摆惯量；C_{kp} 为车轮绕主销转动的等效阻尼系数；$\psi_{w,L}$、$\psi_{w,R}$ 分别为左、右车轮绕主销的振动角位移；ϕ_f 为车辆前轴的侧倾角位移。

采用轮胎侧向力集中模型[2] 来计算轮胎侧向力，模型中包含了轮胎侧向刚度 ρ_y、侧偏刚度 C_α、轮胎机械拖距 t_m 三个参数，如图 13-10 所示。图中，ϕ_t 为轮胎运动方向（即印迹的对称方向）与 x 轴的夹角；y_0' 为主销无横摆时的初始横坐标；y 为主销的横坐标；y_0 为轮胎拖距坐标，$y_0 = y_0' - t_w \psi_w + \int \dot{y} \mathrm{d}t$；$y_1$ 为侧向力 F_y 作用点的横坐标，$y_1 = \int u\phi_t \mathrm{d}t + y_0'$；$\psi_w - \phi_t$ 为轮胎侧偏角。

由图可得轮胎的侧向力，即：

$$F_y = C_\alpha(\psi_w - \phi_t) \tag{13-22}$$

将式（13-22）左右两边同乘以车速，整理得：

$$u\phi_t = u\psi_w - F_y u / C_\alpha \tag{13-23}$$

F_y 作用点位置坐标 y_1 可整理为：

$$y_1 = \int (u\psi_w - F_y u / C_\alpha) \mathrm{d}t + y_0' \tag{13-24}$$

图 13-10　轮胎模型示意图

由于轮胎侧向力还可表示为轮胎的侧向刚度与侧向变形的乘积，即：

$$F_y = \rho_y(y_1 - y_0) \tag{13-25}$$

将式（13-24）代入式（13-25），即得：

$$F_y = \rho_y \left[\int (u\psi_w - F_y u / C_\alpha) \mathrm{d}t + t_w \psi_w - \int \dot{y} \mathrm{d}t \right] \tag{13-26}$$

对上式求导得：

$$\dot{F}_y = \rho_y(u\psi_w - F_y u / C_\alpha + t_m \dot{\psi}_w - \dot{y}) \tag{13-27}$$

由于侧向力与侧摆 y 成线性关系，而侧摆速度对其影响很小，故可忽略不计。因此，式（13-27）可写成：

$$\dot{F}_y = \rho_y(u\psi_w - F_y u / C_\alpha + t_m \dot{\psi}_w) \tag{13-28}$$

左前轮侧向力方程为：

$$\dot{F}_{y,L} = \rho_y \left(u\psi_{w,L} - \frac{u F_{y,L}}{C_\alpha} + t_m \dot{\psi}_{w,L} \right) \tag{13-29}$$

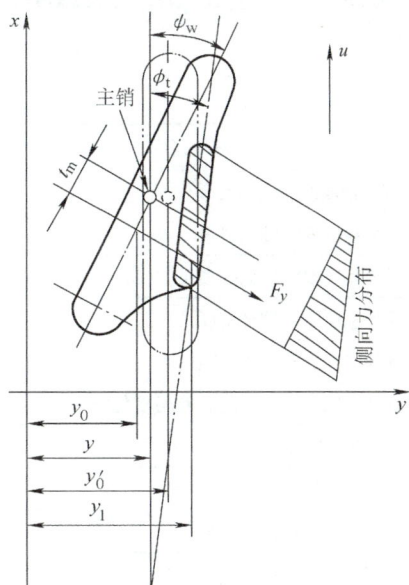

同理，右前轮侧向力方程为：

$$\dot{F}_{y,\mathrm{R}} = \rho_y \left(u\psi_{\mathrm{w,R}} - \frac{uF_{y,\mathrm{R}}}{C_\alpha} + t_\mathrm{m}\dot{\psi}_{\mathrm{w,R}} \right)$$ (13-30)

2. 一些典型的仿真计算结果

根据建立的系统运动方程，即可分析转向系结构参数对前轮摆振的影响。这里以国产某非独立悬架汽车的转向系统参数为例（表13-1），并设右前轮不平衡量为 0.43kg·m。在进行仿真计算时，记录了系统各自由度摆振的幅值以及路面对轮胎的侧向反作用力。并在初始激励的情况下测量了系统的衰减率，从而计算出系统的相对阻尼系数。给出主要的分析结果如下。

表 13-1　某非独立悬架汽车摆振模型参数

参数说明	符号	单位	参数值
左(右)前轮绕主销的转动惯量	$I_{\mathrm{kp,L}}(I_{\mathrm{kp,R}})$	kg·m²	6
车轮绕自旋轴的转动惯量	I_w	kg·m²	4.85
前桥绕其纵轴线的侧摆惯量	I_{xxf}	kg·m²	160
换算到主销的横拉杆刚度	K_0	kN·m/rad	35.5
换算到主销的转向机构刚度	K_p	kN·m/rad	17
换算到前轴侧摆中心的悬架当量角刚度	$d_\mathrm{s}^2K_\mathrm{s}/2$	kN·m/rad	32
轮胎的侧向刚度	ρ_y	kN/m	80
轮胎的垂向刚度	K_t	kN/m	400
换算到主销的横拉杆阻尼	C_1	N·m·s/rad	10
换算到主销的直拉杆阻尼	C_2	N·m·s/rad	100
换算到主销的转向梯形机构的等效阻尼系数	$d_\mathrm{b}^2C_{\mathrm{SL}}$	N·m·s/rad	10
换算到主销的转向柱的等效阻尼系数	$d_\mathrm{a}^2C_{\mathrm{SC}}$	N·m·s/rad	50
换算到前桥侧摆中心的悬架当量角阻尼	$d_\mathrm{s}^2C_\mathrm{d}/2$	kN·m·s/rad	1.05
车轮绕主销的等效阻尼系数	C_{kp}	N·m·s/rad	45
轮胎的滚动半径	r_d	m	0.4
轮距	B	m	1.608
轮胎滚动阻力系数	f_R	—	0.015
主销中心到车轮中心平面的距离	e	m	0.07
主销后倾角	λ	rad	0.04
轮胎机械拖距	t_m	m	0.07
车辆行驶速度	u	km/h	0~100
轮胎侧偏刚度	C_α	kN/rad	63

首先考察随横拉杆刚度 K_0 和转向机构刚度 K_p 的影响，在不同 K_0 和 K_p 的条件下，前轮摆振振幅随车速变化的关系分别如图13-11和图13-12所示。由图可见，前轮摆振的幅值将随横拉杆刚度 K_0 和转向机构刚度 K_p 的增加而减小。

此外，考察转向机构刚度对系统的固有频率 f_{ns} 和相对阻尼系数 ζ 的影响，如图13-13所示。由图可见，系统的固有频率 f_{ns} 和相对阻尼系数 ζ 将随转向机构刚度的增加而提高。当转向机构刚度 K_p 低于 $7kN \cdot m/rad$ 时，前轮摆振系统进入不稳定区。

最后，考察系统可能出现自激型摆振的车速范围。系统的相对阻尼系数 ζ 随车速的变化关系如图13-14所示。当车速在 $32 \sim 69km/h$ 范围内时，系统相对阻尼系数 $\zeta < 0$，即系统出现负阻尼而发生自激振动。当车速低于 $30km/h$ 和高于 $75km/h$ 时，系统相对阻尼系数 $\zeta > 0$，系统为受迫振动系统。

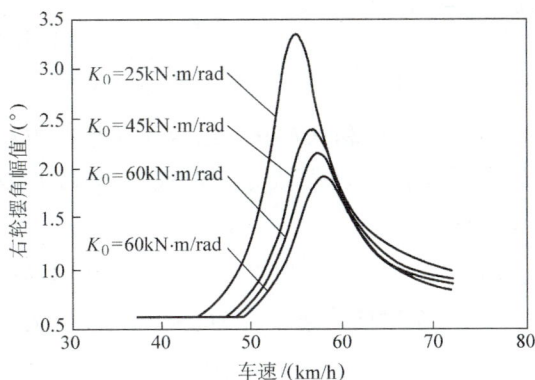

图13-11　具有不同横拉杆刚度的前
轮摆振幅值随车速的变化

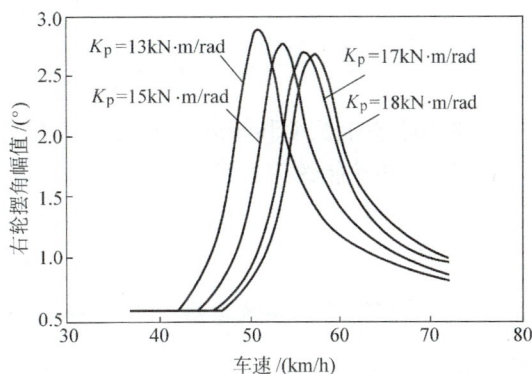

图13-12　具有不同转向机构刚度的前轮
摆振幅值随车速的变化

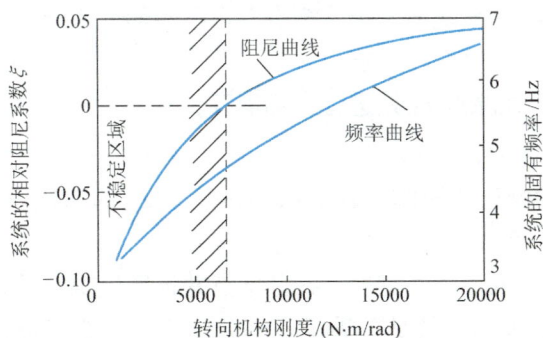

图13-13　系统相对阻尼系数、固有频率
与转向机构刚度的关系

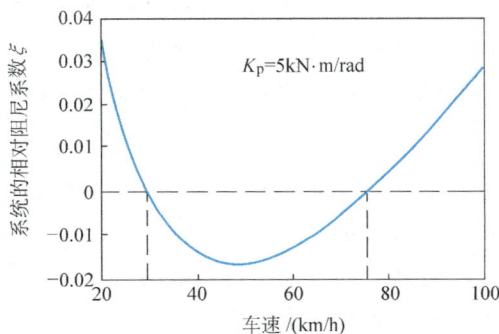

图13-14　转向机构刚度恒定时系统相
对阻尼系数 ζ 随车速的变化

四、转向轮摆振的分岔特性分析

以上采用线性分析方法介绍了转向系统摆振问题，研究了强迫振动和自激振动。这里将转向系统看做为一个非线性动力学系统（尤其是考虑轮胎非线性），采用第二章第二节中所介绍的分岔分析方法研究系统振动失稳后的情况及稳定性随参数的变化情况[7]。

首先，综合考虑转向轮振动过程中的轮胎变形及受力情况，建立考虑轮胎特性的摆振模型。这里，采用第三章中由式（3-8）表示的魔术公式来描述轮胎侧向力，左前轮和右前轮的轮胎侧向力分别为：

$$\begin{cases} F_{y,\mathrm{L}} = D\sin\left\{C\arctan\left[B\alpha_{\mathrm{L}} - E(B\alpha_{\mathrm{L}} - \arctan B\alpha_{\mathrm{L}})\right]\right\} \\ F_{y,\mathrm{R}} = D\sin\left\{C\arctan\left[B\alpha_{\mathrm{R}} - E(B\alpha_{\mathrm{R}} - \arctan B\alpha_{\mathrm{R}})\right]\right\} \end{cases} \tag{13-31}$$

式中，α_{L} 和 α_{R} 分别为左、右车轮的轮胎侧偏角；这里的拟合系数分别取 $B = 9.302\mathrm{rad}^{-1}$，$C = 1.29$，$D = -5.25\mathrm{kN}$，$E = -0.801$。

考虑到轮胎侧向变形松弛长度的影响，采用一阶近似张线理论，可以得到左、右轮胎滚动时的非完整约束方程分别为[9]：

$$\begin{cases} \dot{\alpha}_{\mathrm{L}} + \dfrac{u}{\sigma}\alpha_{\mathrm{L}} + \dfrac{u}{\sigma}\psi_{\mathrm{w,L}} - \dfrac{a}{\sigma}\dot{\psi}_{\mathrm{w,L}} = 0 \\[2mm] \dot{\alpha}_{\mathrm{R}} + \dfrac{u}{\sigma}\alpha_{\mathrm{R}} + \dfrac{u}{\sigma}\psi_{\mathrm{w,R}} - \dfrac{a}{\sigma}\dot{\psi}_{\mathrm{w,R}} = 0 \end{cases} \tag{13-32}$$

其中，轮胎印迹半长度和轮胎松弛长度在本例中分别取 $0.2\mathrm{m}$ 和 $0.65\mathrm{m}$。结合轮胎模型方程式（13-31）和轮胎约束方程式（13-32），以及转向系摆振的运动微分方程式（13-19）及式（13-20），可以得到完整的系统运动微分方程，即：

$$\dot{x} = f(\delta, u, x) \tag{13-33}$$

式中，δ 表示车辆转向系统参数（参见表13-1）；u 表示车辆前进速度，为动态参数；x 为系统状态变量，即 $x = (\psi_{\mathrm{w,R}}, \dot{\psi}_{\mathrm{w,R}}, \psi_{\mathrm{w,L}}, \dot{\psi}_{\mathrm{w,R}}, \phi_{\mathrm{f}}, \dot{\phi}_{\mathrm{f}}, \alpha_{\mathrm{R}}, \alpha_{\mathrm{L}})^{\mathrm{T}}$，$x \in R^8$。

若记原点 $x_0 = (0,0,0,0,0,0,0,0)^{\mathrm{T}}$，则下式成立：

$$f(\delta, u, x_0) = 0 \tag{13-34}$$

因此，原点 x_0 是式（13-33）所表达的非线性系统的一个平衡点。以下将研究系统在原点附近的稳定性，这里主要考查车速 u 的对系统稳定性的影响。

如第二章第二节所述，首先对式（13-33）在原点 x_0 处进行泰勒展开，即：

$$\dot{x} = \boldsymbol{A}(\delta, u)x + g(\delta, u, x) \tag{13-35}$$

式中，$\boldsymbol{A}(\delta, u)$ 为函数 $f(\delta, u, x)$ 在原点 x_0 处的雅可比矩阵；$g(\delta, u, x)$ 表示在 x_0 的邻域内 x 的高阶无穷小量。

一般地，如果采用第二章第二节中所介绍的霍普分岔定理寻找分岔点并证明极限环的存在性，需计算系统雅可比矩阵 $\boldsymbol{A}(\delta, u)$ 的特征根以验证其是否满足霍普分岔定理。在当前针对车速 u 分析分岔的情况下，这种方法需对每一车速计算所有特征根并判断根的实部是否为零，计算量很大。由于式（13-33）是由八个一阶方程组成的方程组，很难写出特征根的解析表达式。因此，利用 Hurwitz 行列式，采用代数判据[6]，以判定极限环是否存在[10]。

将雅可比矩阵 $\boldsymbol{A}(\delta, u)$ 的特征方程 $\det(A - \lambda I) = 0$ 展开，即：

$$\lambda^8 + a_1\lambda^7 + a_2\lambda^6 + a_3\lambda^5 + a_4\lambda^4 + a_5\lambda^3 + a_6\lambda^2 + \cdots + a_{n-1}\lambda^1 + a_n = 0 \tag{13-36}$$

本实例中取 $n = 8$，其中系数 a_j（$j = 1, 2, \cdots, 8$）由转向系统参数 δ 和车速参数 μ 共同确定。

文献［10］给出了判定方程式（13-36）有一对纯虚根 $\pm\omega\mathrm{i}$ 且其余 $n-2$ 个根均具有负实部的充要条件，即：

$$a_i > 0(i = 1, 2, \cdots, n), \ \Delta_i > 0(i = n-3, n-5, \cdots), \ \Delta_{n-1} = 0 \tag{13-37}$$

其中，Δ_i 为式（13-36）的 Hurwitz 行列式，可以利用系统雅可比矩阵构造 Δ_i，即：

$$\Delta_j = \begin{vmatrix} a_1 & 1 & 0 & 0 & \cdots & 0 \\ a_3 & a_2 & a_1 & 1 & \cdots & 0 \\ a_5 & a_4 & a_3 & a_2 & \cdots & 0 \\ \vdots & \vdots & \vdots & \vdots & & \vdots \\ a_{2j-1} & a_{2j-2} & a_{2j-3} & a_{2j-4} & \cdots & a_j \end{vmatrix} \quad (j=1,\ 2,\ \cdots,\ 8) \quad (13\text{-}38)$$

因此，当 $n=8$ 时，满足上述充要条件的参数 u_0 可由 $\Delta_7 = 0$ 求得。而且由式（13-36）可以计算求出，当 $u>0$ 时，$a_j > 0$（$j=1,\ 2,\ \cdots,\ 8$）；由式（13-38）可以计算出，当 $u>0$ 时，$\Delta_j > 0$（$j=1,2,\cdots,6$）。此时，方程式（13-36）的一对纯虚根 $\pm \omega i$ 表示如下：

$$\omega^2 = \frac{\Delta_5}{\Delta_6} a_8 \quad (13\text{-}39)$$

值得注意的是，由 $\Delta_7 = 0$ 求得的 u 有多个，但在实际车辆使用范围内，解的个数及其具体数值还取决于实际汽车参数。本例计算中所采用的转向系统参数 δ 均由表 13-1 给出，只是这里取换算于主销转向柱的等效阻尼为 $100\text{N}\cdot\text{m}\cdot\text{s/rad}$（为表 13-1 中给出的值的两倍）。经计算可得符合实际的两个车速 u_{01} 和 u_{02}，分别为 46.14km/h 和 70.51km/h。

设矢量 $\mathbf{U}$ 和 $\mathbf{W}$ 分别为雅可比矩阵 $\mathbf{A}(\delta,u)$ 对应于特征根 ωi 的归一化左右特征矢量，即：

$$\mathbf{UA} = \mathrm{i}\omega\mathbf{U},\ \mathbf{AW} = \mathrm{i}\omega\mathbf{W},\ \mathbf{UW} = 1 \quad (13\text{-}40)$$

若令 $\mathbf{H} = \mathrm{d}\mathbf{A}/\mathrm{d}u \big|_{u=u_0}$，则当车速等于 u_{01}（46.14km/h）时，$\mathrm{Re}(\mathbf{UHW}) = 0.094 > 0$；而车速等于 u_{02}（70.51km/h）时，$\mathrm{Re}(\mathbf{UHW}) = -0.074 < 0$。

根据霍普分岔判定定理[10]可知，系统在 $u_{01} = 46.14$km/h 处发生了霍普分岔，当车速在 $[u_{01},\ u_{02}]$ 范围内时，系统的平衡点 x_0 将不再是稳定的，出现了极限环振动现象，其稳定性需进一步判断。而当车速达到 $u_{02} = 70.51$km/h 时，系统又发生了霍普分岔，极限环振动逐渐消失。也就是说 $u_{01} = 46.14$km/h 和 $u_{02} = 70.51$km/h 是系统的两个分岔点，以下统称为 u_0。

至此，已确定了系统的分岔点和极限环的存在性。接下来，需对极限环的稳定性和分岔类型进行进一步分析。这里，采用一种分岔后周期运动稳定性的判据[11]，定义 η 为稳定性判定标准，当 $\eta > 0$ 时，分岔周期解的轨道是渐进稳定的；当 $\eta < 0$ 时，分岔周期解的轨道是不稳定的。η 由下式给出，即：

$$\eta = \mathrm{Re}\left(-\mathbf{U}f_{xxx}\mathbf{WWW}^* + 2\mathbf{U}f_{xx}\mathbf{WA}^{-1}(0)f_{xx}\mathbf{WW}^* + \mathbf{U}f_{xx}\mathbf{W}^*(\mathbf{A}(0) - 2\mathrm{i}\omega_0\mathbf{I})^{-1}f_{xx}\mathbf{WW} \right)$$

$$(13\text{-}41)$$

式中，$\mathbf{W}^*$ 为 $\mathbf{W}$ 的共轭复数，$\mathbf{A}(0) = \mathbf{A}(\delta,u)\big|_{u=u_0}$，$f_{xxx}\mathbf{WWW}^*$ 则定义如下：

$$f_{xxx}\mathbf{WWW}^* = \frac{\partial}{\partial x}\left(\left(\frac{\partial}{\partial x}\left(\left(\frac{\partial f(x,\delta)}{\partial x} \right)\mathbf{W} \right)\mathbf{W} \right)\mathbf{W}^* \right)\Bigg|_{(u=u_0,\,x=x_0)} \quad (13\text{-}42)$$

通过计算可知，当 $u = u_{01} = 46.14$km/h 时，$\eta = 0.121 > 0$；当 $u = u_{02} = 70.51$km/h 时，$\eta = 0.141 > 0$。计算结果表明，车辆在车速为 46.14km/h 和 70.51km/h 处分岔周期解的轨道均为渐进稳定的，根据第二章第二节中的定义，即系统此时发生超临界霍普分岔。而系统在 $u \in [u_{01},u_{02}]$ 范围内出现了稳定极限环振荡现象，实际中表现为车轮绕主销做稳定的等幅周期振动。由稳定极限环的性质知，车辆在速度到达临界车速后，受到一很小激励，系统就会进入极限环振动，且极限环的幅值与初始激励的大小无关。

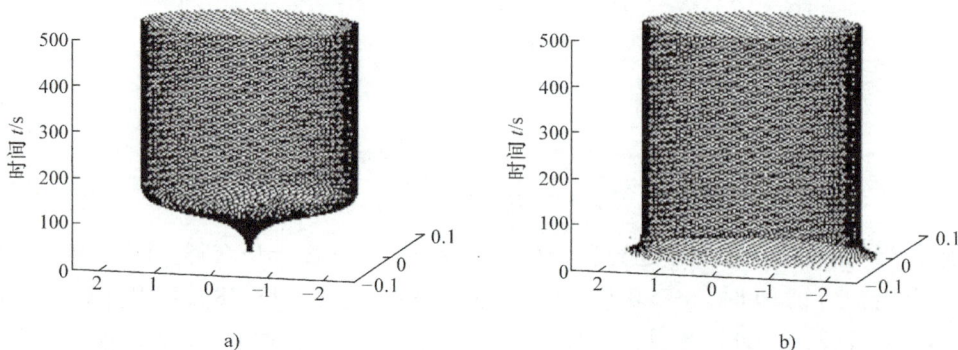

图 13-15　两种激励条件下右轮摆角相图与时间的关系

a）激励 $\psi(t=0)=0.001\text{rad}$　b）激励 $\psi(t=0)=0.1\text{rad}$

对该分岔现象，还可采用 MALTAB/Simulink 进行数值分析。下面给出车速在分岔点附近时，转向系统的运动状态数值仿真结果。当车速超过第一个分岔值 $u_{01}=46.14\text{km/h}$ 而未达到第二个分岔值 u_{02}（即 70.51km/h）时，若给右轮施加一个很小的激励，即 $\psi(t=0)=0.001\text{rad}$，经过一段时间的发散，会出现稳定的极限环，其幅值为 $2.982°$，如图 13-15a 所示。在同样车速下，当给右轮施加的激励变为 $\psi(t=0)=0.1\text{rad}$ 时，经过一段时间收敛后，也会出现稳定的极限环，幅值也为 $2.982°$，如图 13-15b 所示。可见，极限环的幅值大小由系统参数决定，与初始激励并无关系，这也是极限环的基本性质之一。

与理论分析一致，实际中车辆的摆振的确发生在某一个速度区间内，即仅发生在两个分岔值之间。该结论也得到了相关实车试验的验证[7,8]。仿真和实车试验的右轮摆角幅值结果如图 13-16 所示。可见，当车速 $u < u_{01}$ 或 $u > u_{02}$ 时，平衡点 x_0 是稳定焦点，而当系统受到扰动后，系统最终能够渐近趋于 x_0 点。当 $u=u_{01}$ 时，系统发生了超临界霍普分岔。平衡点 x_0 变成不稳定焦点，出现了稳定的极限环，若此时系统受到扰动，车轮就会绕主销开始做稳定的等幅摆动，且幅值在一定范围内随车速增加而增大。当 $u=u_{02}$ 时，系统又发

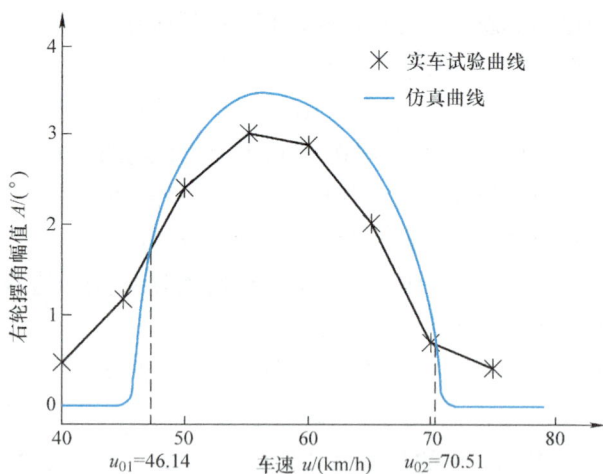

图 13-16　仿真和实车试验的右轮摆角幅值结果

生了超临界霍普分岔，平衡点 x_0 又变成稳定焦点，极限环消失，系统又趋于稳定。

第三节　四轮转向系统

本节首先介绍四轮转向的概念、基本原理及系统结构和应用；然后，以两自由度操纵模型为例，对四轮转向（Four Wheel Steering，即 4WS）车辆的转向特性及操纵稳定性进行分

析，并与传统的前轮转向（Front Wheel Steering，即 FWS）车辆进行比较；最后，给出一个关于车辆质心侧偏角和横摆角速度的线性两自由度分析模型。

一、概述

4WS 的基本原理是：利用车辆行驶中的某些信息来控制后轮的转角输入，以提高车辆的操纵性和稳定性。早在 20 世纪初，车辆工程师就发现了在低速工况下后轮与前轮反向转动可以有效地减小车辆转弯半径这一特点，并将其应用于军用和工程车辆。但四轮转向技术在现代汽车（尤其是轿车）中的应用则是源于对中、高车速工况下的车辆操纵稳定性和驾驶人主观评价的研究。

自从 20 世纪 80 年代中期以来，有大量旨在获得后轮转向控制律的研究论文发表[12,13,14]，到 20 世纪 80 年代末，开始有装备四轮转向系统的量产车型投放市场。对 4WS 车辆来说，当车辆低速行驶时，为减小转弯半径，通常后轮转向方向与前轮相反，即所谓的"反向转向"；在高速转向时，为了提高车辆的稳定性和加快车辆的侧向响应速度，后轮将产生与前轮同向的转向角，即所谓的"同向转向"。

主动转向系统通常是根据输入的车辆速度和驾驶人输入的转向盘转角信号，由电控单元向后轮转向作动器发出转向角命令。后轮转向角范围一般为 0 ~ 2°，它可以由控制算法求出，也可以通过查表的方式由经验图表获得。为了确保 4WS 系统控制的可靠性和安全性，有些 4WS 系统还结合了以两自由度模型为基础的"模型参考"计算，以作为一项并联的安全检查措施。

此外 4WS 系统对后轮的控制也可以被动地实现，如采用机械或液压机构将后轮与前轮直接相连或通过转向响应使后轮实现转向。图 13-17 所示为本田公司于 20 世纪 80 年代中期开发的机械式 4WS 系统[15]，该系统通过转向传动轴以及前后转向齿轮机构产生与车速相关的后轮转向角。为了提高车辆的机动性能，低速时产生的后轮转向角方向与前轮转向角相反；而在高速行驶时，为增加不足转向性从而提高车辆的稳定性，后轮转向角的方向与前轮转向角相同，其大小正比于前轮转向角。

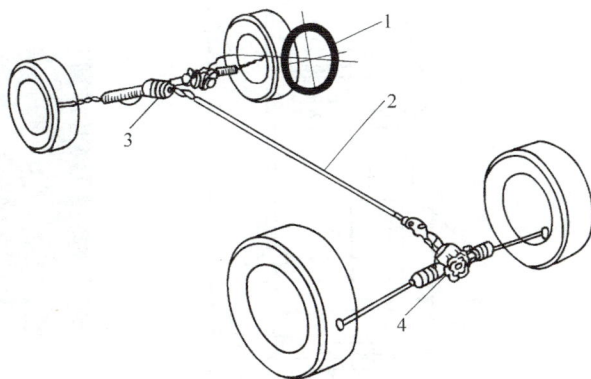

图 13-17　机械式 4WS

1—转向盘　2—转向传动轴　3—前转向器　4—后转向器

4WS 系统对后轮转角的控制不仅与车速有关，而且还与前轮转向角、侧向加速度等信号有关，其控制规律通常采用电子控制系统来实现。图 13-18 所示为日产公司对 4WS 系统的早期构想，该系统分别在前轴与后轴上加装了转向角作动器和相应的液压系统，以及前后轮转向角传感器、车速传感器和横摆角速度传感器等。以上信息反馈给四轮转向控制器，以实现相应后轮转向角的主动控制[16]。

还有许多应用了后轮转向的车型，如通用公司开发的 GMC Sierra Denali 1500 车型[17]，如图 13-19 所示。当启动后轮转向控制系统时，该车的转弯半径由 14m 减至 11m。该控制系统主要由以下几部分组成：①可转向的刚性后轴；②前轮转向角传感器；③后轮转向角传感器；④电动机作动器；⑤后轮转向控制模块；⑥横摆角速度与侧向加速度传感器；⑦模式选择开关。

本质上讲，四轮转向的优点来源于系统对后轮轮胎侧向力独立控制的能力。由于四轮转向车辆可同时改变前后轮的侧偏角和轮胎侧向力，因而可提高车辆的瞬态响应，并改善车辆的转向控制能力。为了便于车辆控制，使系统工作在线性域内，设计的后轮转向角幅度一般不超过前轮转向角峰值的5%。下面采用两自由度单轨模型，在线性域内对 4WS 系统进行运动学及动力学分析，并以此为基础讨论四轮转向控制律的设计问题。

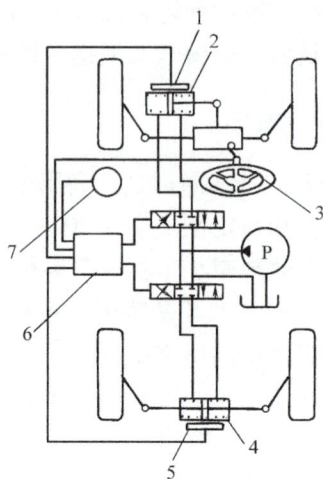

图 13-18　电控四轮主动转向系统
1—前轮转向角传感器　2—前轮执行机构
3—转向盘转向角传感器　4—后轮执行机构　5—后轮转向角传感器　6—控制器　7—车速传感器

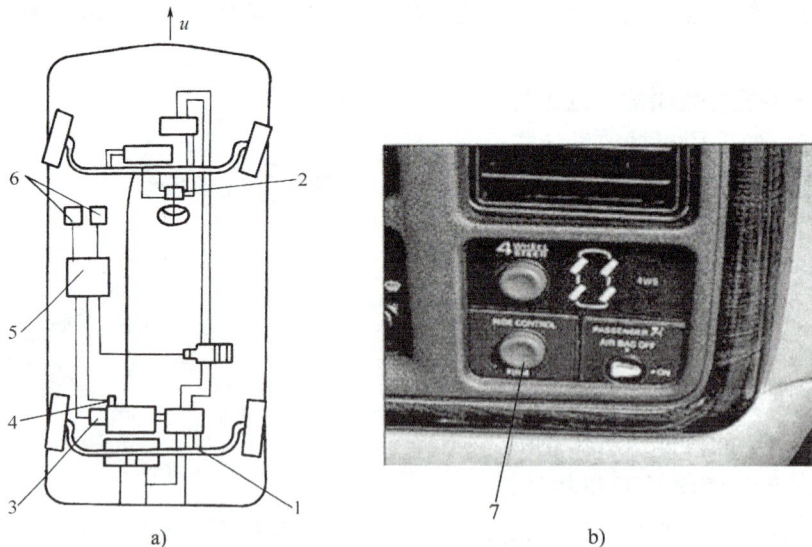

图 13-19　GMC Sierra Denali 1500 系统结构图
1—可转向的刚性后轴　2—前轮转向角传感器　3—后轮转向角传感器　4—电机作动器
5—后轮转向控制模块　6—横摆角速度与侧向加速度传感器　7—模式选择开关

二、转向运动学与动力学分析

在分析 4WS 系统动力学特性之前，先讨论 4WS 车辆在低速转向时的运动学特性。然后，根据线性两自由度操纵模型，对 FWS 和 4WS 车辆的操纵特性进行比较，并结合对 4WS 系统的控制参数的讨论来说明 4WS 车辆是如何通过后轮转向角控制来改善车辆操纵稳定性的。

1. 几何运动学分析

提高车辆低速行驶的机动性能是 4WS 系统最显而易见的特点。下面以单轨两自由度线性转向模型为例，简单分析 4WS 车辆在低速反向转向时的几何运动学关系。

如图 13-20 所示，假设 4WS 系统对后轮转向的控制策略为 $\delta_r = -\xi\delta_f$（其中 $\xi > 0$，为前、后轮转向角的比例系数，公式前面的负号表示前后轮转向方向相反），与传统的 FWS 车辆相比，4WS 车辆在反向转向时，车辆的转弯半径会有所减小，且减少了跟踪误差。

若假设方向相反的前、后转向角非常小，转弯半径足够大（即 $R \approx R_0$），并考虑小转角条件下的近似关系（如 $\tan\delta \approx \delta$），则存在图 13-20 所示的几何关系，即：

$$L = R_0\tan\delta_f + R_0\tan|\delta_r| \approx R\delta_f(1 + \xi) \tag{13-43}$$

在考虑车辆转向偏差时，可采用图 13-21 来分析所谓的"转向偏距"（off-tracking distance）ΔR，定义为前轮转向半径 R_f 和后轮转向半径 R_r 之差。根据转向几何关系，可近似求出转向偏距 ΔR 为：

$$\Delta R = R_f - R_r = \frac{R_0}{\cos\delta_f} - \frac{R_0}{\cos\delta_r} = \frac{L^2(1 - \xi)}{2R(1 + \xi)} \tag{13-44}$$

由式（13-44）可见，若当前后轮转角比 $\xi = 1$ 时，即前后轮转角大小相等而方向相反，则转向偏距 ΔR 为零，说明此时前后轮转弯半径相同，如图 13-20 所示，车辆为中性转向。

2. 动力学分析

若 4WS 车辆高速行驶下仍采用"反向转向"，则会导致车辆趋向于过多转向趋势，从而出现高速转弯时失稳的危险工况。在此涉及的操纵动力学分析中，主要针对以中高速行驶的 4WS 车辆展开讨论。下面以图 13-21 所示的单轨操纵模型为基础，通过与 FWS 车辆的性能对比，分析 4WS 系统对车辆操纵稳定性的影响。

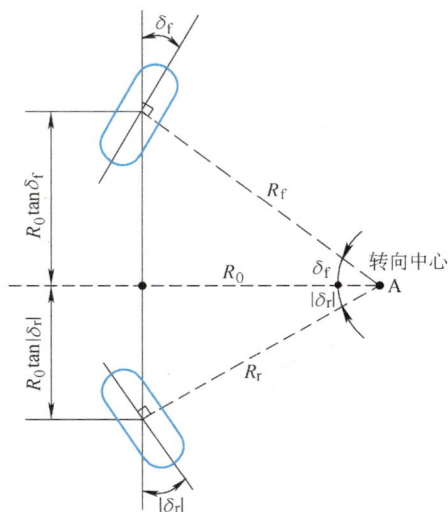

图 13-20　4WS 车辆的转向几何关系

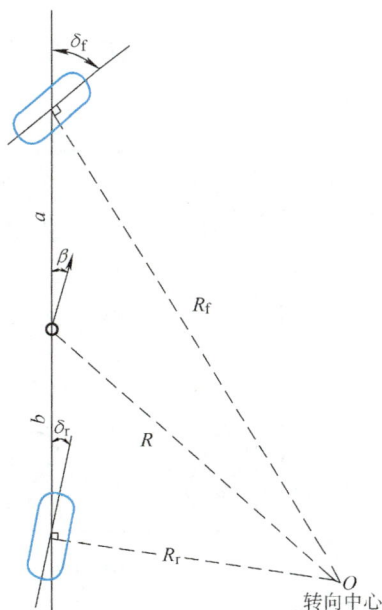

图 13-21　具有前、后轮转向的单轨操纵模型

（1）FWS车辆 结合第十一章第四节关于稳定性分析的内容，参见特征方程式（11-48），在此将FWS系统的特征方程写成如下形式：

$$\lambda^2 + D_{FWS}\lambda + S_{FWS} = 0 \tag{13-45}$$

得出FWS系统的特征值为：

$$\lambda = -\frac{D_{FWS}}{2} \pm \sqrt{\left(\frac{D_{FWS}}{2}\right)^2 - S_{FWS}} \tag{13-46}$$

其中，阻尼项D_{FWS}与刚度项S_{FWS}分别为：

$$D_{FWS} = \frac{I(C_{\alpha f} + C_{\alpha r}) + m(a^2 C_{\alpha f} + b^2 C_{\alpha r})}{mIu_c}$$

$$S_{FWS} = S_1 + S_2 = \frac{(a+b)^2 C_{\alpha f} C_{\alpha r}}{mIu_c^2} + \frac{bC_{\alpha r} - aC_{\alpha f}}{I}$$

由于系统稳定性要求系统特征值的实部为负，而实际的车辆参数保证了S_{FWS}表达式中的第一项始终为正，因而实际上S_2的值最终决定了S_{FWS}的正负。根据对式（13-46）分析可知，当$S_2 > 0$（即$bC_{\alpha r} - aC_{\alpha f} > 0$）时，就能保证系统有负实部的特征值，即保证车辆的稳定性。

（2）4WS车辆 对中高速行驶的4WS主动控制策略而言，后轮转向角通常由两部分信息决定：一部分正比于前轮转向角；另一部分与车速u_c（假定为恒定）和横摆角速度r有关。其中，比例系数ξ_1、ξ_2的选取由控制算法来决定。假定主动4WS系统对后轮转向角的控制律为：

$$\delta_r = \xi_1 \delta_f + \xi_2 u_c r \tag{13-47}$$

当后轮转向角不为0时，参见图13-22所示的系统受力分析，可得前后轮的侧向力分别为：

$$\begin{cases} F_{yf} = -C_{\alpha f}\alpha_f = -C_{\alpha f}\left(\dfrac{v+ar}{u_c} - \delta_f\right) \\ F_{yr} = -C_{\alpha r}\alpha_r = -C_{\alpha r}\left(\dfrac{v-br}{u_c} - \delta_r\right) \end{cases} \tag{13-48}$$

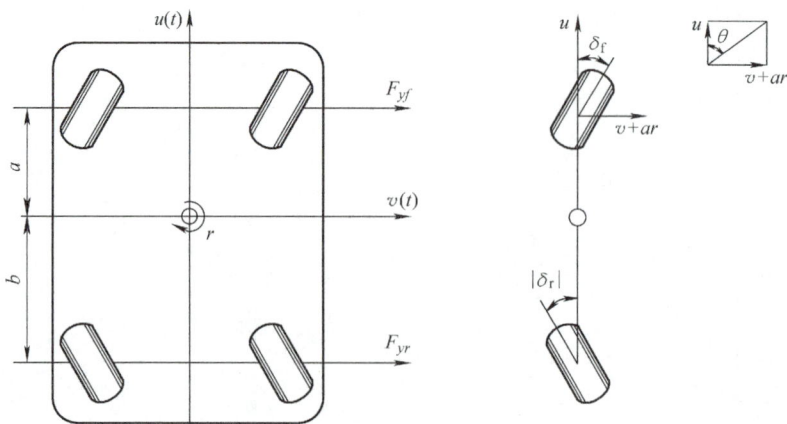

图13-22 4WS车辆受力分析（$\tan\delta \approx \delta$）

与FWS系统相比，4WS系统的总侧向力和总横摆力矩均多出了由后轮转角引起的附加增量，即：

$$\begin{cases} \sum F_{y,\text{4WS}} = \sum F_{y,\text{FWS}} + \Delta F_y \\ \sum M_{z,\text{4WS}} = \sum M_{z,\text{FWS}} + \Delta M_z \end{cases} \tag{13-49}$$

其中，增加的侧向力和横摆力矩分别为：

$$\Delta F_y = C_{\alpha r}\delta_r = C_{\alpha r}(\xi_1\delta_f + \xi_2 u_c r) \tag{13-50}$$

$$\Delta M_z = -bC_{\alpha r}\delta_r = -bC_{\alpha r}(\xi_1\delta_f + \xi_2 u_c r)$$

由此，推导出 4WS 系统的状态方程为：

$$\begin{pmatrix} \dot{v} \\ \dot{r} \end{pmatrix} = \begin{pmatrix} -\dfrac{C_{\alpha f} + C_{\alpha r}}{mu_c} & \dfrac{bC_{\alpha r} - aC_{\alpha f} + \xi_2 C_{\alpha r}u_c^2}{mu_c} - u_c \\ \dfrac{bC_{\alpha r} - aC_{\alpha f}}{Iu_c} & -\dfrac{a^2 C_{\alpha f} + b^2 C_{\alpha r} + b\xi_2 C_{\alpha r}u_c^2}{Iu_c} \end{pmatrix} \begin{pmatrix} v \\ r \end{pmatrix} + \begin{pmatrix} \dfrac{C_{\alpha f} + \xi_1 C_{\alpha r}}{m} \\ \dfrac{aC_{\alpha f} - b\xi_1 C_{\alpha r}}{I} \end{pmatrix}[\delta_f] \tag{13-51}$$

将式（13-51）与标准状态方程 $\dot{\boldsymbol{X}} = \boldsymbol{AX} + \boldsymbol{BU}$ 对比可知，ξ_1 仅在输入矩阵 $\boldsymbol{B}$ 中出现，说明它仅起着改变输入增益的作用，并不直接影响系统的稳定性。但 ξ_2 则不同，它出现在状态矩阵 $\boldsymbol{A}$ 中，其大小将直接影响系统的特征值。

根据系统状态方程式（13-51）和所采用的控制律式（13-47）就可以直接进行系统性能仿真。图 13-23 给出了某原为中性转向的车辆的稳态横摆角速度 r_{ss} 随车速 u_c 的变化情况[12]。由图可知，ξ_1 并不改变车辆的转向特性，只随系统输入有所改变；而 ξ_2 的引入增加了车辆的不足转向趋势，随着车辆行驶速度 u_c 的增加，更好地抑制了稳态横摆角速度增益，说明 ξ_2 的取值对 4WS 系统的稳定性起着重要的作用。

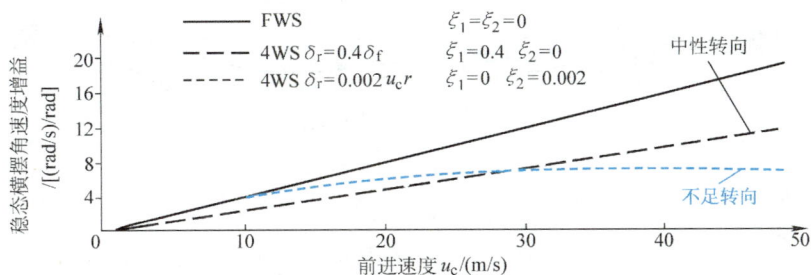

图 13-23　不同转向特性车辆的稳态横摆角速度增益（r_{ss}/δ_f）随车速的变化

下面仍通过稳定性对比分析来考察 4WS 车辆对稳定裕度的改善。首先，考察 4WS 系统的特征方程：

$$\lambda^2 + D_{\text{4WS}}\lambda + S_{\text{4WS}} = 0 \tag{13-52}$$

对式（13-52）求解，有：

$$\lambda = -\frac{D_{\text{4WS}}}{2} \pm \sqrt{\left(\frac{D_{\text{4WS}}}{2}\right)^2 - S_{\text{4WS}}} \tag{13-53}$$

式中，$D_{\text{4WS}} = D_{\text{FWS}} + \Delta D = D_{\text{FWS}} + \dfrac{bC_{\alpha r}u_c\xi_2}{I}$

$$S_{\text{4WS}} = S_{\text{FWS}} + \Delta S = S_{\text{FWS}} + \frac{(a+b)C_{\alpha f}C_{\alpha r}\xi_2}{mI}$$

由上式可见，若 $\xi_2 > 0$，则 $\Delta D > 0$，$\Delta S > 0$。因而，与 FWS 系统稳定性分析结果相比，正的 ξ_2 增加了 4WS 系统的稳定裕度。此时，4WS 系统的稳定性条件变为：

$$\frac{bC_{\alpha r} - aC_{\alpha f}}{I} + \frac{(a + b)C_{\alpha f}C_{\alpha r}\xi_2}{mI} > 0 \tag{13-54}$$

对上述分析可见，正的 ξ_2 值具有增加车辆不足转向的作用，并能使某些已处于过多转向的车辆在超过临界速度后也能保持稳定。根据对式（13-51）给出的系统状态方程进行计算，得到的 FWS 车辆（即 $\xi_1 = \xi_2 = 0$）及 4WS 车辆（其中令 $\xi_1 = 0$，$\xi_2 \neq 0$）的侧向加速度频率响应比较，如图 13-24 所示。

a)

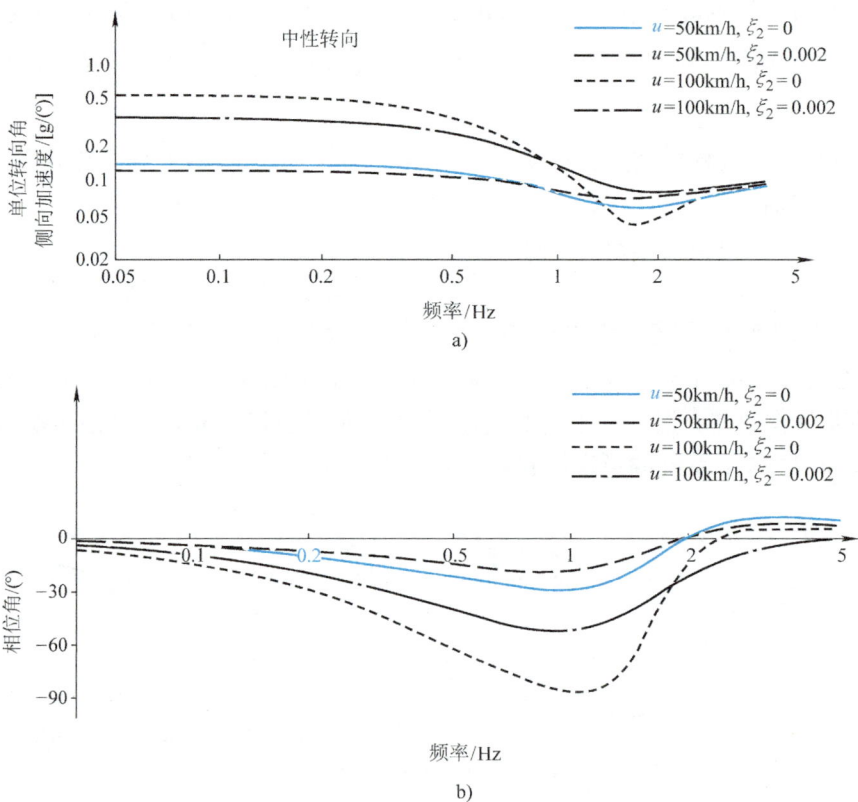

b)

图 13-24　FWS 和 4WS 车辆侧向加速度频率响应比较
a）幅频响应的比较　b）相频响应的比较

由图 13-24a 可以看出，由于 ξ_2 的作用，4WS 车辆除了在低频段幅值增益略微降低外，幅值响应倾向于更加平缓均匀，表示系统的响应带宽有所增加。比较图 13-24b 所示的相频响应表明，由于 ξ_2 的存在，系统响应速度有所增加，时滞减小，这点在车辆高速行驶时体现得尤为明显。

由以上分析可见，通过作动器给后轮施加一个与车辆速度和横摆角速度信息相关的后轮转向角，4WS 主动系统提高了转向系统的响应特性。设计者可根据动力学响应分析结果，按照预定的控制目标来确定系统的控制算法。而控制律中的 ξ_1 和 ξ_2 的取值应根据具体车辆来决定。

三、一个 4WS 系统分析模型

假定在小转角情况下，车辆质心侧偏角 β 近似等于 v/u。再结合基于操纵模型运动方程式（11-15）、式（11-16）和前后轮胎侧偏角表达式（13-48）很容易地推导出以车身质心侧偏角 β 和横摆角速度 r 为变量的 4WS 系统状态方程：

$$\begin{pmatrix} \dot{\beta} \\ \dot{r} \end{pmatrix} = \begin{pmatrix} -\dfrac{C_{\alpha f} + C_{\alpha r}}{m u_c} & \dfrac{b C_{\alpha r} - a C_{\alpha f}}{m u_c^2} - 1 \\ \dfrac{b C_{\alpha r} - a C_{\alpha f}}{I} & -\dfrac{a^2 C_{\alpha f} + b^2 C_{\alpha r}}{I u_c} \end{pmatrix} \begin{pmatrix} \beta \\ r \end{pmatrix} + \begin{pmatrix} \dfrac{C_{\alpha f}}{m u_c} & \dfrac{C_{\alpha r}}{m u_c} \\ \dfrac{a C_{\alpha f}}{I} & -\dfrac{b C_{\alpha r}}{I} \end{pmatrix} \begin{pmatrix} \delta_f \\ \delta_r \end{pmatrix} \qquad (13\text{-}55)$$

根据上式，可采用不同控制算法对 4WS 车辆的操纵性能进行仿真分析，并与 FWS 车辆的操纵稳定性能进行比较。这里给出两个典型的 4WS 车辆的仿真结果，通过与 FWS 车辆的仿真结果的比较来加以说明[13]。其中，将以最小车辆侧偏角为控制目标的四轮转向车辆记为 4WS ①；以控制横摆角速度为主的 4WS 系统记为 4WS ②。

这里，以换车道转向输入为例，在图 13-25a 所示的转向盘转角输入时，三个不同系统的操纵动力学响应的对比结果分别由图 13-25b ~ 图 13-25d 给出。

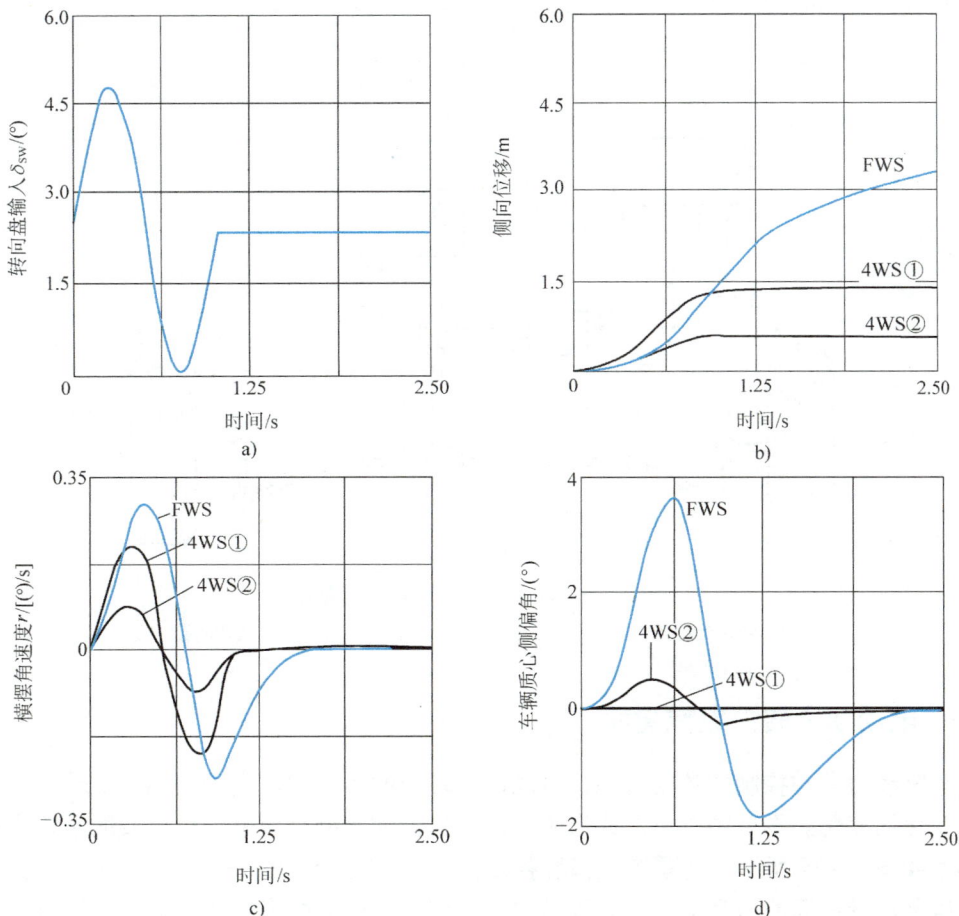

图 13-25 三个不同系统的操纵动力学响应

a）转向盘转角输入 b）侧向位移对比曲线 c）横摆角速度对比曲线 d）侧偏角对比曲线

由图可知，与 FWS 车辆相比，在相同的转向盘转角输入下，4WS 车辆的侧向速度均明显减小。采用 4WS 系统提高了车辆的瞬态响应及车辆转向时的横摆阻尼，同时也减小了横摆角速度的振动周期、响应峰值和车身侧偏角。由图 13-25d 可见，以最小车辆侧偏角为控制目标的 4WS ①系统几乎完全实现了车辆转向过程中零侧偏角，但从侧向动力学响应（如横摆角速度、侧向加速度等）来看，4WS ②系统的综合控制效果似乎更好。

第四节　电动助力转向系统

一、概述

电动助力转向（Electrical Power Assisted Steering，EPAS）是一种由电动机提供直接辅助转矩的动力转向系统，其系统组成如图 13-26 所示。电动助力转向的基本原理为：转矩传感器与转向轴（或小齿轮轴）连接在一起，当转向轴转动时，转矩传感器把输入轴和输出轴在扭杆作用下产生的相对转动角位移变成电信号传给电控单元（ECU），ECU 根据车速传感器和转矩传感器的信号控制电动机的旋转方向和助力大小，实时控制助力转向。因此它可以很容易地实现在车速不同时提供电动机不同的助力效果，保证汽车在低速转向行驶时轻便灵活，高速转向行驶时稳定可靠。

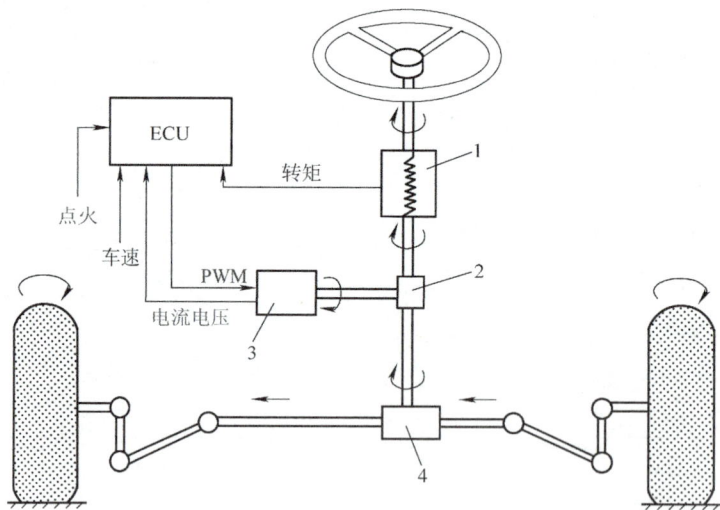

图 13-26　电动助力转向系统示意图

1—转矩传感器　2—减速机构　3—电动机　4—齿轮齿条式转向器

二、电动助力转向系统建模

从车辆动力学与控制的角度考虑，电动助力转向的核心问题是助力如何随转向盘转矩和车速的变化而变化。本节中以机械式齿轮齿条转向器和永磁直流电动机组成的系统为例，其简化模型如图 13-27 所示，对系统建模和控制方法进行讨论。图 13-27 所示模型中转向盘固定，以齿条所受地面冲击为输入，并以转向盘固定不动所需的力矩作为输出。这里，以此模型来分析在车辆行驶过程中，驾驶人握住转向盘使转向盘固定，转向轮受到路面冲击时系统

的动态特性。

根据简化的模型，分别对转向器和永磁直流电动机写出转矩平衡方程，得到系统的运动微分方程为：

$$\begin{cases} m_r\ddot{x}_r + C_r\dot{x}_r + K_r x_r = F_{tr} - K_{se}\dfrac{x_r}{r_p^2} - K_m\left(\dfrac{g_m x_r}{r_p} - \theta_m\right)\dfrac{g_m}{r_p} \\ J_m\ddot{\theta}_m + C_m\dot{\theta}_m = K_m\left(\dfrac{g_m x_r}{r_p} - \theta_m\right) - T_m \end{cases} \tag{13-56}$$

式中，K_{se} 为转矩传感器刚度；m_r 为车轮、齿条、小齿轮、转向传动轴、减速机构等在齿条上的当量质量；x_r 为齿条位移；K_r 为在齿条上的当量刚度；C_r 为在齿条上的当量阻尼系数；J_m 为电动机转动惯量；K_m 为电动机刚度；C_m 为电动机阻尼系数；g_m 为减速机构传动比；r_p 为小齿轮分度圆半径；T_m 为电动机电磁转矩；F_{tr} 为作用到齿条上的外力；θ_m 为电动机转角。

根据直流电动机的工作原理可知，电动机电磁转矩与电枢电流成比例，即：

$$T_m = K_i I_e \tag{13-57}$$

式中，I_e 为电动机的电枢电流；K_i 为电动机的力矩常数。

图 13-27　电动助力转向简化模型

因此，电动助力转向的助力大小可以通过控制电动机电枢电流来达到。

三、控制逻辑与性能分析

1. 三种基本的控制方法

EPAS 系统可以对转向过程中的每个环节（转向、回正、中间位置）进行精确控制，从而提高汽车转向助力性能。微处理器可以根据各种传感器的信号判断转向状态，执行不同控制模式，根据这些要求，制定出 EPAS 控制策略。在对电动助力转向系统进行控制时，不同的控制策略会有不同的控制效果。下面介绍几种常用的、较为成熟的控制方法。

（1）助力控制　助力控制是汽车在低速行驶过程中进行转向时，为减轻转向盘的操纵力，使其转向操纵轻便灵敏，可通过减速机构把电动机转矩作用到机械转向系统（转向轴、齿轮、齿条）上的一种基本控制模式。该控制是利用电动机转矩和电动机电流成比例的特性，由转向盘转矩传感器检测的转矩信号和由车速传感器检测的车速信号输入控制器单片机中，根据预测的不同车速下"转矩-电动机助力目标电流表"，确定出电动机助力的目标电流，通过比较反馈电流与目标电流，利用 PID 调节器等来进行调节，输出 PWM（脉宽调制）信号到驱动回路以驱动电动机产生合适的助力。

（2）回正控制　回正控制是为改善转向回正特性的一种控制模式。汽车在行驶过程中

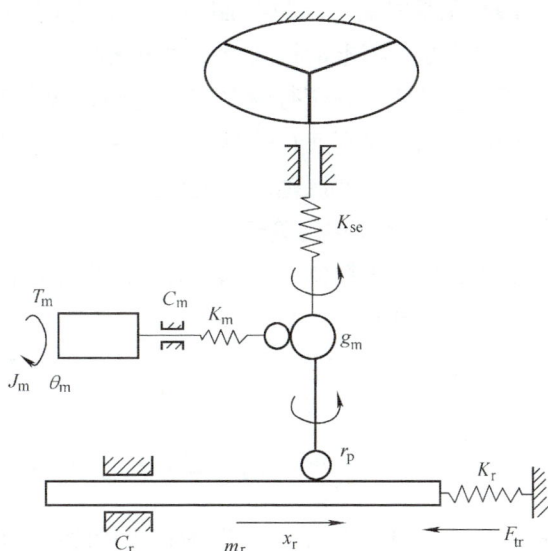

转向时，由于转向轮主销后倾角和主销内倾角的存在，使得转向轮具有自动回正的作用。随着车速的提高，回正转矩增大，而轮胎与地面的侧向附着系数却减小，二者综合作用使回正性能提高。根据转向盘转矩和转动的方向可以判断转向盘是否处于回正状态。实施过程可以如下：分为低速行驶转向回正过程中，保持机械系统原有的回正特性；高速行驶转向回正时，为防止回正超调，可采用回正控制。其工作原理是：当转向盘回转到中间位置时，电控单元使电动机电流逐渐减少，电动机产生一个与转速成正比的阻力矩，使其对转向轮产生回正阻尼，从而使汽车获得稳定的转向特性。

（3）阻尼控制 阻尼控制是汽车运行时为提高高速直线行驶稳定性的一种控制模式，其工作原理是：当电动机绕组发生短路时，电动机将产生一个大小与其转速成正比的反向转矩，用以衰减汽车高速行驶时出现的转向盘抖动现象，消除转向轮因路面扰动而引起的摆振。因而，当汽车高速行驶时，如果转向过于灵敏，会影响汽车的行驶稳定性。为提高直线行驶的稳定性，在死区范围内进行阻尼控制。

2. 几种常用的控制策略

（1）比例助力控制 比例助力控制规律是指电动机电流与转向盘转矩传感器输出的转矩信号成比例，即：

$$I_e = K_{ai}T_s \tag{13-58}$$

则有：

$$T_m = K_i I_e = K_i(K_{ai}T_s) = K_i K_{ai} K_{se}\frac{x_r}{r_p} \tag{13-59}$$

式中，K_{ai} 为助力比例系数；T_s 为转矩传感器输出转矩，$T_s = K_{se}x_r/r_p$。

将式（13-59）代入式（13-56）可得：

$$\begin{cases} m_r\ddot{x}_r + C_r\dot{x}_r + \left(K_r + \frac{K_{se}}{r_p^2} + \frac{K_m g_m^2}{r_p^2}\right)x_r = \frac{K_m g_m}{r_p}\theta_m + F_{tr} \\ J_m\ddot{\theta}_m + C_m\dot{\theta}_m + K_m\theta_m = \left(\frac{K_m g_m}{r_p} - \frac{K_i K_{ai}K_{se}}{r_p}\right)x_r \end{cases} \tag{13-60}$$

若令系统状态矢量 $\boldsymbol{X} = [\dot{x}_r \quad x_r \quad \dot{\theta}_m \quad \theta_m]^T$；输入为 $\boldsymbol{U} = F_{tr}$；输出为 $Y = T_s$。则将系统微分方程式(13-60)改写成标准状态方程的形式，即：

$$\begin{cases} \dot{\boldsymbol{X}} = \boldsymbol{AX} + \boldsymbol{BU} \\ \boldsymbol{Y} = \boldsymbol{CX} + \boldsymbol{DU} \end{cases} \tag{13-61}$$

式中，

$$\boldsymbol{A} = \begin{pmatrix} -\dfrac{C_r}{m_r} & -\dfrac{K_r r_p^2 + K_{se} + K_m g_m^2}{r_p^2 m_r} & 0 & \dfrac{K_m g_m}{r_p m_r} \\ 1 & 0 & 0 & 0 \\ 0 & \dfrac{K_m g_m - K_{ai}K_i K_{se}}{r_p J_m} & -\dfrac{C_m}{J_m} & -\dfrac{K_m}{J_m} \\ 0 & 0 & 1 & 0 \end{pmatrix};$$

$$\boldsymbol{B} = \begin{pmatrix} \dfrac{1}{m_r} \\ 0 \end{pmatrix}; \quad \boldsymbol{C} = \begin{pmatrix} 0 & \dfrac{K_{se}}{r_p} & 0 & 0 \end{pmatrix};$$

$$\boldsymbol{D} = \begin{bmatrix} 0 \end{bmatrix}$$

不同助力比例系数 K_{ai} 得到的采用比例控制的频率响应特性如图 13-28 所示。图 13-29 为不同比例系数 K_{ai} 情况下，系统输入 F_{tr} 幅值为 1000N 的脉冲响应曲线。由图可见，K_{ai} 越大，助力越大，转向越轻便。但其相对阻尼系数的减小使系统的动态特性会变差，无法有效地抑制来自路面的冲击，因而转向轻便性与抑制来自路面冲击的能力存在矛盾。

（2）比例、微分助力控制规律　为了降低助力系数 K_{ai} 的增加对系统动态特性的影响程度，可采用比例、微分助力控制，使得当比例系数 K_{ai} 增加时，相对阻尼系数降低较少，保证系统具有较好的动态特性。在比例助力控制的基础上再引入电动机的转速，得到比例、微分助力控制的控制律，即：

$$I_e = K_{ai}T_s + K_{ci}\dot{\theta}_m \quad (13-62)$$

式中，K_{ci} 为微分控制系数。

图 13-28　不同助力比例系数得到的采用比例控制的频率响应特性

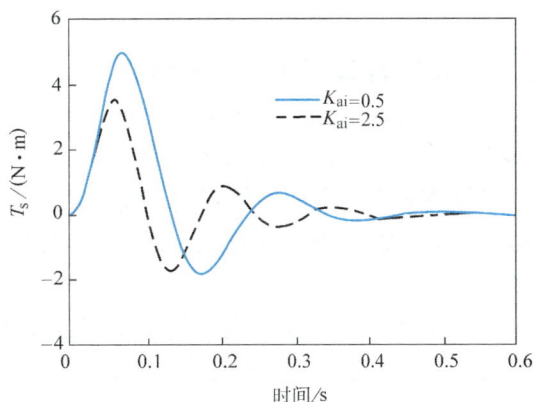

图 13-29　采用比例控制的脉冲响应特性比较

结合式（13-57）和式（13-62），则有：

$$T_m = K_i I_e = K_i(K_{ai}T_s + K_{ci}\dot{\theta}_m) = K_iK_{ai}K_{se}\frac{x_r}{r_p} + K_iK_{ci}\dot{\theta}_m \quad (13-63)$$

将式（13-63）代入式（13-56），得到比例微分助力控制的系统微分方程为：

$$\begin{cases} m_r\ddot{x}_r + C_r\dot{x}_r + \left(K_r + \dfrac{K_{se}}{r_p^2} + \dfrac{K_mg_m^2}{r_p^2}\right)x_r = \dfrac{K_mg_m}{r_p}\theta_m + F_{tr} \\ J_m\ddot{\theta}_m + C_m\dot{\theta}_m + K_m\theta_m = \left(\dfrac{K_mg_m}{r_p} - \dfrac{K_iK_{ai}K_{se}}{r_p}\right)x_r - K_iK_{ci}\dot{\theta}_m \end{cases} \quad (13-64)$$

图 13-30 表示具有不同助力比例控制系数 K_{ai} 的比例加微分助力控制的频率响应特性，图 13-31 是输入幅值为 1000N 的脉冲响应曲线。结果表明，结合微分控制后，助力比例控制系数对系统动态特性的影响程度明显降低。这种控制能有效地抑制来自路面的冲击，可使系统获得较为理想的性能。

分析电动助力转向的助力随车速变化的控制规律，需结合车辆整车动力学模型、轮胎模

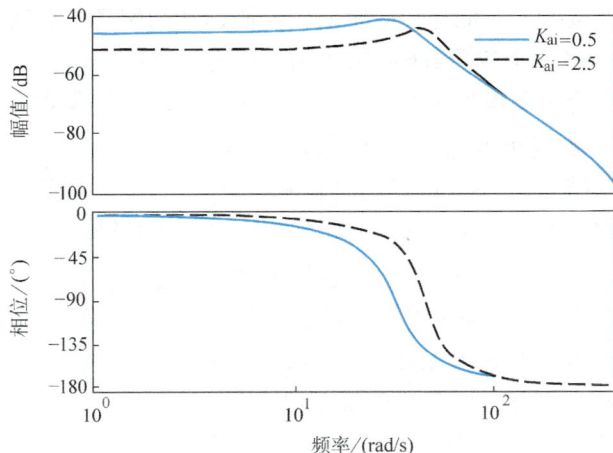

型及驾驶人对低速转向轻便性与高速转向路感的客观评价。

3. 一个应用鲁棒控制理论的例子

为了获得理想的汽车低速行驶时的转向轻便性和高速行驶时的操纵稳定性，EPAS系统除应使汽车有较高的转向轻便性，并保持驾驶人有良好的"路感"和足够的反应灵敏度外，系统还必须具有抗噪声（特别是传感器噪声）的能力，以保证系统的鲁棒性。

由于汽车本身的复杂性，所建立的模型也同样存在诸多不确定性。此外，车载的变化、轮胎磨损以及道路干扰等均可能导致系统参数的变化。因此，可应用鲁棒控制理论来设计EPAS系统，这里以一个 H_∞ 控制系统结构为例[20]设计一个 H_∞ 控制器，其结构如图13-32所示。其中 u 为控制输入信号，y 为观测量，w 为干扰输入信号，z 为控制量

图13-30　不同助力比例控制系数下的
比例加微分助力控制的频率特性

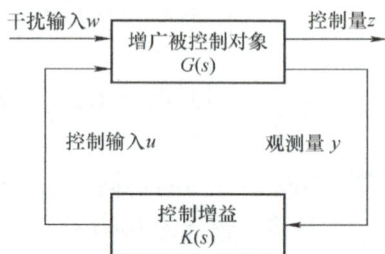

（或应设计需要而定义的性能评价指标）。由输入信号 u、w 到输出信号 z、y 的传递函数阵 $G(s)$ 为增广被控对象，它包括实际被控对象和为了描述设计指标而设定的加权函数等；$K(s)$ 为控制增益。

显然，影响EPAS系统性能的主要因素为转向盘转矩。因此，选取转矩传感器输出转矩 T_s 作为测量输出变量。系统的传递函数矩阵为：

$$G(s) = \begin{pmatrix} G_{11} & G_{12} \\ G_{21} & G_{22} \end{pmatrix} = \begin{pmatrix} A & B_1 & B_2 \\ C_1 & D_{11} & D_{12} \\ C_2 & D_{21} & D_{22} \end{pmatrix} \tag{13-65}$$

式中各矩阵含义可见参考文献［20］。

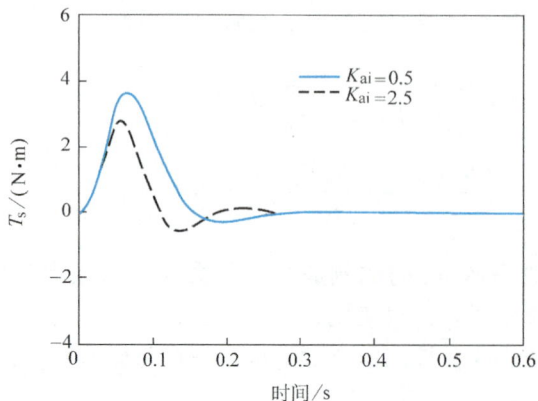

图13-31　比例加微分助力控制的脉冲响应特性比较

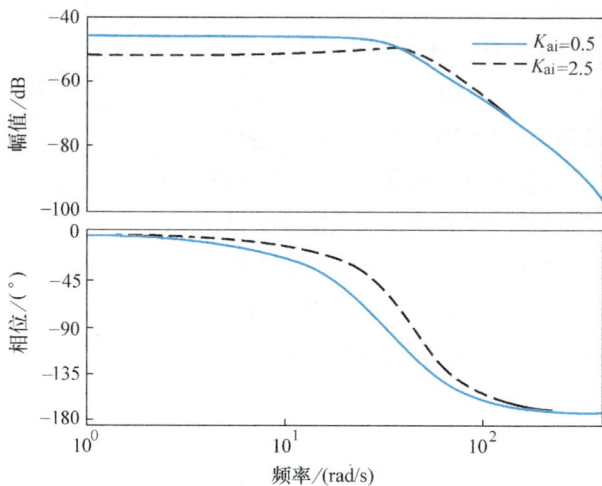

图13-32　H_∞ 控制系统结构

这里，设计 H_∞ 控制器就是求出一个可以使系统稳定的控制 $K(s)$ 增益，使控制信号：

$$u = K(s)y \tag{13-66}$$

$$\| G(s) \|_\infty < 1 \tag{13-67}$$

式中，$G(s)$ 为增广被控系统的传递函数，包括实际被控对象、加权函数及评价函数等，表示为：

$$G(s) = W(s)\Phi(s) \tag{13-68}$$

其中，$\Phi(s)$ 表示由干扰输入 w 到受控输出 z 的闭环传递函数，表示为：

$$\Phi(s) = G_{11}(s) + G_{12}(s)K(s)[I - G_{22}(s)K(s)]^{-1}G_{21}(s) \tag{13-69}$$

式中，I 为单位矩阵。

根据建立的 EPAS 系统模型及所设计的 H_∞ 控制器，假定车辆在水平路面均匀行驶，将仿真结果（包括频率响应特性、转向盘把持阶跃响应、所取截止频率的影响）与无 EPAS 系统进行了对比，这里，给出几个典型的分析结果如下。

图 13-33 给出了具有 H_∞ 控制器的 EPAS 系统在不同 $W_1(s)$ 截止频率下，应用 H_∞ 控制策略，从路面输入转矩到转向盘把持转矩之间传递函数的频率特性。结果表明，其增益越小，从路面传到转向盘的转矩就越小。图 13-34 ~ 图 13-36 分别给出了转向盘把持转矩在不同车速下对路面作用转矩的阶跃响应。从图中可以看出，有 H_∞ 控制的转向系统阶跃响应比无控制系统的增益小，这是由于 EPAS 中电动机助力的结果。此外，H_∞ 控制器设计时采用不同的截止频率对其动态响应有明显影响。截止频率过大时，系统响应不平稳，表明控制器的滤波效果不佳，从而会产生所谓的转向盘"打手"现象；如果截止频率过低，则系统动态响应慢，出现因滤波过多而造成驾驶缺乏路感的现象。从图中还可以看出，随着车速的增加，转向盘的把持转矩随之减少，这符合车速越高转向阻力矩越小的特点。在实际中，可通过参数调整和 EPAS 系统的作用，使把持转矩保持在一定范围内，以满足不同工况下驾驶人对路感的要求。

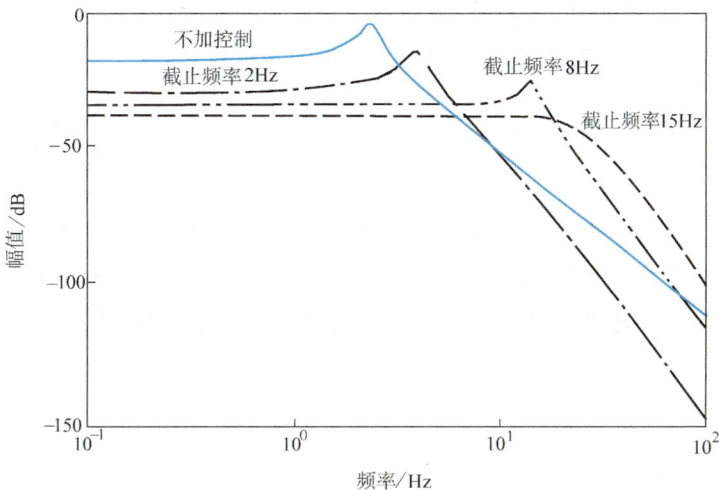

图 13-33　车速为 13.9m/s 时 EPAS 系统的频率特性

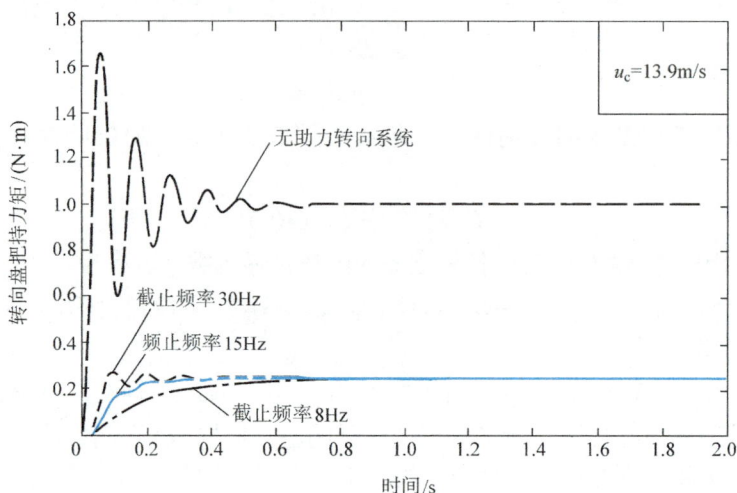

图 13-34　高速行驶时具有不同截止频率的 EPAS 与无助力转向系统的转向盘把持转矩的阶跃响应对比

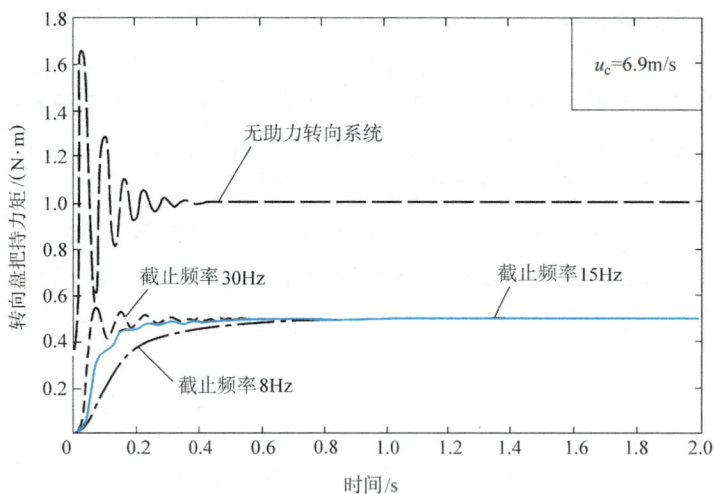

图 13-35　中速行驶时具有不同截止频率的 EPAS 与无助力转向系统的转向盘把持转矩的阶跃响应对比

　　另外，这种控制策略可以通过调整系统模型的加权函数来提高系统具有良好的鲁棒性和抗干扰的能力，同时提高系统的响应灵敏度。此外，可以通过滤波来提高路面信息的信噪比，以保证驾驶人获得更加充分的路感，从而获得较为理想的助力特性。

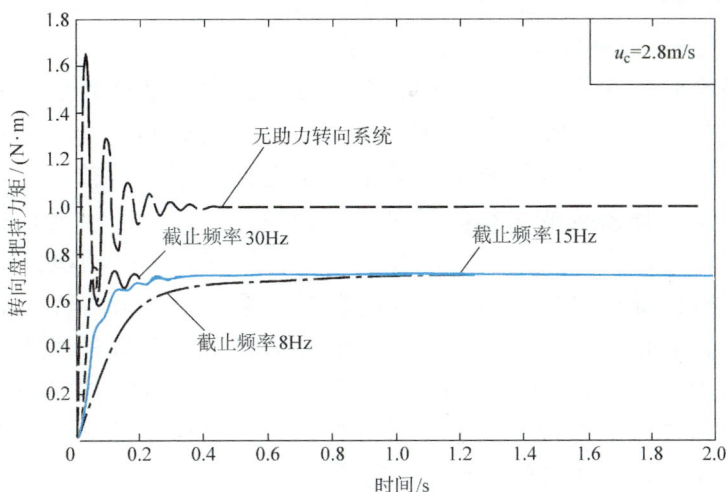

图 13-36 低速行驶时具有不同截止频率的 EPAS 与无助力转向系统的转向盘把持转矩的阶跃响应对比

第五节 主动前轮转向系统

近年来各种先进的主动转向控制系统不断涌现，一种介于电动助力转向和线控转向之间的转向系统，即所谓的主动前轮转向（Active Front Steering，AFS）系统已逐渐成为市场关注的热点。根据之前介绍的相关内容，本节首先对 AFS 的结构、工作原理和应用做一个概述。然后，结合车辆模型、轮胎模型和一个简单的驾驶人模型建立一个可用于 AFS 分析的系统模型。最后，对一种基于模型预测的主动避障技术，给出一个完整的 AFS 控制器设计实例及其仿真结果。

一、概述

AFS 系统的工作原理是：通过在转向系统中增加一套转向盘角度输入控制装置，根据驾驶人的驾驶意图和当前车辆的行驶状态，利用转向盘角输入控制电动机对前轮施加一个独立于驾驶人转向盘输入的附加转角，从而对驾驶人的转向角度进行补偿修正，以主动提高车辆的操纵性、稳定性和轨迹跟踪性能。

本节研究的 AFS 系统是在电动助力转向系统机械结构的基础上，通过增加一个转角叠加机构实现双转角输入单转角输出，如图 13-37 所示。其中两个执行机构分别是主动前轮转向执行机构（AFS）和电动助力转向执行机构（EPAS）。因而包括两个电动机，一个与双行星齿轮相连，用来产生主动附加转角；另一个位于转向管柱上，对

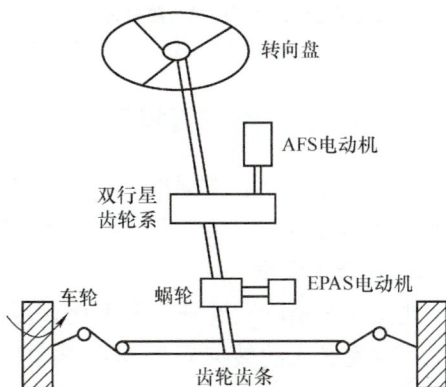

图 13-37 主动前轮转向系统的结构

301

驾驶人的转向力矩进行调节，起助力的作用。AFS的主要功能是实现转向系统变传动比控制和主动转向修正控制，以提高车辆的转向操纵稳定性。

由宝马和采埃孚公司联合开发的AFS系统可以认为是最早的主动前轮转向应用实例之一，其结构如图13-38所示[21]。该系统是通过一套转角电动机和双排行星轮系增加一个输入自由度从而实现附加转向，并由一个电控液压助力转向系统（Servotronic）实现转向助力功能。该系统的工作原理是：电控单元（ECU）根据车速、横摆角速度和侧向加速度等信号，按照预先设定的控制逻辑，控制转角电动机经蜗杆减速装置带动双排行星轮系输出叠加转角。当车低速行驶时，叠加的转角与转向盘的转角方向一致，增大了实际转向角度，使驾驶人感觉转向较为轻便；而当车高速行驶时，叠加后的转角与转向盘的转角方向相反，减小了实际转向角度，使驾驶人获得较强的路感。同时，ECU结合汽车的动态特性信号，对汽车转向后的横摆及侧倾状态进行监控，通过对前轮转角的修正，提高汽车的操纵稳定性。

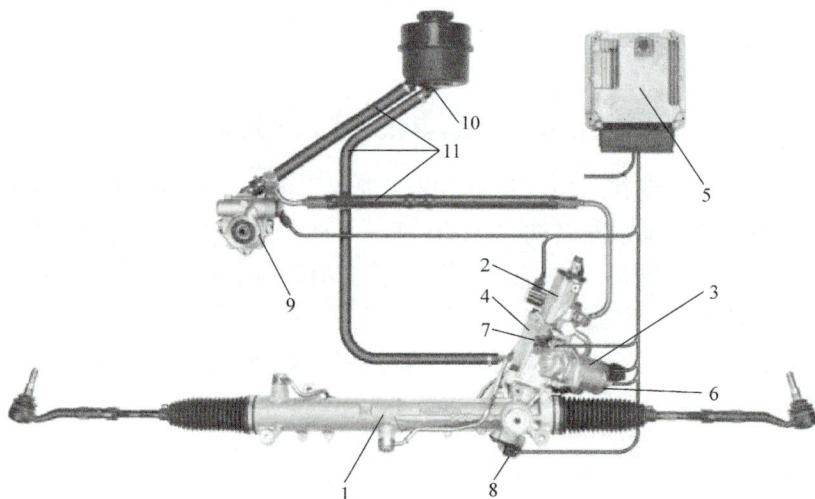

图13-38　宝马和采埃孚公司开发的AFS系统

1—液压齿轮齿条转向器　2—转向阀　3—伺服电动机　4—行星齿轮机构　5—电控单元　6—电动机转角传感器
7—电磁锁止装置　8—小齿轮转角传感器　9—转向油泵　10—储油罐　11—转向油管

二、AFS系统仿真模型

为了研究AFS控制策略，需要建立包括驾驶人模型、整车模型和EPAS系统模型在内的AFS系统仿真模型，其中EPAS系统模型可参见本章第四节的内容。

1. 驾驶人模型

建立一个精确的驾驶人模型比较复杂，有关内容将在第十四章中做专门介绍。这里，由于只需对驾驶人的转向行为进行描述，因而采用了一个简单的单点预瞄模型[5,22]，如图13-39所示。将车辆相对于车道中线的位置偏差、方向偏差和道路信息作为模型的输入，而驾驶人通过转向盘给出的前轮转角是模型的输出。

由图13-39可见，若将驾驶人的预瞄点记为P，驾驶人的预瞄距离为l_p，并以e_ψ表示车

辆行驶方向与车道中线的夹角，那么预瞄点处的方向偏差可表示为：

$$e_\psi^{lp} = \psi - \psi_d^{lp} = e_\psi + \Delta\psi_{\text{road}} \quad （13\text{-}70）$$

其中，$\Delta\psi_{\text{road}} = \psi_{\text{road}} - \psi_{\text{road}}^{lp}$ 表示当前位置与预瞄点处道路中线的夹角。

假定车道前方存在障碍物，位于道路左侧边界的障碍物宽度为 w_{ol}，位于道路右侧边界的障碍物宽度为 w_{or}，并以 e_y 表示车辆偏离车道中心线的距离，则预瞄点处的侧向偏移为：

图 13-39　一个简单的驾驶人单点预瞄模型示意图

$$e_y^{lp} = e_y + \frac{1}{2}w_{\text{ol}} - \frac{1}{2}w_{\text{or}} \quad （13\text{-}71）$$

结合式（13-70）和式（13-71），可得该单点预瞄驾驶人模型如下：

$$\hat{\delta}_d = K_y e_y - \frac{1}{2}K_y w_{\text{or}} + \frac{1}{2}K_y w_{\text{ol}} + K_\psi e_\psi + K_\psi \Delta\psi_{\text{road}} \quad （13\text{-}72）$$

其中，系数 K_y，K_ψ 表示驾驶人行为参数，$\hat{\delta}_d$ 为驾驶人输入的前轮转角估值。

由式（13-72）表达的模型中，对 w_{or} 和 w_{ol} 的取值可解释为：当取 w_{or} 和 w_{ol} 为障碍物真值时，表明驾驶人注意力很集中，并准备避障碍；当 w_{or} 和 w_{ol} 取值为零时，表示驾驶人注意力分散，没有意识到障碍物。

2. 非线性四轮车辆模型

若不考虑车辆侧倾的影响，而只是将沿 x 轴的前进速度视为变量而非恒定，参见图 11-3，可得包括车辆纵向、侧向和横摆运动的三自由度动力学模型如下：

$$\begin{cases} m(\dot{u} - vr) = F_{x,\text{Lf}} + F_{x,\text{Rf}} + F_{x,\text{Lr}} + F_{x,\text{Rr}} \\ m(\dot{v} + ur) = F_{y,\text{Lf}} + F_{y,\text{Rf}} + F_{y,\text{Lr}} + F_{y,\text{Rr}} \\ I\dot{r} = (F_{x,\text{Lf}} - F_{x,\text{Rf}} + F_{x,\text{Lr}} - F_{x,\text{Rr}})B/2 + a(F_{y,\text{Lf}} + F_{y,\text{Rf}}) - b(F_{y,\text{Lr}} + F_{y,\text{Rr}}) \end{cases} \quad （13\text{-}73）$$

轮胎纵向力和侧向力在车辆坐标下分别表达为：

$$\begin{cases} F_{xi} = f_{xi}\cos(\delta_i) - f_{yi}\sin(\delta_i) \\ F_{yi} = f_{xi}\cos(\delta_i) + f_{yi}\sin(\delta_i) \end{cases}, \quad i \in \{\text{Lf, Rf, Lr, Rr}\} \quad （13\text{-}74）$$

由于 AFS 只对前轮转角进行控制，因而这里 $\delta_{\text{Lr}} = \delta_{\text{Rr}} = 0$。再假设左右前轮的车轮转角相同，则 $\delta_{\text{Lf}} = \delta_{\text{Rf}} = \delta_f$。而实际的前轮转角包括分别来自驾驶人和控制器的两部分组成，即：$\delta_f = \delta_d + \delta_c$，其中 δ_d 是驾驶人施加的前轮转角，δ_c 是 AFS 电动机施加的纠正转角。

由第三章介绍的轮胎模型可知，车轮纵向力和侧向力主要受轮胎侧偏角 α_i、滑移率 s_i、轮胎法向力 F_{zi} 的影响，且与路面附着系数 μ_i 有关，可表示为：

$$\begin{cases} f_{xi} = f_1(\alpha_i, s_i, \mu_i, F_{zi}) \\ f_{yi} = f_c(\alpha_i, s_i, \mu_i, F_{zi}) \end{cases} \quad （13\text{-}75）$$

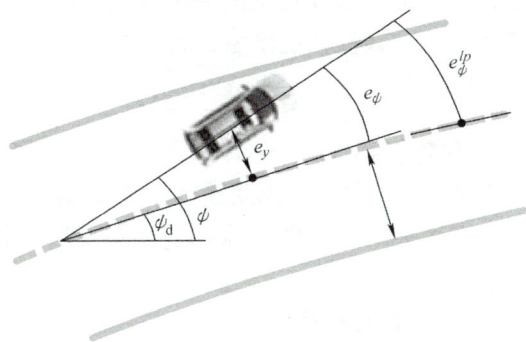

将上式表达的非线性轮胎模型结合前面的驾驶人模型式（13-72）和车辆模型式（13-73），则得到一个非线性系统模型，表示如下：

$$\dot{\xi}(t)=f^{4w}\left[\xi(t),u(t),w(t)\right] \tag{13-76}$$

其中，参数 $\xi=\left[\dot{x},\dot{y},\psi,r,X,Y\right]$ 表示车辆的运动状态，$u=[\delta_i]$ 为控制输入，外部输入 w 包括路面附着信息及障碍物宽度，即 $w=\left[\mu,w_{\mathrm{ol}},w_{\mathrm{or}}\right]^{\mathrm{T}}$。

3. AFS 仿真模型

根据建立车辆动力学模型和驾驶人模型，可建立主动前轮转向控制系统（AFS）的系统仿真框图，如图 13-40 所示。由图可见，转向控制器的输入为车辆运动状态信息，输出为主

图 13-40　AFS 控制器及系统仿真框图

动纠正转角 δ_{c}，它与驾驶人输入的转角 δ_{d} 之和就是实际的车辆模型输入前轮转角 δ_{f}，即 $\delta_{\mathrm{f}}=\delta_{\mathrm{d}}+\delta_{\mathrm{c}}$。

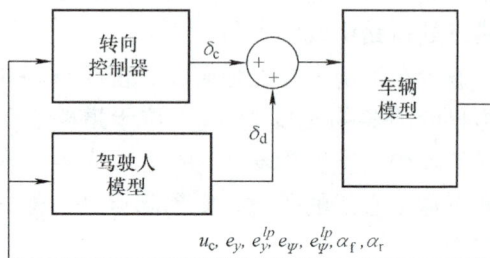

三、一个基于 AFS 的主动转向角度修正控制的分析实例

随着雷达、红外线、GPS 在汽车上的逐步应用，可主动避障的前轮主动转向系统将会明显提高车辆的主动安全性。根据建立的主动前轮转向系统动力学模型，这里将给出一个基于 AFS 的主动转向角度修正控制的分析实例。基于模型预测的主动避障技术，并通过仿真结果对设计的一个非线性模型预测控制策略进行有效性验证[23]。

为得到有限时域优化控制问题，采用欧拉方法对式（13-76）给出的非线性系统模型进行离散化处理，即：

$$\begin{cases}\xi(t+1)=f^{4w}(\xi(t),u(t),w(t))\\u(t)=u(t-1)+\Delta u(t)\end{cases} \tag{13-77}$$

这里，选取的控制目标是，在最小控制能量下，通过纠正控制转角来实现车辆的主动避障。

因此，建立的性能指标如下：

$$J(\xi(t),\Delta u_t)=\sum_{i=0}^{H_c-1}\left(\parallel u_{t+i,t}\parallel^2Q+\parallel\Delta u_{t+i,t}\parallel^2R\right) \tag{13-78}$$

其中，$\Delta u_t=\Delta u_{t,t},\cdots,\Delta u_{t+H_c-1,t}$ 表示 t 时刻的控制变量的变化率，H_c 表示控制时域，Q 和 R 均为加权矩阵。

离散化的优化问题表达为：

$$\min_{\Delta u_t}J(\xi_t,u_t) \tag{13-79}$$

约束条件为：

$$\begin{cases} \xi_{k+1,t} = f^{2w}(\xi_{k,t}, u_{k,t}), & k = t, \cdots, t + H_p - 1 & (a) \\ u_{k,t} = u_{k-1,t} + \Delta u_{k,t}, & k = t, \cdots, t + K_c - 1 & (b) \\ u_{t-1,t} = u(t-1) & & (c) \\ u_{f,\min} \leqslant u_{k,t} \leqslant u_{f,\max}, & k = t, \cdots, t + H_p - 1 & (d) \\ \Delta u_{f,\min} \leqslant \Delta u_{k,t} \leqslant \Delta u_{f,\max}, & k = t, \cdots, t + H_c - 1 & (e) \\ e_{y,\min} \leqslant e_y \leqslant e_{y,\max}, & k = t, \cdots, t + H_p - 1 & (f) \end{cases} \quad (13\text{-}80)$$

其中，H_p 表示预测时域。车辆动力学约束条件由（a）、（b）和（c）给出；而约束条件（d）、（e）和（f）分别限制了主动纠正转角、连续采样时刻间的主动纠正转角增量和车辆侧向位移。

下面通过仿真分析，对所设计的非线性模型预测控制策略的有效性进行验证。这里分别给出一次性避障和连续避障的仿真结果。两个仿真工况均为低附着系数($\mu = 0.3$)的冰雪路面。车辆主要参数选取如下：质心到前、后轴的距离分别是 $a = 1.36\mathrm{m}$、$b = 1.39\mathrm{m}$；车辆的质量 $m = 2072\mathrm{kg}$；横摆转动惯量 $I = 2774\mathrm{kg} \cdot \mathrm{m}^2$。

1. 一次性避障

仿真中假定驾驶人注意力分散，车辆以 50km/h 的速度行驶在冰雪路面上，前方 65m 处有一个障碍物，控制策略是通过产生主动纠正转角来对前方障碍物进行避让。

图 13-41 给出了车辆避障过程中的行驶路径，可以看到车辆在 65m 处成功地避让了道路左侧的障碍物。图 13-42 分别给出了车辆主动避障过程中，车辆的横摆角和横摆角速度的响应。图 13-43 分别给出了主动避障过程中左、右前轮侧偏角的变化情况。

在主动避障过程中，驾驶人输入转角、控制器纠正转角以及车辆实际前轮转角的仿真结果如图 13-44 所示。由图可见，在汽车驶向障碍物的时刻，驾驶人注意力分散，没有观察到道路上的障碍物，这时控制器对车辆施加了纠正转角，帮助驾驶人成功实现了避障。在 $t = 4\mathrm{s}$ 附近，当车辆完成对障碍物的避让之后，控制器不再产生纠正转角，而是将车辆的控制权交还给驾驶人，此时的驾驶人输入转角等于实际的车辆前轮转角。

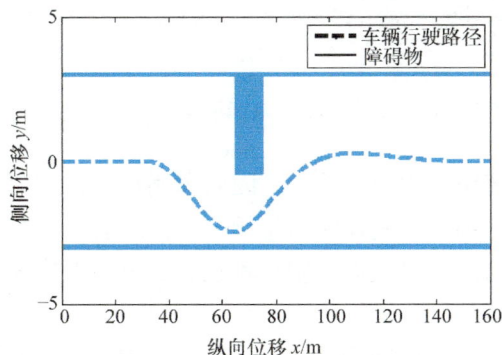

图 13-41　车辆的避障路径

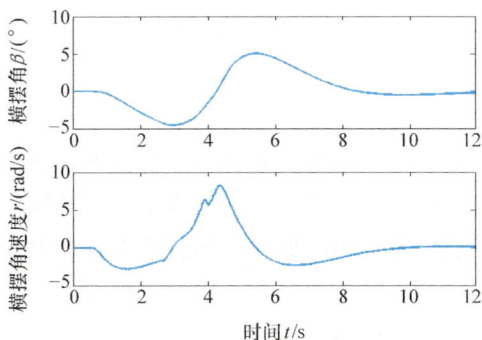

图 13-42　车辆横摆角和横摆角速度响应

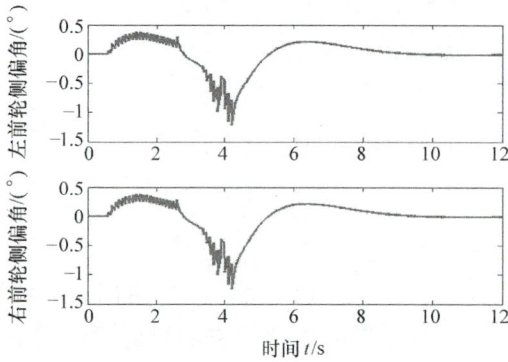

图 13-43　左、右前轮侧偏角响应

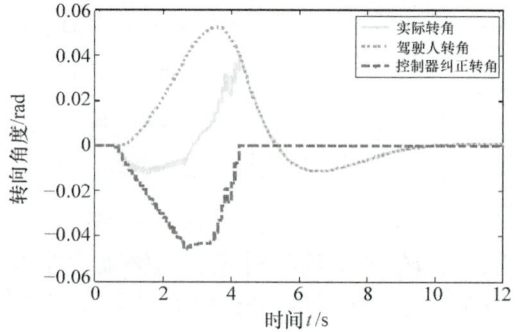

图 13-44　前轮转角的输入变化

2. 连续避障

假定驾驶人注意力分散，车辆仍以 50km/h 的速度行驶在冰雪路面 $\mu = 0.3$，前方 65m 和 160m 处各有一障碍物。AFS 控制器将通过产生主动纠正转角来辅助驾驶人对前方的障碍物进行连续避障。图 13-45 所示为车辆的避障路径，可见车辆在 65m 处成功地避让了道路左侧的障碍物，在 160m 处成功地避让了道路右侧的障碍物。图 13-46 给出了在主动避障过程中，车辆横摆角和横摆角速度的变化情况。图 13-47 分别给出了主动避障过程中左、右前轮侧偏角的变化情况。

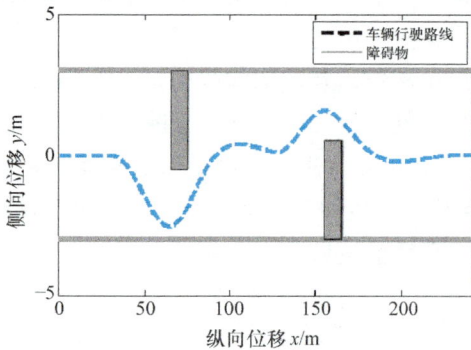

图 13-45　车辆的避障路径

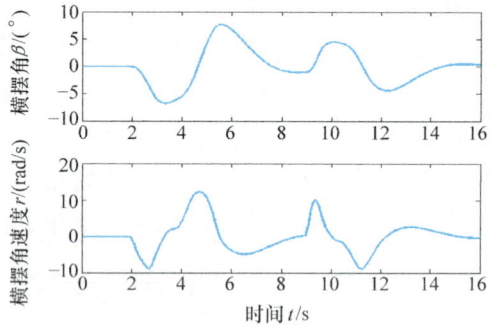

图 13-46　车辆的横摆角和横摆角速度响应

由图 13-45 可以看出，由于仿真选择的两个障碍物的距离较远，因而车辆在避让完第一个障碍物之后，先是回到车道中线，等第二个障碍物进入到控制器的预测范围之后，开始避让第二个障碍物。如果在仿真中选择的两个障碍物的距离较近，则车辆在完成第一次避障之后，仍可直接对第二个障碍物进行避让。

在连续避障过程中，驾驶人输入转角、控制器纠正转角以及车辆实际前轮转角由图 13-48 给出。由图可见，在 $t = 2s$ 处，驾驶人注意力分散，没有观察到道路上的障碍物，控制器对车辆施加了纠正转角，实现主动避障。在 $t = 4s$ 附近，车辆完成避障之后，控制器不再产生纠正转角，车辆的前轮转角等于驾驶人输入转角，即控制器将车辆的控制权交给驾驶人。在 $t = 9s$ 附近，当车辆遇到第二个障碍物时，驾驶人仍然注意力分散，没有观察到道路

上的障碍物，这时控制器对车辆施加了纠正转角，再一次帮助驾驶人实现避障。在 $t = 11\mathrm{s}$ 附近，车辆完成对第二个障碍物的避让之后，控制器不再产生纠正转角，将车辆的控制权交给驾驶人，此时的驾驶人输入转角等于实际的车辆前轮转角。

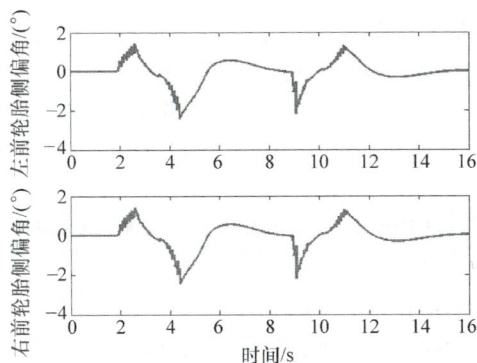

图 13-47　左、右前轮侧偏角的响应　　　　图 13-48　前轮转角的输入变化

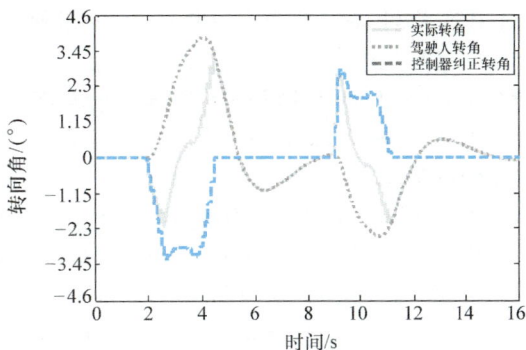

仿真结果表明了对 AFS 所设计非线性模型预测控制策略的有效性，对提高车辆主动安全性的效果明显。同时，由于主动前轮转向与传统车辆的结构能够很好兼容，因而具有良好的发展前景。

参 考 文 献

[1] Thomas D Gillespie. Fundamentals of Vehicle Dynamics [M]. Warrendale：SAE International，1992.

[2] 管迪华，魏克严，何泽民. 汽车转向轮摆振的仿真计算研究 [J]. 汽车工程，1982，1（2）：33-38.

[3] 李胜，林逸. 汽车转向轮摆振研究综述 [J]. 汽车技术，2004，11：16-19.

[4] 张洪欣. 汽车系统动力学[M]. 上海：同济大学出版社，1996.

[5] 郭孔辉. 汽车操纵动力学[M]. 长春：吉林科学技术出版社，1991.

[6] 舒仲周，张继业，曹登庆. 运动稳定性[M]. 北京：中国铁道出版社，2001.

[7] 林逸，李胜. 非独立悬架汽车转向轮自激型摆振的分岔特性分析[J]. 机械工程学报，2004，40（12）：187~191.

[8] 李胜. 分岔理论在汽车转向轮摆振机理及其控制策略研究中的应用[D]. 长春：吉林大学，2005.

[9] Somieski G. Shimmy Analysis of a Simple Aircraft Nose Landing Gear Model Using Different Mathematical Methods [J]. Aerospace Science and Technology，1997，1（8）：545-555.

[10] 张继业，杨翊仁，曾京. Hopf 分岔的代数判据及其在车辆动力学中的应用 [J]. 力学学报，2000，32（5）：596-605.

[11] Poore A. On the Theory and Application of the Hopf—Friedrichs Bifurcation Theory [J]. Archive for Rational Mechanics and Analysis，1976，60（4）：371-393.

[12] Sharp R，Crolla D A. Controlled Rear Steering for Cars—A Review [C]. Proc. of IMechE，Paper C437/88，1988.

[13] Furukawa Y，Yuhara N，Sano S，Takeda H，Matsushita Y. A Review of Front Wheel Steering Studies from the Viewpoint of Vehicle Dynamics and Control [J]. Vehicle System Dynamics，1989，18（1-3）：151-186.

[14] 郭孔辉，轧浩. 四轮转向的控制方法的发展 [J]. 中国机械工程，1998，9（5）：73-75.

[15] Sano Shoichi，Furukawa Yoshimi. Four Wheel Steering System with Rear Wheel Steer Angle Controlled as a Function of Steering Wheel Angle [R]. SAE Technical Paper 860625，1990.

［16］ Irie，Namio et al. 4WS Technology and the Prospects for Improvement of Vehicle Dynamics ［C］. SAE Transactions，1990，99（6）：1334 – 1342.

［17］ Bud Gardner. GM Rear Wheel Steering from Delphi. (T—D—C Troubleshooting—Diagnostics—Cures)［J］. Motor Service，2002，81（3）：71.

［18］ 林逸，施国标. 汽车电动助力转向技术的发展现状与趋势 ［J］. 公路交通科技，2001，18（3）：79 – 82.

［19］ Chen J S. Control of Electric Power Steering Systems ［R］. SAE Technical Paper 981116，1998.

［20］ 王启瑞，陈无畏，黄森仁等. 汽车电动助力转向系统的 H_∞ 控制研究 ［J］. 汽车工程，2004，26（5）：609 ~ 612.

［21］ Willy Kiler，Wolfgang Reinelt. Acitive Front Steering（Part 1）：Mathematical Modeling and Parameter Estimation ［C］. SAE World Congress，Detroit，MI，USA，2004.

［22］ GRAY A，Ali M，GAO Y，et al，Semi—Autonomous Vehicle Control for Road Departure and Obstacle Avoidance［C］. IFAC Symposium on Control in Transportation Systems，Sofia，Bulgaria，September，2012.

［23］ 魏杰. 汽车主动前轮转向的控制策略研究 ［D］. 北京：北京理工大学，2015.

［24］ 李彬. 四轮主动转向车辆的侧向动力学控制研究 ［D］. 上海：上海交通大学，2010.

第十四章 驾驶人模型与车辆操纵品质评价

第一节 概　　述

车辆操纵稳定性研究中，由于对驾驶人特性缺乏基本的认识，人们通常仅关注汽车对一定的转向盘输入的响应如何（即开环评价），却难以判定整个人－车系统的性能如何（即闭环评价）。在前面的章节中已经介绍了车辆本身固有的动态特性，但其中并未考虑驾驶人主动对车辆施加有目的的控制输入下（即在转向、加速和制动操作作用下）车辆产生的侧向、横摆运动、俯仰和垂向运动。而实际上驾驶人往往会根据对这些运动的感知给车辆施加适当的操作来控制车辆运动，以确保车辆按其驾驶意图正确行驶并实现期望路径。因此，有必要理解当驾驶人根据车辆的运动状态有意图地对其施加转向输入时车辆是如何运动的。

从另一方面看，随着车辆智能化的提升，主动控制应是提升车辆操纵稳定性及安全化的有效途径。由驾驶人进行主观评价的车辆操纵稳定性可以通过主动控制系统来调节，但是由于人（尤其是普通驾驶人）的主观评价所依赖的感觉不可避免地会受心理和感知等主观因素的影响，其结果虽然定性可靠却难以量化。因此，寻求一种可定量预测与评价车辆操纵稳定性的通用方法很有必要。值得注意的是，目前人们对操纵稳定性的评价及其与车辆设计和控制参数的关系仍未明确，因而尚无可直接应用于车辆的设计和开发中的通用方法。最近，有学者提出了一些方法，用于研究车辆操纵特性和操纵品质评价及其关系，并试图建立两者的定量关系。此外，由于对驾驶人操纵车辆行为的研究对研发更加安全、高效、舒适的路面车辆（尤其是在自动驾驶、车联网以及智能交通等研究领域）很有必要，因此驾驶人模型在车辆闭环系统研究中的地位相当重要[1]。

本章首先对驾驶人控制车辆的行为进行描述和总结，并介绍几种驾驶人模型及其特点，分析驾驶人如何根据车辆的运动状态而有意图地对其施加转向输入下车辆的运动。其次，重点介绍一种驾驶人模型参数的辨识方法，并对一些反映车辆操纵特性的关键参数进行分析。最后，基于辨识得到的驾驶人模型参数，介绍一种建立操纵品质评价与车辆操纵特性之间关系的通用方法。

第二节　驾驶人控制下的车辆运动

一、驾驶人控制行为描述

通过对人的操纵行为进行仔细观察可以发现，人的行为因素还是存在一些规律的。这

里，可以根据控制工程中常用的"黑箱"概念来推导人作为控制器的行为规律模型。常见的是，将人的控制行为视为一个连续的线性反馈控制并以传递函数表示[2]。几种典型的驾驶人行为传递函数总结见表 14-1，其中 K 为比例参数，τ 为驾驶人反应延迟时间参数，T 为模型阶次系数。

表 14-1　典型驾驶人行为传递函数

序号	函数表达式	模型提出者
1	$K\dfrac{1 + Ts}{s}e^{-\tau s}$	Tustin
2	$K\dfrac{(T_1 s + 1)e^{-\tau s}}{(T_2 s + 1)(T_3 s + 1)}$	McRuer & Krendel
3	$K\left(T_1 s + 1 + \dfrac{1}{T_2 s}\right)e^{-\tau s}$	Ragazzini
4	$K\dfrac{(A_n s^n + \cdots + A_0)}{s'(B_m s^m + \cdots + B_0)}e^{-\tau s}$	Jackson

由表 14-1 可见，所有这些传递函数几乎都有着相同的特性。这里，用传递函数 $H(s)$ 来概括如下：

$$H(s) = h\left(\tau_D s + 1 + \frac{1}{\tau_I s}\right)e^{-\tau_L s} \tag{14-1}$$

式中，在给定的激励输入下，驾驶人在给出一个动作输出过程中存在时间延迟，以 $e^{-\tau_L s}$ 表示，τ_L 表示延迟时间。比例因子 h 表示操作人在感觉舒适的最小的工作负荷操作下，输出与输入信号的比例系数；驾驶人还可以对输入信号的变化量进行微分控制，τ_D 表示微分时间；操作人也可进行积分控制，以对偏离进行纠正，τ_I 表示积分时间。

这里需要指出的是，作为控制器的驾驶人有别于其他通常控制系统的是，体现在 $H(s)$ 中的参数可在一定的范围内变动以提高其自适应性。实际上，人可以轻松地改变其比例因子 h，但其他参数则受一定的局限，特别是增加微分动作对人而言并不轻松，如果控制目标需要强微分动作并达到一定程度的情况下，一般人也不再有执行能力。或许可以这样说，作为控制器，人可以轻松、长时间、连续地操作的动作是比例控制，再加上很弱的微分或积分动作。

二、一个基本的驾驶人模型

本节将对上述关于人的控制行为进一步细化，在此只考虑通过转向操纵车辆运动的驾驶人控制行为。一般而言，驾驶人不仅能感知车辆的侧向位移，还能感知车辆在 XOY 平面内的姿态（即车辆的横摆角）。如果驾驶人通过感受横摆角而非侧向位移来施加控制动作，那么驾驶人应只需通过施加与微分相当的动作即可较好地控制车辆。

基于上述讨论，假定驾驶人会注视车辆前方 L 处，并预测车辆在前进 L 距离后车辆相对于目标路径的侧向位移偏移量。假设驾驶人基于这个侧向偏移量进行反馈控制，其过程如图 14-1 所示。驾驶人 – 车辆闭环系统示意图如图 14-2 所示，其中 L 称为前视距离，前方 L 处的点称为前视点。

上述模型是最常见的研究车辆运动的驾驶人模型。由于这种情况下车辆具有很强的积分特性（显然有一些微分控制成分被隐含在驾驶人控制行为的传递函数中），因而驾驶人模型的传递函数可简化为：

$$H(s) = h(1 + \tau_D s) e^{-\tau_L s} \tag{14-2}$$

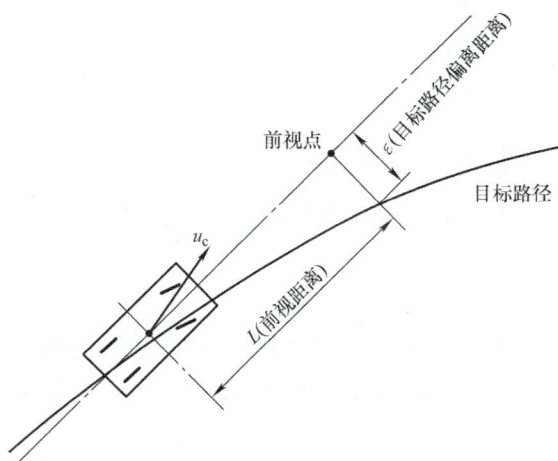

图 14-1　在前方 L 处的路径偏离量

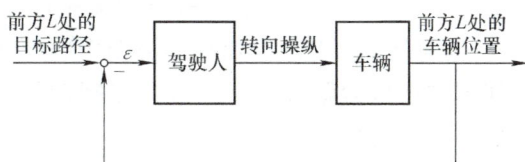

图 14-2　驾驶人 – 车辆闭环系统

第三节　驾驶人模型参数辨识

驾驶人模型的参数不仅取决于自身的内在特性，还能随适应车辆的操纵性能而改变。也就是说，即使车辆操纵性能变化范围很大，驾驶人也能在车辆运动过程中通过不断修正其参数来保证车辆达到预期响应（即虽然车辆操纵性能有所改变，但由驾驶人操控的车辆表现也可能保持不变）。这是车辆响应特性并不能总是直接反映操纵特性的主要原因之一，因而很难从车辆响应的客观测量结果来评价其操纵品质。

另一方面看，由于驾驶人会根据车辆操纵特性来修正自己的驾驶特性，驾驶人的模型参数不仅能直接反映驾驶人的内在驾驶特性，还能反映车辆操纵性能。显然，如果驾驶人模型参数能够被有效地辨识，那么就可利用得到的驾驶人模型参数来实现对车辆操纵品质的评价。

本节首先介绍一个以操纵品质评价为目的的简化驾驶人模型；然后，介绍如何通过试验数据辨识这个驾驶人模型的参数。

一、简化的驾驶人模型

为了考察受控车辆的运动，定义了一段包含平缓曲线，但近似为直线的目标路径（图 14-3）。车辆接受来自驾驶人的控制动作，并沿着这个目标路径行驶。如果 X 轴是沿着目标路径的方向，Y 轴则是与其垂直的方向，那么车辆的运动状态将如图 14-3 所示。

图中 y 是车辆的侧向位移，θ 是航向角，y_{OL} 是目标路径在前视点处的侧向偏离量。由于 $|\theta| \ll 1$，因而 $\tan\theta \approx \theta$，则可假定车辆在前视点处的侧向偏移量为：

$$\varepsilon = y + L\theta - y_{OL} \tag{14-3}$$

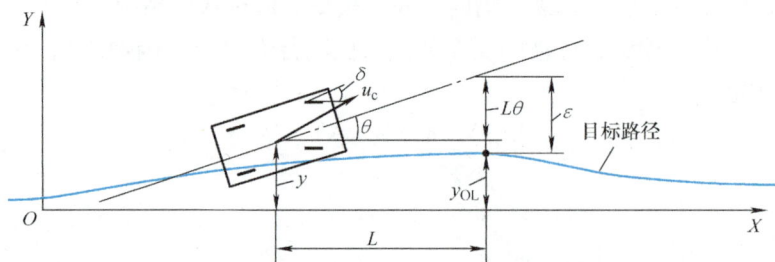

图 14-3　近似直线目标路径下驾驶人控制的车辆运动

由于驾驶人转向行为的传递函数可由式（14-3）表示，再结合上式给出的驾驶人观察的路径偏移量，则驾驶人的转向角可表达为：

$$\delta(s) = -h(1 + \tau_D s)e^{-\tau_L s}[y(s) + L\theta(s) - y_{OL}(s)] \tag{14-4}$$

为简化模型并减少驾驶人模型中的参数，假定 $dy/dt \approx u_c\theta$，同时假定驾驶人通过前视（即预瞄）行为做出等效的微分控制动作。因此，驾驶人微分时间 τ_D 近似为零，于是式（14-4）可改写为：

$$\delta(s) = -he^{-\tau_L s}\left[\left(1 + \frac{L}{u_c}s\right)y(s) - y_{OL}(s)\right] \tag{14-5}$$

此外，假定延迟时间 τ_L 的值很小，且 $e^{-\tau_L s} \approx 1/(1 + \tau_L s)$，则可得到一个用来描述驾驶人所决定的转向角的简化模型，即：

$$\delta(s) = -\frac{h}{1 + \tau_L s}[(1 + \tau_h s)y(s) - y_{OL}(s)] \tag{14-6}$$

式中，τ_h 表示驾驶人的前视（预瞄）和微分控制动作的综合效果，假定驾驶人的微分控制动作忽略不计，则 τ_h 可被视为是预瞄时间，即 L/u_c。

在此，得到简化的驾驶人–车辆模型框图，如图 14-4 所示。其中，驾驶人的转向特性由 h、τ_h 和 τ_L 三个参数描述。需要注意的是，该简化模型仅适用于驾驶人在固定车道宽度 y_{OL} 的平直道路上突然变道的情形。下面，将基于这个简化的驾驶人模型，介绍如何通过移线试验进行驾驶人模型参数辨识的方法。

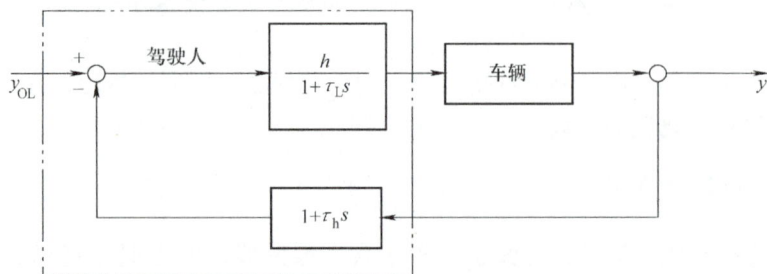

图 14-4　简化的驾驶人–车辆模型框图

二、驾驶人模型的参数辨识

通过直路上车辆的移线试验，可以观察到驾驶人–车辆系统的典型行为。根据对驾驶人

转向角 δ^* 和车辆侧向位移 y^* 所测得的数据结果，可以辨识得到驾驶人模型的参数。

这里，驾驶人转向角是对车辆侧向位移 y^* 和移线变道宽度 y_{OL} 的响应，其可由式 (14-6) 表示的驾驶人模型估计得到。于是，实测的转向角 δ^* 与驾驶人模型的转向角之间的误差定义如下：

$$e(s) = (1+\tau_L s)\left\{\delta^*(s) + \frac{h}{1+\tau_L s}\left[(1+\tau_h s)y^*(s) - y_{OL}(s)\right]\right\}$$

$$= (1+\tau_L s)\delta^*(s) + h\left[(1+\tau_h s)y^*(s) - y_{OL}(s)\right] \tag{14-7}$$

若将误差及误差率的加权和的平方积分定义为评价函数，则有：

$$J = \int_0^T e^2 dt = \int_0^T \left[\delta^* + \tau_L \frac{d\delta^*}{dt} + h\left(y^* + \tau_h \frac{dy^*}{dt} - y_{OL}\right)\right]^2 dt \tag{14-8}$$

式中，T 表示保证驾驶人完成移线所需的时间。

通过求解式（14-9）使评价函数 J 最小，可以得到参数 h，τ_h 和 τ_L 的值，即：

$$\frac{\partial J}{\partial h} = 0, \quad \frac{\partial J}{\partial \tau_L} = 0, \quad \frac{\partial J}{\partial(h\tau_h)} = 0 \tag{14-9}$$

上述方程是关于 h，τ_h 和 $h\tau_L$ 的一阶线性代数方程，因而很容易求得 h，τ_L 和 τ_h 的值，即辨识得到的驾驶人模型参数。利用这些辨识的参数就可以建立辨识的驾驶人模型，来描述驾驶人的转向角，使其尽可能地接近真实的测量值。

第四节　基于驾驶人模型的车辆操纵品质评价

至此，已经介绍了车辆本身的运动特性、车辆所表现的各种运动形式以及驾驶人操控下车辆的运动。这些内容的重要性体现在诸多方面，不仅包括对车辆运动特性的描述和继而得到的对车辆运动的客观观察和理论预测，还体现在对驾驶人评价操纵难易程度（即对车辆操纵品质的评价）方面。对普通机器而言，操作人作为第三方能客观地观察并从理论上预测该机器的性能和功能，从而客观地对其进行评价。以飞机为例，其性能是因飞行员的直接操控而得以发挥，因而对其可控性来说，飞行员的个人主观评级非常重要。

本节，将研究车辆的基本运动特性与驾驶人对操纵品质主观评级之间的关系。虽然至今还没有可推导车辆可控性的解析理论方法，但我们仍希望通过一些实际案例经验，介绍一种当车辆运动特性发生变化时，如何根据驾驶人模型参数的变化来评价车辆操纵品质的方法[3]。

一、车辆操纵品质概述

在飞机领域，作为定量表达飞行员对操纵稳定性主观评价的方法，即飞行员评级法（Pilot Rating，PR）应用已久。几经改进后，现已成为飞机操纵稳定性的通用评价方法，在对飞机操控性改进方面发挥了作用。

以 PR 为雏形，有人尝试通过驾驶人评级来衡量对车辆可控性的主观评价。具体做法是：通过改变车辆的运动特性，然后进行实车试验，并由驾驶人给可控性进行评分。进而通过，系统地研究这些评分，试图在一定程度上弄清车辆特性与其可控性之间的关系。由于车辆可控性最终体现在驾驶人个人的主观评价上，因此这种方法应该是最实际、最直接的。然而，该方法毕竟易受给出评价的驾驶人个人差异的影响，因此所得结果的客观性、通用性较

差。此外，如果总是采用这样的方法，会给车辆运动学特性与可控性的理论关系推导带来困难。而且，当车辆运动特性发生新的改变时，其可控性也将难以预先推断。

另一种评价车辆可控性的方法是目标性能法，即预先设定车辆的目标路径，然后进行实车试验来评价其可控性。例如，观察车辆如何在某种速度下、在某时间段内准确无误地通过设定的试验路程。目标性能法的优点是结果客观，但存在的问题包括：如何设定目标路径、如何评价所得的结果、是否能与驾驶人的主观评价结果很好地对应。况且，推导车辆运动特性与可控性关系的理论研究也并非易事。

还有一种评价车辆可控性的方法，即测量驾驶人的生理反应，如驾驶人工作负荷的心律、能量代谢、通过皮肤电流测得的发汗量等。通过系统地改变车辆的运动特性，研究驾驶人的生理反应变化，从而找出使车辆易于控制的车辆特性。然而，即使这种方法能获得客观的测量结果，但其数据本身易受各干扰因素的影响，且驾驶人生理反应与车辆可控性之间确定性的关系也不易建立。

以上介绍的是，通过实车试验考察当车辆运动特性改变时，驾驶人对其可控性的评价方法。通过改变车辆运动特性，并研究车辆相应的可控性，有可能建立一经验法则，在一定程度上找出车辆运动特性与其可控性之间的关系。同时还能得出：当车辆的运动特性发生改变时，如何预测车辆的操控性。

虽然至今评价车辆可控性的一般性方法尚未建立，但上述研究方法可以使得车辆运动特性与其可控性的关系变得清晰起来。

二、反映车辆操纵特性的驾驶人模型参数

根据第二节的讨论可知，在转弯过程中驾驶人会自适应于车辆不同的特性，从而改变其自身的参数。由此也可以这样认为，驾驶人参数多少也可以反映车辆的操纵特性。因此，可以设想：是否有可能基于驾驶人转向模型，通过考察驾驶人对车辆的自适应行为来评价车辆的操纵品质。

在移线试验中，若采用如式（14-6）所示的驾驶人模型，则参数 h 和 τ_L 代表的是驾驶人的响应性。若车辆静态增益小，则需驾驶人增加 h 值以补偿这个较小的静态增益。若车辆是在动态响应中，则较大的 τ_L 有利于驾驶人控制车辆。而且，延迟时间常数值 τ_L 越大，驾驶人在预期的转弯中会越轻松。微分时间 τ_h 表示驾驶人所采取的微分控制程度，以使不够稳定的车辆稳定；或表示驾驶人对较大 τ_L 值的响应延迟所进行的补偿程度。对驾驶人来讲，要求的微分时间越小，驾驶人感觉驾驶车辆越容易。基于上述观点，对移线试验中的某款具体车辆而言，一旦得到驾驶人模型的辨识参数，就可利用这些辨识参数，推导出由驾驶人来评价的车辆操纵品质。

需要指出的是，车辆的操纵品质不但受车辆速度的影响，还受轮胎侧偏特性的影响。为此，先通过分析车辆速度和轮胎侧偏刚度对辨识的驾驶人模型参数的影响，来研究驾驶人模型参数如何反映车辆的操纵品质。

1. 驾驶人模型参数与车辆速度

由于车速对车辆动力学有显著的影响，正如本章第二节中讨论的那样，驾驶人一般会根据当前车速的变化来修正其驾驶特性。因此，根据车辆在给定路面上的移线试验数据，应用

第三节中介绍的辨识方法，就可以得到相应的驾驶人模型参数的辨识结果。本节试验中，采用如图 14-5 所示的移线试验路线。其中，移线宽度 d_C 为 3m、移线长度 L_C 在车辆速度为 40km/h、60km/h 和 80km/h 时分别为 15m、22.5m 和 30m。

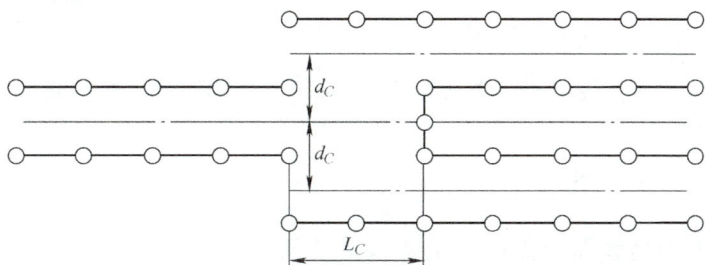

图 14-5　移线试验路线

图 14-6 比较了由式（14-6）中模型计算得到的转向角和实测的驾驶人转向盘转角。可见，两者吻合度较高，说明该式能充分描述驾驶人的转向行为。

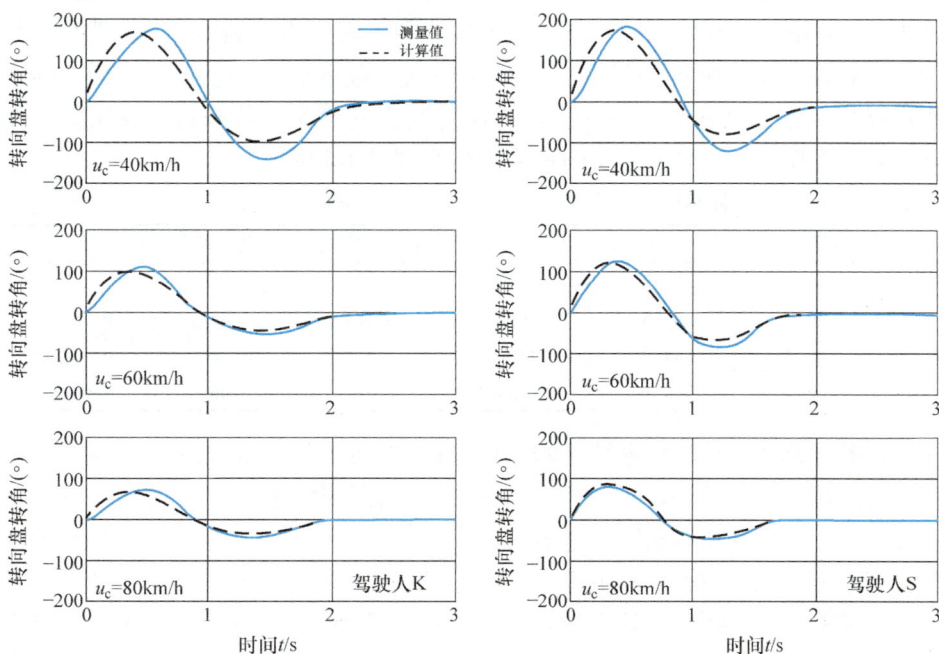

图 14-6　不同驾驶人的转向盘转角测量值与计算值对比

具体驾驶人模型参数的辨识结果如图 14-7 所示，其反映了驾驶人模型参数随车速增加的变化情况。由图可知，比例增益系数 h 随着车速增加而显著下降，而 τ_h 始终在 $0.8 \sim 1s$ 内，并不随车速增加而变化。因此，若将 τ_h 近似为预瞄时间 L/u_c，则预瞄距离 L（即前视距离）与车速成正比例关系，为车速的 $0.8 \sim 1.0$ 倍。此外，还可以看出延迟时间常数 τ_L 随车速的增加而下降，这表明增加的车速会迫使驾驶人在转向控制中承受更重的驾驶负担。

2. 驾驶人模型参数与轮胎特性

同样，车辆的操纵特性还高度依赖于轮胎侧偏刚度。前面章节中已经得到，车辆响应参

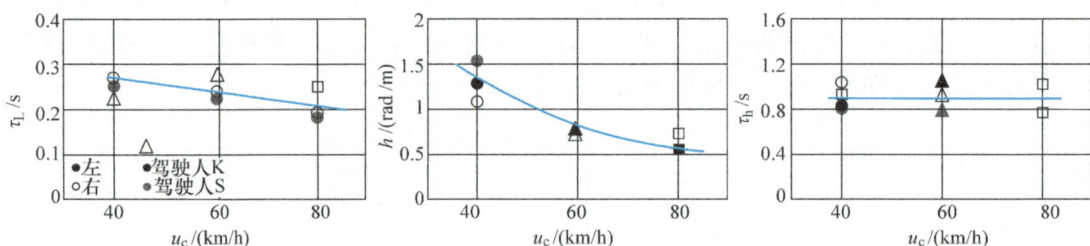

图 14-7　驾驶人模型的参数随车速变化的关系

数对轮胎的高度依赖是显而易见的，主要包括前面介绍的由式（11-42）表达的稳定性因数、由式（11-36）表达的横摆角速度增益、由式（11-53）表达的固有频率、由式（11-54）表达的阻尼比，而横摆角速度响应时间可描述为：

$$t_R = \frac{mu_c}{C_{\alpha f} + C_{\alpha r}} \qquad (14\text{-}10)$$

为考察轮胎特性变化引起的车辆操纵特性变化如何影响辨识的驾驶人模型参数，首先，选择通过改变前后轮侧偏刚度而得到不同操纵性能的四辆车辆（表 14-2）。然后，测量车速为 80km/h 时通过图 14-5 所示路径的移线试验中的驾驶人转向行为输入和车辆运动响应，结果如图 14-8 所示。由图可知，由于驾驶人通过改变其自身参数来适应轮胎特性变化引起的车辆响应特性的改变，使得人－车闭环系统的表现基本相同。

表 14-2　车速 u_c 为 80km/h 时四种车辆响应特性

车辆	$C_{\alpha f}$/(kN/rad)	$C_{\alpha r}$/(kN/rad)	K/(s^2/m^2)	$G_\delta^r(0)$/(1/s)	ω_n/(rad/s)	ζ	t_R/s
基准车	66.1	81.9	0.00109	5.58	10.63	0.835	0.113
车辆 A	40.7	47.5	0.00162	4.78	6.86	0.767	0.190
车辆 B	40.7	81.9	0.00275	3.65	10.32	0.737	0.131
车辆 C	66.1	47.5	−0.000037	8.76	6.46	1.009	0.177

同时，利用四辆具有不同操纵性能的车辆在移线试验中测得的数据，分别辨识了驾驶人模型参数，结果如图 14-9 所示。图中可以看出，采用辨识的参数并利用式（14-6）计算得到的驾驶人转角与实测值基本相同，这表明该式可以较好地描述驾驶人的转向行为。

一般地，驾驶人的预瞄时间 τ_h 几乎不变，但从图 14-10 中可以看出，一方面，驾驶人模型参数 h 和 τ_L 依赖于由轮胎侧偏刚度决定的车辆操纵性能；另一方面，驾驶人往往会根据车辆操纵性能改变自身参数，并且随着操纵性能的变化驾驶人被迫大范围改变延迟时间常数 τ_L。

由于转向过程中 τ_L 的下降会使得驾驶人承担更重的工作负荷，而如果驾驶人操纵车辆时被允许一个较大的 τ_L，那么其在操纵中会表现得更为轻松。图 14-11 反映了移线试验中驾驶人操纵品质的主观评价与辨识得到的驾驶人延迟时间常数 τ_L 之间的关系。由图中可知，如果驾驶人能表现出较大的 τ_L，其会感到操纵车辆更容易，这也意味着车辆拥有更好的操纵品质。

三、基于驾驶人模型的车辆操纵品质评价方法

由于人会根据车辆的操纵特性来修正自己的驾驶特性，因此驾驶人模型参数也能反映车

基准车辆 u_c=80 km/h

车辆A u_c=80 km/h

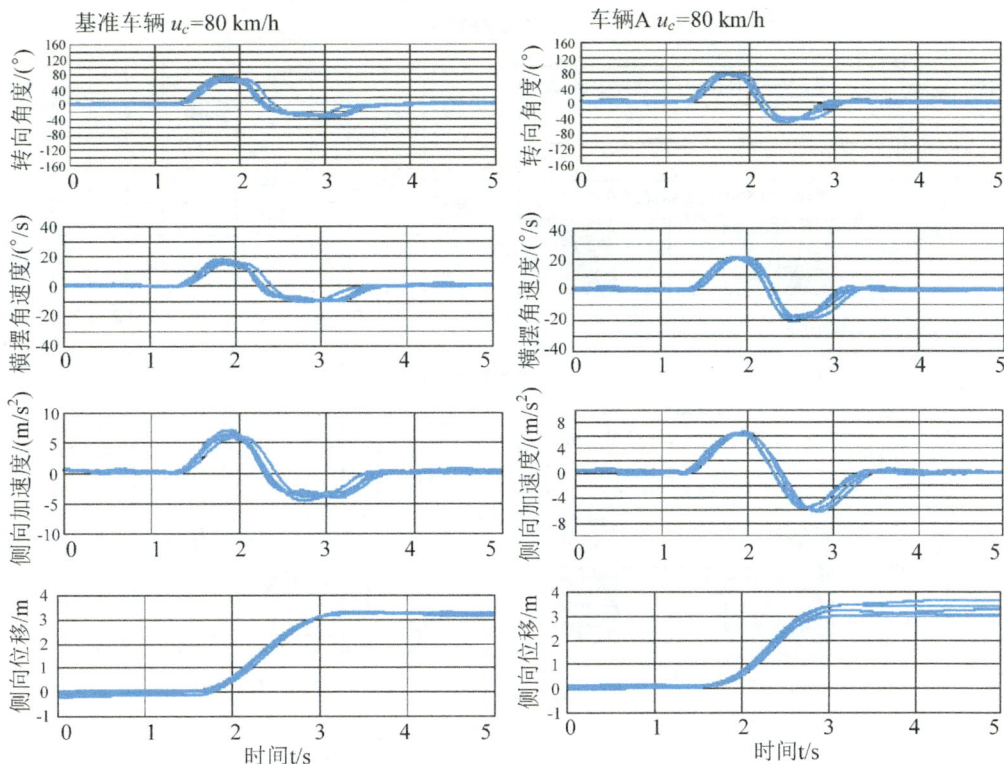

图 14-8　移线过程中驾驶人的转向行为与车辆运动

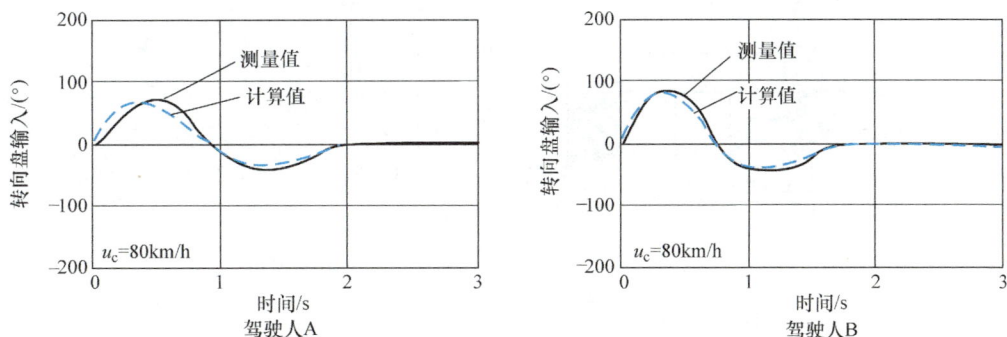

图 14-9　驾驶人转向行为测量结果与计算结果

辆操纵性能。如果驾驶人模型参数能被有效地辨识，则可利用辨识的驾驶人模型参数来实现对车辆操纵品质的评价。由前面对车辆的操纵性能评价的讨论可知，与其紧密相关的一个驾驶人模型参数是辨识得到的延迟时间 τ_L。

这里，通过观察延迟时间常数 τ_L 的影响来对汽车操纵品质进行评价，并在模拟器实验数据的基础上，依次分析车辆固有频率和阻尼比、转向力矩、质量及分布变化引起的扰动敏感性，以及是否采用了稳定性控制系统对操纵品质的影响。

1. 操纵品质与固有频率和阻尼比

影响车辆操纵品质的重要参数是系统横摆角速度与质心侧偏角对转向盘输入响应的系统

基准车辆

车辆 A

车辆 B

车辆 C

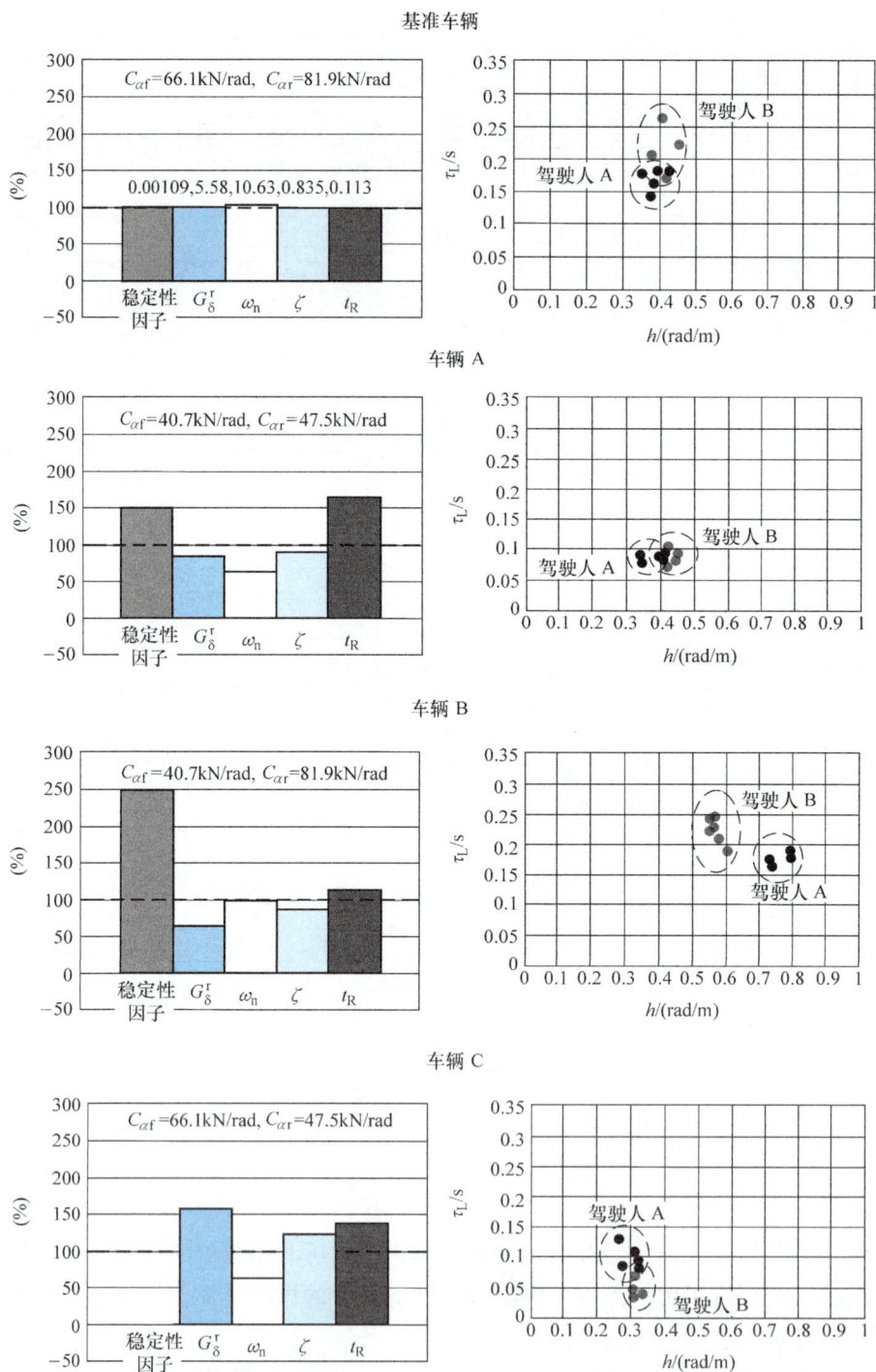

图 14-10　驾驶人参数与车辆响应参数关系

固有频率 ω_n 与阻尼比 ξ。一般情况下，很难通过改变车辆的设计参数（如轮胎和悬架等）来分别改变 ω_n 和 ξ 的值。这里利用一种前馈主动前轮转向控制系统通过主动补偿前轮转角，

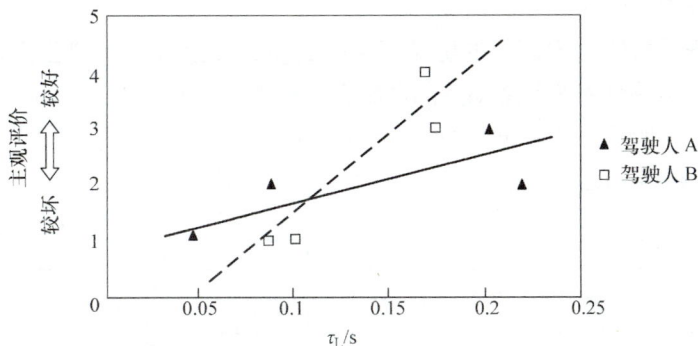

图 14-11　驾驶人延迟时间常数 τ_L 与主观评价的关系

以实现车辆横摆角速度与质心侧偏角对转向盘转角响应的固有频率和阻尼比的变化，记为：$\omega_n^* = \alpha_N \omega_n$，$\xi^* = \alpha_D \xi$，这里的 α_N 和 α_D 是调节参数，通过改变主动前轮转向控制参数可以分别在 1.0 附近独立调节固有频率 ω_n 和阻尼比 ξ。若将 α_N 和 α_D 都设为 1.0，则相当于取消主动前轮转向控制，车辆响应与基准车辆相同。

图 14-12 给出了车速为 80km/h、变道长度 L_c 为 45m 时的车辆移线试验中，在不同固有频率 ω_n 和阻尼比 ξ 参数组合下四个驾驶人的延迟时间常数 τ_L 的辨识结果。由图可知，在 ω_n—ξ 平面上，每人都存在一个 τ_L 峰值，表明对车辆操纵品质而言，存在一组使其到达峰值的最优 ω_n 和 ξ。

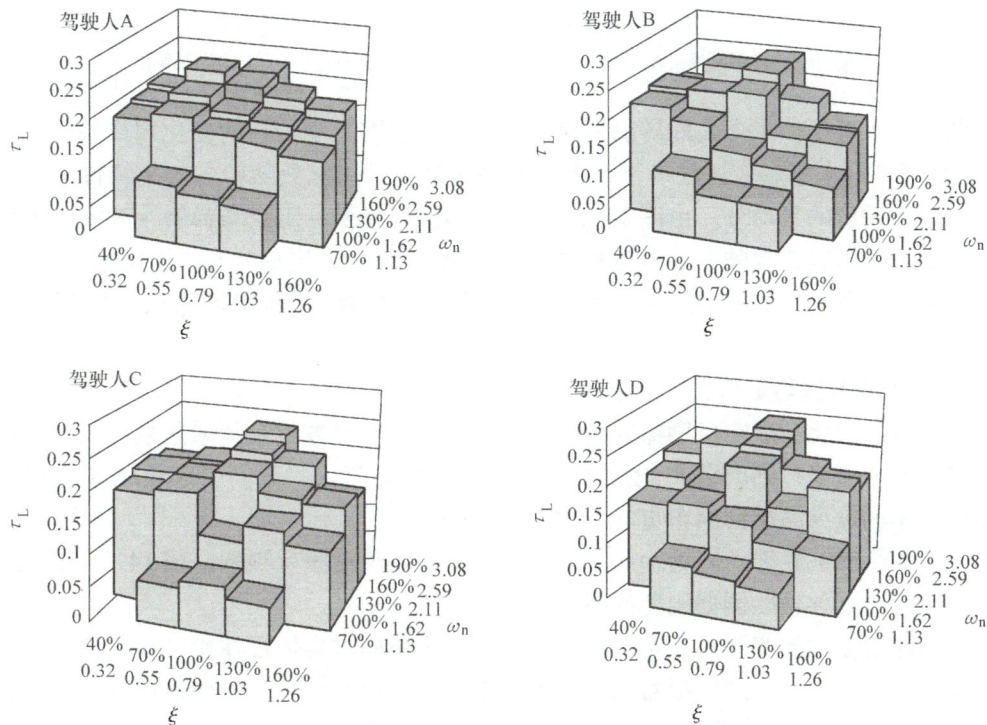

图 14-12　在 ω_n-ξ 平面上驾驶人延迟时间常数 τ_L 的辨识结果

2. 操纵品质与转向力矩

转向力矩同样对操纵品质评价的影响很大。这里，通过分析模拟器实验结果，观察不同形式的转向反馈力矩特性对辨识参数 τ_L 的影响。移线试验中所采用的六种不同的转向反馈力矩特性如图 14-13 所示。在不同转向力矩特性下，对十个不同驾驶人的延迟时间常数 τ_L 的辨识结果如图 14-14 所示。

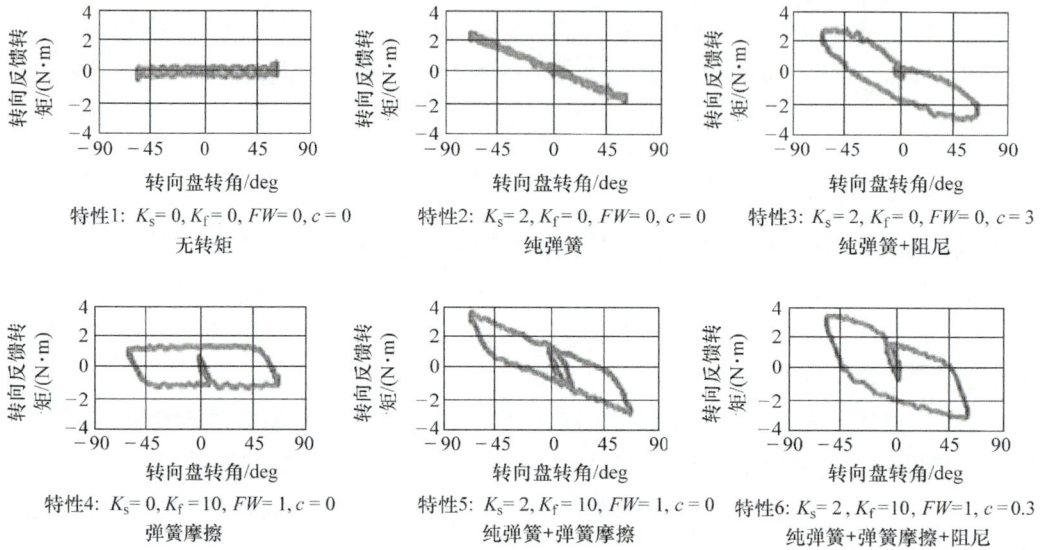

特性1：$K_s= 0$，$K_f= 0$，$FW= 0$，$c = 0$
无转矩

特性2：$K_s= 2$，$K_f= 0$，$FW= 0$，$c = 0$
纯弹簧

特性3：$K_s= 2$，$K_f= 0$，$FW= 0$，$c = 3$
纯弹簧+阻尼

特性4：$K_s= 0$，$K_f= 10$，$FW= 1$，$c = 0$
弹簧摩擦

特性5：$K_s= 2$，$K_f= 10$，$FW= 1$，$c = 0$
纯弹簧+弹簧摩擦

特性6：$K_s= 2$，$K_f= 10$，$FW= 1$，$c = 0.3$
纯弹簧+弹簧摩擦+阻尼

图 14-13　六种不同的转向反馈力矩特性

K_s—等效弹簧刚度　K_f—等效弹性系数　FW—最大摩擦力　c—等效阻尼系数

由图 14-14 可见，十个人的辨识结果随不同转向反馈力矩特性的变化规律基本类似。图 14-15 给出了不同车速和变道长度下，十人的平均延迟时间常数随转向力矩特性的增加率及其对操纵品质评价的平均分。由图 14-15 可见，对采用弹簧+阻尼与弹簧+摩擦+阻尼的转向反馈力矩特性而言，驾驶人移线试验中表现出较大的 τ_L，同时也给相应转向特性的车辆较高的操纵品质评价。再一次表明，辨识的延迟时间常数 τ_L 与车辆操纵品质评价存在相关性。

3. 操纵品质与扰动敏感性

车辆参数的变化会影响车辆操纵品质，其中最显著的参数就是随乘客数量及载荷分布而变的车重和转动惯量；同时各个轮胎的垂向载荷也相应变化，进而引起轮胎侧偏刚度的变化。因此，车辆操纵品质会因车重的变化而改变。

图 14-16 给出了五种不同轮胎和车重变化情况下的车辆固有频率，图 14-17 相应给出了轮胎垂向载荷对五种轮胎侧偏刚度的不同影响。

车重和轮胎特性的变化对车辆操纵品质的显著影响同样会体现在操纵品质评价方面。为了证实这一点，可以在驾驶模拟器试验中配置不同的轮胎和车重，对变道过程中的驾驶人延迟时间常数 τ_L 进行辨识。图 14-16 反映了不同轮胎和车重情况下，分别对四位驾驶人所辨识的 τ_L 值。由图可知，由轮胎特性变化导致的 τ_L 随着车辆固有频率的增加而增加。这基本

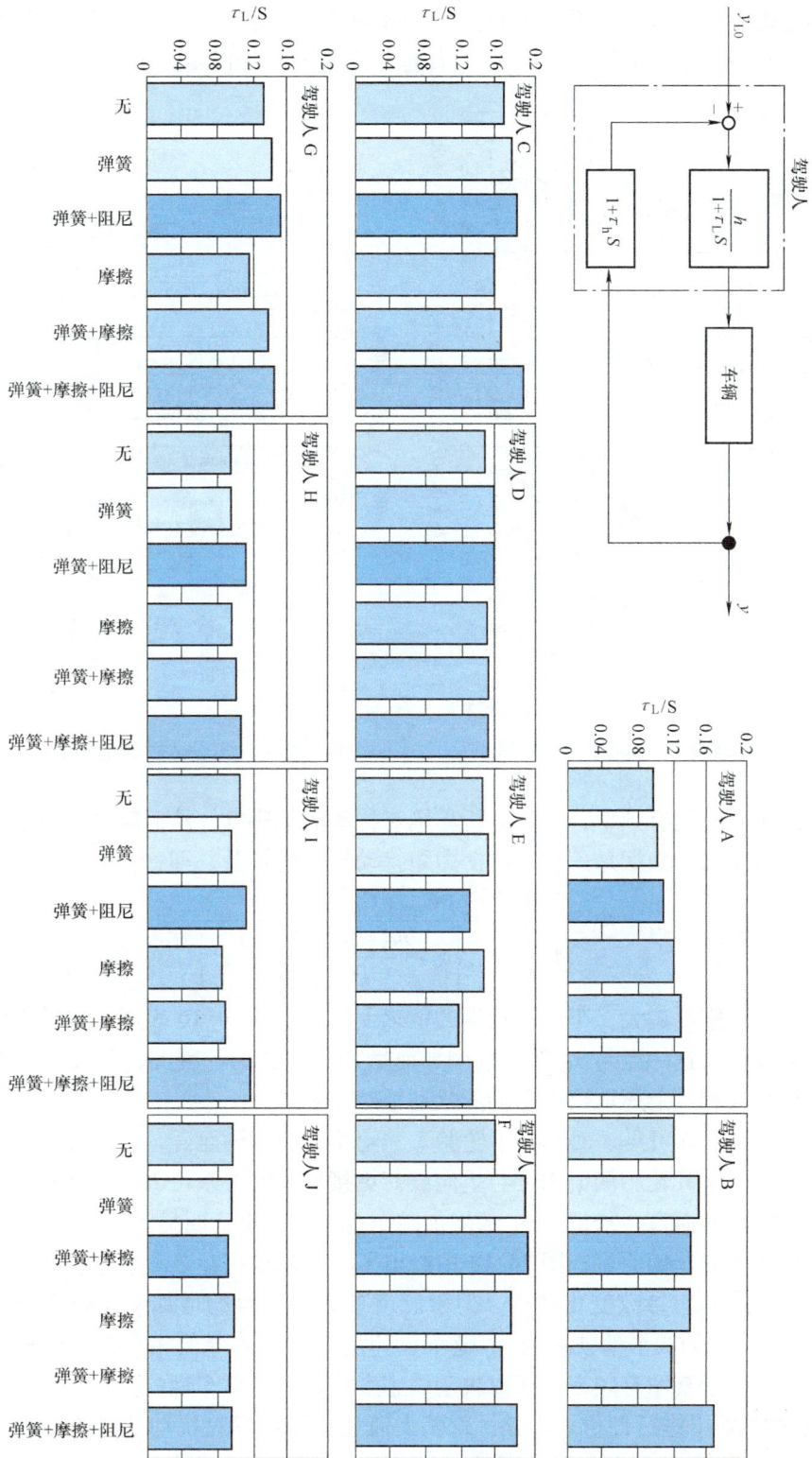

图 14-14　不同转向力矩特性下十位驾驶人 τ_L 的辨识结果（$u_c = 100\text{km/h}$，$L_c = 55\text{m}$）

符合前面的结论，只是有一点矛盾之处，因为图14-16表明虽然五种不同轮胎特性的车辆固有频率都会随车重的增加而降低，但是τ_L却随着车重的增加而增加。

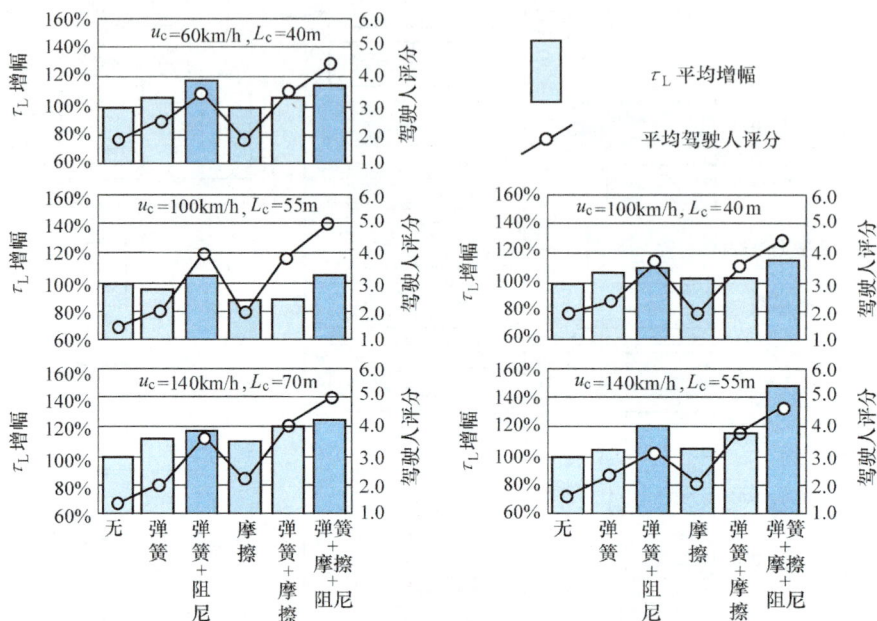

图14-15　不同车速和变道长度下τ_L的平均增加率与驾驶人评价的对比

因此，除了分析固有频率，还需分析车辆对扰动的敏感度，从而解释上述矛盾。车辆的扰动敏感度参数定义为横摆角速度对横摆力矩扰动输入的增益，即：

$$\theta_m = \frac{(C_{\alpha f} + C_{\alpha r})u_c}{L^2 C_{\alpha f} C_{\alpha r}\left\{1 - \frac{m(\alpha C_{\alpha f} - bC_{\alpha r})}{L^2 C_{\alpha f} C_{\alpha r}}u_c^2\right\}} \tag{14-11}$$

由上式可知，侧偏刚度越大，车辆对扰动的敏感度越低。图14-16表明，扰动敏感度随着车重的增加显著降低，这一点与τ_L随车重增加而增加是吻合的。因此，驾驶人能否感受到良好的操纵品质很大程度上还取决于车辆的扰动敏感度参数。

此外，由图14-16可见，对装备了轮胎2和轮胎4的车辆而言，其固有频率随车重增加而下降较少，原因是其轮胎侧偏刚度与垂向载荷更接近线性关系。因此，特别是对装备了轮胎2和轮胎4的车辆而言，辨识的τ_L的增加随车重的增加更为明显。

对装有轮胎2的车辆而言，图14-18中给出了其车辆响应参数和敏感度随车重增加的计算结果。尽管所有响应参数变化较少，但敏感度参数随车重的增加下降较为显著，这与图14-18中给出的辨识的四个驾驶人的τ_L随车重的增加而显著降低相吻合。同样表明，车辆操纵品质不仅取决于其固有频率，还取决于敏感度参数，并且车辆的操纵品质可以通过辨识的驾驶人模型参数τ_L进行评价。因此，驾驶人通过感知车辆对扰动的敏感度的变化而相应改变τ_L，车辆敏感度越高，驾驶人控制车辆选取的τ_L越小，车辆的操纵品质评价也就越差。

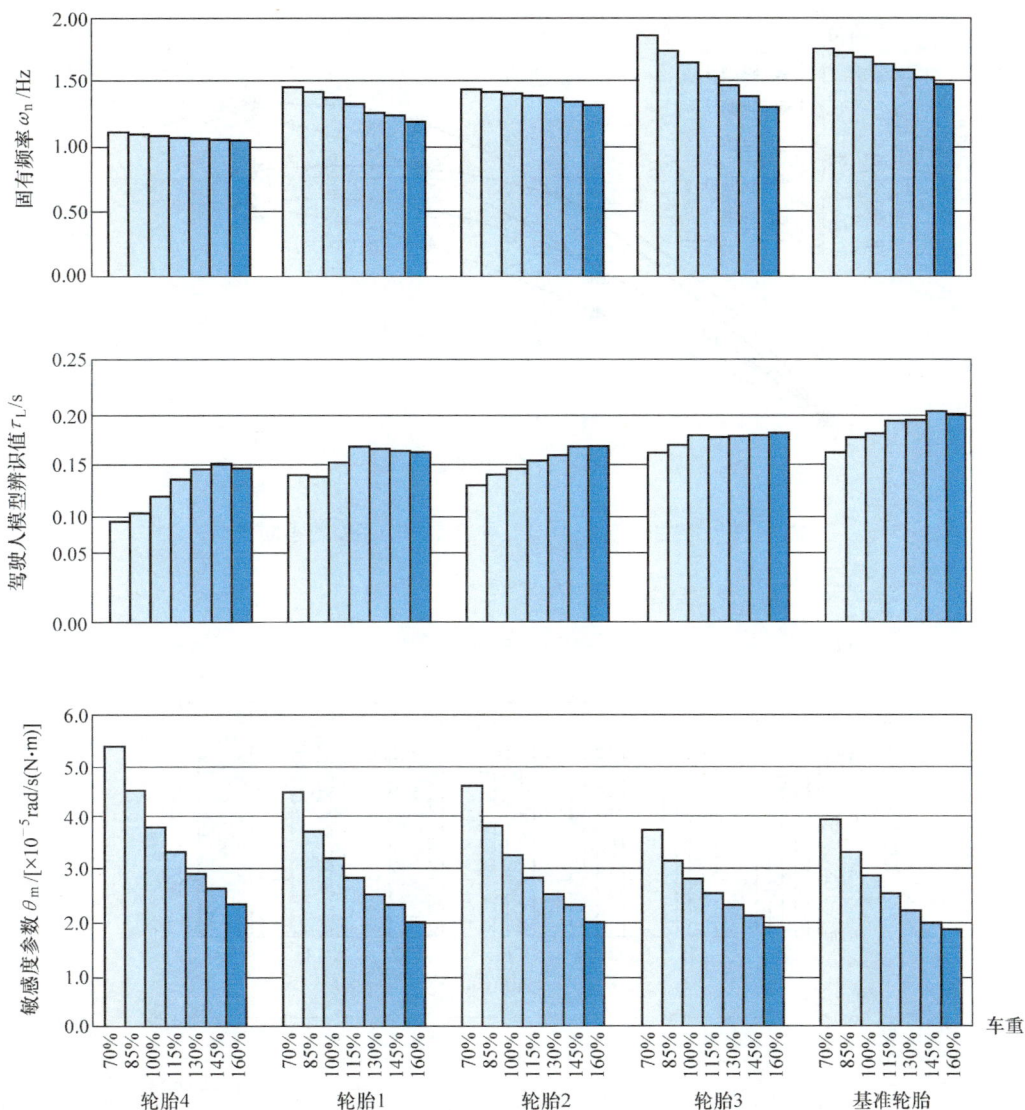

图 14-16 不同轮胎与车重下的车辆参数与辨识结果

4. 操纵品质与稳定性控制系统

小轮胎侧偏角情况下，轮胎特性与轮胎侧偏角呈线性关系，普通不足转向车辆的车身侧偏角会产生正的横摆力矩。然而，随着侧偏角的增加，轮胎侧向力对侧偏角的饱和特性会使正的横摆力矩随质心侧偏角的增加而减小，从而导致车辆不稳定。为了进行补偿，可以利用轮胎纵向力对车身产生的横摆力矩来稳定车辆运动。一个常用的车辆稳定性控制系统是DYC系统。它可以通过控制轮胎纵向力，即使当车辆运动进入了轮胎非线性区域，也可能通过施加给车辆更多的横摆力矩以提高车辆的稳定性。

图 14-19 给出了有/无 DYC 系统的车辆试验中，辨识的驾驶人模型三个关键参数 τ_L、τ_h 和 h 之间的关系。由图可知，与无控制车辆辨识的驾驶人模型参数相比，装备有 DYC 系统

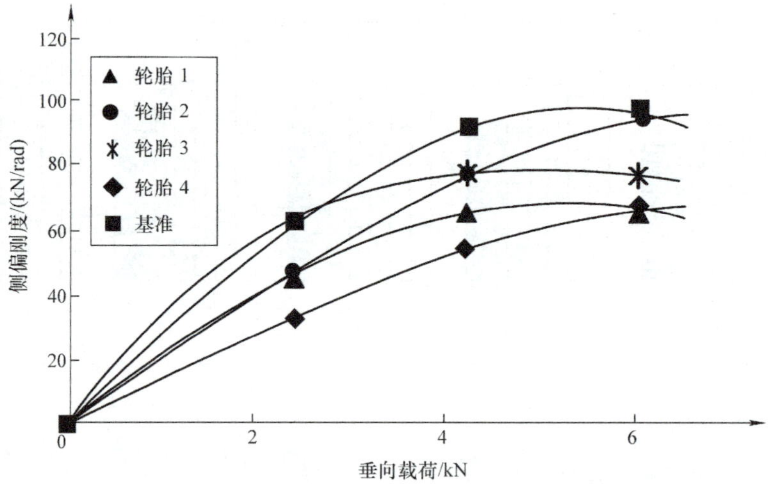

图 14-17　轮胎垂向载荷对五种轮胎侧偏刚度的不同影响

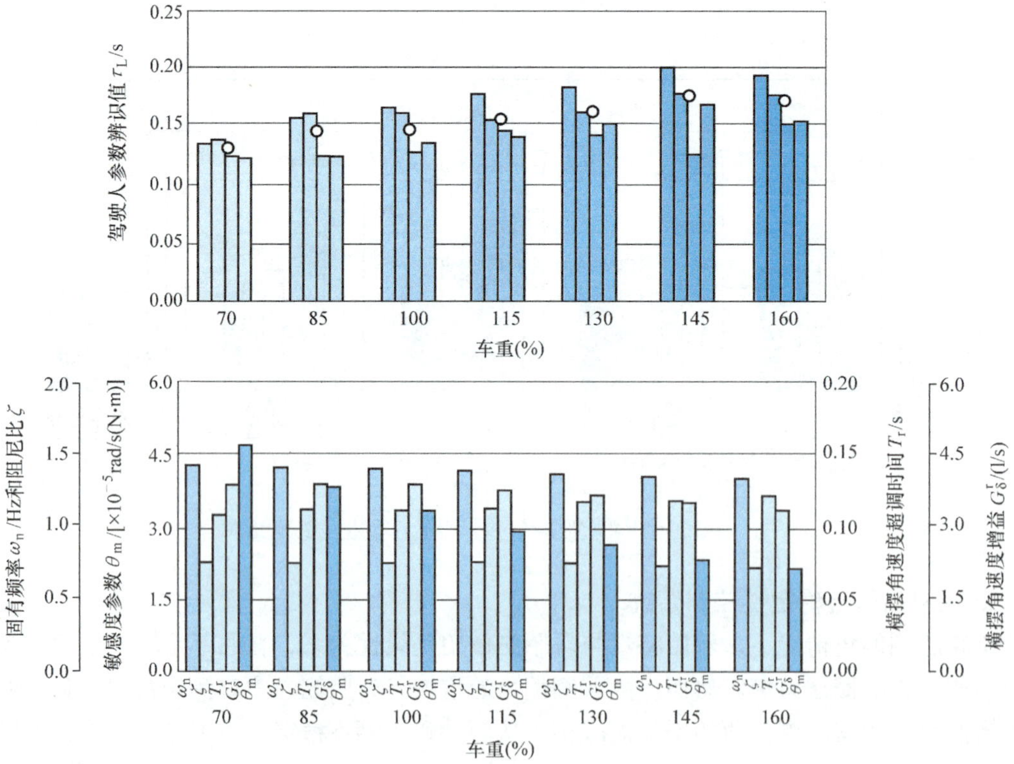

图 14-18　不同的车重下的四位驾驶人的 τ_L 与车辆参数

的车辆容许更大的驾驶人响应延时时间 τ_L，以及更小的预瞄时间 τ_h，这说明装备有 DYC 系统的车辆具有更好的操纵品质。

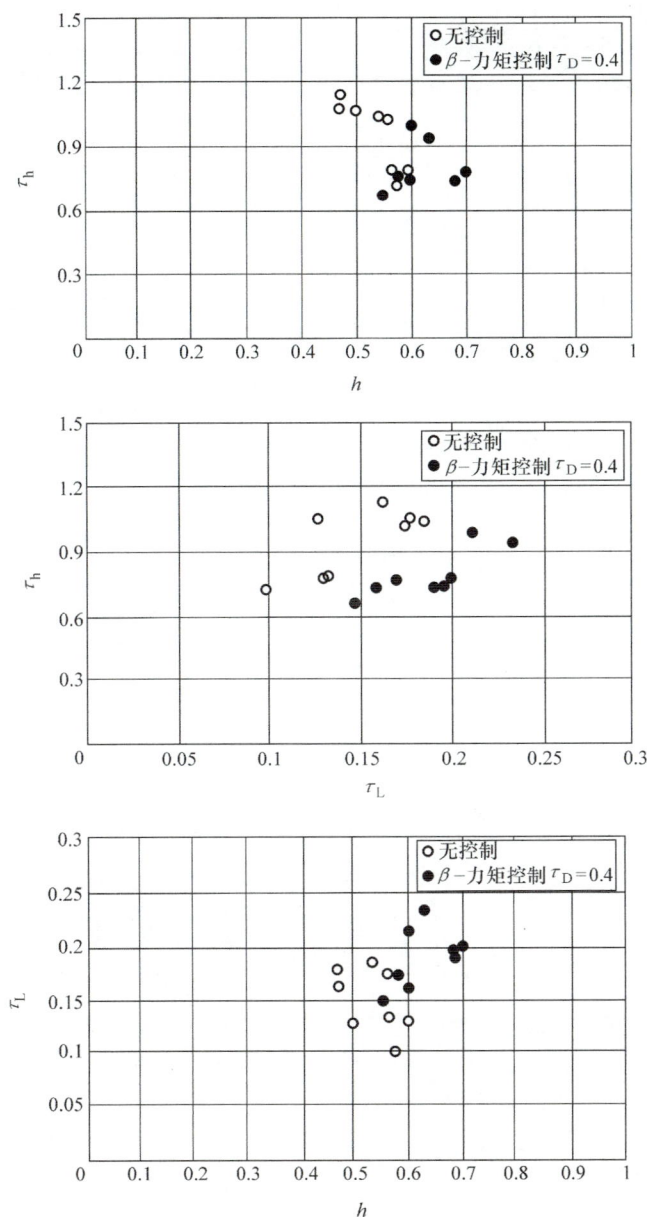

图 14-19　辨识的驾驶人模型参数关系

参 考 文 献

[1] Markkula G, Benderius O, Wahde M. Comparing and Validating Models of Driver Steering Behaviour in Collision Avoidance and Vehicle Stabilisation [J]. Vehicle System Dynamics, 2014, 52 (12): 1658~1680.

[2] MacAdam, C C. Understanding and Modeling the Human Driver [J]. Vehicle System Dynamics, 2003, 40 (1~3): 101~134.

[3] 安部正人. 车辆操纵动力学—理论与应用 [M]. 原书第 2 版. 喻凡, 译. 北京: 机械工业出版社, 2016.

第四篇

车辆计算机建模与仿真

本篇介绍车辆计算机建模与仿真的内容，包括车辆动力学计算方法和基于MATLAB、ADAMS和CarSim等软件的仿真实例。首先，对车辆动力学分析软件进行了介绍和比较。然后，分别介绍了应用MATLAB进行建模仿真的三个实例（包括ABS控制器设计、主动悬架控制器设计以及4WS控制器设计）和应用ADAMS进行轿车前悬架建模仿真的实例。最后，对车辆动力学集成控制的结构和策略进行了介绍，并在CarSim软件环境下对一种基于轮胎力最优分配的集成控制算法进行了仿真分析和有效性验证。

第十五章 车辆动力学计算方法与软件

第一节 概 述

计算机仿真分析的传统方法是通过数值积分求解描述车辆性能的系统运动微分方程，既获得时间域的结果，也可对线性化的车辆模型进行稳定性分析及频率响应分析。

随着多体动力学理论及相应计算机软件的逐渐发展、日渐成熟，大型的商用虚拟仿真软件为复杂模型的求解提供了可能性，使车辆动力学模型能够建立得更加准确。基于车辆动态系统的通用性描述，多体动力学分析方法的核心思想是将车辆各系统看作是由铰链和内力连接起来的刚体集合，在外力的作用下产生运动。第二章介绍的多体动力学方法可以将这种描述转换成运动方程组的形式，从而也产生了众多的特定领域的专业化软件。

1991年，通过对二十多个相关软件功能的比较，研究人员试图对这方面工作进行一个全面回顾和评价[1,2]。尽管研究过程比开始预期的要难得多，得出的结论也并非是确定的。但是研究人员还是尝试以两个汽车模型和两个轨道车辆模型的求解为基础，客观全面地比较了这些软件的特点及功能，为车辆设计人员在软件使用及选择方面提供有价值的参考。

按照计算方法的不同，尽管多体理论及仿真软件发展迅速，车辆动力学研究中常用的软件基本上分为以下几类：

1）面向目标设计的车辆仿真软件。

2）产生数值型仿真结果的多体软件。

3）产生代数方程的多体软件。

4）由用户提供固体模型的软件包。

上述四类基本原理概括在图15-1中，其中2）与3）的核心均是多体程序，其区别主要在于方程组求解时是采用数值方法还

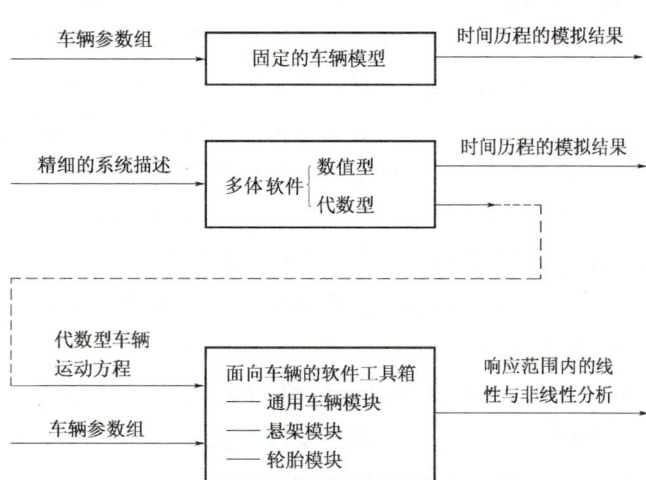

图 15-1 车辆动力学研究常用软件的基本原理

是代数方法，因此也可归纳为一类。更详细地描述将在以下几节中分别介绍。

第二节 面向目标设计的车辆动力学仿真软件

早期的车辆动力学分析中，大多采用的是面向目标设计的仿真软件。该类仿真软件是基于特定的车辆模型推导出一组运动方程编写而成，可对多组不同参数值进行反复运算，并可获得时域下的仿真结果。由于是针对某一特定车辆进行程序编写，这也意味着编写后的仿真模型不能修改，也不能添加其他的特性。在仿真程序编写前，必须要保证模型的正确性。

20世纪60年代至20世纪70年代期间，由美国密歇根大学交通研究所（UMTRI）开发的公路车辆的仿真模型程序HVOSM（Highway Vehicle Object Simulation Model）是面向目标设计仿真软件中的一个典型实例。其中包括了一个很详细的轿车动力学模型、一个轮胎模型和几个可选的悬架系统模型。针对某特定车辆，用户在使用该软件时需提供大量的相关数据和图表，可获得时域的仿真结果。HVOSM软件除用于车辆行驶、操纵动力学建模分析外，还可用于模拟碰撞分析。但却不能根据不同结构的车辆进一步开发、修改或更新模型，因而限制了该软件的使用范围。例如，它既没有包含转向系统模型，也不能结合四轮驱动系统等其他形式。

面向目标设计仿真软件中的另一个例子是对货车与拖挂车机组进行简单操纵性能分析的BHATTG（Basic Handling Analysis for Truck and Trailers Group）软件。该软件也是由UMTRI开发，并设计有PC版本。

此外，密苏里大学也开发了一个称为轻型车辆动力学仿真软件包LVDS（Light Vehicle Dynamics Simulation Package），并作为研究成果投放市场。LVDS软件的是基于一个三维的、非线性的操纵模型的PC版本的软件，并结合了多种悬架、转向系统和驱动桥类型，还有动画输出功能。但是由于模型的不可变性，用户还是仅局限于得到仿真结果。

第三节 多体系统动力学分析软件

近三十年来，由于计算机硬件和建模软件解算能力得到实质性改变，对车辆这样复杂的系统进行高精度仿真的能力大大提高。多体系统动力学理论为复杂机械系统的结构设计、性能分析和设计优化提供了有力的支持。由于系统各部件的大位移运动和空间非线性关系，在构造动力学方程时不得不面临繁重的代数和微分运算。此处，更精细的方程致使系统非线性增强，从而增加了求得封闭的解析解的风险。因此，利用计算机解决复杂系统的设计、分析和优化问题成为近年来力学和机构设计等领域的一个重要的研究方向，并且取得迅速的发展，因而也使多体系统动力学分析软件应运而生。

多体动力学软件的建模原则是尽可能地建立与真实系统本身接近的动力学模型。在车辆系统动力学分析中，比较流行的多体分析软件主要有 MSC. ADAMS（Automatic Dynamic Analysis of Mechanical System，机械系统动力学分析软件）、DADS（Dynamic Analysis and Design System，动力学分析和设计系统软件）、SIMPACK（SImulation of Multi-body systems PACKage，多体系统仿真软件包）、AUTOSIM（AUTOmatic SIMulation，包括 CarSim 和 TruckSim）等。为建立描述系统的运动方程，这类软件需要用户提供的详细信息包括以下几个方面：

1）坐标系（相对参考坐标系和绝对参考坐标系）；

2）质量参数（质量、转动惯量）；

3）几何定位参数；

4）约束类型（球铰、平面铰等）；

5）力元（弹簧、阻尼、作动器等）；

6）外力（轮胎力、空气阻力、驾驶人输入等）。

在使用多体软件的建模过程中，用户必须依次考虑系统的每个元件，并输入相应的数据。建模的关键问题是如何确立元件、力元数量及其间的约束，所构建的系统在符合实际的运动学或动力学关系的前提下，必须核算自由度，既不可将系统建成一个过约束系统，也不可建成一个欠约束系统。前者意味着所建立的模型不能"运动"；后者则表现为模型不能"支撑"其自身。

在多体系统动力学软件中，又根据是否内置有数学求解器而划分为两类。第一类是软件可自行产生数值型方程；第二类则是只产生符号形式的代数型方程。下面分别予以介绍。

一、数值型方程

在数值型多体动力学软件中，其数值型方程直接通过嵌入软件包中的数值积分程序求解，并可获得时域仿真输出。通常，这些输出可与计算机辅助设计软件或实体模型信息连接起来，以产生系统运动的直观动画效果，从而方便设计者观看系统的运动过程。对于数值型多体动力学软件来说，若某一参数发生变化，整个系统的方程组必须重新生成，整个过程完成之后，仿真程序才可再次运行。ADAMS 和 DADS 是这类多体动力学软件中的两个最典型的例子。

二、代数型方程

与数值型多体系统动力学软件相比，代数型多体动力学软件产生的是代数形式的运动方程，其求解方式是通过外挂于多体软件之外的数值积分程序进行求解。因而对于某一给定的模型，系统方程只需生成一次，且在必要时可由用户监测，也可利用其他数学软件包对这些方程在给定参数下进行求解。代数型多体软件的主要优点是当参数值改变时，只需含该参数的方程组进行重新生成，而其他系统方程则无需改变。

在车辆动力学应用领域，具有代表性的代数型多体系统动力学软件包括 AUTOSIM、SIMPACK 等。由于 AUTOSIM/CarSim/TrucSim 和 SIMPACK 可自动产生多体动力学代码，更加有效地利用计算机时间，并与控制软件（如 MATLAB/Simulink）有完整的接口，因此在"硬件在环"（Hard- ware In the Loop，HIL）的实时仿真研究中得到了广泛的应用。

三、软件的比较

目前商业的多体系统动力学分析软件种类较多，各有其特点和分析功能，要想客观全面地对它们进行评价并非是一件容易的事。然而，仍可试图从以下几个方面给予评价，例如从理论基础、应用对象、分析功能以及软件的可靠性、高效性、易操作性、可移植性、完整性、兼容性、帮助文档、技术支持和软件升级等方面。但实际上讲，影响软件特点的本质因

素还是软件本身的理论基础体系。

这里列出一些较为流行的多体动力学分析商业软件，由于版本升级等变化因素，缺乏最新的相关数据，只能将其主要特点及应用情况大致总结在表 15-1 中[3]。

为了进一步说明多体分析软件的特点，分别以一个典型的数值型多体分析软件（AD-AMS）和代数型多体分析软件（SIMPACK）为例，分别从理论基础、建模思想、组成模块及分析功能四个方面进行对比分析。

1. 理论基础

ADAMS 用刚体 i 的质心笛卡儿坐标和反映刚体方位的欧拉角作为广义坐标，即 $q_i = (x, y, z, \psi, \theta, \Phi)^T$，$q = (q_1^T, \cdots, q_n^T)^T$，用拉格朗日第一类方程（带拉格朗日乘子的运动学方程）建立系统的动力学方程，即：

$$\frac{d}{dt}\left(\frac{\partial E_T}{\partial \dot{q}}\right)^T - \left(\frac{\partial E_T}{\partial q}\right)^T + \Phi_q^T \lambda + \theta_q^T \mu = Q \tag{15-1}$$

式中，E_T 表示系统的动能；μ、λ 为拉格朗日乘子；符号 $\partial E_T/\partial q$ 和 $\partial E_T/\partial \dot{q}$ 分别表示对 q 和 $\dot{q}$ 的偏导数；Q 为广义力阵。其中，完整约束方程为 $\Phi(q, t) = 0$；非完整约束方程为 $\theta(q, \dot{q}, t) = 0$

表 15-1　多体分析商业软件的比较[3]

多体仿真软件	应用系统		车辆类型		语言 E(英) F(法) G(德)	弹性体	铰链约束	闭环	力元库	轮轨模型	轮胎模型	方法			求解			
	多体	车辆	铁路	公路								坐标系	运动学	方程	模态	FFT	平顺性	优化
ADAMS	Y	Y	Y	Y	E	Y	Y	Y	Y	Y	Y	AR	LN	OD	Y	Y	Y	Y
DADS	Y	Y		Y	E	Y	Y	Y	Y	Y	Y	A	N	OD	Y			Y
MADYMO	Y	Y		Y	EF	Y	Y	Y			Y	R	N	O				Y
AUTOSIM	Y	Y		Y	E		Y	Y				AR	N					
MEDYNA	Y	Y		Y	EFG	Y	Y	Y				A	L	O	Y			Y
NEWEUL	Y	Y		Y	EG		Y	Y				AR	LN		Y			Y
SIMPACK	Y	Y		Y	G	Y	Y	Y				AR	N	OD	Y			Y
MESAVERDE	Y	Y		Y	EG	Y	Y	Y		Y		AR	LN	O		Y		
NUCARS	Y	Y		Y	E		Y	Y	Y	Y	R		N	O			Y	

注：A—绝对坐标；R—相对坐标；L—线性；N—非线性；O—ODE（显式常微分方程）；D—DAE（微分 - 代数方程）；Y—Yes。

由于采用了非独立的笛卡儿广义坐标，因而系统方程具有大量的微分 - 代数方程，积分求解时可能会导致病态问题。ADAMS 除提供坐标分离算法（提供 ABAM 积分程序）求解病态方程外，还采用了 Stiff 微分方程算法（提供 BDF、Gear、DASSL 三种积分程序），并结合稀疏矩阵算法和雅可比矩阵符号分解算法来处理方程病态问题，从而加强了方程的求解能力[4]。

与 ADAMS 所采用的大量坐标的方法相比，SIMPACK 则是基于相对坐标系的方法来进行

建模，并采用递归方式（不需对质量矩阵进行求逆）进行方程推导，因而求解速度较快，且不易发散，解算更稳定、更可靠。

在 SIMPACK 软件中，采用显式常微分方程（ODE）来描述一个开环运动学树状结构的多体系统和微分 - 代数方程（DAE）来描述闭环系统的多体系统，其方程形式分别表示如下：式（15-3）。

ODE 方程：
$$\dot{x} = f(x, t) \tag{15-2}$$

DAE 方程：
$$\dot{x} = f(x, t, \lambda); \quad c(x, t) = 0 \tag{15-3}$$

式中，$c(x, t) = 0$ 为代数的"闭环状态"；λ 为约束力。

当 ODE 和 DAE 方程具有非常稀疏的特征频率时（即方程为病态）时，这种情况一般会在系统的力元具有较高的刚度或阻尼时出现，考虑到求解稳定性和计算效率等因素，应适当选用病态方程的积分方法来求解。

根据所分析系统的实际情况，SIMPACK 软件可对系统自动进行病态或非病态检查、以及定步长或变步长积分。SIMPACK 还拥有多种显式或隐式的时间积分器，包括 Runge- Kutta、DOPRI5/4、LSODAR、RADAU5、SODASRT 等。

由于 ADAMS 和 SIMPACK 软件所采用的理论基础不同，两种软件对系统自由度的计算的方法也不相同。

对于 ADAMS 模型，系统自由度数目为：
$$\sum \text{DOF}_{\text{ADAMS}} = 6 \times (n-1) - \sum \text{DOF}_{\text{joint}} \qquad (n \text{ 为杆件数量})$$

对于 SIMPACK 模型，系统自由度数目为：
$$\sum \text{DOF}_{\text{SIMPACK}} = \sum \text{DOF}_{\text{joint}} - \sum \text{constraint}$$

一阶状态方程数目为：
$$\sum \text{EOS} = 2 \times \sum \text{DOF}_{\text{joint}} + \sum \text{constraint}$$

以图 15-2 所示的一个单摆系统为例，虽然两种软件所建立的模型自由度数均为 1，但对 SIMPACK 软件而言，只需要两个一阶方程（针对一个相对坐标的二阶方程被转化为两个一阶方程）就可以完全描述。而对使用绝对坐标系方法的 ADAMS 软件，则需要 17 个一阶方程（6 个二阶运动微分方程被转化为 12 个一阶方程，再加上 5 个约束的一阶方程）来描述。

2. 建模思想

由于 ADAMS 软件与 SIMPACK 软件的基础理论上的区别，导致二者的建模思想也有所不同。ADAMS 软件的理论基础是绝对坐标系，模型的搭建相对比较自由，可以很方便地根据需要利用铰链（joint）对物体进行连接和约束，并且模型中可以存在过约束，软件本身能够自动解决过约束问题。而 SIMPACK 软件的理论基础是相对坐标系，所建立的模型是树状结构，要求用户对所要分析的系统结构有清晰的理解。

通常多体系统动力学的建模流程都是从实际系统出发，首先进行实际系统的分解，将物体、铰链、受力状况和约束情况从系统中分化出来；然后建立反映系统结构特征的拓扑关系图；最后依据拓扑结构图在软件中建立分析模

图 15-2　单摆模型

型。因此，在建模过程中思路非常清晰，模型调整起来也容易，系统的自由度数目和一阶状态方程数目的计算也非常清楚。图 15-3a 给出了一个典型的实际系统，以此为例，所建立的拓扑结构图如图15-3b所示。

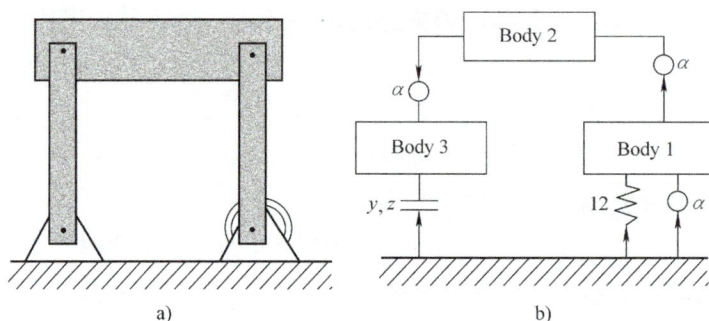

图 15-3　拓扑结构示意图
a）实际系统　b）拓扑结构图

在 ADAMS/Car 中，还为初学者提供了一个"标准界面"模式，用户可以使用现成的模板来建立各个子系统的模型，然后组装为一个大的系统来进行模型分析，建模过程相对简单；而在其"专家模式"中，用户可根据自身需求定制模板，以提高设计与分析的灵活性。而 SIMPACK 软件采用子结构数据库的方式来建立系统模型，所用的子结构完全是参数化的，模型的结构与参数相互独立，一个模型可拥有多套参数文件来对系统的相关尺寸及性能参数等进行定义，并可通过一次仿真分析同时得到多个设计方案的分析结果。

3. 组成模块

ADAMS 软件除了包含基本模块、求解模块和后处理模块外，在汽车技术领域还有轿车模块、底盘模块、发动机模块、传动系模块、驾驶员模块等。在这些模块中建立的子系统均可进行各自的特性仿真，也可被轿车模块或底盘模块调用，进行多个子系统的总成仿真或整车仿真等，如用户要针对特定目的进行特性分析，可通过编写 Macro 文件来实现。

SIMPACK 软件除了有铁道模块之外，也有专用的汽车模块，并且所有的模块都集成在一个大环境之中，便于各个模块中所建立的模型相互调用，所使用的建模元素、求解器和后处理器均相同。对于汽车模块而言，SIMPACK 提供了更多更细节的建模元素和适用于汽车各子系统的完全参数化的子结构模型库。如可以通过一个宏铰链（track）模拟某种车辆行驶轨迹来对其进行定义，从而可方便地进行车辆行驶姿态和路径的控制。

4. 分析功能

对于汽车工程领域，上述两种软件均可提供与目前较为流行的 CAD 软件（如 Pro/E、CATIA、UG、SolidWorks 等）、FEA 软件（如 NASTRAN、ANSYS 等）、CACE 软件（如 MATLAB/Simulink 等）及各种工程类软件的接口，因而可实现与其他多个软件共同组成的软件进行环境下的所谓"协同仿真"（Co－simulation）。

在控制和实时仿真方面，ADAMS 和 SIMPACK 都具有内嵌的控制建模与元素，可以满足一般控制系统的建模与仿真，并且也提供与控制软件 MATLAB/Simulink 的双向接口。另外，SIMPACK 软件的动力学分析模型可以进行代码输出，直接用于电控单元的开发，可方便地进行硬件在环仿真分析。

两种软件在解决实际汽车工程技术问题方面均有大量的成功案例，尤其是 ADAMS 软件，以 ADAMS 和 SIMPACK 为例，对多体系统动力学软件分别在理论基础、建模思想、组成模块以及功能分析方面进行了介绍和比较。由于其商业化程度较高，应用的实例更多些。在第十七章中将详细介绍一个 ADAMS 在汽车悬架系统动力学分析中的应用实例。

第四节　程序工具箱

程序工具箱通常是多个分析程序的集合，其模型需由用户提供，如 MATLAB 和 MATRIXx。这些分析程序可处理系统的运动方程，并按设计者所要求的形式给出输出结果。对于相对简单一点的模型，运动方程可由手工推导。然而对于复杂系统，其运动方程可通过代数型多体系统软件求得。此外，还有可使用一种混合的方法，如利用代数处理语言（如 REDUCE）半自动地生成方程，因而设计者仅需推导出系统的方程即可。这种方法被用在英国利兹大学开发的 VDAS（Vehicle Dynamics Analysis Software）软件设计中，用户只需提供一个预处理模块，由 VDAS 软件自动完成系统运动方程的推导[5]。VDAS 软件专门针对车辆动力学分析和推导，尤其是行驶动力学和操纵动力学，其典型输出量包括：

1）稳态操纵响应的图形化结果；

2）固有频率和模态分析结果；

3）频率响应结果；

4）功率谱曲线及方均根值；

5）时间历程结果。

软件的内置的标准功能模块有：

1）ISO 加权滤波器；

2）标准的路面库模块；

3）轮胎模块；

4）驾驶员模块；

5）悬架运动学分析程序。

诸如 VDAS 这类软件的主要特点是：模型一旦建立，程序即能快速有效地生成适应设计者需要的输出，如参数发生变化时，也可快速生成系统方程。VDAS 软件工具箱的总体结构如图 15-4 所示，此图给出了 VDAS 软件在建模中的模块化方法和与车辆工程师的交互界面，以及车辆设计迭代过程的机理。

另外一种典型的仿真平台 AVL CRUISE 是由奥地利 AVL 公司于 1998 年推出的整车模拟软件，可以对车辆动力性、燃油经济性、尾气排放等方面的性能进行仿真分析，类似一个不断完善的车辆系统的集成开发平台，目前已更新到 CRUISE 2014 版本。AVL CRUISE 在建模和仿真分析上具有较大的灵活性，主要可用于以下几个方面[6]：

1）分析和计算各种工况下的油耗和排放；

2）分析和评价车辆加速、爬坡、牵引、制动等动力性能；

3）分析标准传动系统和先进动力传动系统的布局（如 DCT、AMT 等）；

4）评估概念新车（如纯电动汽车、混合动力汽车、燃料电池汽车等）；

5）分析动态载荷条件下弹性传动系统的扭转振动；

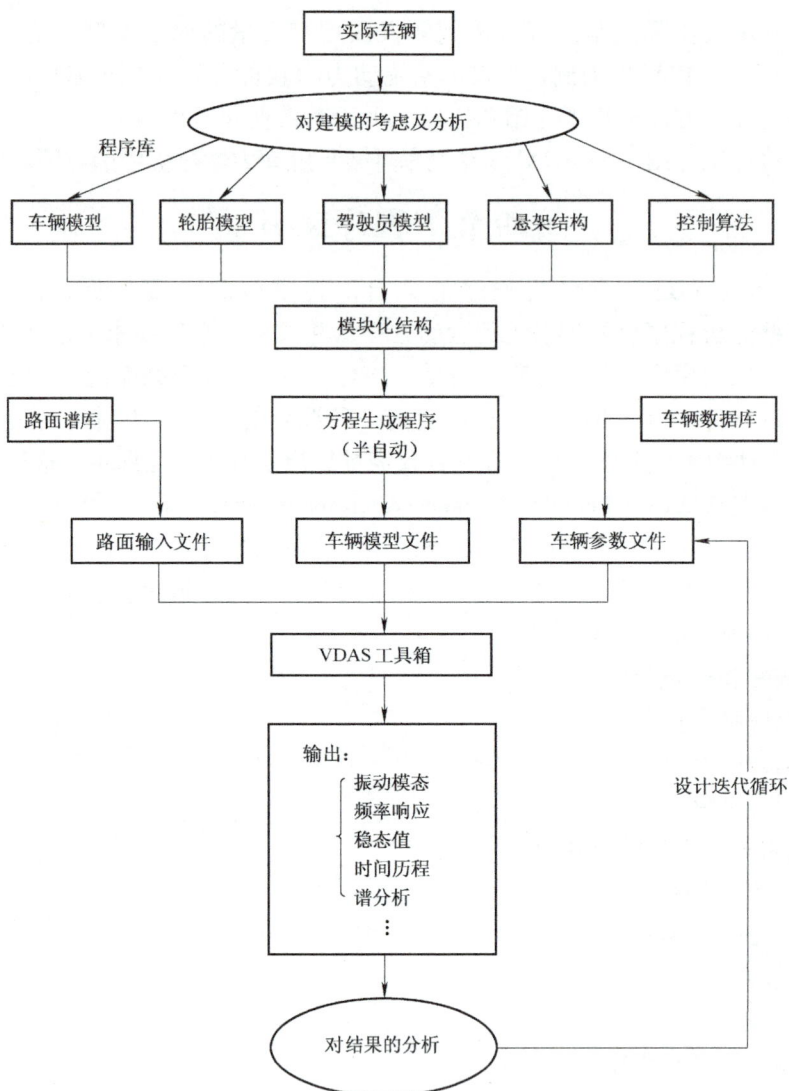

图 15-4 VDAS 软件的建模与分析流程

6）评价换档、起动等瞬态工况下的驾驶品质；

7）车辆热量管理；

8）分析零部件间的能量分流和损失等。

CRUISE 软件中设定了多种元件库，涵盖了所有与车辆动力性能相关的主要元件，具体包括：车辆元件库（Vehicle Library）、发动机元件库（Engine Library）、离合器元件库（Clutch Library）、变速器元件库（Gear Box Library）、电气元件库（Electric Library）、混合动力元件库（Hybrid Library）、制动元件库（Brake Library）、车轮元件库（Wheel Library）、控制元件库（Control Library）、附件元件库（Auxiliary Library）、特殊元件库（Special Library）和宏元件库（Macro Library）等。利用其中的元件，可以方便地根据所研究问题的精度要求改变所建模型的复杂度。此外，还可以对车辆动力系统的各个部件进行分层建模，即在同一整车模型的基础上，将不同对象分别建立在不同层面中，实现对某一个部件或系统的

工作特性进行独立的仿真分析，从而考察其自身的性能以及对整车性能的影响。

　　CRUISE 软件预设了多种针对车辆不同性能的仿真计算任务，例如循环行驶工况，爬坡性能分析，稳态行驶性能分析，全负荷加速性能计算，最大牵引力计算，巡航行驶工况计算，制动、滑行、倒拖性能计算等，能够对车辆性能进行全面的仿真与评价。

　　此外，CRUISE 软件拥有丰富的接口，可与多种软件联合使用。其内置 Function 函数，并兼容 C 语言和 Simulink，可通过 MATLAB dll、MATLAB API 等多种方式与 MATLAB/Simulink 进行联合仿真，以设计和实现复杂的控制策略。CRUISE 软件中还具有 AVL BOOST、FLOWMASTER 和 KULI 的仿真接口，通过与这些软件的结合可以对软件的功能进行扩展，更精确地对发动机瞬态特性、车辆热管理系统等进行仿真分析。

第五节　各类方法的比较

　　实际上，前面介绍的车辆系统动力学计算方法各有优缺点。对车辆动力学工程师而言，是如何选择适合于某一特定问题的计算工具相对重要。为了有助于软件工具的选择，在表 15-2 中总结了不同计算方法的各自优缺点。对这些优缺点的总结是相对而言的，主要体现在原理和功能方面，但是一些实际的因素，如成本、可用性、用户对该软件的使用经验、所提供的计算硬件设施等，也可能会成为使用者最终选择软件的主要因素。

表 15-2　车辆动力学计算方法比较

软件包	优　点	缺　点
面向目标设计的仿真软件	1. 成本较低 2. 模型的正确性已被证实 3. 适用范围比较确定，不能用于对通用的设计问题的研究	1. 不能改变模型 2. 可能包含与所研究的特定问题无关的内容
多刚体动力学软件（数值型）	1. 有工业标准，如 ADAMS 2. 具有强大的分析复杂系统的能力（如包含所有柔性悬架细节在内的整车操纵模型） 3. 有动画仿真能力 4. 有与 CAD 软件包连接的预处理器 5. 可进行参数化优化设计	1. 成本较高 2. 耗费大量机时
多刚体动力学软件（代数型）	1. 能更有效地利用计算机的时间 2. 成本较低 3. 具有解决复杂问题的强大功能	1. 不如数值型多体软件先进成熟 2. 比数值型多体软件的功能少
程序工具箱	1. 成本较低 2. 适用于设计开发 3. 适合于各种应用场合，如具有现成的通用车辆模型分析工具箱	1. 若模型尚未包括在内，用户需首先建立用于分析问题的模型 2. 不太适于求解复杂的系统（如当系统自由度超过 50 的情况）

参 考 文 献

[1] Kortuem W，Sharp R S. A Report on the State of Affairs on "Application of Multibody Computer Codes to Vehicle System Dynamics" [J]. Vehicle System Dynamics，1991，20（3-4）：177-184.

［2］ Kortuem W, Sharp R S, De Pater A D. Application of Multibody Computer Codes to Vehicle System Dynamics ［C］. Progress Report to the 12th IAVSD Symposium, Lyon, France, 1991.

［3］ Kortuem W et al. Progress in Integrated System Analysis and Design Software for Contolled Vehicles ［C］. Proc. of 13th IAVSD Symposium on the Dynamics of Vehides on Roads and on Tracks, 1993.

［4］ Bob Thurman. SIMPACK Analysis at LAND ROVER. SIMPACK User Meeting, 2001.

［5］ Dave Crolla, 喻凡. 车辆动力学及其控制 ［M］. 北京：人民交通出版社, 2004.

［6］ The AVL List GmbH. AVL Cruise Product Description. The AVL List GmbH, 2009.

第十六章　MATLAB 环境下车辆系统建模、仿真与控制器设计实例

本章先简单介绍 MATLAB/Simulink 软件包的功能，然后结合 MATLAB/Simulink 软件分别以三个车辆动力学控制系统（ABS、主动悬架、四轮转向）为例，介绍系统建模、仿真分析和控制系统的设计。

第一节　MATLAB/Simulink 软件介绍

MATLAB 是由美国 MathWorks 公司开发的交互式软件包，它起源于 20 世纪 70 年代的"矩阵实验室"（Matrix Laboratory），主要用于数学计算。随着软件版本的不断更新，目前已发展到 2016b 版本，其功能已涵盖到了数学运算、数字信号处理、系统识别、自动控制、优化设计、神经网络、化学、统计学等各个领域。

MATLAB 的功能主要是由各种工具箱（Toolbox）来实现的，其核心工具箱可分为两类，即功能性工具箱和学科性工具箱。功能性工具箱可应用于多学科，主要可用来扩充其符号计算功能，如符号计算工具箱（Symbolic Math Toolbox）、图形建模仿真功能、文字处理功能，甚至还发展到可以实现与硬件实时交互功能，如 Real Time Workshop 工具箱。而学科性工具箱专业性较强，如控制系统工具箱（Control System Toolbox）、优化工具箱（Optimization Toolbox）、信号处理工具箱（Signal Processing Toolbox）、系统辨识工具箱（System Identification Toolbox）等，这些工具箱都是由该领域的专业人员编写的，针对研究问题不同，用户可方便地选择使用。

Simulink 是基于 MATLAB 的图形设计环境，主要用于对工程问题进行建模和动态仿真，其适用范围广，可对任何可用数学来描述的系统进行建模。

MATLAB/Simulink 的用法比较简单，用户容易掌握。通过 MATLAB 提供的交互式编程语言——M 语言，用户可以编写脚本或函数文件实现用户的设计算法[1]。与 C 和 BASIC 等语言相比，M 语言比较简洁直观，更符合人们的思维习惯。而对于 Simulink，只要有了正确的动力学模型，即可在图形界面中采用鼠标拖放的方式建立起比较直观的仿真模型。

现通过几个简单实例来介绍车辆动力学的建模与分析过程，同时在涉及一些特殊函数时，对软件的使用进行适当介绍。需要说明的是，由于 MATLAB/Simulink 功能强大且使用灵活，这里介绍的方法并不是唯一的，用户可直接在 MATLAB 环境下输入函数命令编写程序（M 文件），也可在 Simulink 环境下直接建模求解。由于本章介绍的均为两自由度简单模型，因而其仿真分析均可方便地在 MATLAB 环境下采用自编的 M 文件来实现，读者也可以

据此建立 Simulink 模型，并对其结果加以比较。

第二节 实例1——制动动力学计算机建模、仿真及 ABS 控制器设计

关于防抱死制动系统（ABS）的结构、工作原理及控制策略在前文中已有阐述，这里仅以一个简单的两自由度单轮模型为例，介绍在 MATLAB 环境下的制动系统动力学建模、ABS 控制器设计及仿真分析过程。

一、动力学建模

1. 单轮模型

某车辆简化后的单轮制动动力学模型如图 16-1 所示。其中单轮模型质量为 m，车轮滚动半径为 r_d，车轮转动惯量为 I_w，车轮旋转角速度为 ω，车轮轮心前进速度为 u_w，地面制动力为 F_{xb}，作用于车轮的制动力矩为 T_b。若忽略空气阻力与车轮滚动阻力，则系统的运动方程如下：

$$I_w \frac{\mathrm{d}\omega}{\mathrm{d}t} = F_{xb} r_d - T_b \qquad (16\text{-}1)$$

$$m \frac{\mathrm{d}u_w}{\mathrm{d}t} = F_{xb} \qquad (16\text{-}2)$$

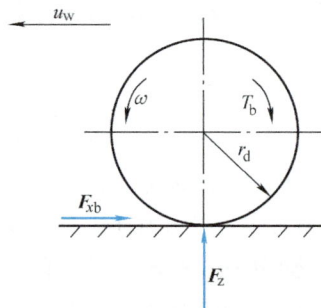

图 16-1 单轮制动动力学模型

式中，地面制动力 F_{xb} 等于地面作用于车轮的法向反力 F_z 与路面附着系数 μ 的乘积，其中 μ 为制动滑移率 s_b 的函数。

2. 分段线性的轮胎模型

根据第三章中介绍的有关轮胎纵向特性的内容，路面附着系数与车轮滑移率之间存在一定的非线性关系。如果用两段直线来近似表示路面附着—滑移曲线，可得到分段线性化的附着系数 μ 与车辆滑移率 s_b 的关系，如图 16-2 所示。其表达式如下：

$$\begin{cases} \mu = \dfrac{\mu_{max}}{s_{opt}} s_b, & s_b \leqslant s_{opt} \\ \mu = \dfrac{\mu_{max} - \mu_s s_{opt}}{1 - s_{opt}} - \dfrac{\mu_{max} - \mu_s}{1 - s_{opt}} s_b, & s_b > s_{opt} \end{cases}$$

$$(16\text{-}3)$$

式中，μ_{max} 为峰值附着系数；μ_s 为车轮完全抱死（即 $s_b = 1$）时的路面附着系数；s_{opt} 为峰值附着系数所对应的滑移率。

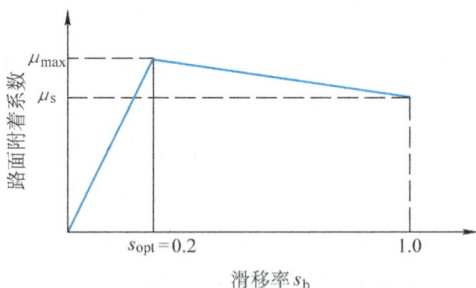

图 16-2 线性化的路面附着系数与车轮滑移率关系曲线

二、控制算法

这里以门限值控制算法（threshold algorithm）为例，说明 ABS 控制器设计及制动系统动力学的仿真过程。所谓门限值控制算法，其基本思想就是保证车轮滑移率在所设定的理想范

围之内。制动开始后，随着制动压力的升高车轮转速 ω 相应减小，车轮出现滑移；当车轮滑移率达到理想范围的上限值 s_{max} 时，减小制动压力；随着制动压力的减小，滑移率又逐渐减小，直至减小到滑移率下限值 s_{min} 时再增大制动压力。循环往复这一过程直至车辆停止。因此，在 ABS 控制器起作用的过程中，滑移率总保持在设定的理想范围之内，从而保证车辆理想的制动性能及其对方向的控制能力。

三、仿真流程及参数输入

由上可知，ABS 控制器所用到的一些重要参数有：

1）由路面附着系数 μ 与滑移率 s_b 的关系曲线所表示的轮胎模型；

2）滑移率控制上限 s_{max}、下限 s_{min}；

3）车辆模型参数及初始车速 u_{w0}；

4）制动器作用力矩变化率 k_i 和 k_d 等。

根据分析可知，控制逻辑实现的关键是计算当前车轮滑移率 $s_b(t)$ 并与预先确定的门限值（s_{min}，s_{max}）进行比较，来判断对制动液压控制系统的增压或减压操作，仿真流程如图 16-3 所示。

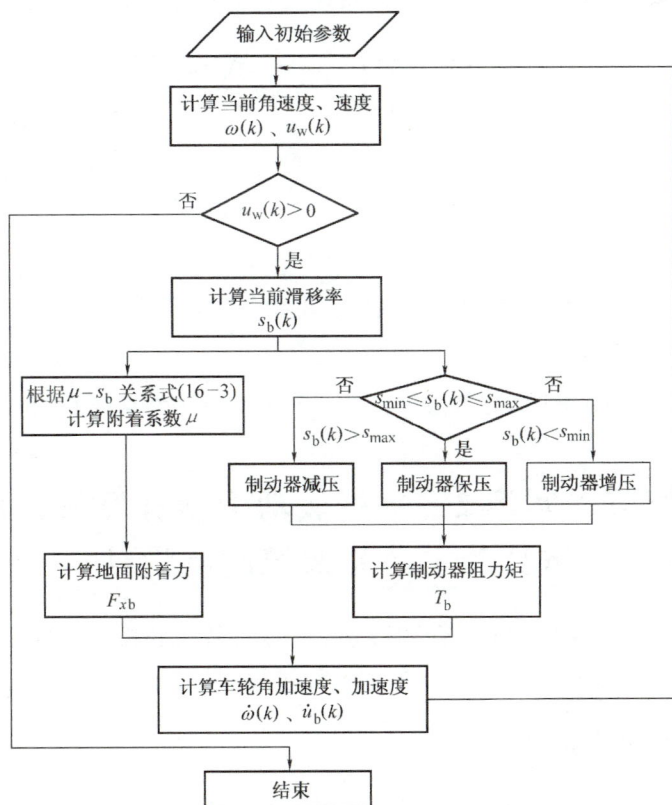

图 16-3　仿真流程

四、实例分析

对图 16-1 所示的单轮制动动力学模型而言，其等效模型参数由表 16-1 给出。设式

(16-3) 定义的路面附着系数分别为 $\mu_{max}=0.8$，$\mu_s=0.6$。以门限值控制算法设计 ABS 控制器，使车轮滑移率 s_b 保持在最优值（$s_{opt}=0.2$）附近，这里分别取 $s_{min}=0.18$，$s_{max}=0.22$。

表 16-1　单轮制动动力学模型参数

参数	符号	单位	数值	参数	符号	单位	数值
车轮等效质量	m	kg	300	初始制动力矩	T_{b0}	N·m	600
车轮动力半径	r_d	m	0.25	作用力矩变化率（增）	k_i	N·m/s	4500
车轮转等效动惯量	I_w	kg·m²	2.12	作用力矩变化率（减）	k_d	N·m/s	5000
初始车速	u_{w0}	m/s	30	采样时间	T_s	s	0.05
初始角速度	ω_0	rad/s	120				

根据表 16-1 给出的模型参数及相关的仿真参数，按照图 16-3 给出的仿真流程，在 MATLAB/Simulink 环境下编制仿真程序。需要指出的是，表 16-1 给出的制动系统控制参数（如与 ABS 液压子系统及电磁阀的响应特性紧密相关的制动器作用力矩变化率）仅作为大致参考，实际系统的过程中则需要相应调整。仿真得到的滑移率曲线如图 16-4 所示，由图中可见，在制动过程中，滑移率基本被控制在所要求的范围（0.18 ~ 0.22）之内。

图 16-5 给出了车轮的前进速度 u_w 及其线速度 ωr_d 的时域结果。

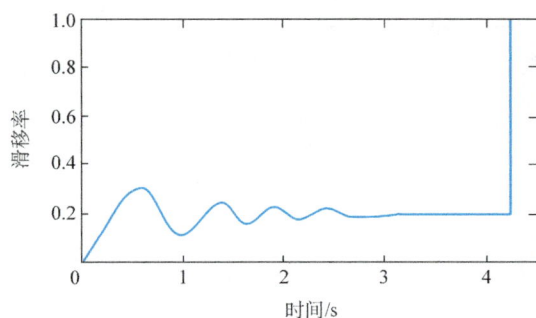

图 16-4　制动过程中滑移率时域仿真结果

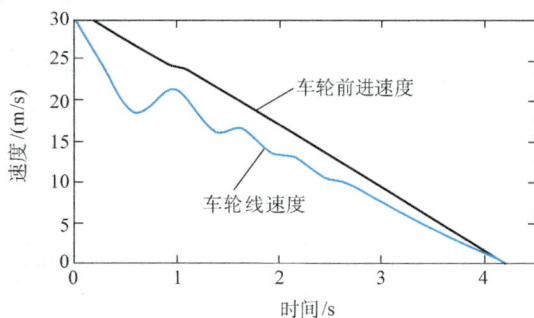

图 16-5　车轮的前进速度和线速度的时域仿真结果

第三节　实例 2——行驶动力学计算机建模、仿真及主动悬架控制器设计

本节以四分之一车辆模型为例，介绍行驶动力学计算机建模、仿真分析以及利用线性二次最优控制理论进行主动悬架 LQG 控制器的设计过程[2]。

一、系统模型的建立

根据图 16-6 所示的主动悬架单轮车辆模型，采用牛顿运动定律，建立系统的运动方程，即：

$$m_b \ddot{z}_b = U_a + K_s(z_w - z_b) \tag{16-4}$$

$$m_w \ddot{z}_w = K_t(z_g - z_w) - U_a - K_s(z_w - z_b) \tag{16-5}$$

根据式（8-14），采用一个滤波白噪声作为路面输入模型，即：

$$\dot{z}_g(t) = -2\pi f_0 z_g(t) + 2\pi \sqrt{G_0 u}\, w(t) \tag{16-6}$$

式中，z_g 为路面垂向位移，单位为 m；G_0 为路面不平度系数，单位为 $m^3/cycle$；u 为恒定的车辆前进速度，单位为 m/s；w 为数学期望为零的高斯白噪声；f_0 为下截止频率，单位为 Hz。

结合式（16-4）、式（16-5）和式（16-6），将系统运动方程和路面输入方程写成矩阵形式，即得出系统的空间状态方程：

$$\dot{X} = AX + BU + FW \tag{16-7}$$

式中，$X = \begin{bmatrix} \dot{z}_b & \dot{z}_w & z_b & z_w & z_g \end{bmatrix}^T$，为系统状态矢量；$W = \begin{bmatrix} w(t) \end{bmatrix}$，为高斯白噪声输入矩阵；$U = \begin{bmatrix} U_a(t) \end{bmatrix}$，为主动悬架的控制输入矩阵；

图 16-6　主动悬架单轮车辆模型

$$A = \begin{pmatrix} 0 & 0 & -\dfrac{K_s}{m_b} & \dfrac{K_s}{m_b} & 0 \\ 0 & 0 & \dfrac{K_s}{m_w} & \dfrac{-K_t - K_s}{m_w} & \dfrac{K_t}{m_w} \\ 1 & 0 & 0 & 0 & 0 \\ 0 & 1 & 0 & 0 & 0 \\ 0 & 0 & 0 & 0 & -2\pi f_0 \end{pmatrix}; \quad B = \begin{pmatrix} \dfrac{1}{m_b} \\ -\dfrac{1}{m_w} \\ 0 \\ 0 \\ 0 \end{pmatrix}; \quad F = \begin{pmatrix} 0 \\ 0 \\ 0 \\ 0 \\ 2\pi \sqrt{G_0 u} \end{pmatrix}$$

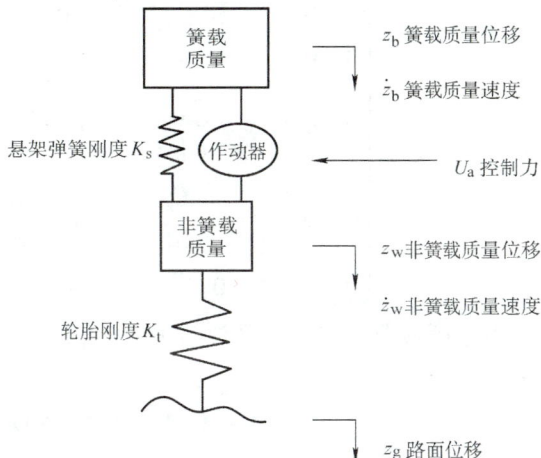

二、LQG 控制器设计

车辆悬架设计中的主要性能指标包括：①代表轮胎接地性的轮胎动载荷；②代表乘坐舒适性的车身垂向加速度；③影响车身姿态且受限于结构设计和有限工作空间的悬架动行程。因此，LQG 控制器设计中的性能指标 J 可表达轮胎动位移、悬架动行程和车身垂向振动加速度的加权平方和在时域 T 内的积分值，即：

$$J = \lim_{T \to \infty} \frac{1}{T} \int_0^T \left\{ q_1 [z_w(t) - z_g(t)]^2 + q_2 [z_b(t) - z_w(t)]^2 + q_3 \ddot{z}_b^2(t) \right\} dt \tag{16-8}$$

式中，q_1、q_2 和 q_3 分别为轮胎动位移、悬架动行程和车身加速度的加权系数。加权系数的选取决定了设计者对不同性能的倾向，如对车身垂向振动加速度项选择较大的权值，那么就意味着悬架系统以提高乘坐舒适性为主要目标；若对轮胎动位移项选择较大的权值，则考虑更多的是提高车辆操纵稳定性。而三个加权系数实际上代表了三者之间的相对值，因此为方便起见，这里取车身垂向振动加速度的加权系数 $q_3 = 1$。

将性能指标 J 的表达式（16-8）改写成矩阵形式，即：

$$J = \lim_{T \to \infty} \frac{1}{T} \int_0^T \left(X^T Q X + U^T R U + 2 X^T N U \right) dt \tag{16-9}$$

式中，

$$\boldsymbol{Q} = \begin{pmatrix} 0 & 0 & 0 & 0 & 0 \\ 0 & 0 & 0 & 0 & 0 \\ 0 & 0 & q_2 + \dfrac{K_s^2}{m_b^2} & -q_2 - \dfrac{K_s^2}{m_b^2} & 0 \\ 0 & 0 & -q_2 - \dfrac{K_s^2}{m_b^2} & q_1 + q_2 + \dfrac{K_s^2}{m_b^2} & -q_1 \\ 0 & 0 & 0 & -q_1 & q_1 \end{pmatrix}; \ \boldsymbol{R} = \dfrac{1}{m_b^2}; \ \boldsymbol{N} = \dfrac{1}{m_b^2} \begin{pmatrix} 0 \\ 0 \\ -K_s \\ K_s \\ 0 \end{pmatrix}$$

当车辆参数值和加权系数值确定后，最优控制反馈增益矩阵可由黎卡提（Riccati）方程求出，其形式如下：

$$\boldsymbol{PA} + \boldsymbol{A}^T \boldsymbol{P} - (\boldsymbol{PB} + \boldsymbol{N}) \boldsymbol{R}^{-1} (\boldsymbol{B}^T \boldsymbol{P} + \boldsymbol{N}^T) + \boldsymbol{Q} = 0 \qquad (16\text{-}10)$$

最优控制反馈增益矩阵 $\boldsymbol{K} = \boldsymbol{R}^{-1} (\boldsymbol{B}^T \boldsymbol{P} + \boldsymbol{N}^T)$，由车辆参数和加权系数决定。根据任意时刻的反馈状态变量 $X(t)$，就可得出 t 时刻作动器的最优控制力 $\boldsymbol{U}_a$，即：

$$\boldsymbol{U}_a(t) = -\boldsymbol{KX}(t) \qquad (16\text{-}11)$$

三、计算实例

首先介绍如何在 MATLAB/Simulink 环境下建立单轮车辆计算机仿真模型；然后进行最优主动悬架的系统性能仿真分析以及与被动悬架的性能对比分析。

这里，以某轿车的后悬架为例，给出一个完整的计算实例，包括车辆模型参数、仿真路面输入参数、控制器的设计参数以及计算结果。此例中设车辆以 20m/s 的速度在某典型路面上行驶，仿真时间 $T = 50\text{s}$。计算中输入的各参数及数值详见表 16-2。

表 16-2　单轮车辆模型仿真输入参数值

车辆模型参数	符号	单位	数值
簧载质量	m_b	kg	320
非簧载质量	m_w	kg	40
悬架刚度	K_s	N/m	20000
轮胎刚度	K_t	N/m	200000
可用悬架动行程	SWS_c	mm	±100
仿真路面输入参数	符号	单位	数值
路面不平度系数	G_0	m³/cycle	5.0×10^{-6}
车速	u	m/s	20
下截止频率	f_0	Hz	0.1
性能指标加权系数	符号	单位	数值
轮胎动位移	q_1	—	80000
悬架动行程	q_2	—	5
车身加速度	q_3	—	1

仿真计算中以式（16-6）所示的滤波白噪声作为路面输入模型。白噪声的生成可直接调用 MATLAB 函数 wgn（M，N，P）（此函数需安装通信系统理工具箱 Communications Systems Toolbox），其中 M 为生成矩阵的行数，N 为列数，P 为白噪声的功率（单位为 dB）。本例中取 $M = 10001$，$N = 1$，$P = 20$。这意味着仿真计算中取一条白噪声，共 10001 个采样点，噪声强度为 20dB。设定采样时间为 0.005s、车速为 20m/s，相当于仿真路面长度为 1000m，仿真时间为 50s。

根据所建立的系统状态方程式（16-7）及最优性能指标函数式（16-9），利用已知的矩阵 A、B、Q、R、N，调用 MATLAB 中的线性二次最优控制器设计函数：

$$[K,S,E] = LQR(A,B,Q,R,N)$$

即可完成最优主动悬架控制器的设计。输出的结果中，K 为最优控制反馈增益矩阵，S 为黎卡提方程的解，E 为系统闭环特征根。

根据表 16-2 给出的仿真输入参数，本例中求得的最优反馈增益矩阵 K 为：

$$K = \begin{bmatrix} 711.88 & -1241.5 & -19284 & -2038.5 & 20864 \end{bmatrix}$$

同时，还得到了黎卡提方程的解：

$$S = \begin{pmatrix} 2.4559 & 0.0289 & 2.4745 & -8.6607 & 7.309 \\ 0.0289 & 0.4886 & 0.0298 & 7.5262 & -7.2364 \\ 2.4745 & 0.0298 & 4.9744 & -8.6754 & 5.1033 \\ -8.6607 & 7.5262 & -8.6754 & 2710.1 & -2700.4 \\ 7.309 & -7.2364 & 5.1033 & -2700.4 & 2693.7 \end{pmatrix}$$

在 Simulink 环境下建立的最优主动悬架车辆仿真模型框图如图 16-7 所示。在某路面输入下的最优 LQG 主动悬架仿真结果如图 16-8 所示，包括车身加速度 $BA(t)$、悬架动行程 $SWS(t)$、轮胎动位移 $DTD(t)$ 及路面位移输入 $z_g(t)$。

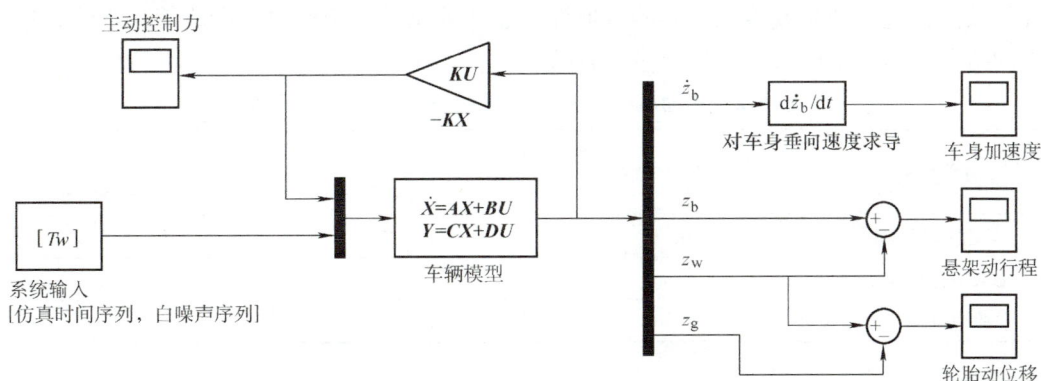

图 16-7　Simulink 环境下的最优主动悬架车辆仿真模型框图

在相同的仿真条件下，可将所设计的 LQG 主动悬架系统与相应的被动系统进行结果对比分析。在被动悬架系统中，取悬架刚度 $K_s = 22000 N/m$，阻尼系数 $C_s = 1000 N \cdot s/m$。除此以外，其他输入参数值均与主动悬架系统完全相同。计算得出的两个不同系统的性能指标方均根值见表 16-3。

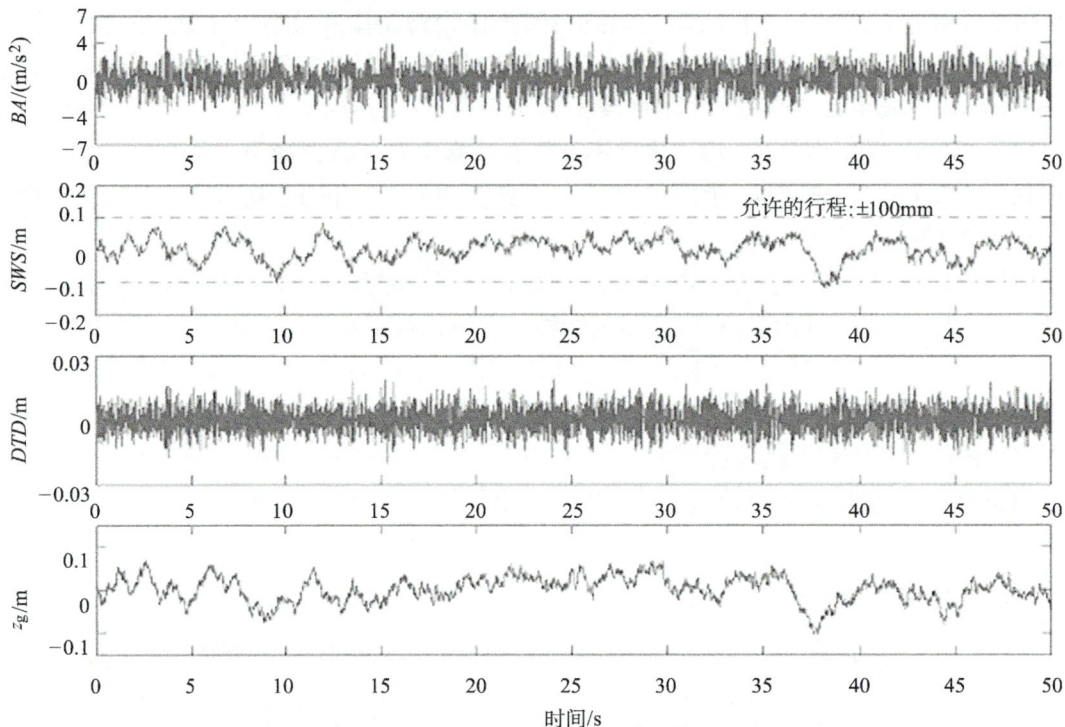

图 16-8 在某路面输入下的最优 LQG 主动悬架仿真结果

由表 16-3 可见，在轮胎动位移基本相同的情况下，所设计的最优主动悬架显著地降低了车身的垂向振动加速度，与被动悬架系统相比，其方均根值减少了 18.4%；同时轮胎动位移也减少了 3.4%。主动悬架系统的仿真结果还表明，其悬架动行程被很好地控制在设计要求的范围内（±100mm），许用的悬架工作空间得到了更充分的利用。由此可以看出，所设计的 LQG 主动悬架比被动悬架在更充分利用可用悬架空间的情况下，显著提高了车辆的行驶平顺性；且也稍微改善了轮胎的接地性，意味着操纵稳定性也有所改善。当然，这里所得出的结果与本例中所选取的加权参数直接相关。

表 16-3 主动悬架与被动悬架性能指标方均根值的比较

性能指标	单　　位	方均根值	
		主动悬架	被动悬架
车身加速度 BA	m/s²	1.4227	1.7442
悬架动行程 SWS	mm	33.1	17.0
轮胎动位移 DTD	mm	5.7	5.9

第四节　实例3——操纵动力学计算机建模、分析及 4WS 控制器设计

一、前轮转向车辆的操纵动力学模型

首先以一个典型的前轮转向车辆为例（图 16-9），在两自由度单轨操纵模型基础上，介

绍在 MATLAB 环境下的操纵动力学建模、仿真和性能对比分析；然后，仍基于两自由度单轨操纵模型，介绍一个四轮转向系统控制器设计的例子。这里需强调的是，为保证仿真结果的合理性，对仿真参数的选择及其对应的计算结果要始终检查，看是否保持在线性域内（如保证车辆的侧向加速度保持小于 $0.4g$）。

在前面的第十一章中，针对前轮转向车辆，根据图 16-9 所示的单轨简化模型，我们已经推导了具有侧向和横摆运动的两自由度基本操纵模型的运动方程，参见式（11-25）和式（11-26）

若取系统状态变量为：$X = (v, r)^T$，系统输入 U 为前轮转向角 δ_f，则式（16-12）表达的系统运动微分方程可写成如下标准状态空间方程的形式：

$$\begin{cases} \dot{X} = AX + BU \\ Y = CX + DU \end{cases} \qquad (16\text{-}12)$$

其中，

$$A = \begin{pmatrix} -\dfrac{C_{\alpha f} + C_{\alpha r}}{m u_c} & -\dfrac{a C_{\alpha f} - b C_{\alpha r}}{m u_c} - u_c \\[3mm] -\dfrac{a C_{\alpha f} - b C_{\alpha r}}{I u_c} & -\dfrac{a^2 C_{\alpha f} + b^2 C_{\alpha r}}{I u_c} \end{pmatrix} ;$$

$$B = \begin{pmatrix} \dfrac{C_{\alpha f}}{m} \\[3mm] \dfrac{a C_{\alpha f}}{I} \end{pmatrix} ; \quad C = \begin{pmatrix} 0 & 1 \end{pmatrix} ; \quad D = 0 ; \quad U = (\delta_f)_{\circ}$$

其中，v 为车辆侧向速度；r 为横摆角速度；u_c 为恒定的车辆前进速度；m 为车辆的质量；I 为横摆转动惯量；a 和 b 分别为质心至前、后轴的距离；$C_{\alpha f}$、$C_{\alpha r}$ 分别为前、后轮胎侧偏刚度（等于单个轮胎侧偏刚度的两倍）。

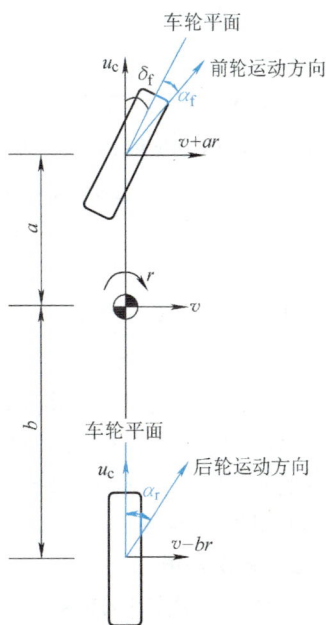

图 16-9　前轮转向车辆的线性两自由度操纵模型

二、仿真结果对比分析

根据 MATLAB 环境下建立的仿真模型，并选取两种操纵稳定性差异较大的车辆进行时域、频域及稳定性分析。这里不妨仍然以第十一章第四节给出的操纵特性分析内容为例，两款车型的车辆参数也由表 11-4 给出，一些典型的仿真分析的内容可以是：

1）时域分析：分析角阶跃输入下的横摆角速度的时域响应 $r - t$。

2）频域分析：分析不同频率正弦波输入下横摆角速度的频率响应。

3）稳定性分析：做出根轨迹图，分析不同车速下系统特征值的变化。

1. 时域分析

首先，在 MATLAB 环境下建立前轮转角输入信号时间序列。需要注意的是，这里给定的系统输入 U 为转向盘转角输入 δ_s 而非前轮转角 δ_f。仿真中假设车辆行驶速度和转向系统传动比都为恒定，分别为 40m/s 和 45。当车辆以很高的恒定速度直线行驶时，驾驶人突然

给转向盘一个很小的角阶跃输入，即：

$$\delta_{\mathrm{s}} = \begin{cases} 15°, & t > 0 \\ 0, & t \leqslant 0 \end{cases} \qquad (16\text{-}13)$$

根据转向系统传动比 $i_{\mathrm{s}} = 45$，可得相应的前轮转角输入为：

$$\delta_{\mathrm{f}} = \begin{cases} \dfrac{\delta_{\mathrm{s}}}{i_{\mathrm{s}}} \dfrac{\pi}{180} = 0.0058\mathrm{rad}, & t > 0 \\ 0, & t \leqslant 0 \end{cases} \qquad (16\text{-}14)$$

在 MATLAB 仿真中，根据已给的状态方程（16-12），将矩阵 A、B、C、D 根据表 11-4 赋值，以及系统输入 U（即前轮转角 δ_{f}）的时间序列信号，应用线性模拟函数语句，即 lsim（A，B，C，D，delta，t）（其中 delta 变量存储的是车轮转角信号序列），就可方便地对两种车型进行角阶跃输入仿真，得到的横摆角速度时域响应结果如图 16-10 所示。

由图 16-10 可知，在同样的转向盘转角输入下，法拉利 Monza 的瞬态响应明显优于别克 1949，分别体现在较短的稳定时间、较小的超调量以及更好的阻尼特性等。

2. 频域分析

一个线性系统传递函数 $G(s)$ 的幅频和相频特性可用伯德（Bode）图来表达。在 MATLAB 环境下，可直接采用 bode（）命令，便可得到伯德图，即：

sys = ss（A，B，C，D）

bode（sys）

两种车型的系统幅频响应如图 16-11a 所示，由图可知，在同一行驶车速 $u_{\mathrm{c}} = 40\mathrm{m/s}$ 下，法拉利 Monza 的响应带宽明显大于别克 1949 的响应带宽，从而也说明前者具有更好的频率响应特性。图 16-11b 为两种车型的相频响应对比曲线，由图可见，法拉利 Monza 的系统响应滞后比别克 1949 的响应滞后少，意味着其响应速度会更快，系统延迟更小。

3. 稳定性分析

通常，随着车速的提高，车辆的稳定性会下降。对具有过多转向特性的车辆而言，当车速超过其极限车速时，系统的特征根将进入不稳定区，意味着在很小的干扰输入下，系统将

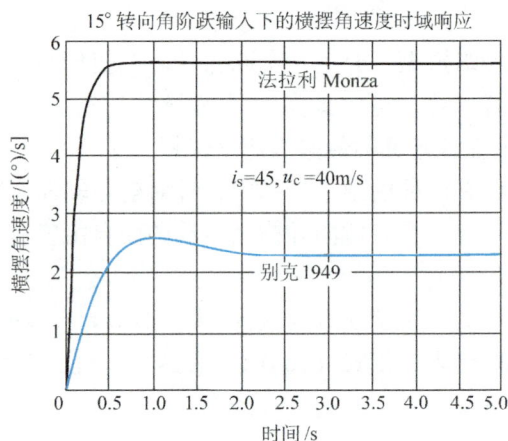

图 16-10　角阶跃输入下的横摆角速度时域响应结果

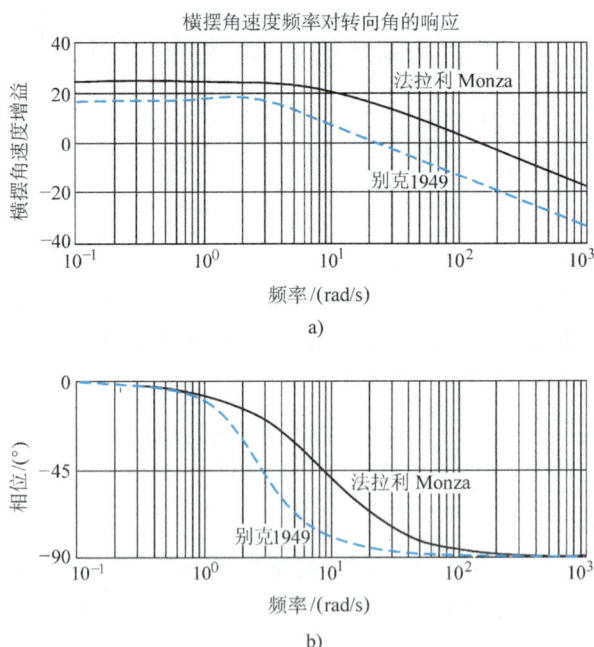

图 16-11　横摆角速度频率响应比较
a）幅频响应　b）相频响应

产生很大的响应输出（如高速转向时车辆可能发生侧滑）。

在 MATLAB 环境中有多种方法可以求解系统的特征根（即极点），其中最直接的方法可调用 eig（）命令来求一个矩阵的特征值。由控制理论可知，一个可观、可控的线性系统 $G(s) = C(sI - A)^{-1}B$ 的极点就是状态矩阵 A 的特征值，因此，若求解车辆在不同车速 u_c（15～60m/s 范围内每间隔 5m/s 取一个点）的特征根，同时在同一复平面中作图，可采用如下 MATLAB 程序段：

```
U = 15:5:60;
for j = 1:length(U)
A = [-(Cf + Cr)/M/U(j); -(a * Cf - b * Cr)/M/U(j) - U(j); -
(a * Cf - b * Cr)/(Iz * U(j)); -(a^2 * Cf + b^2 * Cr)/(Iz * U(j))];
plot(real(eig(A)), imag(eig(A)), 'bx');
hold on;
end
```

其中，分别利用命令语句 real（）和 imag（）来对系统特征值的实部和虚部进行求解。

因此，以不同车速下的根轨迹图来比较两种车型的系统稳定性，可得出与时域和频域响应分析相同的结果，其根轨迹如图 16-12 所示。从图中可以看出，随着车速的增加，系统的特征值由复平面的左侧不断向虚轴靠近，因此系统越来越倾向于不稳定。由两种车型的比较可见，它们的特征根随车速变化而变化的趋势也不同，由于法拉利 Monza 有相对较大的稳定裕度，因而其特征根位置

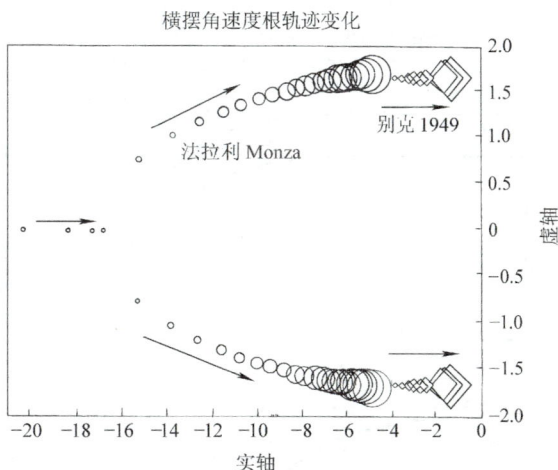

图 16-12　不同车速系统根轨迹图

与别克 1949 相比更远离虚轴，而别克 1949 的转向特性的稳定裕度相对更小，因而更容易失稳。

三、一个四轮转向系统设计的例子

结合基本操纵动力学方程式（11-15）、式（11-16）以及具有 4WS 的轮胎侧偏角运动关系式（13-48），可以很容易地推导出具有前后轮转向角 (δ_f, δ_r) 输入的车辆操纵动力学方程，并按照系统状态方程写为如下矩阵形式：

$$\begin{pmatrix} \dot{v} \\ \dot{r} \end{pmatrix} = \begin{pmatrix} -\dfrac{C_{\alpha f} + C_{\alpha r}}{mu_c} & \dfrac{bC_{\alpha r} - aC_{\alpha f}}{mu_c} - u_c \\ \dfrac{bC_{\alpha r} - aC_{\alpha f}}{I_{zz}u_c} & -\dfrac{a^2 C_{\alpha f} + b^2 C_{\alpha r}}{I_{zz}u_c} \end{pmatrix} \begin{pmatrix} v \\ r \end{pmatrix} + \begin{pmatrix} \dfrac{C_{\alpha f}}{m} & \dfrac{C_{\alpha r}}{m} \\ \dfrac{aC_{\alpha f}}{I_{zz}} & \dfrac{-bC_{\alpha r}}{I_{zz}} \end{pmatrix} \begin{pmatrix} \delta_f \\ \delta_r \end{pmatrix} \tag{16-15}$$

有关四轮转向控制方法已在第十三章第三节中进行了介绍。这里以一个简单的四轮转向控制算法为例，通过与前轮转向（FWS）车辆的对比，说明四轮转向（4WS）系统对车辆

侧向动力学性能的影响。

若采用前、后轮转向比 ξ 为定值的控制方式（即将控制目标设为使车辆转向时其质心侧偏角 $\beta=0$），可导出稳态条件下车辆质心侧偏角 $\beta=0$ 时前、后轮转向比 ξ 应满足的条件。由于 $\beta=v/u_c$，因而令式（16-15）中 $v=0$，并消去含有 r 的项，就得到稳态条件下车辆质心侧偏角为零时 ξ 应满足的条件为：

$$\xi = \frac{\delta_r}{\delta_f} = \frac{-b + \left[\dfrac{ma}{C_{\alpha r}(a+b)}\right]u_c^2}{a + \left[\dfrac{mb}{C_{\alpha f}(a+b)}\right]u_c^2} \tag{16-16}$$

上式表明，高速时后轮应与前轮同向转向；而低速时后轮应与前轮反向转向。

这里，以表16-4中给出的法拉利车型参数为例，讨论4WS系统对车辆操纵特性的影响。当对后轮转角施加了由式（16-16）所示的控制输入（即 $\delta_r=\xi\delta_f$）后，其横摆角速度 r 与侧向加速度 a_y 的频域响应与FWS系统的响应结果对比如图16-13所示计算中取恒定车速为 30m/s。

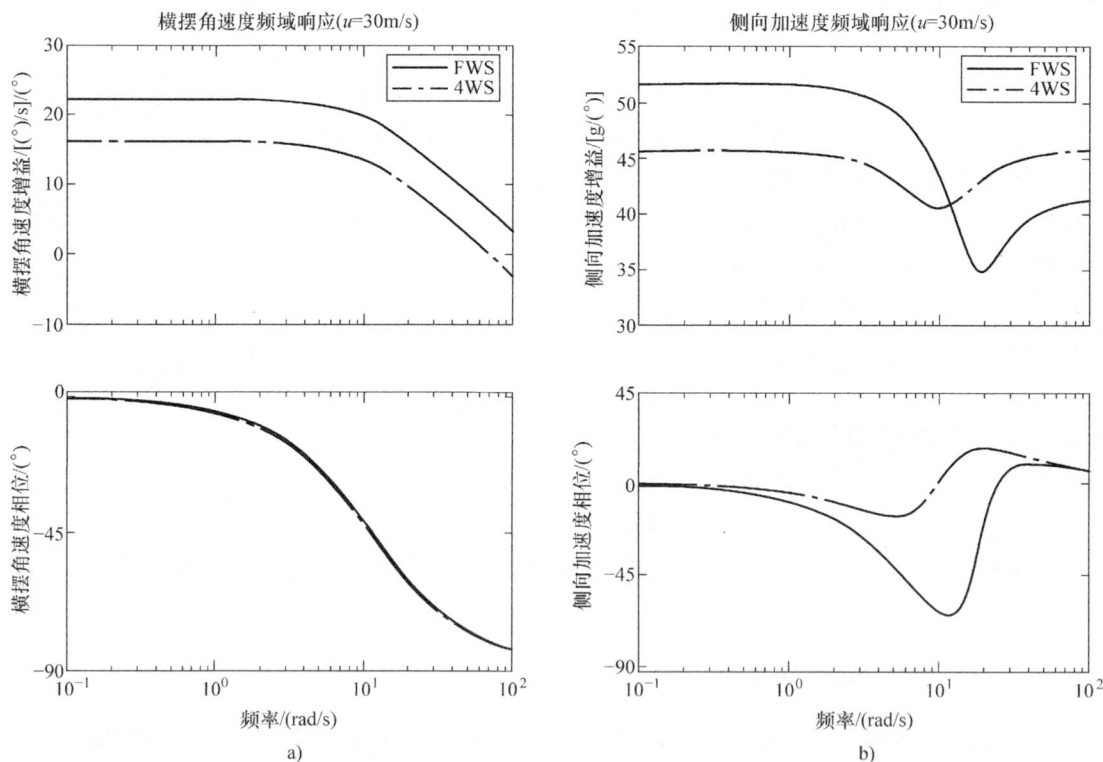

图 16-13　四轮转向车辆与前轮转向车辆的频率响应结果比较（车速 $u_c=30\text{m/s}$）

a）横摆角速度频域响应　b）侧向加速度频域响应

由图16-13a可见，相对于FWS系统，4WS系统具有更低的横摆角速度增益，其相位变化与前轮转向相同；而对于侧向加速度，图16-13b表明：在低频段内（约小于2Hz时），4WS系统的增益较FWS系统更低，而在高频段则相反；其相位变化则明显要小于前轮转向的相位变化。

车辆横摆角速度决定了转向时车辆姿态变化响应的时间；而侧向加速度表示了转向时车

辆速度、侧向速度的变化，这两者之间的相位差越小（即两者变化协调的越好），则车辆的路径跟踪能力与侧向稳定性就越好。

　　图 16-14 分别给出了两种不同转向系统的横摆角速度与侧向加速度相位差在不同频率下的特性。由图可明显地看出，4WS 系统具有更小的相位差，表明了四轮转向系统的滞后较前轮转向系统有所改善。

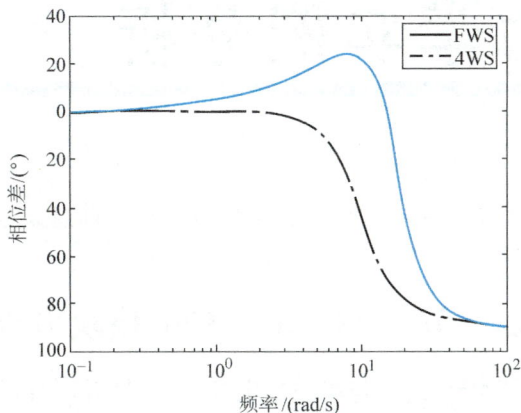

图 16-14　横摆角速度与侧向加速度变化相位差的比较分析

参 考 文 献

[1] The MathWorks Inc. MATLAB Programming Fundamentals [M]. Massachusetts：The MathWorks Inc.，2015.

[2] Dave Crolla，喻凡. 车辆动力学及其控制 [M]. 北京：人民交通出版社，2004.

第十七章

应用 ADAMS 软件的多体动力学实例分析

本章首先对 ADAMS/Car 模块进行介绍，然后以某轿车前悬架为例，介绍在 ADAMS/Car 环境下建立多体系统模型的方法，并进行仿真及结果分析。

第一节　ADAMS/Car 模块介绍

ADAMS/Car 模块[1]是 MSC 公司与奥迪、宝马、雷诺和沃尔沃等汽车公司合作开发的轿车设计模块，它能够快速建立高精度的车辆子系统模型和整车模型，可通过高速动画直观地再现各种工况下车辆的运动学（Kinematics）和动力学（Dynamics）响应，并输出表征操纵稳定性、制动性、乘坐舒适性和安全性等车辆性能的相关参数。

ADAMS/Car 模块分"Standard Interface"（标准界面）和"Template Builder"（模板）两种模式，每一种模式对应着不同的菜单界面和功能。其中，模板模式为车辆设计人员提供了广阔的设计空间，可以任其自主地搭建车辆子系统模板。而标准界面模式则是根据已有的子系统模板实现子系统模型的创建、修改、组装及仿真分析和数据处理等功能。通过修改"acar. cfg"脚本文件中的"ENVIRONMENT MDI_ ACAR_ USERMODE"参数（"standard"改为"expert"），可获取在标准界面和模板之间的相互切换的权限。

利用 ADAMS/Car 模块建模的一般流程是：设计人员首先在"Template Builder"（模板）下创建所需的模板，或对已有的模板进行修改以适应建模要求；然后根据建立的模板在"Standard Interface"（标准界面）下建立子系统模型，并将子系统模型组装成系统总成或整车模型；最后，根据研究目标对组装好的悬架总成或整车模型给出不同的仿真和分析命令，即可进行不同工况下的仿真分析或优化设计。

由于 ADAMS/Car 模块采用的是自下而上的建模顺序（即悬架总成和整车模型均建立于子系统模型的基础之上，而对不同的子系统则需要建立不同的模板），因此，在"Template Builder"中建立模板是 ADAMS/Car 仿真分析首要的关键步骤，其过程主要由以下几方面组成：

（1）物理模型的简化　根据物理模型中各零件之间的相对运动关系，定义出各零件的"Topological Structure"（拓扑结构），把没有相对运动关系的零件进行整合，定义为"General Part"（一般零件，以下简称为"零件"）。

（2）确定"Hard Point"（硬点）　硬点即为各零件间连接处的几何定位点，确定硬点就是在模板坐标系内给出零件之间连接点的几何位置。

（3）创建零件　根据硬点位置或零件质心的绝对坐标创建零件，并将实际零件的动力学

参数（如质量、转动惯量、质心位置等）输入到相应的对话框中。注意，零件的三个坐标轴方向必须与绝对坐标系的相应坐标轴平行。

（4）创建零件的"Geometry"（几何形体） 在硬点的基础上建立零件的几何形体。由于零件的动力学参数已经确定，因此几何形体对动力学仿真结果实际上没有影响。但在运动学分析中，零件的外形轮廓直接关系到机构的运动干涉。考虑到模型的直观性，零件的几何形状还应尽可能地贴近实际结构。

（5）定义"Mount"（组装件） "Mount"（组装件）是一种无质量的部件，用于模型内的部件与其他的系统、试验台或地面的连接。系统总成或整车模型都是由多个子系统装配而成的，因而要在各子系统中定义"Mount"（组装），以方便各子系统模型之间的装配连接。

（6）定义"Attachment"（连接） 按照各个零件间的运动关系确定约束类型，通过"Joint"（约束）或"Bushing"（衬套）等将各零件连接起来，从而构成子系统模板的结构模型。定义连接是正确建模的重要步骤，它直接关系着系统自由度的合理性。

（7）定义"Parameter Variable"（参数变量） 对不同的子系统模板，通常还需定义相应的参数变量，例如悬架模型中通常需对车轮定位参数进行定义。

以上是在 ADAMS/Car 中建立模板的一般步骤，针对不同功能的子系统模型，还需对其进行一些特殊的定义，如摩擦力、传感器、作动器等。

根据建立好的子系统模板，可在标准界面模式中建立相应的子系统，再将这若干个子系统组装成系统总成或整车模型，这样就完成了整个 ADAMS/Car 模块下的建模过程。最后，根据研究目的对系统总成或整车模型进行不同工况下的仿真分析，从而获得所需的计算结果。

第二节 轿车前悬架建模实例

本节以某轿车的双横臂式（Double Wishbone）前悬架为例，介绍在 ADAMS/Car "Template Builder"（模板）模式下建立前悬架模型的过程。

首先，对实际的前悬架进行建模前的简化。假设前悬架关于整车纵向中心对称面对称，因而只需建立半个前悬架模型，而另一半模型（包括零件、硬点、约束等）可由 ADAMS/Car 自动生成。这里假定所研究的前悬架为一个多刚体系统，因而可以忽略导向杆件的柔性和变形。除了在减振器与车身及控制臂与副车架等连接处定义了"Bushing"（衬套）的弹性特性之外，系统各零件及车身均假定为刚体。此外，为了简化分析，还假定所研究的轿车前后部符合不耦合力学条件（详见第九章），这意味着前后悬架簧上质量的垂向运动相互独立，无轴荷纵向转移。簧上质量则根据质心位置按比例分配到前、后车架上。

其次，定义系统模型的绝对坐标系。坐标原点为两侧车轮接地印迹中心点连线之中点，车辆行驶方向为 x 轴负向，y 轴由坐标原点指向驾驶人右侧，z 轴则符合右手螺旋法则垂直向上。

具体的建模步骤介绍如下：

（1）建立硬点 通过菜单命令

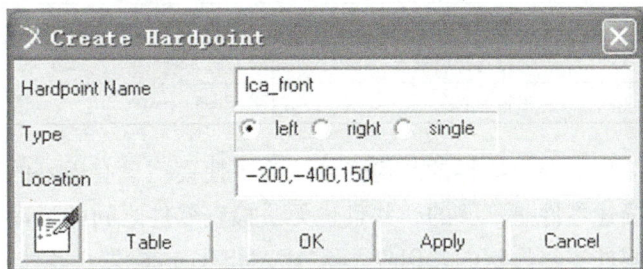

图 17-1 创建硬点对话框

"Build→Hardpoint→New"建立硬点，如图 17-1 所示。输入硬点的名称及位置坐标，并在对话框中选择硬点"Type"（类型），如本例中取"left"，这样就只需输入左半边悬架的硬点坐标，系统便会自动生成对称的右半边硬点。如需要对硬点进行修改，可采用"Build→Hardpoint→Modify"或"Build→Hardpoint→Table"菜单命令来实现，这两个命令在模板模式和标准模式下均有效。根据表 17-1 可逐一创建前悬架左半边的硬点逐一创建，建立后的前悬架全部硬点如图 17-2 所示。

图 17-2　前悬架硬点分布

（2）建立零件　通过"Build→General part→New"菜单命令建立一般零件。除了需要输入零件名称、选择参考类型和参考点外，最重要的是确定零件的质量、质心位置及相对于质心的转动惯量，如图 17-3 所示。可通过"Build→General part→Modify"菜单命令进行零件参数的修改。注意，在标准界面模式下，只能修改零件的动力学参数。表 17-2 为前悬架零件动力学参数，建立零件后的前悬架模型如图 17-4 所示。

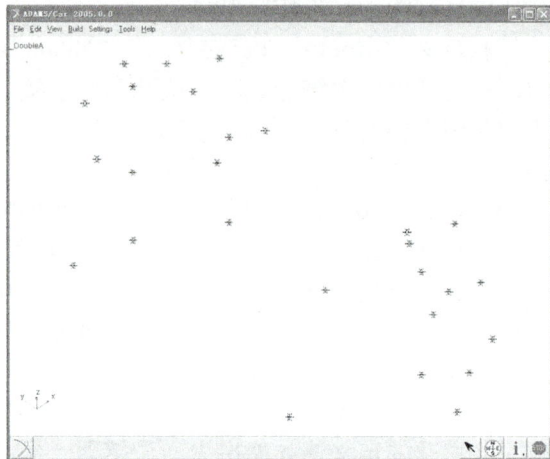

表 17-1　前悬架左半边硬点坐标

序号	硬点	Hard Point	在绝对坐标系中的位置/mm		
			x	y	z
1	驱动轴内支点	drive_shaft_inr	0.0	−200.0	225.0
2	下控制臂前支点	lca_front	−200.0	−400.0	150.0
3	下控制臂外支点	lca_outer	0.0	−750.0	100.0
4	下控制臂后支点	lca_rear	200.0	−450.0	155.0
5	减振器下安装点	lwr_strut_mount	0.0	−600.0	150.0
6	副车架前支点	subframe_front	−400.0	−450.0	150.0
7	副车架后支点	subframe_rear	400.0	−450.0	150.0
8	转向横拉杆内支点	tierod_inner	200.0	−400.0	300.0
9	转向横拉杆外支点	tierod_outer	150.0	−750.0	300.0
10	减振器上安装点	top_mount	40.0	−500.0	650.0
11	上控制臂前支点	uca_front	100.0	−450.0	525.0
12	上控制臂外支点	uca_outer	40.0	−675.0	525.0
13	上控制臂后支点	uca_rear	250.0	−490.0	530.0
14	车轮中心	wheel_center	0.0	−800.0	300.0

（3）建立零件的几何形体　为了使模型具有很好的直观性，仅以空间位置和动力学参数来描述零件是不够的，并且也无法检查零件之间的运动干涉，因此必须建立简单又尽可能接近零件实际形状的几何外形。ADAMS/Car 提供了多种常用的几何体，例如创建连杆和圆柱体的对话框分别如图 17-5 和图 17-6 所示。在建立零件的几何形体时，通常需定义几何体的

名称、所属零件、参考点和各自的外形参数。表 17-3 中为前悬架零件几何体名称，建立完几何外形的前悬架模型如图 17-7 所示。

表 17-2　前悬架零件动力学参数

零件名称	质量 /kg	转动惯量/(kg·mm²)			质心位置[①]/mm		
		$I_{xx} \times 10^4$	$I_{yy} \times 10^4$	$I_{zz} \times 10^4$	x	y	z
上控制臂	2.85	1.64	2.13	0.74	0.52	0.0	44.56
转向横拉杆	1.06	1.56	1.56	0.06	0.0	0.0	0.0
转向节	3.63	7.12	17.17	10.19	24.71	-50.44	11.69
转轴	1.07	0.04	0.05	0.05	0.0	0.0	-50.0
下控制臂	4.73	4.17	9.82	5.72	4.73	1.33	58.57
驱动半轴	4.21	16.59	16.59	0.07	0.0	0.0	-365.68
减振器筒	5.0	1.0	1.0	1.0	0.0	0.0	0.0
减振器活塞杆	5.0	1.0	1.0	1.0	0.0	0.0	0.0
半轴接头	1.98	0.02	0.02	0.01	0.0	0.0	13.70
副车架	0.0	0.0	0.0	0.0	0.0	0.0	150.0

①　指相对于零件参考点在局部坐标系的偏移。

表 17-3　前悬架零件几何形体名称

零件序号	零件名称	Parts
1	上控制臂	upper_control_arm
2	转向横拉杆	tierod
3	万向节	upright
4	转轴	spindle
5	下控制臂	lower-contol-arm
6	驱动半轴	drive-shaft
7	减振器筒	upper-strut
8	半轴接头	tripot
9	减振器活塞杆	lower-strut
10	副车架	subframe

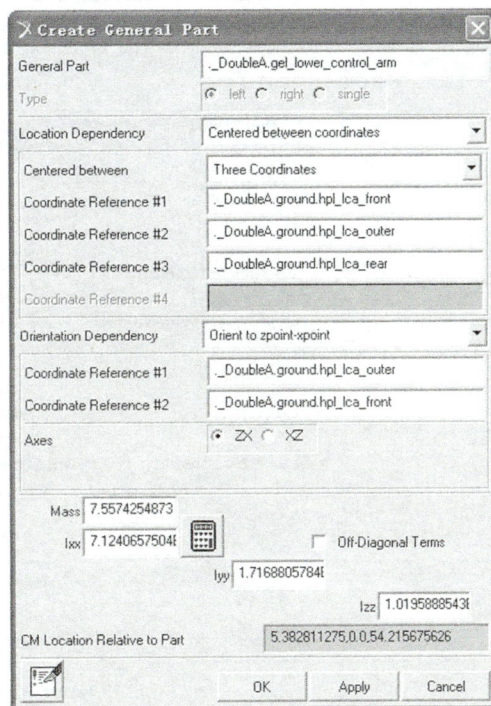

图 17-3　创建零件对话框

（4）创建弹簧和减振器　在悬架系统中，弹簧和减振器是极为重要的部件，对悬架的性能起决定性作用。与物理样机不同的是，ADAMS/Car 下的弹簧和减振器不是一般零件，而是分别具有弹性特性和阻尼特性的力学元件，通过"Build→Forces→Spring→New"和"Build→

Forces→Damper→New"菜单命令创建，如图17-8和图17-9所示。在对话框中需要定义名称、被连接的两个零件、连接参考点、直径以及特性文件（Property File），特别地，弹簧还需输入弹簧安装长度（或预载）和簧丝的圈数。图17-10和图17-11所示分别为前悬架弹簧刚度特性曲线和减振器阻尼特性曲线。

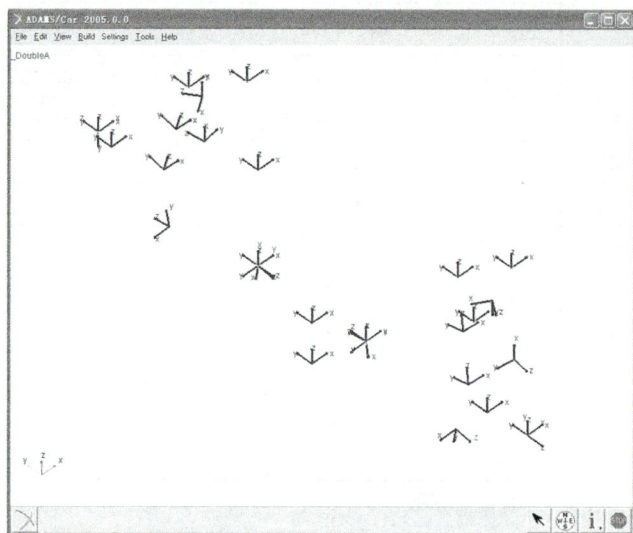

图 17-4　建立零件后的前悬架模型

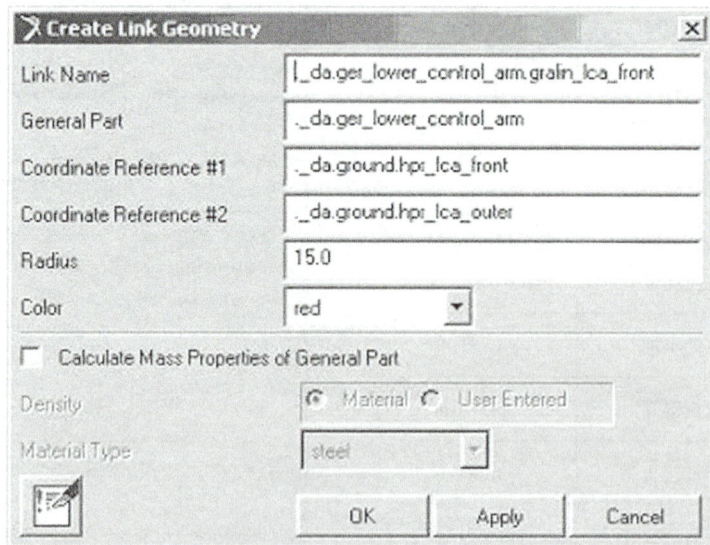

图 17-5　创建连杆对话框

（5）定义连接　为了确定前悬架模型中零件间的运动关系，还必须定义零件间的"Attachment"（连接），主要包括铰链和衬套。创建铰链可通过"Build→Attachment→Joint→New"菜单命令来完成。图17-12所示为创建球铰铰链对话框，在对话框中需定义铰链的名称、连接的零件、铰链类型、参考坐标等。其他铰链的建立与此类似。可采用"Build→At-

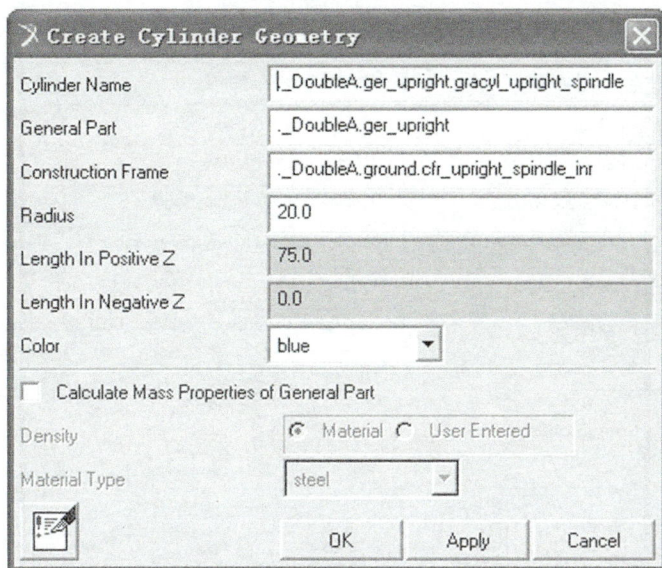

图 17-6　创建圆柱体对话框

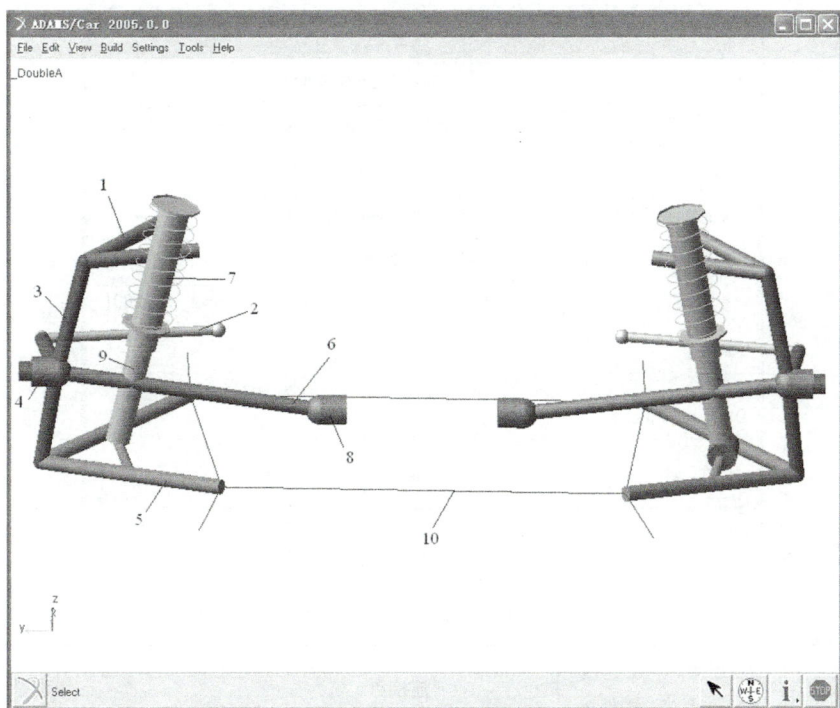

图 17-7　具有几何外形的前悬架模型
（序号信息详见表 17-3）

tachment→Joint→Modify"菜单命令进行铰链修改。"Bushing"（衬套）的创建和修改命令与
铰链类似，区别在于衬套还需定义外形参数以及弹性特性文件（Property File），如图 17-13
所示。前悬架模型中的连接见表 17-4。建立完铰链和衬套的前悬架模型如图 17-14 所示。

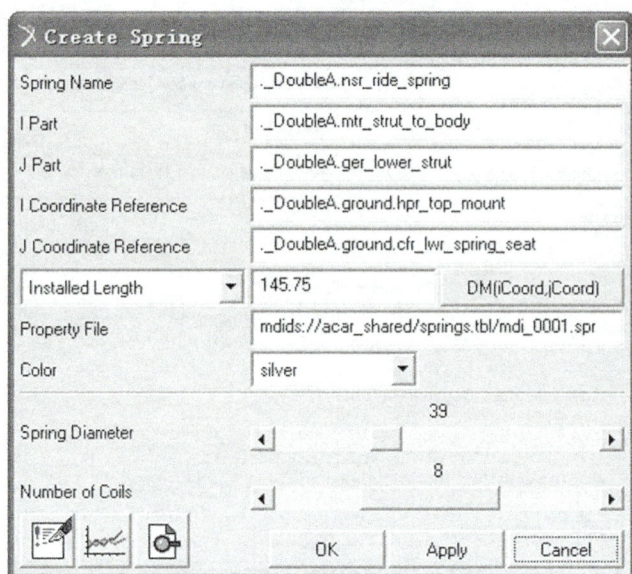

图 17-8　创建弹簧对话框

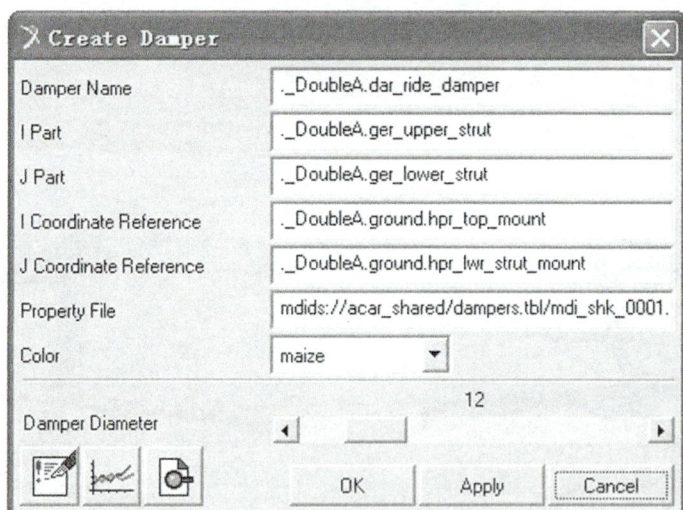

图 17-9　创建减振器对话框

表 17-4　前悬架模型中的连接

序号	类型	被连接零件 I	被连接零件 J	连接点	备注
1	球面副	2	3	hpl_tierod_outer	—
2	球面副	1	3	hpl_uca_outer	—
3	万向节	7	安装	hpl_top_mount	mtl_strut_to_body
4	转动副	1	安装	hpl_uca_front	mtl_uca_to_body
5	等速万向节	2	安装	hpl_tierod_inner	mtl_tierod_to_steering

（续）

序号	类型	被连接零件 I	被连接零件 J	连接点	备注
6	转动副	4	3	hpl_wheel_center	—
7	等速万向节	6	4	cfr_drive_shaft_otr	—
8	球面副	3	5	hpl_lca_outer	—
9	万向节	9	5	hpl_lwr_strut_mount	—
10	转动副	5	10	hpl_lca_front	—
11	等速万向节	8	6	hpl_drive_shaft_inr	—
12	移动副	9	安装	hpl_drive_shaft_inr	mtl_tripot_to_differential
13	固定副	10	安装	cfs_subframe_fixed	mts_subframe_to_body

根据上述几个主要步骤，基本上已经完成了双横臂式前悬架模型的建模过程。

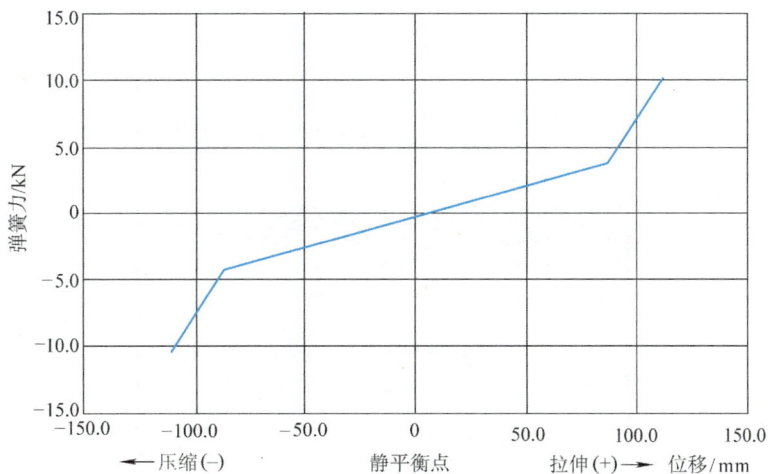

图 17-10　前悬架弹簧刚度特性曲线

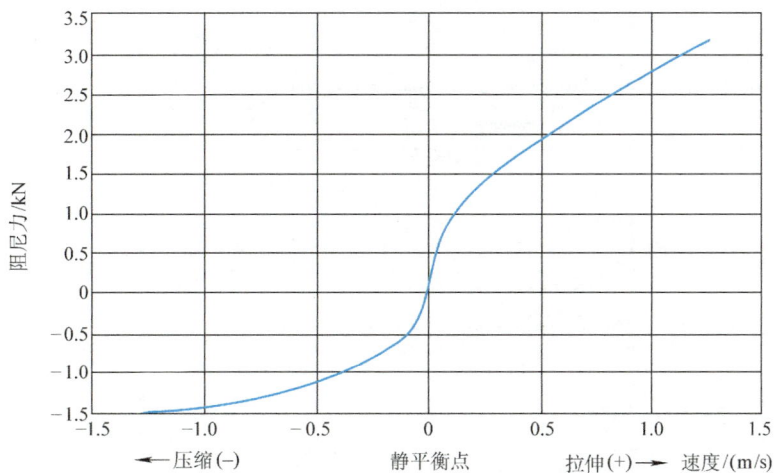

图 17-11　减振器阻尼特性曲线

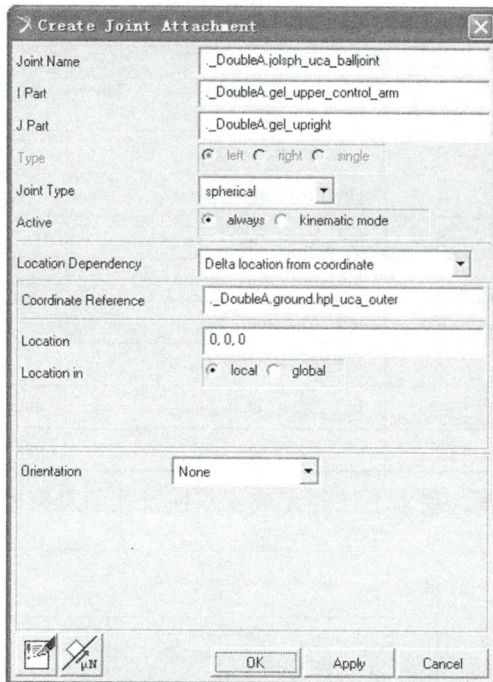

图 17-12　创建球铰铰链对话框

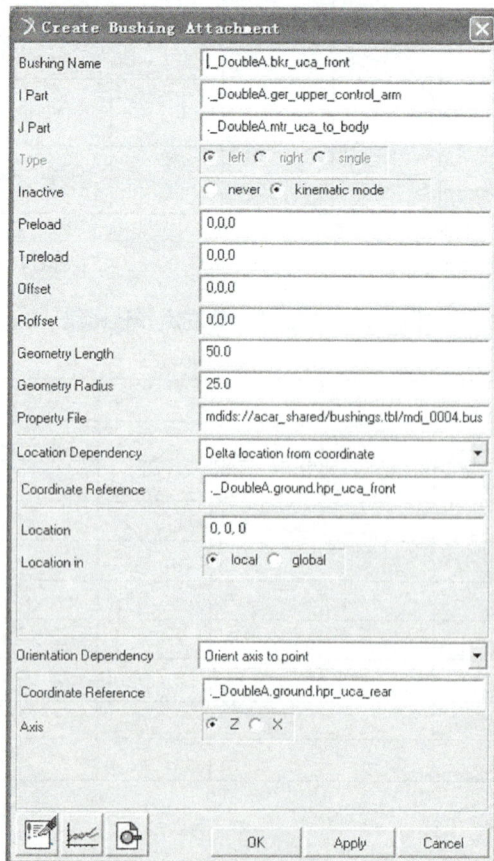

图 17-13　创建衬套对话框

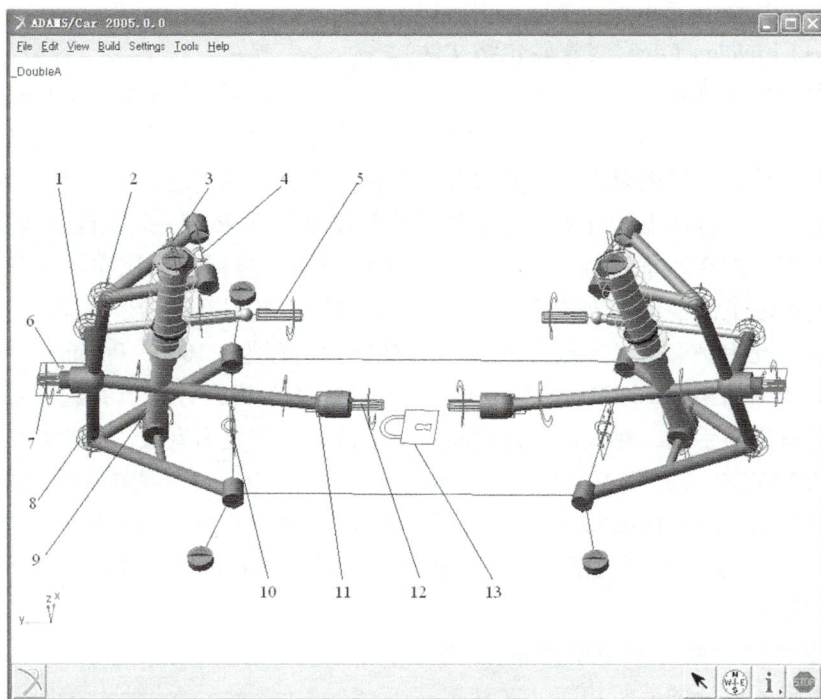

图 17-14 定义连接的前悬架模型
(序号信息详见表 17-4)

第三节 模型仿真分析

在"Template Bulider"中建立的前悬架模板要转到标准模式中创建子系统后才能进行性能仿真,或与其他子系统组装进行系统总成及整车仿真。在对所建前悬架模型进行仿真之前,需定义相关的车辆参数,然后可根据需要选择仿真类型,进行不同工况下的仿真分析。本节将介绍仿真分析的一般步骤,并给出一些典型的仿真结果。

(1) 定义相关的车辆参数 首先,定义与前悬架系统分析相关的车辆参数。这里利用"Simulate→Suspension Analysis→Set Suspension Parameters"菜单命令定义相关的车辆参数如下:轮胎自由半径为 300mm,轮胎垂向刚度为 200N/mm,簧上质量为 1400kg,质心高度为 400mm,轴距为 2765mm。另外,在"Adjust→Parameter Variable"中分别修改前轮定位参数中的"pvl_camber_angle"和"pvl_toe_angle"为 0.25 和 0.13,单位为(°)。

(2) 仿真分析 在 ADAMS/Car 模块中,系统提供了不同的仿真类型供用户选择。对于悬架系统而言,其典型的分析工况有:

1) "Parallel Wheel Travel"(两侧车轮同向跳动);

2) "Opposite Wheel Travel"(两侧车轮反向跳动);

3) "Single Wheel Travel"(单轮跳动);

4) "Steering"(转向);

5) "Static Load"(静载);

6）"Roll & Vertical Force"（侧倾和垂向力）；

7）"Wheel Envelop Files"（车轮包络文件）。

其仿真类型可在菜单命令"Simulate→Suspension Analysis"中选取。仿真过程参数包括"Output Prefix"（输出前缀名）、仿真步数以及车轮上下跳动的行程等。"前缀名"实际上就是文件名，由设计人员自由设定，一般选择容易记忆并与仿真过程有关的英文单词或缩写；仿真步数的选取应综合考虑计算机硬件条件和仿真精度的要求，一般来说，仿真步数越多，仿真结果的精度也越高。车轮跳动的行程应根据相应的试验标准或比实际工况适当放大为宜，以考查其极限工作情况。上述的仿真结果可由曲线、数据及动画形式输出。本例以两侧车轮同向跳动工况为例，仿真步数为30步，车轮跳动行程为 – 100 ~ 100mm。

（3）输出动画结果　ADAMS软件的仿真动画功能为车辆设计人员直观、定性地评价悬架性能提供了有效的手段，对运动零件之间运动干涉的校核更为有效。通常在仿真过程结束后，就可在ADAMS/Car模块下通过"Review→Animation Control"菜单命令回放仿真动画。另外，也可调用ADAMS/PostProcessor模块进行仿真回放，并以 * . avi 格式输出动画文件。在ADAMS/PostProcessor中可灵活选择不同的录像位置（Camera on Ground/Vehicle），以获得最佳的观测效果。

（4）创建特性曲线　ADAMS/Car模块为车辆设计提供了广泛的分析功能。对悬架分析而言，其范围几乎涵盖了所有常用的悬架形式。在ADAMS/PostProcessor模块中可输出多种悬架特性，如悬架运动中前轮的前束角变化、前轮外倾角变化、悬架刚度变化、侧倾刚度变化以及车轮接地点侧向滑移量、前轮转角和Ackermann转向角等。此外，设计人员也可根据实际需要，自主地选择不同的自变量和参变量构造需要的特性函数。

图17-15　车轮外倾角变化曲线

在对所建立的前悬架模型进行运动学分析后，可在菜单命令"Plot→Create Plots"中选择ADAMS/Car提供的图表配置文件"mdi_suspension_parallel_travel"，该配置文件中共包含了28种悬架特性输出。本节仅给出了车轮定位参数与车轮跳动量关系曲线，如图17-15 ~ 图17-19所示，图中左右轮曲线重合。

图17-15所示为本例中两侧车轮同向跳动时车轮外倾角的变化曲线。需注意的是，ADAMS/Car提供的图表配置文件中，外倾角定义车轮内倾时为正值，与通常定义的符号相反。由图可见，平衡位置处的车轮外倾角略小于零，车轮自下向上跳动过程中，车轮外倾角逐渐减小，变化范围为 – 2.77° ~ 1.19°，可以减小轮胎偏磨程度。

主销后倾角的变化曲线如图17-16所示。由图可知，平衡位置处的主销后倾角为5.36°，车轮上下跳时主销后倾角都增大。在整个跳动过程中，主销后倾角的变化范围小于0.5°，符合主销后倾角的设计要求。

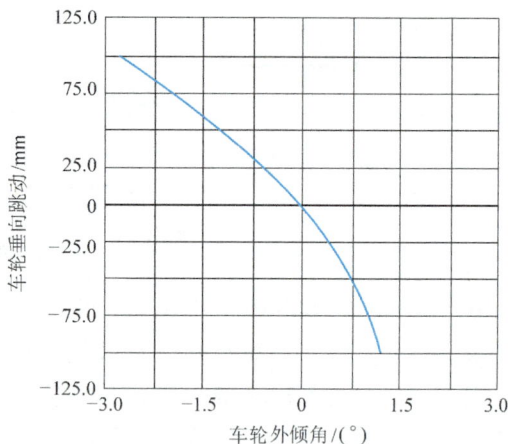

图 17-17 所示为主销内倾角的变化曲线。车辆平衡位置处的主销内倾角约为 10°。车轮跳动时，主销内倾角近似呈线性变化，其变化范围为 8.28°~12.97°。图 17-18 所示为轮胎侧向偏移量的变化曲线。车轮自下而上跳动时，轮胎侧向偏移量由 32.35mm 增加到 36.92mm，其变化范围小于 5mm，说明该车具有较小的轮距变化量，可避免轮胎的过度磨损。

图 17-19 所示为前轮前束的变化曲线。由图可见，当在平衡位置时前轮前束值为零，因而对路面不平输入引起的前束变化控制较好，从而保证良好的直线行驶稳定性。车轮上跳时，前束值由零变为弱负前束（-1.72°），从而可使车辆获得弱的不足转向特性。同样说明，当车辆的装载质量增加引起车身高度下降时，车辆的不足转向特性会略有增加。

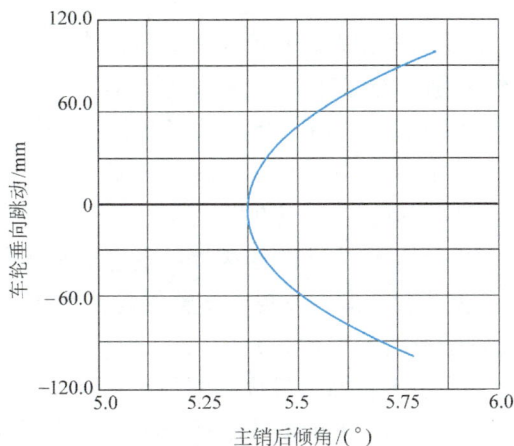

图 17-16　主销后倾角变化曲线

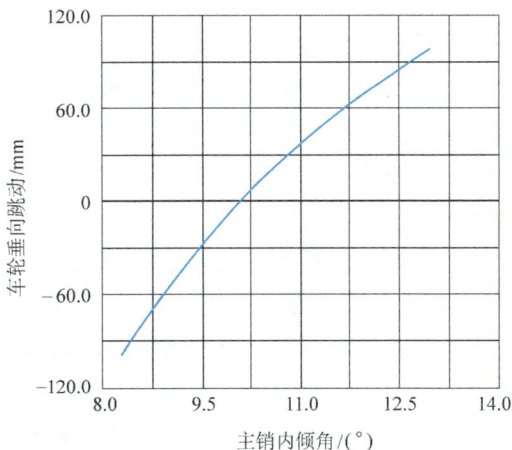

图 17-17　主销内倾角变化曲线

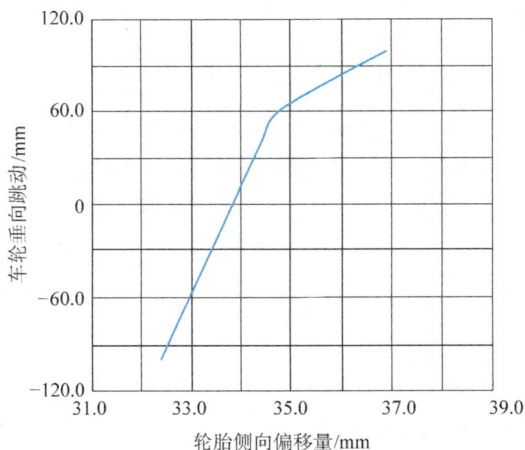

图 17-18　轮胎侧向偏移量变化曲线

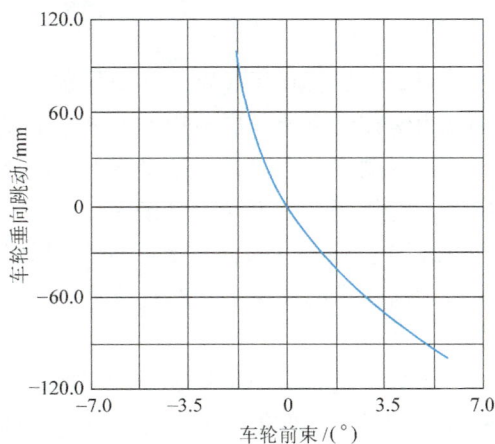

图 17-19　前轮前束变化曲线

参 考 文 献

[1] Mechanical Dynamics Inc. ADAMS/Car Manual [M]. Newport Beach：Mechanical Dynamics Inc.，2002.

第十八章

车辆动力学集成控制及应用 CarSim 的实例分析

本质上讲，在汽车上装备智能控制系统的目的是要从驾驶者的角度出发，提高车辆的总体性能。在第一、第二和第三篇的相关章节中已经分别介绍了车辆的纵向动力学控制系统（包括驱动和制动控制系统）、悬架控制系统和转向控制系统。但若将这些子控制系统同时放在一起使用，车辆在 X、Y、Z 三个方向的表现不一定总是协调的，其总体结果未必令人满意。由此就引出了一个新的问题，即车辆动力学集成控制。虽然车辆动力学集成控制的优势明显易见（如通过控制系统集成实现硬件共享、减少传感器结构更紧凑、重量更轻等优势），但更重要的目的是通过对子系统的集成来进一步挖掘其潜力以提升车辆的总体性能。

本节首先介绍集成控制的结构及特点，然后对各子系统的协调和集成策略进行一个简单描述。最后，给出一个完整的实例，根据所提出的一种基于轮胎力最优分配的车辆动力学集成控制策略，介绍集成控制器的结构和算法，并应用 CarSim 软件通过仿真分析及结果对比来说明所设计的集成控制器的有效性。

第一节　概　　述

自 20 世纪 70 年代末，防抱死制动系统（ABS）开始在市场上得到应用，可以认为是车辆动力学控制系统发展历程上的一个成功的起点。接下来，各种电子控制系统相继应用于车辆，以帮助驾驶人应付复杂多变的行驶工况，提高车辆的行驶安全性和舒适性。根据各种控制系统的作用方式不同，可按 X、Y、Z 三个方向将车辆运动控制系统分别归类于纵向（制动/驱动）、侧向（转向）和垂向（悬架）三大类子控制系统。在电子技术、传感器技术和车载网络技术的支持下，对这三大类车辆动力学控制系统的发展历程可大致总结如图 18-1 所示。

当多个动力学控制系统同时存在时，可能出现的问题主要体现在两个方面。首先，硬件和软件的设计将变得十分复杂，传感器和线束等控制系统零部件的质量和布置空间大大增加；其次，由于某些系统间存在功能重叠，而另一些系统间还可能存在目标和控制动作上的冲突，若不对存在耦合或重叠的子系统加以协调，系统间的相互干扰将可能导致车辆总体性能不如使用单个系统，甚至不如传统的被动系统[1]。例如，主动转向和电子稳定程序控制系统（ESC）都能改善侧向动力学性能，两者显然存在功能重叠。又如 ABS 和 ESC 均是通过车轮滑移率的调节来实现，只不过 ABS 控制目标是将车轮滑移率始终保持在对应峰值附近，而 ESC 则要求根据车辆制动时的不足转向或过度转向程度适当地选择制动轮及制动力。

因此，车辆动力学集成控制要解决的两个关键问题是：①如何避免子系统间的互相冲突和干扰；②如何通过系统间的通信和动作协调，尽量挖掘各子系统功能潜力从而实现性能最优。

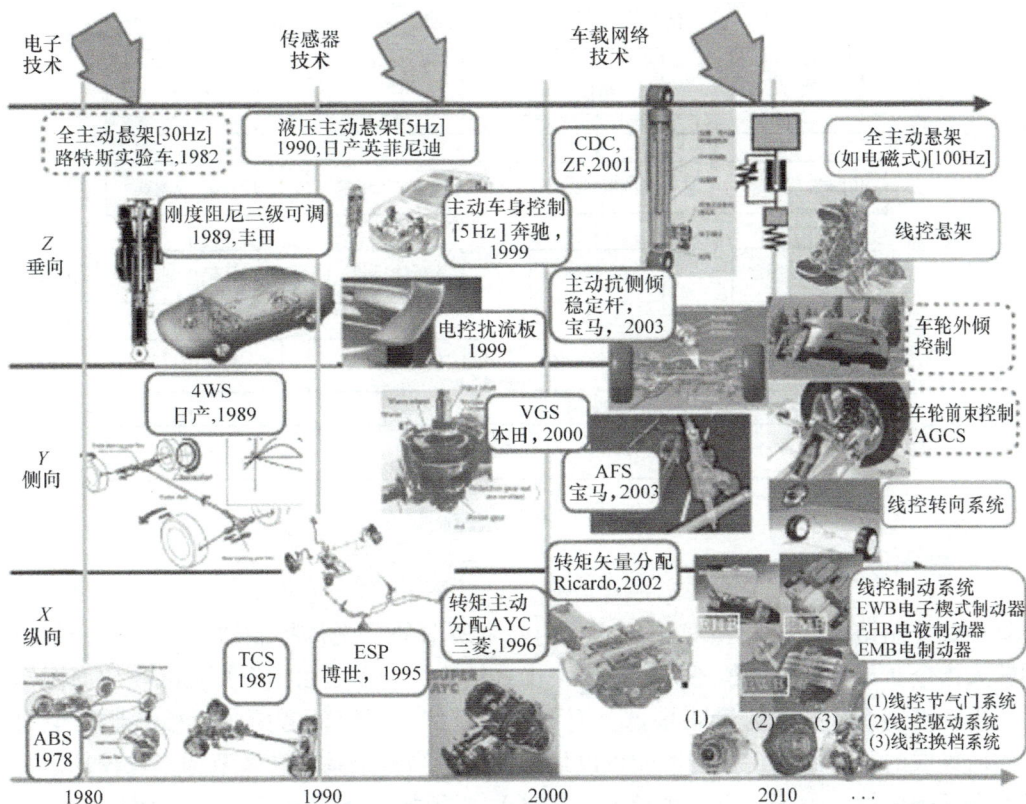

图 18-1　车辆动力学控制系统的发展历程

第二节　集成控制结构

按照整体设计策略的不同，集成控制方法可大致分为"自下而上"（Bottom – Up）和"自上而下"（Top – Down）两大类。前者采用了集成程度较低的分散式结构，后者则采用了真正意义上的集中式结构。还有就是介于二者之间的结构，即所谓的"分层 – 监督"式结构，它是通过增加"监督层"来处理多个子系统的协调和分配问题[2]。下面，分别对三种不同的集成控制结构进行说明。

一、分散式控制结构

分散式控制结构可由图 18-2 来说明。当采用分散式控制结构时，每个子系统在一定程度上依旧独立，只是必要时可通过车载网络来彼此合作完成某一功能。这种方法所能达到的系统集成程度非常有限，主要是在传感器及相关硬件方面进行集成，且集成工作主要由整车厂（OEM）来完成，而各供应商或一级供应商（Tier 1 Supplier）只需对其子系统提供必要的接口。

尽管采用这种结构不能体现真正意义上的"有机集成"（或许只能算多系统的"联合控

制"），但通过对各子系统控制器的重新设计（如考虑到其他子系统的信息），在一定程度上也可达到集成的效果。

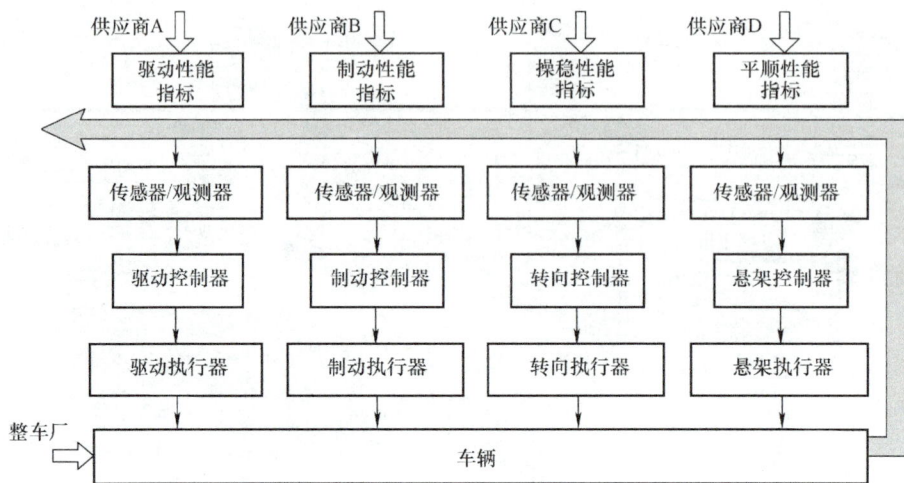

图 18-2　分散式控制结构

二、集中式控制结构

集中式控制结构如图 18-3 所示，它是由一个所谓的"全局控制器"向所有子系统发出控制输入指令。与分散式结构不同的是，集中式结构控制器是由整车厂与各供应商协作共同开发。由于控制系统开发的策略是自上而下的，对整个系统的考虑一开始就比较全面而充分，因而集成的程度最高、控制性能可以最好。但是当整个系统涉及范围广且较复杂时，开发难度会显著增加。由于一个电控单元（ECU）要承担的运算量很大，因而集中式结构对 ECU 硬件的要求较高。此外，所开发的控制系统可能会牺牲本身的灵活性，一旦有新的子系统或执行器加入时，需对整个系统重新设计。目前来看，集中式结构或许不太适合多个车辆子动力学集成控制，它可能比较适合联系紧密、耦合度高的两个子系统，例如转向和制动的集成。

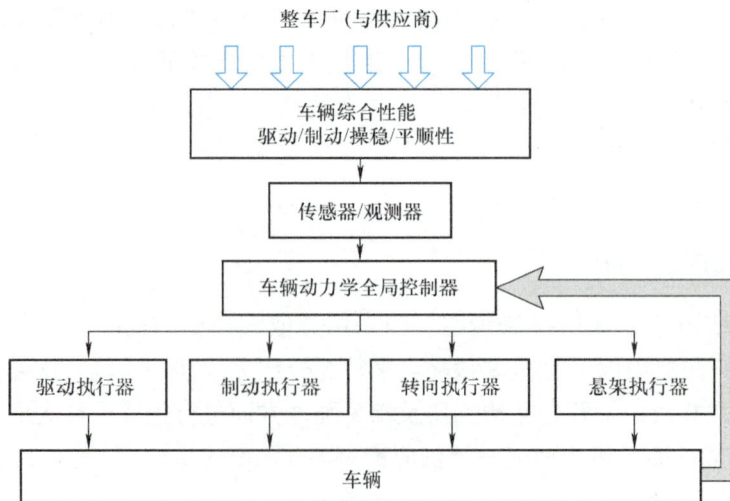

图 18-3　集中式控制结构

三、分层－监督式结构

考虑到软件和硬件方面的综合优势，目前较好的结构方案是介于分散式和集中式结构之间的一种折中方式，即所谓的"分层－监督"式结构，如图 18-4 所示。当采用这种结构时，各供应商仍将负责其子系统的控制设计，而由整车厂来负责"集成"其核心和关键内容，也就是所谓的"车辆动力学协调控制器"（vehicle dynamics coordinator），或称为"上层控制器"。

以稳定性控制为例，协调控制器的功能可以体现在两个方面，分别是：①根据当前行驶状况求出车辆稳定所需的控制力或力矩（如主动稳定横摆力矩），然后将其分配到各个子系统的目标状态值（如每一车轮滑移率或轮胎侧偏角），最后供执行层控制器跟踪调节；②给出某子系统多个控制策略间的切换指令，例如悬架控制中的抓地性策略与舒适性策略之间的切换。

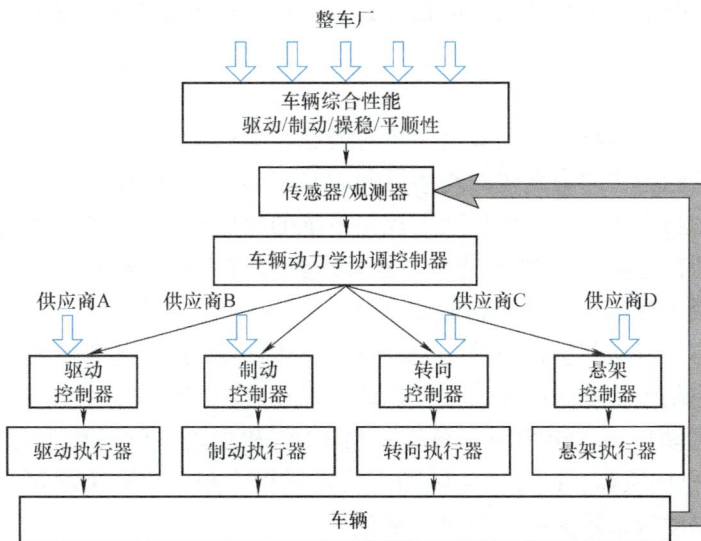

图 18-4　分层－监督式结构

第三节　集成控制策略

通过合理的控制策略来集成纵向、侧向和垂向三个方向上的多个子控制系统，并消除各子系统干涉、充分利用其功能互补，理论上是可以进一步改善车辆动力学各方面的性能。近年来有一些关于车辆动力学集成控制的研究文献涌现，集成控制系统在提升车辆总体性能上的潜在优势已经在理论上得到证实。

至今发表的文献中，集成控制策略的设计大多仍以提高车辆主动安全为主要目的。因而 ABS、ESC 以及 AFS（主动前轮转向系统）/4WS 等子系统间的集成也最先得到研究者的关注。例如，选择的控制策略可以基于提高车辆稳定性而提出，而相对应的工况则是高速转弯与制动复合工况等极限工况。若再结合对车辆悬架控制子系统进行集成，如通过车身姿态控制来实现轮胎垂向力的优化分配，车辆的总体性能会进一步得到提高。本节对集成控制策略的介绍将以此为例而展开。

一、纵向和侧向系统集成

在 *XOY* 平面，制动/驱动和转向是车辆纵向、侧向动力学控制的主要系统。在制动/驱动和转向系统的集成控制中，可以对 ABS、ESC 以及 AFS/4WS 等子系统间进行集成。

纵向和侧向控制系统在控制效能和平滑性方面各有优缺点。具体表现为：①在有效作用域内，当轮胎处于小侧向加速度、小侧偏角的线性域时，转向控制系统（如4WS、AFS 等）在操稳性上可以取得较好效果；但在紧急工况下（大侧向加速度、大侧偏角时，即轮胎进入非线性域时），转向控制通常不能取得满意效果，而直接横摆力矩控制则能显著地提高操纵稳定性；②在控制系统实施干预的平滑性方面，基于制动的稳定性控制系统会导致纵向加速度突然变化，在一定程度上会影响驾驶舒适性能。而基于驱动力分配的直接横摆力矩控制系统只是重新分配左右车轮驱动力，从而保证纵向动力学不受干扰，因而干预相对平滑。在侧向加速度较低工况下，主动转向能够在驾驶人不察觉的情况下实施横摆力矩干预。

二、悬架系统的集成

悬架控制可以显著影响轮胎动载荷和车身姿态。虽然悬架控制的主要目标是提高车辆行驶平顺性，但由于轮胎法向力变化对轮胎纵向力和侧向力的影响，悬架控制与纵向、侧向控制系统的耦合也相当重要。当考虑悬架子控制系统的集成时，其主要目标是减少与纵向、侧向系统的干扰，而在危险的极限工况下，显然是要暂时牺牲车辆的行驶平顺性，充分发挥 ESP 和 AFS 等系统的性能而保证车辆的安全性。

因此，从纵向、侧向和垂向三个方向上来看，包括悬架控制系统的集成控制主要可分为：①通过悬架控制轮胎垂向载荷，保证抓地性以充分利用附着；②在主动制动干预的基础上，通过悬架（主动悬架、连续阻尼可控系统 CDC 和主动抗侧倾稳定杆 Active Anti – Roll Bar）来调节轮胎垂向载荷，间接产生辅助的稳定横摆力矩，以此来尽可能减少主动制动的干预，避免突然制动带来较大的纵向速度变化。

下文中将根据本节所介绍的集成控制策略，并结合一个典型的转向控制系统（4WS）、一个稳定性控制系统（DYC）和一个主动抗侧倾悬架控制系统，通过实例介绍一个集成控制器设计的方法和过程。

第四节　一种基于轮胎力最优分配的集成控制方法

本节将以一个完整的实例分析为例，介绍一种基于轮胎力最优分配的车辆动力学集成控制器设计方法。这里，不妨以 4WS、DYC 和主动抗侧倾控制系统（ARC）三个子系统的集成为例，详细阐述车辆动力学集成控制的结构、控制算法。而应用 CarSim 软件进行的仿真结果及分析将在下一节中详细给出[3]。

一、基于轮胎力最优分配的车辆动力学集成控制结构

对于有多个主动控制系统的车辆，主动控制执行器输入的数目一般大于其要控制的车辆状态的数目，称为"执行器冗余"（over – actuation）现象。在存在执行器冗余的情况下，有两个问题至关重要：①如何选择最有效的执行器来完成目标功能；②在给出合理的轮胎执

行器输入时，如何考虑轮胎的饱和非线性以及诸如路面附着状况等各种实际约束条件。

虽然车辆运动控制是来自多个执行器产生的作用力，但是所有这些执行器最终都要通过轮胎发挥作用，即多个主动控制系统的作用最终是由轮胎来体现。在附着极限情况下，由于轮胎力在接近饱和区域时具有强非线性以及各方向轮胎力的耦合关系，轮胎的处理便是多执行器的车辆动力学集成控制的重点与难点。基于上述考虑，这里介绍一种所谓的"主环 – 伺服环"分层控制结构，如图 18-5 所示[4]。

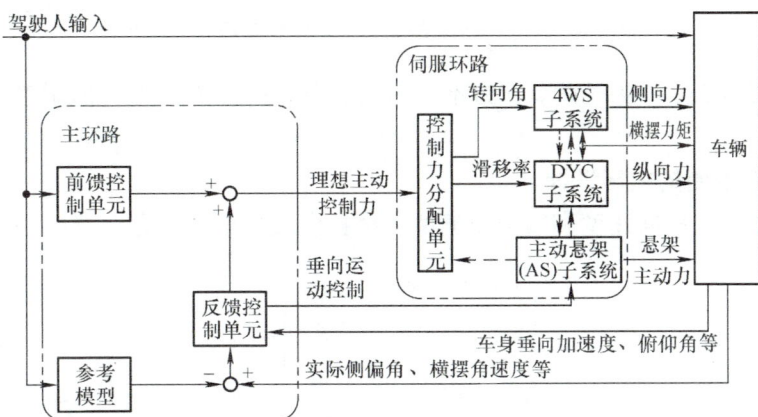

图 18-5 基于轮胎力最优分配的"主环 – 伺服环"分层控制结构

由图可知，首先由主环控制器给出车体运动控制所需的力和力矩，例如车辆在 XOY 平面内的纵向力、侧向合力和横摆力矩，即 $F_{ud} = \begin{bmatrix} F_{xd} & F_{yd} & M_{zd} \end{bmatrix}^{\mathrm{T}}$。然后，在伺服环中，将轮胎作为复杂且特殊的"执行器"，通过优化分配将 F_{ud} 分配到各个轮胎执行器的控制输入。这样一个结构框架的好处是：不仅可以直接考虑车辆纵向、侧向、横摆运动的非线性耦合，还可以在控制器中直接考虑非线性轮胎模型，从而方便地实现车辆稳定控制力/力矩的优化分配。

采用"主环 – 伺服环"分层控制结构的主要优点可总结为两个方面。其一，主环设计时不考虑轮胎，而将车辆水平合力看成是车辆动力学系统的控制输入，因而降低了控制器设计的难度。其二，较难处理的轮胎非线性特性可在伺服环轮胎力最优分配中加以考虑，而且包括轮胎 – 地面附着和执行器状态在内的各种限制条件也可以在轮胎力分配中得到考虑。

虽然这里是以集成转向、制动、驱动与主动侧倾稳定杆等子系统为例，介绍车辆动力学底盘集成控制的具体实现及控制器设计，但实际上这种"主环 – 伺服环"控制算法结构可用于多种控制方式的集成。

二、主环控制器设计

如图 18-5 所示，主环控制器的目标是给出一个理想的整车控制力（记为 F_{ud}），以使车辆实际状态跟踪理想模型输出的参考值，以保证车辆稳定。因而，主环控制器的设计需包括车辆运动参考模型和控制器两个部分。

1. 车辆运动参考模型

参考模型将依据驾驶人的操纵动作（包括转向盘、制动踏板和加速踏板）来获得理想

的车辆运动状态。期望的纵向速度 u_d 可由驾驶人加速或减速操纵求得。车辆期望质心侧偏角取为零，零质心侧偏角（即侧向速度为零）下期望的横摆角速度 r_d 可由车辆的纵向速度与前轮转角求得，同时其还受地面附着系数的限制，即：

$$\begin{cases} u_d = u_0 + \int_0^t a_{xd}(\tau)\mathrm{d}\tau \\ v_d = 0 \\ r_d = \dfrac{u}{L}\dfrac{1}{1+\kappa u^2}\delta_D, \quad |\gamma_d| \leq \zeta\mu_{\text{peak}}g/u \end{cases} \tag{18-1}$$

其中，u_0 为初始车速；L 为轮距；κ 为不足转向参数；μ_{peak} 为路面峰值附着系数；ζ 为小于1的系数。

2. 基于滑模控制的主环设计

包含纵向速度、侧向速度和横摆角速度三个自由度的车辆动力学模型可表述如下：

$$\begin{pmatrix} m(\dot{u}-vr) \\ m(\dot{v}+ur) \\ I_{zz}\dot{r} \end{pmatrix} = \begin{pmatrix} F_x \\ F_y \\ M_z \end{pmatrix} = \boldsymbol{F}_u \tag{18-2}$$

这里，定义状态向量 $\boldsymbol{X} = \begin{bmatrix} u & v & r \end{bmatrix}^T$，理想的整车控制力 $\boldsymbol{F}_{ud} = \begin{bmatrix} F_{xd} & F_{yd} & M_{zd} \end{bmatrix}^T$ 作为主环控制器的控制输入，将由轮胎作用力在伺服环中得到具体实现。若对三个状态变量单独设计滑模控制算法，则上述多输入多输出系统可分别写为三个单输入单输出系统，即：

$$\dot{\boldsymbol{X}}_i = f_i(\boldsymbol{X},t) + g_i(\boldsymbol{X},t)\cdot\boldsymbol{U}_i$$

在此，可以滑模控制方法为例进行说明。由于系统的期望动态品质将由滑动曲面 $s(x,t)=0$ 体现，因而在滑模控制器的设计中切换函数的选择很重要。对于此处的纵向、侧向速度和横摆角速度跟踪问题而言，切换函数中可以包括速度误差 e_i、速度误差的积分项 $\xi_i = \int e_i(\tau)\mathrm{d}\tau$ 和速度误差的微分项 $\dot{e}_i$。其中 e_i 为系统状态和参考值间的误差，即 $e_i = X_i - X_{id}$，而 ξ_i 是误差的积分。在此，选择切换函数为：

$$S_i = e_i + \Lambda_i\xi_i \tag{18-3}$$

式中，系数 Λ_i 为正。

那么，滑模控制律可表示为：

$$U_i = \hat{g}_i^{-1}[\hat{u}_i - k_{1i}S_i - k_{2i}\text{sgn}(S_i)] \tag{18-4}$$

式中，k_{1i} 与 k_{2i} 分别为控制参数；$\hat{u}_i = -\hat{f}_i + \dot{X}_{id} - \Lambda_i e_i$，$\hat{f}_i$ 与 $\hat{g}_i$ 分别为 f_i 与 g_i 的标称值；sgn（·）为符号函数。为了避免控制输入的振荡，可采用如下的饱和函数代替上式的符号函数 sgn（·），即：

$$\text{sat}(S_i/\Phi_i) = \begin{cases} \text{sgn}(S_i), & |S_i| \geq \Phi_i \\ S_i/\Phi_i, & |S_i| < \Phi_i \end{cases} \tag{18-5}$$

式中，Φ_i 为正的边界层厚度。

因此，主环控制器中所得到的期望广义车辆运动控制力 $\boldsymbol{F}_{ud}$ 可最终表示为：

$$F_{ud} = \begin{bmatrix} m(u_d - vr - \Lambda_1 e_1 - k_{11}S_1 - k_{21}\mathrm{sat}(S_1/\Phi_1)) \\ m(ur - \Lambda_2 e_2 - k_{12}S_2 - k_{22}\mathrm{sat}(S_2/\Phi_2)) \\ I_{zz}(-\Lambda_3 e_3 - k_{13}S_3 - k_{23}\mathrm{sat}(S_3/\Phi_3)) \end{bmatrix} \quad (18\text{-}6)$$

3. 悬架的集成

在 XOY 平面内，车辆的动力学控制主要依靠转向和制动/驱动系统。虽然包括主动横向稳定杆、可变阻尼系统及主动悬架等悬架控制系统的主要功能是改善车辆的垂向动力学性能，但由悬架控制系统影响的轮胎法向力对轮胎侧偏特性的影响也很大，因此将悬架控制集成也考虑进去。例如当车辆转弯时，其质心处所受离心力将引起轮胎垂直载荷的横向转移。对同一轴上的左、右两个车轮而言，内轮载荷减少，外轮载荷增加。在轮胎侧偏角保持不变时，轮胎垂直载荷的横向转移可以降低该轴的有效总侧偏刚度；而对前、后轴而言，横向载荷转移量相差较大时，前、后轴有效总侧偏刚度的比例可能会发生显著改变，从而影响车辆的不足转向特性。

为此，在本例中设计了一个主动抗侧倾稳定杆的主动侧倾控制器，期望在控制车身侧倾的同时改善车辆操纵稳定性。结合由式（12-21）表达的侧倾运动方程，可得到以主动侧倾力矩 T_{xa} 为输入的车辆侧倾运动方程，即：

$$I_{xx}\ddot{\phi} + C_\phi \dot{\phi} + (K_\phi - m_b g h_b)\phi + m_b h_b(\dot{v} + u_c r) + I_{xz}\dot{r} = T_{xa}$$

上式可以整理为：

$$\ddot{\phi} = \underbrace{\frac{1}{I_{xx}}\left[-C_\phi \dot{\phi} - (K_\phi - m_b g h_b)\phi - m_b h_b a_y - I_{xz}\dot{r}\right]}_{f(\bar{X},t)} + \underbrace{\frac{1}{I_{xx}}}_{g(\bar{X},t)}T_{xa} \quad (18\text{-}7)$$

为抑制车身侧倾，取理想侧倾角与侧倾角速度均为零，即：

$$e = \phi - \phi_d = \phi; \qquad \dot{e} = \dot{\phi} - \dot{\phi}_d = \dot{\phi} \quad (18\text{-}8)$$

选择切换函数为：

$$s = e + \lambda_\phi \dot{e} = \phi + \lambda_\phi \dot{\phi} \quad (18\text{-}9)$$

从而可得如下滑模控制律：

$$T_{xa} = \hat{g}^{-1}\left[\hat{u} - k_{1\phi}s - k_{2\phi}\mathrm{sat}(s/\Phi)\right] \quad (18\text{-}10)$$

因而最终的控制输入为：

$$T_{xa} = (C_\phi - I_{xx}\lambda_\phi^{-1})\dot{\phi} - (m_b g h_b - K_\phi)\phi + (m_b h_b a_y + I_{xz}\dot{r}) - I_{xx}\left[k_{1\phi}s + k_{2\phi}\mathrm{sat}(s/\Phi)\right]$$

$$(18\text{-}11)$$

三、伺服环设计

1. 轮胎力优化分配

由主环反馈控制器计算得出的车辆稳定控制力和力矩 F_{ud} 需分配到每个轮胎。这里，定义第 i 个轮胎的侧向分力和纵向分力分别为 F_{yi} 和 F_{xi}。对第 i 个轮胎而言，其侧向分力 F_{yi} 由其主动施加的转向角通过实时改变其轮胎侧偏角得以实现，而其纵向分力 F_{xi} 则由其制动轮缸压力调整制动力矩，从而调整其车轮纵向滑移率来实现。

对轮胎力进行最优分配时，需同时考虑地面附着条件限制和执行机构的物理限制（如最大主动转向角 δ_{fmax}、最大主动转向角速度 $\dot{\delta}_{fmax}$、最大车轮力矩 T_{wmax} 等）。因此，这里的轮胎力的最优化分配实际上是一个有约束的多变量优化问题，即已知车辆运动控制力的理想值 F_{ud}，在轮胎地面附着限制条件以及主动转向/制动/驱动各系统物理条件等约束下，将 F_{ud} 分配到合适的轮胎执行器输入，而控制所需的能量最小。

至此，可以将轮胎力的最优分配表述为一个无约束优化问题，考虑执行器变化率、幅值与车辆运动控制力跟踪误差，建立如下目标函数：

$$J_{cost} = E^T W_E E + \Delta u_c^T W_{\Delta u_c} \Delta u_c + u_c^T W_c u_c \tag{18-12}$$

其中，车身控制力的跟踪误差 E 即为目标力和实际力的差。W_E、$W_{\Delta u_c}$ 和 W_{u_c} 分别是力跟踪误差、控制增量和控制幅值对应的权重矩阵。u_c 是控制输入，即四轮纵向力滑移率和前后轴车轮的侧偏角，而 Δu_c 则是控制输入增量，即：

$$\Delta u_c = \begin{bmatrix} \Delta s_{L1} & \Delta s_{L2} & \Delta s_{L3} & \Delta s_{L4} & \Delta a_f & \Delta a_r \end{bmatrix}^T \tag{18-13}$$

则最优的控制输入可以令 $\dfrac{\partial J_{SOP}}{\partial \Delta u_c} = 0$，利用上式求得如下：

$$\Delta u_c^d = \left(W_{u_c} + W_{\Delta u_c} + J_{cob}^T W_E J_{cob} \right)^{-1} \left[J_{cob}^T W_E \tilde{E} - W_{u_c} u_c(k) \right] \tag{18-14}$$

最后，利用滑移率控制器与主动转向调节器，求得的最优四轮滑移率和前后轴侧偏角可以进一步通过轮胎驱动/制动力矩控制与主动转向控制来实现。

2. 侧倾力矩分配

主环路求得的期望主动侧倾力矩需合理分配到前后轴上，侧倾力矩分配通过调节载荷转移间接控制车辆的侧向运动，轮胎的垂向载荷可以在上述轮胎力优化分配算法中进行考虑，所以主动侧倾控制对横摆角速度的控制仅为辅助作用，其主要任务为控制车身侧倾。

定义 λ_f 为前轴侧倾刚度占总侧倾刚度的比例，即 $\lambda_f = K_{\phi f}/(K_{\phi f} + K_{\phi r})$，则采用跟踪期望横摆角速度的侧倾刚度分配 PI 控制器如下：

$$\lambda_f = k_{PR}(\gamma_d - \gamma) + k_{IR}\int(\gamma_d - \gamma)\mathrm{d}t + \lambda_{f0}, \lambda_f \in \left[\lambda_{fmin}, \lambda_{fmax} \right] \tag{18-15}$$

式中，k_{PR} 与 k_{IR} 分别为比例增益与积分增益，λ_0 为初始侧倾刚度分配比。除机械结构限制外，为避免 ARC 和 4WS/DYC 之间互相干涉的可能性，应确保 λ_f 不得过大或过小。例如，如果 λ_f 很小，在后轴上过大的载荷转移会导致内侧轮胎载荷的大幅减小，这会不利于 4WS/DYC 产生所要求的水平方向的轮胎控制力，因此限定 λ_f 的范围能更好地避免冲突。前后轴主动侧倾力矩可表示为：

$$\begin{cases} T_{xaf} = \lambda_f T_{xa} - K_{\phi sf}\phi_b + \lambda_f(K_{\phi sf} + k_{\phi sr})\phi_b \\ T_{xar} = T_{xa} - T_{xaf} \end{cases} \tag{18-16}$$

第五节　一个应用 CarSim 软件的仿真分析实例

本节以对 4WS、DYC 和 ARC 三个子系统的集成控制为例，根据所设计的基于轮胎力最优分配的集成控制算法，采用 CarSim 软件仿真并给出几种不同情况下的仿真结果。

首先，介绍所采用的仿真平台 CarSim。然后，通过对几种不同控制方式与无控制加入

的车辆的仿真结果对比，说明所设计的控制器的潜在效果[5]。

一、仿真平台介绍

MSC CarSim 是由美国机械仿真公司（Mechanical Simulation Corporation，MSC）开发的用于分析车辆系统动力学的专业软件，主要用于针对轿车、赛车、轻型货车、轻型多用途运输车及 SUV 等四轮及三轮车的动态特性仿真。基于密歇根大学交通研究院（University of Michigan Transportation Research Institute，UMTRI）在车辆惯量、悬架以及轮胎测试等车辆动力学方面几十年的研究积累，该软件具有开发完整的车辆参数及较高的仿真精度。此外，因其使用简单、运算迅速、扩展性较好、价格低廉等特点，该软件现已被国内外许多汽车企业及研究机构采用。

1. 工作界面

CarSim 典型的工作界面如图 18-6 所示，主要包括三大部分[6]：①模型与输入设置（包括车辆模型设置、试验工况、道路环境等设置）；②仿真运行控制；③试验结果后处理（包括 3D 动画与结果图表生成）。在使用时，可依照"设置整车系统→设置运行工况及环境条件→设置仿真求解器以及控制器→输出曲线和历程动画结果"的步骤。

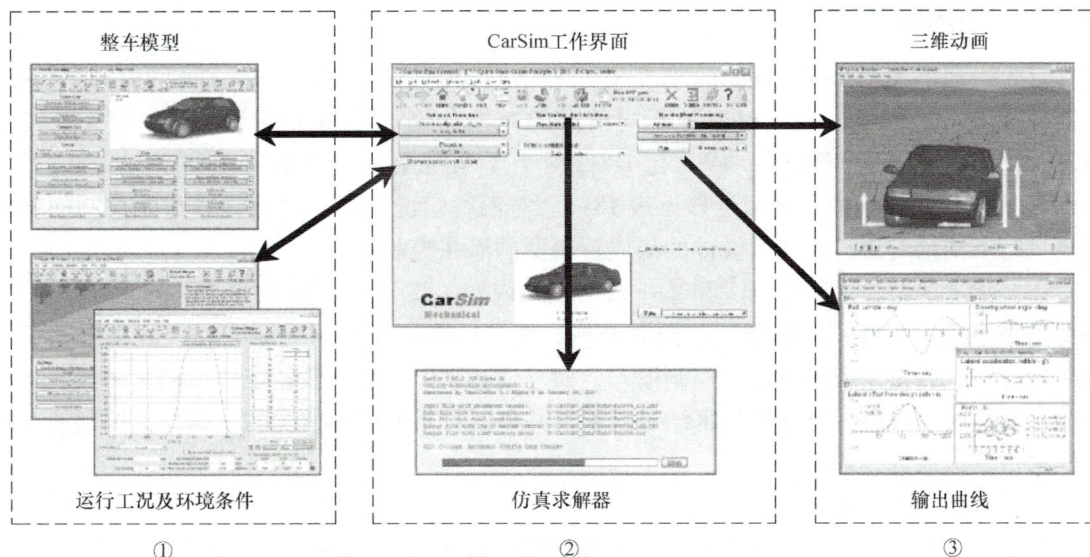

整车模型　　　　CarSim工作界面　　　　三维动画

运行工况及环境条件　　　　仿真求解器　　　　输出曲线

①　　　　　　　②　　　　　　　③

图 18-6　CarSim 典型的工作界面

2. 车辆－驾驶人－环境模型

图 18-7 给出了 CarSim 环境下的整车模型结构。与基于结构实体建模的机械仿真软件（如 MSC ADAMS）相比，CarSim 是一款面向特性的参数化建模的车辆动力学仿真软件。用户可以不需根据测量的车辆系统结构参数进行实体建模，而是先通过试验获得一些重要的功能性参数（不只是位置参数），然后输入到 CarSim 中。例如，在处理悬架时，无需利用测量所得的悬架结构数据（如布置形式、减振器和弹簧尺寸等），而是定义测试所得的悬架运动学和弹性力学（K&C）特性曲线，弹簧刚度曲线以及减振器阻尼曲线等参数。实际上，这种处理方法可在一定程度上避免实体建模的误差，其系统的特性更接近真实的特性，此外，CarSim 对道路、空气动力等环境状况和包括转向盘、加速踏板、制动踏板等在内的驾驶人

控制输入的设置也很方便。

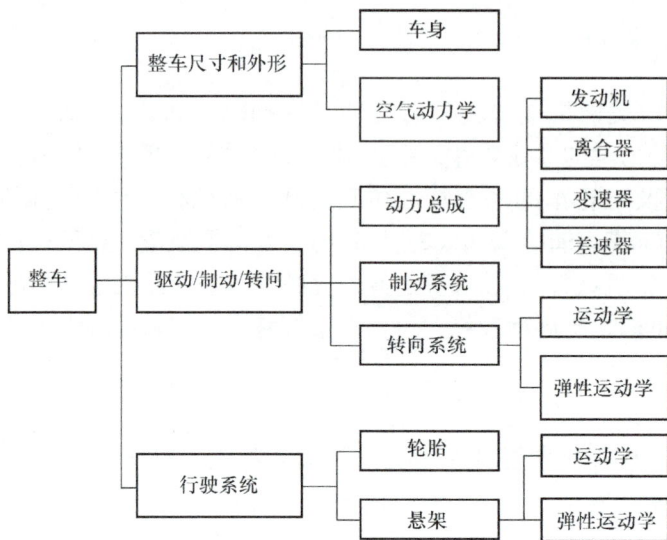

图 18-7　CarSim 环境下的整车模型结构

二、仿真结果和分析

　　首先，利用 MATLAB/Simulink 分别对四种不同控制情况的车辆与无任何控制的车辆在该软件环境下进行了实现。对四种不同情况的车辆分别标号为车辆①：仅装有 4WS；车辆②：仅装有 DYC；车辆③：4WS 与 DYC 两个子系统集成；车辆④：4WS 与 DYC 再与 ARC 三者集成，详细的车辆编号参见表 18-1。对四种情况进行了仿真，并与无控制的基准车辆进行了结果对比，验证所设计的集成控制器的潜在控制效果。

　　需要指出的是，尽管车辆①和②并无集成的内容，仅分别单独采用了 4WS 和 DYC，但在此仍采用了"主环 - 伺服环"的控制结构，两者的主环控制器完全一样。区别仅在于车辆①只有前、后轮主动转向角为控制输入，而车辆②则以四个车轮转矩作为控制输入。

　　下面从两种典型工况下的仿真结果入手，并将四种不同控制情况的车辆与无控制的基准车辆的仿真结果进行对比。

1. 开环转向盘阶跃输入仿真结果

　　仿真工况为开环角阶跃输入工况，车辆初始前进速度为 120km/h，路面为干沥青路面。下面，根据开环转向盘阶跃输入下的仿真结果，对不同情况的车辆响应进行对比，时域响应结果如图 18-8 ～图 18-10 所示。具有四种不同情况（即仅装有 4WS 的车辆①、仅装有 DYC 的车辆②、4WS 与 DYC 两子系统集成的车辆③、4WS 与 DYC 再与 ARC 三者集成的车辆④）的结果对比总结见表 18-1。

表 18-1　横摆角速度跟踪误差均值与质心侧偏角均值

编号	控制方式	横摆角速度误差/(°/s)	质心侧偏角/(°)
车辆①	仅有 4WS	1.1158	0.1883
车辆②	仅有 DYC	1.0574	3.0848
车辆③	4WS + DYC 集成	1.0060	0.1248
车辆④	4WS + DYC + ARC 集成	1.0027	0.1315

由图 18-8 可见，从第 1s 开始，前轮受到一个最大幅值为 2° 的角阶跃输入，由于轮胎进入了饱和区域，未加任何控制的基准车辆无法提供足够的侧向力来完成转向动作。它的稳定横摆角速度只有 12°/s，而侧偏角和车身侧倾角分别为 2.6° 和 2.7°。

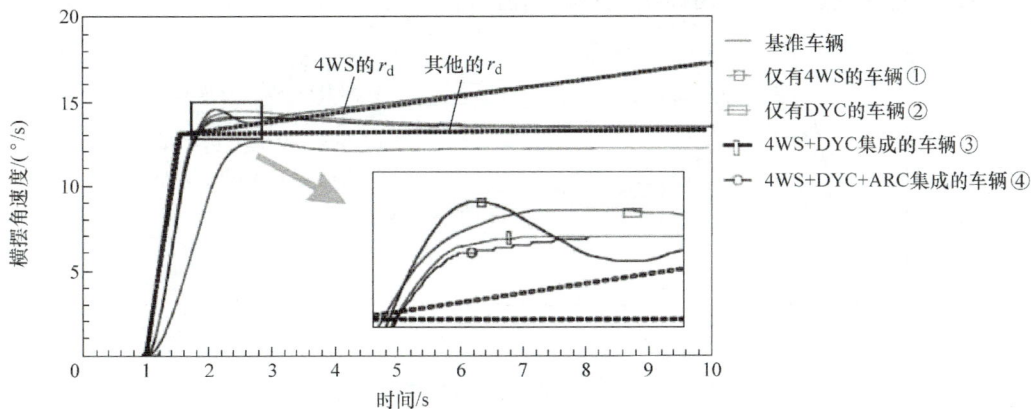

图 18-8　转向盘角阶跃输入横摆角速度对比

由图 18-9 可见，仅有四轮转向的车辆①可以有效地将质心侧偏角抑制至 0.5° 之内。由于 4WS 仅仅能够调节轮胎的侧向力，而它的纵向速度逐渐由 120km/h 减少到 93km/h，而它的理想横摆角速度也由 13.6°/s 逐渐增加到 17°/s。

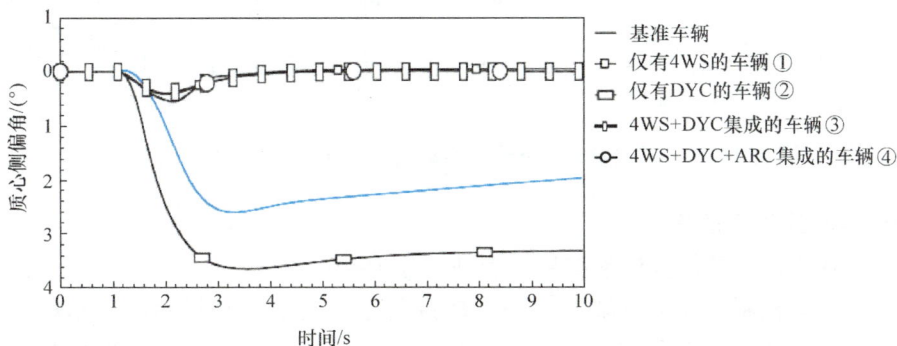

图 18-9　转向盘角阶跃输入质心侧偏角比对

虽然仅有直接横摆力矩控制的车辆②可以通过轮胎纵向力来跟踪目标横摆角速度，但它无法较好地抑制车辆质心侧偏角，这导致车辆②的质心侧偏角方均根值高达 3.0848°，见表 18-1。与基准车辆相比，它的侧向加速度相对较大，高达 8.23m/s²，并且其质心侧偏角稳态值为 3.4°，比基准车辆的结果还要大。

分别装有集成控制器 4WS + DYC 的车辆③和 4WS + DYC + ASR 的车辆④，其仿真结果表明，二者可以很好地跟踪参考模型的横摆运动并尽可能地抑制车身侧滑，说明集成控制使车辆稳定性得到显著的改善，并且通过集成主动横向稳定杆可以更进一步提升车辆的侧倾稳定性。如图 18-10 所示，通过添加主动抗侧倾（ARC）系统，车身的侧倾角得到了有效地抑制。与车辆③的侧倾角峰值（3.2°）相比，车辆④的侧倾角峰值降到 2.6°。

此外，由于主动横向稳定杆可以辅助控制横摆角速度，4WS + DYC + ARC 车辆的横摆角

速度跟踪误差方均根值明显小于车辆③的情况。由图 18-11 可见，在横摆角速度逐渐增加的过程中，由于车辆呈不足转向趋势，通过将前轴侧倾刚度比 λ_f 迅速降到 λ_{fmin}，将更多的主动侧倾力矩分配到后轴，相当于增加后轴的等效侧倾刚度值，减少了不足转向趋势，更好地跟踪理想横摆角速度。当横摆角速度达到稳态值后，λ_f 又恢复到初始值 λ_{f0}。

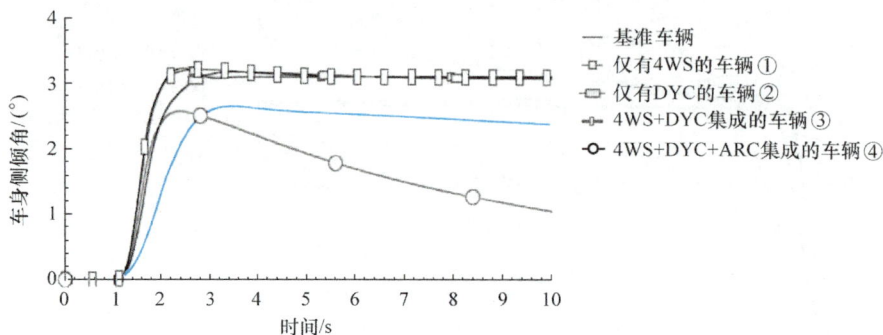

图 18-10　转向盘角阶跃输入车身侧倾角对比

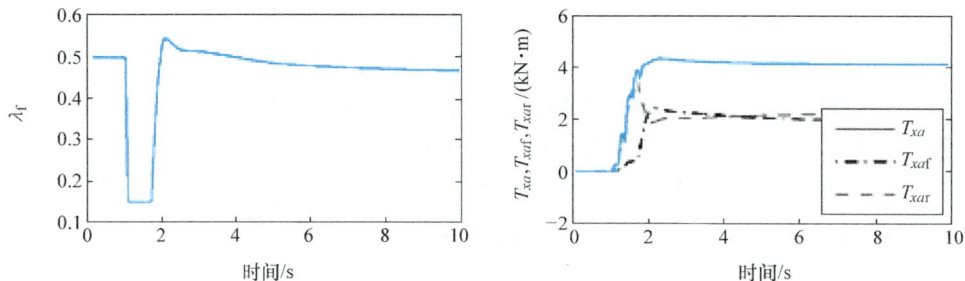

图 18-11　转向盘角阶跃输入主动侧倾控制力矩及其分配比例

2. 闭环双移线仿真试验

以下以闭环双移线的仿真试验结果为例进行分析。

具有四种不同控制方式的车辆与基准车辆进行了仿真试验结果对比。车辆模型仍采用 CarSim 整车模型，为了保证各控制方式控制效果的公平性，对四种车辆采用相同的 CarSim 软件默认驾驶人模型进行闭环双移线试验，时域结果对比如图 18-12 ~ 图 18-14 所示。可以看出，采用 DYC 控制的车辆②和基准车辆都出现了较大的侧向偏移，但车辆②最终稳定地跟踪了目标路径。结合横摆角速度仿真结果，也可以容易看到无控制的车辆对驾驶人来说相对更难控制。

同时还可以看出，与基准车辆和车辆②相比，结合了主动转向控制的车辆①、③和④均表现出了更好的路径跟踪性能。特别是车辆③和④，取得了非常小的路径跟踪误差和较小的驾驶人转向盘转角输入峰值。对于集成了侧倾控制的车辆④，其车身侧倾角相对于车辆③降低了 0.5°，说明集成控制在保证车辆稳定的同时，还能减轻驾驶人的驾驶负担。

三、小结

基于自上而下的策略和主环 - 伺服环形式的分层结构，采用非线性滑模控制方法和无约束优化方法对转向、制动和驱动系统进行集成控制，并在此基础上进一步集成主动横向稳定

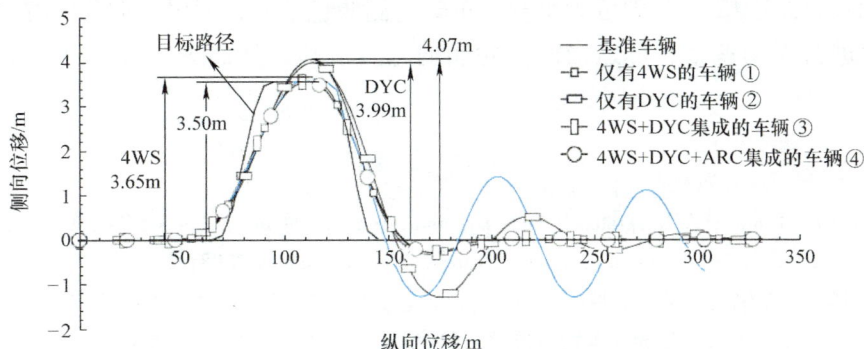

图 18-12　双移线工况质心轨迹对比

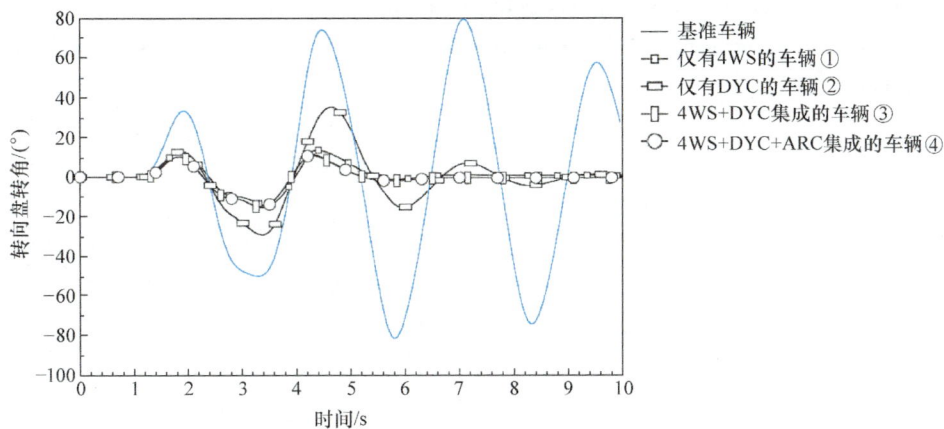

图 18-13　双移线工况驾驶人转向盘转角输入

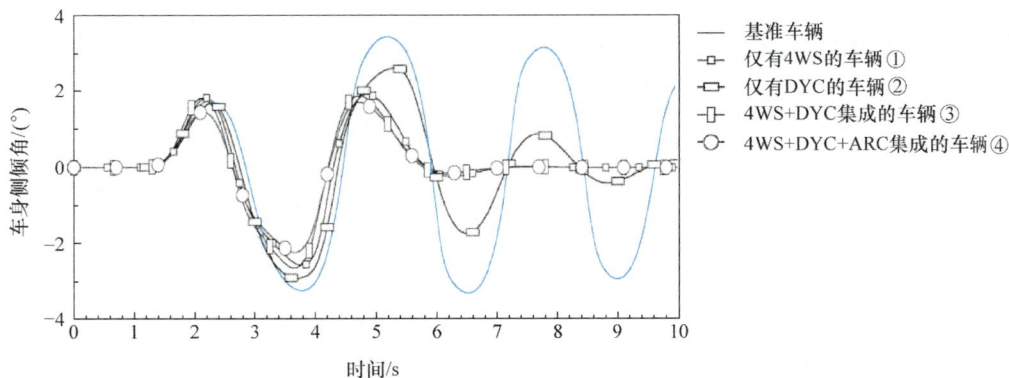

图 18-14　双移线工况侧倾角对比

杆，相比于以上各子系统的单独控制，所设计的集成控制器可显著提高车辆的操纵稳定性和侧倾稳定性。利用 MSC CarSim 进行的仿真试验结果表明，通过对四轮转向（4WS）和基于纵向滑移率控制的 DYC 进行集成，可以在两者间实现功能互补和优势综合。相比于其单独控制的车辆①和②，集成控制的车辆③性能显著提高。若再加入主动横向稳定杆的主动侧倾

控制（ARC）（如车辆④），则可大幅改善车辆的侧倾稳定性，通过横向稳定杆对侧倾力矩前后分配比进行主动调节，可适当改变轮胎的垂直载荷，从而进一步改善车辆的操纵稳定性。

参 考 文 献

［1］Yu F，Li D F，Crolla D A. Integrated Vehicle Dynamics Control—State- of- the- Art Review ［C］． IEEE Vehicle Power and Propulsion Conference，Harbin，China，3 – 5 September 2008：1 – 6.

［2］喻凡，李道飞. 车辆动力学集成控制综述 ［J］. 农业机械学报，2008，39 （6）：1 – 7.

［3］李道飞. 基于轮胎力最优分配的车辆动力学集成控制研究 ［D］. 上海：上海交通大学，2008.

［4］沈晓鸣. 基于广义执行器—受控对象的车辆底盘集成控制的研究 ［D］. 上海：上海交通大学，2006.

［5］Li D，Du S，Yu F. Integrated Vehicle Chassis Control Based on Direct Yaw Moment，Active Steering and Active Stabiliser ［J］. Vehicle System Dynamics. 2008，46 （sup1）：341 – 351.

［6］Mechanical Simulation Corporation. MSC CarSim User Mannual ［M］. 8th ed. Ann Arbor：Mechanical Simulation Corporation，2009.

名 词 索 引

（按汉语拼音字母顺序排列）

H

J

K

L

M

N

P

Q

R

S

Y

Z